개인화와 기독교

개인화와 기독교
— 독일과 한국의 나홀로족 담론에 대한 문화신학적 고찰

2024년 12월 30일 처음 찍음

지은이   임희숙
펴낸이   김영호
펴낸곳   도서출판 동연
등 록   제1-1383호(1992. 6. 12.)
주 소   (03962) 서울시 마포구 월드컵로 163-3
전화/팩스   (02) 335-2630 / (02) 335-2640
인스타그램   instagram.com/dongyeon_press

ISBN 978-89-6447-079-4 93230

이 저서는 2019년 대한민국 교육부와 한국연구재단의 지원을 받아 수행된 연구임.
(NRF-2019S1A5A2A01046969)

개인화와 기독교

독일과 한국의 나홀로족 담론에 대한
문화신학적 고찰

임희숙 지음

동연

이 책을
나의 스승 홀버트 슈테펜스키에게 바칩니다.

책을 펴내며

　우리 시대의 가장 극적인 현상은 나홀로족의 폭발적 증가이다. 우리 나라의 1인 가구는 2023년 현재 전체 가구의 35.5%에 달했고, 독일의 1인 가구는 2022년 현재 40.4%에 달했다. 두 나라에서 1인 가구의 증가율은 매우 가파르다. 나홀로족이 대체로 1인 가구로 살기에 방금 1인 가구 통계를 예로 들었지만, 1인 가구로 사는 모든 사람이 나홀로족이라고 말할 수는 없다. 나홀로족은 그 나름의 특징이 있다.

　흔히 나홀로족은 혼자 살고, 혼자 먹고, 혼자 술을 마시고, 혼자 여가 생활을 즐기는 라이프 스타일의 사람들을 지칭한다고 알려졌지만, 나홀로족이 꼭 외톨이일 필요는 없다. 나홀로족이 친구 관계를 맺지 않고, 연애하지 않으며, 결혼을 회피한다고 해서 사회적 관계를 선택적으로 맺는 '신인류'라는 별명을 얻은 지 오래지만, 그것이 과연 자발적 선택인지 어쩔 수 없는 선택인지 더 따져 볼 여지가 있다. 나홀로족의 특성은 그러한 표면적 모습보다는 조금 더 깊은 멘탈리티 차원에서 찾아야 한다.

　나홀로족은 자기를 중심에 놓고 자기를 우선시하는 가치관과 사고방식을 갖고 살아가고, 많은 경우 다른 사람을 아랑곳하지 않고 자기만 아는 사람으로 나타난다. 나홀로족은 언뜻 각자도생의 길을 걷기로 작정한 사람인 것처럼 보인다. 나홀로족은 겉으로 볼 때 자주적이고 자기에 대한 책임 의식이 투철한 듯이 보이지만, 자기 안에 유폐된 채 다른 사람을 공격하고 지배하는 나르시시스트 성향을 강하게 보이는 경우가 있다. 나홀로족은 업무 능력이 뛰어나고 업적도 훌륭하지만, 강박적인 성향을 드러내고 때로는 공격적이다. 나홀로족은 무리를 짓지 않을 것 같지만, 기호와 취미, 소비 취향, 생활 감각과 생활 스타일, 정치적 의견, 종파적 성향 등을 공유하는 정체성 집단을 구성하는 사람들 가운데 나홀로족이 의외로 많다. 나홀로족은 자기와 같은 것에 연결하고 자기와 다른 것을 차단하는 성향이 강하고, 디지털 정보통신 환경에서 그러한 경향은 날로 심화한다고 한다.

그러한 나홀로족은 어떻게 해서 등장했을까? 나홀로족이 증가하는 사회는 공동체적 결속을 유지할 수 있을까? 아니, 어쩌면 공동체적 결속이 점점 더 희박해지는 사회적 삶의 조건으로 인해 나홀로족이 빠르게 증가하고 나홀로족 문화와 멘탈리티가 확산하는 것은 아닐까? 나홀로족의 등장은 우리가 사는 사회에서 개인의 확장과 공동체적 결속이 서로 모순을 이룬다는 것을 보이는 현상일까? 그렇다면 나홀로족의 등장과 나홀로족 문화와 멘탈리티의 확산에 교회와 사회는 어떻게 대응해야 할까? 그것은 필자가 나홀로족이 늘어나는 것을 보고 참 의아하다고 생각하면서 저절로 떠올린 물음이다.

필자는 그 질문에 대한 대답을 찾기 위해 언론 매체의 기사와 책들을 읽으며 나홀로족이 우리나라뿐만 아니라 세계 여러 나라에서도 매우 중요한 문제로 떠오르고 있고 전문적인 연구가 진행되고 있다는 것을 알게 되었다. 우리나라에서는 나홀로족을 위한 마케팅이나 나홀로족의 소비 취향에 관한 몇 가지 논문 이외에 나홀로족 연구가 거의 이루어지지 않았지만, '개인화'에 관한 사회학적 연구가 여러 학자에 의해 진행되었다는 것도 알게 되었다. 그러한 정보와 지식을 쌓으면서 필자는 나홀로족 문화와 멘탈리티에 관한 연구를 본격적으로 진행해서 필자의 물음을 스스로 해소하고 교회와 사회가 나홀로족 문제를 해결하는 데 필요한 지식을 제공하고 싶은 마음이 들었다.

필자가 2018년 12월부터 2019년 2월까지 약 석 달간 독일에 머무르고 있을 때 독일에서도 나홀로족이 사회 문제로 다루어질 만큼 큰 관심을 끈다는 것을 알게 되었다. 독일에서는 나홀로족을 새로운 라이프 스타일에 따라 살아가는 사람들로 여기기도 하지만, '자기만 아는 사람들'(Ichlinge)이라는 비하적인 명칭으로 부르기도 했다. 혼자 사는 사람이 많다는 것은 통계 자료를 통해서 쉽게 확인할 수 있지만, 실제 슈퍼마켓, 카페, 음식점, 거리에서도 확연하게 실감하였고, 서점에 나홀로족을 위한 수많은 자기계발서와 생활안내서가 수북이 쌓여 있는 것을 보게 되었다. 독일 지인들과의 대화에서도 나홀로족이 화제가 되곤 했다. 그러한 독일의 나홀로족 상황을 직접 접하면서 필자는 나홀로족에 관한 책을 쓸 때 독일의 나홀로족과 한국의 나홀로족을 비교하는 것도 흥미로우리라고 생각했다. 한국과 독일 사회는 서로 다른 역사적 과정을 거쳐 형성되었고 사상적, 문화적 배경이 다르지만, 언뜻 나홀로족 문화와 멘탈리티가 유사하게 보이는 것도 주목할 만한 사실이었다. 필자가 독일 함부르크에서 약 7년간 머물며 기독교교육학을 연구하여 박사학위를 받았던 이력도 두 나라의 나홀로족을 교차해서 살피고자 하는 마음을 강하게 불러일으켰다.

필자는 나홀로족에 관한 책을 구상하면서 한국과 독일에서 나홀로족이 등장한 배경을 분석하고, 나홀로족 문화와 멘탈리티의 특성을 파악하고, 이제까지 나홀로족과 관련해서 이루어진 담론을 검토하고 평가해서 교회와 사회가 나홀로족 문제를 해결하는 데 필요한 지식 기반을 제공하는 것을 과제로 설정하게 되었다. 그러한 과제를 수행하기 위해 필자는 교회가 문화를 형성하는 데 어떤 방식으로 개입할 것인가를 연구하는 문화신학의 관점과 방법을 채용하기로 했다.

나홀로족은 사회현상일 뿐 아니라 문화현상이기도 하다. 나홀로족이 자기를 중심에 놓고 자기를 우선시하는 가치관과 사고방식을 갖고 살아가는 현상은 한 사회의 여러 조건이 복합적으로 작용해서 나타나는 현상이지만, 그러한 가치관과 사고방식은 오랜 역사를 거치며 그 사회에 축적된 문화 전통을 매개로 해서 형성되기 마련이다. 나홀로족이 자기중심적이고 자기 우선적인 멘탈리티를 보인다면, 그것은 이미 개인과 공동체의 관계와 관련된 전통적인 이해와 단절하거나 그것을 변형하는 과정을 거쳤다고 보아야 할 것이다. 나홀로족의 멘탈리티는 개인주의의 급진적인 형태이고, 온갖 형태의 집단주의를 배격하고 심지어 공동체주의까지도 멀리하는 특징을 보인다. 그러한 멘탈리티의 특징과 거기에 깃든 문제점은 개인과 공동체의 관계를 규정해 왔던 사상의 영향사에서 나타나는 단절과 연속을 파악하지 않으면 제대로 인식되지 않을 것이다. 개인과 공동체의 관계를 규정하는 사상이나 관념 체계들 가운데 중요하게 꼽아야 할 것은 가족주의, 가부장주의, 개인주의, 민족주의, 국민주의, 국가주의 등일 것이다. 그런 점을 고려한다면, 나홀로족의 문화와 멘탈리티에 관한 연구는 사회학적 연구에 그치지 않고 문화사적 연구로까지 확장되어야 한다.

그러한 문화사적 연구가 얼마나 필요한가를 설명하기 위해 필자는 한 가지 예를 들고 싶다. 부족사회에서 형성된 게르만 정신은 독일 역사에서 게르만 소유법과 단체법의 형태로 면면히 이어졌고, 19세기에 독일 국민 형성과 국민국가 형성에 결정적으로 이바지했고, 개인을 소멸시킨 히틀러의 전체주의적 독재를 뒷받침하는 이데올로기의 원천이었으며, 전후 독일에서 68혁명을 통해 게르만적 권위주의와 가부장주의를 청산한 뒤에야 비로소 개인을 중심에 놓고 개인을 우선시하는 멘탈리티가 확립될 수 있었다. 게르만 정신은 현대 독일 사회에서 정치적 부족주의를 활성화하는 데 큰 영향을 미치는 관념이다. 그러한 게르만 정신을 빼놓고서는 독일에서 개인과 공동체에 관한 관념이 어떻게 발전해 왔는가를 제대로 설명하기 어렵다.

그런 점을 고려하면서 필자는 이 책을 다섯 부분으로 나누었다. 제1부는 독일에서 개인의식의 형성과 발전을 역사적으로 논한다. 제2부는 독일에서 나홀로족이 등장한 사회 문화적 조건들을 분석하고, 나홀로족 문화와 멘탈리티의 특성을 분석하고, 나홀로족에 대응하는 독일 학계의 담론을 살핀다. 제3부는 한국에서 개인의식의 형성과 발전을 역사적으로 논한다. 제4부는 한국에서 나홀로족이 등장한 사회 문화적 조건들을 분석하고, 나홀로족 문화와 멘탈리티의 특성을 분석하고, 나홀로족에 대응하는 한국 학계의 담론을 살핀다. 제5부에서는 문화신학적 관점에서 독일과 한국의 나홀로족 담론을 검토하고 평가한다.

필자는 이 책을 쓰면서 나홀로족이 한국 사회와 교회에 던지고 있는 도전에 성실하게 대응하며 모든 사람이 개인의 자유를 최대한 실현하면서 공동체적으로 강력하게 결속하는 사회와 문화를 형성하려고 노력하는 분들을 염두에 두었다. 이 책이 그분들에게 조그만 도움이 되기를 바란다.

필자는 이 책을 집필하는 3년 동안 한국연구재단의 연구비 지원을 받았다. 이 책의 내용이 담긴 연구 프로젝트가 한국연구재단의 2019년도 중견연구자지원사업에서 채택되었기 때문이다. 이 자리를 빌려 한국연구재단 이사장과 중견연구자지원사업 관리팀 선생님들께 마음 깊이 감사드린다.

어려운 출판 여건에서도 이 책의 출판을 선뜻 맡아주신 동연출판사 김영호 대표님께 깊은 감사의 말씀을 드린다. 이 책의 편집과 교열과 교정 작업을 위해 헌신하신 편집부장 박현주 선생님, 편집부의 김린 선생님, 디자이너 윤혜린 선생님께 마음 깊은 곳으로부터 감사의 말씀을 전한다.

이 책을 쓰는 동안 필자를 격려하고 원고를 다 쓸 때까지 연구와 집필에 전념할 수 있도록 배려한 아들 강환국과 남편 강원돈에게 고맙다는 말을 전한다.

2024년 11월 25일

임희숙

| 차 례 |

책을 펴내며 5

제2부 ㅣ 독일에서 나홀로족 문화의 형성과 그 특징

제3부 ‖ 한국에서 개인의식의 역사적 발전

제5부 ㅣ 독일과 한국의 나홀로족 담론에 관한 문화신학적 평가

제1부

독일에서 개인의식의
역사적 발전

머리글

오늘의 독일인들은 고도로 개인화되어 있지만, 히틀러의 총통 국가 시대만 해도 개인은 없었다. 오늘의 독일에서는 개인주의와 자유주의가 자연스럽게 여겨지는 듯하지만, 히틀러의 시대에는 국가주의와 전체주의가 지배했다. 독일의 역사에서 개인주의와 자유주의는 함께 발전하지 못했고, 개인주의는 공동체주의와 불화했다. 게르만 사회의 전통적인 권위주의와 가부장주의는 20세기 중반까지 독일 정치와 문화에 속속들이 스며들어 있었다. 오늘의 독일 사회에서 자기를 중심에 놓고 자기를 우선시하는 유형의 개인이 눈에 띄게 늘어나고 있다면, 그것은 현대 독일이 전통과 단절하는 격렬한 과정을 거치지 않으면 안 되었다는 뜻이겠지만, 전통의 영향사는 그렇게 쉽게 종식되지 않는다. 오늘의 독일인들에게서 나타나는 자기의식이 사회화의 산물이라고 한다면, 그 자기의식의 정체와 특색은 독일인들이 역사적으로 형성한 문화와 멘탈리티의 계승과 단절이라는 복합적인 과정을 살필 때 제대로 파악될 수 있을 것이다.

그런 관점에서 보면, 독일인들의 자기의식이 역사적으로 어떻게 발전하여 오늘에 이르게 되었는가를 분석하는 것은 나홀로족 문화와 멘탈리티의 형성과 그 특색을 이해하기 위해 반드시 수행해야 할 작업이다. 독일은 게르만 부족사회로부터 봉건 사회와 절대주의적 영방국가 시대를 거쳐 독일 통일과 황제 제국 시대에 이르렀고, 지난 한 세기만 해도 제1차 세계대전과 바이마르공화국 시대에서 시작하여 히틀러의 전체주의 시대와 제2차 세계대전을 거쳐 자유주의적 헌정 질서에 바탕을 둔 사회국가 시대로 숨 가쁘게 나아갔다. 그러한 역사적 발전 과정에서 게르만 공동체주의와 가부장주의는 강력하게 유지되었고, 자유주의는 지체되었고, 정체성 정치는 집단주의와 국가주의, 쇼비니즘과 반유대주의로 치달았다. 그러한 와중에 독일인의 개인주의는 독일 이상주의 철학, 낭만주의, 급진적 개인주의 철학 등을 통해 철학적으로 매우 높은 수준으로 표출되었으나, 그 실현은 현실의 장벽에 늘 가로막혔다. 그러한 역사적 고찰을 통해서 우리는 개인의 자유와 자기실현, 차이의 인정과 존중이 높은 수준에서 실현되는 개인주의 문화가 오늘의 독일에서 자리를 잡기 위해서는 전통과 비판적으로 대결하면서 개인주의 문화를 뒷받침하는 물적 기반을 확장하는 것이 중요하다는 것을 어렵지 않게 짐작할 수 있다.

아래서는 독일인의 자기의식이 어떤 특색을 띠고 발전해 왔는가를 크게 다섯 가지 시기와 국면으로 나누어 살핀다. 1) 고대 게르만 부족사회로부터 신성로마제국의 쇠퇴기까지, 2) 신성로마제국의 붕괴로부터 독일 황제 제국의 붕괴에 이르기까지, 3) 사회주의 운동의 대두로부터 바이마르공화국 말기까지, 4) 히틀러 전체주의 독재 시기, 5) 독일 재건과 68혁명에 이르기까지의 시기가 그것이다.

1장
게르만 부족사회로부터 신성로마제국의
쇠퇴기까지 독일인의 개인의식의 발전

독일에서 원초적 개인의식의 발달을 고찰하기 위해서는 먼저 독일의 역사적 뿌리와 문화의 범위를 헤아릴 필요가 있다. 오늘의 독일은 제2차 세계대전과 1990년 독일 통일 이후 확정된 영토 안의 국가를 가리키지만, 역사적으로 '독일'은 현재의 영토보다 훨씬 더 큰 영역에서 발전한 독일어 생활문화권을 지칭한다. 그것은 독일을 지칭하는 용어의 어원학적 고찰을 통해 어느 정도 드러난다.

독일인이나 독일 문화와 관련되는 것을 아우르는 형용사 도위취(deutsch)는 사람이나 족속을 뜻하는 인도-게르만어 토위타(teuta)에서 유래했다. 그 낱말에서 파생한 명사 디우디스코(þiudiskō)는 4세기에 불필라 주교(Bischof Wulfila, c. 311~383)가 서고트어로 번역한 성서에서 서고트족 사람들을 가리키는 낱말로 사용되었다. 서고트족은 동부 게르만 부족으로 2세기경에 루마니아 지역으로 이동하여 정착하였고, 이미 4세기에 아리우스파 기독교를 받아들였다. 서고트족은 375년 훈족의 공격을 피해 로마제국 변방으로 이동했고, 그로써 게르만 족속들이 연쇄적으로 이동하는 게르만족의 대이동이 촉발되었다.

도위치가 독일어, 독일어를 사용하는 사람들, 독일어권을 가리키는 고유한 낱말로 사용되기 시작한 것은 8세기 이후였다. 그 낱말은 8세기에서 11세기까지 라틴어 테오디스쿠스(*theodiscus*)로 음역되어 사용되기도 하였으나, 이미 9세기에 베네딕트 수도회의 독일인 수사 노트커(Notker, 840~912)는 고대 고지 독일어 형태인 디우취 또는 티우취(diutsch, tiutsch)라는 낱말을 사용했다. 11세기에 지그부르크의 한 수사가 쓴 것으로 추정되는 <안노의 노래>(Annolied)에서는 '독일 땅'을 뜻하는 디우티쉐미 란데(diutischemi lande), 디우췌 란트(diutsche lant), 디우티쉬모 란테(diutischimo lante)가 나오고, '독일어로 말한다'를 뜻하는 디우티쉰 슈프레힌(diutischin sprecchin), '독일 사람'을 뜻하는 디우취 만(diutschi man)이라는 어구가 등장한다. 여기서 디우취 만은 작센족, 프랑크족, 바이에른족 등을 총칭하는 표현이었다. 이 시기에 이르러 도위취는 칼 대제가 창건한 프랑크제국의 분할 제국인 동프랑크왕국과 오토 황제가 창건한 신성로마제국을 지정학적 배경으로 하는 고유명사가 되었다. 이 지정학적 공간은 로망스어를 사용하는 서프랑크왕국과 언어적으로 명확하게 구별되었다. '독일'은 오늘의 독일보다 훨씬 넓은 지역에서 독일어를 사용하는 족속들이 지배하는 생활문화권을 가리켰다. 그 생활문화권 안에는 스칸디나비아 지역의 게르만족, 엘베강 동쪽 지역과 발칸 지역의 슬라브족, 아일랜드에서 대륙으로 넘어온 켈트족 등이 포함되어 있었고, 여러 방언과 문화가 섞여 있었다.

이제까지의 서술로부터 한 가지 명확해진 것은 '독일'에서 개인의식의 원초적 형태와 그 역사적 발전을 고찰하려면 게르만 부족의 생활과 문화를 살피는 데서 시작해야 한다는 것이다. 개인의 집단 귀속성이 지배적인 게르만 부족사회에서도 개인의식이 나타났고, 그 나름의 특색이 있었다. 독일인의 개인의식은 봉건 사회의 형성기로부터 신성로마제국의 쇠퇴기에 이르기까지 독특하게 발전했다. 이 시기에 개인의 자기의식을 심화하는 데 큰 영향을 준 것은 기독교였다.

I. 게르만 부족사회의 집단주의와 개인의식

게르만 부족사회에서 개인이 어떤 자기의식을 가졌는가를 파악하려면, 게르만 부족사회의 습속과 정신세계를 살필 필요가 있다. 이와 관련된 자료들은 많지 않지만, 시이저(Gaius Julius Caesar, B.C. 100~44)의 『갈리아 전쟁기』(*Commentarii de Bello Gallico*), 타키투스(Publius Cornelius Tacitus, 56~117)의 『게르만족의 기원과 현황』(*De Origine et situ Germanorum*), 게르만족의 습속과 정신세계를 파악하는 데 도움이 되는 스칸디나비아의 시가와 사화 등과 같은 자료들이 남아 있다. 스칸디나비아는 게르만족의 주요 생활 공간이었다. 게르만족은 기원전 6세기 이후 남부로 이동하였으나 일부는 그곳에 남았고, 게르만족의 대이동 때도 그곳을 떠나지 않았다.[1]

'게르만족의 대이동'이라는 표현 때문에 게르만족이 유목 민족인 것처럼 여기는 경향이 있지만, 게르만족은 정착 농경 집단이었고 농업과 축산업이 주된 산업이었다.[2] 게르만 부족사회는 신분제 사회였고, 독특한 씨족 구조와 부족 구조를 가졌으며, 씨족과 부족의 보호를 받는 가족제도와 토지제도 등을 갖추었다. 게르만 부족사회를 통치하는 기구는 민회였다. 그러한 여러 제도에서는 게르만적 특성이 나타난다. 첫째, 민

---

1 Jürgen Mirow, *Deutsche Geschichte: [kleine Nationalgeschichte; Staatliche Einheit und Mehrsta- atlichkeit, Volkszugehörigkeit und Nation in der deutschen Geschichte* (Gernsbach: Casimir Katz Verlag, 2002), 24.
2 R. H. 텐브록/김상태·임채원 옮김, 『독일사』 상 (서울: 서문당, 1973), 18f.; 아론 구레비치/이현주 옮김, 『개인주의의 등장』 (서울: 새물결, 2002), 42.

회는 게르만 부족사회에서 최고 의사결정 기구였다. 민회는 음력 초하루와 보름에 정기적으로 열렸고 필요에 따라 임시 회의로 모였다. 민회에는 자유민과 귀족이 참여했다. 민회는 무장 집회였고, 종교 의식을 거행하고, 전쟁, 관직 선거, 노예 해방, 무장 자격 부여 등 정치적 사안을 의결하였고, 재판 집회로서 수장의 중재에 따라 판결을 제안하는 의무를 졌다. 안건들은 귀족 회의에서 먼저 심의하여 처리했고, 부족 성원의 동의가 필요한 사안은 민회에 제출하여 만장일치의 결의를 거쳤다.[3]

둘째, 게르만 부족사회는 신분제를 바탕에 두었다. 신분제의 다수를 차지한 것은 자유민이었고, 그들은 씨족의 보호를 받고 완전한 권리를 누렸다. 그들은 무장했고, 민회에 참여해서 공동 결정을 내렸으며, 상호 법적 협력의 의무를 졌다. 자유민 가운데 공동체 방어와 발전에 공로가 있는 사람들은 귀족으로 신분이 상승되었다. 귀족은 민회와 재판에서 지도권을 행사했고 그 휘하에 자유민들로 구성된 종사 집단(Gefolgschaft)을 거느리는 특권을 누렸다. 종사 집단은 귀족을 주군으로 섬겼고, 주군에 대한 충성 서약을 중심으로 뭉친 서약 공동체였으며, 귀족 권력의 원천이었다. 자유민 아래에는 불완전자유민이 있었다. 불완전자유민은 노예 신분에서 해방되었으나 아직 씨족에 입회하지 못한 사람들이거나 점령 지역의 부족 성원들로서 군사적 점령에 공적이 있는 귀족들에게 배분된 사람들이었다. 노예는 주인의 지배 아래 물건처럼 취급되는 사람들이었다. 그들은 자유민에게 허락된 그 어떤 권리도 누리지 못했다.

셋째, 게르만 부족사회의 핵심은 씨족 제도였다. 씨족은 본래 한 시조의 남자 후손들로 구성된 친족체였으나, 혼인이 체결될 때마다 새로운 씨족체가 형성되기도 했다. 씨족은 그 자체가 법률적 행위의 단위였다.

---

3 최종고, 『서양법제사』, 전정신판 (서울: 박영사, 2003), 68.

씨족에 속하지 않는 사람은 법의 보호 바깥에 놓였다. 씨족은 씨족 구성원을 보호하는 역할을 했다. 씨족 구성원에 대한 공격과 권리의 침해는 씨족 전체에 대한 공격과 권리 침해로 여겨졌고, 반드시 씨족 구성원 전체가 나서는 보복과 피의 복수가 행해졌으며, 손실 보상을 요구하고 그것을 이행하도록 강제하는 법률적 행위 주체가 되었다. 씨족은 씨족 총유권에 근거하여 친족의 상속권과 재산 처분에 개입했다. 약혼과 결혼은 씨족 사이에서 일어나는 법률적 행위였다. 씨족은 군사 조직의 단위였고 정주 공동체였다. 씨족은 부족을 구성하는 단위였으나 부족은 씨족의 자치를 보장했고, 부족이 지배하는 토지의 방어에 필요할 경우에만 씨족의 군대를 소집할 수 있었다.[4]

넷째, 게르만족의 가족은 수직적인 위계를 갖는 엄격한 가부장제 조직이었다. 가부장은 씨족 간 계약에 근거하여 처에 대한 지배권을 행사했고 가족 바깥을 향해 처의 권리를 대표했다. 법적인 결혼 관계에서 태어난 자녀는 가족에 속하지만, 딸은 혼인을 통해 다른 씨족의 가문으로 이적했다. 가부장은 가족에 대한 재판권을 가졌고 그 재판권을 행사하여 가족원의 살해, 가족 바깥으로의 추방, 처자의 판매 등을 결정할 수 있었다. 남성과 여성의 성역할은 엄격하게 구분되었다. 남성은 경작, 목축, 외부의 공적 활동, 군역 등에 종사했고, 여성은 자녀 양육, 집안 살림, 직조, 텃밭 가꾸기 등을 맡았다. 집과 울타리로 구획된 부속 토지는 가족의 소유로 인정되었다. 그것은 집과 부속 토지가 조상을 모시고 선조의 묘소가 안치된 곳으로서 신성하다고 여겨졌기 때문이다.[5]

다섯째, 게르만 부족사회에서 토지는 상호 협력하는 동료 집단

---

4 위의 책, 78-81.
5 위의 책, 81f.

(Genossenschaft)에 의해 점유되었으며, 경작지는 동료 집단 내부에서 자녀의 수효와 노동력의 크기 그리고 지위에 따라 차등 배분되었다. 경작지는 소유의 대상이 아니었고 오직 토지의 용익권만 인정되었다. 숲, 목초지, 하천, 채석장, 이탄 채굴지 등은 공유지로 여겨졌으며, 누구나 공유지에 대한 용익권을 가졌다. 경작과 휴경은 윤번제로 이루어졌고, 동료 집단이 경작을 계획적으로 조직하고 경작 강제를 행사했다. 그러한 동료 집단은 대체로 촌락 공동체 단위로 형성되었으나, 공유지를 중심으로 촌락 단위보다 더 큰 규모로 조직되기도 했다. 그러한 공동 경작 동료 집단은 공동 경작 협동체(Markgenossenschaft)의 형태를 가졌다. 공동 경작 협동체는 게르만 부족이 정주한 여러 지역에서 발달하였으며, 그 공동체의 조직과 운영은 관습법을 통해 규율되었다.[6] 공동 경작 협동체는 독일에서 인클로저가 진행되던 시기에 귀족들의 압력을 받아 크게 위축되었으나 오늘에 이르기까지 그 명맥이 유지되었다. 북부 바이에른의 작은 마을 오징의 자유 마르크(Osing Freimarkung)는 권리 보유자 간 경작지 분배를 위해 추첨 시스템을 사용하는 공동 경작 협동체이며 유럽에 남아 있는 유일한 예다.

게르만 부족사회에서 개인과 개인의식은 어떤 의미가 있었을까? 게르만 부족사회에서는 씨족과 가족이 전면에 부각해서 언뜻 개인은 씨족과 가족의 일원으로 나타날 뿐 개인 자체는 별 의미가 없었던 것처럼 보인다. 그러나 그렇지 않다. 게르만 부족사회에서는 각 사람에게 신분

---

6 공동 경작 협동체(Markgenossenschaft)의 탄생과 발전에 관해서는 Otto von Gierke, *Das deutsche Genossenschaftsrecht, Bd. 1* (Berlin: Weidmann, 1868), 60ff.; Georg Grosch, "Markgenossenschaft und Großgrundherrschaft im früheren Mittelalter," *Historische Studien* XCVI (Berlin: Eberling, 1911): 29-46. 중세 농민 관습법인 바이스튀메른(Weistümern)이나 마르켄롤렌(Markenrollen)에는 공동 경작 협동체의 조직과 운영에 관한 상세한 규정이 담겨 있다.

이 부여되었고, 신분에 따라 서로 다른 권리와 의무가 배분되었으며, 각 사람은 상벌의 대상이 되었다. 그것은 각 사람이 구별되었다는 것을 의미한다. 게르만 부족사회에서 개인의 역량과 업적은 개별적으로 평가되었고, 그것은 개인의 주도권이 인정되었다는 것을 의미한다. 게르만 사람들은 개인의 자유와 명예를 중시했다. 개인의 권리가 침해되고 명예가 훼손되면 권리와 명예의 회복을 위해 투쟁하고 복수했다. 그러한 사람들이 자기의식을 갖는다는 것은 극히 당연한 일이다. 그러나 그들의 자기의식은 근대 이후 널리 알려진 개인주의적 자기의식과는 크게 달랐다. 게르만 부족사회에서 개인은 가족제도, 씨족 제도, 부족 제도, 토지제도, 경작 강제 등 여러 제도를 통해 사회화되었고, 개인의 자기의식은 그 사회화의 산물일 수밖에 없었다.

게르만 부족사회는 문자로 기록된 자료를 남기지 않았지만, 게르만족 사람들의 개인의식에 관한 연구는 아주 오랫동안 게르만족의 고유한 관습과 정신 문화를 간직했던 스칸디나비아 사람들이 남긴 기록을 통해 이루어졌다. 그 자료들을 활용해서 게르만 사람들의 개인의식을 연구한 아론 야코블레비치 구레비치(Арон Яковлевич Гуревич, 1924~2006)는 수많은 위험으로 가득 찬 비우호적인 환경에서 자기와 가족을 지키며 살아가고 타인과 갈등할 때 '자기 능력으로 모든 것을 해결해야' 하는 사람들의 사고방식에 주목했다. 그들은 의심이 많고 경계심이 많을 수밖에 없고, 주의 깊고 신중하게 행동하는 태도를 몸과 마음에 새겨야 했다. 그들이 다른 사람과 맺는 우애 관계는 고립해서 살아남을 수 없다는 계산에서 비롯된 일종의 동맹이었고, 그 동맹을 유지하는 데는 동맹에 대한 충성과 신의가 중요했다. 구레비치는 그러한 생활세계에서 개인은 타인의 평판을 중시한다는 점을 지적했다. "고대 스칸디나비아인들은 평판을 가장 중시했다. … 평판은 미래 세대에 남기는 기억이다. 개인의 생각,

개인의 행동에 대한 주변 사람들의 평가 같은 것들이 한 세대에서 다음 세대로 계승된다. 죽은 후에 획득하게 될 영광에 대한 관심이 모든 게르만 시가에 배어 있다."[7] 그들은 아직 양심이나 개인적 도덕성, 기독교적 의미의 죄의식 같은 것을 갖지 않았으나, 다른 사람의 눈으로 자신을 보는 데 관심을 기울였다. 따라서 그들은 씨족과 부족사회에서 다른 사람과 함께 살아가는 데 필요한 덕목을 갖추고 사회적 관계를 규율하는 규범과 관습을 지키면서 '씨족 퍼스낼리티'를 몸과 마음에 구현해야 했다.[8] 그러한 자기의식은 고대 게르만 사람들의 어법에도 반영되었다. 그들은 어떤 사람의 행동이 나쁘다고 직접 말하지 않고 "사람들은 이런 행동이 나쁘다고 생각했다"고 사람들의 평판을 전달하는 방식으로 자기 생각을 표현했다.[9] 그것은 고대 게르만 사람들이 개인의 주도권과 자기의식을 중시하면서도 그 개인을 어디까지나 집단의 구성원으로 인식하고 집단의 강력한 결속을 우선시했다는 것을 뜻한다.

9세기에 스칸디나비아에서 나타난 스칼드 시가는 '씨족 퍼스낼리티'를 넘어서는 새로운 형태의 자의식을 보여 주었다. 스칼드 시가에서 시인은 스칸디나비아 문학사상 처음으로 자신을 '나'로 지칭했다. 저명한 스칼드 시인이었던 에길은 자신이 겪은 일들을 자서전적으로 묘사하고, 다른 시인과 구별되는 자신의 시적 재능과 성취를 자랑했으며, 죽은 아들을 기리는 <애가>에서는 자신의 슬픔과 절망과 같은 개인적인 감정을 생생하게 드러냈다. 물론 에길은 씨족이나 부족이 각 사람에게 부과하는 규범을 준수하고 집단이 요구하는 행동을 하며 살았다는 것에는 변함이 없다. 그러나 에길이 타인의 눈에 길들어진 개인과는 질적으로 구별되는 개인

---

7 아론 구레비치/이현주 옮김, 『개인주의의 등장』, 78.
8 위의 책, 80, 102.
9 위의 책, 86.

의 자기의식을 표현했다는 것을 가볍게 볼 수는 없다. 에겔에게서 나타나는 자기의식이 주목되는 것은 그 자기의식이 10세기에 스칸디나비아에 기독교가 수용되기 이전에 나타났기 때문이다.[10] 에길의 자기의식은 게르만족이 기독교를 수용한 뒤에야 집단주의적 의식에서 벗어나 개인적 의식을 갖게 되었다는 통념을 깨뜨리는 한 사례이다.

게르만 사람들이 자유와 명예를 중시하면서도 개인보다 집단을 우선시하고, 엄격한 가부장제를 고수하고, 서약과 연대를 근간으로 하는 협동체(Genossenschaft)를 기꺼이 형성하려는 경향은 흔히 게르만 정신이라고 지칭되었다. 게르만 정신은 게르만 사람들이 결속하고 단결해야 할 때 끊임없이 소환되었다. 게르만 정신은 19세기에 국민과 국민국가를 형성하는 과정에서 활성화되었고, 19세기 말과 20세기 초에 노동자 보호를 위한 사회법을 구상하는 과정에서 단체법 이론의 근거로 원용되었으며, 심지어 나치 독일에서는 전체주의를 강화하는 데 악용되기도 했다. 따라서 독일에서 개인의 독립과 주관적 권리를 중심으로 하는 자유주의가 지체된 까닭을 탐구할 때, 게르만 정신은 매우 주의 깊게 검토되어야 할 주제들 가운데 하나가 된다.

II. 게르만 봉건 체제와 기독교 개종

게르만의 여러 부족은 375년 훈족의 침입을 받고 서고트족이 이동을 시작한 이래로 새로운 거주 지역을 찾아 움직였다. 이 시기에 게르만 부족들은 여러 지역에서 강력한 부족 국가 체제를 이루고 있었고 로마제국의 영역

---

10 위의 책, 133, 139.

까지 침입하고 있었다. 마침내 476년 아우다바크르(Audawakr, 433~493, 라틴어: 오도아케르, *Flavius Odoacer*)는 서로마제국을 멸망시켰다. 서로마제국 멸망 이후 게르만 부족 국가들 가운데 가장 강력한 세력권을 형성한 것은 멜로빙거 왕가였다. 멜로빙거 왕가의 클로비스 1세(Chlodovechus I, 재위 481~511)는 갈리아 지방을 점령하고 여러 부족 국가를 복속하여 프랑크왕국의 발판을 마련하였고, 로마제국의 행정 제도와 경제 제도를 받아들이고 로마가톨릭을 수용하였다.11 이미 게르만족 대이동 시기에 게르만의 여러 부족은 아리우스파 기독교를 받아들였으나, 클로비스는 로마가톨릭을 받아들여 로마가톨릭이 유럽에서 지배적인 종교가 되는 발판을 마련했다.

메로빙거 왕가는 고대 게르만 사회를 해체하고 중세 봉건 체제의 기본 틀을 마련하였다. 그것은 왕의 절대적 지배권과 제후의 봉토 지배권이 이원화되고 둘이 서로 맞물리는 과정이었다. 그 핵심은 토지제도의 변화였다. 프랑크왕국에서 왕이 지배하는 지역의 땅은 왕의 소유였다. 로마제국 시절에 대토지 소유자들이 지배했던 라티푼디움은 왕립지로 편입되었다. 왕은 왕국을 여러 지역(Gau)으로 나누고, 왕국이 설립되기 이전에 그 지역을 다스리던 게르만 부족의 수장을 지역 통치자인 제후로 임명하고, 제후의 충성과 위임 통치의 책임을 요구하는 대가로 제후에게 땅을 봉토로 하사했다. 봉토는 제후가 죽으면 왕에게 환수되는 것이 원칙이었고, 왕이 사망했을 때는 그 왕이 제후에게 부여한 봉토권은 갱신되었다. 왕은 공로가 큰 제후에게 봉토에 대한 자치권(Immunität)을 인정하여 제후가 봉토와 봉토 위에 있는 모든 것에 관한 지배권과 재판권을

---

11 Hans K. Schulze, *Vom Reich der Franken zum Land der Deutschen: Merowinger und Karolinger, Siedler Deutsche Geschichte* (Berlin: Siedler Verlag, 1994), 24.

행사하게 했다.[12]

제후의 봉토에서 자유민들은 고대 게르만 부족사회의 관습에 따라 여전히 무장하고 전쟁에 종사하고 민회에 참석하였으나, 그들에게는 제후의 봉토에서 좋은 경작지가 할당되지 않았다. 그들은 또한 경작지 소출 가운데 일부를 제후가 교회와 수도원에 납부하는 십일조의 분담금으로 내어놓아야 했다. 그러한 의무와 부담을 이겨낼 수 없었던 자유민들은 자유를 포기하고 경작지를 제후에게 바치고 제후의 신민이 되었다. 그렇게 해서 자유민은 농노로 전락하였다. 게르만 씨족공동체가 지녔던 여러 법적인 권능은 제후에게 넘어가고 제후에게 집중되었다. 농노는 제후가 지정한 토지를 이탈할 수 없었고 제후에게 충성을 서약했다. 제후는 농노를 보호하는 대가로 농노에게 지대와 부역의 의무를 부과했다. 제후의 허락 없이는 혼인할 수 없었고[13] 직업을 달리 선택할 수도 없었다. 그러한 봉건적 질서에서 게르만 부족사회에서 숭상되었던 자유민의 이상인 자유와 명예는 농노의 덕목인 복종과 겸손으로 대체되었다.

프랑크왕국을 명실공히 기독교 제국으로 확장한 것은 카롤링거 가문이었다. 8세기 초에 사라센제국을 격퇴하는 데 공을 세운 카롤링거 가문은 메로빙거 가문을 대신해서 프랑크왕국을 다스리게 되었다. 칼 대제 (Karl der Große, 재위 768~814)는 왕과 제후의 이중 권력관계에서 제후들의 압박으로 약화할 만큼 약화한 왕권을 다시 강화하였다. 독실한 가톨릭 신자였던 칼 대제는 아우구스티누스가 『신국』(Civitas Dei)에서 펼친 역사신학에 기대어 유럽의 모든 지역이 악마의 통치에서 벗어나 신의 통치

---

12 R. H. 텐브록/김상태 · 임채원 옮김, 『독일사』 상, 30f.; 최종고, 『서양법제사』, 전정신판, 97f.
13 제후의 혼인 허락권은 중세 시대에 제후의 초야권으로 오인되기도 했다. 제후의 초야권에 관해서는 김응종, 『서양의 역사에는 초야권이 없다: 서양사에 관한 12가지 편견과 사실』 (서울: 푸른역사, 2005), 제8장.

아래 놓이게 해야 한다고 생각했고, 게르만 자연종교와 게르만 신화를 믿는 게르만 부족 지역들을 정복하고 강제로 개종시켰다. 게르만 부족사회의 핵심인 민회가 정치 공동체인 동시에 종교 공동체였음을 고려한다면, 개종은 게르만 부족 수장의 권력을 해체하는 절차였다. 그는 개종을 거부하는 게르만족에 대해서는 초토화와 대량 학살을 서슴지 않았다. 그는 게르만 전통을 고집하면서 가톨릭 신앙의 수용을 완강하게 거부하는 작센족을 상대로 네 차례나 정복 전쟁(772-810)을 벌여 작센족을 끝내 굴복시켰다.[14] 칼 대제는 정복 전쟁과 강제 개종 정책을 밀어붙여 북으로는 유틀란드 반도 남단, 남으로는 이탈리아 북부의 롬바르디아 지역, 동으로는 엘베강과 도나우강 이서 지역, 서로는 피레네 산맥에 이르는 거대한 지역에 가톨릭 제국을 세웠다. 칼 대제는 가톨릭 신앙에 근거하여 통치의 정당성을 확보하고자 했고 가톨릭교회 조직이 프랑크제국의 행정을 맡게 했다. 칼 대제는 800년 교황의 대관식을 받고 서로마 황제로 즉위했다.

프랑크제국은 칼 대제 사망 이후 손자 대에 이르러 서프랑크왕국, 동프랑크왕국, 중프랑크왕국으로 삼분되었고, 중프랑크왕국은 얼마 지나지 않아 동프랑크왕국으로 흡수되었다. 프랑크제국의 분열로 로망스어를 사용하는 지역과 독일어를 사용하는 지역은 분할되었고, 언어적, 문화적 정체성을 달리하는 두 지역에는 서로 다른 국가 체제가 수립되었다. 동프랑크 지역에서는 칼 대제의 모계 혈통을 잇는 오토 1세(Otto, 재위 936-973)가 962년 신성로마제국을 창건했다. 신성로마제국은 독일 민족의 제1제국으로서 1806년까지 존속했다.

프랑크왕국과 그 뒤를 잇는 프랑크제국과 신성로마제국은 가톨릭적

---

14 Hans K. Schulze, *Vom Reich der Franken zum Land der Deutschen*, 146-153.

정체성을 지닌 국가였다. 프랑크제국과 신성로마제국은 기독교인들을 총수로 하는 집합(Christentum), 곧 기독교인들의 세계였다. 그 기독교인들의 세계에서 게르만적 요소와 기독교적 요소는 서로 만나 작용했다. 기독교는 게르만 사람들에게 개인의 내면 의식에 눈을 뜨게 했다. 기독교를 수용한 게르만 사람들은 고대 게르만 사회에서와는 다른 자기의식을 갖게 되었다.

래리 시덴톱(Larry Siedentop, 1936~)은 기독교가 개인을 '발명'하는 데 크게 이바지했다고 주장했다.[15] 그는 고전 시대의 그리스-로마 문화권에서는 아직 개인이라는 것이 만들어지지 않았다고 지적했다. 고대 그리스-로마 사회의 기본 단위는 개인이 아니라 가족이거나 공적인 의사결정이 이루어지는 정치적 결사체였으며, 각 사람에게는 그가 가족과 도시에서 차지하는 신분과 계급에 따라 서로 다른 행위 능력이 부여된다고 생각되었다는 것이다. 사람은 본래 불평등하다고 여겨졌고, 신분과 계급을 넘어서는 개인의 내면성은 아직 발견되지 않았다는 것이다. 그러한 논거를 바탕에 두고 시덴톱은 르네상스가 고대 그리스-로마적 의미의 개인을 되살려 유럽에서 개인을 복원했다는 야콥 부르크하르트(Jacob Christoph Burckhardt, 1818~1897)의 주장을 일축했다.[16] 시덴톱이 주목한 것은 사도

---

15 그러한 시덴톱의 주장은 기독교가 개인을 '발명'하기 이전에는 '개인'이 없었다는 전제에서 출발한다. 그것은 개인이 인류의 사회적 진화 과정에서 이미 형성되었다는 필자의 관점에서는 받아들이기 어려운 주장이지만, 기독교가 독특한 정체성을 지닌 개인을 형성하는 데 이바지했다는 의미에서 '발명'이라는 낱말의 의미를 새길 수는 있다고 본다.

16 래리 시덴톱/정명진 옮김, 『개인의 탄생: 양심과 자유, 책임은 어떻게 발명되었는가?』(서울: 부글, 2016), 548, 552. 야콥 부르크하르트는 르네상스 시기에 자기 자신에 집중하는 개인이 등장했다고 지적하고, 레온 바티스타 알베르티(Leon Batista Alberti)가 "인간은 그가 원하는 즉시 스스로 모든 것을 할 수 있다"고 말한 점에 주목했다. 그는 그러한 자기의식이 르네상스 시기의 예술가들과 문인들이 개인의 중요성을 천착했던 고대 그리스-로마의 문학과 예술을 집중적으로 연구하고 이를 재현하고자 한 데서 영향을 받아 형성되었다고 분석했다. Jakob Burckhardt, *Die Cultur der Renaissance in Italien: ein Versuch* (Basel: Schweighauser,

바울의 인간학이었다. 사도 바울은 인간의 내면 깊은 곳에 도사리고 있는 죄가 인간의 의지를 지배하여 사람이 원하는 선을 행하지 못하게 하고 사람이 피하고자 하는 악을 행하게 강제한다는 것을 깨달았다(롬 7:15-24). 그는 그러한 죄의 지배에서 벗어나기 위해서는 하나님의 힘이 필요하다고 믿었고, 하나님이 예수 그리스도 안에서 죄의 힘을 누르고 사람과 바른 관계를 회복하지 않고서는 인간이 죄의 지배에서 벗어날 길이 없다고 고백했다(롬 3:21-30). 모든 인간은 그러한 인간의 조건에서 벗어날 수 없다. 한마디로 바울은 인간의 내면적 자아를 꿰뚫어 보고 도덕적 능력의 잠재력이 모든 사람에게 동등하게 주어져 있다고 인식했다. "바오로는 신의 의지와 인간의 능력 사이의 내면적 연결을 창조해 냄으로써 자연적 불평등이라는 가설을 뒤엎는다. 그는 각자의 내면에서 신의 의지와 인간의 능력이 적어도 잠재적으로는 융합될 수 있다고 생각하면서 인간들이 도덕적으로 평등하다는 가설을 정당화한다."[17] 그러한 도덕적 평등은 도덕적 상호주의의 전제이다. 그것은 도덕적으로 평등한 개인들이 자유롭게 연합해서 사회를 형성할 수 있다는 뜻이다. 사회의 기본 단위는 개인이고, 사회는 개인들의 자유로운 연합에 바탕을 두고 성립한다는 것이다. 기독교는 그러한 개인을 '발명'함으로써 인류사의 신기원을 이루었다는 것이다.

그러나 모든 사람이 가톨릭 신앙으로 개종하도록 강제되었던 프랑크 왕국에서 그러한 개인이 등장했다고 말하기는 어렵다. 프랑크제국과 그 뒤를 이은 신성로마제국에서는 봉건적인 봉신 관계가 엄연하였기에 시덴톱이 말하는 사회의 기본 단위로서의 개인은 정치적으로 현존할 수

1860), 132-145.

17 래리 시덴톱/정명진 옮김, 『개인의 탄생: 양심과 자유, 책임은 어떻게 발명되었는가?』, 99.

없었다. 그러한 개인이 현존하지 않는데, 어떻게 봉건 사회를 그러한 개인들의 연합으로 규정할 수 있겠는가? 시덴톱은 12세기의 교회법 학자들이 '법인' 개념에 근본적인 변화를 가져왔고 법인을 '공동 목표를 추구하는 사람들이 스스로 조직한 집단'으로 규정하였다고 지적했다. 그는 대학이나 병원 같은 길드 조직이 그러한 단체의 예가 된다고 보았다. 그러나 길드가 발전하면서 길드 강제(Zunftzwang)가 통용되었다는 점을 놓고 보면, 길드가 자유로운 개인들의 연합이라고 말하기는 어렵다.[18]

프랑크제국에서 기독교 개종은 개인의식의 형성을 방해하는 부정적 효과를 발휘한 측면도 있다. 앞에서 본 바와 같이 게르만 부족의 기독교 개종은 개인 단위로 이루어지지 않았고 부족 단위로 이루어졌으며, 그것도 개종을 받아들이지 않으면 대량 학살과 초토화를 서슴지 않겠다는 정복자의 폭력과 위협 아래서 이루어졌다. 따라서 개인이 종교를 선택한다는 발상은 애초부터 성립할 수 없었고 양심의 자유와 신교의 자유는 기독교 개종과는 아무런 상관이 없었다. 프랑크 왕과 교황의 정치적 이해관계를 서로 충족하기 위해 왕권과 제단이 하나로 결합하고 제국의 지방 행정 조직과 교회의 조직이 겹치는 사회에서 종교적 통일은 정치적 통일의 전제로 여겨질 만큼 중요했다.[19] 로마가톨릭 신앙이 유입되면서 신자들은 자기를 주장하지 말고 도리어 자기를 비우고 신앙을 받아들이라고 권유받았으며, 겸손이 신자들의 으뜸가는 덕목이 되었다. 그것은 농노들이 제후의 지배를 받아들이도록 순치하는 강력한 교육적 효과를 발휘했다. 그러한 분위기에서는 스칸디나비아 시가에서 엿보이기 시작

---

18 위의 책, 382f.

19 교황은 자신의 권위와 이익을 보호할 왕의 지지가 필요했고, 왕은 자신의 통치를 정당화할 교황의 지지가 필요했다. 프랑크 왕과 교황의 '동맹'에 관해서는 Hans K. Schulze, *Vom Reich der Franken zum Land der Deutschen*, 101-105.

한 개인의 자주적인 의식이 사그라질 수밖에 없었다.[20]

그렇기는 해도 가톨릭 신앙이 장기적으로 개인의 자각을 촉진하는 효과를 발휘했다는 것을 부정할 수는 없다. 가톨릭 신자들을 개인의 자각으로 이끄는 데 가장 큰 영향을 미친 것은 최후의 심판에 관한 가르침이었다. 그 가르침은 기독교가 전래하였던 6세기 이래로 사람들을 사로잡았다. 최후의 심판이 그리스도가 재림하는 마지막 때 일어난다는 가르침은 인간의 삶이 자연적 죽음으로 끝나는 것이 아니고 인간의 죽음과 최후의 심판 사이에 헤아릴 수 없는 길이의 시간이 가로놓여 있다는 것을 사람들에게 깨우쳤다. 거기서 연옥의 관념이 싹텄다. 모든 사람은 마지막 때 하나님의 심판대 앞에 서야 하고 그 누구도 그 심판을 피할 수 없다. 또한 사람은 그 심판을 받기 전에 연옥을 거쳐야 하고 그것을 피할 수 있는 자는 아무도 없다. 그러한 가르침은 각 사람이 죽음 앞에 선 개인임을 자각하게 했고 자기의 삶에 대해 하나님 앞에서 개인적으로 책임을 져야 한다는 인식이 싹트게 했다.[21]

고해성사도 개인의 자기의식을 심화하는 데 이바지했다. 고해성사는 무엇보다도 개인에 초점을 맞춘 교회의 성사였다. 그 성사는 모든 사람의 영혼이 교회의 돌봄과 사목의 대상이 된다는 것을 전제했다. 영혼의 돌봄에서 중시된 것은 각 사람의 영혼을 차별 없이, 신분과 지위의 차이에 상관없이 돌보아야 한다는 원칙이었다. 그러한 사목 원칙은 1215년 라테란 공의회에서 모든 신자가 1년에 한 번 고해성사를 드려야 한다는 결의로 나타났다. 고해성사는 사제를 통해 하나님에게 죄를 고백하고 죄의 용서를 구하는 주체가 개인임을 분명히 했다. 각 사람은 자기가

---

20 아론 구레비치/이현주 옮김, 『개인주의의 등장』, 110.
21 위의 책, 195.

한 말과 행동을 되돌아보고, 그것이 죄가 되는가를 성찰하고, 자신의 죄를 사제와 하나님 앞에서 말로써 밝혀야 했다. 물론 그 당시 사람들이 고도의 주체 의식을 갖고서 자기를 성찰할 역량이 있었는지 판단하기는 어렵고, 고해성사를 받는 사제들이 그 당시 사람들이 그러한 역량을 갖도록 돕기는 힘들었을 것이다.[22] 그렇기에 고해성사는 해마다 한 차례 치르는 의례적인 행사로 전락하곤 했다. 그렇다고 해도 고해성사가 사람들이 자기를 성찰하는 주체로 자각하는 길을 열었다는 것은 분명하다.

고백성사가 제도화되기 이전인 12세기부터 고백록은 기베르 드 노장 (Guibert of Nogent, 1055[?]~1124), 아벨라르(Pierre Abélard, 1079~1142) 등을 위시해서 당대 지식인들이 애용한 문학 장르였다. 그들이 남긴 고백록은 중세인들의 자기의식과 개인의식이 어느 정도 수준에 도달하였는가를 짐작할 수 있게 한다. 그들이 남긴 고백록의 원형은 아우구스티누스(Sanctus Aurelius Augustinus Hipponensis, 354~430)의 『고백록』이었다. 그러한 고백록들은 일정한 도식에 따라 서술되었다는 공통점을 갖는다. 고백록의 저자는 으레 자신이 교회가 금지하는 죄를 지었고, 그것에 합당한 벌을 받아 마땅하고, 그래서 용서를 빈다고 서술한다. 그러한 서술에는 고백록 저자가 죄를 짓고, 벌을 받아 마땅하고, 용서를 비는 당사자라는 의식이 또렷이 나타난다. 그러나 죄의 고백과 용서의 탄원은 양식화되어 있고 심지어 상투적이기까지 하다. 거기에는 놀랍게도 자신의 생애와 경험을 낱낱이 기록하고 성찰하는 자서전적 서술이 빠져 있다.[23] 심지어 죄를 지은 시간과 공간과 맥락에 관한 구체적 서술조차 나타나지 않는다. 그런 점에서 고백록에서 나타나는 당사자 의식은 다른 사람들 앞과 세상

22 위의 책, 201.
23 위의 책, 217.

앞에서 자주적이고 독립적으로 현존하는 개인의 자기의식에 이르지 못했다고 볼 수 있다. 그러나 그러한 당사자 의식이 그러한 개인의 자의식과 주체 의식의 전조가 된다는 점까지 부정되는 것은 아니다.

III. 도시의 발달과 개인의식의 발전

신성로마제국 안에서 도시가 발전하면서 중세 봉건 체제는 안으로부터 변화하는 계기를 얻게 되었다. 중세도시는 상업과 수공업의 중심이 되었고, 상인들과 수공업자들은 길드를 구성하여 그들의 이익을 지켰다. 중세도시는 원격지 무역의 중개 거점으로서 다양한 지역에서 온 사람들이 섞여서 상품을 교환하는 곳이었다. 도시 경제가 발달함에 따라 어음이 교환되었고, 은행이 설립되었으며, 화폐가 통용되었다. 중세도시는 황제의 허가에 따라 제국 도시로 탄생하기도 했고, 제후에게서 도시 개설권과 도시 자치권을 빼앗아 자유 도시로 세워지기도 했다. 따라서 도시에는 제후와 신민의 봉건적 관계와는 사뭇 다른 정치 질서가 자리를 잡았다. 도시에 거주하는 사람들은 자신을 제후에 인적으로 종속된 신민이 아니라 그 속박에서 벗어난 시민으로 여겼다. 그들은 제후의 직접 통치 아래 놓이지 않았고 도시 방어권, 징세권, 재판권을 스스로 행사했다. 시민들은 선거를 통해 대표를 선출했고, 시민의 대표로 선출된 의원들은 평의회를 구성했으며, 그 평의회가 도시를 다스렸다. 도시는 시민 자치의 공간이었고 자유의 분위기를 맛볼 수 있는 공간이었다.

도시에서 나타나기 시작한 시민의식은 개인의 자기의식이 좀 더 분명한 모습으로 나타나게 했다. 개인이 자기의 주체성을 내세우려고 시도한다는 것은 화가들이 그림 한구석에 자기 모습을 그려 넣거나 사인을 적어넣는 데서 찾을 수 있다. 아마 중세 후기에 개인의 자기의식이 상당한 수준에 이르렀음을 보여 주는 결정적인 실례를 꼽으라면, 그것은 알프레히트 뒤러(Albrecht Dürer, 1471~1528)의 자화상들일 것이다. 뒤러는 르네상스 회화와 조각을 독일에서 구현한 화가이자 판화가이자 조각가였으며 자화상을 그리는 화가로 유명했다. 그는 예술의 역사에서 자기 모습을 충실하게 재현하고 그러한 재현 작업을 주기적으로 반복한 최초의 화가로 알려져 있다. 그가 마지막으로 남긴 <모피 코트를 입은 자화상>은 앞을 똑바로 응시하는 자기의 모습을 사실적으로 묘사하고 있다. 그 이전과 당대의 예술 작품들 가운데 자기 자신이 다른 사람과 세계를 바라보는 중심이라는 것을 그 자화상보다 더 또렷하게 보여 주는 작품은 없다.24

IV. 하나님 앞에 선 개인(person *coram Deo*)

독일의 정신사에서 마르틴 루터는 인간의 내면성을 가장 깊이 들여다보고 사람이 하나님 앞에 선 개인과 세상에서 직무를 수행하는 개인의 통일체로서 현존한다는 것을 가장 또렷하게 인식한 사상가로 꼽힌다. 그는 종교 의식과 고행을 엄격하게 수행하여 완벽한 신앙인이 되려는 노력이 부질없다는 것을 깨닫고 하나님의 은혜와 능력에 힘입어 하나님과 바른 관계를 맺을 때 구원을 맛볼 수 있음을 체험했다. 그러한 회심의

---

24 김인숙은 뒤러의 <모피 코트를 입은 자화상>이 '대상화된 자신을 성찰하는 자신의 모습'을 보여 준 예로 보고 뒤러가 르네상스 정신에 충실하게 '화가의 능동적 주체성에 대한 혁명적 인식의 전환'을 유감없이 보여 준다고 해석한다. 김인숙, "자화상에 나타난 나르시시즘: 뒤러와 프리다의 자화상을 중심으로," 『인문과학연구』 36 (2011) : 119, 123. 그러나 그러한 해석은 르네상스가 주체적 개인의식을 일깨웠다는 야콥 부르크하르트 류의 통념을 전제하고 있는 듯하다.

경험에 이끌려 그는 로마서를 집중적으로 탐구했고 마침내 사도 바울이 말한 '믿음으로 의롭다 인정받는 이치'를 터득했다.

마르틴 루터는 가장 원초적인 인간의 모습을 하나님 앞에 서 있는 개인(person *coram Deo*)으로 파악했다. 그 개인은 하나님에게서 멀어져 있는 죄인이고, 경건이나 고행이나 선행이나 율법의 준수를 통해 하나님과의 관계를 회복할 수 없어서 절망하는 인간이다. 그는 자기 안에 도사린 죄의 힘에 사로잡혀 의지의 자유마저 상실한 비참한 존재이다. 그가 그러한 비참한 상태에서 벗어날 수 있는 것은 오직 하나님이 죄를 억누르는 능력을 발휘해서 아무 전제 없이 그를 하나님과 바른 관계를 맺도록 받아들이는 경우뿐이다. 그러한 하느님의 능력과 은혜를 받아들이는 것이 루터가 말하는 믿음이다. 믿음은 예수 그리스도 안에서 나타나는 하나님의 능력과 은혜에 힘입어 각 사람이 죄의 권세에서 벗어나 내면적 자유를 얻는 계기다. 바로 그러한 인간의 내면이 하나님이 다스리는 영역이다. 하나님 이외에 그 누구도 그 무엇도 그 내면을 침해할 수 없다. 인간의 내면은 세상의 질서와 관습이 내적으로 구현된 규범 의식마저도 넘어선다.[25] 그러한 내면성이 확립되고 내면의 자유를 경험하는 인간은 자신과 바른 관계를 맺고, 이웃과 사랑의 공동체 관계를 맺으며, 외적인 법과 공권력이 그 자신과 이웃이 살아가는 세상의 질서를 유지하는 데 필요하다는 점을 인정하고, 법질서와 공권력 행사를 자발적으로 받아들인다. 하나님 앞에서 내면적 자유를 누리는 개인은 자기 자신 안에 유폐되지 않고 관계 개방적이고 세계 개방적인 개인으로 우뚝 선다.

루터는 사람이 하나님 앞에 선 개인일 뿐만 아니라 세상에서 직무를

---

25 양명수는 그러한 인간의 내면을 가리켜 '안의 안'이라고 지칭했는데, 정곡을 찌르는 표현이다. 양명수, 『아무도 내게 명령할 수 없다: 마르틴 루터의 정치사상과 근대』 (서울: 이화여자대학교출판문화원, 2018), 114.

수행하며 살아가는 개인(person in Amt)이라는 점도 분명히 했다. 하나님 앞에 서 있는 개인과 세상에서 직무를 수행하는 개인은 둘이 아니라 하나다. 그러나 하나님 앞에 선 개인과 세상에서 직무를 수행하는 개인은 엄격히 구별되어야 한다. 두 개인은 서로 다른 질서에 속한다. 루터는 그러한 구별에 근거해서 하나님이 세상을 다스리는 이치를 밝히고자 했다.

하나님은 세상을 통치하기 위해 교회와 국가라는 두 기관을 세웠다. 먼저 교회는 하나님 앞에 선 개인을 다스린다. 하나님 앞에 선 개인은 오직 하나님과 관계를 맺는 인간이고, 하나님은 그를 구원의 길로 이끌기 위해 교회에 복음과 율법을 맡겼다. 사람은 하나님의 뜻이 담긴 율법을 준수해서 하나님의 뜻을 이루려 하지만, 그 율법을 지키지 못해 자신이 죄인임을 깨닫고 그 자신이 구원을 갈망하는 존재임을 깨닫는다. 교회는 바로 그러한 개인의 양심을 향해 복음을 선포하여 구원의 길로 이끈다. 루터는 교회가 그렇게 율법과 복음을 사용하는 방식을 율법의 신학적 용법(*usus legis theologicus*)과 복음의 신학적 용법(*usus evangelii theologicus*)이라고 지칭했다.[26]

그다음, 국가는 세상에서 직무를 수행하는 개인을 다스린다. 국가는 율법과 공권력을 갖고서 사람들을 다스려 세상에 정의를 수립하고, 평화를 구현하고, 질서를 세운다. 세상에서 질서를 교란하고 정의와 평화를 짓밟는 자는 율법에 따라 판결받고 공권력을 통해 처벌된다. 세상에서 직무를 수행하는 개인은 공권력에 복종해야 하고 그 어떤 경우에도 공권력에 맞설 수 없다. 국가가 법과 공권력을 행사할 수 없는 무정부상태는 사탄이 준동하여 세상을 걷잡을 수 없는 혼돈에 빠뜨리는 상태이고 그러

---

26 루터의 복음과 율법 이해에 관해서는 베른하르트 로제/정병식 옮김, 『마틴 루터의 신학: 역사적, 조직신학적 연구』 (서울: 한국신학연구소, 2002), 216-218, 254-264, 373-382.

한 상태는 어떤 경우에도 용납될 수 없다.[27] 국가는 율법의 정치적 용법 (*usus legis politicus*)에 충실하게 세상을 다스리고 사람들이 교회를 통해 구원의 길로 나아갈 수 있도록 외적인 질서를 유지해야 한다. 그러나 국가는 교회의 문턱을 넘어서서 신앙과 양심의 일에 관여해서는 안 된다.[28]

이처럼 마르틴 루터는 인간의 내면적 자유와 국가의 고권(高權)에 대한 복종을 유기적으로 결합하는 통치 이론을 제시했다. 종교개혁자 루터의 권위와 영향 아래서 이루어진 교회의 사회화 과정을 통하여 독일인들은 내면의 자유를 중시하면서도 권위주의적 정부에 복종하고 순응하는 이중적 태도를 몸과 마음에 새기게 되었다. 그러한 태도는 독일에서 개인의 자유와 권리에 근거하여 자유주의적 헌정 질서를 수립하는 것을 어렵게 했다. 권위주의적 헌정 질서를 근본적으로 변화시켜야 할 때 독일인들은 내면적 자유에 웅크린 채 권위주의적 통치에 굴복하는 순응주의적 태도를 보였다.

V. 영주 교회 체제의 확립과 종교의 자유

마르틴 루터가 개인의 내면적 자유와 두 정부론을 종교개혁의 원리로 천명하였다고 해서 개신교 영방국가들에서 종교의 자유가 즉각 실현

---

27 바로 그것이 루터가 농민전쟁을 비판하고 제후들이 공권력을 발동하여 농민전쟁을 진압하라고 주장한 이유였다. Martin Luther, "Ermahnung zum Frieden auf die zwölf Artikel der Bauerschaft in Schwaben," *D. Martin Luthers Werke(Weimarer Ausgabe) Bd. 18* (Weimar: Böhlau, 1908), 291-334(아래서 바이마르 전집을 인용할 때는 *WA 18*, 291-334로 약칭); Martin Luther, "Wider die räberischen und mörderischen Rotten der Bauern," *WA 18*, 357-358.

28 Martin Luther, "Von weltlicher Obrigkeit, wie weit man ihr Gehorsam schuldig sei," *WA 11*, 262ff.

된 것은 아니었다. 그는 신성로마제국에서 종교개혁을 성공으로 이끌려면 영방 군주(領邦君主)들과 귀족들의 힘을 끌어들여야 한다는 것을 인식했다. 종교개혁 당시 신성로마제국 영토의 3분지 1은 교회령이었고, 교황청은 십일조와 갖가지 명목으로 영방국가들을 수탈했다. 영방 군주들과 귀족들은 교황청과 추기경 세력의 힘을 약화하지 않고서는 영방국가의 발전을 도모할 수 없다고 생각했다. 루터는 교황의 지배에 불만을 품은 영방 군주들과 귀족들을 자기편으로 끌어들여 가톨릭교회에 맞섰고 그들이 교회 개혁의 주도권을 갖게 했다.[29]

농민전쟁이 끝난 뒤 루터는 전쟁으로 황폐해진 교회의 질서를 회복하기 위해 1526년 슈파이어 제국의회에서 작센 선제후에게 교회를 감독할 것을 요청했다. 루터는 그것을 임시적인 조치라고 생각했으나 영주의 교회 감독권은 폐지되지 않고 존속했다. 결국 슈파이어 제국의회의 결정은 영주가 교회의 수장(summus episcopus)이 되는 영방 교회 체제를 구축하는 계기가 되었다. 그것은 제단과 왕권의 '동맹'을 추구한 콘스탄틴적 기독교의 루터교적 형태였고, 영주가 영지와 그 위에 있는 모든 것을 지배한다는 원칙에 따라 공고하게 구축된 게르만적 봉건 지배 체제와 친화성을 갖는 교회 지배 체제였다. 영방 교회 체제에서 신민은 영주의 종교를 따랐다. 영방의 정치적 통일은 종교적 통일의 발판 위에서 가능하다고 여겨졌다. 영주가 다스리는 곳의 신민은 영주의 종교를 따른다는 원

---

29 종교개혁 3대 문건 가운데 하나인 1520년, "기독교의 상태의 개선에 관하여 독일 민족의 기독교인 귀족에게 보내는 글"에서 루터는 교회 개혁에 영방 군주들을 끌어들이려는 의도를 노골적으로 나타냈다: "내가 기독교의 상태를 개선하는 일에 관하여 몇 편의 글을 묶은 것은 하나님이 평신도들을 통하여 자신의 교회를 돕기를 바라고 있다는 것을 독일 민족의 기독교인 귀족에게 밝히고 싶기 때문이다. 그런 일을 더 적절하게 할 수 있는 성직자들은 그럴 생각이 전혀 없다." Martin Luther, "An den christlichen Adel deutscher Nation von des christlichen Standes Besserung," WA 6, 404.

칙(*cuius regio, eius religio*)은 개신교와 가톨릭의 평화 공존을 보장하기 위한 1555년의 「아우크스부르크 종교화의」[30]의 핵심이었다. 신민은 종교적 선택의 자유가 없었다.

개인의 종교적 선택의 자유와 교회의 국가로부터의 자유는 종교적 갈등을 빌미로 벌어진 30년 전쟁(1618~1648)을 겪고 난 뒤에 독일 헌정사에서 싹트기 시작했다. 「아우크스부르크 종교화의」는 루터교와 가톨릭의 동등성을 인정하였으나, 개혁교회는 그러한 동등성 관계에 포함되지 않았다. 그런 점에서 「아우크스부르크 종교화의」는 종교 분쟁을 잠재하고 있는 조약이었다. 그러한 종교 분쟁이 30년 전쟁을 폭발시킨 도화선이었다. 30년 전쟁은 표면적으로는 종교전쟁이었지만, 그 내면을 들여다보면 개신교 영주들과 가톨릭 영주들의 영토 분할을 둘러싼 전쟁이었다. 가톨릭 영주들은 개신교 영주들에게 빼앗긴 영토를 되찾고자 하였고, 그러한 영토 분쟁은 유럽 전역의 개신교 국가들과 가톨릭 국가들이 관여하는 국제 전쟁으로 비화했다. 종교를 분쟁에 끌어들인 결과는 참혹했다. 종교의 깃발을 치켜든 분쟁 세력은 종교적 열정과 적개심에 사로잡혀 상대방의 절멸을 추구했다. 30년 동안의 절멸 전쟁은 신성로마제국 인구의 3분지 1을 희생했다. 30년 전쟁의 당사자들은 「베스트팔렌 평화조약」을 체결하고 전쟁을 끝냈다. 「베스트팔렌 평화조약」은 영방국가의 주권과 영토 보전의 원칙을 확립했고, 루터교, 개혁교회, 가톨릭의 동등성 원칙을 천명했으며, 국가가 종교에 관여하지 않는다는 원칙을 밝혔다. 「아우크스부르크 종교화의」의 영주-신민 동일 종교의 원칙은 완화되었다. 신민은 영주가 정한 공적인 종교 의식에 참여하거나 각 개인의 의사

---

30 Martin Heckel, "Augsburger Religionsfriede," *Evangelisches Staatslexikon Bd. 1*, 3. neubearb. und erw. Auflage (Stuttgart: Kreuz-Verlag, 1987), 111–117.

에 따라 자신의 종교를 선택할 수 있게 되었다.[31] 이로써 교회가 국가로부터 자유로워지고 종교 선택의 자유가 허용되기 시작했다.

그러나 「베스트팔렌 평화조약」은 영주가 교회의 수장이 되는 교회 지배 체제를 타파하지 못했다. 교회는 여전히 왕권신수설을 내세워 영주 통치의 정당성과 불가침성을 옹호했다. 교회가 내세우는 정통 교리와 왕권신수설에 대한 비판은 허용되지 않았고, 교회에 대한 의견 표명은 검열의 대상이 되었다. 왕권신수설과 검열 제도는 신성로마제국이 붕괴할 때까지 지속되었고 그 이후에도 오래 지속되었다. 검열 제도는 신성로마제국에서 계몽주의적 개혁을 추진한 프로이센왕국에서도 엄격하게 운영되었고,[32] 1806년 신성로마제국이 붕괴하고 1815년 나폴레옹 전쟁이 끝난 뒤 1818년 유럽에 새 질서를 수립한 신성 동맹 체제에서도 준수되었다. 종교적 견해에 대한 검열은 1850년 발효된 프로이센 흠정 헌법을 통해 폐지되었다. 독일에서 종교의 자유, 양심의 자유, 표현의 자유는 19세기 중반에 이르러서야 비로소 보장되기 시작한 셈이다. 왕권신수설은 프로이센의 헤게모니 아래서 성립된 독일 개신교 황제 제국(1870~1918)의 통치 이데올로기였다. 독일 황제는 독일 개신교 전체에 대한 최고의 감독으로 군림했다.[33] 왕권신수설은 1918년 독일 황제 제국의 붕괴와 더

---

31 「베스트팔렌 평화조약」 5조 31항.

32 프로이센왕국의 프리드리히 빌헬름 II세(Friedrich Wilhelm II, 재위 1786~1797)가 1788년에 반포한 「종교 칙령」은 이신론, 자연주의, 성서 축자영감설에 대한 의심을 금지했고, 이를 검열의 대상으로 삼았다. 교회는 국가기관이었고, 왕은 교회의 최고 감독자로서 교회가 정통 교리를 수호하는가를 면밀하게 감시했다. 국가의 사상적, 종교적 통일을 방해하는 일은 그 어떤 경우에도 용납될 수 없었다. 프랑스 혁명 이후 프로이센 정부는 프랑스에서 밀려오기 시작한 자유주의가 왕권을 동요할 것이라는 우려에서 왕의 총감독관 아래서 종교의 통합과 교회 훈육을 강화하고자 했다.

33 1848년 3월 혁명 이후 선출된 프랑크푸르트 제헌의회는 교회와 국가의 분리를 헌법 규범으로 명시하였으나, 혁명이 실패로 돌아가자 프로이센 왕 프리드리히 빌헬름 IV세(Friedrich Wilhelm IV, 재위 1840~1861)는 제헌의회를 해산했고 반동 정치를 강화하면서 교회에 대한 국가의 개입을 도

불어 사라졌다.

VI. 소결

독일인의 개인의식은 게르만 부족사회 시대로부터 신성로마제국의 붕괴에 이르기까지 발전하면서 여러 가지 특색을 갖게 되었다. 게르만 부족사회에서 개인은 씨족과 부족 차원에서 강한 공동체적 결속을 유지하면서 가족 단위의 독립적 생활을 영위했다. 독일인들은 자유와 명예를 중시하면서도 공동체에 충성하는 태도를 보였고 공동체 구성원들의 평판을 중시했다. 게르만 부족사회에서 사회화 과정을 거친 독일인들의 개인의식에는 가부장주의와 공동체주의가 새겨졌다. 가부장주의는 가족 관계에서 신분적 예속이 오랫동안 존속하게 한 결정적인 요인이었다. 공동체가 개인에 앞선다는 관념은 독일인의 개인의식에 뿌리를 내렸다. 독일 역사에서 그러한 공동체주의는 게르만 정신이라는 이름으로 끊임없이 소환된다.

독일인들은 기독교 개종을 통해 공동체적 평판 못지않게 개인의 내면성을 중시하기 시작했다. 연옥의 관념과 고해성사는 각 사람이 자기 내면을 성찰할 기회를 주었고 자기 내면에 감춘 죄를 하나님 앞에 감출 수 없다는 인식을 갖게 했다. 독일인들의 자기의식은 심화했다. 종교개혁은 독일인들이 하나님 앞에 선 인간의 내면적 자유를 누릴 기회를 확장하였고 하나님의 세계 통치를 대리하는 군주의 지배에 복종하는 순응

리어 강화했다. 왕은 교회에서 특별교인의 지위를 갖고 교회에 대한 절대적 통치권을 가졌다. 그러한 국가의 교회에 대한 고권(Staaskirchenhoheit)은 1918년 독일 개신교 황제 제국이 멸망할 때까지 유지되었다.

주의적 태도를 얻게 했다. 내면성의 추구와 권위에 대한 순응은 종교개혁이 독일인의 개인의식에 남겨 놓은 유산이다. 그러한 독일인의 독특한 멘탈리티는 독일의 역사에서 권위주의적 통치와 심지어 전체주의적 통치의 기반이 된다.

중세 후기에 도시가 발달하면서 도시 거주민들은 시민적 자유와 자치를 누리기 시작했고 개인의 주체성과 주도권을 중시하는 의식이 싹텄다. 그러나 그러한 시민적 자유와 자치는 영주와 황제의 용인 아래에서 보장되었을 뿐 시민의 자유가 법률을 통해 주관적 공권으로 보장되는 단계에 이르지 못했다.

교회와 국가가 동맹을 맺고 왕권신수설을 통치 이데올로기로 굳건하게 유지하는 것은 30년 전쟁 이후 종교와 정치의 분리를 근간으로 한 베스트팔렌 평화조약이 체결된 이후에도 변하지 않았다. 종교의 통일은 여전히 국가의 통일에 결정적이라고 여겨졌고, 종교에 대한 비판은 허용되지 않았으며, 종교에 대한 의견 표명은 검열의 대상이 되었다. 종교의 자유, 사상의 자유, 표현의 자유 등이 유보된 상황에서 개인의 자유와 권리를 중심 가치로 삼는 자유주의가 독일인들의 개인의식에 자리 잡을 수는 없었다. 왕권신수설을 앞세운 루터교 정통주의자들은 독일에서 오랫동안 자유주의를 지체시킨 주요 세력 가운데 하나다.

2장
독일에서 자유주의의 지체와 개인주의의 사상적 확립

　독일에서 개인의식은 종교개혁 이후 개인의 내면성과 내면적 자유를 중시하는 측면에서 고도로 발달하였다. 개인의 자유와 권리에 관한 인식은 독일 이상주의 철학, 낭만주의, 급진적 개인주의 사상 등에서 뚜렷하게 나타났다. 그러나 개인의 자유와 권리를 보장하는 자유주의적 헌정 체제는 독일에서 오랫동안 수립되지 못했다. 프랑스 혁명이 독일에 영향을 미쳤으나, 독일에서는 그 어떤 시민혁명도 성공하지 못했다. 나폴레옹 전쟁을 통해 자유주의적 법제가 독일의 여러 영방국가에 이식되었지만, 1815년 신성 동맹 체제가 확립되면서 왕과 귀족의 기득권을 옹호하는 보수 반동 정치가 자유주의적 개혁과 국민주의적 통합의 열망을 짓밟았다. 1848년 3월 혁명이 추구한 자유주의적 헌정 질서와 연방주의적 통일 방안은 프로이센 군주 체제에 의해 거부되었다. 프로이센 군주 체제는 왕권신수설을 고수하였고, 그것은 1870년 프로이센을 중심으로 세워진 독일 황제 제국이 1918년 붕괴할 때까지 통치 이데올로기로 유지되었다.

I. 독일에서 자유주의적 헌정 질서 수립의 좌절

프랑스가 1789년 대혁명을 거치며 「인간과 시민의 권리들에 관한 선언」에 근거하여 자유주의적 헌정 질서를 수립한 데 반해서 독일은 그 어떤 시민혁명도 성공하지 못한 채 오랫동안 자유주의적 헌정 체제를 실현하지 못했다. 아래서는 독일 헌정사에서 자유주의적 헌정 개혁의 실패와 관련해서 짚어야 할 것을 간략하게 정리한다.

1) 프랑스 혁명은 독일의 지식인 계층에 큰 영향을 주었지만, 봉건적 영방국가 체제가 여전히 공고하게 자리 잡은 독일을 뒤흔들지는 못했다. 독일의 봉건 체제를 변화시키는 결정적인 계기는 나폴레옹 전쟁이었다. 나폴레옹은 신성로마 지역의 라인 지방을 점령한 뒤에 1806년 신성로마제국을 해체했다. 나폴레옹은 라인 지방의 영방국가들에 나폴레옹 법전을 이식하였고 봉건적 사회질서를 해체하는 개혁을 위로부터 아래로 시행했다. 농노와 신분제는 철폐되었고, 귀족과 성직자의 특권은 폐지되었으며, 상업과 경제의 자유가 선포되었다. 그러한 나폴레옹의 개혁 정책은 옛 신성로마제국의 여러 영방국가에서 우호적으로 받아들여졌다.

2) 나폴레옹 점령기에 여러 영방국가에서 추진된 개혁 가운데 프로이센왕국에서 추진된 개혁은 가장 큰 의미가 있었다. 왜냐하면 프로이센의 개혁은 다른 영방국가들이 따라야 할 모범으로 여겨졌기 때문이다. 프로이센은 1807년 나폴레옹에게 패배하고 난 뒤에 강력한 개혁 정책을 추진했다. 그 당시 프로이센에는 부르주아 계급이 발달하지 않았기에 개혁은 귀족을 중심으로, 위로부터 아래로 추진되었다.
개혁의 주도권은 제국 남작 폰 슈타인(Heinrich Friedrich Karl Reichs-

freiherr vom und zum Stein, 1757~1831)이 쥐고 있었다. 그는 군제 개혁, 행정 개혁, 교육 개혁 등에서도 큰 업적을 냈지만, 개혁의 중점은 봉건적 사회관계를 해체하는 것이었다. 1810년 11월 30일 성 마르틴 축일을 기해 모든 농노를 해방하고 모든 신민은 자유 시민의 지위를 갖게 된다고 선언되었다. 게르만 사회의 오랜 전통이었던 영주의 결혼 동의권, 신분과 직업의 세습, 강제 부역의 의무 등 그때까지 신민에게 부과되었던 여러 신분상 제한이 철폐되었고 모든 자유민은 영주에 예속되지 않는 경작지를 소유할 수 있게 되었다. 그러나 귀족이나 대토지 소유자의 특권이 폐지된 것은 아니었다. 귀족의 영지 소유와 그것에서 비롯되는 특권은 유지되었다. 도시에는 완전한 자치가 허용되었으나, 도시를 통치하는 평의회는 대토지 소유자들 가운데 선출된 의원들로 구성되었다. 그것이 폰 슈타인인 남작이 추진한 개혁의 한계였다. 폰 슈타인 남작의 개혁이 시민혁명의 물결을 타고 이루어졌다면 자유주의적 개혁의 성격을 띠었겠지만, 귀족 세력을 중심으로 위로부터 아래로 추진된 개혁이었기에 보수적이고 국가주의적 성격을 띨 수밖에 없었다. 병역 의무, 납세 의무 등 시민의 국가에 대한 의무가 부각한 데 반해 시민의 자유와 권리를 신장하는 조치는 제한적으로 이루어졌다.

개혁의 주도권은 1년 만에 폰 슈타인 남작으로부터 폰 하르덴베르크 후작(Karl August Fürst von Hardenberg, 1750~1822)에게 넘어갔다. 폰 하르덴베르크 개혁의 핵심은 완전한 상업의 자유를 보장하고 길드 강제(Zunftzwang)를 폐지하여 모든 사람에게 직업의 자유를 보장하는 것이었다. 그는 국민 개병제를 시행하고 모든 시민이 장교가 되는 길을 열었다. 그것은 왕과 귀족의 군대를 국민의 군대로 변화시켜 공화주의적 원칙에 따라 군대를 육성한다는 의미가 있는 조치였다.

3) 독일 영방국가들에 대한 나폴레옹의 지배는 과도한 세금을 부과하고, 정복지 주민들에게 프랑스어 사용을 강제하고, 독일 고유의 문화를 경시하는 풍조를 조장하였기에 독일인들의 반발을 샀다. 나폴레옹이 러시아 원정에서 패배하자 프로이센이 주도해서 1813년부터 1814년까지 해방전쟁을 벌여 나폴레옹의 지배를 끝냈다.

4) 나폴레옹 몰락 이후 오스트리아, 프로이센, 러시아 등은 1815년 비인 회의를 통해 신성 동맹(Heilige Allianz)을 체결하고 나폴레옹 전쟁 이전의 유럽 질서를 회복하고자 했다. 신성 동맹은 정통주의와 세력 균형의 두 기둥 위에 세워졌다. 신성 동맹은 왕권신수설에 따라 절대 군주 체제를 복원하고 유럽 여러 나라의 영토 조정을 통해 다국 협력 체제를 구축하고자 했다. 그 목표는 기존 질서를 유지하는 것이었다. 신성 동맹은 왕정을 뒤흔드는 부르주아 혁명과 국민국가 형성 운동을 억압하는 데 공동으로 대응하고자 했다.[1] 신성 동맹은 독일, 이탈리아, 그리스, 스페인 등지에서 일어난 부르주아적 개혁 운동과 국민주의적 운동을 가차 없이 억압하고 분쇄했다.

독일에 국한해서 신성 동맹의 억압적 성격을 살핀다면, 독일연방[2]에서 발생한 부르주아적이고 국민주의적인 저항 운동을 분쇄하기로 결정한 1818년 '칼스바트 결의'(Karlsbader Beschlüsse)를 주목할 필요가 있다. 독일을 절대주의적 군주 국가들의 느슨한 국가연합으로 묶어둔 비인 체

---

1 R. H. 텐브록/김상태 · 임채원 옮김, 『독일사』 하 (서울: 서문당, 1973), 36.
2 독일연방은 비인 협약에 따라 프로이센과 오스트리아의 헤게모니 아래서 39개의 영방국가가 느슨하게 결속한 국가연합이다. 독일연방은 1815년에 결성되어 1866년 프로이센-오스트리아 전쟁을 통해 오스트리아가 축출되면서 무너지고 프로이센 중심의 북독일연방으로 재편되었다. 북독일연방은 1870년 독일 황제 제국이 수립되면서 독일 황제 제국에 흡수되었다.

제에 불만을 품은 독일의 대학생들과 지식인들은 1817년 바르트부르크 축제에서 자유주의적이고 국민주의적 저항 운동을 펼치기 시작했다. 바르트부르크 축제에서는 무수한 영방국가들이 난립하고 정치, 경제, 종교 등이 분열된 독일의 상황을 극복하고 국민적 통일을 이루자는 원칙이 천명되었고, 헌법과 법치에 따르는 입헌군주국의 수립, 법 앞에서 만인의 평등, 언론과 출판의 자유, 비밀경찰의 폐지, 모든 시민의 병역 의무 도입 등과 같은 자유주의적이고 국민주의적인 요구가 분출되었다.[3] 그러한 자유주의적이고 국민주의적 저항 운동에 맞서 신성 동맹은 급진주의자들의 취업을 제한하고, 학생단체들을 해산하고, 대학에 감시자를 파견하고, 출판물을 엄격하게 검열하는 등의 조치를 취했다.[4] 독일에서 자유주의적 대학 개혁을 이끌었던 빌헬름 폰 훔볼트(Wilhelm von Humboldt, 1767~1835)는 자유주의적이고 국민주의적 운동의 배후 인물로 지목되어 공직에서 추방당했다.

그러한 억압적인 신성 동맹은 독일에서만이 아니라 유럽 곳곳에서 자유주의의 확산과 국민국가 형성을 가로막는 걸림돌이었다. 신성 동맹은 1848년 프랑스 2월 혁명이 불러일으킨 혁명의 물결로 인해 무너졌다.

5) 프랑스 2월 혁명은 한 달이 지난 뒤 독일에서 3월 혁명을 불러일으켰다. 그 당시 독일연방의 중심 국가인 프로이센은 프리드리히 4세

---

3 바르트부르크 축제에서 표출된 원칙들과 결의들에 관해서는 Friedrich Johannes Frommann, *Das Burschenfest auf der Wartburg am 18ten und 19ten October 1817* (Jena: Bei Friedrich Frommann, 1818)을 보라.

4 독일에서 칼스바트 결의가 「대학법」, 「출판법」, 「혁명적 음모 수사법」 등을 통해 신성 동맹의 반동적인 정치를 어떻게 구현하였는가에 관해서는 Heinrich Lutz, *Zwischen Habsburg und Preussen: Deutschland 1815-1866, Siedler Deutsche Geschichte* (Berlin: Siedler Verlag, 1994), 49f.

(Friedrich Wilhelm IV, 재위 1840~1861)가 다스렸다. 그는 낭만주의자였으나, 왕권신수설을 고수하고 왕권을 제한하는 그 어떤 법률의 제정도 완강하게 거부했다. 그는 왕권신수설과 그것을 뒷받침하는 정통주의에 반대하는 의견 표명을 철저하게 억압하기 위해 엄격한 검열 제도를 시행했다. 3월 혁명에서 시민들은 절대적인 군주 지배 체제에 맞서서 언론의 자유를 요구했고, 시민이 무장할 권리를 천명했고, 시민이 재판에 참여할 권리를 주장했으며, 국민 대의제 원칙에 바탕을 둔 의회를 구성할 것을 촉구했다. 그런 점에서 독일의 3월 혁명은 사회주의 혁명의 성격을 보인 프랑스 2월 혁명과는 달리 부르주아 혁명의 성격을 강하게 띠었다.

1848년 5월에 선출된 프랑크푸르트 국민의회는 1849년 3월 「프랑크푸르트 제국헌법」[5]을 제정했다. 「프랑크푸르트 제국헌법」은 1789년 프랑스 혁명 이후 채택된 권리장전의 핵심 내용을 헌법 규범으로 명시했다. 그것이 「프랑크푸르트 제국헌법」 제VI부에 14개 조, 59개 항으로 규정된 '독일 국민의 기본권'이다. 기본권의 핵심 내용은 귀족 제도의 폐지와 법 앞에서 만인의 평등, 고문과 사형의 폐지, 각 개인이 누리는 자유의 불가침성, 각 개인이 소유하는 재산의 불가침성, 표현과 종교의 자유, 집회와 결사의 자유, 교육의 자유, 거주의 자유, 서신의 비밀 보호, 정당한 사유 없는 가택 수색의 금지 등이다.[6] 또한 「프랑크푸르트 제국헌법」은 소독일주의 노선에 따라 영방국가들의 국민적 통일을 이룬다는 원칙 아래서 연방(Bund)과 구성 영방(Länder)의 관계를 규정하고,[7] 권력 분립

---

5 「프랑크푸르트 제국헌법」의 공식 명칭은 「1849년 3월 28일의 독일제국 헌법」(Verfassung des Deutschen Reichs vom 28. März 1849)이다.

6 제국헌법의 권리장전에 관해서는 Ernst Rudolf Huber, *Dokumente zur deutschen Verfassungsgeschichte, Bd. 1: Deutsche Verfassungsdokumente 1803-1850*, 3. Aufl. (Stuttgart [u.a.]: Kohlhammer, 1978), 375ff.

7 소독일주의는 독일 영방국가들의 통일과 국민국가 형성에 관한 한 구상이다. 소독일주의의 핵

의 원칙에 따라 민주적 헌정 질서를 제도화했다. 그러나 이미 3월 혁명의 동력이 약화한 상황에서 프로이센 왕 프리드리히 4세는 1849년 4월 3일 제국헌법을 거부하여 그 효력이 발생하지 않았다. 결국 3월 혁명은 좌절하였고 프랑크푸르트 국민의회는 1849년 5월 해산하였다.

6) 1848년 3월 프로이센은 프로이센대로 영방국가 차원에서 프로이센 국민의회를 선출했으나, 프리드리히 4세는 1848년 12월 국민의회를 해산하고 12월 5일 흠정 헌법을 제정했다. 프리드리히 4세의 흠정 헌법은 1850년 1월 31일 「1850년 프로이센 헌법」이라는 이름으로 공표되어 효력을 발휘하였고 독일 황제 제국이 붕괴한 1918년까지 그 효력이 장기간 유지되었다.

「1850년 프로이센 헌법」은 제2장 제4조로부터 제30조에 이르기까지 '프로이센인의 권리'를 다룬다. 그 권리장전의 첫머리에는 신분 차별의 금지와 법 앞의 평등이 명시되고, 그다음에 신체의 자유, 주거의 불가침성, 학문과 교수의 자유, 소유의 불가침성, 종교의 자유, 표현과 출판의 자유 등이 명기되어 있다. 이로써 악명 높은 검열 제도는 폐지되었으나, 집회와 결사의 자유는 조건부로 허용되었을 뿐이다.[8] 흠정 헌법은 권리장전에서는 어느 정도 진전된 모습을 보였지만, 민주적인 헌정 질서를 수립하는 데는 한참 모자랐다. 흠정 헌법은 왕이 새로 조직된 귀족원을 임명하도록 규정하였는데, 그러한 헌법 규정은 모든 실질적 개혁을 봉쇄

───────────────

심은 오스트리아와 헝가리를 제외하고 나머지 독일 영방국가들이 프로이센의 헤게모니 아래서 통합하자는 것이다. 반면에 대독일주의는 옛 신성로마제국을 구성했던 모든 영방국가를 하나로 묶는 것을 골자로 하는 구상이다. 소독일주의는 독일에서 개신교 세력의 헤게모니를 중시했고, 대독일주의는 가톨릭 세력의 헤게모니를 우선시했다.
8 양태건 번역, "1850년 프로이센 헌법," 「서울대학교 法學」 54/2 (2013): 213-219.

하는 효과를 냈다. 왜냐하면 흠정 헌법은 귀족원과 프로이센 국민의회가 합의할 때만 법률을 제정할 수 있도록 규정했기 때문이다. 제한선거권 제도에서도 자유주의자들이 프로이센 국민의회의 다수파를 이루고 있었으나, 자유주의자들은 그 어떤 개혁도 추진할 수 없었다. 그러한 사정은 독일 황제 제국에서도 달라지지 않았다. 내각은 오직 황제에게만 책임을 질 뿐 의회나 국민에게 책임지지 않았다.

II. 독일에서 전개된 개인주의 사상의 특색

독일에서 자유주의적이고 민주적인 헌정 질서의 실현은 루터교 정통주의자들이 정교하게 발전시킨 왕권신수설과 권위주의적인 군주 국가 체제로 인해 끝없이 지체되었지만, 개인의 자유와 주체성을 중시하는 개인주의는 오래전부터 싹트기 시작하여 성숙해 갔다. 독일에서 개인주의는 마르틴 루터가 중시한 인간의 내면적 자유에서 확실한 모습을 보였고, 국가교회 체제보다 개인의 신심을 중시한 경건주의의 토대가 되었고, 정통주의 신학의 독재에 반발한 계몽주의의 바탕이 되었다. 개인주의는 기존 권위에 대해 도전하고 개인의 감정과 창조성을 표출하고자 한 질풍과 노도(Sturm und Drang)의 시대를 거치며 급진적인 모습을 보이기도 했다.

독일에서 개인주의는 크게 세 가지 사상적 유형을 보였다. 하나는 칸트, 피히테, 헤겔 등 독일 이상주의 철학자들이 전개한 개인주의 사상이다. 그들은 개인의 자유와 소유의 권리를 사회계약의 전제로 여겼다. 다른 하나는 헤르더, 슐레겔 형제 등이 촉진한 독일 낭만주의이다. 낭만주의자들은 개인의 감정에 충실하고, 개성을 실현하고, 문화적 정체성을 찾고자 했다. 마지막 하나는 막스 슈티르너와 프리드리히 니체가 보여 준 급진적 개인주의이다. 그들은 기존의 가치 체계를 송두리째 뒤집어엎는 방식으로 개인의 유일성과 주체성을 그 극단에 이르기까지 추구했다. 아래서는 이 세 가지 유형의 개인주의에 나타난 독일 개인주의 사상의 특색을 살핀다.

1. 칸트, 피히테, 헤겔의 사회계약론에 나타난 개인주의

칸트, 피히테, 헤겔 등은 개인이 근대 사회의 중심을 이룬다는 것을 인식하고 개인의 자유와 소유의 권리를 옹호했고, 개인들의 합의와 결합에 근거하여 국가 작용을 설명하는 사회계약론을 전개했다. 그런 점에서 그들의 정치철학은 공통성을 보였지만, 논증 방식은 서로 달랐다.

1) 임마누엘 칸트(Immanuel Kant, 1724~1804)는 1794년 프로이센에서 「영방기본법」(Preussisches Allgemeines Landrecht)이 제정되기까지 법의 근대화 과정을 법철학적으로 뒷받침하고, 미래의 자유주의적이고 공화주의적 헌정 질서의 이론적 토대를 놓은 철학자였다. 그는 독일에서 자유주의적 사회계약론을 수립한 선구적 이론가로 꼽힌다.

칸트는 당대의 현실에서 사적인 영역과 공적인 영역이 엄격하게 구분되었다고 생각하고, 그것을 전제로 해서 법철학을 전개했다. 사적인 영역은 사인(Privatperson)의 활동 영역이다. 사인은 근대적 의미의 개인이다. 그것은 권리 능력과 의무 능력을 갖춘 행위 주체다. 사적인 영역에서 가장 중요한 것은 소유와 계약이다. 소유와 계약의 규율은 사법(Privatrecht)의 핵심을 이룬다. 가족법, 상속법 등도 사적인 영역을 규율하는 사법의 중요한 구성 부분이다. 공적인 영역은 입법, 행정, 사법으로 구성된 국가 기구의 영역이다. 공적인 영역을 규율하는 법은 공법(Öffentliches Recht)이다. 공법은 국가법, 귀족 신분에 관한 법, 복지법, 교회 지원법, 형법,

국적법, 국제법 등을 망라한다.9 사적인 영역과 공적인 영역을 규율하는 법률의 제정은 당연히 공적인 영역에서 이루어진다.

칸트는 자유주의적이고 공화주의적 입법의 근거를 이성의 공적인 사용에서 찾았다. 그는 "계몽이란 무엇인가에 대한 답변"(1784)이라는 논문에서 이성의 공적인 사용을 설명했다. 계몽은 각 사람이 자신의 이성으로 자주적으로 생각하도록 용기를 북돋는 일이다. 사람은 스스로 생각한 것을 큰 소리로 다른 사람에게 자유롭게 전할 수 있어야 한다. 그래야 자기의 생각이 다른 사람에게 검증될 수 있고 수정될 수 있다. 그렇게 사람들이 자주적인 생각을 자유롭게 교환하는 과정을 통해 사람들은 서로 의견을 조정하고, 더 나아가 모든 사람이 합의할 수 있는 진리로 나아갈 수 있다. 진리는 미리 정해져서 사람들에게 주어지지 않고 자주적으로 사유하는 사람들의 자유로운 의견 교환을 통해 드러난다. 진리는 공론의 장을 필요로 하고, 공론의 장은 사상의 자유와 표현의 자유를 전제한다.10 그러한 자유로운 공론의 장에서 이성의 공적인 사용이 이루어진다.

이성의 공적인 사용은 사람들이 공론의 장에 참여해서 모든 의견을 비판적으로 검토하고 합의하는 방식으로 구현된다. 그런 점에서 이성의 공적인 사용은 비판적 공개성을 구축한다. 사람들이 함께 살아가는 사회와 국가의 문제를 논하는 곳에서는 정치적 공론장이 열린다. 정치적 공론장에서 공동체의 문제를 해결하는 원칙과 방침에 관한 의견들이 자유롭게 교환되고 비판적으로 검토되어 합의에 이르게 된다면, 그러한 합의는 입법의 길로 갈 것이다. 그것이 시민의 참여와 합의에 바탕을 두고

---

9 I. Kant/백종현 옮김, 『윤리형이상학: 법 이론의 형이상학적 기초원리』(서울: 아카넷, 2012), 167f.
10 I. Kant/이한구 옮김, "계몽이란 무엇인가에 대한 답변," 『칸트의 역사철학』, 개정판, 제3쇄 (서울: 서광사, 2014), 15.

공화주의적 원칙에 따라 법률을 제정하는 절차다. 그러한 자유주의적이고 공화주의적인 입법 절차를 거쳐 제정된 법률은 누구에게나 적용될 수 있고 누구나 옳다고 인정하는 법률이 될 것이다. 입법의 보편성 원칙과 공정성 원칙을 실현하는 법률은 '이성으로부터 유래하는 인민의 의지'에서 비롯된 것으로 여겨진다. 그러한 법률에 따라 통치되는 국가가 자유주의적이고 공화주의적인 법치국가이다. 칸트는 이성의 공적인 사용이 개인들의 합의에 근거하여 인민주권의 원칙에 따라 국가를 형성하는 바탕이 된다는 점을 명확하게 밝혔다. 이성의 공적인 사용은 칸트의 사회계약론에서 핵심을 이룬다.[11]

칸트는 근대적 개인에게 소유의 불가침성이 인정되어야 한다고 주장했다. 자유가 인간의 본질이라면, 각 사람은 그 자유를 지키기 위해 소유해야 한다고 생각했다. 그런 점에서 소유는 이성의 요구이다. 소유의 근원은 물리적 점유와 같은 경험적 사실에 있지 않다.[12] 설사 만물이 세상이 생길 때부터 누구나 접근해서 사용할 수 있도록 공유물로 주어져 있다고 하더라도, 사람이 자유롭기 위해서는 원초적 공유물 가운데 일부를 점유하고 그것을 자기의 것으로 소유하지 않으면 안 된다. 자유는 소유를 요구하고, 소유는 자유의 물적인 근거를 이룬다. 아무것도 소유하지 않은 자는 자유로울 수 없다. 개인의 소유는 그 누구에 의해서도, 그 무엇에 의해서도 침탈될 수 없다. 그러한 소유에 근거해서 자유를 누리는 개인만이 칸트가 공론의 형성에 참여하고 공화주의적 국가를 형성하는 주체로 설정한 개인이다.

---

11 칸트가 이성의 공적인 사용으로부터 공화주의적 입법 절차를 추론하는 과정에 관한 요령 있는 설명으로는 위르겐 하버마스/한승완 옮김, 『공론장의 구조변동: 부르주아 사회의 한 범주에 관한 연구』 (서울: 나남, 2007), 202f.
12 I. Kant/백종현 옮김, 『윤리형이상학: 법 이론의 형이상학적 기초원리』, 198.

1784년 "계몽이란 무엇인가에 대한 답변"을 집필했던 칸트는 프랑스 대혁명 이후 사상의 자유, 표현의 자유, 출판의 자유가 인간의 기본권으로 인정되어 「인간과 시민의 권리들에 관한 선언」(1789) 제11조에 명시되고, 소유의 신성 불가침성이 제17조에 새겨졌음을 확인했다. 그는 멀지 않은 장래에 독일에서 개인의 자유와 소유의 불가침성이 보장되고 자유주의적이고 공화주의적인 입헌국가가 수립될 수 있으리라는 희망을 품었다.

2) 피히테(Johann Gottlieb Fichte, 1762~1814)는 칸트가 근대 사회에서 성립하였다고 인식한 개인을 '자아'로 표현했다. 자아는 자신을 정립하고 세계를 구성하는 출발점이다. 자아는 자기가 아닌 것과 자기를 구별하고, 그렇게 구별된 자기와 관계를 맺는 주체다.[13] 따라서 자아는 자기반성의 주체이며 성찰의 주체이다. 그러한 주체를 정립하지 않으면 타자와의 관계도, 개인과 사회, 개인과 국가, 개인과 세계의 관계도 정립될 수 없다. 그런 점에서 자아는 절대적 의미의 주체이다. 피히테는 근대 세계에서 개인이 절대적 의미의 자아로 등장했다는 점을 지적함으로써 자유주의 사상의 굳건한 바탕을 마련하였고, 개인이 절대적 주체로서 유한성의 제약 속에서도 무한성을 추구할 수 있다는 낭만주의 사상의 철학적 근거를 제시했으며, 헤겔의 절대적 관념론이 전개할 수 있는 토대를 놓았다.

피히테는 프로이센이 나폴레옹에게 굴복한 1807년 베를린에서 "독일 국민에게 고함"이라는 연속 강연을 통해서 독일 국민 한 사람 한 사람이 자각하고, 자각한 개인들이 힘을 합쳐 독일을 해방하자고 외쳤다. 그

---

13 J. G. Fichte, *Versuch einer neuen Darstellung der Wissenschaftslehre, Fichtes sämtliche Werke Bd. 1*, hg. von I. H. Fichte (Berlin: Veit, 1845), 526.

의 연설은 국민주의적 열정으로 가득 찼다. 그는 국민주의가 자유로운 주체로서 자신의 완전성을 추구하려는 개개인의 각성에서 출발하여야 하고, 그러한 각성은 각 개인 안에 있는 역량을 끌어내는 페스탈로치 방식의 교육을 통해서 이루어진다고 생각했다.[14] 피히테는 국민이 각성한 개인들의 연합을 통해 형성된다고 생각했다. 개인이 국민 안에 해소되는 국민주의는 피히테에게는 낯선 생각이었다. 그는 개인에게서 출발하여 국민과 국가의 형성을 논증하는 사회계약론의 틀에서 개인과 국가의 관계를 설정했다.

피히테는 칸트와 마찬가지로 소유가 개인의 자유를 뒷받침하는 근거임을 명확히 주장했다. 소유는 자유의 근거인 한에서 함부로 침탈되어서는 안 된다. 그렇다고 해서 소유가 신성불가침의 절대적 권리는 아니다. 인간의 원초적 권리는 '살 수 있어야 할 권리'이다. "살 수 있어야 함은 모든 인간의 양도할 수 없는 절대적 소유이다."[15] 따라서 '살 수 있어야 할 권리'는 무조건 존중되어야 할 자연법적 권리다. 그 권리의 실현을 위해서는 소유의 권리마저도 제한되어야 한다. 그러한 소유권 제한은 개인들이 맺는 국가 계약의 한 항목이다. 바로 여기서 피히테는 칸트를 넘어서는 소유 개념을 제시하고 있다.

3) 헤겔(Georg Wilhelm Friedrich Hegel, 1770~1831)도 개인이 근대 사회에서 중심이 되었다는 것을 인정했다. 그는 그러한 개인을 이중적 관점에서 파악했다. 우선 그는 논리적으로 개인만을 따로 떼어 놓고 개인의

---

14 J. G. Fichte, *Reden an die deutsche Nation* (Leipzig und Wien: Bibliographisches Institut, 1888), 18-31. "둘째 강연: 새로운 교육의 본질에 관한 일반적 설명."

15 J. G. Fichte, *Grundlage des Naturrechts nach Prinzipien der Wissenschaftslehre* (Hamburg: Felix Meiner, c1960), 206.

자유와 그 실현을 규율하는 규범을 고찰한다. 그것이 헤겔의 『법철학』 제1부에서 논의되는 '추상적 개인'과 '추상적 법'의 내용이다.16 그다음에 그는 현실적인 관점에서 개인을 논했다. 개인은 공동체적 유대를 아랑곳하지 않는 고립된 개인이 아니라 가족과 시민사회와 국가에 묻어 들어가 있는 개인이고, 공동체를 규율하는 규범이 작용하는 것을 인식하고 있는 개인이다. 그러한 규범이 헤겔이 말하는 '인륜'과 국법이다.17 헤겔은 추상적 개인에 관한 논의에 머물지 않고 개인이 공동체적 관계를 매개하며 현존한다는 점을 또렷하게 밝혔다. 그 점에서 그는 칸트와 피히테의 개인주의를 넘어섰다.

헤겔의 개인 이해는 두 가지 점에서 중요한 의미가 있다. 첫째, 그가 말하는 '추상적 개인'은 헤겔이 전개하는 사회계약론의 논리적 전제이다. 사회계약론은 자연 상태의 인간이 자연 상태를 벗어나 생명과 자유와 재산에 관한 시민적 권리를 보장받기 위해 국가를 형성하기로 합의하고 계약을 맺는다는 것을 골자로 한다. 사회계약론에서 자연 상태는 선사 시대의 생활 상태를 가리키는 것이 아니고 국가의 필요성을 설명하기 위한 논리적 가정이다.18 그러한 사고 실험은 헤겔에게서도 나타난다.

---

16 G. F. W. Hegel/임석진 옮김, 『법철학』 (파주: 한길사, 2008), § 33, § 35. 추상적 개인은 자기 자신을 자유롭게 사유하고 행동하는 개별적 주체로서 자각하고 그 개별적 주체성에 머물러 있는 인간이다.

17 위의 책, § 151, § 157.

18 예를 들면 토마스 홉스(Thomas Hobbes, 1588~1679)는 자연 상태를 모든 개인이 자기 이익을 위해 서로 적대적으로 대립하고 투쟁하는 상태라고 가정했다. 거기서는 그 누구도 자신의 생명과 재산을 안전하게 지킬 수 없다. 따라서 각 개인은 자신의 생명과 재산을 지키기 위해 한 사람에게 모든 권력을 몰아주어 전제적인 군주의 법과 통치 아래서 생명과 재산의 권리를 보장받기로 합의한다고 생각했다. 로크(John Locke, 1632~1704)와 루소(Jean-Jacques Rousseau, 1712~1778)는 홉스와는 다르게 자연 상태를 가정했고, 자연 상태를 극복하기 위해 정부를 구성하는 논리를 홉스와는 다르게 전개했지만, 그들이 사회계약론의 사고 실험의 패턴을 따른다는 점에서는 크게 다른 것이 없다.

그는 가족과 시민사회와 국가를 통해 공동체적 규율을 받기 이전의 개인을 논리적으로 가정하고, 그 개인의 행위를 규율하는 규범과 법을 생각했다. 개인의 자유가 보장되지 않는 자연 상태를 논리적으로 가정하고, 그 자유를 보장하는 규범과 법을 제정하는 국가를 설정하였다는 점에서 그렇다.[19] 그러한 개인의 행위를 규율하는 법과 규범, 곧 소유와 계약 그리고 소유와 계약을 침해하는 범죄에 대한 형법적 규율이 헤겔이 말하는 '추상적 법'의 핵심 내용이다.[20] '추상적 법'은 현실의 개인의 삶을 규율하는 법, 곧 시민사회의 법으로 보존된다. 소유가 자유의 근거가 된다고 생각했다는 점에서 헤겔은 자유주의자의 면모를 보인다.

둘째, 헤겔은 현실의 개인이 공동체 관계 안에 있다고 보았고, 그 점에서 공동체주의의 사상적 기반을 놓았다고 볼 수 있다. 현실의 개인은 가족을 통해 사회화되어 사람이 관계 안에서 지켜야 할 규범을 내면화하고 그 규범에 따라 살아갈 역량을 갖춘다. 그러한 개인은 가족의 울타리를 벗어나서 시민사회에 참여한다. 시민사회는 '욕망의 체계'이다.[21] 시민사회는 개인들이 욕망을 충족하기 위해 치열하게 경쟁하고 대립하는 곳이며, 자신의 욕망을 충족하기 위해 타인을 수단으로 삼거나 아예 그 현존의 근거를 박탈하기까지 하는 곳이다. 그러한 시민사회에서 개인은 자신의 이익을 최대화하기 위해 서로 힘을 합쳐 단체를 형성해야 하고 시민들은 경쟁과 대립에서 비롯되는 시장 질서의 문란, 빈익빈 부익부에 따르는 사회적 문제, 과잉 축적된 자본과 상품의 처리 문제 등을 해결해야 한다. 그러한 문제들은 시민사회 차원에서 해결될 수 없기에, 결국 국가가 시민

---

19 진 L. 코헨·앤드루 아라토/박형신·이혜경 옮김, 『시민사회와 정치이론 1』 (서울: 한길사, 2013), 228, 각주 48.
20 '추상적 법'의 개요에 관해서는 G. F. W. Hegel/임석진 옮김, 『법철학』, § 40.
21 위의 책, §182.

사회에 개입하여야 한다. 시민사회에서 국가의 작용은 단체법, 경쟁법, 구빈 복지법 등의 제정으로, 식민지 개척과 운영 등으로 나타난다.

헤겔은 시민사회를 시장경제의 영역으로 파악했다. 헤겔 이전에 시민사회를 그렇게 개념적으로 파악하고 시민사회의 규율에 관한 법철학적 이론을 전개한 학자는 없다. 헤겔은 시민사회의 모순을 인식했고, 시민사회의 모순은 국가에 의해 해소될 수 있다고 생각했다. 시민사회의 문제는 국가의 개입과 국가 작용을 통해 점진적으로 해결되고 시민사회가 국가로 지양되어 공동체 정신이 완전히 실현될 때 궁극적으로 해결될 것이다. 헤겔은 시민사회와 국가가 구분되지만, 서로 협력적 조응 관계를 맺는다고 생각했다. 그러한 조응 관계에서 시민사회와 국가, 현실과 이성이 화해한다는 것이 헤겔의 주장이었다.

그러한 헤겔의 생각은 "이성적인 것은 현실적인 것이고, 현실적인 것은 이성적인 것이다"[22]는 선언에 응축되어 있다. 그는 당대의 프로이센이 현실에서 실현된 이성적 국가라고 생각했다. 그렇기에 헤겔의 법철학은 프로이센의 「영방기본법」을 주석하고 그것을 정당화하기 위해 쓰인 저작이라고 볼 수 있다. 헤겔은 개인의 자유와 소유의 불가침성을 옹호한 자유주의자였지만, 프로이센의 권위주의적인 군주 국가를 이성적 국가의 현실태로 인정하였다는 점에서 부르주아적 보수주의자였고 심지어 반동적인 철학자였다.

2. 독일 낭만주의의 이중성: 개성의 강조와 문화적 공동체주의

독일에서 낭만주의는 이중성을 띠었다. 한편으로 낭만주의는 계몽주

---

22 위의 책, 『법철학』, 48.

의의 전통에 서서 개인의 이성 능력을 중시하는 독일 이상주의 철학과는
달리 개인의 감정과 개성을 중시하는 방식으로 개인주의를 발전시켰고,
다른 한편으로는 독일 언어와 문화의 정체성을 중시하며 문화적 공동체
주의를 강화하였다. 그러한 낭만주의는 개인의 내면성에 침잠하여 현실
에서 도피하는 경향을 강화하는가 하면, 게르만 전통에 호소하여 독일인
의 문화적 정체성을 중심으로 독일 국민주의를 형성하는 데 이바지했다.

   '낭만주의'라는 말은 1798년 프리드리히 폰 슐레겔(Karl Wilhelm Friedrich
von Schlegel, 1772~1829)가 그의 형 아우구스트 폰 슐레겔(August Wilhelm
von Schlegel, 1767~845)에게 보낸 편지에서 처음으로 사용되었지만,[23] 그 뿌
리는 질풍노도 시대로 거슬러 올라간다. 질풍노도 시대의 작가들은 억압적
이고 권위주의적인 기존 질서에 반항했고 개인의 감정과 창조성을 발현하는
데 관심을 쏟았다. 그러한 경향은 프리드리히 폰 쉴러(Johann Christoph
Friedrich von Schiller, 1759~1805)가 1781년에 쓴 『강도들』, 요한 볼프강 폰
괴테(Johann Wolfgang von Goethe, 1749~1832)가 1774년에 익명으로 발표한
『젊은 베르테르의 슬픔』 등에 잘 나타난다. 질풍노도의 문학과 낭만주의의
연속성을 잘 보여 주는 인물은 요한 고트프리트 헤르더(Johann Gottfried
Herder, 1744~1803)이다. 그는 이성을 앞세우는 계몽주의에 비판적 거리를
취했고 민중 문학에 담긴 정서에 주목했다. "마음의 목소리가 이성의 결정
을 좌우한다"는 유명한 말을 남긴 헤르더는 이성에 앞서 인간의 마음을 헤
아리는 것을 중시했고, 민중의 시와 이야기에 담긴 민중의 소리에 귀를 기울
이고 그 마음을 읽고자 했다.[24]

---

23 Ernst Behler u. a. (Hrsg.), *Kritische Friedrich-Schlegel-Ausgabe, Abt. 1, Bd. II* (München;
   Paderborn; Wien: Schöningh, 1958), 182f.: Athenäum Fragmente 118. 여기서 프리드리히
   폰 슐레겔은 개인의 개성과 감성, 삶의 생동성과 서사를 담는 예술과 문학의 새로운 장르로서
   낭만주의가 태동했음을 알렸다.

낭만주의는 프랑스 혁명 이후에 독일에서 현실을 변화시키지 못하는 창백한 이성주의에 반발했다. 낭만주의자들은 프랑스 혁명에 자극받아 개인의 자유를 추구했다. 그들이 추구한 것은 개인의 절대적 자유였다. 그러한 자유는 인간과 시민의 자유를 억압하는 권위주의적인 독일의 현실에서 실현될 기회가 없었다. 그들이 찾은 돌파구는 극단적 주관주의였다. 그들은 순수한 의지의 자유에 몰입했고 인간의 유한성을 넘어서서 무한성을 추구하고자 했다. 그들은 개인의 삶이 일회적으로 주어지고 반복되지 않는다고 믿었고, 그러한 삶은 남다르게 개성적으로 표현되어야 한다고 생각했다. 개인의 감정과 그 표현은 다른 무엇보다도 중시되었다. 그것은 과거의 신비를 접하는 감정과 미래에 대한 동경심을 섬세하게 묘사한 노발리스(Navalis, 본명: Georg Friedrich von Hardenberg, 1772~1801) 등의 문학 작품에서 잘 드러난다. 개인이 느끼는 섬세한 감정은 프란츠 슈베르트(Franz Peter Schubert, 1797~1828), 펠릭스 멘델스존-바르톨디(Jacob Ludwig Felix Mendelssohn Bartholdy, 1809~1847), 칼 마리아 폰 베버(Carl Maria Friedrich Ernest von Weber, 1786~1826) 등과 같은 낭만주의 음악을 이끌어가는 모티프였다. <안개 바다 위의 방랑자>(1818), <달을 관조하는 두 남자>(1819~1820) 같은 명작을 남긴 카스파르 다비드 프리드리히(Caspar David Friedrich, 1774~1840) 등과 같은 낭만주의 화가들은 거대한 풍경을 그리면서도 그 풍경을 바라보는 개인의 감정을 섬세하게 표현했다.

낭만주의자들은 나폴레옹의 지배와 해방전쟁을 거치며 독일인의 국민

---

24 이사야 벌린은 '낭만주의의 진정한 아버지'로 두 사람을 꼽았다. 한 사람은 헤르더이다. 헤르더는 역사와 사회를 보는 새로운 관점을 제시했고 언어가 문화의 형성에서 갖는 중요성에 주목했다. 그는 특히 민중의 언어와 민요를 중시했다. 다른 한 사람은 뜻밖에도 임마누엘 칸트다. 벌린은 칸트가 낭만주의를 신랄하게 비판함으로써 낭만주의 발전에 지대한 영향을 주었고, 바로 그런 점에서 칸트를 '낭만주의의 진정한 아버지'로 꼽는다고 말했다. 이사야 벌린/강유원·나현영 옮김, 『낭만주의의 뿌리: 서구 세계를 바꾼 사상 혁명』(서울: 이제이북스, 2001), 95, 100ff.

적 단결의 중요성을 깨달았다. 수많은 봉건적 영방국가가 병존하고 있는 독일은 하나의 국민, 하나의 국민국가를 형성하지 못했다. 낭만주의자들은 독일인의 언어와 문화가 독일인들을 하나의 국민과 하나의 국민국가로 결속할 수 있으리라고 생각했다. 낭만주의자들은 게르만 전통과 문화를 되살려 독일인의 정체성을 형성하고자 했다. 헤르더는 독일어 연구를 통해 언어와 정신의 본질을 탐구했고, 독일에서 인문주의 교육의 이정표를 세웠던 빌헬름 폰 훔볼트도 언어 연구에 주력했다. 야콥 그림(Jakob Ludwig Carl Grimm, 1785~1863)과 빌헬름 그림(Wilhelm Carl Grimm, 1786~1859) 형제는 독일어 문법책을 편찬했고 게르만 민담을 수집했다. 낭만주의가 고취한 국민주의적 열정은 역사주의의 발전을 자극했고, 레오폴트 폰 랑케(Leopold von Ranke, 1795~1886)는 독일인의 역사에 관한 방대한 연구를 수많은 독일사 저술로 남겼다. 바그너(Wilhelm Richard Wagner, 1813~1883)는 <니벨룽겐의 노래>와 같은 고대 게르만 서사시를 음악적으로 재현하고 오페라로 장엄하게 극화했다.

낭만주의는 게르만 정신의 부활을 고취했고 독일에서 게르만주의와 문화적 공동체주의를 확산했다. 독일 통일운동 과정에서 그러한 사조는 독일의 독특한 국민주의를 형성하는 데 이바지했다. 독일에서 진행된 국민 형성과 국민국가 형성 과정은 독일인의 개인주의에 독특한 색깔을 입혔다. 이에 관해서는 후술한다.

3. 급진적 개인주의

독일에서 이상주의 철학과 낭만주의가 서로 성격과 지향을 달리하는 개인주의의 두 지배적인 유형을 보여 준다면, 막스 슈티르너(Max Stirner, 본명: Johann Caspar Schmidt, 1806~1856)와 프리드리히 니체(Friedrich Wilhelm Nietzsche, 1844~1900)가 표방한 급진적 개인주의는 독일의 사상 전통에서는 유별난 유형이라고 볼 수 있다. 급진적 개인주의가 유별난데도 하나의 유형을 보인다고 말하는 것은 슈티르너와 니체 이외에 '개인법칙'을 주장한 사회학자 게오르그 짐멜(Georg Simmel, 1858~1918), 인간의 실존 분석을 통해 존재의 의미를 추구한 철학자 마르틴 하이데거(Martin Heidegger, 1889~1976) 등과 같은 뛰어난 사상가들이 급진적 개인주의의 계보를 이어갔기 때문이다.

1) 막스 슈티르너는 흔히 헤겔 좌파 사상가라고 일컬어진다. 헤겔 좌파는 헤겔이 1831년 사망한 뒤에 헤겔 철학을 내재적으로 비판하고 해체하려는 젊은 철학자들의 운동이었다. 헤겔 철학의 가장 강력하지만 동시에 가장 약한 고리는 이성과 현실의 화해에 관한 헤겔의 사변이었다. 헤겔은 프로이센을 이성적 국가로 정당화했지만, 정작 프로이센은 종교를 통해 정치의 정당성을 확립하고자 했다. 프로이센에서 루터교 정통파가 가다듬은 왕권신수설은 강력한 통치 이데올로기였다. 헤겔 좌파가 활동하던 1840년대 중반까지도 독일 부르주아와 민중은 프로이센의 억압적이고 권위주의적인 통치를 무너뜨릴 가망이 전혀 없는 듯이 보였다. 그러한 상황에서 헤겔 좌파는 정치 비판의 실마리를 종교 비판에서 찾았다.[25] 그런데 청년 헤겔파와 깊은 교분을 나누었던 슈티르너의 생각은 달랐다. 그는 종교 비판이나 거기서 한 걸음 더 나아가 정치 비판에 머무르는 것으로는 충분하지 않다고 생각했다. 그는 무엇인가를 새롭게 창조하려

---

[25] 청년 헤겔파의 주도적 인물이었던 다비드 슈트라우스, 브루노 바우어, 루드비히 포이에르바하 등은 종교 비판을 통해 당대의 현실에 도전하고자 했다. 그들이 남긴 주요 저작으로는 D. F. Strauss, *Das Leben Jesu, kritisch bearbeitet, Bd. 1* (Tübingen, Osiander, 1835) ; D. F. Strauss, *Das Leben Jesu, kritisch bearbeitet, Bd. 2* (Tübingen, Osiander, 1836) ; Bruno Bauer, *Kritik der evangelischen Geschichte der Synoptiker, 3 Bände* (Leipzig Wigand, 1841–1842) ; Ludwig Feuerbach, *Das Wesen des Christentums* (Leipzig: Wigand, 1841) 등이 있다.

면 새로운 출발점을 찾아야 한다고 생각했다. 그것은 모든 것을 비판하지만, 모든 것을 새로 창조할 원점이었다. 슈티르너는 그 원점을 다른 무엇과도 대체할 수 없는 개인의 유일성과 고유성에서 찾았다.

슈티르너는 1845년 자신의 사상을 쏟아부어 발간한 『유일자와 그의 소유』의 첫째 줄과 마지막 줄에 "나는 나의 관심사를 무 위에 설정했다"는 유명한 명제를 적어넣었다.26 그는 자신이 유일자이고, 그러한 자기를 정립하려면 자기 이외에 다른 그 무엇에도 의존할 필요가 없다고 생각했다. 그는 자기의 생각과 행동을 얽매는 일체의 것을 '고정관념'으로 간주하여 거부했다. 자기를 텅 비게 하는 신에 관한 관념이나 개인을 유적 집합(類的集合)에 흡수하여 개개인의 유일성을 망각하게 만드는 '인류'라는 관념, 개별적 인간의 다양한 욕망을 무시하는 관습과 윤리, 개인의 삶에서 동떨어진 추상적인 지식 등등이 그러한 고정관념에 속한다. 그는 심지어 자기와 타자를 구별하지 않고 무차별적으로 적용되는 법률과 정부의 공권력 집행 등의 정당성도 부정했다.

"신적인 것은 신의 관심사이고, 인간적인 것은 '인간'의 관심사이다. 나의 관심사는 신적인 것도, 인간적인 것도 아니다. 참된 것, 선한 것, 바른 것, 자유로운 것 등도 아니다. 나의 관심사는 오직 나에게 속한 것일 뿐, 모든 사람에게 속한 것이 아니다. 나의 관심사는 유일무이하다. 그것은 내가 유일무이하기 때문이다. 나를 지나쳐 가는 것은 나에게 아무것도 아니다."27

---

26 M. Stirner, *Der Einzige und sein Eigentum* (Leipzig: Druck und Verlag von Philipp Reclam jun., 1898), 12, 429 : "Ich hab' mein' Sach' auf Nichts gestellt." 이 테제는 "나는 (나 이외에 다른) 그 무엇에도 나의 관심사를 설정하지 않았다"고 의역할 수도 있겠지만, 그러한 의역이 슈티르너의 생각을 완벽하게 반영하지는 못한다.

이처럼 슈티르너가 기존의 관습과 윤리, 종교와 철학, 법률과 공권력 등 일체를 부정하고 나서 집중하는 것은 자기를 유일자로 자각하고 자기가 지닌 것을 갖고 자기를 펼치는 개인이다. 그러한 개인은 자기가 원하는 것을 소유할 힘을 가져야 하고, 그러한 힘을 가진 자만이 자신을 창조적으로 펼칠 자유를 갖는다. 그는 자신을 유일자로 세우기 위해 그 자신을 억압하고 소외시키는 모든 것을 부정하고 무로 돌리기에, 이제는 무로부터 자신을 창조하는 자일 수밖에 없다. 파괴와 창조는 같은 동전의 양면처럼 결합해 있다. 그것이 슈티르너가 언제든 되돌아가서 출발점으로 삼고자 하는 '창조적 무'다. 그러한 창조적 무로부터 자신을 주권적으로 형성하는 개인이 슈티르너가 말하는 유일자이다.[28] 그렇기에 스스로 유일자임을 자처하는 슈티르너는 "나는 나의 관심사를 바로 그러한 무 위에 세웠다"[29]고 말했다.

그러한 유일자는 자기의 것 이외에는 그 무엇에도 관심이 없는 이기주의자이다. 그러한 이기주의자들은 자신이 원하는 것을 얻으려고 힘을 행사하기에 이기주의자들은 서로 투쟁하고 갈등하는 상황을 피할 수 없다. 그것은 토마스 홉스가 말하는 '만인에 대한 만인의 투쟁' 상태와도 같다. 홉스는 그러한 상황에서 개개인들이 생명과 재산을 지키기 위해 모든 권력을 전제군주에게 양도하고 그의 지배를 받아들이기로 계약을 맺는다고 생각했지만, 슈티르너는 달리 생각했다. 그는 홉스와는 달리 이기주의자들이 연합을 결성한다고 생각했다. 그러한 연합은 개개인들이

---

27 M. Stirner, *Der Einzige und sein Eigentum*, 14.

28 이병태는 이러한 자기중심성을 '자기 원천성'으로 해석했는데, 정곡을 찌르는 해석이다. 이병태, "편재하는 '유령'의 힘과 '나'의 반란: 슈티르너 『유일자와 그의 소유』에 대한 비판적 고찰," 「시대와 철학」 34/3 (2023), 121.

29 M. Stirner, *Der Einzige und sein Eigentum*, 429.

자발적으로 참여하고 탈퇴할 수 있고, 개개인들의 합의에 따라 운영된다.[30] 그러한 이기주의자들의 연합은 슈티르너가 기존의 억압적인 국가와 법률 체계를 부정하고 그 대안으로 제시한 무정부주의적 사회이다. 슈티르너는 철저한 이기주의 철학과 무정부주의 사상을 서로 결합했다. 그 점에서 그는 독일 사상사에서 유례를 찾을 수 없는 독창적인 철학자이다.

2) 프리드리히 니체는 '주권적 개인'을 주창했다는 점에서 슈티르너와 일맥상통하는 개인주의 사상을 펼쳤다고 볼 수 있다.[31] 그는 인간이 그 무엇에 의해서도 부정당할 수 없는 욕망과 의지를 지닌 개별적 존재로 현존한다고 생각했다. 욕망과 의지는 개인에 따라 천차만별로 다르게 나타나고, 그러한 욕망과 의지의 개별성이 개인의 고유성을 구성한다. 그러한 개별적 욕망과 의지를 자연스러운 것으로 긍정하고 그 욕망과 의지를 자유롭게 구현하고자 하는 개인이 곧 귀족이며, 그의 생각과 행위를 이끄는 것이 귀족 도덕이다. 그에 반해서 인간의 개별적 욕망과 의지를 폄하하고 보편적인 규범을 앞세워 욕망과 의지의 개별성에 재갈을 물리고 욕망의 충족과 의지의 실현을 끝없이 유예하고 그것을 인내하게 하는 금욕주의는 인간을 비천하게 만드는 노예 도덕의 핵심이다. 니

---

30 김은식, "슈티르너의 에고이스트적 아나키즘," 『개인주의적 아나키즘』 (서울: 우물이 있는 집, 2004), 147-154.

31 슈티르너와 니체의 관계에 관해서는 많은 학설이 있다. 니체가 슈티르너의 사상을 표절했다는 주장부터 니체가 슈티르너와는 무관하게 자신의 사상을 발전시켰다는 주장에 이르기까지 그 관계에 대한 의견은 크게 갈린다. 니체의 지인이었던 프란츠 오버벡(Franz Overbeck)과 이다 오버벡(Ida Overbeck) 부부의 증언에 따르면, 니체가 슈티르너에 관해 언급한 적이 있었고 그의 사상을 알고 있었다고 한다. *Conversations with Nietzsche: A Life in the Words of his Contemporaries*, edited with and introduction by Sander L. Gilman, translated by David J. Parent (Oxford: Oxford University Press, 1987), 113-114. 아마도 니체는 슈티르너의 책을 직접 읽었든지, 다른 학자들의 저술을 통해 슈티르너의 사상에 접했을 것이며, 그의 사상에 자극받으면서 자신의 사상을 독자적으로 발전시켰다고 보는 것이 적절할 것이다.

체는 도덕의 계보학을 통해 노예 도덕과 귀족 도덕의 정체를 드러내고 두 도덕을 구현하는 인간의 유형을 구별했다. 그러한 작업이 도덕의 계보학을 이끈 '거리두기의 파토스'(Pathos der Distanz)이다.[32] 거리두기의 파토스는 니체가 개개인을 기존의 관습과 제도에 순응하도록 길들이는 모든 가치 체계와 제도를 송두리째 뒤집어엎고, 자기 자신을 발전시키고 고양하고자 하는 개인의 욕망과 의지를 중심으로 새로운 가치 체계를 정립하고 새로운 세계를 형성하고자 하는 열정이 얼마나 강했는가를 보여 주는 수사학이다.

니체는 기독교가 노예 도덕의 온상이라고 생각했다. 기독교가 그레코-로만 세계에 창설된 이래로 귀족 도덕은 노예 도덕으로 대체되었고, 노예 도덕이 기독교 세계에서 살아가는 사람들의 마음과 몸에 새겨졌다. 니체는 자신이 활동하던 당대에 기독교가 사람들이 억압적인 통치에 순응하게 만드는 정치신학을 발전시키고 자본주의 사회에서 노예적인 삶을 수용하도록 직업윤리와 노동윤리를 정교하게 가다듬는 것을 용인할 수 없었다. 그는 귀족 도덕을 회복하고 개개인이 주권적 개인으로 세워지기 위해서는 기독교가 해체되어야 하고 기독교의 신에게는 죽음이 선언되어야 한다고 생각했다. "우리가 신을 죽였다" 또는 "신은 죽었다"는 선언은 주권적 개인을 회복하고자 하는 니체의 핵심 슬로건이 되었다.[33]

---

32 Friedrich Nietzsche, *Jenseits von Gut und Böse (1886), Nachdruck* (Hamburg: Meiner, 2020), § 257; Friedrich Nietzsche, *Zur Genealogie der Moral (1887), Nachdruck* (Hamburg: Meiner, 2020), § I.2; § III.14.

33 "우리가 신을 죽였다!"는 니체, 『즐거운 학문』(초판 1882, 개정판 1887), 아포리즘 §125, '놀라운 인간'의 핵심 모티프이다. 이 아포리즘에서 니체는 인간이 신을 죽임으로써 당혹과 경이에 가득 찬 채 무의 심연에 빠져든다는 것을 생생하게 묘사했다. 신으로 표현되는 기존 세계의 질서가 해체되고 사라진 텅 빈 무는 새로운 창조의 출발점이다. 그러한 무는 슈티르너가 언급했던 '창조적 무'와 일맥상통한다. Friedrich Nietzsche, *Die fröhliche Wissenschaft: Wir Furchtlosen, Neue Ausgabe 1887* (Hamburg: Meiner, 2013), Aphorismus §125, "Der tolle Mensch." 『즐거운 학문』

니체는 귀족 도덕을 실현하기 위해서는 힘이 필요하다고 생각했고, 그러한 힘을 갖고자 하는 의지를 갖는 개인을 '초인'(Übermensch)이라고 불렀다.[34] 초인은 이미 앞에서 말한 바와 같이 사람마다 다른 욕망과 의지를 자연스러운 것으로 인정하고, 그러한 욕망을 충족하고 의지를 실현하기 위해 최대의 역량을 발휘하고자 하는 개인이다. 그는 자기를 고양하기 위해 무엇을 해야 하는가를 알고 있는 개인이고, 자기가 하고자 하는 일에 전념하기 위해 자기 자신을 철저하게 지배할 수 있는 개인이다. 그러한 불굴의 의지를 보이며 자기를 지배하는 자만이 '약속할 수 있는 자'이다. 그가 곧 '초인'이고 '주권적 개인'이다.[35] 그러한 주권적 개인의 삶을 억압하는 제도는 해체되어야 하고 새롭게 형성되어야 한다. 니체는 귀족 도덕을 실천하는 초인의 영웅적 개인주의가 사람들에게 강력한 영향을 미치고, 그 사람들이 주권적 개인들로서 연합하는 새로운 사회와 세계를 전망했다. 니체는 물론 그러한 사회와 세계가 구체적으로 어떤 형태를 취할 것인지에 관해서는 명확한 태도를 보이지 않았다. 그렇지만 그가 개인의 자유와 권리를 부르주아적 지배 질서에 순응시키는 방식으로 제한하는 사회와 국가를 당연시하지 않았다는 것은 분명하다.

슈티르너와 니체는 '주권적 개인'을 세계의 중심으로 설정하고, 그것

이후 신의 죽음과 부재는 니체 사상의 한 축을 이루며 '초인'에 관한 생각을 펼친 『차라투스트라는 이렇게 말했다』의 주요 모티프로 나타난다. Friedrich Nietzsche, *Also sprach Zarathustra IV (1885), eKGWB, 111. eKGWB*는 Friedrich Nietzsche, *Digitale Kritische Gesamtausgabe: Werke und Briefe, auf der Grundlage der Kritischen Gesamtausgabe Werke*, hr. von Giorgio Colli und Mazzino Montinari (Berlin/New York: Walter de Gruyter, 1967ff.) und *Nietzsche Briefwechsel Kritische Gesamtausgabe* (Berlin/New York: Walter de Gruyter, 1975ff.), hr. von Paolo D'Iorio 의 약칭이다. *eKGWB*, http://www. nietzschesource. org/#eKGWB(2024. 9. 1. 다운로드).

34 니체의 '초인' 개념에 관해서는 Friedrich Nietzsche, *Also sprach Zarathustra I(1883), eKGWB*, Vorrede §3, §4, §7; Tugend §2; Von der schenkenden Tugend, §2, §3.

35 '주권적 개인'에게서 약속이 갖는 의미에 관해서는 최소인 · 김세욱, "니체의 반도덕주의와 자기 긍정의 윤리," 『철학논총』 80 (2015), 501f.

을 출발점으로 삼아 기존의 가치 체계와 질서를 해체하고 새로운 가치관에 따라 세계를 새롭게 형성할 것을 주창했다. 그러한 급진적인 개인주의 사상은 그 어느 때보다도 우리 시대에 큰 공명을 얻고 있다. 아마도 그것은 이제까지 개인을 보호하고 육성한다고 여겨졌던 가족, 사회, 국가 등의 기존 질서가 안팎으로 동요하여 많은 사람이 자신을 보호하고 전개하기 위해 새로운 좌표를 설정해야 한다고 생각하기 때문일 것이다.

III. 독일의 국민국가 형성 과정에서 나타난 자유주의와 국민주의의 부정합 관계

독일에서는 자유주의만 지체되지 않았다. 국민과 국민국가의 형성도 오랫동안 지체되었다. 거기 더해서 자유주의와 국민주의는 서로 부정합 관계를 맺었다. 국민과 국민국가를 형성하는 것은 독일만이 아니라 다른 나라들에서도 똑같이 근대의 큰 과제였고, 그 과제를 해결하는 과정에서 자유주의는 국민주의와 결합하는 경향이 나타났다.[36] 그 점에서 독일은 예외적인 모습을 보였다. 그러한 독일의 모습은 이웃 나라 프랑스의 그것과 크게 대조된다.

프랑스에서 국민은 프랑스 혁명을 통해 형성되었다. 프랑스 혁명은

---

36 국민은 근대에 들어와 비로소 형성되었고, 그 국민이 주체가 되는 국민국가도 근대의 형성물이다. 국민이 있기 이전에는 국민을 형성하고자 하는 집단적 열망과 의지가 있었다. 그러한 열망과 의지는 국민주의로 응결되었다. 따라서 근대 세계에서 국민과 국민국가는 국민주의의 자식이라고 말할 수도 있다. 베네딕트 앤더슨/윤형숙 옮김, 『상상의 공동체: 민족주의의 기원과 전파에 대한 성찰』(파주: 나남출판, 2006), 23; E. 겔너/이재석 옮김, 『민족과 민족주의』(서울: 예하, 1983), 77ff.; E. 홉스봄/강명세 옮김, 『1780년 이후의 민족과 민족주의』(서울: 창작과비평사, 1994), 26.

왕과 귀족과 성직자가 결속하여 시민과 민중을 억압한 구체제를 타도하고 새로운 국가인 공화국을 수립하는 계기였다. 프랑스 혁명은 프랑스 영역에서 살아가는 사람들을 새로운 공화국의 시민으로 형성하였다. 프랑스에서 새로운 공화국인 국가의 창설과 공화국 시민의 탄생, 곧 국민의 형성은 같은 동전의 양면처럼 결합하였다. 새로운 국민국가를 이끌어가는 이념은 한편으로는 「인간과 시민의 권리들에 관한 선언」(1789)에 명시된 자유주의였고, 다른 한편으로는 인민 주권론에 바탕을 둔 공화주의였다. 그런 점에서 프랑스는 인권과 민주주의 또는 자유주의와 국민주의가 서로 유기적으로 결합한 근대적 국민국가 형성의 한 전형을 보여주었다. 프랑스 국민은 프랑스 혁명이 내세운 자유와 평등과 형제애의 슬로건을 통해 강한 결속력을 보였다. 프랑스 국민은 신분제적 억압에서 벗어난 개인으로서 누구나 법 앞에서 평등하며, 모든 개인의 자유와 권리는 국가에 의해 보장받고, 공화국 시민은 형제애로 단결하여 공화국과 시민의 자유를 수호하여야 한다고 믿었다. 프랑스 국민은 1793년 프랑스 혁명의 성과를 파괴하고자 했던 오스트리아와 프로이센에 국민 총동원으로 맞섰고 그들의 침략을 격퇴했다.[37]

물론 프랑스에서 자유주의와 국민주의가 서로 유기적으로 결합하였다고 해서 모든 문제가 해결된 것은 아니었다. 그 결합이 가져온 한계도 뚜렷했다. 프랑스에서 개인의 자유와 권리의 신장은 그 개인을 국민으로 받아들이는 국가의 보호 아래서 이루어졌다. 개인의 자유와 권리는 국민의 자유와 권리였다. 그것은 국민의 범주에 들어오지 않는 부류의 사람들이 국가에 의해 보장되는 자유와 권리의 담지자가 아니라는 뜻이기도 했다. 따라서 프랑스에서 '국민'은 한편으로는 국민국가의 구성원이라는 단

---

37 오토 단/오인석 옮김, 『독일 국민과 민족주의의 역사』(서울: 한울아카데미, 1996), 48f.

일의 속성을 갖는 고도의 추상적 개념이었다. 인종, 계급, 젠더의 차이는 일단 국민국가를 구성하는 국민의 속성과는 아무런 상관이 없었다. 다른 한편으로 프랑스에서 '국민'은 '국민 아닌 사람들'과 구별되는 개념이었다. '국민'은 국민의 '타자'를 국민 바깥에 설정함으로써 성립되는 개념이었다. 그러한 '국민' 개념이 설정되자 프랑스의 '국민'은 외부의 타자에 대항해서 강력한 내부적 결속을 다져야 한다고 생각되었다. '국민'이 하나가 되려면 '국민' 안에 엄연히 존재하는 인종, 계급, 젠더 등의 차이를 덮어야 하고, 그 차이를 드러내고 인종, 계급, 젠더의 차별을 해소하라는 주장은 국민적 단결을 해치는 요인으로 여겨져 억압되었다. 그러한 차이를 존중하고 차이에서 비롯되는 정체성의 정치가 프랑스에서 보장되기까지는 국민국가가 형성된 뒤에도 150년가량이 더 필요했다.[38]

독일의 국민 형성과 국민국가 형성은 프랑스와는 전혀 다른 상황에서 이루어졌다. 앞에서 본 바와 같이 독일에서는 절대주의적 영방국가 체제에서 부르주아 계급의 발전이 미약하였고 시민혁명은 끝없이 지체되었다. 계몽주의와 자유주의가 지식인들 사이에서 확산하기는 하였으나, 사상의 자유와 표현의 자유가 억눌린 상황에서 개인의 자유와 권리에 관한 생각은 사변적으로 전개되었고, 왕권신수설을 겨냥하는 무신론적이고 체제 비판적인 논설은 검열의 대상이 되어 차단되었다. 1817년 바르트부르크 축제에서 표출된 자유주의적이고 국민주의적 열망이 신성 동맹에 의해 짓밟힌 이래 독일에서 자유주의는 국민 형성과 국민국가 형성에 이바지할 기회가 거의 없었다.

수많은 영방국가로 나뉘고 개신교와 가톨릭이 분열한 독일에서 국민

---

38 이에 관해서는 이졸데 카림/이승희 옮김, 『나와 타자들: 우리는 어떻게 타자를 혐오하면서 변화를 거부하는가』 (서울: 민음사, 2023), 22, 58f., 69f.를 보라.

적 정체성을 형성하는 데 크게 공헌한 것은 낭만주의였다. 낭만주의를 촉발하고 활성화한 피히테, 헤르더, 슐레겔 형제 등은 나폴레옹의 지배에 맞서서 독일인의 자각을 호소하고 독일인의 언어, 전통, 혈연, 고향 등과 같은 모티프를 활용하여 독일인의 정체성을 확립하고자 했다. 독일 문화에 호소하여 국민적 정체성을 형성하고자 하는 낭만주의자들의 시도가 중요했던 것은 근대 국가의 3대 요소인 국민, 영토, 주권이 독일의 국민국가 형성 과정에서 확실하게 주어져 있지 않았기 때문이다. 역사적으로 독일인의 정주 지역과 독일인의 국가 영역은 일치한 적이 없었고, 주권은 수십 개의 영방국가들에 분산되어 있었다. 그런 상황이었기에 언어와 문화의 공통성은 독일에서 국민적 정체성 형성에 특별한 의미가 있었다. 그런 점에서 프리드리히 마이네케(Friedrich Meinecke, 1862~1954)가 독일 국민이 '문화 국민'(Kulturnation)으로 형성되었다고 말한 것은 일리가 있다. 그는 독일 국민의 문화 국민적 특성이 프랑스 국민의 국가 시민적 특성과 뚜렷한 대조를 이룬다고 생각했다.[39]

독일 낭만주의가 독일 국민의 형성과 국민국가 형성에 긍정적인 효과를 발휘했다고 해도 그것은 어디까지나 독일 통일의 정신적, 문화적 분위기를 조성한 것에 그쳤다고 보는 것이 합당할 것이다. 독일의 통일은 프로이센왕국을 중심으로 해서, 그것도 귀족들에 의해 위로부터 권위주의적 방식으로 추진되었다. 통일을 정교하게 설계하고 그 설계도에 따라 통일국가를 형성한 핵심 인물은 오토 폰 비스마르크 후작(Otto Eduard Leopold Fürst von Bismarck-Schönhausen, 1815~1898)이었다. 비스마르크가 수상으로 있는 동안에 프로이센은 1866년 대(對) 오스트리아 전쟁을 통해 오스트리아의

---

39 Friedrich Meinecke, *Weltbürgertum und Nationalstaat*, hrsg. u. eingel. v. Hans Herzfeld (München: Oldenbourg, 1969), 10.

패권을 무너뜨리고 북독일연방을 구성하는 데 주도권을 행사했다. 프로이센은 1870년과 1871년 프랑스를 군사적으로 격파한 뒤에 북독일연방을 확대하여 독일제국을 수립했다. 프로이센 왕이 제국의 황제를 겸임함으로써 독일제국은 프로테스탄트 정통주의에 바탕을 둔 왕권신수설을 통치 이데올로기로 삼는 독일 황제 제국이 되었다. 독일 통일과 국민국가 형성은 아래로부터 국민을 형성하는 자유주의적이고 국민주의적인 과정을 거치지 않은 채 전쟁을 통해 위로부터 권위주의적으로 이루어졌다. 피와 철, 곧 외부의 적을 설정하고 국민적 단결을 강화하면서 경제를 발전시키는 전략은 줄곧 독일의 국민 형성과 국민국가 형성의 성격을 규정했다.[40]

독일에서 국민과 국민국가 형성에서 자유주의가 제 역할을 하지 못하고 독일인의 문화적 정체성을 끊임없이 소환하고 외부의 적을 계속해서 설정하였다는 것은 향후 독일 사회의 발전에 큰 부담이 되었다. 독일인의 국민적 단결에 문화적 정체성이 큰 역할을 했다는 것은 독일인들이 그들과 구별되는 사람들을 향해 문화적 배타성을 보인다는 것을 뜻했다. 그러한 배타성은 독일인이 아닌 사람들을 타자로 설정하고 그들을 배제하고 억압하는 경향으로 나타날 위험이 있었고, 그러한 위험은 독일의 역사에서 자주 나타났다. 독일의 국민주의는 대외적으로 공격적인 쇼비니즘적 성격을 띠기도 했고 우리 안의 타자를 혐오와 차별과 멸절의 대상으로 삼는 인종차별주의와 심지어 반유대주의를 조장하는 온상이 되기도 했다. 그것은 프랑스에서 자유주의와 국민주의가 결합하면서 개인을 국민과 동일시함으로써 나타나는 것과는 또 다른 성격의 문제이다. 자유주

40 카차 호이어/이현정 옮김, 『피와 철: 독일제국의 흥망성쇠 1871-1918』 (세종: 마르코폴로, 2024), 62-71.

가 결여한 독일 국민주의의 쇼비니즘적이고 인종차별적인 성격은 독일인
이 자행한 두 차례의 세계대전과 야만적인 인종 멸절 이후 청산되어야
했다. 독일에서 개인과 인간의 자유와 권리는 그러한 청산과 더불어 뿌리
로부터 철저하게 재구성되어야 했다. 이에 관해서는 후술한다.

IV. 소결

나폴레옹이 신성로마제국을 무너뜨린 뒤에 독일 영방국가들에 도입
한 부르주아적 법제들은 나폴레옹 전쟁 이후 수립된 신성 동맹 체제에서
물거품처럼 사라졌다. 프로이센왕국을 위시한 독일 영방국가들은 왕권
신수설을 통치 이데올로기로 삼는 권위주의적인 왕조 체제로 돌아갔고,
자유주의적이고 국민주의적인 제도 개혁과 국민 형성은 끝없이 지체되
었다. 1870년 프로이센의 헤게모니 아래에서 수립된 독일 황제 제국은
왕권신수설에 기반을 둔 지배 체제였고, 국가 엘리트에 의해 위로부터
추진된 국민 형성과 국민국가 형성은 외부에 적을 설정하여 국민적 단결
을 도모하고 내부의 이질적인 요소들을 배제하거나 억압하여 내부적 통
합을 이루는 쇼비니즘적이고 권위주의적인 성격을 가졌다.

그러한 정치적 발전 과정에서도 개인주의는 독일에서 그 어느 나라
보다도 더 정교하고 풍부한 철학의 형식과 내용에 담겼으나, 그러한 개
인주의 사상은 독일에서 오랫동안 실현의 기회를 얻지 못했다. 칸트, 피
히테, 헤겔 등은 근대 사회에서 '개인'이 주체로 등장했다는 것을 또렷하
게 인식하고 개인의 자유와 그 자유를 뒷받침하는 소유의 중요성을 논증
하여 부르주아 사회의 이론적 기초를 놓았고, 사회계약론의 틀에서 자유
주의 사회 형성의 비전을 제시했다. 그러나 그러한 비전은 독일 영방국

가들의 권리장전에 서서히, 그것도 부분적으로 반영되었을 뿐이다.

개인의 개성과 창조성을 중시한 낭만주의의 한 유파는 현실 비판적인 동인을 갖고 있었으나 신성 동맹 체제에서 그 역량을 발휘할 수 없었고, 언어와 문화를 통해 독일인의 정체성을 찾고자 한 낭만주의의 또 다른 유파는 독일의 국민 형성 과정에서 문화적 정체성을 중심으로 한 국민의 개념을 마련하는 데 이바지했다. 그런데 독일에서 국민주의와 문화적 정체성의 결합은 대내적인 억압과 차별의 정치를, 대외적으로는 배타적이고 파괴적인 정체성 정치를 가져올 위험이 있었다. 특히 국가와 국가의 제국주의적 경쟁이 거세어지는 19세기 말에 독일의 국민 형성과 국민국가 형성이 이루어졌기에 그 위험을 피하기 어려웠다.

개인과 인간의 근원적 자유가 억압되고 신민에게 권위에 대한 순응을 요구하는 독일 정치 현실에서 기존의 규범과 문화와 제도를 해체하고 새로운 규범과 문화와 제도를 형성할 원점을 찾고자 하는 시도가 나타나는 것은 어찌 보면 당연한 일이었다. 그러한 시도는 주권적 개인을 설정하고 주권적 개인의 자기실현을 최우선 가치로 제시하는 슈티르너와 니체의 급진적 개인주의로 나타났다. 슈티르너와 니체의 급진적 개인주의는 당대의 현실에서 백안시되었으나, 그들이 해체와 형성의 논리를 구사하며 제시한 주권적 개인 형성의 비전은 잊히지 않은 채 영향력을 유지했다.

독일에서 개인주의는 권위주의 정치의 장벽으로 인해 자유주의가 지체되면서 자유주의와 순조롭게 결합하지 못했고, 19세기 말에 제국주의적 약육강식의 상황에서 배타적이고 공격적인 정체성 정치가 공동체주의를 내세웠기에 공동체주의와도 결합하기 어려웠다. 급진적 개인주의는 독일인들에게 낯설기는 했지만, 슈티르너와 니체를 높이 평가한 실존철학자 하이데거에게서 보듯이 그 나름의 기회를 가질 여지가 있었다.

3장
사회적 권리의 신장

    독일에서 자유주의는 오랫동안 개인의 자유와 권리를 민주적인 헌정 질서의 틀에서 구현하는 데 이르지 못했을 뿐만 아니라 19세기의 사회문 제로 일컬어지는 노동 문제와 사회적 가난의 문제를 해결하는 데에도 별 역할을 하지 못했다. 물론 독일에서도 사회문제에 대응해서 사회 선 교를 펼치기 시작한 내방 선교(Innere Mission) 협회와 카리타스협회 등 이 나타났고, 19세기 말에는 사회정책을 연구하고 제시하는 사회적 자유 주의자들이 등장하기도 했다. 그러나 사회문제를 해결하기 위해 본격적 으로 나선 것은 노동자 계급이었고, 그들의 정치 세력인 독일 사회민주 주의 정당이었다. 그들은 개인의 자유와 권리에 집중하는 개인주의와 자유주의를 넘어서서 노동자들의 연대와 단결에 바탕을 두고 기득권 세 력의 양보를 얻어내며 사회복지를 확대했고, 1918년 바이마르공화국이 세워진 뒤에는 사회적 헌법을 제정하는 데까지 나갔다.

    아래서는 먼저 마르크스가 인간을 원자적 개체로 보지 않고 '사회적 관계들의 응결체'로 인식함으로써 개인의 자유와 권리를 실현하는 사회 적 조건을 중시했다는 점을 밝히고, 그다음에 독일 황제 제국으로부터 바이마르공화국에 이르기까지 노동자 운동이 발전하면서 사회적 권리가 어떻게 신장하였는가를 살핀다.

I. 개인의 자유와 권리 실현의 조건에 관한 마르크스의 의견

칼 마르크스(Karl Heinrich Marx, 1818~1883)는 개인의 자유와 권리를 실현하는 조건에 관한 생각을 첨예하게 펼쳐서 개인의 자유와 권리에 관한 이해의 지평을 넓혔고 19세기의 사회문제를 해결하는 데 결정적으로 중요한 관점과 방법을 제시했다. 흔히들 마르크스는 공산주의 이론가로서 개인을 전체에 해소하는 경향이 있다고 생각하지만, 그것은 마르크스 사상에 관한 중대한 오해이다.

마르크스는 근대 세계에서 개인(Individuum)이 행위 주체로서 등장했음을 엄연한 현실로 인정했고 개인의 독립성과 자주성을 그 누구보다도 강조했다. 그는 청년 사상가로 활동할 때부터 말년의 원숙한 사상가로 활약할 때까지 인간을 지칭할 때 '개인'(Individuum)이라는 낱말을 즐겨 사용했고 미래의 공산주의 사회가 '자유로운 개인들의 연합'으로 구성되리라고 전망했다.[1] 그러나 그는 인간이 원자처럼 고립된 개인으로 현존한다고 생각하지 않았다. 그는 인간이 의식을 가진 개인으로서 '유적 존재'(類的 存在), 곧 사회적 존재임을 자각한다고 생각했다. 그는 청년 헤겔파 운동에 참여하면서도 그 운동의 이론적 지도자인 루드비히 포이에르바하(Ludwig Andreas von Feuerbach, 1804~1872)가 그 점을 놓쳤다고 생각했다. 포이에르바하는 고립된 인간의 종교 의식을 분석하는 데 몰두한 나머지 그 의식에 나타나는 종교적 환상이 현실의 관계들에서 충족되지 않는 인간의 욕

---

[1] K. Marx, *Das Kapital 1, MEW 23*, 92f. '자유로운 개인들의 연합'에 관한 마르크스의 발상이 어떻게 발전해 갔는가에 관해서는 김수행, 『마르크스가 예측한 미래사회 : 자유로운 개인들의 연합』 (파주: 한울아카데미, 2015), 79~94; 정성진, "1990년대 이후 마르크스의 대안사회론 연구의 혁신: 어소시에이션을 중심으로," 「마르크스주의 연구」 16/2 (2019) : 119ff., 122ff., 특히 128f., 130ff.; 하태규, "마르크스와 자유롭게 연합한 인간들의 민주주의," 「경제와사회」 119 (2018) : 239~251.

망이 거꾸로 투사된 것임을 파악할 수 없었다는 것이다. 마르크스는 인간이 종교를 만들지, 종교가 인간을 만들지 않는다는 포이에르바하의 지적이 정곡을 찌르기는 했지만, "그 인간은 세계 바깥에 웅크리고 있는 추상적인 존재가 아니다. 그 인간은 인간의 세계이고 국가이고 사회적 관계이다"라고 지적했다.2 한마디로 인간은 '사회적 관계들의 응결체'3로서 현존한다는 것이다. 그렇기에 마르크스는 슈티르너가 인간이 사회적 관계들을 매개로 해서 현존한다는 것을 완전히 무시하고 인간을 개별적 유일자로 고립시켰다고 신랄하게 비판하지 않을 수 없었다.4

　마르크스에게 개인주의와 사회주의는 모순을 이루지 않았다. 그는 개인주의를 용인했지만, 자유주의를 비판했고, 공화주의를 옹호했다. 그는 인간의 자유와 권리들이 국가에 앞서서 주어져 있다는 자유주의적 주장이 이기주의와 부르주아의 지배를 공고히 한다고 날카롭게 비판했다. 그는 동시에 국가가 실정법을 통해 보장하는 권리들만을 주관적 공권으로 인정하는 국가주의적인 권리론도 거부했다. 그는 부르주아의 지배를 공고히 하는 권위주의적 국가 체제를 해체하여 사람들의 공동이익과 공동의지를 구현하는 공화주의적 정치체인 꼬뮌을 수립하여야 한다고 믿었고, 그 꼬뮌의 틀에서 개인의 자유와 권리들을 최대한 보장하여야 한다고 생각했다.5

---

2 K. Marx, "Zur Kritik der Hegeischen Rechtsphilosophie: Einleitung," *MEW 1*, 378.
3 K. Marx, "Thesen über Feuerbacb," *MEW 3*, 6.
4 마르크스는 프리드리히 엥겔스와 함께 쓴 『독일 이데올로기』(1845/1846)에서 그 지면의 3분지 2를 할애해서 슈티르너의 *Der Einzige und sein Eigentum* (1844)을 분석하고 비판했을 만큼 슈티르너의 유아론적 인간 이해에 많은 문제가 있다고 생각했다. 그러한 인간 이해를 전제하고서는 개인의 자유와 소유를 절대화하는 부르주아 지배 체제를 타파할 전망을 세울 수 없다고 판단했기 때문이다.
5 마르크스는 1870년 파리 꼬뮌의 수립과 운영을 보면서 아래로부터 수립되는 공화주의적 행정기구가 권위주의적 국가를 대체할 수 있다고 생각했다. K. Marx, *Der Bürgerkrieg in Frankreich,*

마르크스는 인간이 사회적 관계들을 매개하면서 현존하기에 그 관계들을 바르게 형성하는 것이 중요하다고 생각했다. 사회적 관계들을 통해 억압당하고 수탈당하고 모욕당하고 노예로 전락한 인간은 오직 그러한 사회적 관계들을 해체하고 그 관계들을 새롭게 형성할 때 비로소 인간으로서 자유롭게 존엄을 유지하면서 살아가게 될 것이다.6 마르크스는 프랑스 혁명이 성취한 사상의 자유, 표현의 자유, 결사의 자유가 모든 사람에게 당연히 보장되어야 한다고 생각했지만, 소유권이 신성불가침한 권리로 인정되어서는 안 된다고 확신했다. 물건의 귀속 관계를 매개로 해서 사람들 사이에서 맺어지는 관계인 소유권이 사회적으로 통제되지 않는 것은 마땅치 않은 일이며,7 자본주의 사회에서 자본가가 생산수단에 대한 배타적인 소유권을 주장하면서 노동을 자본의 지배 아래 두고 노동의 소외와 노동자 착취를 가져오는 현실은 반드시 극복되어야 한다는 것이다.8 소유권이 사회적으로 규율되고 자본의 노동 포섭이 해소될 때 비로소 사회주의 사회의 여명이 밝아오리라는 것이다. 그러한 사회주의 사회는 자본주의 사회의 질곡에 매여 있는 프롤레타리아트의 연대와 단결을 통해서 세워지리라는 것이다.9

마르크스에 따르면, 사람들이 연대하고 단결하여 구축하는 사회주의 사회는 개인의 자유와 권리들을 보존하고 한층 높은 차원에서 구현한다.

MEW 17, 336.

6 K. Marx, "Zur Kritik der Hegeischen Rechtsphilosophie: Einleitung," *MEW 1*, 390.

7 K. Marx, "Kritik des Hegelschen Staatsrechts (§§ 261-313)," *MEW 1*, 315: "사적 소유의 유일한 근거인 점유는 어떤 사실, 곧 해명할 수 없는 어떤 사실일 뿐이지, 권리가 아니다. 사회가 사실상의 점유에 부여한 법률적 규정들을 통해서 비로소 점유는 합법적 점유, 곧 사적 소유의 성질을 얻는다."

8 K. Marx, *Ökonomisch-philosophische Manuskripte aus dem Jahre 1844, MEW 40 Ergänzungsband*, 514; K. Marx, *Das Kapital 1, MEW 23*, 199, 315, 533.

9 K. Marx . F. Engels, *Manifest der kommunistischen Partei, MEW 4*, 470f.

마르크스가 내다본 새로운 사회는 자유로운 개인들의 연합에 바탕을 두고 자연과의 신진대사를 이성적으로 통제하는 사회였고, 자유로운 개인들의 사회적 합의와 정치적 합의에 근거하여 공동체를 규율하는 사회였다.[10] 따라서 자유와 권리의 전면적 실현을 억압하는 권위주의적인 국가 기구들은 공동체를 행정적으로 뒷받침하는 서비스 기관으로 재편되어야 하고 공권력의 행사는 최소화되어야 한다는 것이 마르크스의 신념이었다.

II. 독일 황제 제국 시대의 노동자 운동의 발전과 사회복지 제도의 도입

19세기 초 독일에서 자본주의 경제가 발전하기 시작하면서 사회문제가 불거지기 시작했다. '19세기의 사회문제'는 농노 해방과 이농으로 인한 도시 프롤레타리아트의 증가, 도시 주택 문제, 슬럼가에 만연한 도덕적 타락, 장시간 저임금 노동, 아동 노동과 부녀 노동의 증가 등의 전형적인 현상으로 나타났다. 독일의 영방국가들에서 정부와 교회는 그러한 사회문제에 제대로 대처할 수 없었다. 19세기 중반에 이르러 제도 교회 바깥에서 가톨릭 카리타스 협회와 개신교 내방 선교 협회 등이 사회 선교 차원에서 사회문제에 본격적으로 대처하였고 그 규모와 성과도 컸지만, 그것은 어디까지나 민간 차원의 복지 지원 활동에 머물렀다.

사회문제의 핵심인 노동 문제를 해결하기 위해서는 노동자들이 연대하고 단결하여 결사를 이루어야 했지만, 노동자들의 결사는 억압되었다. 1845년 프로이센에서 프리드리히 4세가 공표한 「일반영업법」[11]은 기업

---

10 K. Marx, *Das Kapital 3, MEW 25*, 828.

가들의 자유 영업을 위협할 수 있는 노동자들의 결사를 엄격하게 금지하였다. 노동자 결사는 1861년이 되어서야 작센에서 최초로 만들어졌고, 그 뒤에 노동자들이 사회경제적 이익을 실현하기 위해 조합을 결성하는 사례가 늘어났다. 1869년 북독일연맹에서 공표된 「제국영업법」[12] 제152조는 1845년의 노동자 결사 금지 조항을 폐지했다. 그러나 「제국영업법」 제153조는 단체 가입을 강제하는 행위를 처벌하는 규정을 두어 노동자 결사의 자유를 근본적으로 제한했다. 「제국영업법」 제153조는 제1차 세계대전에서 패배한 독일 황제 제국이 1918년 무너지고 나서야 폐지되었다. 그로써 독일에서는 노동자 결사권이 완전하게 실현되었다.[13]

1867년 북독일연방에서 25세 이상의 남성에게 보통 선거권을 도입하자 노동자들은 그들의 대표를 선출하여 제국의회에 진출시키려고 마음을 먹었다. 1869년 독일사회민주노동당(1890년 독일사회민주당으로 개명)이 공식 창당하고 계급투쟁 노선을 선명하게 내걸자 제국 정부는 1871년 제국 형법 제130조를 통해 계급투쟁을 선동하는 행위를 처벌할 수 있게 했고, 제국 수상 폰 비스마르크는 1878년부터 1890년까지 「사회주의자 금압법」[14]을 시행하여 사회주의적 성향의 언론과 집회와 결사를 억압하는 반동적인 정책을 추진했다. 그러나 1890년 실시한 제국의회 선거에서 독일사회민주당은 의회에 대거 진출했고, 폰 비스마르크는 마침내 실각했다.

노동자들이 노동조합을 조직하여 계급적 결속을 강화하고 독일사회

---

11 Die allgemeine Gewerbeordnung vom 17. Januar 1845.

12 Gewerbeordnung für das Deutsche Reich vom 21. Juni 1869.

13 Arno Klönne, *Die deutsche Arbeiterbewegung: Geschichte, Ziele, Wirkungen*, 2. Aufl. (Düsseldorf/Köln: Eugen Diederichs Verlag, 1981), 38f. 56ff. 76ff.

14 Das Sozialistengesetz vom 19. Oktober 1878.

민주당을 통해 계급투쟁을 정치적으로 관철하는 데 맞서서 제국 정부는 한편으로는, 방금 앞에서 서술한 바와 같이, 반동적인 법률 제정을 통해 노동자 운동과 사회주의 운동을 탄압하였지만, 다른 한편으로는 상해보험, 질병보험, 연금보험 등 사회복지 제도를 확충하여 노동자 계급을 기존 질서에 통합하고자 했다. 폰 비스마르크의 사회입법 계획은 그가 실각하고 난 뒤에 1890년대 초에 '사회적 황제'로 일컬어지는 제국 황제 빌헬름 2세를 통해 실현되었다.[15] 제국 황제는 신민을 돌보는 국가 가부장으로서 사회복지의 제도화를 수용했고, 자유당과 보수당이 다수를 점한 독일 제국의회를 거쳐 법제화된 사회복지 제도는 사회적 보수주의의 성격을 띠게 되었다. 그것은 기여금 부담 의무를 전제로 한 복지 수급권 보장의 원칙에 따라 복지 제도가 설계되고 선별적 복지의 원칙에 따라 사회 부조가 설계된 데서 잘 나타난다. 그렇기는 해도 그러한 사회복지 제도의 도입과 확충은 아래로부터 가해지는 사회 세력의 압력이 없었다면 이루어지지 않았을 것이다.

독일 황제 제국은 위로부터 산업화를 압축적으로 추진하기 위해 자본을 급속히 축적하는 정책 기조를 유지했기 때문에 근본적으로 자본 친화적이고 노동 억압적인 성격을 띠었다. 그러나 제1차 세계대전에서 국민 총동원 체제를 가동하기 위해서는 노동자 계급과 자본가 계급의 동반자 관계를 구축할 필요가 있었다. 1916년 12월에 제정된 「애국구호 서비스에 관한 법률」[16]은 특수 산업 부문에서 고용자와 피고용자가 초기

---

15 1883년 질병보험이 도입된 이래 1884~1885년에는 사고보험, 1885년에는 노동력상실자보험, 1890년에는 연금보험이 도입되었다. 이에 대해서는 H. Henning, "Daseinsvorsorge im Rahmen der staatlichen Sozialpolitik des Deutschen Kaiserreichs 1881-1918," *Diakonie im Sozialstaat: Kirchliches Hilfehandeln und staatliche Sozial und Familienpolitik,* hg. von M. Schlick · H. Seibert · Y. Spiegel (Gutersloh: Gutersloher Verl., 1986), 10-28.

16 Gesetz über den vaterländischen Hilfsdienst, 5. Dezember 1916.

업 차원의 공동결정을 하도록 규정했다. 그러한 초기업 차원의 노사 공동결정 제도는 제1차 세계대전 이후에도 노사 합의에 따라 1924년까지 유지되었으며 독일에서 노동과 자본이 초기업 차원에서 사회적 타협을 모색하는 전통을 형성하는 데 이바지했다.

III. 바이마르공화국의 사회 헌법과 노동 입법

1918년 11월 독일 황제 제국이 붕괴한 뒤에 세워진 바이마르공화국은 1919년 8월 제정된 「독일제국헌법」[17]에 자유주의적 권리장전을 완비하는 데 그치지 않고 세계 최초로 사회적 권리를 헌법 규범으로 명기했다. 그렇기에 바이마르 제국 헌법은 사회적 헌법의 원형으로 평가된다. 바이마르 사회 헌법은 「독일제국헌법」 제151조로부터 제165조까지를 이른다. 「독일제국헌법」 제151조 제1항은 "경제생활의 질서는 모든 사람의 인간다운 생활을 보장할 목적으로 정의의 원칙에 합당해야 한다"고 선언했고, 제153조 제3항은 "소유는 책임을 진다. 그 사용은 공동의 최선에 이바지해야 마땅하다"고 규정하여 세계 최초로 소유권의 사회적 책임을 명문화했다. 또한 「독일제국헌법」 제157조는 노동력이 국가의 특별한 보호를 받을 수 있도록 노동법을 제정하도록 규정했고, 제159조는 "노동 조건과 경제 조건의 실현과 향상을 위한 결사의 자유가 모든 사람과 직업에 보장되고, 그러한 자유를 제한하거나 방해하는 모든 협정과 조치는 불법이다"라고 규정했다. 「독일제국헌법」 제165조는 노동자와 자본가가 공장과 기업 그리고 초기업 차원에서 사회적 파트너 관계를 형성하도록 규정하고 있다.

---

17 Die Verfassung des Deutschen Reichs vom 11. August 1919.

바이마르공화국의 사회 헌법은 바이마르공화국이 창설되던 시기에 노동자 계급과 사회민주당의 힘이 강력하게 조직되었음을 시사한다. 그 당시 노동자들은 초기업 차원의 노사 공동결정 제도뿐만 아니라 기업과 공장 차원에서도 평의회를 구성하여 노동에 대한 자본의 지배를 해체하고자 했다. 노동자들은 소유의 사회적 책임을 강조했고, 노동을 보호하는 노동 입법이 즉각 이루어져야 한다고 주장했으며, 실업이 인간의 존엄한 삶을 위협해서는 안 된다고 생각했다. 그러한 사회입법과 노동 입법 과정에서는 게르만 공동체주의가 강력한 영향을 미쳤다.

게르만 공동체주의는 낭만주의가 고취한 것이 사실이지만, 그 의미와 중요성은 독일 역사학파의 방대한 독일사 연구를 통해 널리 인식되었다. 저명한 게르마니스트인 오토 폰 기르케(Otto Friedrich von Gierke, 1841~1921)는 게르만 협동체(Genossenschaft)에 관한 법제사적 연구를 방대하게 진행했다.[18] 그는 게르만 협동체가 개인들로 구성된 유기적인 자치공동체였고, 공동체가 자치를 위해 정한 규범은 법률적 구속력을 갖는다는 것을 중시했다. 그는 독일에서 소유권 이론과 단체법 이론을 수립하는 데 크게 공헌했다. 그는 로마법을 계수하여 독일 민법을 정비하고자 한 프리드리히 폰 사비니(Friedrich Carl von Savigny, 1779~1861)의 관점에 맞서서 소유권을 완전 물권 개념으로 좁히는 데 반대하고 소유권 행사의 공동체적 규율을 중시했다.[19] 그는 1896년 폰 사비니의 교리에 따라 독일 민법전이 편찬될 때는 큰 영향을 미치지 못했으나, 소유권을 절대화

---

18 Ottto von Gierke, *Rechtsgeschichte der deutschen Genossenschaft* (Berlin: Weidmann, 1868) ; Ottto von Gierke, *Das deutsche Genossenschaftsrecht, 4 Bände* (Berlin: Weidmann, 1868ff.) ; Ottto von Gierke, *Die Genossenschaftstheorie und die deutsche Rechtsprechung* (Berlin: Weidmann, 1887).

19 윤홍철, 『소유권의 역사』(서울: 법원사, 1995), 91f., 95f.

하는 데서 비롯된 폐해가 커지는 상황에서 소유의 사회적 책임을 성찰하도록 끊임없이 자극했고 바이마르공화국 헌법이 소유의 사회적 책임 조항을 명시하도록 하는 데 사상적으로 기여했다. 폰 기르케는 게르만 협동체 이론에 근거해서 개인법과 사회법을 구별해서 사유하도록 자극했고 개인에 대한 집단의 우선성을 전제하는 단체법의 이론적 토대를 확립하는 데 크게 이바지했다.

폰 기르케의 단체법 이론의 영향을 받은 후고 진츠하이머(Hugo Simzheimer, 1875~1945)는 노동조합이 노동자 개인들로 구성되더라도, 노동조합은 노동자 개인들로 분해되지 않는 독자성을 지닌 단체이고, 그 단체는 자치의 원칙에 따라 법적 구속력을 갖는 자치 규약을 제정할 수 있으며 조합원들을 대표해서 노동계약의 주체가 될 수 있다고 주장했다.[20] 그러한 법리를 내세움으로써 진츠하이머는 단체협약을 중심에 놓는 노동법 체계를 발전시킬 수 있었다.[21] 그는 자본주의적 생산관계에서 자본가에게 종속된 노동자들을 보호하고 그들의 권익을 최대한 실현하기 위해서는 임금 지급과 노무 청구권의 개별적 교환에서 출발하는 민법의 틀에서 벗어나 종속 노동자들이 구성한 단체가 자본가와 단체협약을 맺는 것을 핵심으로 하는 노동법을 발전시켜야 한다고 주장했다. 그는 노동법을 민법과 구별되는 별개의 법체계로 정립함으로써 바이마르공화국이 일관성 있게 선진적인 노동 입법의 길로 나아가도록 이정표를 세웠다.

바이마르공화국은 개별적 노동법의 형식으로 노동보호법을 제정하였고, 집단적 노동법의 형식을 취하는 노동조합법, 단체교섭법, 노사 공

---

20 폰 기르케가 진츠하이머에게 물려준 유산에 관한 자세한 분석으로는 이원희, "진츠하이머의 노동법론과 그 업적," 「노동법연구」 5 (1996) : 227~236.

21 Hugo Sinzheimer, *Der Arbeitsnormenvertrag: Eine privatrechtliche Untersuchung, Teil 1* (Leipzig: Duncker & Humblot, 1907), 22.

동결정을 규율하는 평의회법 등을 제정하였다. 1926년에는 노동법원이 설립되었고, 1927년에는 실업보험이 법제화되었다. 이로써 바이마르공화국은 개별적 노동법과 집단적 노동법을 완비하였고 상해보험, 질병보험, 연금보험, 실업보험을 갖춘 현대적인 사회복지 체제를 완성하였다.

바이마르공화국은 개인의 자유와 권리를 법률로써 보호하는 자유주의 국가인 동시에 소유의 사회적 책임을 천명하고 노동권의 승인과 법률적 보호를 헌법 규범으로 명시한 사회국가의 면모를 보였다. 그것은 프랑스 혁명의 효과로 인간과 시민의 권리를 자유권의 형식으로 천명한 1791년의 프랑스 헌법을 넘어서는 역사적 성취이다. 개인이 자신의 삶을 자주적으로 펼칠 수 있도록 국가가 개인의 생명과 자유와 소유를 보호하는 데 그치지 않고 개인이 소득을 얻기 위해 종속적 노동을 수행할 수밖에 없는 자본주의 사회에서 국가가 각 사람의 노동을 보호하고 소득을 보장하도록 모든 시민이 국가에 적극적으로 청구하는 헌정 질서가 수립된 것이다. 바이마르공화국에서 개인은 국민국가의 구성원이고, 계급적 연대를 통해 결속하고 사회적 안전망을 통해 보호될 수 있다는 것을 경험했다. 시민권, 노동조합, 복지 제도는 개인의 자유와 권리를 실현하는 데 필수 불가결한 요건이 되었다.

문제는 바이마르공화국이 정치적으로 안정된 기반을 갖지 못했다는 것이다. 제1차 세계대전에서 독일이 패배하면서 군주정이 순식간에 공화국 체제로 전환하자 독일 국민은 갑자기 주어진 자유를 감당하지 못했고 그것을 제대로 사용할 수 없었다. 루터교 정통파 교회는 여전히 왕권신수설을 고집했기에 민주주의를 수용하지 않았고, 전통적인 대토지 소유자들인 융커는 여전히 군주제에서 누려왔던 특권을 내려놓을 마음이 없었다. 전쟁 이후의 혼란 속에서 준군사조직이 할거하고 테러가 만연했다. 거기 더해서 순수한 비례대표제 선거를 도입하면서 정당들이 난립했기에 바이마르공화국 내내 의회의 과반을 차지하는 다수당이 정부를 구성한 적은 한 번도 없었다. 제1차 세계대전 패전 이후에 경제 안정과 발전은 더디게 이루어졌고 사회적 통합은 실패했다. 대자본 중심으로 카르텔과 콘체른이 구축되면서 중소기업의 설 땅은 좁아졌고 인플레이션으로 인해 봉급생활자들과 연금생활자들은 파탄에 빠졌다. 노동자 운동은 초기업 노동조합 운동 세력과 볼셰비키적 공장평의회 운동 세력으로 분열되어 있었다. 1929년 대공황은 바이마르공화국의 경제적 기반을 송두리째 뒤흔들었다. 수백만의 노동자들이 일자리를 잃었고 자영업자들과 소자산가들은 버틸 여력이 없었다. 독일 대중은 불안과 공포에 휩싸였다. 대자본은 국가가 경제에 강력하게 개입하여 활로를 열어줄 것을 기대했다. 파시즘이 등장할 절호의 기회가 만들어진 것이다.

IV. 소결

독일에서 자유주의는 개인의 자유와 권리를 보장하는 헌정 질서로 구현되지 못했고, '19세기의 사회문제'를 해결할 전망과 역량을 갖추지도 못했다. 거기 더하여 자유주의는 개인을 고립된 원자로 보는 경향이 있었다. 마르크스는 개인을 중시했지만, 개인을 '사회관계들의 응결체'로 인식했고, 개인들을 억압하고 착취하고 소외시키고 노예화하는 관계들의 근본적인 변화를 통해 개인을 해방하는 사회에 대한 전망을 열었다.

독일 노동자들은 이미 황제 제국 시대에 사회민주주의자들과 더불어 사회복지를 확대하도록 정부와 기득권 세력을 압박했고, 제1차 세계대전 이후 들어선 바이마르공화국에서는 완벽한 권리장전과 사회적 권리가 새겨진 헌법을 마련하는 데 이바지했다. 바이마르공화국 헌법은 소유의 사회적 책임을 명시했고, 노동권을 법제화하도록 명시했다. 그것은 개인의 자유와 권리를 최대한 보장하면서 사회적 연대를 강화하는 사회국가가 독일에서 수립되기 시작했다는 것을 의미한다.

노동권을 법제화하는 데 노동자들의 힘과 운동이 크게 이바지했다는 것은 더 말할 것이 없지만, 게르만 정신에 바탕을 둔 단체법이 노동법 제정에서 큰 역할을 했다는 것은 주목할 점이다. 게르마니스트였던 오토 폰 기르케는 단체가 개인에 앞서고 단체가 자율적 주체라는 단체법 사상을 가다듬었고, 그의 단체법 사상을 수용한 후고 진츠하이머는 단체협약을 중심에 놓는 노동법 체계를 발전시켰다. 게르만 정신이 독일의 노동법 체계를 구성하는 데 결정적인 영향을 끼쳤다는 것은 나중에 전체주의적인 나치스 국가 체제에서 악용될 소지가 있었다.

바이마르공화국은 사회적 통합에 성공하지 못했고 1920년대 말의 대공황과 그 여파로 봉급생활자, 연금생활자, 중소 자영업자, 빈곤에 처한 농민, 제대군인, 미래 전망이 암울한 대졸자와 대학생, 실업자 등이 불안과 공포에 휩싸이자 파시즘이 대두하는 것을 저지하지 못했다.

4장
나치스 전체주의 사회의 수립과 개인의 소멸

1932년 히틀러(Adolf Hitler, 1889~1945)가 집권한 뒤에 바이마르공화국을 해체하고 일당 독재 체제를 구축한 뒤 독일에서는 개인이 소멸하는 전체주의적 야만이 지배하게 되었다. 게르만 공동체주의와 가부장주의는 전체주의적 야만의 온상이 되었다. 독일인들은 유럽을 전쟁의 소용돌이에 휩쓸리게 했고, 인종주의적 멸절을 국가 목표로 설정하고 그 목표를 달성하기 위해 모든 수단을 합리적으로 조직했다. 히틀러의 지배가 독일에 남긴 유산을 청산하는 것은 제2차 세계대전 이후 독일에서 개인의 자유와 권리를 회복하고 사회국가를 재건하는 데 필수 불가결한 과정이 되었다.

아래서는 히틀러의 전체주의적 독재 체제가 확립되는 과정에서 개인의 자유와 권리가 어떻게 파괴되었는가를 살피고, 게르만 공동체주의와 가부장주의가 어떤 방식으로 전체주의적 야만에 동원되었는가 그리고 독일인의 인종주의가 얼마나 범죄적인 양상을 띠었는가를 들여다본다.

I. 히틀러의 전체주의적 독재 체제

1932년 11월 총선에서 히틀러의 국가사회주의독일노동자당(Nationalsozialistische Deutsche Arbeiterpartei)은 독일 제국의회에서 의석의 3분지 1을 차지하는 제1당이 되었다. 히틀러와 나치당이 내건 구호는 단순하고 섬뜩하다. 히틀러는 독일을 파탄으로 이끄는 굴욕적인 베르사유 조약을 폐기하여야 하고, 독일인을 노예로 만들기 위해 유대인들이 창건한 바이마르공화국을 해체해야 하며, 유대인들이 창시한 자본주의와 공산주의가 독일의 독자적인 발전을 가로막고 있다고 주장했다. 히틀러의 구호는 패전, 인플레이션, 경제 위기 등으로 생활 기반이 거덜 난 사람들을 끌어모았다. 실업에 직면한 노동자들, 빈곤에 직면한 소시민들과 농민들, 불만에 가득 찬 하급 관리들, 자유 군단¹ 구성원들과 장교들, 인정과 평판을 얻지 못한 예술가들, 실업 상태의 대학 졸업자들, 앞날의 전망을 세울수 없는 대학생들이 국가사회주의(Nationalsozialismus)의 열렬한 지지자로 나섰다. 바이마르공화국의 경제정책과 금융정책에 환멸을 느낀 독일의 대자본가들도 히틀러가 독일의 독자적인 발전 노선으로 제시한 파시스트적 조합주의(corporatism)를 지지했다.

히틀러는 1932년 11월 총선 이후 2개월이 지난 뒤에 공화국 대통령 파울 폰 힌덴부르크(Paul von Hindenburg, 1847~1934)에 의해 제국 수상으로 임명되었다. 그는 1933년 2월 27일 제국의회 의사당 화재 사건이 발생하자 그 배후에 공산주의자들이 있다고 주장하고 「독일제국헌법」 제54조 제3항에 근거하여 대통령 비상대권을 발동하게 하여 공산당 의원들을 의회에서 축출하고, 공산주의와 사회주의 성향의 언론을 폐지하고, 개인의 자유와 권리를 대폭 제한했다. 모든 독일인의 주택, 재산, 정당,

---

1 자유군단(Freikorps)은 바이마르공화국 시대에 활동하던 우익 민병대들을 가리킨다. 제1차 세계대전 이후의 재정 파탄, 정규군의 규모를 10만으로 동결한 베르사유 조약, 좌익 군사 조직의 활동, 잦은 국경분쟁 등 여러 요인으로 인해 정규군은 자유군단의 활동을 묵인했다. 자유군단은 바이마르공화국에 적대적이었던 대토지 소유 계층인 융커의 지원을 받았다.

단체, 연맹 등은 경찰의 자의에 맡겨졌다. 그는 제국의회를 해산하고 1933년 3월 5일 총선을 실시하여 의석의 43%를 차지한 뒤에 곧바로 3월 21일 나치당이 지배하는 제국의회를 통해 「수권법」을 제정했다. 그는 「수권법」에 따라 나치당을 제외한 모든 정당을 해산하고 그 활동을 금지했으며, 총선의 의석 비율에 따라 주의회를 재편성했다. 이로써 바이마르공화국 헌법은 사실상 파괴되었다. 또한 그는 「수권법」에 따라 노동조합을 해산하고 그 재산을 몰수했다. 1934년 폰 힌덴부르크 대통령이 사망하자 그는 제국 수상과 대통령직을 겸임하고 스스로 총통(Führer)이 되었다. 그는 총통의 무소불위한 독재 체제를 확립한 뒤에 자신의 통치에 맞서는 세력을 무자비하게 탄압했다. 이를 위해 그는 나치 돌격대(SA, Sturmabteilung), 비밀경찰(Gestapo, Geheime Staatspolizei), 친위대(Schutzstaffel) 등을 통해 테러를 주요 정치 수단으로 활용했다.

II. 독일 사회의 전체주의적 재편성

히틀러는 지도자 원리(Führerprinzip)에 따라 독일 사회를 급속도로 재구성했다. 지도자 원리는 1938년 뉘른베르크에서 열린 나치당 전당대회에서 하나의 국민, 하나의 국가, 하나의 지도자 원칙으로 공식화되지만, 1933년 「수권법」이 제정되고 1934년 히틀러가 총통을 자임하면서 사실상 확립되었다. 독일 사회의 모든 영역은 말할 것도 없고, 교회와 국가의 관계마저도 지도자 원리에 의해 재편성되고 재규정되었다.

1933년 히틀러는, 이미 앞에서 본 바와 같이, 모든 노조를 해산했고 노동자들을 독일노동전선(Deutsche Arbeitsfront)에 편입했다. 독일노동전선은 지도자 원리에 따라 그 수장이 그 구성원들을 수직적으로 지배하는 조직 원리에 따라 조직되었다. 노동조합 조직의 기본 원칙인 노동자 자치는 파괴되고 국가가 노동자 조직에 깊숙이 개입하고 지배하는 구조가 마련된 것이다.2 단체가 개인에 앞선다는 게르만 정신에 따라 노동자 개인은 유일한 노동자 단체인 독일노동전선에 마땅히 가입해야 한다고 여겨졌다. 독일 노동자의 90%는 독일노동전선에 가입했다. 1944년 현재 독일노동전선의 가입자는 2천5백만 명에 달했다. 바이마르공화국 헌법이 규정한 국가 수준의 평의회, 곧 노사정위원회는 1934년 10월 총통 명령에 따라 노동자와 기업주를 포괄하는 '모든 창조적인 독일 국민의 공동체'(Volksgemeinschaft aller schaffenden Deutschen)로 재편되었고, 노사관계를 조정하고 중재하는 독점적인 권한을 행사했다.

1933년 히틀러는 「제국세습농장법」(Reichserbhofgesetz)을 제정했다. 「제국세습농장법」은 독일 민법이 규정한 소유권과 상속권에 상관없이 중세 게르만 사회의 이중 소유권과 세습권에 따라 농장의 소유와 세습을 별도로 규정하고3 고대 게르만 사회의 농업 협동체 개념과 경작 강제 개념을 구현하려고 마련된 제도였다. 「제국세습농장법」은 국가의 지도 아래에서 농업을 경영하는 국가 농민 제도를 수립했다. 1935년 이래로 국가 농민에게는 생산량이 할당되었다. 그러한 생산할당제는 점차 국가의 농축산물 공급 계획에 맞추어 생산을 할당하는 국가 공급 생산할당제로 강화하였다. 따라서 농업 경영의 자율성은 인정되지 않았다.

1933년 7월 히틀러는 로마 교황청과 제국 정교화약(帝國政敎和約, Reichskonkordat)을 맺어 「수권법」에 따라 수립된 1당 독재 체제에 대한 교황청의 암묵적 지지를 얻고자 했다. 제국 종교화약을 체결한 뒤에 독일

---

2 정해본, 『독일근대사회경제사』(서울: 지식산업사, 1991), 359f.
3 김수석, "독일의 농지상속법," 『농촌경제』 24/2(2001): 74f., 78f.

가톨릭교회는 히틀러 독재를 방조했고, 후술할 뉘른베르크 법과 홀로코스트에 관해 침묵했다. 1934년 히틀러는 독일 개신교에 노골적으로 개입했다. 그는 독일적 그리스도인 운동(Deutsche Christen)을 조직하게 했고, 독일개신교교회(Deutsche Evangelische Kirche)를 제국교회(Reichskirche)로 설립하여 사실상 국가교회 체제를 확립하였으며, 독일적 그리스도인 운동의 지도자 루트비히 뮐러(Johan Heinrich Ludwig Müller, 1883~1945)를 제국 주교로 임명했다.4 독일적 그리스도인 운동은 아리안 조항을 내세워 유대 혈통의 교역자들을 해임했고, 히틀러를 국민적 구원자로 신격화했으며, 히틀러의 교회 정책에 저항하는 인사들을 교회에서 추방했다. 히틀러의 전체주의적 지배는 교회와 국가의 콘스탄틴적 동맹의 게르만적 버전을 구현했다.

1935년 히틀러는 이른바 뉘른베르크 법을 제정했다. 뉘른베르크 법은 「독일인의 피와 명예를 보호하기 위한 법」5과 「제국시민법」6을 가리킨다. 「독일인의 피와 명예를 보호하기 위한 법」 제1조는 유대인과 독일인 혹은 독일인 혈통 사이의 결혼을 금지했고 이미 이루어진 결혼을 무효화했다. 제2조는 유대인과 독일인 혹은 독일인 혈통 사이의 혼외 관계도 금지했다. 「제국시민법」 제2조 제1항은 국가 시민을 '독일 국민 혹은 독일 혈통으로서 독일 국민과 독일을 위해 충실히 봉사하기 위해 자발적으로 적절히 행동하는 사람'으로 규정하고, 제2조 제3항은 오직 국가 시민만이 정치적 권리를 갖는다고 규정했다. 뉘른베르크 법이 규정하는

---

4 히틀러의 교회 정책이 갖는 복잡한 성격에 관해서는 백용기, "독일 민족사회주의자 알프레드 로젠베르크의 세계관 분석: 로젠베르크의 Der Mythus des 20.Jahrhunderts에 대한 논쟁을 중심으로," 「신학사상」 181 (2018): 411-415.

5 Gesetz zum Schutze des deutschen Blutes und der deutschen Ehre vom 15. September 1935.

6 Das Reichsbürgergesetz vom 15. September 1935.

독일 혈통의 판별 기준은 3대 조상까지 유대인의 피가 섞이지 않은 사람을 순수 독일 혈통으로 인정하는 데서 시작하여 유대인의 피가 4분지 1이 섞인 사람을 독일 혈통 2급으로 인정하였으나, 시간이 지남에 따라 점차 더 엄격해졌다.

독일 혈통과 독일 시민권을 규정한 뉘른베르크 법이 시행되면서 가족 이데올로기는 한층 더 강화되었다. 가족은 생명의 원천이고 독일인의 순수혈통을 보존하고 유전하는 기관으로 여겨졌다. 나치즘 가족 정책의 핵심은 여성을 가정에 포섭하는 것이었다. 여성은 생명을 잉태하고 양육하는 특권이 부여되었다고 선전되었고, 모성 보호가 중시되었으며, 다산이 장려되었다. 독일 혈통을 많이 낳는 다산 여성에게는 어머니 십자훈장(Mutterkreuz)이 수여되었다. 1918년 여성 참정권 부여, 여성 고등교육 확대, 여성 전문직 진출 증가 등 바이마르공화국 시대에 이루어진 여권 신장은 독일 사회에서 끈질기게 유지된 게르만 가부장주의의 역사에서 돌발적인 예외에 불과한 것으로 치부되었다.[7] 게르만 가부장주의는 히틀러의 전체주의 통치에서 강화되었고 전체주의 통치의 심리적 기반을 이루었다. 가부장의 권위에 대한 여성과 자녀의 굴종은 권위주의적 멘탈리티를 활성화하는 효과를 발휘했다.[8]

독일 청소년들과 소녀들 그리고 성인 여성들은 각각 1926년 재건된 국가사회주의 청년동맹, 1930년에 창설된 국가소녀동맹, 1931년에 창설된 국가사회주의여성동맹에 선발되어 편제되었다. 그 동맹들은 구성원

---

7 히틀러의 통치 기간 동안 여성 참정권은 유지되었으나, 여성들의 대학 진학은 크게 억제되었다. 1933년에 제정된 「독일 학교 및 대학의 과밀화에 대한 법률」(Das Gesetz gegen die Überfüllung deutscher Schulen und Hochschulen vom 25. April 1933)은 유대인만이 아니라 여성들에 대해서도 대학 입학 허가 할당을 규정했다.
8 빌헬름 라이히/황선길 옮김, 『파시즘의 대중심리』(서울: 그린비, 2006), 96.

들에게 히틀러의 인종주의와 전체주의적 세계관을 주입했고, 그들을 히틀러의 1인 독재 체제의 열렬한 지지자로 단련했다.

위에서 본 바와 같이 히틀러는 노동자, 농민, 청소년, 소녀, 성인 여성, 교회 등을 전체주의적 통치 체제에 편입하는 작업을 일관성 있게 추진하는 동시에 국가가 경제에 깊이 개입하고 이를 통제하는 국가사회주의적 경제 체제를 확립했다. 국가사회주의적 경제 개입은 히틀러의 전체주의 체제를 떠받치는 물적 기반이었다. 1933년 히틀러는 고속도로 건설로 대표되는 대대적인 공공 토목공사를 시행하게 했다. 공공 토목공사는 1935년부터 시행된 국민 개병제와 맞물리면서 실업을 획기적으로 줄였다. 히틀러는 1936년 경제개발 4개년 계획을 수립하고 국가사회주의 경제 체제를 확실하게 구축하고자 했다. 국가사회주의 경제 체제는 통제와 강제에 그 기반을 두었다. 그것은 생산과 소비의 거시 균형을 계획하고 통제하는 경제였고, 그러한 거시경제 균형의 전제 조건은 가격동결과 임금동결이었다. 그렇게 하려면 노동력의 공급과 수요가 관리되어야 했고, 노동력이 국가에 의해 강제로 배치되어야 했다. 직업의 자유와 영업의 자유는 본질적으로 침해되었다. 국가사회주의적 통제경제는 외부에 의존하지 않는 자립적인 국민경제를 구축하고 군국주의와 전체주의의 경제적 기반을 구축하는 것을 그 목표로 삼았다. 모든 산업의 중심은 군수공업이었고, 1936년부터 군수공업과 군사적 목적의 각종 사업에 자본과 노동력이 대거 투입되었다. 그러한 군수공업 분야의 과잉 팽창과 군대 규모의 확대는 노동력 부족 사태를 빚었고 국가사회주의적 경제 체제 운영과 사회적 통제를 어렵게 했다.[9] 그것은 노동력을 준군사적으

---

9 Timothy W. Mason/김학이 옮김, 『나치스 민족공동체와 노동계급: 히틀러, 이데올로기, 전시경제, 노동계급』(서울: 한울아카데미, 2000), 179-181. 메이선은 노동력 부족이 가져온 위기가 경제 위기만이 아니고 '일차적으로 정치의 위기이자 체제의 위기'였다고 지적한다.

로 '관리'한다고 해서 해결될 수 있는 문제가 아니었다. 1942년 히틀러는 독일 경제를 전시 경제 체제로 전환했다. 그는 국가생산위원회를 설치하고 경영합리화와 산업합리화를 추진하게 했다. 국가생산위원회는 생산 기업을 선정하고 생산 방법과 생산물의 종류를 결정하는 권한을 행사했고, 기업 경영과 산업 발전을 감독·감시했다. 국가가 경제를 직접 운영하는 체제가 구축된 것이다.

III. 전쟁과 홀로코스트

히틀러는 나치당을 창설할 때부터 아리안족은 충분한 생활권(Lebensraum)을 차지할 당연한 권리가 있다는 인종주의적이고 팽창주의적 주장을 당 강령에 새겨 넣었고, 그러한 권리에 본질적인 제약을 가하는 것은 그 무엇이든 용납하지 않겠다고 마음을 먹었다. 베르사유 조약은 그러한 본질적인 제약 가운데 하나였다. 1935년 그는 독일인의 군사력을 10만으로 제한한 베르사유 조약을 폐기했다. 같은 해에 그는 국민 개병제를 시행했고 군수 산업 확장에 박차를 가했다. 히틀러는 독일인이 차지해야 할 생활권을 독일인이 아닌 인종의 지배로부터 해방해야 하고, 그러한 해방을 위해서는 외교적 협박과 전쟁을 불사하겠다고 마음을 먹었다. 1938년 10월 그는 막강한 무력에 뒷받침되는 외교적 협박을 통해 체코로부터 주데텐란트(Sudetenland)를 할양받았고 곧바로 체코를 병탄하고 오스트리아를 합병했다. 1939년 9월 1일 그는 폴란드 침공을 명령하고 단기간에 폴란드를 점령했다. 독일의 폴란드 침공은 유럽에서 제2차 세계대전을 불러일으켰다. 여기서 제2차 세계대전의 경과를 자세하게 서술할 필요는 없다. 다만 제2차 세계대전이 군인과 민간인 사상자를

1억 2천만 명 이상 냈고, 유럽의 주요 지역과 산업 시설을 파괴했고, 무수한 사람에게 전쟁의 트라우마를 남겼다는 것을 짚고 넘어갈 필요가 있다. 거기서 더 나아가 독일이 인류 문명을 야만 상태로 몰아넣을 정도로 처참한 대규모 인종 학살을 침략 지역 곳곳에서 무수히 자행했다는 것을 반드시 지적할 필요가 있다.

히틀러 국가의 범죄는 전쟁을 통해 인종주의적이고 침략주의적인 팽창 정책과 정복 정책을 추진했다는 것으로 끝나지 않는다. 히틀러는 국가 폭력을 동원하여 인종 말살 정책을 체계적으로 전개하는 범죄를 자행했다. 전 유럽의 유대인들은 절멸주의적 방식으로 추진된 인종 청소의 대상이 되었다. 유대인의 차별과 배제는 1933년 4월부터 "아리안 조항"을 법률로 제정함으로써 시작하였다.[10] 히틀러는 1933년 4월 「직업 공무원 재배치법」,[11] 「변호사 자격에 관한 법률」,[12] 「건강보험 기금에서 일하는 의사 자격에 관한 조례」,[13] 「독일 학교 및 대학의 과밀화에 대한 법률」 등을 제정하여 유대인들을 공직 생활과 사회생활에서 배제하게 했다. 3대 위의 조상이 순유대인인 직업 공무원은 예외 없이 공직에서 추방되었고, 그것은 교역자 등 교회 공무원도 마찬가지였다. 자유 직업을 가진 모든 사람은 나치 조직에 등록하여야 했기에 유대인들은 자유직에도 종사할 수 없었다. 대학에서 유대인 학생의 재학 할당 비율은 1% 이하로

---

10 본래 "아리안 조항"은 1885년 오스트리아의 반유대주의자 게오르크 폰 쇠네러(Georg von Schönerer, 1842~1921)의 주도로 스포츠 단체, 합창단, 독서 모임, 대학생 단체 등의 정관이나 규약에 유대인의 가입을 금지하는 조항으로 도입되었고, 1890년대 이래로 독일과 오스트리아의 몇몇 지방자치단체에 조례로 규정되었다.

11 Gesetz zur Wiederherstellung des Berufsbeamtentums vom 7. April 1933.

12 Gesetz über die Zulassung zur Rechtsanwaltschaft vom 7. April 1933.

13 Verordnung über die Zulassung von Ärzten zur Tätigkeit bei den Krankenkassen vom 22. April 1933.

제한되었다. 1935년의 뉘른베르크 2법이 유대인과의 결혼이나 혼외 관계를 금지하고 유대인의 국가 시민권을 박탈하였다는 것은 이미 앞에서 말한 바와 같다. 1938년 11월 9일과 10일 '수정의 밤'에는 유대인 거주 지역에 방화가 자행되었고, 유대인 묘지가 파묘되었으며, 유대인들은 남녀를 불문하고 눈에 띄는 대로 린치의 대상이 되었다. 1941년 9월부터 6세 이상의 유대인은 가슴에 유대인 표지를 의무적으로 부착해야 했고, 그와 동시에 독일과 독일 점령 지역에 설치한 집단수용소들에서는 유대인들이 가스실에서 학살되기 시작했다. 1942년 1월 20일 히틀러는 '최종 해결'(Endlösung)을 명령하여 유대인 멸절을 국가 사업으로 전개했다. 비밀경찰은 유대인들을 샅샅이 색출하여 아우슈비츠-비르켄아우(Auschwitz-Birkenau) 절멸수용소를 위시해서 동구 각 지역의 집단수용소들로 이송했고 거기서 유대인 학살이 독일 특유의 완벽주의(Perfektionismus)에 따라 체계적으로 진행되었다. 학살 당한 유대인들의 수효는 전쟁이 종료될 때까지 5백5십만 명에 달한다고 알려져 있다.

IV. 히틀러 독재와 인종주의적 멸절은 어떻게 가능했는가?

독일인들이 개인의 자유권과 사회적 권리를 부정한 히틀러 독재를 받아들이고 인종주의적 멸절에 가담한 것은 실로 문명국가에서는 이해하기 어려운 일이었기에, 학자들은 이를 설명하고 해석하기 위해 큰 노력을 기울여 왔다. 그동안 이 어려운 문제를 풀기 위해 제시된 설명 모델은 백 가지 이상이 된다고 알려져 있다. 여기서는 그러한 설명 모델들을 일일이 소개할 수 없다. 다만 독일 사람들이 은근히 선호하는 통속적인 설명 모델을 몇 가지 살필 필요가 있다. 독일인들이 나치 범죄를 제대로 알지 못했다거나, 설사 나치의 국가 행위가 범죄적이었음을 인식했다 하더라도 권위주의 국가 체제에서 그러한 국가 행위에 순응하지 않을 수 없었다는 유형의 설명이 그것이다. 그러한 설명에는 독일 사람들이 종교개혁 이래로 관헌의 명령에 무조건 복종하는 순응주의를 내면화했기에 히틀러 국가의 명령을 거역하지 못한 채 그 명령을 수동적으로 집행하였다는 주석이 달리기도 했다. 정신분석학적인 관점에서는 조금 결이 다른 설명이 이루어졌다. 독일인들이 히틀러 독재를 받아들인 것은 그들이 권위주의적 멘탈리티에 사로잡혔기 때문이라는 것이다. 이 분야에서 괄목할 만한 업적을 쌓은 에리히 프롬(Erich Seligmann Fromm, 1900~1980)은 권위주의적 성격이 '인간을 지배하고 싶어 하는 욕망'과 '압도적으로 강한 외부의 힘에 복종하고자 하는 갈망'으로 나타나는데, 개인의 독립과 자유가 가져다 주는 불안을 견디지 못한 독일 사람들이 그 불안을 해소하기 위해 권위적 통치자를 고대하고 추종하게 되었다고 분석했다.[14] 빌헬름 라이히(Wilhelm Reich, 1897~1957)는 게르만 사회에서 강력하게 유지되었던 가부장주의가 권위주의적 멘탈리티 형성의 온상이 되어 독일인들이 히틀러의 권위주의적 통치에 굴복하는 모습을 보였다고 분석했다.[15] 서양 실천철학의 전통을 재해석한 한나 아렌트(Hannah Arendt,

---

14 에리히 프롬/김석희 옮김, 『자유로부터의 도피』 (서울: 휴머니스트, 2012), 243, 244f. 테오도르 아도르노는 프롬의 권위주의 성격 연구를 더 날카롭게 가다듬어 권위주의적 성격을 다음과 같이 분석한다. Theordor W. Adorno, *Studien zum autoritären Charakter*, übersetzt von Milli Weinbrenner ins Deutsche (Frankfurt am Main: Suhrkamp, 1995), 323: "사회가 개인에게 준 것보다 언제나 더 많은 것을 요구하는 사회적 강제의 내면화에 이르기 위해서는, 권위와 그것의 심리학적 법정인 초자아에 대한 개인의 태도가 비합리적 성향을 띠어야 한다. 그런 개인은 복종과 예속을 선호할 때만 스스로 사회적 적응을 한다."
15 빌헬름 라이히는 농촌에 거주하는 대가족들에서는 가부장주의가 강했던 데 반해서 도시에 거주하는 공장 노동자들의 핵가족에서는 그렇지 않았으며, 따라서 권위주의적 멘탈리티는 시골의 대가족 출신들에게서 강했고 도시 공장노동자들에게서는 그렇지 않았다고 지적했다. 빌헬름 라이히/황선길 옮김, 『파시즘의 대중심리』, 96, 102.

1906~1975)는 인간의 행동 유형과 사고 유형의 연관성에 주목하면서 깊이 있는 분석을 내놓았다. 그는 유대인을 색출하여 강제수용소로 이송하는 책임을 맡았던 나치 돌격대 장교 아이히만(Otto Adolf Eichmann, 1906~1962)을 나치 범죄에 가담한 독일 사람들의 전형으로 분석하면서 비판적 성찰 능력을 상실한 사람들이 전체주의의 도구로 동원되었다고 지적했다. 그는 아이히만이 히틀러의 '최종 해결' 명령을 목표로 설정하고, 그 목표를 달성하기 위해 수단을 합리적으로 조직하는 도구적 합리성을 고도로 발휘했지만, 그러한 행위의 목표가 정당한가를 비판적으로 전혀 따지지 않는 '순전한 무사유'에 빠져 있었다고 분석했다.[16] 그는 도구적 이성이 확장하고 비판적 정신이 위축하는 데서 '악의 평범성'이 만연한다고 설명했다.[17]

1996년 다니엘 요나 골드하겐(Daniel Jonah Goldhagen, 1959~)이 『히틀러의 자발적인 집행자』[18]를 출판한 이후 독일인이 히틀러 독재에 순응하고 홀로코스트에 가담한 이유를 설명하는 방식은 큰 전기를 맞게 되었다. 이 책에서 골드하겐은 독일의 '평범한' 시민들이 나치의 범죄적인 유대인 멸절에 적극적으로 가담하고자 하는 의지에 따라 이를 자발적으로 집행했다고 주장했다. 그는 농민, 노동자, 점포 주인, 가게 점원, 회사

---

16 한나 아렌트/김선욱 옮김, 『예루살렘의 아이히만』 (파주: 한길사, 2014), 391: "그로 하여금 그 시대의 엄청난 범죄자들 가운데 한 사람이 되게 한 것은 (결코 어리석음과 동일한 것이 아닌) 순전한 무사유였다."

17 위의 책, 349. 아렌트는 아이히만의 처형을 서술한 뒤에 다음과 같이 말했다: "이는 마치 이 마지막 순간에 그가 인간의 연약함 속에서 이루어진 이 오랜 과정이 우리에게 가르쳐준 교훈을 요약하고 있는 듯했다. 두려운 교훈, 즉 말과 사고를 허용하지 않는 악의 평범성(banality of evel)을."

18 Daniel Jonah Goldhagen, *Hitler's willing executioners: Ordinary Germans and the Holocaust* (New York: Vintage Books, 1996). 이 책은 곧바로 독일어로 번역되었다. Daniel Jonah Goldhagen, *Hitlers Willige Vollstrecker: Ganz gewöhnliche Deutsche und der Holocaust*, aus dem Amerikanischen von Klaus Kochmann (Berlin: Siedler, 1996).

원, 대학생 등 독일의 평범한 시민들이 군대[19]에 편성되어 폴란드 등지에서 유대인들을 잔인하게 학살하는 데 가담한 것은 무지 때문도 아니고, 상부의 명령에 복종해야 하는 어쩔 수 없는 상황 때문도 아니고, 단지 군 경력을 유지하기 위한 동기 때문인 것만도 아니었다고 분석했다. 그들이 학살을 집행하면서 보인 자발성과 가학성은 중세기 이래 독일 문화와 독일인의 마음에 깊이 뿌리를 박은 '멸절주의적인 반유대인주의'를 빼어놓고서는 설명될 수 없다고 주장했다.[20]

골드하겐의 주장은 수많은 독일 사람을 충격에 빠뜨렸다. 독일 사람들이 어떤 이유에서든 나치 범죄에 동조하거나 가담한 것은 부정할 수 없고, 따라서 나치 독일의 국가 범죄를 인정하고 피해자들에게 사죄하고 그 범죄를 기억하여 다시는 이를 반복하지 않게 해야 한다는 국민적 합의를 이루었어도, 평범한 독일 사람들이 나서서 나치 범죄를 자발적으로, 그것도 가학적으로 집행할 정도로 반유대주의가 독일 문화에 뿌리 깊게 자리를 잡았다는 것은 전혀 다른 차원의 이야기였기 때문이다.

물론 반유대주의가 마치 문화적 유전자처럼 작용하여 독일인의 정체성을 결정한다는 식으로 골드하겐의 주장을 해석한다면, 그것은 분명 잘못일 것이다. 그러나 독일의 국민 형성과 국민국가 형성 과정에서 독일 사상가들이 고대 게르만 문화와 중세 게르만 문화를 해석하여 독일인의 문화적 정체성의 바탕을 마련하고자 했고, 그러한 문화적 국민주의가

---

19 골드하겐이 분석한 대상은 폴란드에서 유대인 학살에 참여했던 경찰대대(Polizeibataillon)와 그 구성원들이었다.

20 Daniel Jonah Goldhagen, *Hitlers Willige Vollstrecker: Ganz gewöhnliche Deutsche und der Holocaust*, 50: "반유대주의가 정상적인 독일인들의 견해를 구성하는 필수 불가결한 요소였다는 결론은 경험적인 관점뿐만 아니라 이론적인 관점에서도 줄곧 뒷받침된다." 그는 책의 제3장을 전부 할애해서 중세 이래 반유대주의가 발전해 온 양상을 살피고, 19세기 말에 아리안 조항을 끌어들인 반유대주의가 나치 시대에 절멸주의적 성격을 띠게 되는 과정을 세밀하게 분석했다.

문화적 배타성과 인종적 우월성을 배태할 수 있었다는 점을 간과해서는 안 된다. 그러한 과정에서 중세기 이래 널리 확산한 유대인에 대한 혐오와 차별이 스며들었고 독일 개신교의 정신적 지주요 최고의 권위였던 종교개혁자 마르틴 루터의 반유대주의도 영향을 미쳤다. 나치 시대에 루터는 반유대주의의 옹호자로 끊임없이 소환되었다. 반유대주의가 가정, 학교, 공동체, 교회 등을 통해 이루어지는 사회화 과정을 통해 독일인의 멘탈리티 형성에 영향을 미칠 수 있었음을 고려한다면, 히틀러 독재 시대에 멸절주의적 특성을 보이게 된 반유대주의가 평범한 독일인들이 '히틀러의 자발적인 집행자'가 되게 하는 데 결정적으로 이바지했다는 골드하겐의 주장을 한마디로 일축하기는 어려울 것이다.

독일 통일 이후 외국인 혐오와 신나치주의가 준동하고 2010년대 중반에 난민 수용으로 인해 신나치주의가 더욱더 극성을 부리는 독일 사회에서 반유대주의가 남긴 유산을 위시해서 인종주의의 문제를 깊이 살피는 것은 현대 독일 사회에서 건전한 멘탈리티를 갖는 개인을 어떻게 형성할 것인가를 논하는 맥락에서 신중하게 다루어야 할 문제일 것이다.

V. 소결

히틀러는 바이마르공화국 헌법이 정한 절차에 따라 바이마르공화국을 무력화하고 전체주의적인 독재 체제를 구축했다. 바이마르공화국에서 비로소 완벽하게 보장된 개인의 권리장전은 무시되었고 사회적 권리들은 흔적도 남지 않게 되었다. 개인의 자유를 보장하는 보루로 여겨졌던 가족과 재산의 불가침성은 무너졌고, 사회적 권리를 실현하기 위해 조직된 자치 단체들은 강제로 해산되었고, 나치당 이외의 모든 정치단체는 불법화되었고, 나치 지배에 대한 반대 의견의 표명이나 보도는 금지되었다.

히틀러의 전체주의 국가에서 개인은 소멸했다. 히틀러는 게르만 공동체주의를 불러내어 집단이 개인에 앞서고 공동체의 복지가 개인의 이익에 앞선다는 나치 이데올로기를 강화했고, 스스로 모든 집단과 공동체와 국가를 이끄는 정점의 위치에 있는 총통이 됨으로써 그 누구도 총통의 지배에서 벗어날 수 없는 절대적인 권위주의 체제를 구축했다. 게르만 사회의 뿌리 깊은 가부장주의와 권위주의는 독일인들이 히틀러의 통치에 자발적으로 복종하는 심리적 기반이 되었다.

히틀러는 파시스트적 조합주의 방식에 따라 기업 경영과 국민경제 운영을 중앙집권적인 계획과 통제와 감독 아래 놓았고, 그러한 국가주의 경제에서는 직업의 자유와 기업의 자유는 보장되지 않았다. 그러한 파시스트적 조합주의 체제에서 기업과 국민경제는 전시 동원 체제로 쉽게 전환될 수 있었다.

히틀러의 전체주의 국가는 독일인의 인종적 정체성과 대외 팽창을 통해 내부의 결속을 강화했다. 인종적 정체성은 '멸절주의적 반유대주의'로 치달았고, 게르만족의 생활권을 확보하기 위한 대외 팽창 노선은 제2차 세계대전을 일으켰다. 거의 모든 독일인은 독일 국민과 독일 국민국가의 정체성을 이루는 인종주의에 속박당했다.

독일은 제2차 세계대전에서 패망한 뒤에 히틀러의 전체주의를 청산할 엄청난 과제를 떠안게 되었다. 그것은 게르만 사회의 뿌리 깊은 전통인 가부장주의와 권위주의 그리고 인종주의와 대결하면서 개인의 자유권과 사회권을 보장하는 헌정 질서와 경제 체제를 형성하는 일이었다.

5장
독일 재건과 68혁명

독일은 제2차 세계대전에서 패망한 뒤에 히틀러 독재 체제가 남긴 유산에서 벗어나 정치, 경제, 사회, 문화 등을 전면적으로 재건해야 했다. 독일을 점령한 미국, 영국, 프랑스, 소련 등 4대 강국의 군정 기간에 독일의 분단은 확정되었고, 서독과 동독은 서로 다른 체제와 정부를 수립했다. 그러한 체제 수립과 정부 수립은 서독과 동독에서 모두 나치의 유산을 청산하는 것을 전제했으나, 그 청산의 방법은 달랐다. 동독에서는 나치 체제의 인적 청산이 철저하게 이루어지고 사회주의적 소유와 중앙계획에 바탕을 둔 경제 체제와 사회주의 일당 지배 체제가 확립된 데 반해, 서독에서는 나치 체제의 인적 청산이 지연되는 가운데 사회적 시장경제 체제와 다당제에 바탕을 둔 내각제 정부가 수립되었다. 서독에서 나치 체제의 인적 청산이 지연되었다는 것은 나치 체제에서 왜곡된 형태로 강화된 권위주의와 가부장주의가 온존할 수 있었고 인종주의적 범죄가 집단적 망각의 베일로 가려졌다는 것을 의미한다. 나치의 인종주의적 범죄가 드러나기 시작하자 그것과 밀접하게 결합해 있었던 권위주의와 가부장주의는 거대한 도전을 받게 되었고 68혁명을 통해 비로소 전면적으로 해체되기 시작했다.

아래에서는 패전 이후 68혁명에 이르기까지 서독에서 진행된 탈나치화, 사회적 시장경제의 수립과 경제 부흥, 권위주의적이고 가부장주의적인 문화의 해체 등을 통해 개인의 자유와 권리가 신장하는 과정을 다루고, 이 시기에 독일인들의 개인주의가 보인 특징을 분석한다. 동독에서 이루어진 나치 체제의 청산과 현실사회주의(real existierender Sozialismus)의 발전은 그 자체만으로도 매우 흥미 있는 주제이지만, 그것에 관한 언급은 이 글에서 꼭 필요한 경우에 한정해서 최소한으로 그칠 것이다. 그것은 동독의 현실사회주의 사회에서 개인이 집단에 해소되는 경향이 강했고, 동독의 현실사회주의 사회는 독일의 통일 과정에서 소멸했기 때문이다. 따라서 독일에서 개인주의 문화의 발전을 다루는 이 글에서 동독 사회주의 사회에서 개인의 문제는 단지 부차적이고 주변적인 화젯거리가 될 뿐이다.

I. 서독의 탈나치화

제2차 세계대전에서 패망한 독일인들은 미국, 영국, 프랑스, 소련 등 4대 점령국의 군정을 거쳐 서독과 동독에서 각기 다른 정부를 수립했다. 동독 지역에서는 사회주의적 권리와 의무가 명시되고 소비에트(평의회)를 중심으로 국가, 경제, 사회, 단체 등을 조직하는 원리가 명시된 사회주의 헌법에 바탕을 두고 독일민주공화국(Deutsche Demokratische Republik)이 창설되었다. 반면에 서독 지역에 세워진 독일연방공화국(Bundesrepublik Deutschland)은 바이마르공화국 헌법을 계수하면서 완벽한 권리장전과 사회적 권리를 헌법 규범으로 명시한 자유주의적 사회국가를 지향했다.

이제 논의를 서독에 국한해서, 자유주의적 사회국가가 창설되고 발전하는 과정에서 나치 지배 체제가 서독에서 어떻게 청산되었는가를 살피기로 한다. 서독에서 나치 지배 체제의 청산은 다양한 측면에서 나타났다. 나치 잔재의 청산이 가속적으로 진행된 측면도 있었고, 탈나치화가 지체되는 측면도 있었고, 나치 잔재의 청산이 불완전하게 이루어진 측면도 있었다.

나치 잔재의 청산은 독일인들이 하나의 국민이라는 국민적 결속 감정이 크게 약화하면서 가속화되었다. 제2차 세계대전에서 패망한 뒤에 독일인들은 나치가 그토록 강조했던 국민국가가 붕괴하고 점령국들에 의해 갈가리 찢기는 것을 보아야 했다. 국민국가는 더는 그들을 하나로 묶는 결속체가 아니었다. 그것은 무엇보다도 독일인 난민들이 동족들에게 당한 배제와 냉대에서 생생하게 체험되었다. 전쟁으로 상실된 구독일 영토에서 흘러들어오는 1천2백만 명이 넘는 난민들은 부랑 노숙자 신세를 면할 수 없었고, 전쟁으로 인해 50% 이상의 주택이 파괴된 대도시 지역에 거주하거나 생존 기회를 찾을 수 없었던 난민들은 시골 마을에 정착하려고 했다. 그들이 거기서 겪은 것은 토착 주민들의 냉대와 배척이었다. 부족주의를 근간으로 결속한 토착 주민들에게 난민들은 그들을 위협하고 손해를 가져오는 낯선 자들, 곧 타자였다. 토착 주민들은 타자에게 눈곱만큼도 거저 베푸는 일이 없었다. 그들은 인색했고 이기주의적이었다. 난민들과 토착 주민들을 하나로 묶는 운명적인 국민 공동체 의식 같은 것은 없었다.[1]

물론 난민들에 대한 지역 주민들의 태도만 보고서 독일인들에게 국민 의식이 증발했다고 말하는 것은 지나친 확대 해석이다. 그러나 그러한 토착 주민들의 태도는 개인이 국민 공동체에 운명적으로 통합된다는 의식이 식었다는 것을 보여 준다. 국민국가는 히틀러의 인종적 국민국가

---

[1] 하랄트 애너/박종대 옮김, 『늑대의 시간』 (서울: 위즈덤하우스, 2024), 110-113.

가 패망한 뒤에 오랫동안 독일인들에게 매력적인 주제가 되지 못했다. 운명적 국민 공동체라는 관념이나 그것에 배태된 국가의 개인에 대한 우위 관념, 곧 국가주의적 관념은 히틀러의 국가가 해체된 이후 오랫동안 독일인들에게 금기로 여겨졌다. 그것은 히틀러의 종족적 국민국가가 패망한 뒤에 독일인들에게 자연스럽게 태동한 의식이다. 그 의식은 나치 잔재의 청산을 가속화하는 요인이 되었다.

위에서 본 바와 같이 나치 잔재의 청산을 가속화하는 요인이 분명히 있었지만, 나치 잔재의 청산을 지체시키는 요인도 있었다. 그 요인은 나치 잔재의 청산을 가속화하는 요인보다 훨씬 더 큰 효과를 냈다. 나치 잔재의 청산을 지연시킨 결정적인 요인은 패전 이후 독일인들을 지배한 피해자 의식이었다. 독일인들의 피해자 의식은 여러 가지 얼굴을 가졌다. 어떤 사람들은 국가의 시민으로서 국가가 하자는 대로 따랐을 뿐인데 9백만 명에 달하는 엄청난 인명의 피해와 헤아릴 길 없을 정도로 큰 재산의 손실을 보았다고 생각했다. 또 어떤 사람들은 전쟁 말기에 나치 친위대와 비밀경찰이 '국민돌격대'(Volksstrum) 같은 국가 총동원에 응하지 않는 사람들에게 가한 즉결 처분 등으로 독일 사람들이 희생당하고 피해를 봤다고 기억했다. 또 어떤 사람들은 소련군 등이 점령 지역에서 자행한 집단 강간 같은 피해를 거론했다. 독일인들의 피해의식은 전쟁의 폐허에서 점령국 군정 당국의 빈약한 물자 배급에 의존하는 극단적인 궁핍 상황에서 점점 커졌다. 패전 이후 1947년 화폐개혁으로 경제가 회복되기 시작할 때까지 독일인들은 각자 생존을 위해 처절하게 투쟁하는, 이른바 '늑대의 시간'[2]을 보내야 했다. 만인이 만인에게 늑대가 되는 시

---

2 애너는 패전 이후 독일인들이 겪은 삶을 '늑대의 시간'으로 묘사했다. 하랄트 애너/박종대 옮김, 『늑대의 시간』, 255: "이제부터는 만인에 대한 만인의 투쟁이 시작되었다! 당시의 목격담에 반복적으로 등장하는 금언이다. 사람들은 '전쟁 이후에야 인간을 정말 제대로 알게 되었다'

간을 거치는 동안 독일인들은 특유의 규범 의식과 질서 의식을 팽개친 채 아노미 상태에 빠져들었다. 암시장 거래, 좀도둑질, 사소한 생활필수품을 얻기 위한 공공연한 매춘, 전쟁터에서 돌아왔거나 포로수용소에서 풀려난 귀향 군인들의 트라우마와 절망과 무력감 그리고 거기서 비롯된 가정폭력과 결혼 파탄 등이 독일인들의 일상이었다. 전쟁의 참화와 패전 이후의 한계 상황에서 독일인들이 피해자 의식에 사로잡히는 것은 그 나름대로 이해할 만한 일이다. 그러나 그들이 히틀러의 희생자라는 수사에 이르면 고개가 갸우뚱해질 수밖에 없다. 그렇게 말하는 독일인들이 히틀러의 등장과 통치를 열렬히 지지했던 바로 그 사람들이었기 때문이다. 놀랍게도 독일인들이 히틀러의 희생자라는 피해자 의식이 자리를 잡자, 그것은 수사학 이상의 심리적 효과를 발휘했다.

피해자 의식은 독일인들이 인종주의적이고 침략주의적인 전쟁의 당사자였고 가해자였다는 의식을 쫓아내 버렸다. 피해자 의식이 일종의 심리적 억압 효과를 나타낸 것이다. 놀랍게도 전후 독일에서 독일인들은 홀로코스트로 희생된 유대인들을 공개적으로 거론하지 않았다. 독일인들이 그 사실을 모를 리 없건만, 그들은 마치 그 사실을 모르는 듯이 행세했다. 심지어 1945년 10월 19일 독일 개신교 지도자들이 나치의 범죄를 용인한 독일인들의 죄를 낱낱이 고백한 「슈투트가르트 죄책 고백」(Stuttgarter Schuldbekenntnis)에도 유대인들에 대한 멸절주의적 학살은 명시되지 않았다. 홀로코스트와 유대인 희생자들은 침묵의 베일에 가려졌다. 그러한 침묵의 베일에 관해 하랄트 얘너(Harald Jähner, 1953~)는 다음과 같이 말했다.

고 말했고, 늑대의 시간이 … 찾아왔다고 말했다. 법의식과 도덕 감정의 완전한 붕괴가 임박했다는 뜻이다.”

"유대인 학살은 그걸 생각하자마자 모든 독일인의 지속적인 삶을 뒤흔들고, 그들을 형언할 수 없는 깊은 죄책감의 구렁텅이에 빠뜨릴 최악의 범죄였다. … 아무튼 그들은 잔뜩 고개를 움츠리고 그 일에 대해서만큼은 혀를 묶어 놓은 채 마치 아무 일도 없다는 듯이 다른 이야기만 광적으로 떠들어댔다."[3]

독일에서 홀로코스트가 침묵의 베일 바깥으로 나온 것은 1963년 홀로코스트 재판이 시작된 뒤였다. 재판 과정을 통해 홀로코스트의 잔혹성과 그 규모가 널리 알려지자 독일인들은 당혹에 빠졌다. 그러한 당혹은 부모 세대의 범죄가 은폐되어 오다가 자식 세대에 폭로되었기에 더 컸을 것이다. 문제는 독일인들이 인류에 대한 범죄를 자행했으면서도 그 범죄에 대해 집단으로 함구하였다는 것이다. 그러한 침묵이 장기간 지속된 것은 그러한 범죄적 가해마저도 자기 탓이 아니라 히틀러나 나치 체제나 전시 체제 탓이라고 우기고 자기 자신도 결국 피해자라고 내세워 책임을 모면하려는 집단적인 심리적 기제가 작동하였기 때문일 것이다. 피해자 의식이 사태의 핵심을 보지 못하게 심리적 억압을 하는 상황에서 나치 잔재의 청산은 지연될 수밖에 없었다. 그러한 지연은 자식 세대의 부모 세대에 대한 반란이 폭발했던 68혁명을 통해서야 비로소 중단되었다.

나치 잔재의 청산이 지연되었다는 것과 나치 잔재의 인적 청산이 불완전하게 진행되었다는 것은 같은 동전의 양면처럼 결합한 현상이다. 나치에 대한 인적 청산은 군정 시대에 진행되었다. 인적 청산의 규모는 적었고, 인적 청산 과정은 매우 더디게 진행되었다. 인류에 대한 범죄를 저지른 22명은 뉘른베르크 법정에 섰고, 나치 엘리트 가운데 185명만이 추

---

3 위의 책, 436f.

려져 기소되었다. 나치 당원 90만 명은 군법회의가 아니라 특별히 설치된 민간재판소에 세워졌는데, 그 가운데서 유죄 판결을 받은 자들은 2만 5천 명에 그쳤고, 그중 중대 범죄자로 분류된 자들은 1천677명에 불과했다.[4] 서독에 정부가 들어선 뒤에 인적 청산은 중단되었고, 군정 시기에 추방된 공무원들은 정부가 수립된 뒤에 대부분 사면받고 복귀했다.

신생 공화국은 그들 자신이 히틀러의 피해자라는 독일인들의 자기최면적 확신을 활용했다. 그 확신은 독일인들이 일관성 결여를 자책할 필요 없이 히틀러 정권에 대한 충성을 버리고 신생 민주공화국에 참여할 명분을 주었다. 신생 공화국의 지도자들은 독일인들이 히틀러의 희생자라는 수사를 받아들여 나치 전력을 문제 삼지 않고 고급 인력을 확보하고자 했으며 히틀러 독재에서 해방한 국민을 하나로 통합하고자 했다. 서독의 첫 수상 아데나워(Konrad Hermann Joseph Adenauer, 1876~1967)는 뉘른베르크 2법의 초안을 작성한 고위급 판사 출신을 비서실장으로 임명하고 연방의회가 결의한 연방 사면법을 공포했다. 나치 전력을 더는 문제 삼지 말자는 분위기가 확산하면서 골수 나치 1천만 명은 별다른 제재 없이 새 공화국에 자리를 잡았다.

나치 잔재의 인적 청산이 제대로 이루어지지 않음으로써 독일 사회의 뿌리 깊은 권위주의와 가부장주의는 그대로 살아남았다. 신생 공화국에서 전통적인 권위주의적 정치의식은 줄지 않았다. 그것은 독일연방공화국 수립 이후에 실시한 몇 차례의 의식조사를 통해 확인되었다. 1951년 가을 미국 연구 기관에서 실시한 독일인 정치의식에 관한 설문조사 결과에 따르면, 나치즘을 부정적으로 평가한 설문 대상자는 37%에 불과했고, 42%는 그 반대로 응답했다고 한다. 1952년 독일 연구 기관의 설문

---

4 위의 책, 449.

조사 결과에 따르면, '히틀러가 반인륜적 범죄에 책임을 져야 할 비양심적인 정치가'라는 데 동의한 설문 대상자는 28%에 불과했고, 나머지 72%는 이에 동의하지 않았다.[5] 그러한 설문조사 결과는 아데나워 정권이 학교와 정치교육센터 등을 통해 정치교육을 강화하는 계기가 되었으나, 본격적인 정치교육은 68혁명 이후 '비판적 교육'이 자리를 잡고 1977년 정치교육에 관한 「보위텔스바하 합의」(Beutelsbacher Konsens)가 성립되면서 이루어졌다고 볼 수 있을 것이다. 이에 관해서는 후술한다.

권위주의와 가부장주의는 정치만이 아니라 가족, 학교, 공장과 기업 등을 줄곧 지배했다. 패전 직후 전쟁터에서 돌아온 귀향 군인들이 전쟁 트라우마에 사로잡혀 폐인처럼 지내고 가족을 부양할 능력을 보이지 못한 채 가계를 도맡아 하는 부인에게 자격지심에서 비롯된 행패를 일삼던 못난 남성은 경제가 회복되고 부흥하는 기간에 다시 가부장으로 되돌아왔다. 나치 시대에 극대화했던 권위주의는 사회 곳곳에 강고하게 자리를 잡았고, 권위주의의 아성은 단연 엘리트 교육을 고수했던 대학이었다. 대학은 심지어 중세적 권위주의의 온상으로 여겨질 정도였다. 가정과 학교에서 훈육과 체벌은 여전히 중요한 교육 수단으로 인정되었고, 학교에서는 주입식 교육이 지배적이었다. 노동사회는 남성 본위 체제였고, 여성들의 사회적 진출은 분명 증가했으나, 여성들은 대부분 가사노동과 육아의 부담으로 시간제로 일했고 정규직 노동을 할 경우는 임금과 승진에서 차별받았다.

---

5 전득주, "독일의 정치문화와 정치교육: 그 역사적 발전 과정을 중심으로," 「한국민주시민교육학회보」 5 (2000), 7.

II. 사회적 시장경제 체제와 독일 부흥

전후 서독은 빠른 속도로 경제 발전의 기틀을 마련하고 경제 부흥의 길로 나아갔다. 1947년 6월 화폐개혁이 전격적으로 실시되면서 시장 유통이 정상화되는 기반이 조성되자 농산물 공급이 증가하고 공업 생산이 촉진되기 시작했다. 제2차 세계대전 때 독일 산업 시설은 곳곳에서 파괴되었지만 생산 능력은 70% 정도가 건재했고, 전시경제 체제에서 추진된 산업합리화로 현대화되어 있었다. 1947년 3월 트루먼 선언으로 냉전이 본격화하자 서독은 서유럽 재건을 지원하는 마셜 플랜의 틀에서 경제 재건을 위한 차관을 얻었다.

서독의 경제는 빠른 속도로 회복되고 성장 가도를 달렸다. 서독 경제는 1950년부터 1960년까지 10년 동안 평균 8.6%의 경제성장률을 보였고, 1955년에는 12.1%의 경이적인 성장률을 보였다.[6] 그때부터 '라인강의 기적'이라는 말이 널리 퍼졌다. 실업률은 1954년 현재 7.6%였으나 1960년 현재 1.3%로 떨어졌고, 1966년 현재 0.7%까지 떨어져 최저점을 이루었다.[7] 서독에서 완전고용이 실현된 것이다. 서독의 1인당 국민소득은 1960년대 초 유럽에서 가장 많았고 세계적으로는 미국, 소련의 뒤를 이어 세계 제3위를 기록했다. 그러한 서독의 경제 발전은 한편으로는 서독이 전후 미국과 서유럽 여러 나라에서 나타난 사회적 자본주의의 황금기를 공유했음을 의미했다. 서독은 1950년 유럽의 경제 공동체 형성에 참여했고 전후 미국을 정점으로 한 세계 자본주의 경제에서 수출국의 위상을 견고하게 유지했다. 또 다른 한편으로 서독의 경제 부흥은 서독

---

6 Statistisches Bundesamt (Destatis), 2024.

7 Statistik der Bundesagentur für Arbeit, Arbeitslosigkeit im Zeitverlauf.

경제가 사회적 시장경제에 바탕을 두고 시장의 효율성을 향상하고 사회적 평화를 유지했기 때문에 가능했다. 사회적 시장경제는 질서자유주의(Ordo-Liberalismus), 소득재분배, 노동과 자본의 사회적 파트너 관계의 세 기둥 위에 세워진 시장경제 체제의 한 운영 방식이다.

사회적 시장경제는 독일에서 개인주의가 한 단계 높은 수준으로 발전하는 데 이바지했다. 왜냐하면 사회적 시장경제는 각 사람이 사회적 연대 속에서 개인의 독립과 발전을 추구할 수 있는 경제적 기반을 조성하였기 때문이다. 바로 이 점이 본서의 주제와 밀접하게 관련되어 있기에 사회적 시장경제의 운영 방식을 조금 더 깊게 살펴볼 필요가 있다.

전후 독일의 경제 체제와 그 운영에 관한 기본 설계도는 히틀러의 국가사회주의적인 통제경제와 전시경제 체제가 가져온 폐해를 뼈저리게 느낀 프라이부르크 서클에 의해 가다듬어졌다. 프라이부르크 서클에는 경제학자 발터 오위켄(Walter Eucken, 1891~1950)을 중심으로 경제학자 콘스탄틴 폰 디이체(Constantin von Dietze, 1891~1973), 아돌프 람페(Adolf Lampe, 1897~1948), 정치학자 칼 고엘델러(Carl Friedrich Goerdeler, 1884~1945), 기업가 발터 바우어(Walter Albert Bauer, 1901~1968), 역사학자 게르하르트 리터(Gerhard Ritter, 1888~1967), 법학자 에릭 볼프(Erik Wolf, 1902~1977), 프란츠 뵘(Franz Böhm, 1895~1977), 신학자 헬무트 틸리케(Helmut Thielicke, 1908~1986), 마르틴 디벨리우스(Martin Dibelius, 1888~1947) 등이 참여했다. 그들은 학제 간 대화를 통해 제2차 세계대전 이후 독일의 경제 제도에 관한 청사진을 구상했다. 그들은 나치의 국가사회주의적 통제경제와 소련의 사회주의적 중앙관리경제를 배격했다. 그들은 시장경제를 기본적인 경제 체제로 받아들인다는 점에서는 자유주의자였지만, 그 자유주의는 자유방임적 성격을 띠어서는 안 되고 바른 궤도 위에서 질서 있게 움직이는 자유주의, 곧 질서자유주의(Ordo-Liberalismus)여야 했다. 그리고 자유주의적인 경제는 사회정의를 실현하는 데 이바지해야 했다. 이 두 가지가 그들이 추구하는 새로운 독일을 위한 경제 구상의 핵심이었다. 그러한 구상을 제시했기에 프라이부르크 서클에 모인 사람들은 사회적 시장경제의 아버지들이라고 일컬어진다.[8]

사회적 시장경제 구상은 알프레드 뮐러-아르막(Alfred Müller-Armack, 1901~1978)에 의해 정교하게 가다듬어졌다. 뮐러-아르막은 시장 참여자의 자유를 보장하는 원칙과 사회적으로 소득분배를 조정하는 원칙을 서로 결합하는 것이 사회적 시장경제의 목표라고 역설했다.[9] 그는 카르텔과 콘체른 같은 경제 권력의 형성을 억제하여 시장참가자들이 공정하게 경쟁할 수 있는 질서를 세워야 한다고 역설한 발터 오위켄의 질서자유주의 구상을 당연한 것으로 받아들였지만,[10] 시장경제에서 비롯되는 부익부 빈익빈의 문제는 공정한 경쟁 질서만으로는 해결될 수 없다고 생각했다. 왜냐하면 시장을 통해 분배되는 소득의 불균형은 무엇보다도 임금이 결정되는 시장 그 자체의 구조적인 문제에서 발생하는 것이기 때문이다. 그러한 문제는 국가사회주의 경제에서처럼 국가가 임금 수준을 결정하는 방식으로는 해결될 수 없다. 따라서 뮐러-아르막은 국가가 시장을 통한 소득분배 과정에 직접 개입하지 않고 조세 정책을 통해 확보한 정부 재원을 복지정책에 투입하는 방식으로 소득을 재분배하여 사회적 연대를 실현하는 방법을 제안했다.[11] 뮐러-아르막이 설계한 바와 같이 질서자

---

8 Günter Brakelmann . Traugott Jähnichen, *Die protestantischen Wurzeln der Sozialen Marktwirtschaft: Ein Quellenband* (Gütersloh: Gütersloher Verlag, 1994), 27ff.

9 Alfred Müller-Armack, *Wirtschaftsordnung und Wirtschaftspolitik: Studien und Konzepte zur Sozialen Marktwirtschaft und zur Europäischen Integration* (Freiburg i Br.: Rombach, 1966), 243.

10 Walter Eucken, *Grundsätze der Wirtschaftspolitik*, hg. von Edith Eucken-Erdsiek · K. Paul Hensel (Bern/Tuebingen: Francke [u.a.], 1952), 239.

유주의 원칙에 따라 경쟁 질서를 확립하고 사회적 연대의 원칙에 따라 소득재분배를 구현하는 사회적 시장경제가 제대로 작동하려면, 책임 있는 정부의 경제 개입과 노동과 자본의 사회적 파트너 관계가 필요했다.

사회적 시장경제는 서독에서 첫 정부를 구성한 기독교민주당-기독교사회연합의 제안이었고, 두 연립정당과 함께 연립정부를 구성한 독일자유민주당과 극우 성향의 독일당도 그 제안을 수용했다. 야당이었던 사회민주당은 이를 용인했다. 따라서 사회적 시장경제는 시장경제 체제를 운영하는 독일식 제도로서 정권의 교체와 상관없이 지속될 수 있는 안정적인 정치적 기반을 확보했다. 서독 정부는 독일 황제 제국과 바이마르 공화국에서 확립된 상해보험, 질병보험, 연금보험, 실업보험 등의 사회적 안전망을 계승하여 발전시켰다. 패전 이후 극심한 인플레이션으로 인해 사실상 소멸한 연기금을 대신해서 연금보험 가입자의 기여금과 고용주의 공동기여금 그리고 정부의 재정 지출을 결합하여 연금을 안정적으로 지급하는 제도를 마련한 것은 사회적 시장경제를 운영하는 정부의 책임을 다한 것이라고 볼 수 있다.

노동과 자본의 사회적 파트너 관계는 산별노조 중심의 단체협약 제도, 공장과 기업 수준의 노사 공동결정 제도, 노동자해고보호법 등을 통해 확립되었다. 서독의 노동자들은 나치 시대의 독일노동전선을 해체하고 산별노조를 재건했고, 1949년 10월 뮌헨에서 산별노조들이 모여 독일노동조합총연맹을 최고기구로 결성했다. 산별노조는 단체교섭의 주체로서 산별 경영자단체와 마주 서게 되었다. 공장과 기업 차원에서 노동과 자본의 공동결정은 이미 바이마르공화국 시절에 공장평의회 제도를 법제화하면서 시작했다. 비록 공장평의회 제도는 노사 공동결정 기구에

---

11 Alfred Müller-Armack, *Wirtschaftsordnung und Wirtschaftspolitik*, 10.

서 노동자의 3분지 1 대표권을 확보하는 데 그쳤지만, 노동자들이 공장 평의회를 통해 사회정책에 관해 사업주와 공동결정을 체결한다는 원칙을 관철하는 중요한 역사적 성과를 거두었다. 1949년에 법제화된 석탄 및 철강 산업 분야의 노사 공동결정 제도는 공장평의회 제도를 훨씬 넘어섰다. 이 공동결정 제도는 경영이사회를 감독하고 소환하는 막강한 권한을 행사하는 감독위원회를 노동과 자본의 동수 · 동등권 원칙에 따라 구성하는 것을 골자로 했기에 노동과 자본의 공동결정에 획기적인 진전을 이루었다. 노사 공동결정 제도는 1952년에 제정된 사업장조직법, 1976년에 제정된 공동결정법 등을 통해 모든 산업 분야에서 종업원 1천 명 혹은 2천 명 이상의 합자회사 및 주식회사로 확장되었다. 5인 이상의 소규모 사업장에는 사업장평의회를 구성해서 고용주와 사업장 협약을 맺도록 제도화되었다.[12] 바이마르공화국에서 제정된 단체교섭법, 노동자 해고보호법, 노동법원 설치법 등은 서독에서 계속 유지되고 강화되어 노동과 자본의 산업 평화에 공헌했다.

위에서 간략하게 살펴본 독일의 노동과 자본의 사회적 관계는 노동과 자본의 계급적 이해관계가 대립하는 측면이 있음에도 불구하고 둘이 서로 협력하지 않으면 안 된다는 현실을 인정하는 데서 출발하고 있다고 볼 수 있다. 그렇기에 노동과 자본이 계급 타협과 협력의 원칙에 따라 책임 있는 파트너 관계를 맺는 제도를 설계하고 이를 법제화하는 것이 사회 세력들과 사회국가의 과제로 인식되었다. 독일의 사회적 시장경제에서 노동자 계급은 노동조합을 통해 결속하여 노동자의 권익을 향상할 기회를 확대했고, 노동과 자본의 공동결정 제도를 통해 공장과 기업 차

---

12 독일의 노사 공동결정 제도에 관해서는 강원돈, 『기독교경제윤리론』 (서울: 동연, 2024), 464-479.

원에서 노동자의 경영 참가를 통해 자주적으로 경제활동을 펼칠 기회를 누렸다. 노동조합원은 1950년 5,449,990명, 1960년 6,378,820명, 1966년 6,537,160명으로 꾸준히 증가했고, 그러한 증가세는 독일 통일 이전까지 지속하였다. 독일노동조합총연맹 산하 산별노조 가입자를 기준으로 노조 조직률을 살피면, 노조 조직률은 1950년 33%, 1960년 31.2%, 1966년 30.0%였고, 평균 31% 수준의 노조 조직률은 독일 통일 이전까지 유지되었다.[13]

전후 독일은 바이마르공화국 헌법을 계승하여 개인의 자유권적 권리들을 보호할 뿐 아니라 노동권, 복지권 등 사회적 권리를 보장하는 사회국가를 발전시켰다. 독일에서 사회국가는 시장의 효율성과 사회적 연대를 결합하는 사회적 시장경제 제도를 기반으로 했고, 소득재분배에 근거해서 사회적 안전망을 구축했고, 단체협약, 노사 공동결정, 노동보호 입법 등과 같은 사회적 법제를 갖추었다. 사회국가는 한편으로 노동자들을 포함해서 독일인들을 국민과 국민국가에 재통합했다. 그것은 히틀러 시대에 극단화된 국가주의적 통합 방식이 아니라 사회적 통합 방식이었다. 앞서 밝힌 바와 같이 히틀러의 인종적 국민국가에 염증을 느낀 독일인들에게 국가주의는 더는 호소력이 없었다. 그렇기에 사회국가는 독일인들을 국가 수준에서 결속하는 거의 유일한 방안이었다고 볼 수 있다. 또 다른 한편으로 사회국가의 발전은 사회적 연대 속에서 개인의 독립과 발전을 뒷받침했다. 사회보장 제도의 발전으로 인해 전통적인 가족 복지의 기능은 국가 복지에 흡수되었고 개인은 가족 복지의 부담에서 벗어났다. 완전고용이 실현된 사회적 시장경제에서 임금과 생활 수준은 높아졌

---

13 Forschungsgruppe Weltanschauungen in Deutschland, "Die deutschen Gewerkschaften" (2020. 3. 7.), https://fowid.de/meldung/deutsche-gewerkschaften(2024. 9. 27. 다운로드).

다. 사회국가가 조직한 사회적 안전망과 개별적 노동자들의 단결과 연대에 바탕을 둔 노동조합의 권익 보장 장치 등은 개개인이 생활 안정을 누리며 자기에게 충실한 삶을 살아갈 기회를 확대했다. 그렇게 해서 독일에서는 개인주의가 높은 수준으로 발전할 물질적 기반이 조성되었다. 그러나 그렇게 되려면 개인이 게르만 사회에서 오랫동안 강고하게 유지되었던 권위주의와 가부장주의의 족쇄에서 벗어나야 했다. 그러한 해방은 독일에서 68혁명을 통해 촉진되었다.

III. 68혁명

68혁명은 68년에 미국과 프랑스에서 불이 붙기 시작하여 전세계적으로 확산한 청년·지식인 저항 운동이다. 독일에서 68혁명은 베를린, 프랑크푸르트 등 대학 도시들에서 격렬하게 전개되었다. 독일에서 68혁명은 여러 가지 얼굴을 지녔다. 68혁명 가운데 급진파들은 자본주의 체제가 물질적 풍요와 번영을 가져왔지만, 노동자들을 억압하고 인간을 업적 강박(Leistungszwang)에 사로잡는다고 비판했고, 이를 해체하고자 했다. 그들은 노학연대를 추구하며 체제의 변화를 꾀했다. 노동자들이 노학연대에서 이탈하여 계급 타협 노선에 머무르자 68혁명의 과격 세력은 혁명적 테러마저 불사하는 적군파 활동으로 나아갔고, 결국은 고립되다가 소멸했다.

68혁명의 가담자들 가운데는 그러한 급진파만 있는 것이 아니었다. 68혁명이 진행되는 동안에 청년·지식인들은 홀로코스트 재판으로 백일하에 드러난 부모 세대의 나치 범죄 가담을 문제로 삼았고 독일 사회에 만연한 권위주의와 가부장주의를 해체하고자 했다. 그들은 모든 권위를 거부한다고 외쳤다. 68혁명 기간에 회자되었던 '부친 살해'와 성 혁명

등은 68혁명이 급진적인 문화혁명의 성격을 지녔음을 보여 준다. 독일에서 개인주의는 그러한 문화혁명을 거치면서 질적인 변화를 보였다. 아래에서 필자는 이 점에 관심의 초점을 맞출 것이다.

1. 권위의 거부

68혁명이 불붙기 시작한 곳은 청년 · 지식인들이 밀집한 대학이었다. 앞에서 말한 바와 같이 독일에서 대학은 권위주의의 아성이었다. 독일 사회와 경제가 발전하고 산업이 고도화하면서 대학 졸업자의 수요가 늘어감에 따라 대학생들이 증가하였으나, 대학은 시설도 인력도 확충하지 못했다. 좁은 대학 강의실에는 입추의 여지 없이 학생들이 운집한 가운데 독일 대학 특유의 강의가 질문을 허용하지 않는 교수의 권위 아래 진행되었다. 강의 시설에 대한 불만에서 시작한 학생들의 항의는 대학의 권위주의 문화에 대한 저항으로 발전했고 그 저항의 강도는 날이 갈수록 커졌다. 대학 당국이 학생들의 저항에 경찰 투입 요청으로 대응하자 학생들의 저항은 대학 당국은 물론이고 공권력에 대한 공격으로 치달았다.

학생들은 강의를 거부하는 것은 물론이고 교수들을 모욕하고 그들의 권위를 공공연하게 공격했다. 졸업식에서 학생들은 교수들의 가운에 밀가루를 뿌리고, 교수들을 조롱하고, 심지어 따귀를 때리는 경우까지 있었다. 독일 학계에서 권위가 인정되었던 저명한 비판이론가 테오도르 아도르노는 권위를 거부하는 학생들의 저항에 희생당한 극적인 사례일 것이다. 그는 히틀러 독재의 심리적 기반이었던 독일인들의 권위주의적 멘탈리티를 분석한 당대의 석학이었고[14] 학생들에게서 신망과 지지를

---

14 Theodor W. Adorno · Else Frenkel-Brunswik · Daniel J. Levinson · R. Nevitt Sanford, *The*

얻었다. 그러나 그는 히틀러의 전체주의적 독재의 트라우마로 인해 전체
주의적 조짐을 보인다고 생각되는 현상에 예민하게 반응했고 전체주의
에 맞선다고 여겨지는 냉전 체제의 불가피성을 용인했다. 학생들이 그가
소장으로 일하던 프랑크푸르트 사회조사연구소가 냉전 체제에 타협한다
고 비난하며 연구소에 난입하자 아도르노는 학생들의 행동주의를 거부
하며 공권력에 호소해서 학생들을 내쫓았다.[15] 그러자 그는 공권력 편에
서서 학생들의 혁명을 가로막는 자라는 학생들의 격렬한 비난과 공격의
대상이 되었다. 그는 68혁명이 진행되는 동안 극도의 스트레스에 시달리
다가 1969년 8월 6일 휴가지에서 돌연 심장마비로 사망했다. 독일 철학의
미래로 손꼽혔던 제2세대 비판이론가 위르겐 하버마스(Jürgen Habermas,
1929~)는 아도르노의 죽음을 겪으며 1971년 프랑크푸르트대학교 철학부
정교수직을 내려놓고 막스 프랑크 연구소로 옮겼다.

청년 · 지식인들의 저항은 기존 질서를 지탱하는 모든 권위를 거부하
는 데까지 나아갔다. 그들은 데카르트를 패러디하여 "우리는 반역한다,
그러므로 존재한다"고 주장했고 모든 권위를 거부한다고 외쳤다.[16] 나치
체제를 청산하지 않고 골수 나치들을 통합한 정치적 보수주의는 조소와
거부의 대상이 되었다. 정치적 보수주의의 굳건한 지지대인 가족에서
아버지가 누리던 권위는 거부되어야 했다. 68혁명은 '부친 살해'를 감행

Authoritarian Personality (New York: Harper, 1950). 이 책은 아도르노 사후에 독일에서 번
역 · 출판되었다. Theodor W. Adorno u. a., *Studien zum autoritären Charakter* (Frankfurt am
Main: Suhrkamp, 1973).

15 오성균 · 김누리, "아버지를 살해한 혁명: 프랑크푸르트학파와 68혁명 (1)," 「뷔히너와 현대
문학」 37 (2011), 335. 저자들은 아도르노가 냉전 체제에 타협적인 태도를 보인 것은 파시즘
트라우마 때문이었을 것이라고 분석한다. 오성균 · 김누리, "파시즘 트라우마: 프랑크푸르트
학파와 68혁명 (2)," 「독일언어문학」 54 (2011), 243ff.
16 잉그리트 길혀홀타이/정대성 옮김, 『68혁명: 세계를 뒤흔든 상상력』 (파주: 창비, 2022), 284.

하는 데까지 나아갔다.

2. 부친 살해

독일에서 가부장의 권위는 사실상 패전 뒤의 극한적인 궁핍 상황에서 땅에 떨어지기 시작했다. 전장에서 돌아온 아버지는 나치 시대의 가정에서 아이들을 권위주의적으로 훈육하고 심지어 아들에게 가죽 채찍으로 때리기까지 했던 권위적인 아버지의 모습을 보이지 못했다. 그들은 전쟁 트라우마에 시달리는 약한 모습을 보였고 극한적인 궁핍 경제에서 가족을 부양할 기회도 없었다. 궁핍한 시대에 가정을 꾸리는 것은 부인들의 몫이었다. 게르만 사회의 특징이었던 가부장주의는 심각하게 흔들렸다.

제2차 세계대전 이후 가족에서 아버지의 권위가 상실되는 과정은 사회학의 흥미로운 주제들 가운데 하나였다. 아버지의 권위는 흔들렸을 뿐만 아니라 경제 부흥기가 도래하자 아버지가 가정에 부재한다는 인식이 확산했다. '아버지의 부재'는 고도로 조직된 사회에서 가정과 분리된 직장에서 하루 종일 소외된 노동에 시달리다가 돌아온 아버지가 자녀들에게 영향력을 행사하지 못해서 보이지 않는 아버지처럼 되는 현상을 가리키는 은유였다. 알렉산더 미첼리히(Alexander Harbord Mitscherlich, 1908~1982)는 아버지의 부재와 권위 상실로 인해 아들이 아버지와 동일시하는 과정이 약화하여 아들의 정체성 형성에 부정적 효과를 미칠 것이라고 분석했다.[17] 그러나 1960년대 초 아버지의 권위는 독일 가정에서 약화하기는 했지만 소멸했다고는 볼 수 없다. 아이들을 지배의 대상으로 삼고 체벌마

---

17 Alexander Mitscherlich, *Auf dem Weg zur vaterlosen Gesellschaft: Ideen zur Sozialpsychologie* (München: Piper, 1963), 185f., 205.

저 서슴지 않는 아버지의 권위주의적 훈육은 여전했다. 아버지의 권위주의에 대한 반발은 강해졌고 아버지와 자식 세대의 갈등은 증폭했다. 그러한 세대 갈등은 결국 68혁명에서 '부친 살해'로 이어졌다.

독일에서 68혁명은 격렬한 세대 갈등의 양상으로 진행되었고 깊고 깊은 세대 단절을 결과했다. 그도 그럴 것이 68혁명은 홀로코스트의 참상이 낱낱이 공개되고 아버지 세대가 홀로코스트를 자행한 당사자라는 사실이 가져온 엄청난 충격을 그 배경으로 했기 때문이다. 아버지 세대가 홀로코스트 같은 나치 범죄에 가담했으면서도 그것에 관해 철저하게 침묵하거나 온갖 이유를 내걸어 그 행동을 정당화했다는 것을 깨닫게 된 젊은 세대는 아버지 세대의 말과 행동에 구현된 가치관과 행동 규범을 받아들일 수 없었다. 전후 아버지 세대가 나치 범죄에 관한 기억을 의식에서 지워버리는 심리적 억압 상태에서 보여 준 무감각한 표정과 일중독에 가까운 노동 행태는 본받을 만한 것이 아니라 조소의 대상이 되었다. 아버지 세대의 것으로 여겨지는 것은 모조리 거부되었다. 그것은 실로 '부친 살해'에 해당하는 엄청난 사태였다.

68혁명이 실행한 '부친 살해'는 정신분석학자 프로이트(Sigmund Freud, 1856~1939)의 오이디푸스 콤플렉스로 충분치는 않지만 어느 정도는 설명이 된다. 프로이트는 아동이 아버지를 적대시하면서 독립적인 주체로 형성되는 과정을 설명하는 전문적인 용어로 '부친 살해'를 사용했다. 어머니와 밀착해서 성장하면서 어머니의 사랑을 독점한다고 믿었던 아동은 아버지가 자신과 어머니 사이에 돌연 끼어들었다고 지각하고, 아버지에게 적대감을 느끼고 어머니를 자기 것으로 되찾기 위해 어머니의 상대인 아버지와 같은 존재가 되기 위해 아버지를 모방한다. 조금 더 자란 아동은 아버지와 적대적 경쟁을 하다가는 자기보다 더 강한 아버지에 의해 그 자신이 제거될 수 있다는 공포를 느끼며 어머니를 독차지하고자

하는 욕구를 포기하지만, 그 욕구는 소멸하지 않는다.[18] 그 욕구의 포기
는 아동이 근친상간의 금지라는 원초적 계율의 효과 안에서 성장한다는
것을 의미한다. 그렇게 성장하는 아동은 마침내 아버지에게서 벗어나
스스로 독립된 주체로 서고자 한다. 아들은 자신을 주체로 세우기 위해
아버지를 부정해야 한다. 그것이 프로이트가 말하는 '부친 살해'이다. 아
버지는 한편으로는 근친상간의 금지라는 계율을 아들에게 새겨 넣고 아
들에게 모방된 모습으로 남지만, 다른 한편으로 아들의 독립을 위해서는
거부되고 부정되어야 한다. 프로이트의 '부친 살해'는 아동의 성장과
주체화를 설명하는 이론으로서 시사적이다. 그러나 68혁명을 설명하기
에는 어딘가 부족하다. 68혁명은 아들에게 모방의 흔적으로 남아 있는
아버지의 모든 것을 지우고자 하는 방식으로 전개되었기 때문이다.

그런 점에서 68혁명은 라캉(Jacques Lacan, 1902~1981)이 말하는 상징
계를 뒤흔들고 그것에 균열을 낸 사태라고 말하는 것이 더 적절할 듯하
다. 라캉은 거울에 비친 자기 모습을 실제의 자기로 여기는 상상계의
아동이 아버지의 법이 구현된 상징계로 들어감으로써 비로소 자신을 주
체로 형성한다고 생각했다. 여기서 라캉의 상상계, 상징계, 실재적인 것
에 관련된 세부적인 설명을 길게 할 겨를이 없지만,[19] 상징계와 관련해서
는 그것이 언어로 이루어진 상징적 질서의 체계이고, 인간은 그 질서
안으로 들어감으로써 자기 중심성에서 벗어나 상징체계 안에서 자신의
위치를 배정받고 그 위치를 내면화하면서 자신을 주체로 형성한다는 점

---

18 프로이트는 그렇게 포기된 욕구가 징후로 발현된다는 것에 주목했지만, 이 글에서는 그 문제를
더 깊이 다루지 않는다.
19 라캉의 정신분석학에 관한 대강의 설명은 임희숙, 『교회와 섹슈얼리티: 한국 교회에서 성 담
론의 생산과 소비에 대한 성 인지적 연구』(서울: 동연, 2017), 213-230. 여기서 필자는 라캉의
성차 이론을 분석함으로써 상징계에 기표로 새겨 넣어지지 않는 여성적인 것이 상징계에 균열
을 내고 그것을 넘어서는 계기가 된다는 것을 밝히고자 했다.

만큼은 분명히 언급할 필요가 있다. 상징계는 원초적으로 근친상간을 금지하는 아버지의 법이 지배하는 규범의 체계로 확립되었다. 그러한 상징계를 뒤흔들거나 혼란에 빠뜨리거나 해체하는 모든 것은 상징계 안에 남아 있을 수 없고, 따라서 그 바깥으로 내쫓긴다. 물론 그렇게 내쫓긴 것은 사라지지 않고 끝없이 되돌아와 상징계를 동요시키지만, 상징계는 그럴수록 그 틀을 완고하게 강화한다. 인간이 상징계 안에서 주체로 형성되는 한, 그는 상징계 안에 갇힌 존재이고 상징계를 해체하는 것은 감히 생각하지 못한다. 만일 그렇게 생각하지 않는 사람이 있다면 그는 정신병리적 징후를 보이는 사람일 것이다. 상징계는 주체에 의해 승인되고 주체를 지배하는 힘을 발휘한다. 상징계는 그 바깥을 허용하지 않는 질서와 규범의 체계이며, 그러한 체계가 마치 본래부터 그렇게 되어 있었던 것처럼 여기게 만드는 정교한 이데올로기의 체계이다. 그러한 상징계가 안으로 무너질 수 있는 유일한 계기는 상징계 바깥으로 내쫓기고 마치 없기나 한 것처럼 여겨졌던 그 무엇인가가 상징계 안으로 틈입해 들어와 상징계를 견딜 수 없게 할 때뿐이다. 독일인들이 견딜 수 없어서 입 바깥으로 배설할 수 없었던 홀로코스트가 집단적 침묵과 의도적 망각의 장막을 뚫고 들어와 홀로코스트와 그 배후의 현실 그 자체(the real)를 직시하고 그것을 문제로 삼지 않으면 안 되게 만들었을 때, 홀로코스트를 억압하고 나서야 유지되었던 질서와 규범의 체계는 무너지지 않을 수 없었다. 68혁명은 아버지의 법으로 상징되는 기존의 질서와 규범을 이데올로기로 폭로하고, 그 체계를 부정하고 거부하는 방식으로 그 체계에 균열을 내고 해체하고자 했다. 바로 그런 의미에서 68혁명은 '부친살해'를 감행한 혁명이다.

68혁명은 그동안 독일에서 당연하게 여겨졌던 질서와 규범을 단번에 의심스러운 것으로 만들었다. 앞의 "1. 권위의 거부"에서 묘사한 대학의 권위주의에 대한 거부는 68혁명의 반권위주의 물결이 얼마나 거센가를 보여 주는 한 사례에 지나지 않는다. 68혁명은 권위주의의 보루인 전통을 해체하고, 보수주의 정치의 문법을 개정하고, 권위주의를 내면화하는 사회화 과정을 재구성하는 계기가 되었다. 가장 괄목할 만한 성과는 권위주의적 교육을 비판적 해방교육으로 전환하는 과정에서 나타났다. 선생이 학생들에게 일방적으로 지식과 규범을 주입하는 교육 방식은 학생들이 주체적으로 참여하여 스스로 생각하고 판단하고 주장하는 능력을 기르는 교육 방식으로 전환하였고, 학생들에 대한 훈육과 체벌은 금지되었다. 개인을 비판과 자기 해방의 주체로 세우는 교육은 독일의 민주주의를 획기적으로 발전시키는 발판이 되었다. 사회적 시장경제의 사회주의적 중앙관리경제에 대한 우위, 사회국가 원리, 권리와 의무, 가치 다원주의, 다당제와 정치적 합의의 중요성, 사회협약의 의미 등을 중심으로 이루어지는 독일의 정치교육이 본격적인 궤도에 오른 것은 68혁명이 추구한 비판적 해방교육의 개념을 반영한 「보위텔스바하 합의」[20]가 체결된 뒤의 일이었다.

68혁명이 감행한 '부친 살해'는 아버지의 부재를 결과했다. 아버지가 없는 상황에서 아들은 동일시의 대상을 상실한 채 자기 주도적으로 자기를 형성하고 자기 정체성을 확립하지 않으면 안 되었다. 개인이 아버지의 권위와 전통의 매개 없이 자기 정체성을 형성하는 일은 독일 사회사에서 처음 있는 일이었다. 그러한 개인의 형성은 나홀로족 문화의 배경이 된다.

---

20 「보위텔스바하 합의」의 핵심은 비판적 해방교육이었으며, 이를 위해 1) 선생의 학생에 대한 주입 교육 금지, 2) 정치와 학문에서처럼 수업에서도 논쟁 인정, 3) 구체적인 상황을 전제로 한 의견 표명과 결정의 중시 등 세 가지 방침을 세웠다. 전득주, "독일의 정치문화와 정치교육: 그 역사적 발전 과정을 중심으로," 20.

3. 성 혁명

68혁명은 성 혁명의 얼굴을 지니기도 했다. 성 혁명은 68혁명이 벌어진 세계 곳곳에서 강력한 전파력을 과시했기에 독일만의 특유한 현상이 아니었으나, 독일의 성 혁명은 게르만 전통에서 완강하게 유지되었던 가부장주의를 뿌리째 흔드는 사건이었다는 점을 중시할 필요가 있다. 가부장주의는 제2차 세계대전에서 독일이 패망하면서 동요하기 시작했으나, 나치의 잔재가 제대로 청산되지 않으면서 도리어 강화하기까지 했다. 그러한 퇴행은 68혁명에 의해 저지되었다.

독일이 제2차 세계대전에서 패망하면서 가부장주의와 그 전제인 남성중심주의는 일시적으로 주춤했다. 그것도 그럴 것이 독일을 패망으로 이끌고 모든 것을 파국으로 치닫게 한 장본인이 남성이라는 인식이 확산하면서 남성중심주의는 그 빛이 바랬기 때문이다. 전선에서 귀환한 남성들은 극심한 영양실조로 남성의 능력을 상실했고, 전쟁의 트라우마에 사로잡혀 정신적 장애를 겪었으며, 극심한 경제난 속에서 가족을 부양할 책임을 다할 수 없었다. 가족 부양의 짐은 여성들에게 전가되었다. 여성들은 돌을 나르고, 지하실과 창고를 고쳐 임시 숙소를 짓고, 식량을 구하기 위해 줄을 서고, 사탕무 자루로 옷을 만들고, 아이를 키우는 일을 했다. 전쟁 직후 여성이 남성보다 7백만 명 많은 여성 초과 상황에서 여성들은 이전에 남성들만 고용했던 제철, 금속, 기계, 광업 산업 분야에서도 일했다. 남성중심주의와 가부장주의는 풀이 죽었다. 거기에 더하여 점령군의 권력이 시퍼렇게 살아있는 시절에 여성들은 점령군 남성들과 사귀는 일이 잦았다. 군기가 잡힌 경직된 독일군과는 달리 느슨하고 자유분방한 미군들은 특히 선호의 대상이 되었다. 여성들은 생활필수품을 얻기 위해 점령군에게 접근하기도 하였지만, 독일인 남성들이 갖지 못하는 특성과 매력에 끌려 점령군과 관계를 맺었다. 나치가 독일 여성들에게 강조하고 법률로써 강제했던 순혈주의적 성교와 결혼의 장벽은 무너졌고, 임신과 출산의 장려, 모성 보호 등의 이름으로 여성들에게 뒤집어씌웠던 가부장주의는 일거에 가벼워진 듯이 보였다.

그러나, 앞에서 언급한 바와 같이, 나치 잔재의 청산이 지연되거나 불완전하게 진행되면서 정치적 보수주의가 강화되었고 가부장주의는 다시 힘을 얻었다. 물론 독일 기본법은 제3조 제1항에서 "모든 사람은 법 앞에서 평등하다"고 규정하고, 곧바로 제2조에서 "남성과 여성은 동등한 권리를 갖는다. 국가는 여성과 남성의 동등한 권리의 실질적 실현을 촉진하고 기존의 불이익을 없애기 위해 노력한다"고 선언했지만, 현실은 그렇지 않았다. 전선과 포로수용소에서 돌아온 남성들이 증가하자 여성들은 노동시장에서 벗어나 가사노동에 종사하는 경향이 늘어났다. 설사 여성이 일자리를 얻어 노동한다고 해도 그것은 시간제 노동이었고 비숙련 혹은 반숙련 직종의 일자리였다. 취업 여성들은 직장 노동과 가사노동을 병행하는 이중 부담에서 벗어나지 못했다. 직장에서 전일제로 일하는 여성들은 임금과 승진에서 차별당했다. 1955년 연방헌법재판소는 여성 임금 차별을 위헌으로 선언했으나, 실질적인 여성 임금 상승은 이루어지지 않았다. 공장과 기업은 노동의 종류를 경노동과 중노동으로 분류하고 그 등급을 세분한 뒤에 여성 노동을 경노동 그룹에 배치하여 저임금에 계속 묶어 두었다. 중노동 상위 등급의 노동은 거의 전적으로 남성들에게 배정되었다. 남성에 대한 실질적인 임금 우대는 남성이 가장이라는 주장에 의해 정당화되었다. 산업화 초기에 확립된 남성 중심의 고용 모델은 1960년대 중반까지도 존속했다. 독일 경제가 1960년대 중반에 경제 위기에 직면하자 여성 노동자들은 먼저 감원의 대상이 되었다.

아데나워 정권의 가족 정책은 매우 보수적이었다. 가족 정책에 대한 가톨릭교회의 영향은 매우 컸다. 1953년부터 1962년까지 가족부를 이끌었던 프란츠 요제프 뷔르멜링(Franz-Josef Wuermeling, 1900~1986)은 아동을 가진 여성들의 취업에 적극적으로 반대하였고, 아이를 낳은 취업 여성들을 위한 탁아소, 유치원, 어린이집 등을 마련하는 데 아무런 관심이 없었다. 그는 입을 열 때마다 어머니의 일을 대체할 수 있는 것은 아무것도 없다고 주장했다. 영화, 팝송, 패션, 잡지 등도 정부의 보수적인 가족 정책을 강화하기라도 하려는 듯이 가사노동, 화장, 오락 등이 마치 여성들의 삶의 목표이자 성취인 양 부추겼고, 당대 최고의 디자이너들은 여성들이 실용적이고 남성적이고 스포티한 스타일에 지쳐서 이제는 단정하고 아늑하기를 원한다는 주장을 내놓으며, 검은 속눈썹을 붙이고 붉은 립스틱을 바르고 나일론 스타킹을 신고 코르셋과 페티코트를 입은 작고 아담한 공주 스타일의 여성을 최고의 미녀로 선전했다. 결혼을 예찬하고 가정에서 전통적인 성역할을 찬양하는 영화가 홍수를 이루었다. 1950년대에 남성들은 가부장의 권력을 되찾을 수 있기나 할 듯한 기세였다. 그러한 보수적인 분위기에서 독일 기본법의 양성평등권을 실현하기 위한 결혼법과 가족법 개정이 1957년 6월 이루어졌다. 결혼 공동체에서 남성의 단독 결정권은 폐지되었고, 여성에게는 결혼 생활을 하면서 여성 자신이 형성한 재산을 따로 관리할 권리가 부여된 것은 긍정적인 진전이기는 했으나, 아버지의 자녀 양육에 대한 특권은 제한되었을 뿐 폐지되지 않았다.[21] 1961년 이혼법은 도리어 강화되었고 아동이 많을수록 수당이 늘어나는 아동수당이 도입되면서 보수적인 결혼 모델과 가족 모델은 더 권장되었다.

위에서 본 바와 같이 1950년대 초 이래로 독일에서 가부장주의와 남성주의가 되살았지만, 그것을 침식하는 기술과 문화 역시 급속도로

---

21 독일에서 아버지의 자녀 양육에 대한 특권은 1979년이 되어서야 폐지되었다.

발달하고 확산했다. 1953년 여성의 성생활에 관한 「킨제이 보고서」가 독일에서 발간되었고, 1960년에는 미국에서 발명된 피임약이 독일에서 기혼 여성들에게 처방되기 시작하여 점차 모든 가임 여성에게 확산되었다. 1960년대 중반에는 성교육 책이 출판되기 시작했고 널리 읽혔다. 여성들은 임신의 공포 없이 성생활에 임할 수 있게 되었고, 남성들의 일방적인 성기 삽입 중심의 성교에서 벗어나 더 많은 쾌락의 기회를 원했고, 자기 신체에 관한 주권 의식에 눈을 떴다. 여성 의복에도 중대한 변화가 나타났다. 1954년 코코 샤넬(Gabrielle Bonheur 'Coco' Chanel, 1883~1971)이 일하는 여성을 위한 의상을 디자인했고, 1955년 반항아 스타일을 연기한 제임스 딘이 입고 나온 청바지가 선풍적인 인기를 끌었으며, 1964년 여성의 하체를 노출하는 미니스커트가 널리 유행했다. 여성들은 신체를 옥죄고 제약하는 나일론 스타킹, 코르셋, 브래지어, 페티코트, 치마의 착용을 당연한 것으로 여기지 않게 되었고 건강한 신체를 드러내고 자유로운 동작이 가능한 의복을 선호했다.

여성들이 신체에 대한 주권 의식을 갖고 전통적인 가정과 성역할 모델에서 벗어나 스스로 노동해서 얻은 소득으로 자주적으로 살아가기를 갈망하면서 독일 사회에서 완강하게 유지되었던 남성중심주의와 가부장주의는 무너지기 시작했다. 가족법에 여전히 남아 있는 가부장주의의 잔재를 털어내고, 전통적인 성역할을 고착시키는 가부장주의적 제도를 해체하고, 원치 않는 임신을 중절하는 여성들의 자주적인 결정권을 보장하고, 사업장과 기업에서 여성들에게 가해지는 부당한 차별을 철폐할 것을 요구하는 시위가 다양한 양상으로 끝없이 벌어졌다.

1960년 중반 독일에서 일기 시작한 여권 신장과 여성 해방의 갈망은 68혁명으로 수렴되었다. 68혁명은 성차별을 정당화하는 모든 관념을 이데올로기로 폭로하고, 이성애를 정상적인 것으로 여기게 하는 제도적 강제를 거부하고, 성을 수치스럽게 여기게 하는 모든 금기를 깨뜨리고자 했다. 여성과 남성의 생물학적 차이가 여성과 남성의 역량 차이를 결과한다는 생물학적 환원주의는 이미 이론적으로는 극복되었으나, 이제는 일상의 담론에서도 축출되어야 했다. 여성과 남성의 젠더 정체성을 결정하는 사회화 과정은 재구성되어야 하고, 그러한 사회화 과정이 이루어지는 가족, 공동체, 교회, 국가 제도 등에서 작동하는 이성애 강박은 해소되어야 한다고 생각되었다. 이성애 강박으로 인해 차별과 멸시와 배제의 대상이 되었던 성소수자의 권리는 당연히 인정되어야 한다는 생각이 힘을 얻었다. 스칸디나비아에서 일기 시작한 성 해방은 미국과 프랑스를 거쳐 독일에도 상륙했다. 독일의 사회사에서 처음으로 68혁명은 성차별과 젠더 정체성의 문제를 정면으로 제기하여 남성주의와 가부장주의의 요새를 뿌리째 뒤흔들었고, 성소수자의 권리를 옹호했고, 정체성 정치로 나아가는 길을 열었다.

IV. 소결

독일의 패망으로부터 재건과 68혁명에 이르는 20년 정도의 짧은 시기에 독일 사회는 근본적으로 변화되었다. 물론 그 시기에 이렇다 할 혁명이 일어난 것은 아니었다. '68혁명'이라는 어구가 독일 사회의 혁명적 재편을 연상시키기는 하지만, 그것은 체제를 변혁하는 혁명이라고는 할 수 없다. 독일연방공화국이 수립된 이후 독일은 오랫동안 콘라드 아데나워와 루트비히 에르하르트(Ludwig Wilhelm Erhard, 1897~1977)가 제1대 수상과 제2대 수장으로 집권한 보수당 연정 지배 체제 아래 있었다. 1966년 총선을 통해 사민당 중심의 연정 지배 체제가 들어섰지만, 사민당은 1959년에 마르크스주의적 계급투쟁 노선을 폐기하고 계급 타협에 바탕을 둔 케인즈주의적 사회국가 발전 노선을 취했기에 정권의 교체로 인해 급진적인 사회변혁이 일어날 까닭이 없었다.

그러나 그 짧은 시기에 독일은 전체주의적 일당 독재 국가에서 다원주의적 민주 국가 체제로 바뀌었고, 나치 잔재의 인적 청산이 충분하게 이루어지지는 않았으나 지난날 독일인들을 국민적으로 결속했던 국가주의 이데올로기는 해체되었다. 독일인들을 국민적으로 결속하고 국민국가에 통합한 것은 사회국가의 작용이었다. 독일인들은 자유주의적 법치국가의 질서 안에서 사회적 시장경제 체제가 경제성장과 사회적 연대를 동시에 실현하고, 노동과 자본의 공동결정 제도, 단체교섭 제도, 노동보호 입법을 통하여 사회적 권리를 신장하고, 사회적 안전망을 튼튼하게 확립하여 개인에게 삶의 안정과 발전의 기회를 보장하였다고 생각했다. 그런 한에서 국가는 지킬 가치가 있다고 여겨졌다.

68혁명은 '부친 살해'를 감행할 정도로 온갖 권위를 거부하고 정치적 보수주의와 가부장주의를 타파하는 거대한 문화혁명의 성격을 띠었다. 그러한 문화혁명은 독일의 국민 형성과 국민국가 형성 과정에서 억압되었던 이슈를 공론의 장에 떠올렸다. 그것은 국민적 통합을 앞세운 나머지 주변으로 밀려났던 이슈, 곧 인종, 젠더, 성소수자 이슈였다. 인종 이슈는 멸절주의적 반유대주의의 야만을 집단적으로 경험한 독일 사회에서는 뼈아픈 주제였고 민감한 주제였다. 독일에서 인종 이슈는 동일성의 논리와 폭력의 논리가 같은 동전의 양면을 이룬다는 인식을 독일인들에게 새겨 넣었다. 젠더 정체성과 성소수자 정체성에 대한 새로운 인식도 68혁명을 통해 확산되었다. 68혁명은 이성애 강박과 이성 결합을 전제로 하는 결혼제도에 의문을 제기했고, 남성주의와 가부장주의의 이데올로기적 성채를 뿌리째 흔들었으며, 성애의 다양성을 인정하는 계기가 되었다. 따라서 68혁명은 인종, 젠더, 성소수자의 다름을 인정하고 정체성에 기반을 둔 정치를 활성화했다. 인종, 젠더, 성소수자의 차이는 차별과 배제의 이유가 될 수 없고, 도리어 다른 정체성을 가진 사람들이 그 다름을 주장하고 보장받을 권리가 있다는 점이 중시되기 시작했다.

독일이 히틀러의 인종적 전체주의 국가에서 벗어나 68혁명에 이르는 짧은 시기에 독일인들은 사회국가의 국민으로서 개인의 자유와 권리를 회복하는 과정과 인종 차별, 성차별, 성소수자 차별 등 건강한 개인의 정체성 형성을 가로막는 장벽을 철거하는 과정을 거의 동시에 거쳤다. 독일에서 개인주의는 탈(脫)가부장주의적 가족, 노동조합, 사회국가 등을 통해 건강하게 발전할 수 있는 바탕이 마련되었다. 그러나 그것은 동시에 가족의 해체, 노동조합의 약화, 사회국가의 침식 등을 통해 독일의 개인주의가 큰 위기에 봉착할 수 있다는 것을 뜻하기도 한다.

맺음말

독일인의 개인의식이 역사적으로 발전하는 과정을 분석한 제1부에서 확인하고 유의할 내용을 간추리면 다음과 같다.

1) 독일인의 개인의식은 게르만 부족사회 시대로부터 신성로마제국의 붕괴에 이르기까지 발전하면서 여러 가지 특색을 갖게 되었다. 게르만 부족사회에서 사회화 과정을 거친 독일인들의 개인의식에는 공동체가 개인에 앞선다는 관념이 뿌리 깊게 박혔다. 공동체주의와 가부장주의는 독일 역사에서 게르만 정신이라는 이름으로 끊임없이 소환된다.

2) 독일인들은 기독교 개종을 통해 공동체적 평판 못지않게 개인의 내면성을 중시하기 시작했다. 연옥의 관념과 고해성사는 각 사람이 자기 내면을 성찰할 기회를 주었고 자기 내면에 감춘 죄를 하나님 앞에 감출 수 없다는 인식을 갖게 했다. 종교개혁은 독일인들이 하나님 앞에 선 인간의 내면적 자유를 누릴 기회를 확장하였고 하나님의 세계 통치를 대리하는 군주의 지배에 복종하는 순응주의적 태도를 얻게 했다. 내면성의 추구와 권위에 대한 순응은 종교개혁이 독일인의 개인의식에 남겨 놓은 유산이다.

3) 중세 후기에 도시가 발달하면서 시민적 자유와 자치가 확장하고 개인의 주체성과 주도권이 중시되었으나, 시민의 자유는 법률을 통해 주관적 공권으로 보장되는 단계에 이르지 못했다. 신성로마제국이 붕괴

하기까지 독일 영방국가들은 교회와 국가의 동맹에 근거해서 왕권신수설을 통치 이데올로기로 삼았기에 종교에 대한 비판은 허용되지 않았으며 종교에 대한 의견 표명은 검열의 대상이 되었다. 종교의 자유, 사상의 자유, 표현의 자유 등이 유보된 상황에서 개인의 자유와 권리를 중심 가치로 삼는 자유주의가 독일인들의 개인의식에 자리를 잡을 수는 없었다.

4) 신성로마제국이 붕괴한 뒤에도 독일 영방국가들은 왕권신수설에 바탕을 두고 권위주의적 통치를 계속하였기에 자유주의는 끝없이 지체되었고 근대적 의미의 국민 형성과 국민국가 형성도 지체되었다. 독일에서 자유주의와 국민주의는 부르주아 계급을 중심으로 아래로부터 결합할 기회가 없었다. 그러한 정치적 상황은 프로이센을 중심으로 위로부터 추진된 독일 통일과 국민국가 형성 이후 독일 황제 제국이 붕괴할 때까지도 본질적으로 변화되지 않았다.

5) 개인의 자유와 권리를 중시하는 개인주의는 독일에서 자유주의적 헌정 질서를 통해 실현될 기회가 없었다. 독일에서 개인주의는 독일 이상주의 철학, 낭만주의 사상, 급진적 개인주의 사상 등을 통해 표출되었다. 칸트, 피히테, 헤겔 등은 근대 사회에서 개인의 자유와 그 자유를 뒷받침하는 소유의 중요성을 논증하여 부르주아 사회의 이론적 기초를 놓았고 사회계약론의 틀에서 자유주의 사회 형성의 비전을 제시했다. 개인의 개성과 창조성을 중시한 낭만주의의 한 유파는 현실 비판적인 동인을 갖고 있었으나 신성 동맹 체제에서 그 역량을 발휘할 수 없었고, 언어와 문화를 통해 독일인의 정체성을 찾고자 한 낭만주의의 또 다른 유파는 독일의 국민 형성 과정에서 문화적 정체성을 중심으로 한 국민의 개념을 마련하는 데 이바지했다. 슈티르너와 니체 같은 급진적 개인주의

철학자들은 개인과 인간의 근원적 자유를 억압하는 기존의 규범과 문화와 제도를 해체하고 새로운 규범과 문화와 제도를 형성할 원점을 찾고자 했고, 그 원점을 자기실현을 향한 불굴의 의지를 가진 주권적 개인으로 설정했다.

신성로마제국의 붕괴로부터 독일 황제 제국의 붕괴에 이르기까지 독일에서 개인주의는 권위주의 정치의 장벽으로 인해 자유주의가 지체되면서 자유주의와 순조롭게 결합하지 못했고, 19세기 말에 제국주의적 약육강식의 상황에서 배타적이고 공격적인 정체성 정치가 앞세우는 공동체주의와도 결합하기 어려웠다. 급진적 개인주의는 당대 현실에서 거의 수용될 수 없었다.

6) 독일에서 자유주의는 개인의 자유와 권리를 보장하는 헌정 질서로 구현되지 못했고, '19세기의 사회문제'를 해결할 전망과 역량을 갖추지도 못했다. 마르크스와 사회민주주의자들과 노동자들은 그러한 자유주의의 한계를 넘어서고자 했고 개인이 얽혀 들어갈 수밖에 없는 사회관계들의 근본적인 변화를 통해 개인의 자유와 권리를 실질적으로 구현하는 방도를 찾고자 했다.

독일 노동자들은 독일 황제 제국 시대에 사회민주주의자들과 더불어 사회복지를 확대하도록 정부와 기득권 세력을 압박했고 제1차 세계대전 이후 들어선 바이마르공화국에서는 완벽한 권리장전과 사회적 권리가 새겨진 헌법을 마련하는 데 이바지했다. 바이마르공화국 헌법은 소유의 사회적 책임을 명시하고 노동권을 법제화하도록 명시했다. 그것은 개인의 자유와 권리를 최대한 보장하면서 사회적 연대를 강화하는 사회국가가 독일에서 수립되기 시작했다는 것을 의미한다.

노동권을 법제화하는 데 노동자들의 힘과 운동이 크게 이바지했다는 것을 더 말할 것이 없지만, 게르만 정신에 바탕을 둔 단체법이 노동법 제정에서 큰 역할을 했다는 것은 주목할 점이다. 게르만 정신이 독일의 노동법 체계를 구성하는 데 결정적인 영향을 끼쳤다는 것은 나중에 전체주의적인 나치스 국가 체제에서 악용될 소지가 있었다.

7) 히틀러는 바이마르공화국을 무너뜨리고 전체주의적인 독재 체제를 구축했다. 바이마르공화국에서 비로소 완벽하게 보장된 개인의 권리 장전은 무시되었고 사회적 권리들은 흔적도 남지 않게 되었다. 히틀러의 전체주의 국가에서 개인은 소멸했다. 히틀러는 게르만 공동체주의를 불러내어 집단이 개인에 앞서고 공동체의 복지가 개인의 이익에 앞선다는 나치 이데올로기를 강화했고, 스스로 모든 집단과 공동체와 국가를 이끄는 정점의 위치에 있는 총통이 됨으로써 그 누구도 총통의 지배에서 벗어날 수 없는 절대적인 권위주의 체제를 구축했다. 게르만 사회의 뿌리 깊은 가부장주의와 권위주의는 독일인들이 히틀러의 통치에 자발적으로 복종하는 심리적 기반이 되었다. 히틀러의 국가사회주의적 통제경제에서 직업의 자유와 기업의 자유는 보장되지 않았고, 경제는 국가가 정한 목표를 달성하기 위해 동원되었다.

히틀러의 전체주의 국가는 독일의 국민국가 형성 과정에서 강화된 독일인의 문화적 정체성을 인종적 정체성으로 퇴행시켰고 독일인의 생활권 확대를 독일인의 당연한 요구라고 내세웠다. 나치 독일은 인종적 정체성을 앞세워 '멸절주의적 반유대주의'로 치달았고 게르만족의 생활권을 확보하기 위한 대외 팽창 노선을 추구하여 제2차 세계대전을 일으켰다. 거의 모든 독일인은 독일 국민과 독일 국민국가의 정체성을 이루는 인종주의에 속박당했다.

8) 독일은 제2차 세계대전에서 패망한 뒤에 히틀러의 전체주의를 청산할 엄청난 과제를 떠안게 되었다. 그것은 게르만 사회의 뿌리 깊은 전통인 가부장주의와 권위주의 그리고 인종주의와 대결하면서 개인의 자유권과 사회권을 보장하는 헌정 질서와 경제 체제를 형성하는 일이었다.

(1) 전후 독일의 재건 과정에서 독일은 전체주의적 일당 독재 국가에서 다원주의적 민주 국가 체제로 바뀌었고, 지난날 독일인들을 국민적으로 결속했던 국가주의 이데올로기는 해체되었다. 독일인들을 국민적으로 결속하고 국민국가에 통합한 것은 사회국가의 작용이었다. 자유주의적 법치국가, 사회적 시장경제, 사회적 안전망, 노동조합을 통한 강력한 계급적 결속은 개인에게 삶의 안정과 발전의 기회를 보장한다고 생각되었다. 그러나 나치 잔재의 청산은 충분히 이루어지지 않았고 권위주의와 가부장주의가 여전히 가족, 지역 공동체, 학교, 대학, 교회, 국가 기구 등 독일 사회 곳곳을 지배했다.

(2) 그러한 권위주의와 가부장주의를 타파하고자 한 것이 68혁명의 주요 동인이었다. 68혁명은 '부친 살해'를 감행할 정도로 온갖 권위를 거부하는 거대한 문화혁명이었다. 그러한 문화혁명은 독일에서 국민과 국민국가의 형성 과정에서 억압되고 나치스의 전체주의 지배 체제에서 체계적으로 배제되었던 인종, 젠더, 성소수자 이슈를 전면으로 끌어냈다. 독일에서 인종 이슈는 동일성의 논리와 폭력의 논리가 같은 동전의 양면을 이룬다는 인식을 독일인들에게 새겨 넣었다. 68혁명은 이성애 강박과 이성 결합을 전제로 하는 결혼제도에 의문을 제기했고, 남성주의와 가부장주의의 이데올로기적 성채를 뿌리째 흔들었으며, 성애의 다양성을 인정하는 계기가 되었다. 따라서 68혁명은 인종, 젠더, 성소수자의 다름을

인정하고 정체성에 기반을 둔 정치를 활성화했다.

9) 독일이 히틀러의 인종적 전체주의 국가에서 벗어난 때로부터 68혁명이 일어날 때까지, 그 짧은 시기에 독일인들은 한편으로는 사회국가의 국민으로서 개인의 자유와 권리를 회복하는 과정을 거쳤고, 다른 한편으로는 인종 차별, 성차별, 성소수자 차별 등 건강한 개인의 정체성 형성을 가로막는 장벽을 철거하는 과정을 거쳤다. 그 두 과정은 거의 동시에 진행되었다. 독일에서 개인주의는 탈(脫)가부장주의적 가족, 노동조합, 사회국가 등을 통해 건강하게 발전할 수 있는 바탕이 마련되었다. 그러나 그것은 동시에 가족의 해체, 노동조합의 약화, 사회국가의 침식 등을 통해 독일의 개인주의가 큰 위기에 봉착할 수 있다는 것을 뜻하기도 한다.

10) 독일에서 오랜 역사적 발전 과정에서 형성된 독일인의 개인의식을 살필 때, 네 가지를 유의할 필요가 있다. 첫째는 종교개혁 이래로 독일인의 내면성과 순응주의가 동전의 양면처럼 결합해 있다는 것이다. 둘째는 독일에서 개인주의가 오랫동안 자유주의와 정합적인 관계를 맺지 못했고, 자유주의 전통이 독일 사회에서 약하다는 것이다. 셋째는 독일에서 개인주의는 공동체주의와 화해하기 어려웠다는 것이다. 게르만 정신을 소환하면서 강화되었던 공동체주의는 독일에서 국가주의와 결합했고 개인주의를 압살했기 때문이다. 넷째는 68혁명 이후 권위주의와 가부장주의는 배격되었으나, 68혁명이 추구한 차이의 인정과 정체성 정치, 개인의 해방과 자기실현은 가족의 해체, 노동조합을 통한 계급적 결속의 약화, 사회국가의 침식 등을 통해 그 토대가 흔들리고 그 지향과 성격이 변할 수도 있다는 것이다.

제2부

독일에서 나홀로족 문화의
형성과 그 특징

머리글

　현대 독일 사회에서 개인주의는 사회적 연대와 공동체적 결속을 유지하면서 개인의 발전을 추구하는 모습보다는 자기를 중심에 놓고 자기를 우선시하는 모습으로 퇴행하는 경향을 보인다. 홀로 사는 사람들이 극적으로 증가하고, 능력주의가 사회적 연대를 대신하고, 부족주의[1]가 인간의 존엄성과 사회적 권리에 바탕을 둔 사회적 결속을 밀어내고 있다. 그러한 현상은 사회적 연대와 공동체 정신이 비교적 강했던 독일 사회에 다른 사람을 아랑곳하지 않고 자기를 중심에 놓고 자기를 우선시하는 태도와 가치관을 내면화하는 사람들, 곧 나홀로족[2]이 등장하고 있음을 보여 주고, 가족, 노동조합, 국가 등 사회적 자유주의의 제도적 기반이 무너졌다는 것을 시사한다.

　아래에서는 독일에서 나홀로족이 등장하게 된 사회적 조건을 분석하

---

1 부족주의는 아래의 2장 III에서 상세하게 분석되고 설명될 것이다.
2 독일에서는 다른 사람을 아랑곳하지 않고 자기를 중심에 놓고 자기를 우선시하는 사람을 가리켜 '나만 아는 사람'(Ichling)이라고 한다. 비하적인 의미를 갖는 통속어 Ichling을 독일 사회학계에서 사용하기 시작한 학자는 울리히 벡(Ulrich Beck, 1944~2015)이다. 그는 현대 독일 사회가 과연 '나만 아는 사람들의 사회'(eine Gesellschaft der Ichlinge)인가를 물었다. Ulrich Beck, "Kinder der Freiheit: Wider das Lamento über den Werteverfall," *Kinder der Freiheit*, hg. von Ulrich Beck (Frankfurt am Main: Suhrkamp, 1997), 9. '나만 아는 사람'을 가리키는 낱말로는 Egotripler라는 용어도 쓰인다. '자기에게 푹 빠진 사람'이라는 뜻이다. 이 용어는 라이너 촐(Reiner Zoll, 1934~2010)이 젊은 세대의 가치관이 변해서 책임과 근면을 모르고 자기 탐닉과 쾌락 추구에 쏠린다는 것을 나타내기 위해 사용했다. Reiner Zoll, *Alltagssolidarität und Individualismus: zum sozio- kulturellen Wandel*, 1. Aufl. (Frankfurt am Main: Suhrkamp, 1993), 17. 저널리스트 하이케 라이트슈(Heike Leitschuh, 1958~)는 자기에게 푹 빠진 사람들이 다른 사람의 고통을 살피지 않고 자기 주변에 무관심한 에고좀비(Egozombie)가 되어 활보하고 있다고 지적했다. Heike Leitschuh, *ICH ZUERST! Eine Gesellschaft auf dem Ego-Trip* (Frankfurt am Main: Westend, 2018), 9, 12-15.

고, 나홀로족 문화와 멘탈리티의 특성을 파악하고, 그러한 나홀로족 문화의 확산에 대응해서 어떤 방안이 논의되고 있는가를 살핀다.

1장
독일에서 나홀로족이 등장하게 된 배경

독일에서 나홀로족은 68혁명 이후 증가하는 추세를 보였으나, 독일 통일 이후 급증했다. 68혁명은 흔히 개인의 자유와 자기실현의 기회를 확장했고, 그러한 개인화는 독일의 사회적 자본주의가 가져온 물질적 안정의 뒷받침을 받았다고 생각되곤 했다. 독일 통일 이후 대량 실업이 날로 악화하고 독일 사회의 신자유주의적 재편이 가속한 2000년대 초 이래 나홀로족이 급증한 것은 68혁명 이후의 개인화와는 다른 설명이 필요하다. 앞으로 분석하게 되겠지만, 이 시기에 나타난 나홀로족의 급증은 전후 독일 사회에 유례없는 경제성장과 사회적 안정을 가져온 사회국가의 여러 제도가 신자유주의적 공격에 그대로 노출되어 동요하고 붕괴하기 시작하였다는 것을 시사하는 현상이다. 가족의 해체, 노동조합을 통한 계급적 결속의 약화, 사회국가의 침식이 사회적 연대와 결속을 와해시키자 사람들은 각자도생의 길을 찾아 뿔뿔이 흩어지고 고립되는 현상이 나타난 것이다.

아래서는 독일에서 나홀로족이 빠른 속도로 증가하였다는 사실을 인구학적 통계 분석을 통해 확인하고, 나홀로족이 증가한 이유를 가족의 해체, 노동조합의 약화, 사회국가의 침식 측면에서 분석한다.

I. 독신자와 독거자의 증가 추세와 특징

나홀로족은 홀로 사는 사람들일 수 있지만, 홀로 사는 사람들이 모두 나홀로족인 것은 아니다. 나홀로족이 자기중심적이고 자기 우선적인 가치관과 태도를 내면화한 사람이라는 점에 집중한다면, 나홀로족의 거주 형태는 부차적인 요소이다. 파트너 관계나 결혼 공동체를 창설한 사람들에게서도 나홀로족의 특성이 나타나기 때문이다. 그러나 개인의 자유와 독립, 자율성과 자아실현을 중시하는 사람들이 다른 사람의 간섭에서 벗어나려는 경향을 보인다는 점에서 독신과 독거는 나홀로족에 부수하는 현상으로 볼 수 있다. 그런 점에서 독신자와 1인 가구의 증가는 나홀로족의 확산을 보여 주는 중요한 지표로 사용될 수 있다.

독일에서 1인 가구는 시간이 갈수록 더 빨리 증가하는 추세를 보였다. 1950년 현재 구서독 지역의 1인 가구 수는 전체 가구 수의 20%였으나, 1971년에는 26.6%로 증가했다. 독일 통일 이후 2000년에 구서독 지역과 구동독 지역의 1인 가구를 따로 계수한 뒤에 둘을 합해서 얻은 1인 가구의 비율은 전체 가구의 35.3%였고, 2022년 독일 전역을 대상으로 한 마이크로센서스의 결과에 따르면 1인 가구의 비율은 전체 가구의 40.8%에 이르렀다.[1]

독일에서 1960년대 말 이후 1970년대와 1980년대에 1인 가구가 증

---

1 "Privathaushalte nach ihrer Mitgliederzahl(1950-2022)," Bundesinstitut für Bevölkerungs-forschung, Statistisches Bundesamt (인구집계 내지 마이크로센서스). 1950년과 1971년은 주거주지와 부거주지의 가구수, 2000년과 2022년은 주거주지의 가구수를 기준으로 계수했다. 1950년과 1971년은 구서독 지역 가구수만 계수, 2000년은 구서독 지역과 구동독 지역 가구수를 따로 계수한 뒤에 합했다. 2022년은 독일 전역의 가구수를 대상으로 하였다. https://www.bib.bund.de/DE/Fakten/Fakt/L54-Privathaushalte-Mitglieder-ab-1950.html?nn=1279832 (2024. 10. 1. 다운로드).

가한 것은 경제적 번영, 사회복지의 확대, 자유화, 교육 기회의 확대 등이 서로 맞물려 개인의 자유와 자율성이 확장하고 개인의 발전과 자아실현에 높은 가치가 부여되었기 때문이라는 해석이 우세했다.[2] 울리히 벡은 그러한 현상을 '제2차 개인화'라고 지칭하고, 그러한 개인화가 진전되면서 개인은 더 많은 자유를 누릴 기회를 얻게 되었으나 그만큼 더 많은 위험에 노출된다고 지적한 바 있다.[3] 독일 통일 이후 대량 실업이 증가하고 사회적 안전이 흔들리자, 사회학자들은 개인의 발전과 자아실현을 중시하는 경향이 후퇴하고 공동체, 사회적 안전, 질서 등을 중시하는 경향이 강해진다고 진단했다. 그들은 그러한 가치관의 변화가 1인 가구 증가세가 주춤해지는 것으로 나타난다고 분석했다.[4] 그러나 1인 가구의 증가는 그러한 진단을 무색하게 만들 정도로 가속도가 붙었고, 앞에서 언급한 바와 같이, 2022년에는 전체 가구의 40.8%에 이르렀다. 그러한 1인 가구의 가파른 증가세는 1990년대 이래로 줄곧 악화해 온 대량 실업과 사회적 안전의 위기 속에서 나타났기에 1970년대와 1980년대에 나타난 '제2차 개인화'와는 그 성격이 다른 현상이다.

독신자와 독거자의 인구학적 특성을 살피면 유의할 점이 몇 가지 눈에 띈다. 독일통계청의 마이크로센서스 자료에 따르면, 2019년 현재 독신자는 1,870만 명으로 이는 독일 인구의 22.8%를 차지한다. 독신자의 91.5%인 1,710만 명은 1인 가구에서 거주하는 독거자이다. 독거자는

---

2 그러한 해석에 큰 영향을 준 학자는 미국의 로널드 잉글하트였다. Ronald Inglehart, *The silent revolution* (Princeton, N. J.: Princeton Univ. Press, 1977).

3 울리히 벡/홍성태 옮김, 『위험사회: 새로운 근대(성)을 향하여』 (서울: 새물결, 1997), 222.

4 Stefan Hradil, "Vom Leitbild zum 'Leidbild' Singles, ihre veränderte Wahrnehmung und der 'Wandel des Wertewandels'," Zeitschrift für Familienforschung, 15. Jahrg., Heft 1 (2003), 51f.; Christian Duncker, *Verlust der Werte? Wertewandel zwischen Meinungen und Tatsachen* (Wiesbaden: Deutscher Universitätsverlag, 2000), 93.

1996년 현재 1,270만 명이었으니, 2019년까지 440만 명이 늘어난 셈이다. 독거자가 독일 인구에서 차지하는 비율은 1996년 현재 15.6%에서 2019년 현재 20.8%로 5.2% 증가했다.

성별을 구분해서 보면 독거 여성은 1996년과 2019년 사이에 15.6% 증가한 데 반해, 독거 남성은 같은 기간에 63.5% 늘었다. 그 결과 독거자 가운데 여성의 비율은 같은 기간에 60.5%에서 52%로 줄었다. 수치로 보면 2019년 현재 독거 여성은 887만 명, 독거 남성은 819만 명이다.

독신자의 결혼 상태를 살피면 2019년 현재 독신 여성의 38.3%는 사별, 37.5%는 미혼, 20.1%는 이혼, 4.1%는 결혼 후 별거였다. 반면에 독신 남성의 65.0%는 미혼, 17.7%는 이혼, 10.2%는 사별, 7.1%는 결혼 후 별거였다. 독신자의 연령 분포는 결혼 상태와도 긴밀한 관계가 있다. 2019년 현재 독신 남성의 37.7%는 25세부터 45세 미만의 연령대에 속했고, 독신 여성 가운데 그 연령대에 속하는 사람의 비율은 18.8%였다. 독신 여성의 47.9%는 65세 이상인 데 반해, 독신 남성의 19.9%만이 65세 이상이었다. 그것은 여성과 남성의 기대 수명이 다르고, 결혼 시 남성의 나이가 여성의 나이보다 대체로 많기 때문일 것이다.[5]

앞에서 살펴본 바와 같이 독일에서 독신자와 독거자는 1970년대와 1980년대보다 1990년대로부터 2020년대에 이르는 시기에 더 빨리, 더 큰 규모로 증가했고, 독신자 가운데 아예 결혼하지 않고 홀로 사는 젊은 세대의 비율은 매우 높다. 그것은 1990년대 이래로 날로 악화하는 대량 실업과 사회적 안전의 위기 속에서 사람들이 공동체적으로 결속하기보다는 나 홀로 사는 경향이 더 강하게 나타났다는 것을 시사한다. 그러한

---

5 "Alleinlebende nach Geschlecht und Familienstand," kurz&knapp, vom 23. 3. 2021, Bundeszentrale für Politische Bildung, https://www.bpb.de/kurz-knapp/zahlen-und-fakten/soziale-situation-in-deutschland/61572/alleinlebende-nach-geschlecht-und-familienstand/ (2024. 10. 7. 다운로드).

현상을 설명하려면 전통 가족의 해체, 노동조합을 통한 계급적 결속의 약화, 사회적 안전을 보장하는 사회국가의 침식 등 독일 사회에서 나타난 거대한 변화를 살필 필요가 있다.

II. 가족의 해체

독일에서 가족의 해체는 남성중심주의와 가부장주의의 해체와 같은 궤도 위에서 일어난 일이다. 독일에서 여권은 우여곡절을 겪으며 꾸준히 신장했고, 여성들이 노동시장에 참여하고 자주적으로 생활을 꾸릴 기회가 증가함에 따라 여성들을 결혼과 가족의 울타리 안으로 끌어들이고 그곳에 묶는 힘은 약화하였다. 그것은 독일 사회에서 혼인율 저하와 이혼율 상승, 출산율 저하와 여성의 경제활동 인구 비율 증가 등의 현상에서 엿볼 수 있다. 이를 조금 더 자세하게 살펴보면 아래와 같다.

1950년부터 1960년까지 인구 1천 명당 혼인한 커플은 평균 9.5 커플이었지만, 1968년에는 7.3 커플로 떨어졌고 그 이후 그 수는 계속 줄어들다가 독일 통일이 이루어진 1990년에는 6.5 커플, 신자유주의적 복지 축소가 일어난 2004년 이후 현재까지는 평균 4.6 커플에 지나지 않았다.[6]

법적으로 승인된 이혼은 1950년 현재 84,674건으로 매우 높았으나 그것은 전후 이혼이 급증한 현상을 반영하는 수치였다. 1950년의 이혼 건수를 일단 제외하고 1951년부터 1960년까지의 이혼 건수를 집계하면 평균 5만 1천2백 건이었고, 1961년부터 1970년까지는 1950년대와 엇비

---

6 Eheschliessungen, Statistisches Bundesamt (Destatis), 2024, https://www.destatis.de/DE/Home/_inhalt.html(2024. 9. 30. 다운로드).

숫한 평균 5만 5천5백 건이었으나, 그 이후에는 10년 단위로 큰 폭으로 증가하여 1971년부터 1980년까지는 평균 8만 5천4백 건, 1981년부터 1990년까지는 12만 3천9백 건, 1991년부터 2000년까지는 평균 15만 1천 건, 2001년부터 2010년까지는 평균 19만 7천4백 건이었다.[7] 이혼이 시간이 갈수록 급증하였음을 알 수 있다. 2011년부터 2023년까지 이혼율은 낮아지는 추세를 보였는데, 결혼 지속 기간 등을 고려할 때 선행 결혼율의 지속적인 하락이 이혼 건수의 감소 추세가 나타난 가장 중요한 이유일 것이다.

구서독 지역에서 15세로부터 49세까지의 가임 여성들의 평균 출산율은 1955년 2.11명에서 1965년 2.5명으로 정점을 찍었다가 1987년 1.28명으로 최저점을 찍었고, 1990년 독일이 통일된 이후 독일 지역 전체의 가임 여성 출산율은 1990년 1.52명에서 2023년 1.35명으로 낮아졌다. 구동독 지역의 가임 여성의 출산율은 구서독 지역의 그것보다 언제나 조금 높았다.[8]

15세 이상 65세 이하의 여성들이 경제활동에 참여하는 비율은 구서독 지역의 경우 1960년 현재 47.6%, 1970년 현재 46.2%, 1980년 현재 50.2%, 1990년 현재 58.5%, 2000년 현재 61.2%, 2010년 현재 69.4%, 2020년 현재 73.8%로 꾸준히 증가했다. 노동의 의무와 권리를 강조하고 남녀평등을 중시한 사회주의 사회였던 구동독 지역에서 여성 경제활동 인구는 전 기간에 걸쳐 구서독 지역의 그것보다 월등히 높았다. 독일이 통일된 이후 1991년부터 2023년까지 구서독 지역 여성들의 경제활동

---

7 Ehescheidungen, Statistisches Bundesamt (Destatis), 2024, https://www.destatis.de/DE/Home/_inhalt.html(2024. 9. 30. 다운로드).

8 Zusammengefasste Geburtenziffer in Deutschland 1901~2023, Statistisches Bundesamt (Destatis), 2024, https://www.destatis.de/DE/Home/_inhalt.html(2024. 9. 30. 다운로드).

참여율은 가파르게 증가했으며, 2020년 현재 구서독 지역의 여성 경제 활동 참여율(71.3%)은 구동독 지역(74.2%)보다 2.9% 낮았을 뿐이다.9

위에서 살펴본 독일의 혼인율, 이혼율, 출산율, 여성 경제활동 참여율 등의 변화를 설명하기 위해서는 각 시기에 나타난 여러 가지 변인들을 분석해야 하겠지만, 그러한 분석과 설명은 이 글의 범위를 뛰어넘는다. 특히 이혼 사유에 관한 미시적 분석은 이 글에서는 시도할 수 없다. 여기 서는 위에서 살핀 혼인율, 이혼율, 출산율 등에 관한 통계 수치가 독일에 서 전통적 의미의 가족이 위기에 직면했음을 보여 준다는 것을 확인할 뿐이다. 언론사들은 한 해에 결혼한 커플과 이혼한 커플의 수를 비교하 면서 독일 사회에서 가족의 해체가 심각한 수준이라고 보도하곤 한다. 2010년 독일에서 혼인이 382,047건 이루어지고 이혼이 187,027건 이루 어졌으니, 결혼으로 창설된 가족의 절반 가까이가 어떤 이유로든 파탄을 맞고 해체된다는 식이다. 물론 그러한 보도는 통계 자료 조작의 오류에 서 비롯된 것이기에 신뢰할 수 없다. 그러나 해마다 이혼 건수가 누적되 는 추세를 놓고 보면 이혼으로 인한 가족의 해체가 독일 사회에서 큰 문제가 되었다는 것만은 명확하다. 여성들의 경제활동 참여 비율이 높아 지고 결혼율과 출산율이 크게 떨어진다는 것도 눈여겨볼 필요가 있다. 그러한 상황은 여성들이 사회적 자아의 실현과 가족 창설과 유지를 병행 하는 데 부담을 느끼고 있다는 것을 의미한다고 직관적으로 말할 수 있 다. 그것은 전통적인 성역할 분담과 가부장주의의 잔재로 인해 여성들이 결혼 생활에서 여성과 남성의 지위와 역할이 여전히 평등하지 않다고 인식하고 있다는 것을 시사하고, 특히 학력이 높은 여성들이 출산과 양

---

9 Erwerbstätigenquoten 1991 bis 2023, Statistisches Bundesamt (Destatis), 2024, https://www.destatis.de/DE/Home/_inhalt.html(2024. 9. 30. 다운로드).

육으로 인한 직업 활동의 중단이나 경력 단절이 엄청난 기회비용을 발생시킨다고 생각한다는 것을 보여 준다. 실제로 고등교육을 받은 여성들이 자식을 낳지 않는 비율(30%)은, 시기별로 차이가 있기는 하지만, 자녀를 출산하지 않는 여성들의 평균 비율(12~21%)보다 1.4배에서 2.5배 높다. 자녀를 두지 않는 여성들의 비율도 꾸준히 증가했다.[10]

독일 여성의 결혼율과 출산율 저하가 여권 의식 신장, 경제활동 참여, 경제적 독립과 밀접한 관계가 있듯이, 독일 남성의 결혼 기피와 독거도 그 이유가 있다. 독일 남성들이 결혼하지 않고 파트너 관계를 형성하지 않고 홀로 사는 이유로는 경력 관리, 미래 전망, 독립성 추구, 생활의 불안정, 감정적 미성숙, 가족 파탄의 경험, 여성들의 까다로운 요구 등이 꼽힌다. 앞에서 본 바와 같이 25세 이상 45세 미만 연령대의 독일 남성들 가운데 결혼을 하지 않고 독신으로 사는 남성들이 증가하는 추세로 미루어 볼 때, 독일 남성들 가운데 결혼 공동체 형성을 부담스럽게 여기고 지속적인 파트너 관계마저 회피하는 경향이 점차 강해지고 있다고 말할 수 있다.

독일에서 가족의 창설이 부담스럽게 여겨지고 가족 해체가 광범위하게 일어나는 현상은 주의 깊게 해석할 필요가 있다. 가족 창설을 부담스럽게 여기는 젊은 세대가 늘어난다는 것은 그들이 가족보다 더 중요한 가치를 추구하기 위해 가족을 부차화한다는 점을 시사한다. 가족의 창설과 유지가 기회비용 계산의 대상이 된 것이다. 그러한 계산은 자녀 출산이나 지속적인 파트너 형성을 결정하는 데서도 나타난다. 기회비용 계산의 바탕에는 자기를 중심에 놓고 자기를 우선시하는 태도가 깔려 있다. 그러한 태도가 비용으로 계산할 수 없는 것을 비용으로 계산하게 한다.

---

10 Martin Bujard, "Die Ursachen der Geburtenentwicklung," *Informationen zur politischen Bildung* 350 (2022), https://www.bpb.de/shop/zeitschriften/izpb/demografischer-wandel-350/507788/die-ursachen-der-geburtenentwicklung/ (2024. 9. 30. 다운로드).

가족의 해체는 가족의 창설을 회피하는 것보다 더 큰 문제를 안고 있다. 가족은 개인의 사회화가 진행되는 가장 기초적이고 원초적인 단위이다. 아동은 가족 안에서 심리적 안정을 느끼며 공동체 생활을 하는 데 필수적인 규범을 익히고 성인이 되면 가족의 울타리를 벗어나 사회로 진출한다. 산업화가 본격적으로 진행되면서 핵가족으로 편제된 독일의 전통적인 가족이 전반적으로 해체 위기에 처함으로써 개인의 정체성 형성은 많은 어려움을 겪게 되었다. 어머니나 아버지의 부재로 인해 아동은 그 무엇으로도 채울 수 없는 결핍으로 인해 심리적 안정을 갖지 못하거나 인간 사회에 없어서는 안 되는 권위를 인정하지 않고 그것을 냉소에 부치는 유형의 인간으로 형성될 수 있다. 어머니나 아버지가 가족 관계를 파괴하면서까지 자기를 앞세운다고 생각하는 아동은 자기 우선주의의 태도를 보일 수도 있다. 부모의 이혼으로 인해 갑자기 닥친 가족의 해체를 경험하면서 아동은 가족을 우연한 결속체로 여기고 자기를 스스로 지켜야 한다는 생각을 굳힐 수도 있다. 어머니와 아버지가 상호 충실 의무를 파기하고 이혼하는 것을 지켜보면서 아동은 인간 생활에 필요한 원초적인 신뢰 관계에 대해서조차 냉소적인 태도를 보일 수도 있다. 물론 해체된 가족에서 자기중심적인 이기적 개인이 탄생한다고 말하는 것은 지나친 일반화일 것이다. 그러나 가족의 해체가 자기중심적이고 자기 우선적인 유형의 개인을 형성하는 한 요인이 될 수 있다는 것은 부정하기 어렵다.

III. 노동조합의 약화

독일에서 노동조합은 산업 분야별로 조직되어 있기에 막강한 사회 권력을 행사할 수 있는 단체였다. 노동조합은 사용자단체와 단체교섭을 벌여 해당

산업 분야의 노동조건에 관련된 주요 사항에 관한 단체협약을 체결하여 노동자 계급의 권리와 이익을 지켜 왔다. 산별교섭에 포괄되는 사업장과 기업이 해당 산업 분야에서 과반이 넘는 경우 산별협약은 정부의 결정에 따라 산업 분야의 모든 사업장에서 법률에 버금가는 구속력을 가질 수 있었다. 그렇기에 노동조합은 개인을 계급으로 결속하고 사회적 단결과 연대가 개인의 발전을 위한 토대임을 보여 주는 유력한 기구로 인정되었다. 독일에서 노동조합의 조직률이 비교적 높았던 것은 노동조합에 대한 신뢰가 높았다는 뜻이다.

그러나 오늘의 독일 사회에서 노동조합은 약화하였고 지난날과 같은 사회 권력을 더는 행사하지 못한다. 그렇게 된 결정적인 이유는 개별적인 공장과 기업이 산별 단체협약을 준수하지 않을 수 있게 하는 예외 조항('개방조항')이 인정되기 시작했기 때문이다. 1993년 사용자 측의 강력한 구조조정에 맞서서 노동시간 단축을 관철하고자 했던 금속산업노동조합(Industriegewerkschaft Metal)은 사용자가 노동시간 단축을 받아들인다고 하자 산별협약의 예외를 인정하는 '개방조항'을 수용했다. 개방조항의 설치는 사용자 측의 숙원 사업이었다. 그것은 단체협약의 구속력과 단체협약의 효력 확장을 통해 노동조합이 행사하는 막강한 권력을 약화하는 결정적인 장치였기 때문이다. 독일에서 가장 강력한 산별노조인 금속노조가 개방조항 도입에 동의하자 독일의 산별교섭 제도는 사실상 무력해졌다. 시간이 갈수록 점점 더 많은 공장과 기업이 산별교섭과 상관없이 사업장 수준에서 노동조건에 관한 노사 협약을 맺었다. 2005년부터 2007년까지 산별협약이 적용되는 사업장 가운데 개방조항을 활용한 사업장은 20% 정도였지만,[11] 2013년 현재 산별협약과 무관하게 사업장 협

---

11 루초 바카로·크리스 하월/유형근 옮김, 『유럽 노사관계의 신자유주의적 변형: 1970년대 이후의 궤적』 (파주: 한울 아카데미, 2020), 179.

약을 맺는 사업장은 제조업 부문에서 70%, 서비스업 부문에서는 66%에 달했다.[12] 그러한 사태 발전은 노동조합의 사회적 권력이 현저하게 약화하였다는 것을 보여 준다.

노동조합의 사회적 권력이 약화하면서 노동조합의 조직률은 크게 떨어졌다. 독일노동조합총연맹(DGW) 산하 산별 노동조합 가입자의 비율은 독일연방공화국 수립 이후 독일 통일 때까지 구서독 지역에서 평균 31%였다. 독일 통일 이후 노동조합 가입률은 구동독 지역 노동자들의 가입으로 33%로 잠시 높아졌다가 계속 줄어들기 시작해서 개방조항이 도입되었던 1993년 30%로 낮아졌고 새천년이 시작하는 해에 24%로 낮아졌다. 대대적인 복지 축소가 시행되기 시작한 2004년에 노조 가입률은 15%로 급락했고 그 뒤에 일시적으로 18%까지 올라갔다가 2019년 현재 14%에 이르기까지 계속 떨어졌다.[13]

노동조합의 가입률 하락은 전통적인 노동조합이 노동자 계급을 결속하기 어렵게 되었다는 것을 뜻한다. 노동조합을 통한 노동자 계급의 결속이 크게 침식된 것은 단체협약이 효력을 잃었기 때문만이 아니다. 디지털 혁명이 급속히 진행됨에 따라 '비물질적 노동'에 종사하는 사람들, 디지털 플랫폼을 통해 주어지는 일거리를 노동계약 없이 처리하는, 이른바 '긱 노동'에 종사하는 사람들이 급격하게 늘어났고, 그들은 노동법의 사각지대에서 일하고 있다. 그들을 경제활동 인구로 산입한다면 그들이 경제활동 인구에서 차지하는 비율은 유럽만 해도 20%에 이르리라고 추산되고 있다.

---

12 위의 책, 177.

13 Forschungsgruppe Weltanschauungen in Deutschland, "Die deutschen Gewerkschaften" (2020. 3. 7.), https://fowid.de/meldung/deutsche-gewerkschaften(2024. 9. 27. 다운로드) 에 실린 도표 Entwicklung der Zahl der Arbeitnehmer und DGW-Mitglieder; Organisationsgrad 1950-2019.

긱 노동에 종사하는 사람들 가운데 라이더들은 단체를 결성하여 플랫폼사업자들과 협상을 벌이는 데까지 나아가고 있으며, 미국, 스페인, 이탈리아, 영국, 독일 등에서는 긱 노동에 종사하는 사람들이 종속적 노동자임을 확인하는 판결이 나오고, 개별적인 업무의 종속적 노동 여부를 판별하는 기준에 관한 법률이 제정되고 있다.[14] 그러나 개별적인 사례에 관한 판결이나 종속적 노동 여부의 개별적 판별 기준에 관한 법률 규정을 넘어서서 긱 노동을 노동법의 틀에서 일반적으로 규율하는 법제는 아직 세계 어디에서도 마련되지 않았다. 그것은 그동안 긱 노동의 노동법적 보호에 관해 오랫동안 논의가 이어져 왔던 유럽연합 차원에서도 마찬가지다. 따라서 긱 노동에 종사하는 사람들은 아직 노동법이 규정하는 '종속적 노동자'의 지위를 일반적으로 인정받지 못하고 있고 노동조합의 틀에서 보호받지 못하고 있다. 그와 같이 노동법의 사각지대에서 노동조합의 보호 없이 노동하는 사람들이 증가하고 있기에, 노동조합은 종속적인 지위 혹은 사실상 종속적인 지위에서 일하는 노동자들을 포괄하고 결속하는 계급단체의 기능과 역할을 제대로 할 수 없는 것이다.

노동조합이 약화하고 노동자들의 계급적 결속이 침식하게 되면, 돈벌이를 위해 일하는 사람들은 자기의 능력을 최대한 발휘하여 남보다 더 많은 업적을 내고 그 대가로 남보다 더 높은 지위와 더 많은 보수를 받기 위해 노력하는 경향을 띠게 될 것이다. 산별협약과는 무관하게 사업장 단위의 노사 협약을 체결하거나 개별적인 노무 계약이 지배적인 사업장에서는 능력주의가 쉽게 자리를 잡을 것이고 함께 일하는 사람들은 동료로서 관계를 맺기보다는 치열한 업적 경쟁 관계에 들어서게 될 것이다. 능력주의가 지배하는 곳에서는 자기를 중심에 놓고 생각하고

---

14 강원돈, 『기독교경제윤리론』, 545-547.

자기를 우선 내세우는 분위기가 자리를 잡게 되고, 자기중심적이고 자기 우선주의적인 멘탈리티가 당연시될 것이다. 그것이 나홀로족 멘탈리티다. 사업장은 나홀로족 멘탈리티가 서식하고 숨 쉬는 장소가 된다.

IV. 사회국가의 침식

1970년을 전후로 해서 미국과 유럽 여러 나라에서 전성기를 이루었던 사회적 자본주의는 쇠퇴하기 시작했다. 그것은 포드주의적 생산양식에서 비롯되는 축적 위기 때문이었다. 포드주의적 생산양식의 전형인 컨베이어벨트 작업에서 볼 수 있는 바와 같이 노동의 의미를 상실할 정도로 파편화된 노동 공정을 단순·반복적으로 수행하는 작업에 대한 대가는 비교적 후한 임금이었고, 그것은 대규모 공장에 밀집한 노동자들의 단결력과 교섭력이 강했기 때문이기도 했다. 그 결과 자본 축적에 애로가 발생했다. 자본의 축적 위기는 기업의 투자가 위축되는 대신에 노동자 임금 지출 증가에서 비롯되는 수요 인플레이션 악화로 나타났다. 투자 위축으로 인해 경기는 침체하는데 인플레이션이 높게 나타나는 스태그플레이션(stagflation)이 등장한 것이다. 스태그플레이션에 직면한 기업들은 대량 해고로 대응하고자 했다. 대량 실업은 한편으로는 정부의 세수 감소를, 다른 한편으로는 실업보험 등 사회복지 비용 증가를 가져왔다. 정부는 대규모 재정 적자에 시달리게 되었고 그 탈출구를 찾아 나섰다. 그것이 미국과 영국에서 시도된 신자유주의적 복지 개혁이다.

신자유주의적 복지 개혁의 핵심은 시민들이 각자 제 삶의 처지를 향상하기 위해 자기 주도적인 역할과 책임을 다해야 한다는 것이다. 개인이 국가에 복지 공급을 청구할 권리에 바탕을 둔 전통적인 복지(welfare)

개념은 노동 의무를 전제로 해서 복지 수급권을 인정하는 노동 연계 복지(workfare) 개념으로 전환되었다. 실업자의 소득 보장에 초점을 맞추었던 소극적 실업 대책은 실업자의 취업 기회 확대와 취업 능력 향상에 초점을 맞추는 적극적 실업 대책으로 전환되었다. 법적으로 노동 인구에 속한 사람은 일할 능력이 있는 한, 일할 의사를 갖고 일자리를 찾거나 정부가 제공하는 일자리를 받아들이겠다고 할 때만 복지 수급권을 받을 수 있었다. 법적인 노동 인구에 속하지 않거나 일할 능력을 상실한 사람은 엄격한 자산 조사 등을 거쳐 정부의 기본 보장의 혜택을 받았으나 기본 보장의 수준은 낮아졌다. 엄격한 복지 수급권 자격 심사를 받아 최저 보장을 받게 된 사람들은 스스로 가난한 자임을 입증해야 하는 사회적 수모와 최저 보장 수급자라는 사회적 낙인을 감수해야 했다. 1970년대 중반 이후 거의 30년 동안 심각하게 지속되었던 대량 실업 상황에서 노동 연계 복지는 노동을 통한 사회적 통합 효과를 낼 수 없었다. 복지 수급권을 유지하고자 하는 사람들은 정부가 알선하는 일자리를 거부할 수 없는 처지에 몰렸고 노동 강권(Zumutbarkeit)을 감내하지 않을 수 없었다. 그러한 신자유주의적 복지정책과 사회정책은 정부의 사회복지 비용 지출을 획기적으로 줄이는 것이 목표였다.

1980년대 초에 신자유주의적 복지 축소에 나섰던 미국이나 영국보다는 늦게 독일은 2000년대에 들어와 대규모 복지 축소를 추진했다. 독일 통일 이전까지 서독은 사회주의 체제와 경쟁하였고 그런 만큼 사회적 시장경제의 중요한 기반인 복지 축소를 쉽게 결행할 수 없었다. 통일 이후 독일 정부는 엄청난 통일 비용을 감당하기 위해 재정 긴축 정책을 추진해야 했던 데다가 1990년대 내내 날로 심각해지는 대량 실업 사태에 전통적인 사회정책과 복지정책으로 대응하는 데 큰 어려움을 겪었다. 1997년 현재 구서독 지역의 실업률은 9.7%, 구동독 지역에서는 17.8%, 독일 전역에서는 11.4%를 기록했다.[15] 1998년 총선을 통해 기민당-기사련-자민당 연정이 붕괴하고 게르하르트 슈뢰더(Gerhard Fritz Kurt Schröder, 1944~)를 중심으로 사민당-녹색당 연정이 수립되자 새로운 연정은 재정 적자와 대량 실업에 대응하기 위해 사회정책과 복지정책을 대대적으로 수정하고자 했다. 놀랍게도 진보를 자처하는 새 연정이 들고나온 새로운 사회정책과 복지정책의 핵심은 신자유주의적 노동 연계 복지였고, 그 구호는 '개인의 주도권을 강화하는 국가'(ein aktualisierender Staat)였다. 독일에서 노동 연계 복지 프로그램을 제시한 것은 폴크스바겐 경영이사회 의장 하르츠(Peter Hartz, 1941~)가 위원장으로 활동하는 경제사회개혁위원회였다. 경제사회개혁위원회의 복지정책과 사회정책 초안은 네 개의 하르츠 법안으로 가다듬어져 입법 절차를 밟았다. 그 가운데 사회정책과 복지정책의 근간을 획기적으로 변화시킨 것은 하르츠 IV법이다.

하르츠 IV법의 핵심은 실업급여 I과 실업급여 II를 도입하는 것이다. 실업급여 I은 종전의 실업급여에 해당하는 것인데, 그 급여 기간은 종전의 2년에서 18개월로 줄었다. 실업급여 II는 잔여 실업급여와 사회부조를 합한 것인데, 실업급여 II는 당사자와 존비속의 자산 소득과 소득 조사를 거쳐 급여 수준을 결정하기에 실제의 급여 수준은 크게 낮아졌다. 하르츠 IV법의 급여 대상이 되는 가구에 속하는 7~13세 아동의 급여 요율은 성인 1인 급여 요율의 60%로 규정되었는데, 이는 종전 요율보다 5% 낮은 수준이다. 14~17세의 청소년은 종전에는 성인 요율의 90%를 받았으나, 하르츠 IV법은 그 요율을 80%로 낮추었다. 실업급여 I을 받는 사람은 일할 의사가 있다는 것, 따라서 일자리를 찾으려고 노력하고 있음을

15 Bundesagentur für Arbeit (BA): Arbeitslosigkeit im Zeitverlauf (2024. 2.), https://www.bpb.de/kurz-knapp/zahlen-und-fakten/soziale-situation-in-deutschland/61718/arbeitslose-und-arbeitslosenquote/(2024. 10. 4. 다운로드).

증명해야 하고, 실업급여 II를 받는 사람은 정부가 알선하는 일자리를 세 차례 이상 거부해서는 안 된다는 노동 강권 조건을 감수해야 한다. 실업급여 II를 받는 사람이 정부가 알선하는 일자리를 받아들여 추가로 일할 때는 기본 보장과는 별도로 추가 노동 시간당 1유로의 수당을 받는다. 그것이 하르츠 IV법이 규정하는 '1 유로 일자리'(Ein-Euro-Job)이다. '1 유로 일자리'는 급여가 지급되지 않고 수당이 지급되도록 설계되었기에 정식 일자리로 여겨지지 않는다. 종전에 58세 이상의 실업자들은 노동시장에 참여하기 위해 노력할 필요가 없었으나, 하르츠 IV법은 58세이상의 실업자들도 적극적인 실업 대책의 대상으로 삼았다. 위에서 말한점들을 놓고 보면 하르츠 IV법은 속속들이 노동 연계 복지에 충실한 법이다. 하르츠 IV법은 노동을 장려하기 위해 다양한 인센티브를 제공하도록 설계되었지만, 기술의 발전으로 구조조정이 항시적으로 일어나고 대량 실업이 구조화되는 상황을 반전시킬 수 있는 법인가에 관해서는 많은의문이 제기되었다. 한 가지 확실한 것은 하르츠 IV법이 정부의 사회복지 지출을 줄일 수 있도록 정교하게 설계되었다는 것이다.

하르츠 개혁은 독일의 사회국가가 신자유주의 공세에 밀려 크게 침식하였음을 보여 준다. 유효수요 유지를 중시하는 케인스 경제학에 바탕을 두고 비교적 관대하게 운영되었던 전통적인 복지 체제가 자본의 축적과 공급 중심 경제를 지원하는 신자유주의를 기반으로 한 인색한 노동 연계 복지 체제로 전환하자 사회적 가난이 일거에 확산했다. 장기적인 실업 상태에 처했거나 일할 능력이 아예 없어서 기본 보장 수준의 복지 수급을 받는 가난한 사람들은 사회적 낙인찍기의 대상이 되었다. 사회적 가난과 사회적 낙인찍기는 사회적 차별과 배제를 확산하고 복지 수급권자들에 대한 혐오를 심화했다. 그것은 사회국가가 침식하면서 나타난 매우 부정적인 현상이다. 사회국가의 침식은 사회적 청구권을 속 빈 강정처럼 만들었고 개인과 시민을 사회적으로 통합하여 국민적 결속을 강화하는 것을 어렵게 했다.

그런 상황에서 사람들은 안정된 일자리를 얻어 삶의 기회를 확보하기 위해 경쟁하기 시작했다. 젊은 사람들은 점점 더 줄어드는 질 좋은 일자리를 차지하기 위해 치열하게 경쟁했다. 이전보다 더 많은 여성이 고등교육을 받고 전문직 일자리를 차지하게 되자 남성들은 여성들을 경쟁의 상대로 인식하고 자기들의 기회를 빼앗는다고 여겨지는 여성들을 혐오하고 공공연하게 공격했다. 68혁명 이후 여성의 권리를 신장하고 젠더 정체성을 존중하는 분위기를 조성하는 데 결정적으로 이바지해 왔던 페미니즘은 배척의 대상이 되었다. 안정된 삶의 기회를 얻지 못하는 사람들은 결혼을 포기하고, 결혼하더라도 출생을 포기하는 경향이 늘어났으며, 고등교육을 받은 여성들은 직업 포기와 경력 단절을 우려하여 출생과 양육에 소극적인 태도로 임했다. 국가의 사회복지 지출이 줄어드는 데다가 젊은 세대가 줄고 고령인구가 늘어나는 인구학적 동향이 나타나자 사람들은 의료보험과 연금보험의 장래에 의문을 품게 되었고, 형편이 나은 사람들은 민간 의료보험과 연금보험에 가입하는 경향이 강해졌다. 사회국가의 침식은 수많은 사람이 각자도생의 길을 찾아 나서게 했다.

V. 소결

독일에서 나홀로족의 증가는 통계적으로 뚜렷이 확인되는 사회학적 사실이다. 68혁명 이후 개인의 자유와 자기실현을 위해 간섭을 받지 않고 홀로 사는 사람들이 늘어났으나, 그것은 사회적 자본주의가 가져온 물질적 번영을 그 배경으로 한 개인화 현상이었다. 독일 통일 이후 신자유주의적 공세가 치열해지는 상황에서 나홀로족이 급증한 것은 그러한 개인화 현상과는 다르다.

　독일에서 나홀로족의 급증은 가족의 해체, 노동조합을 통한 계급적 결속 능력의 약화, 사회국가의 침식으로 인해 사람들이 각자도생의 기회를 찾아 나섰기에 나타난 현상이다. 사회적 결속과 연대가 급속히 약화하는 상황에서 많은 사람이 자기 앞가림을 해야 한다는 의식을 갖게 되었고, 다른 사람을 아랑곳하지 않고 자기를 중심에 놓고 자기를 우선시하는 태도를 보이게 되었다.

2장
독일에서 나홀로족 멘탈리티의 특징

　사회적 연대와 공동체적 결속을 중시해 온 독일에서 나홀로족의 등장은 주목할 현상이다. 나홀로족은 가족의 해체, 노동조합을 통한 사회적 결속의 약화, 사회국가의 침식 등 그동안 독일 사회에서 사회적 연대와 공동체적 결속을 뒷받침한 제도적 기반이 무너지면서 등장했다. 나홀로족은 다른 사람을 아랑곳하지 않고 자기를 중심에 놓고 자기를 우선시하는 가치관과 태도를 내면화하고 그렇게 행동하는 사람들을 가리킨다. 그들은 치열한 경쟁을 통해 승자와 패자가 갈리는 사회에서 능력과 업적을 인정받아 상승할 수도 있고, 그렇게 인정받지 못해 나락으로 떨어질 수도 있다. 소수가 승자가 되고 다수가 패자가 되는 상황에서 사회적 불만과 분노, 삶의 불안정에서 비롯되는 실존적 불안이 나홀로족이 살아가는 사회의 기본적인 분위기가 된다. 그러한 사회에서 나홀로족은 자기 주도적이고 자기 책임적인 삶을 추구해야 한다는 강박에 사로잡히고, 능력주의를 당연한 것으로 받아들이고, 사회적 결속을 대체하는 부족주의로 치닫는 성향을 보인다. 거기 더하여 디지털 혁명은 나홀로족이 초개인주의로 치닫게 한다. 자기 주도적이고 자기 책임적인 삶의 강박적 추구, 능력주의적 지향, 부족주의, 초개인주의 등은 나홀로족 문화와 멘탈리티가 보이는 특성이다.

I. 자기 주도적이고 자기 책임적인 삶의 강박적 추구

나홀로족은 자기 주도적이고 자기 책임적인 삶을 강박적으로 추구하는 유형의 개인이다. 그러한 유형의 개인은 사회적 연대의 제도적 기반이 크게 침식된 현대 독일 사회에서 마치 개인의 전형인 듯이 여겨지고 있다. '개인의 주도권을 강화하는 국가'(ein aktualisierender Staat)는 1998년 사회국가의 축소를 알리는 독일연방정부의 구호였다.

물론 개인이 자주적이고 독립적인 행위 주체로서 자유롭게 행동하고 그 행동의 결과에 책임을 져야 한다는 것은 근대 사회를 이끄는 원칙이었다. 각 사람이 다른 사람에게 폐를 끼치지 않기 위해 자기 앞가림을 하고 자기 책임 아래에서 자기의 삶을 꾸리는 것, 바로 그것이 개인의 자유와 책임을 앞세우는 자유주의의 이상이었다. 그러나 각 개인이 자기의 삶을 자주적으로 형성할 능력이 없거나 개인의 힘으로 자유를 지키지 못할 때는 공동체가 그 개인을 지탱해 주어야 하고 개인들이 단결하여 힘을 모아 권익을 실현할 수 있어야 한다는 것이 오랫동안 계급 대립과 갈등을 겪었던 독일 사회의 합의였다. 독일에서 그러한 사회적 합의는 바이마르공화국과 독일연방공화국에서 사회 헌법과 그 헌법 규범을 실현하는 법제들을 통해 제도화되었으나, 여성과 남성이 모두 사회적 안전을 보장받으며 개인의 발전과 자아실현의 기회를 얻기 시작한 것은 68혁명 이후였다.

68혁명이 독일 사회에 큰 변화의 물결을 일으킨 지 얼마 되지 않아 독일 사회는 미국과 영국에서 시작한 신자유주의적 개혁의 영향을 받기 시작했고, 독일 통일 이후 신자유주의적 개혁을 본격화하기 시작했다. 노동조합이 크게 약화하고, 사회국가가 빠른 속도로 침식하고, 가족의 해체가 가속하면서 68혁명 이후 사람들을 고무했던 새로운 사회의 비전은 순식간에 옛말이 되었다. 시장 사회가 가져오는 사회적 가난이 개인으로서는 어떻게 할 수 없는 구조적인 문제인 한, 개인이 자기 주도적인 삶을 사는 것과 사회적 연대를 제도적으로 조직하는 것은 서로 결합해야 할 일이지 서로 분리할 수 없는 일이라는 사회적 합의는 깨졌다. 신자유주의적인 개혁은 그러한 결합의 고리를 깨뜨리거나 사회적 연대를 최소화하고 자기 주도적인 삶을 최대화하는 정책을 시행하는 것을 그 골자로 했다. 그러한 정책이 법제화되어 신자유주의적 체제가 자리를 잡아가자 사람들은 다른 사람을 아랑곳하지 않고 자기를 중심에 놓고 자기를 우선시하는 관점과 태도를 재빨리 익혔다. 사회적 패자가 되어 사회부조에 의존하는 것은 자산도 없고 소득도 없기에 사회부조에 의존할 수밖에 없는 사람임을 만천하에 공표하는 굴욕적인 일이 되었다. 이제 자기 책임 아래서 자기 주도적인 삶을 살아야 한다는 것은 사람들을 사로잡는 강박이 되었다. 사람들은 자기를 중심에 놓고 자기를 우선시하는 가치관과 태도를 내면화하고 다른 사람을 아랑곳하지 않는 이기주의적 멘탈리티를 갖게 되었다.

그러한 나홀로족의 멘탈리티는 무엇보다도 먼저 능력주의적 지향의 특성을 보인다.

II. 능력주의

신자유주의적으로 재편된 사회에서 사람들은 치열한 경쟁에 노출되고 그 경쟁에서 이기기 위해서는 다른 사람을 챙기기보다는 자기를 중심에 놓고 자기를 먼저 내세워야 한다고 생각하고, 남보다 더 나은 능력을 개발하고 남보다 더 많은 업적을 내야 한다고 믿는다. 그들은 더 나은 능력과 업적을 인정받아 더 높은 지위와 더 많은 보수를 받는 게 당연하다고 생각한다. 그러한 가치관과 신념이 능력주의의 핵심이다.[1] 남보다 능력이 떨어지고 업적이 보잘것없는 사람은 낮은 지위와 적은 보수에 만족해야 하고 경쟁에 진 사람은 경쟁 현장에서 도태되는 게 마땅하다고 믿는다. 독일에서 그러한 능력주의가 자리를 잡았음을 보여 주는 두드러진 예는 경영자 평균 보수와 노동자 평균 보수의 격차다. 독일 경영자들의 평균 보수는 노동자 평균 보수의 147배에 이른다.[2] 그러한 보수 격차는 독일에서 능력과 업적에 대한 평가에 따라 소득 불평등이 극적으로 커지고 있음을 보여 준다.

아래서는 능력주의의 논리를 조금 더 깊이 살피고, 능력주의가 교육 현장을 관철하여 능력 사회를 강화하는 방식으로 작용한다는 것을 분석한다.

1) 능력주의는 능력 경쟁과 업적 경쟁을 사회의 본래 질서로 여기게 하고, 경쟁에서 이긴 자가 모든 것을 독식하고 다른 사람의 처지를 나 몰라라 하는 잔인한 이기주의(brutaler Individualismus)를 당연시한다. 능력주의는 능력과 업적을 평가하기 위해 설정한 기준을 절대화하고, 그 기준이 왜 절대화되어야 하는가에 의문을 품거나 그 기준을 변경하려는 시도를 봉쇄한다. 그 기준에 따라 능력을 인정받고 업적을 평가받은 사람

---

1 '능력주의'(meritocracy)라는 개념을 처음 사용한 사람은 영국 노동당 정책위원회 서기를 지낸 마이클 영(Michael Young, 1915~2002)이었다. 그는 의무교육이 도입되고 공무원 고시가 시행된 1870년 이래로 신분에 따라 직위가 배분되지 않고 능력에 따라 배분되었다는 점을 주목했다. 그는 사람의 능력이 학력이라는 좁은 잣대로 평가되는 것을 우려했고, 능력 평가에 근거한 사회적 재화의 배분이 사회적 불평등을 심화한다는 점을 날카롭게 지적했다. Michael Young, *The rise of the meritocracy, 1870-2033: An essay on education and inequality* (London: Thames & Hudson, 1958), 32: "한 사람을 선택하기 위해서는 많은 사람을 버려야 한다." 그러한 마이클 영의 관점은 미국에서 능력주의가 사회적 불평등을 양산하고 그것을 은폐한다는 마이클 샌델에게서도 나타난다. 마이클 샌델/함규진 옮김, 『공정하다는 착각: 능력주의는 모두에게 같은 기회를 제공하는가』(서울: 와이즈베리, 2020), 52: "능력주의 윤리는 승자들을 오만(傲慢)으로, 패자들을 굴욕과 분노로 몰아간다."

2 물론 경영자 보수와 노동자 보수가 큰 격차를 보이는 것은 독일만의 현상이 아니다. 그 격차는 미국에서는 354배에 이르고, 일본에서는 67배에 달한다. 독일은 그 중간 수준이다. 김현종·김수연, "임원보수 개별공시 논의에 대한 쟁점 및 평가," *KERI Brief* 14/09 (2014), 6.

은 그 기준 때문에 유지되는 능력 중심 체제와 업적 체제에 통합되어 있기에 그 체제를 뒤흔드는 일을 용납할 수 없다. 그 기준을 무시하거나 그 기준에 이의를 제기하는 자는 패배자로 낙인찍히고 배제된다. 능력주의는 시나브로 능력과 업적의 체제를 고수하게 만드는 강박으로 작용한다.

능력주의를 내면화하는 사람은 능력주의의 강박에 사로잡혀 자기 역량을 최대한 발휘하고 최고의 업적을 내기 위해 혼신을 바친다. 그는 그 결과 한없는 피로에 빠진다. 그러한 피로는 능력주의를 되돌아보게 하는 성찰의 계기가 되지 못한다. 능력주의는 무제한의 자기 착취와 피로를 당연한 현실로 받아들이고 거기에 조금도 의문을 품지 못하게 하는 강박이다.[3] 그러한 강박에 사로잡힌 능력주의의 화신들이 모여서 서로 치열하게 경쟁하는 사회가 능력 사회이다.

능력 사회에서 능력을 인정받고 업적을 이루는 사람은 으레껏 자신의 업적이 자기 능력에서 비롯되었다고 생각한다. 물론 그것은 그렇게 생각하는 사람의 믿음이고 주장이다. 왜냐하면 그 사람의 능력은 그 사람 이전에 이미 형성되었던 지식과 기술, 다른 사람의 도움, 그 사람이 일하는 조직과 구조, 그 조직과 구조를 뒷받침하는 거대한 사회적, 문화적, 정치적 인프라가 없이는 발휘될 수 없었을 것이기 때문이다.[4] 그런 능력이 발휘될 수 없다면, 그 능력으로써 이루었다고 주장되었던 업적도 성립될 수 없었을 것이다. 그러나 능력주의는 그 사람의 능력과 업적을 고립해서 따로 보게 만들고 다른 사람과 다른 모든 것을 아랑곳하지 않게 한다. 바로 그러한 능력주의가 나홀로족 멘탈리티의 핵심을 이룬다.

---

3 한병철/김태환 옮김, 『피로사회』 (서울: 문학과지성사, 2012), 21, 66f.
4 업적이 소득으로 표현된다면, 소득의 90%가 지식, 기술, 정보 등 이미 축적된 '사회적 자본'에서 비롯되었다는 허버트 사이먼의 지적은 주목할 만하다. H. A. Simon, "Universal basic income and the flat tax," *Boston Review* 25/5 (2000), 10.

2) 독일에서 능력주의는 학력주의를 부추기고 있고 독일의 교육 방식을 크게 바꾸고 있다. 독일의 대학 진학률은 극적으로 상승했고 유망 학과 진학을 위한 학생들의 경쟁은 치열해지고 있다. 능력주의는 교육을 통해 학생들에게 내면화된다. 능력주의가 교육 현장에 침투하고 교육 현장을 지배하는 것은 매우 심각한 현상이며 깊이 있는 분석이 필요하다.

전통적인 독일 사회에서는 직업교육이 중시되었기에 대학 진학률은 높지 않았다. 독일인들은 직업이 인간의 삶에서 큰 의미를 지닌다고 여겼다. 직업 소명론이 굳건하게 자리를 잡은 독일 사회에서는 직업에 따른 차별이 없었다. 일정 기간의 직업 경력을 쌓은 사람은 마이스터 시험을 선택할 수 있었고, 그 시험에 합격한 사람은 마이스터(Meister, 장인 혹은 고급 기술 능력을 지닌 사람) 자격증을 갖고서 독립적인 작업장을 세울 수 있었다. 마이스터는 사회적으로 안정된 지위를 누렸고 보수도 높았다. 대학에 진학하고자 하는 사람들은 성직자, 판·검사, 의사, 고위직 공무원, 교사, 전문직 등 독일 사회의 엘리트로 일하고자 하는 사람들이었다. 대학 진학생들은 학령 인구의 25% 미만이었고, 학·석사 통합제로 운영되었던 전통적인 독일 대학교에서 대학 입학생들 가운데 학업을 마치고 국가시험을 거쳐 디플롬(Diplom) 학위 혹은 석사(Magister) 학위를 받고 졸업하는 학생들의 비율은 낮았다.

최근 독일에서는 직업교육이 후퇴하고 대학 교육이 선호되고 있다. 그도 그럴 것이 대학 졸업자와 직업교육 이수자의 임금 격차와 취업 기회의 격차가 점점 더 커지고 있기 때문이다. 2018년 현재 대학 졸업자의 임금은 직업교육 이수자의 그것보다 2.5배 많고, 대학 졸업자 실업률(2.5%)은 직업교육 이수자 실업률(5%)의 절반에 지나지 않는다. 그것은 학력이 곧 능력이라는 생각이 독일 사회에 뿌리를 내렸음을 보여 준다. 그러한 상황에서 대학 진학률이 높아지는 것은 어찌 보면 당연하다. 대학 진학률은 2000년대 초에 본격화한 독일 대학 편제 개편으로 인해 더 높아졌다. 독일 대학의 편제 개편은 전통적인 학·석사 통합 과정을 6학기 학사 과정과 4학기 석사 과정으로 분리하고, 학사학위와 석사학위를 따로 수여하는 것이 그 핵심이었다.[5] 대학 입학생들은 학사학위를 받고 졸업할 수 있게 되었기에 대학 중도 탈락률은 현저하게 낮아졌고, 학사학위를 받은 사람들은 직업교육 이수자들보다 더 좋은 보수와 직업 전망을 갖게 되었다. 그리하여 2005년 현재 학령 인구의 37.1%였던 대학 진학률은 2010년 현재 46%로 높아졌고, 2011년 현재 55.6%로 껑충 뛰어오른 뒤에 2022년까지 55% 이상을 유지하고 있다.[6]

독일에서 대학 진학을 위한 경쟁은 점점 더 치열해지고 있다. 물론 대학 입학 자격시험(아비투어) 합격증을 가진 사람들은 여전히 아무런 경쟁 없이 대학에 진학할 수 있기는 하다. 철학, 역사, 문학 등 정원의 제한이 없는 전공 학과가 그런 경우다. 그러나 정원의 제한이 있는 전공 학과의 경우는 다르다. 그러한 전공 학과는 의학, 수의학, 약학, 법학, 심리학, 경영학, 컴퓨터공학, 정보통신학 등 사회적 지위와 보수가 높은 직종과 연결된 인기 학과들이며 아비투어 성적이 최상위인 학생들만이 지망할 수 있다. 그러한 전공 학과들은 전통적인 입학 허가 대기자 명부 제도[7]조

---

5 독일 대학의 편제 개편은 1999년 유럽 차원에서 대학 간 학점 교류를 제도화하는 볼로냐 프로세스의 틀에서 이루어졌다. 조상식, "'볼로냐 프로세스'와 독일 고등교육개혁," 「교육의 이론과 실천」 15/3 (2010), 204f.

6 Studienanfängerquote in Deutschland bis 2022, Statista Research Department, 2024. 3. 26., https://de.statista.com/statistik/daten/studie/72005/umfrage/entwicklung-der-studienanfaengerquote/(2024. 10. 5. 다운로드).

7 입학 허가 대기자 명부 제도는 입학 허가 신청을 하고 당장 입학 허가를 받지 못한 사람이 한 학기 이상 기다렸다가 입학 허가를 받을 수 있게 하는 제도이다. 요즈음 의학부에서는 대기자 명부 제도가 완전히 폐지되었지만, 예전에는 아비투어 성적이 낮은 사람도 몇 년 기다렸다가 의학부 입학 허가를 받을 수 있었다.

차 적용되지 않는다. 따라서 그러한 전공 학과에 진학하려는 학생들의 경쟁은 치열하며, 그것은 결국 아비투어 성적을 더 낮게 받으려는 경쟁으로 나타난다. 독일 인문계 고등학교의 아비투어 제도와 대학 입학 허가 제도는 우리나라의 수능 시험과 입시와는 많은 점에서 다르지만, 시험 성적 상위권 학생들이 전도가 유망한 학과에 진학하는 우선권을 갖는다는 점에서는 본질적인 차이가 없다.

상위권 학과에 진학하고자 하는 성적 경쟁은 독일 학교의 수업 분위기를 근본적으로 바꾸었다. 앞에서 살핀 바와 같이 68혁명은 독일의 권위주의적 교육 체제를 비판적 해방교육 체제로 전환하였다. 권위주의적 교육의 전형이었던 교사의 일방적인 주입식 교육은 폐지되고 학생들의 참여와 토론을 중시하는 수업이 지배적인 교육 형태로 자리를 잡았다. 학생들은 비판과 해방의 주체로 존중되었고 학생들 사이의 개방적 소통과 협력이 장려되었다. 학생들은 일상생활의 사소한 경험을 학교 수업에 가지고 들어와 그 경험을 함께 성찰하고 그 경험에서 함께 배우는 법을 익혔다. 학생들 사이에 경쟁을 조장하는 것은 금지되었고 학생들이 저마다 가진 개성과 역량이 존중되었다. 그런데 68혁명이 촉진한 비판적 해방교육은 시나브로 더 나은 성적을 얻기 위한 경쟁교육에 길을 내주게 되었다. 아비투어에서 비중이 높은 학과목에서 더 나은 성적을 얻기 위해 과외를 하는 학생들의 수효가 늘어났고, 부모가 자식의 성적을 높이기 위해 더 큰 비용을 지출하는 것이 부끄러운 일이 아니게 되었다. 학생들 간의 성적 경쟁은 개방적 소통과 토론을 통해 시민 교육을 활성화한다는 중등교육의 목표를 뒷전에 놓게 하고 지식과 정보의 효과적인 전달을 중시하는 주입식 교육이 점점 더 큰 비중을 차지하게 되었다. 물론 독일 학생들의 성적 경쟁은 우리나라 중등교육에서 보는 바와 같이 학생들을 성적 기계로 만들고 성적 경쟁에서 밀려난 학생들을 아무것도 아닌 존재로 격하할 정도로 심각하게 진행되고 있지는 않다. 아비투어 성적이 낮더라도 대학에 진학할 수 있는 문호가 열려 있고, 성적이 낮아서 설사 정원 제한이 있는 함부르크, 베를린, 뮌헨 등지의 대학교에 있는 전공 학과에 진학하지 못하고 정원 제한이 없는 다른 지역 대학교의 전공 학과에 진학하더라도 대학 간 서열로 차별당하지 않기 때문이다. 그러나 아비투어 성적을 둘러싼 경쟁이 독일 학교에서 점점 더 치열해지고 있다는 것은 부인할 수 없다. 부모, 학교, 사회로부터 끊임없이 좋은 성적을 얻으라는 압박을 받는 학생들은 또래와 활발하게 교류하지 못하고, 다른 사람에게 공감과 연민을 느끼지 못하고, 동료 집단에 잘 통합하여 팀워크를 발휘하기 어렵다. '나만 아는 사람들'(Ichlinge)이 길러지는 것이다.[8]

독일에서 아비투어 성적을 둘러싼 경쟁은 독일 사회를 지배하기 시작한 신자유주의적 경쟁과 능력주의가 학교 현장에 투영된 현상이다. 인문계 고등학교에서 더 나은 성적을 거두어 전도유망한 학과에 진학할 역량을 입증한 학생들은 이미 능력주의를 내면화한 채 대학 교육을 받고 능력 사회로 진출한다.

III. 부족주의

독일에서 가족, 노동조합, 사회국가 등이 개인을 보호하고 사회적으로

---

8 독일 심리학자들과 교육학자들은 이를 심각한 문제로 지적한다. 성적 경쟁이 '나만 아는 아이'를 길러낸다고 날카롭게 지적한 학자는 슈테판 발렌틴이다. 스테판 발렌틴/송경은 옮김, 『혼자 노는 아이 함께 노는 아이: 사회성 높은 아이로 키우는 법』(서울: 한국경제신문사, 2013), 17. 이 책은 독일에서 *Ichlinge: Warum unsere Kinder keine Teamplayer sind* (München: Goldmann Verlag, 2012)로 출판되었다.

결속하는 힘을 잃어가면서 뿔뿔이 흩어진 개인들을 묶는 힘을 발휘하는 것은 부족주의(tribalism)이다. 부족주의는 나홀로족의 멘탈리티에서 나타나는 한 특성이다. 오늘의 독일 사회에서 부족주의는 신나치 운동 같은 인종차별적 부족주의로 나타나고 있기에 특별히 주목할 만한 현상이다.

1) 부족주의는 본시 씨족, 종족, 부족 등에 소속되었다는 동류의식을 기반으로 하고, 종족적 동질성과 정체성을 구현하는 제의와 관습, 세계관과 행위규범 등에 충성을 다하는 방식으로 나타난다. 부족주의에서는 '우리'라는 동류의식을 가진 무리가 형성되면 그 우리와 구별되는 자들이 우리 바깥에 설정되기 마련이다. 부족 공동체에서는 부족의 정체성에 어긋나거나 부족적 결속을 해치는 행위를 하는 부족 구성원은 죽임을 당하거나 추방당하기까지 하는 엄한 제재를 받았으며, 부족에 속하지 않는 사람들을 적대시하고 혐오하고 차별하는 태도가 나타난다. 현대 사회는 씨족, 종족, 부족 중심으로 짜이지 않기에 부족주의는 옛날 일로 치부되곤 한다. 그러나 현대 사회에서도 부족주의는 나타나고, 그것도 강력하게 등장한다.

부족주의를 현대 사회를 분석하기 위한 개념적 도구로 사용하기 시작한 것은 프랑스 사회학자 미셸 마페졸리(Michel Maffesoli, 1944~)이다. 그는 사회적 안정성을 확립하고, 정치적 정당성을 지녔던 기존의 제도들이 침식하고, 사람들의 성적, 정치적, 직업적 정체성이 흔들리고, 자유주의와 사회주의 같은 이데올로기가 사람들을 통합하는 힘이 약화하는 상황에서 사람들이 감각을 공유하며 서로 결속하면서 집단을 형성하는 부족주의가 작동한다고 분석했다.[9] 그러한 부족주의는 공식적인 제도들에서 작동하

---

9 마페졸리는 감각적인 것이 자신과 타인을 구별하고 타인과 무리를 짓게 하는 동력을 갖는다는

지 않고 그 제도들의 하부에서 작동한다. 친분, 기호(嗜好)와 취향, 생활양식과 소비 성향, 종파성 등과 같은 정체성을 공유하는 사람들이 함께 모여 집단을 형성한다. 부족주의는 정체성을 공유하며 함께 어울리려는 인간의 성향을 그 동인으로 삼는다. 그렇게 해서 모이는 집단의 예로는 동호회, 직장 동료 그룹, 스포츠 클럽, 특정 이슈를 중심으로 하는 정치 모임이나 여론 집단 등을 꼽을 수 있다. 대량소비와 다양한 소비가 가능해지면서 유행은 부족주의가 강하게 나타나는 영역이 되었다. 유행은 헤어 스타일, 복장, 장신구, 가구, 주택 인테리어 등을 망라하지만, 이제는 체형 관리, 얼굴과 신체 성형, 문신과 제스처 등 다른 사람과 자신을 구별하고 자신을 돋보이고자 하는 생각과 욕구를 신체적으로 표현하는 일이 유행의 대상이 된다. 브랜드 상품 소비는 그 상품을 소비하는 사람들과 그렇지 못하는 사람들을 뚜렷이 구별하고 무리를 짓는 핵심적인 정체성 지표가 되었다.

그러한 정체성을 함께 하는 사람들의 결속은 혈연 공동체나 부족 공동체에서처럼 운명적이지 않다. 그 결속은 강제적이지 않고 자발적이다. 그 결속에 참여한 사람들은 그 결속에 충성심을 표시하지만, 그 결속을 깨뜨리는 행위에 대한 처벌은 그 행위를 한 사람을 따돌리고 어울리지 않는 것 이외에 딱히 없다. 그 점에서 현대의 부족주의는 전통 사회의 부족주의와 확연하게 다르며, 따라서 신부족주의(neotribalism)로 불린다. 페르디난트 퇴니스(Ferdinand Tönnies, 1855~1936)가 사람들이 혈연, 관습, 전통, 종교 등을 통해 유기적으로 결속한 형태로 규정한 게마인샤프트

점을 강조한다. M. 마페졸리/박정호·신지은 옮김, 『부족의 시대: 포스트모던 사회에서 개인주의의 쇠퇴』 (서울: 문학동네, 2017), 145: "공동체의 융합은 완전히 탈개체화하는 것일 수 있다. 그것은 점선적 연합을 만들어 내는데, 이 연합은 타인에 대한 온전한 현전(이는 정치를 가리킨다)을 함축하지 않고, 오히려 속이 텅 빈 관계, 내가 촉각적 관계라고 부르는 것을 확립한다. 즉 사람들이 서로 교차하고 스쳐 가고 접촉하는 대중 속에서, 상호작용이 확립되고 결정화가 일어나며 집단이 형성되는 것이다."

(Gemeinschaft)는 부족주의적 결속과 상통하는 점이 있지만, 신부족주의적 결속은 그 결속의 요인, 지속성, 강도, 유연성 등의 측면에서 게마인샤프트와는 크게 다르다. 신부족주의의 특성은 '유동성, 일회적 모임, 분산'이다.10

2) 독일에서 부족주의는 다양한 정체성 지표들을 매개로 해서 다양한 집단들이 형성되는 과정에서 확인된다. 다양한 하부 체제(Subsysteme) 집단들, 하위문화(Subkultur) 그룹들, 유행을 따르는 다양한 무리는 부족주의적 특징을 뚜렷하게 보여 준다. 사회적 네트워크 서비스(social network service, SNS)가 발달하면서 생각, 정념, 기호, 성향 등을 모방하는 사람들이 집단을 형성하는 밈(meme) 현상도 두드러지게 나타나고 있다.

독일 사회에서 점점 더 강해지는 정체성 정치는 부족주의의 또 다른 실례로 꼽힐 수 있다. 정체성 정치는 인종, 젠더, 성소수자 등 정체성으로 인해 피해를 본 사람들이 피해자와 가해자를 구별하고, 피해자가 정체성으로 인해 피해를 보지 않을 특별한 권리를 보장하라고 요구하며, 그 특권을 보장하는 것이 정치적 올바름이라고 주장한다. 물론 그러한 정체성 정치는 정체성으로 인해 피해를 본 사람들을 신원하고 그 피해를 보상하고 방지한다는 명분이 있기에 관용의 대상이 될 수 있다. 그러나 그러한 정체성 정치는 모든 사람이 법 앞에서 평등하다는 자유주의적 헌정 질서에 부합하지 않는다고 볼 여지가 있고,11 '정치적 부족주의'의

---

10 M. 마페졸리/박정호 · 신지은 옮김, 『부족의 시대: 포스트모던 사회에서 개인주의의 쇠퇴』, 149.

11 울리케 악커만은 피해자들이 집단을 이루어 펼치는 정체성 정치가 해방 지향적 성격을 띠고 있지만, 그 자체는 자유주의적 헌정 질서를 무너뜨릴 여지가 있고, 심지어 정체성에 바탕을 둔 근본주의적 특성을 보인다고 비판한다. Ulrike Ackermann, "Identitärer Fundamentalismus: Folgen der Moralisierung und Polarisierung," *Politische Meinung* 566 (2021), 51f.

특성을 띤다고 지적될 수도 있다.[12]

3) 정치적 부족주의는 오늘의 독일 사회에서 큰 문제로 대두했다. 그것은 외국인에 대한 혐오와 차별과 배척의 감정을 매개로 해서 사람들을 결속하는 인종차별적인 부족주의가 대두했기 때문이다. 독일에서 외국인에 대한 혐오와 차별과 배척은 신나치 운동으로 나타났다.

신나치 운동은 독일 통일 이후 구동독 지역에서 나타나기 시작했다. 구동독 시민들은 외국인을 접할 기회가 많지 않았고 문화적 · 인종적 다원성을 일상적으로 경험하지 못했다. 구동독 경제 체제가 붕괴하고 많은 사람이 직장을 잃은 암담한 상황에서 구동독 시절에 정착했던 외국인들과 구동독 지역에 흘러들어온 구사회주의권 난민들은 독일인들에게서 사회적 삶의 기회를 빼앗는 부류로 여겨지기 시작했고, 실업 상태의 독일 청년들은 외국인들에 대한 혐오와 차별과 배척의 감정을 공공연하게 나타내기 시작했다. 그것이 구동독 지역에서 스킨헤드를 상징으로 삼는 신나치 세력이 등장한 배경이다. 구동독 지역의 도시들에서는 외국인들을 폭행하고 심지어 살해하는 일까지도 드물지 않게 일어났다. 외국인 혐오와 차별과 배척은 멸절주의적 반유대주의의 야만을 경험했던 독일인들에게 경각심을 일으켰고, 언론도 신나치 세력의 등장과 준동을 비판하는 기사와 사설을 실었다.

구동독 지역에서 발흥한 신나치 운동은 구서독 지역에서도 등장했

---

12 '정치적 부족주의'는 미국의 정치학자 에이미 추아가 처음 사용한 용어다. 추아는 "위기를 느끼는 집단은 부족주의로 후퇴하기 마련이다"라고 전제하고 인종, 젠더, 종교, 성적 정체성과 지향, 정치적 지향 등을 달리하는 각 집단이 상대 집단에 의해 공격, 괴롭힘, 학대, 차별 등을 받는다고 느낄 때 그 집단의 정체성에 따라 우리 편과 너희 편이 갈라져서 대립하는 경우 '정치적 부족주의'가 등장한다고 진단한다. 추아는 불평등이 미국에서 정치적 부족주의를 일으키는 결정적인 요인이라고 분석한다. 에이미 추아/김승진 옮김, 『정치적 부족주의: 집단 본능은 어떻게 국가의 운명을 좌우하는가』 (서울: 부키, 2020), 18, 179.

다. 그것은 구서독 지역에서도 신나치 운동이 태동하기 쉬운 여건이 조성되었기 때문이다. 앞에서 본 바와 같이 독일 통일 이후 구서독 지역에서도 실업률은 9% 이상이 될 정도로 높아졌고, 연방정부가 긴축 정책을 강화하고 신자유주의적 사회정책과 복지정책을 법제화하자 많은 사람이 사회적 궁핍 상태에 직면하게 되었다.

독일인들은 그러한 사회 현실에 불만과 분노를 품게 되었고 계급적 결속과 사회국가적 통합의 전망을 상실한 채 각 사람이 자기 책임 아래에서 자기 주도적인 삶을 꾸려나가도록 강제하는 사회에서 실존적 불안을 느꼈다. 그러한 복잡한 감정에 사로잡힌 사람들은 이미 독일에 들어와 살고 있는 외국인들이 정부의 한정된 사회복지비를 가져가고, 독일인들에게서 일자리를 빼앗고, 독일인들이 애써 지켜왔던 사회질서를 어지럽힌다고 생각했다. 그렇게 생각하는 사람들은 독일인들과 구별되는 표정과 관습과 문화를 지닌 외국인들을 혐오하고 차별했으며 그들이 독일을 떠나야 한다고 외치기 시작했다. 그러한 혐오와 차별의 감정을 공유하고 외국인 배척의 구호를 함께 외치는 사람들이 무리를 이루기 시작했고 점차 조직을 결성하기 시작했다. 인종차별적인 부족주의가 조직적으로 전개되는 발판이 마련된 것이다.

4) 그렇다면 정치적 부족주의의 가장 퇴행적인 형태인 신나치 운동이 나타난 독일 사회에서 이민 배경을 가진 사람들과 외국인들은 얼마나 되고, 어디서 온 사람들인가? 인구조사가 시행된 2022년 말 현재 이민 배경을 가진 사람들은 총인구 8,309만 명 가운데 2,214만 명을 차지하여 그 비율이 28.7%에 달했다. 2022년 말 현재 독일에서 영주권을 가진 외국인들은 1,150만 명이었고, 그 비율은 독일 인구의 13.8%였다.[13] 그러한

---

13 Quelle: Statistisches Bundesamt: Mikrozensus – Bevölkerung nach Migrationshintergrund,

통계 수치로 미루어 볼 때, 독일이 세계에서 미국 다음으로 이민 배경을 가진 인구가 많은 국가로 꼽힌다는 것을 알 수 있다.

외국인 이민의 역사를 살피면, 독일에 가장 먼저 대규모로 이주한 사람들은 터키인들이었다. 그들은 1960년대 초에 노동력 부족을 타개하려는 독일 정부의 초청을 받고 독일에 들어왔다. 독일에서 시민권이나 영주권을 가진 터키인들은 275만 명에 달하며 이민 배경을 가진 사람들과 외국인들로서는 가장 큰 인구 집단을 구성하고 있다. 구사회주의권 국가들이 붕괴하면서 폴란드와 러시아에서 독일로 이주한 사람들은 360만 명에 이른다. 유럽 통합 이후 독일에서 거주하는 유럽연합 시민권자들은 2022년 현재 436만 명이며, 그 비율은 독일 인구의 5.2%이다.[14] 아프리카, 중동 등지에서 내전을 피해 유럽 대륙으로 건너온 난민들 가운데 독일을 최종 선택지로 삼아 정착한 사람들은 2022년 현재 267만 명에 육박한다.[15]

참고로 2023년 현재 독일에서 의무교육을 받는 학생들의 29%는 부모 모두 독일로 이주한 가정의 자녀들이었고, 12%는 부모 중 한쪽이 독일로 이주한 가정의 자녀들이었다. 의무교육 대상자들의 41%가 이민 배경을 가진 사람들의 자녀들인 셈이다.[16]

Endergebnisse 2022, https://www.destatis.de/DE/Themen/Gesellschaft-Umwelt/Bevoelkerung/ Migration-Integration/Publikationen/_publikationen-innen-migrationshintergrund.html(2024. 10. 6. 다운로드).

14 Bevölkerung nach Staatsangehörigkeitsgruppen 2011 bis 2022, Statistisches Bundesamt (Destatis), https://www.destatis.de/DE/Themen/Gesellschaft-Umwelt/Bevoelkerung/Bevoel kerungsstand/Tabellen/bevoelkerung-staatsangehoerigkeitsgruppen-basis-2022.html (2024. 10. 6. 다운로드).

15 Migrationsbericht der Bundesregierung 2022, Bundesamt für Miglation und Flüchtlinge, https://www.bamf.de/SharedDocs/Anlagen/DE/Forschung/Migrationsberichte/migra tionsbericht-2022.html(2024. 10. 6. 다운로드).

16 Statistischer Bericht - Mikrozensus - Bevölkerung nach Einwanderungsgeschichte- Erstergebnisse 2023, https://www.destatis.de/DE/Themen/Gesellschaft-Umwelt/Bevoelkerung/Migration-

5) 독일에서 이민 배경을 가진 시민권자와 영주권자, 독일에 거주하는 유럽연합 시민, 전쟁과 재난을 피해 온 난민 등이 늘어나면서 독일인들은 독일어에 익숙하지 않은 사람들과 소통하는 데 어려움을 겪었다. 그들의 관습과 규범과 종교적 세계관은 독일인들에게 낯설었다. 독일인들은 이민 배경을 가진 학생들이 점점 더 많아져 공립학교 교육이 부실해진다고 우려했다. 그들은 독일인들의 국민적 정체성을 유지하기가 어렵게 되었다는 느낌을 강하게 품었다.

특히 2015년 8월 31일 독일연방 총리 앙엘라 메르켈(Angela Dorothea Merkel, 1954~)이 "우리는 한다!"고 외치며 시리아 난민을 무제한 받아들이겠다고 선언하자 독일의 여론은 양분하였다. 시리아 난민을 받아들이자는 측은 인도주의적 명분을 내세웠고 시리아 난민이 독일 사회에 동화하면 엄청난 노동력을 제공하리라고 계산했다. 난민 수용에 반대하는 측은 독일 사회의 국민적 통합과 사회적 통합이 위협을 받는다고 주장하고 난민 정책과 이민 정책의 전면적인 수정을 요구했다.

연방정부의 난민 정책에 관한 여론이 분열하자 신나치 세력은 독일 전역에서 외국인 배척과 난민 추방을 구호로 내걸고 활발하게 움직이기 시작했고 독일의 국민적 결속과 반이민 정책 등 극우 포퓰리즘을 앞세운 독일을 위한 대안당(Alternative für Deutschland, AfD)이 지지를 얻기 시작했다. 2013년 총선에서 4.7%의 득표율을 기록하여 연방의회 진출에 실패했던 AfD는 시리아 난민 문제가 크게 부각하기 시작한 2014년에는 유럽의회 선거에서 7.1%의 득표율을 보였고, 2014년부터 여러 연방주(州)의회에 진출했다. 2017년 총선에서 유권자 12.6%의 지지를 얻어 연방의회에

Integration/Publikationen/Downloads-Migration/statistischer-bericht-einwanderungsgeschichte- erst-5122126237005.html(2024. 10. 6. 다운로드).

진출한 이래 AfD는 줄곧 연방의회와 모든 연방주의회 그리고 유럽의회에 진출하여 극우 포퓰리즘을 대변했다. 2024년 튀링엔, 브란덴부르크, 작센 연방주의회 선거에서 AfD는 제1당으로 선출되기까지 했다.

각종 선거에서 AfD가 거둔 정당 득표율보다 더 중시되는 것은 독일 유권자들의 정치적 성향이다. 독일 유권자들 가운데 극우파의 정치적 태도를 보이는 사람들은 AfD에 표를 던지는 사람들보다 훨씬 더 많은 것으로 추정된다. 2021년 총선을 앞두고 베르텔스만 재단이 2020년 6월 영국 여론조사기관 YouGov에 의뢰한 설문조사의 결과를 보면, 2021년 총선에서 AfD는 10.2%를 득표했지만, 극우파 성향의 유권자들은 그보다 두 배 이상 많았다. 모든 유권자의 8%는 명시적 극우파였고, 14%는 잠재적 극우파였다. 무려 22%의 유권자들이 극우파적 성향을 보인 것이다. AfD 지지자들 가운데 29%는 '명시적인 극우파'로, 27%는 '잠재적 극우파'로 분류되어 AfD 지지자들의 56%는 극우파적 성향을 나타냈다. 극우파의 정치적 태도에 관한 설문조사 결과를 보면, '우파 독재'를 명시적이거나 잠재적으로 옹호하는 유권자의 비율은 26%였으나, AfD 지지자들의 비율은 50%였다. '국가사회주의의 무해성'을 명시적 혹은 잠재적으로 옹호하는 유권자의 비율은 20%였으나, AfD 지지자들 가운데는 그 비율이 50%였다. '반유대주의적 태도'를 명시적 혹은 잠재적으로 보이는 유권자 비율은 24%였으나, AfD 지지자의 비율은 42%였고, '쇼비니즘적 태도'를 명시적 혹은 잠재적으로 보이는 유권자의 비율은 59%, AfD 지지자의 비율은 90%였다. '외국인을 혐오하는 태도'를 명시적 혹은 잠재적으로 보이는 유권자의 비율은 52%였고, AfD 지지자의 비율은 무려 94%였다. 끝으로 '사회적 다윈주의의 태도'를 잠재적 혹은 명시적으로 보이는 유권자의 비율은 24%였고, AfD 지지자들 가운데는 그 비율이 40%에 이르렀다.[17] 베르텔스만 재단의 설문조사 결과는 AfD 지지자들만이 아니라 독일 유권자들 가운데 극우파 성향을 보이는 사람들이 매우 많다는 것을 보여 주었다. 특히 독일인들의 절반 이상이 외국인을 혐오하고 쇼비니즘적 태도를 보인다는 점을 밝힌 것은 매우 충격적이다.

6) 신자유주의적으로 재구성된 사회에서 뿔뿔이 흩어지기 시작한 개인들이 사회적 불만과 분노를 품고 개인의 실존에 불안을 느끼면서 쇼비니즘적 태도를 보이고, 외국인을 혐오하고 차별하고 배척하는 태도를 노골적으로 보이는 것은 독일 사회가 위기에 처했음을 보여 주는 징후이다. 바이마르공화국이 무너지고 히틀러의 나치 독재가 등장하던 시기에도 그러한 징후가 나타났다.

독일에서 쇼비니즘과 외국인 혐오는 독일 사회 내부의 모순과 갈등을 해결하지 못한 채 그 모순과 갈등의 압력을 분출하기 위해 내부의 적과 외부의 적을 설정할 때 나타났다. 그 적들을 설정하자마자 그들과 대립하는 '우리'가 선명하게 드러나고, 그 우리는 우리 아닌 것을 혐오하고 차별하고 배척하고 심지어 멸절하려고 든다. 외국인과 난민이 공존하는 다인종·다문화 사회가 국민적 정체성을 위협하고 외국인과 난민으로 인해 사회적 통합이 이루어지지 못한다고 느끼는 사람들이 늘어날 때, 자기와 같은 것에 동류의식을 느끼고 자기와 다른 것을 배척하는 부족주의가 야만적인 내용과 형식을 갖추기 시작한다. 독일 사회에서 자기중심적이고 자기 우선주의적인 이기주의가 인종주의적 부족주의와 손을 맞잡는 현상은 나홀로족 문화와 멘탈리티에 대한 근본적인 성찰이 필요하다는 것을 시사한다.

---

17 Vertelsmannsstiftung hg., "Einwurf — Rechtsextreme Einstellungen der WaehlerInnen vor der Bundestagswahl 2021," *Zukunft der Demokratie* (2021. 1.) : 3-4.

IV. 초개인주의

나홀로족은 디지털 혁명이 진행되는 과정에서 초개인주의로 치닫고 있다.[18] 디지털 혁명은 고립·분산된 사람들을 결합하는 방식을 변화시켰고 가상과 현실을 넘나드는 개인의 현존 방식에 근본적인 변화를 가져왔다. 그러한 변화는 나홀로족 문화와 멘탈리티에 심대한 영향을 미치고 있기에 조금 깊이 살필 필요가 있다.

1) 먼저 디지털 혁명이 사람들의 소통 방식을 크게 바꾸었다는 점을 살피기로 한다. 인터넷과 스마트폰이 보여 주는 바와 같이 사람들은 디지털 혁명 덕분에 공간의 장벽을 뛰어넘어 실시간으로 연결되었고 인터넷을 통해 무제한 쏟아져 들어오는 정보와 지식의 흐름에 휩쓸려 들어가게 되었다. 인터넷에 접속하는 사람은 어느 곳에서든지 다른 사람과 연결할 수 있고 인터넷 서버에 저장된 방대한 정보들에 언제든 접속하고 검색하여 자신이 필요한 지식과 정보를 얻을 수 있게 되었다. 사람들이 초연결사회에서 검색 기술의 혜택을 보면서 세상을 경험하는 방식과 사람들과 소통하는 방식은 결정적으로 변화하게 되었다.

초연결사회는 사람들이 이제까지 거의 접하지 못했던 인종과 종족, 결혼과 연애, 성적 정체성과 성적 지향, 취향과 예절, 음식, 의복, 주거, 소비 등 문화적 차이와 특성을 반복해서 경험하면서 이를 소비하고 즐기게 한다. 초연결사회에서 사람들은 문화적 다원주의에 접하면서 문화적 차이와 특성을 존중하는 개방적 태도를 기를 것 같지만, 서로 다른 문화

---

18 디지털 혁명이 '비물질적 노동'을 확산하고 플랫폼을 매개로 해서 '긱 노동'에 종사하는 특수고용 노동자들을 증가시켰다는 것은 앞서 본 바와 같기에 여기서 더 논의하지 않는다.

적 차이와 특성을 자기중심적으로 즐기는 태도를 도리어 강화하는 경향을 보인다. 다른 문화의 이질성이 주었던 충격에는 점차 둔감해지고 다른 문화와 구별되는 자기의 문화적 환경(milieu)에 친숙한 라이프 스타일을 추구하는 경향이 더 강해진다. 다양한 문화의 소재들은 소비의 수단이 되고 개인주의적 향유의 대상이 된다. 초연결사회에서 개인은 어느덧 자기가 접하는 모든 것을 소비하면서 자신의 쾌락을 최대한 충족하는 데 집중한다. 따라서 초연결사회는 일찍이 게르하르트 슐체(Gerhard Schulze, 1944~)가 개념화한 '체험 사회'의 가장 바람직한 물적 기반이 된다. 체험 사회에서 자기가 속한 문화적 환경에 머무는 개인은 다른 문화적 환경에 속한 것을 있는 바 그대로 존중하기보다는 그것을 소비해서 얻는 주관적 느낌과 관념을 얻고자 할 뿐이다. 슐체는 그러한 주관적 느낌과 관념을 공유하는 사람들이 무리를 짓는다는 점을 중시했다.[19]

디지털 혁명이 가져온 의사소통의 가장 극적인 변화는 사람들이 인터넷을 통해 다른 사람들과 쉽게 접속하고 그 접속을 손쉽게 차단하는 데서 엿볼 수 있다. 예전에는 사람들이 서로 접촉하고 소통하기 위해서는 많은 시간과 노력이 들었고 많은 것을 함께 나누어야 했다. 연대, 관용, 노력, 인내, 진실, 성실 등은 사람들 사이의 접촉과 소통을 유지하는 데 필요한 덕목이었다. 디지털 시대의 접촉과 의사소통은 그런 덕목이 필요하지 않다. 디지털 혁명 시대의 사람들은 인터넷을 통해 무언가 접할 때, 비슷한 감정과 생각을 갖는 사람들과는 즉시 접속하고 자기와 다른 느낌이나 생각을 지닌 사람들은 쉽게 단절한다. 그러한 접속과 단절의 중심은 자기 자신이다. 자기와 같은 것에는 지나치게 많이 접속하

19 Gerhard Schulze, *Die Erlebnisgesellschaft: Kultursoziologie der Gegenwart* (Frankfurt a. M. : Campus, 1992), 54.

고 자기와 다른 것에는 자기 곁을 전혀 내어주지 않으려는 태도가 디지털 사회에서 사람들이 보이는 일상적인 모습이 되었다.[20] 그러한 사회에서는 의견과 생각이 다른 사람들이 대화를 통해 서로의 차이를 확인하고, 그 차이를 존중하고, 그런 차이에도 불구하고 서로 합의해서 함께 협력할 수 있는 최소한의 공통분모를 찾기 위해 진실과 성실을 다하기 어려울 것이다. 그렇게 되면 민주적 공론의 장이 좁아지고, 소비 성향이나 취향이나 주관적 정념과 견해를 함께 하는 사람들이 무리를 짓는 부족주의가 자리를 잡게 될 것이다. 이에 관해서는 앞의 III에서 상세하게 다루었으므로 여기서 더 언급하지 않는다.

2) 그다음 디지털 혁명이 현실과 가상을 통합하여 세계를 확장하였고, 그 세계에서 개인은 초개인주의적으로 현존한다는 점을 살피기로 한다.

디지털 기술은 실제의 현실(actual reality)과 구별되는 가상의 현실(virtual reality)을 만들어 내고, 두 현실을 서로 겹쳐서 증강현실(augmented reality)을 만들어 냈으며, 시간과 공간의 한계를 뛰어넘는 확장현실(extended reality)을 만드는 단계로 발전했다. 그러한 디지털 세계에서는 현실의 세계를 초월하여 독자적인 세계관과 규칙에 따라 가상의 세계를 창조하기도 하고, 판타지를 현실의 세계에 덧씌워 현실의 세계를 판타지의 현실처럼 경험하기도 하고, 현실의 세계에서 표출할 수 없는 자기를 기록하여 공개하기도 하고, 실제의 현실을 가상의 현실에 그대로 복사하여 가상의 현실에서 실제의 현실을 살피기도 한다. 그 모든 현실이 기술적으로 실현되

---

20 엄기호, 『단속사회: 쉴 새 없이 접속하고 끊임없이 차단한다』 (파주: 창비, 2014), 71. 그는 디지털 의사소통이 자기중심적인 접속과 단절을 반복하는 단속사회(斷續社會)의 특성을 보인다고 분석한다.

면서 메타버스(metaverse)가 탄생했다.[21]

　메타버스는 그 자체의 세계관과 규칙에 따라 자기 완결적으로 작동하기도 하고, 메타버스 안에 그 메타버스를 제작하는 장비와 규칙을 공개해서 메타버스 안에 무수히 많은 메타버스를 액자처럼 만들어 내는 방식으로 작동하기도 하고, 실제의 현실에서 활동하는 사람과 가상의 현실에서 활동하는 그 사람의 아바타가 함께 어울려 활동하는 방식으로 작동하기도 하며, 실제의 현실을 가상의 현실에 구현하여 가상의 현실에서 실제의 현실을 운영하도록 작동하기도 한다. 만일 컴퓨터 연산 속도가 더 빨라지고 엄청난 정보 처리에 들어가는 막대한 전력이 충분히 공급되는 조건이 충족된다면, 앞으로 메타버스는 인간이 살아가는 현실이 될 것이다. 메타버스에 다양한 게임장, 거대한 박물관, 공장, 마트 등이 세워지는 것이다.[22]

　메타버스는 실제의 현실과 가상의 현실을 매끈하게 통합하여 사람과 그 화신인 아바타(avatar)가 두 현실을 자유롭게 넘나들며 활동하도록 설계한 디지털 세계이다. 여기서 중요한 것은 사람들이 디지털 세계에 신체 없이 참가하고 자기와 분리된 자기의 화신을 파견하여 활동하게 할 수 있다는 것이다. 신체 없는 사람들은 신체를 매개로 해서 맺어지는 사람들 사이의 관계로부터 자유로운 인간이다. 그 인간은 자기 자신으로부터도 분리된 제3의 주체로 디지털 세계에 등장할 수 있고, 그 누구도 그 아바타 뒤의 인간이 구체적으로 누구인가를 식별할 수 없다. 현실의 세계와 가상의 세계를 서로 결합하는 기술의 논리와 그 세계를 움직이는

---

21 2007년 미래가속화연구재단(Accerleration Studies Foundation)은 가상 현실, 증강현실, 라이프로깅(life logging), 거울 현실(mirro reality)이 메타버스로 구현되는 디지털 현실의 네 가지 유형이라고 설명했다.

22 메타버스의 기술적 구성과 작동 방식에 관해서는 강원돈, "메타버스 시대의 기독교 윤리의 몇 가지 과제," 「신학과철학」 45 (2023) : 63-65.

규칙이 제정되면 그 세계에는 그 기술의 논리와 규칙에 따라 행동하는 주체들만이 남는다. 논리적으로 보면 그 주체는 오직 주체라는 기호만이 남는 고도로 추상적인 개인이고, 그 개인을 구현하는 아바타는 신체 없는 개인이 가장 순수하게 현존하는 형태이다.

따라서 디지털 혁명이 창조하는 세계에서는 다른 사람을 아랑곳할 필요 없이 자기를 중심에 놓고 자기를 확장하는 것을 최고의 가치로 내세우는 개인과 그 개인의 의지가 중요하다. 그런 점에서 디지털 혁명은 자기중심적이고 자기 우선적인 개인을 극대화하는 초개인주의를 촉진한다.

V. 소결

독일에서 나홀로족의 등장과 확산은 사회적 결속과 연대의 제도적 기반이 침식하였기에 나타나는 현상이다. 나홀로족이 각자도생의 삶을 사는 것은 그들이 자기중심적이고 자기 주도적인 삶을 강박적으로 추구하고 있다는 것을 뜻한다.

나홀로족의 멘탈리티는 능력주의, 부족주의, 초개인주의의 특성을 보인다. 능력주의와 부족주의는 나홀로족 문화와 멘탈리티에서 같은 동전의 양면처럼 결합해 있고, 디지털 혁명은 나홀로족이 초개인주의적 성향을 보이게 한다.

나홀로족은 능력과 업적 경쟁에서 승자가 모든 것을 차지하는 것을 당연시하고, 그러한 승자독식의 경쟁 체제를 정당화하는 능력주의를 받아들인다. 개인의 능력과 업적이 장구한 세월에 걸쳐 사회적 협력을 통해 형성된 지식과 기술, 사회적 협력의 조직과 구조, 사회적, 문화적, 정치적 인프라와 무관하게 발휘될 수 있기나 한 것처럼 가정하고 있기에 능력주의는 공유지의 약탈을 통해 지대를 추구하는 행위를 정당화하는 이데올로기이다. 능력주의는 학교 교육에 침투하고 있다. 성적 경쟁에 내몰리는 학생들은 능력주의를 내면화하고 능력 사회로 진출한다.

부족주의는 나홀로족이 취미와 기호, 소비 성향과 생활양식, 다양한 정체성 등을 매개로 해서 무리를 짓는 데서 두드러지게 나타난다. 디지털 정보통신이 발달하면서 확산하는 밈(meme)은 부족주의의 한 현상이다. 계급적 결속이 약화하고, 사회국가가 침식하고, 능력주의가 지배하는 상황에서 사회적 불만과 분노를 느끼고 실존적 불안에 직면한 개인들은 정치적 부족주의 성향을 보인다. 그러한 사람들은 외국인과 난민이 급증하는 독일에서 인종적 정체성을 매개로 무리를 짓고 조직을 만들고 있다. 그들은 외국인과 난민을 적으로 돌리고, 그들을 배척하고 혐오하고 차별하는 인종차별적인 부족주의로 치닫는 경향이 강하다.

디지털 정보통신 혁명은 사람들이 자기와 같은 것에 지나치게 접속하고 자기와 다른 것을 가차 없이 차단하는 극단적인 단속 사회(斷續社會)로 치닫는 경향을 강화한다. 설사 사람들이 이질적인 것을 체험하더라도 차이를 인정하고 존중하는 태도를 보이기보다는 자신의 문화적 환경에서 한 발짝도 나오지 않은 채 이질적인 것의 체험에서 맛보는 주관적 느낌과 관념을 공유하고 무리를 짓는 경향이 나타난다. 실제의 현실과 가상의 현실을 매끄럽게 연결하는 메타버스가 등장하면서 개인은 신체를 매개로 해서 연결되는 관계들로부터 완전히 벗어난 추상적 개인으로서 현존하며 자기를 중심에 놓고 자기를 최우선시하는 초개인주의를 추구할 수 있게 된다.

3장
독일에서 나홀로족 문화에 대한 대응

　나홀로족 문화와 멘탈리티의 확산은 독일의 사회사에서 일찍이 보지 못했던 현상이기에 독일 사회에 대한 심각한 도전으로 받아들여졌다. '자기만 아는 사람들'은 독일 정신사에서 한 번도 옹호된 적이 없다. 막스 슈티르너와 프리드리히 니체는 주권적 개인을 옹호하고 개인의 자유와 자기실현을 방해하는 제도와 규범 체계와 세계관을 모두 해체하자고 주장했지만, 두 철학자의 관심은 자기만 아는 사람들을 옹호하는 데 있지 않았다. 슈티르너는 자주적인 개인들의 연합이 가능한 길을 찾았고, 니체는 자기실현의 의지와 역량을 갖춘 개인들이 모범을 보여 탁월한 개인들의 공동체를 형성할 가능성을 모색했다. 고대 게르만 사회로부터 지난 세기 후반의 독일 사회에 이르기까지 자기밖에 모르는 인간은 사회적으로 인정되지 않았고 수용되지 않았다. 그렇기에 다른 사람을 아랑곳하지 않고 자기를 중심에 놓고 자기를 먼저 내세우는 유형의 인간이 등장하자 독일 사회는 당혹했고, "자기만 아는 사람은 미래가 없다, 우리가 먼저다!"라는 목소리가 커지고,[1] '자기만 아는 아이'로 자녀를 키워서는

---

1 Horst W. Opaschowski, *Wir! Warum Ichlinge keine Zukunft mehr haben* (Hamburg: Murmann Verlag, 2010), 18f. 오파쇼브스키는 2010년 여론조사에서 독일인의 90%가 이기주의를 부정적으로 평가했다는 통계 자료를 인용하면서 '자기만 아는 사람'은 끝났다고 주장한 적이 있다.

안 된다는 경고가 쏟아져 나왔다.[2] 나홀로족 문화가 확산하는 것을 본 사람들은 다양한 대응 방안을 논의했다.

아래서는 나홀로족 문화와 멘탈리티의 확산에 대응하는 방안들을 담론의 수준에서 네 가지 유형으로 구별해서 검토한다. 나홀로족이 등장하는 참에 이기주의를 더 강화하자는 의견, 공동체 영성을 개발하여 사람들 사이의 관계를 새롭게 형성하자는 의견, 개인화에 대한 성찰적 자기 대면을 통해 사회적 결속의 새로운 가능성을 모색하자는 의견, 사회적 결속을 위한 공화주의적 합의를 이룩하자는 의견 등이 그것이다.

I. 이기주의자의 길: 자기 확장과 나르시시즘의 딜레마

나홀로족 문화와 멘탈리티가 일단 확산한 이상, 그 추세를 되돌려서 나홀로족이 등장하기 이전의 사회로 돌아가려는 기획은 의미가 없다고 보는 사람들 가운데 일부는 스마트한 이기주의를 확립하는 게 마땅하다고 본다. 그들은 이미 많은 사람이 나홀로족으로 살아가면서도 끊임없이 남을 의식하는 태도와 행위에 사로잡혀서 정작 자기 자신에게 충실하지 않은 것이 문제라고 지적한다. 그러한 문제의식에 따라 그들은 그 나름의 해법들을 제시한다. 그 해법들을 담은 책들은 학술적인 책들이라기보다는 대개 자기계발서 장르의 책들이다.[3]

---

2 스테판 발렌틴/송경은 옮김,『혼자 노는 아이 함께 노는 아이: 사회성 높은 아이로 키우는 법』,
158f.
3 아래서는 독일어권에서 많이 팔린 자기계발서를 발간 순서대로 몇 가지 소개한다. Josef
Kirschner, *So siegt man ohne zu kämpfen* (München: Herbig, 1998); Astrid Eichler, *Es muss
was Anderes geben: Lebensperspektiven für Singles* (Wuppertal: Brockhaus, 2010); Josef
Kirschner, *Die Kunst, ein Egoist zu sein: Das Abenteuer, glücklich zu leben, auch wenn es*

자기계발서 저자들이 제시하는 해법들은 그 저자들이 겨냥하는 독자층에 따라 조금씩 강조점이 다르지만, 그 내용은 거의 대동소이하다. 각자 자신의 삶을 주권적으로 형성하고 자기실현을 하기 위해 자기에게 집중하라는 것이다.[4] 무엇보다도 먼저 자기를 응시하고 자신을 긍정하는 것이 중요하다. 각 사람은 자신의 욕구와 이익에 충실해야 하고 철저하게 이기주의자로 살아가야 한다. 자신의 욕구에 충실한 사람은 충족할 수 있는 욕망과 충족할 수 없는 욕망을 분별하고 타인의 욕망에 동조하여 그 욕망을 충족하겠다고 나서지 않는다. 사람들은 다른 사람과 어울려 무리를 짓기 위해 다른 사람의 생각과 태도와 생활양식과 성향 등을 모방하고 그러한 모방을 통해 무리에 섞여 들어가 자신의 정체성을 확인하고 편안함을 느끼는데, 그러한 부족주의는 스마트한 이기주의자가 걸어야 할 길이 아니다.

만일 모든 사람이 그와 같이 스마트한 이기주의자가 된다면, 그러한

---

anderen nicht gefällt (Hamburg: Nikol Verlag, 2012); Alexis Jones, *So bin ich: Von der Kunst, ehrlich, authentisch und einfach du selbst zu sein* (München: mvg Verlag, 2015); Dorothee Boss, *AlleinSein: Impulse für das Ich* (Würzburg: echter 2017); Janett Menzel, *Über die Kunst, allein zu sein: Wie man Einsamkeit und Angst vor dem Alleinsein überwindet und sich nebenbei neu lieben lernt* (Independently Published, 2017); Franziska Muri, *21 Gründe, das Alleinsein zu lieben* (München: INTEGRAL, 2017); Charles Pull, *Ich habe Angst: was ist mit mir los?, wer/was kann mir helfen?, wie kann ich mir selber helfen?*, Aktualisierte und erweiterte Ausgabe (Luxemburg: Editions Saint-Paul, 2018); Simone Janson, *Ich mach was ich will! Die Kunst ein kreatives Leben zu führen & selbstbewusst zu sein egal was andere sagen: Selbstliebe gewinnt, Souverän auftreten, Schlagfertigkeit lernen* (Düsseldorf: Best of HR – Berufebilder.de, 2021).

4 그러한 주장이 일목요연하게 잘 정리한 책으로 꼽히는 것은 Josef Kirschner, *So siegt man ohne zu kämpfen* (München: Herbig, 1998)이다. 이 책은 우리말로 번역되었다. 요제프 킬슈너/우제열 옮김, 『네 뜻대로 살아라: 남에게 휘둘리지 않고 사는 방법을 배워라』 (서울: 느낌이있는나무, 2001). 그는 자신의 논지를 다음과 같이 간결하게 요약한다: "부디 독자 여러분도 진정한 자신을 발견하고 남에게 휘둘리지 않고 사는 삶을 터득하시기 바란다. 자신의 인생을 보다 충실히 하기 위하여"(18).

이기주의자들이 모여 사는 사회는 각 사람의 이기주의적 욕망을 방해하는 장애물들을 철거하고 이기주의적 욕망을 충족하는 데 필요한 장치들을 마련하는 것에 관해서 합의하고, 그 합의에 따라 최소한의 사회적 규칙을 제정하고, 그 규칙을 구현하는 제도를 수립하는 것으로 족할 것이다. 따라서 나홀로족 문화와 멘탈리티의 확산에 대응하는 이기주의적 기획은 막스 슈티르너의 주권적 개인을 실현하는 방안을 제시하는 데 집중한다. 그것은 무정부주의의 길이라기보다는 로버트 노직(Robert Nozick, 1938~2002)이 말하는 최소한의 국가를 향해 가는 길이다. 최소한의 국가는 개인의 자유와 소유를 최대한 보장하고, 그러한 자유와 소유를 보장하는 데 필요한 비용만을 지출하는 국가이다.[5]

이기주의자는 자기의 욕망에 충실하게 자기를 확장하고자 하지만, 자칫 나르시시즘(narcissism)의 함정에 빠질 염려가 있다. 나르시시즘은 자기를 사랑하는 태도이다. 그것은 타인을 향해야 할 관심이 자기에게 고착됨으로써 나타나는 병적인 현상이고 자기를 자기 자신 안에 유폐하여 사회적 관계를 파괴하는 성향이다.[6] 나르시시즘은 자기 편애적 감정에 사로잡혀 터무니없는 자신감과 오만한 태도를 기른다.

---

5 로버트 노직/남경희 옮김, 『아나키에서 유토피아로: 자유주의 국가의 철학적 기초』, 재판 제4쇄 (서울: 문학과지성사, 2005), 57ff.
6 안드레아스 뷘텔스(Andreas Wintels, 1960~)는 개인주의가 나르시시즘으로 퇴락하면 내면세계가 파괴되고 공동체 관계 능력이 상실된다고 분석한다. 그는 나르시시즘에 빠진 사람들에게서 관계들이 분절화되고 영혼이 파편화되는 양상이 나타난다고 지적한다. 한마디로 관계가 망가진 사람이 자신의 특정한 모습에 고착한다는 것이다. 고도로 분화된 사회에서 개인이 자기 통합 능력을 상실할 때, 그러한 나르시시즘이 나타난다는 것이다. Andreas Wintels, *Individualismus und Narzissmus: Analysen zur Zerstörung der Innenwelt* (Mainz: Grünewald, 2000), 153ff.

II. 공동체 영성주의의 길

나홀로족 문화와 멘탈리티가 확산하는 것을 지켜본 종교 지도자들은 자기의 내면을 응시하면서 공동체 관계를 형성할 능력을 기르라고 권면한다. '자기만 아는 사람'은 정작 자기에게는 충실하지 않고 내면적 고독과 공허를 느끼며 다른 사람에게 관심을 두지 않으면서도 소비나 정념의 부족주의에 빠져드는 경향이 있는데, 거기서 벗어나려면 내면적 충만과 공동체 능력을 갖춘 영성이 필요하다는 것이다. 그러한 권면은 독일의 대표적인 두 기독교 교회인 개신교와 가톨릭의 영성주의 전통에 깊은 뿌리를 박고 있다. 개신교 영성의 한 전형을 제시한 마르틴 루터는 하나님 앞에 서 있는 개인(person *coram Deo*)의 지극히 깊은 내면적 자유를 인식했고, 가톨릭 영성의 한 모범을 보인 고대 교회의 안토니우스 수사(Ἀββᾶς Ἀντώνιος, c. 251~356)는 하나님과의 일치를 추구하기 위해 사막의 고행을 감내했다.

오늘의 독일 교회와 사회에서 관심을 끄는 것은 '일상 속의 영성'이다. 일상 속의 영성은 개신교 전통에서는 영성과 정의의 통일을 추구한 본회퍼(Dietrich Bonhoeffer, 1906~1945)의 영성이었다. 오늘날 일상 속의 영성은 본회퍼의 모범에 따라 68혁명 이후 쾰른에서 도로테 죌레(Dorothee Soelle, 1929~2003)와 함께 정치적 저녁기도회를 주도한 홀버트 슈테펜스키(Fulbert Steffensky, 1933~)가 대변하고 있다.[7] 그는 내면의 자유를 억압

---

[7] 죌레와 슈테펜스키는 1969년 부부가 되었다. 본래 베네딕트 수도회 수사였던 슈테펜스키는 수도회의 허락 없이 수도회를 떠났다. 두 사람이 주도한 정치적 저녁기도회의 기도문과 명상록 등은 두 권의 책으로 편집되었다. Hulbert Steffensky . Dorothee Sölle (hg.), *Politisches Nachtgebet in Köln* (Stuttgart/Berlin/Mainz: Kreuz-Verlag, 1969); Hulbert Steffensky . Dorothee Sölle (hg.), *Politisches Nachtgebet in Köln 2* (Stuttgart/Berlin/Mainz: Kreuz-Verlag, n.d.).

하는 온갖 강박에서 벗어나려면 그 강박에만 초점을 맞추어서는 안 되고 그 강박의 근원인 정의롭지 못한 관계들을 바로 세우는 실천으로 나아가야 한다고 강조했다. 내면의 자유와 정의의 실천은 하나이고 같이 간다.[8] 가톨릭 전통에서도 제2차 바티칸공의회 이후 고행과 은둔의 영성에서 벗어나 일상의 영성을 추구하려는 경향이 뚜렷해졌다. 제2차 바티칸공의회는 구원사와 세속사가 하나님의 역사에서 동전의 양면처럼 결합해 있다고 강조하고, 교회가 세상의 일에 관여하여 사랑과 정의를 실현하는 데 헌신하고 인간의 몸과 마음을 아우르는 전인적 구원을 추구하여야 한다고 강조했다. 가톨릭교회에서 일상의 영성을 추구하는 대표적인 지도자는 베네딕트 수도회 수사 안셀름 그륀(Anselm Grün, OSB, 1945~)이다. 그는 내면의 자유와 공동체 형성이 함께 간다고 생각한다.

슈테펜스키와 그륀은 모두 베네딕트 수도원의 영성 전통을 이어받았다. 그들은 독일에서 널리 읽히는 신학자이고 영성 지도자이지만, 그륀이 슈테펜스키보다 훨씬 더 대중적인 인기를 끌었다. 그것은 그륀이 슈테펜스키와 달리 학문적인 언어로 글을 쓰지 않고 대중에게 친근한 일상적인 언어로 글을 쓰기 때문이고, 그 무엇보다도 슈테펜스키보다 훨씬 더 온건한 태도를 보이기 때문일 것이다. 그륀은 300권 이상의 책을 썼고, 그의 책들은 2천만 부 이상 팔렸다. 아래서는 그륀의 대중적 영향력을 고려해서 그가 나홀로족 문화와 멘탈리티에 대해 어떻게 대응하는가를 집중적으로 다룬다.

그륀은 하나님과 일치하기 위하여 위를 향하기에 앞서서 자기의 내면을 들여다보기 위해 아래로 향해야 한다는 점을 강조했다. 그것이 바

---

8 Hulbert Steffensky, *Feier des Lebens: Spiritualität im Alltag* (Freiburg im Breisgau: Kreuz, 2009), 99-101.

로 아래를 향한 영성이다. 아래를 향한 영성은 자기 내면의 어두움을 있는 그대로 응시하는 것이다. 거기서 가장 중요한 것은 자기가 자기 아닌 것, 스스로 이상화한 자기를 자기라고 믿고 있었음을 깨닫는 것이다. 자기가 아닌 것을 자기라고 생각하고, 자기를 자기 아닌 것과 동일시하는 마음의 움직임은 무의식적으로 일어난다. 그것은 본질적으로 자기의 분열이다.[9] 그러한 분열이 억압과 공격성의 기반이다. 본래의 자기와 상상 속의 자기가 분열하면서 본래의 자기는 이상화된 자기에 미치지 못하는 자기의 부족함과 부정적인 모습을 감추려고 끊임없이 자기를 억압한다. 자기를 무의식적으로 억압하는 바로 그 강박은 끝없는 불안과 우울과 신경증으로 나타난다. 그러한 심리적 억압이 축적되면 그것은 자기도 모르는 사이에 외부로 노출되어 다른 사람의 실수와 부족에 분노하고, 다른 사람을 냉혹하고 잔인하게 대하는 공격성으로 표출된다. 그러한 억압과 공격성으로 벗어나려면 자기가 자기에게 자기 아닌 허상을 뒤집어씌웠다는 것을 깨닫고, 자기가 본시 약하고 부족하고 상처받기 쉽고 두려워하는 자임을 직시해야 한다. 그륀은 그러한 자기 인식이 하나님을 만나는 문이라고 한다. 자기가 누구인가를 응시하면서 스스로 낮아진 겸손한 사람은 약하고 부족하고 상처받기 쉽고 두려워하는 자를 있는 그대로 받아들이는 신의 사랑과 은혜를 체험할 수 있다는 것이다.[10] 그러한 깊은 내면의 체험은 자기를 해방하는 동시에 다른 사람과 바른 관계를 맺는 역량을 형성하는 기반이다.

그륀이 말하는 아래로 향한 영성은 능력과 업적 경쟁에 내몰려 자기를

9 Meinrad Dufner . Anselm Grün, *Spiritualität von unten* (Münsterschwarzach: Vier Türme GmbH, 2004); 전헌호, 『아래로부터의 영성』 (왜관: 분도출판사, 2014), 15f.

10 Anselm Grün, *Tu dir doch nicht selber weh* (Mainz: Grünewald, 1997); 김선태, 『너 자신을 아프게 하지 마라』 (서울: 성서와함께, 2002), 87.

무한정 착취하고 또 자신의 실수를 용납하지 않고 타인에게 공격적 태도를 보이는 나홀로족에게는 위로가 되고 힘이 될 수 있을 것이다. 그는 나홀로족에게 잠시 걸음을 멈추고 자기 자신을 돌아보라고 권면한다. 그는 과거의 일로 인해 후회하거나 불안하지 말고, 아직 오지도 않은 미래의 일에 마음을 빼앗기지 말고 지금의 자기에게 집중하라고 한다. 오직 그럴 때만 인간은 자기와 함께 하고 내면의 안정을 느끼게 되리라고 한다. 그러한 그륀의 권고는 그가 '단순하게 살자'는 캠페인을 벌이며 매달 독자들에게 보내는 짧은 편지들 가운데서도 잘 드러나 있다.

"천사는 그 모든 생각이 지나가도록 내버려 두고 지금 내가 있는 장소와 순간에 집중하라고 초대한다. 천사가 나를 이끌어가서 대면하게 하는 바로 그 순간은 언제나 소중한 시간이다. 거기에는 과거도 없고 미래도 없다. 과거를 처리하거나 다시 생각할 필요도 없고 미래에 대해 걱정할 필요도 없다. 그렇게 되면 모든 것이 하나가 된다. 나는 하나님과 나 자신과 하나가 되고, 시간과 하나가 되고, 가만히 온전하게 현존한다. 그 순간에 온전히 현존하기 위해 잠시 멈추면 나는 내 안에서 지지할 것을 찾을 수 있다."[11]

그런데 개인이 그러한 내면의 안정과 평화를 누리는 그 순간은 무수한 사람이 능력 경쟁과 업적 경쟁에 끌려 들어가 심리적 안정을 잃고 공격 성향에 가득 찬 채 달려가는 순간이기도 하다. 개인이 경험하는 내면적 안정과 사회적 불안정은 사실은 동시적이다. 둘은 같은 순간에

---

11 Anselm Grün, "Der Engel vom rechten Augenblick," *einfach leben Nr. 3* (Freiburg: Herder, 2014).

한 개인 안에서 공존하지만, 더 엄밀하게 말하면 물과 기름처럼 따로 놀고 있다. 그것은 그륀의 영성이 개인을 불안하게 만들고 공격적으로 만드는 사회 현실을 바꾸는 방식으로 설계되어 있지 않다는 뜻이다. 그런 점에서 그륀의 영성은 자기와 이상적인 자기를 분열시키는 심리적 강박이 사회적 업적 강제와 연관되어 있다는 점을 또렷하게 드러내지 않고, 심리적 강박에 되먹임하는 사회적 강제의 효과를 부차화하고 사소한 것으로 보게 할 수 있다. 그렇게 되면 문제는 해결되지 않은 채 그 문제를 도외시한 심리적 해법만이 남는다.

III. 개인화에 대한 성찰적 자기 대면을 통해 사회적 결속의 방안을 찾아가는 길

울리히 벡은 개인화를 거쳐온 사회가 개인화에 대한 성찰적 자기 대면을 통해 개인화와 사회적 통합을 동시에 추구하는 방안을 모색하자는 의견을 제시했다. 성찰적 자기 대면은 벡의 사회학적 관점과 방법을 함축한다.[12] 개인화에 대한 성찰적 자기 대면의 주체는 그 개인화를 추진해

12 성찰적 자기 대면은 독일어 Reflexion을 우리말로 옮긴 것인데, Reflexion을 '성찰'이나 '반성'이라는 말로 옮기면 생각하는 주체의 주관적인 측면이 지나치게 부각하여 그 뜻을 정확하게 전달하지 못한다. Reflexion은 본래 '자기를 자기 자신에게 관련시킨다'(sich auf sich selbst beziehen)는 뜻이다. 거기에는 자기가 두 번 나오는데, 둘은 같은 것이 아니라 주격 자기와 목적격 자기로 구별된다. 자기가 자기에게 돌아온다는 것은 자기가 자기 바깥으로 나갔다가 자기에게 되돌아온다는 것을 뜻하는 것이니, 주격 자기와 자기 바깥으로 나갔다가 돌아온 목적격 자기가 같은 것일 수 없다. Reflexion은 주격 자기와 목적격 자기가 '재귀 준거 체계'를 이루는 형국을 나타낸다. 벡은 그러한 의미의 Reflexion을 현대화 과정에 대한 분석에 적용하여 reflexive Modernisierung이라는 어구를 사용했다. reflexive Modernisierung은 현대화를 거친 사회가 그 과정에 거리를 취하고 그 과정을 낱낱이 복기하는 내재적 비판의 길을 거쳐서 현대화의 문제를 대면하고 그 문제를 해결한다는 것을 뜻하는 표현이다. 그렇다면 현대화에 대한

왔던 사회 그 자체다. 개인화가 가져온 기회와 위험을 동시에 파악하는 사회만이 개인화의 문제를 풀어가는 방향을 제대로 잡고 적절한 해법을 찾을 수 있다. 개인화는 자유의 확대를 가져왔지만, 그것은 어디까지나 위험을 안고 있는 자유다. 아래서는 벡이 개인화가 가져오는 기회와 위험을 어떻게 분석하고 그 문제를 해결하고자 하는가를 살핀다.

1) 벡은 독일에서 개인화는 두 차례에 걸쳐서 일어났다고 본다. 하나는 19세기에 일어난 개인화이고, 다른 하나는 1960년대 이래로 진행된 개인화이다. 벡은 개인화 과정을 사회사적으로 세밀하게 분석하는 대신 구조적 요인들이 개인화 과정에서 서로 맞물리는 방식에 초점을 맞추었기에 개인화 과정에 대한 설명은 다소 도식적이다. 제1차 개인화는 인간을 봉건적 질서에서 해방하고, 시장 사회에 편입하고, 국민으로 통합하는 과정이었다. 그 과정에서 가족은 시장경제에 최적화한 형태로 재편된다. 가족은 이성애 부부를 중심으로 조직되고, 엄격한 성역할 분담은 가족 안에 가부장적 신분 질서를 형성한다. 시장 사회는 그 자체의 동력과 효율성으로 물질적 생산력을 확장하고 생활 수준의 향상을 가져오지만, 계급 대립과 갈등을 일으키고 사회적 불평등을 심화한다. 그러한 갈등과 불평등은 궁극적으로 시장을 통해서가 아니라 국민국가를 통해 조정된

자기 대면의 주체는 현대화의 당사자인 사회여야 한다. 그러한 벡의 사회학적 관점과 방법은 니클라스 루만(Niklas Luhmann, 1927~1998)의 체제이론에 그 뿌리를 두고 있다. 루만은 하나의 체제와 그 환경이 정보와 신호를 교환한다는 데서 출발한다. 체제는 환경으로부터 오는 다양하고 복잡한 정보들을 취사선택해서 처리하는 코드를 스스로 만들고, 그 코드에 따라 선별된 정보들을 소화하고, 그렇게 소화된 정보들을 환경으로 내보내는 과정을 통해서 자기를 보존하고 환경과 교통한다. 그것은 체제가 '재귀 준거 체계'로서 작동하면서 자기를 형성하고 발전시킨다는 뜻이다. '재귀 준거 체계'와 '자기 형성'(auto-poiesis)은 루만의 체제이론에서 핵심을 이루는 개념들이다. 니클라스 루만/박여성 옮김, 『사회체계이론』 1 (파주: 한길사, 2007), 109-117.

다. 국민국가는 계급 타협의 제도적 기반을 마련하고 사회적 연대의 기틀을 확립한다. 노동자 계급과 부르주아 계급은 노사교섭 제도, 사회적 안전망 등과 같이 국민국가가 제도화하는 통합의 틀에서 준(準)신분적 안정을 얻는다.[13]

제2차 개인화는 제1차 개인화의 기반 위에서 전개된다. 제2차 개인화 과정의 핵심은 개인이 신분적 결속과 계급적 결속에서 벗어나는 것이다.[14] 그러한 해방은 노동시장과 사회국가의 확장으로 인해 가능했으며, 그런 점에서 '사회적 개인화'이다.[15] 신분적 결속에서 벗어난다는 것은 가족 안에서 성역할을 수행하는 신분에 매여 있었던 여성이 그 신분에서 벗어나 직업을 갖고 경제적 독립에 이를 수 있게 되었음을 뜻한다. 그렇게 되면 가족 안에서 여성과 남성의 관계는 질적인 변화를 겪게 된다. 여성은 가족 안에서 신분적 예속에서 벗어나 남성과 대등한 관계를 맺고, 성역할 분담을 재조정할 것을 요구하고, 경제 논리에 따라 가사노동을 분배하려고 한다. 시장경제의 조직 원리상 교환의 논리가 적용되지 않았던 가계가 마침내 시장의 논리에 편입되는 것이다. 그러한 조정과 분담을 어떻게 할 것인가, 여성과 남성의 성적 파트너 관계를 어떻게 형성할 것인가는 여성이 신분적 예속에서 벗어난 이상 원점에서 새로

---

13 울리히 벡은 국민국가의 계급 통합적 역량을 평가하고 이를 중시한다. 그 점에서 그는 국민국가를 계급 지배의 도구로 본 마르크스와 견해를 달리한다.

14 독일인들이 신분적 결속과 계급적 결속에서 벗어나 가족의 심대한 변화와 노동자들의 탈계급화가 진전되었다는 벡의 주장에 대해서는 Ulrich Beck, "Jenseits von Stand und Klasse?," *Riskante Freiheiten*, hg. von Ulrich Beck . Elisabeth Beck-Gernsheim (Frankfurt am Main: Suhrkamp, 1994), 특히 53f. 벡은 이 논문이 자기의 개인화 테제를 강령적으로 정리했다고 생각했다. 본래 이 논문은 Ulrich Beck, *Risikogesellschaft: auf dem Weg in eine andere Moderne* (Frankfurt am Main: Suhrkamp, 1986)의 제3장이며, 벡은 이 논문이 제2차 근대화에 관한 논쟁의 출발점이 되기에 수정 없이 그대로 논문집에 옮겨 놓는다고 밝혔다.

15 Ulrich Beck, "Jenseits von Stand und Klasse?," 46-48.

논의해야 할 과제가 된다. 그 과제가 제대로 수행되지 않을 경우 파국은 불가피하다. 이에 관해서는 후술한다.

계급적 결속에서 벗어난다는 것은 노동자 개개인이 계급적 정당이나 단체에 충성할 필요가 없다고 생각하는 경향이 커졌음을 뜻한다. 이미 국민국가적 통합의 틀에서 계급투쟁을 통해 현상을 혁명적으로 변경하고자 하는 계급정당이 사라지고 노동조합이 산업 부문과 국민경제의 발전을 고려하면서 사용자단체와 타협적 사회협약을 맺고 있는 상황에서 계급적 충성은 성립할 수 없게 되었다. 설사 대량 실업의 물결에 휩쓸려 일할 기회가 없다고 하더라도 독일인들은 독일 자본주의가 이룩한 부로 인해 가난의 굴레에서 벗어날 수 있는 '사다리 효과'를 누릴 수 있게 되었다. 따라서 노동자들은 임노동이 본위가 되어 있는 노동사회가 유지되고 있음에도 불구하고 계급적 결속에서 자유로운 상태에서 살아갈 수 있다고 느꼈다.

벡은 신분적 결속과 계급적 결속에서 벗어나서 개인화된 사람들에게 두 가지 문제가 나타난다고 보았다. 하나는 사회와 국가 수준에서 해결해야 할 위험들이 개개인에게 전가되는 '위험의 개인화' 문제이다. 예를 들면 사회적 불평등이 해소되지 않는 것은 자본주의 경제의 구조적인 문제에서 비롯되는 것인데, 그러한 구조적인 문제가 마치 개인의 문제인 양 여겨질 때 위험이 개인화된다. 심리적 미성숙, 죄책감, 불안, 심리적 갈등, 노이로제 등과 같은 개인의 심리적 상태로 인해 업적 역량이 저하된 사람이 적은 보수를 받는 것은 당연한 일이고, 그런 사람과 그렇지 않은 사람의 보수 격차가 사회적 격차와 사회적 불평등을 가져온다고 해도 그것은 개인의 문제이지 구조의 문제가 아니라는 식이다. 다른 하나는 신분적 결속과 계급적 결속에서 벗어난 '자유의 아이들'이 전통적인 규범들과 표준화된 생활 방식들에서 벗어나서 자신의 삶을 스스로 형성하고자 하는 데서 나타나는 위험이다.[16] 그들은 '삶의 미학자'(Lebensästhet)로서 그들이 그때그때 살아가는 삶의 조각들을 이어 붙여 자신의 전기를 완성하고자 하는 야생적 인간들이 된다. 그들은 관습에 얽매이지 않고 자신들의 행위를 이끄는 원칙들과 지침들을 스스로 정하고 그 원칙들과 지침들을 패치워크처럼 이어 붙여 그들 나름의 규범 체계를 구축하려고 한다. 그것은 자기를 확장하고자 하는 시도이지만, 그렇게 시도하는 사람은 결국 자기 안에 유폐되고 만다. '자유의 아이들'은 자기 나름대로 행동할 가능성의 공간을 최대로 확보했고 자기를 확장할 최대의 자유를 누리게 되었지만, 그 자유는 방향 상실과 연대의 고갈이라는 값비싼 대가를 치러야 하는 '위험한 자유'이기도 하다.

2) 위에서 본 바와 같이 제2차 개인화가 진행된 현대 사회는 자유와 자기 확장을 가져왔지만, 동시에 위험의 개인화와 사회적 결속의 해체를 가져왔다. 그러한 상황에서 개인화와 사회적 통합은 서로 어떻게 결합하여야 하는가? 그 대답은 개인화 이전으로 돌아가자는 것일 수 없고, 지금까지 진행되어 온 개인화를 그냥 내버려 두자는 것일 수도 없다.

벡은 그의 부인이자 동료인 엘리자베트 벡-게른샤임(Elisabeth Beck-Gernsheim, 1946~)과 함께 집필한 한 논문에서 그동안 논의되었던 여러 가지 해법을 검토한다. 그 해법들은 크게 보면 세 가지다. 가치 통합 모델, 복지 참여 모델, 국민국가적 통합 모델이 그것이다. 먼저 가치 통합 모델을 보면, 그 모델은 가치 통합에 관한 선험적 합의가 있는 것처럼 생각하는 데서 출발한다. 그것은 뒤르켐(David-Émile Durkheim, 1858~1917)으로부터 파슨즈(Talcott Parsons, 1902~1979)에 이르기까지 사회학을 지배했

---

16 Ulrich Beck, "Kinder der Freiheit: Wider das Lamento über den Werteverfall," 9f. 본래 '자유의 아이들'은 영국의 청소년 연구가 헬렌 윌킨슨이 쓴 책의 제목이었다. Helen Wilkinson, *Freedom's Children* (London: Demos, 1995).

던 모델이다. 그러나 문화적 감각과 사람들의 행위를 구속하는 규범이 다양해지는 데서 보듯이 가치의 공통성을 지탱하던 기반이 무너졌기에 그러한 모델은 실효성을 잃었다. 둘째, 복지 참여 모델은 사람들이 공통적인 물질적 이해관계를 가졌다는 데서 출발한다. 복지의 확대를 통해 사회적 결속을 추구하는 선례는 구서독 사회에서 찾을 수 있다. 그러나 그러한 모델이 성립하려면 경제성장이 꾸준히 이루어져야 하고 소비, 노동시장, 사회국가, 연금 등 물질적 이해관계의 실현을 뒷받침하는 제도들이 유지될 수 있어야 한다. 그러한 제도들이 흔들리고 경제성장이 둔화하는 현실에서 복지 통합 모델은 이제까지 해결되지 않은 문제를 마치 해결책인 듯이 제시하는 꼴이어서 설득력이 없다. 끝으로 국민주의적 통합 모델은 국민을 갈가리 찢어놓은 사회적 양극화의 생생한 현실을 놓고 볼 때 너무나도 추상적이고 막연한 해법이어서 받아들이기 어렵다. 그러한 세 가지 해법이 실효성과 설득력이 없다고 본 벡과 벡-게른샤임은 단 하나의 해법만이 남아 있다고 한다. 그것은 개인화를 거쳐온 사회가 개인화에 대한 성찰적 자기 대면을 통해 개인화의 문제를 드러내고 미래지향적으로 그 문제를 해결하는 것이다. "포스트 전통 사회는 자기 해석, 자기 관찰, 자기 개방, 자기 발견, 심지어 자기 발명이라는 실험을 통해서만 통합될 수 있다."[17] 그러한 문제 인식과 해법 모색에서 현실감각과 가능성의 감각은 함께 가야 한다.

벡은 개인화에 대한 성찰적 자기 대면을 통해 개인화의 문제를 미래지향적으로 해결하자는 의견을 제시했지만, 정작 그 해법을 제시하는 데 이르러서는 매우 신중했다. 그가 이제까지 개인화의 문제를 해결하기

---

17 Ulrich Beck . Elisabeth Beck-Gernsheim, "Individualisierung in modernen Gesellschaften : Perspektiven und Kontroversen einer subjektorientierten Soziologie," *Riskante Freiheiten*, 36.

위해 제안한 것은 두 가지다. 하나는 무수한 개인을 위험에 처하게 하는 대량 실업의 문제를 해결하기 위해 '시민노동'을 조직해서 노동사회를 보완하자는 제안이고, 다른 하나는 여성과 남성의 관계를 새롭게 형성하여 여성과 남성의 우정 공동체를 창설하자는 제안이다.

아래서는 이 두 가지 제안을 살핀다. 벡은 생태계 위기와 같은 지구적 차원의 위험을 관리하는 지구적 시민사회를 창설하자고 제안하기도 하지만, 그 제안은 개인화 주제와 직접 연결되지 않기에 아래서는 논하지 않는다.

3) 먼저 '시민노동'을 조직해서 노동사회를 보완하자는 제안을 살펴본다. 자본 투입이 증가하고 기술이 발전하면서 노동생산성이 고도화하는 사회에서는 사회적으로 필요한 총노동 시간이 줄어들어서 노동시장이 일할 능력이 있고 일할 의사가 있는 모든 사람을 수용할 수 없다. 그 결과는 대량 실업이다. 대량 실업은 현대 사회의 가장 큰 위험 가운데 하나다. 만일 사회적으로 필요한 노동시간만을 고려한다면, 대량 실업은 오늘의 기술 생산력 수준에서는 그 어떤 정책과 수단을 동원하더라도 해결할 수 없을 것이다. 대량 실업을 해결하는 방안을 찾기 위해 벡은 사회적으로 필요한 노동과 삶을 위한 활동을 범주적으로 구분했다. 그렇게 하면 사회적으로 필요한 노동을 수행하는 대가로 임금을 받는 노동사회가 국지화되고 삶을 위한 활동을 노동사회와는 다르게 조직할 가능성이 열린다. 벡은 삶을 위한 활동을 시민노동으로 조직하고 이를 활성화하자고 제안한다. 시민노동은 시민들이 삶을 위한 활동 시간 가운데 일부를 할애해서 공공적 목적을 위해 활동하는 것을 가리킨다. 시장과 정부가 소극적으로 관여하거나 내버려 두는 일들, 예컨대 장애인과 노약자를 돌보고, 공동체를 돌보고, 생태계를 돌보는 다양한 일들이 시민노동으로 조직될 수 있다. 벡은 시민노동에는 반드시 '시민 수당'이 부여되어

야 하고, 그 수준은 최소한 '실업급여와 사회부조의 적정 수준 이상'이어야 한다고 주장한다.[18]

그러한 시민노동에 참여하는 사람은 노동시장에 참여하는 사람일 수도 있고, 노동시장에 참여하지 않는 사람일 수도 있다. 노동시장에 참여하지 않는 사람은 보통 실업자로 분류되는데, 그렇다면 노동시장에 참여하지 않고 시민노동에 참여하는 사람도 '실업자'로 분류되어야 하는가? 벡은 그 경우 '실업자'라는 명칭을 쓰지 말자고 제안한다. 그는 엄연히 공동체에 유익을 가져다 주는 시민노동을 하고 있기 때문이다. 시민노동에 참여하는 사람에게 일거리를 제공하고 시민 수당을 지급하는 기관은 시장 기구일 수 없고, 정부 기구일 수는 더더욱 없다. 그 기구는 '공공복지 기업'의 위상을 갖는 것이 적절할 것이다. 공공복지 기업은 시민노동을 통해 생활세계의 유용성을 증진하는 양질의 공적 서비스를 제공하고 그 서비스에 대한 수수료를 받아 시민노동에 보상할 수 있다.[19]

벡의 시민노동 구상은 대량 실업으로 고립·분산의 위험에 처한 사람들을 시민사회에 통합하고자 하는 시도이다. 그와 비슷한 시도는 스위스, 네덜란드, 미국, 스웨덴 등지에서도 나타난다.[20] 큰 틀에서 보면 그러

---

18 울리히 벡/홍윤기 옮김, 『아름답고 새로운 노동세계』(서울: 생각의나무, 1999), 220f.: "시민노동은 수없이 주문처럼 소환되는 시민 계급적 참여 활동 이상의 것이다. 시민노동에서 중심을 이루는 것은 시간, 공간, 돈, 협업과 같이 그것에 필요한 자원들을 망라한 활동 또는 활동화의 양태이다. 아무런 대가를 제공하지 않고 명예로운 직위만을 인정하는 시민 참여와는 달리, 시민노동은 시민 수당을 통해 비록 정식 급료는 아니지만 소정의 보상을 받음으로써 사회적으로 인정받으며 그 가치를 높이 평가받는다. 화폐 사회에서 돈이라는 것은 현재 무엇이 가치 있는가를 재는 척도다. 협상을 통해 정해져야 할 시민 수당의 액수는 최소한 실업 보조금과 사회부조의 적정 수준 이상이어야 한다." (인용문은 뜻이 잘 통하도록 필자가 가다듬었다).

19 위의 책, 226f. 벡이 말하는 '공공복지 기업'은 우리나라에서 법제화된 사회적 기업과 유사하지만, 시장을 매개로 해서 영리 활동을 하지 않는다는 점에서 근본적으로 다르다.

20 그와 유사한 제안은 스위스에서 시장공급과 공동체 공급을 유기적으로 결합하자는 빈스방어 (Hans Christoph Binswanger, 1929~2018)의 이중경제 구상으로 나타났고, 네덜란드에서는

한 시도는 시장공급과 시민 자급을 서로 결합하고자 하는 발상에 바탕을 두고 있다. 그것은 대량 실업에 대응하고자 하는 의미 있는 시도이기는 하지만, 대량 실업을 불러들이는 자본주의 경제의 구조적 모순을 해소하기 위한 충분한 해법이 되는가라는 질문은 그대로 남는다.

4) 그다음에 여성과 남성의 관계를 새롭게 형성해서 다양한 생활 공동체를 창설하자는 의견을 살펴본다. 벡과 벡-게른샤임은 함께 그 문제를 파고들어 중요한 연구 업적을 남겼다.[21] 그들은 현대 사회에서 섹슈얼리티가 중대한 국면에 처했다고 생각했다. 사람들이 서로 사랑하는 방식이 변화하고, 성을 향유하는 방식이 바뀌고, 가족을 형성하고 유지하는 방식이 달라졌다. 이성애, 동성애, 양성애, 퀴어, 섹스 중독, 독신, 혼외 동거, 혼외 출산, 자유로운 결혼과 이혼, 별거, 편부모 가족, 입양 가족, 혼합 가족, 다인종 · 다문화 가족, 장거리 사랑 등등 전통 시대에는 듣지도 보지도 못했던 성과 사랑과 가족의 형태들이 나타나 정상성을 요구하고 있기 때문이다.

타인을 위한 봉사를 공동체적으로 조직하자는 해리 데 랑에(Hendrik Martinus [Harry] de Lange, 1919~2001)와 보프 하우츠바르트(Bob Goudzwaard, 1934~)의 '이전하는 노동' (transduktive Arbeit) 구상으로 나타났고, 미국에서는 국가와 시장 너머에 '제3의 섹터'를 창설하자는 제레미 리프킨(Jeremy Rifkin, 1945~)의 구상으로 나타났고, 스웨덴에서는 앳킨슨의 '참여 소득' 구상으로 나타났다. H. Chr. Binswanger . H. Bonus . M. Timmermann, *Wirtschaft und Umwelt: Möglichkeiten einer ökologieverträglichen Wirtschaftspolitik* (Stuttgart [u.a.]: Kohlhammer, 1981), 79; Bob Goudzwaard . Harry de Lange, *Weder Armut noch Überfluss: Plädoyer für eine neue Ökonomie* (München: Kaiser, 1990), 56; J. Rifkin, *Das Ende der Arbeit und ihre Zukunft* (Frankfurt/New York: Campus Verlag, 1995), 180f., 191ff.; A. B. Atkinson, "The Case for a Participation Income," *The Political Quarterly* 67/1 (1996): 67-70.
21 아래의 논의는 임희숙, 『교회와 섹슈얼리티: 한국 교회에서 성 담론의 생산과 소비에 대한 성인지적 연구』, 230-245의 내용을 문맥에 따라 간추린 것이다.

이러한 변화를 관찰하고 분석하면서 벡과 벡-게른샤임은 현대 사회에서 사랑이 위험한 것이 되었다고 진단했다. 사랑이 사랑으로 결합한 사람들에게 안정을 주지 않고 그들을 도리어 위험에 빠뜨리고 있다는 것이다. 사랑이 사람들을 위험에 빠뜨리는 까닭은, 앞에서 분석한 바와 같이, 전통 가족에서 당연하게 여겨졌던 여성과 남성의 신분적 관계가 해체되고 '사랑과 가족과 개인적 자유 사이에 이해관계가 충돌'하게 되었기 때문이다.[22]

전통적인 공동체적 유대와 사회적 재생산의 의무에서 벗어난 여성과 남성은 더 많은 자유를 얻게 되었지만, 자유로운 개인들로 서로 만난 사람들의 관계를 어떻게 형성할 것인가는 매우 힘든 과제로 떠올랐다. 개인들 사이의 관계를 친밀감으로 묶기 위한 성적 접합은 지루함과 식상함의 장벽을 넘기 힘들고, 육체적, 감각적, 정서적 능력의 한계는 낭만적 사랑이 신화임을 얼마 지나지 않아서 드러낸다. 그렇게 되면 파트너들은 한눈을 팔거나 많은 경우 별거와 이혼에 이르게 된다. 이혼 산업이 붐을 이루고, 연속적 결혼(serial marriage)이나 파트너를 계속 바꾸되 파트너와의 성적 독점을 유지하는 기간제 단혼(monogamy in instalments)이 확산된다.[23] 벡과 벡-게른샤임은 현대 사회에서 사랑과 가족이 처한 이와 같은 위험을 다음과 같이 통렬하게 묘사한다.

"사랑은 우리에게 안정감을 가져다 주겠다고 유혹해 놓고는 말과 달리 이처럼 함정에 빠뜨리고 마는 것이다. 따라서 우리는 주관성에, 오직

---

22 울리히 벡·엘리자베트 벡-게른샤임/강수영 외 옮김, 『사랑은 지독한, 그러나 너무나 정상적인 혼란: 사랑, 결혼, 가족, 아이들의 새로운 미래를 향한 근원적 성찰』 (서울: 새물결, 1999), 22, 27.
23 위의 책, 152f.

주관성에만 의지할 수밖에 없게 되지만 외부의 의무에 전혀 구속되지 않을 때 이러한 주관성은 순식간에 독단적이고 잔인한 것이 되고 만다. 연인들은 스스로의 법률을 창조하지만 사랑이 주는 마술적 힘이 날아가 버리고 자기 이해가 중심 무대를 차지하자마자 무법상태에 문을 열어 주게 된다. 사랑은 두 사람이 아무런 유보 없이 서로를 열 것을 요구하는데, 이렇게 함으로써 상대방에게 사용될 수 있는 친숙함이라는 사악한 도구를 상대방에게 넘겨주게 된다. (시장에서 개인들로 단련되는) 사람들은 사랑을 스스로의 입법자로 재창조함으로써 사랑을 자신의 견해와 이해에 뜯어 맞춘다. 이것이 바로 우리가 이해심 많고 자비로운 「신약성서」의 하나님뿐만 아니라 질투심 많고 도저히 이해하기 힘든 「구약성서」의 하나님도 함께 겪게 되는 이유이다."[24]

사랑이 사람들을 위험에 처하게 만드는 이러한 상황은 어떻게 극복되어야 하나? 이러한 질문이 벡과 벡-게른샤임으로 하여금 『사랑은 지독한, 그러나 너무나 정상적인 혼란』이라는 책을 쓰게 만들었지만, 그들은 매우 포괄적인 두 가지 답변을 내어놓고 있을 뿐이다. 하나는 과거로 돌아가서 해법을 찾을 수 없다는 것이고, 또 다른 하나는 '자유로우면서도 동시에 지속적으로 서로 함께 사는 새로운 방식'을 찾아야 한다는 것이다.[25] 그들은 그것이 여성과 남성의 역할을 넘어서서 파트너들이 서로 우정을 나누는 모델이라고 본다.

"우정과 같은 재미없는 개념도 부활되어야 한다. 사랑처럼 매혹적이고

---

24 위의 책, 334.
25 위의 책, 184.

위험한 것이 아니라 정직하게 생각을 나누는 두 사람 사이에서 의도적으로 추구되는, 따라서 더 오래 지속되는 신뢰할 만한 파트너 관계로서의 우정 말이다. … 바꾸어 말해 개인으로서 살아가는 데 적합하고 삶의 비참함과 광기를 피하기 위한 어떤 가까운 관계를 형성하려고 노력하여야 할 것이다. 한 가지 사항은 특기할 만하다. 즉, 가까운 동시에 독립적으로 되는 것, 사람들에게는 다른 사람들과 함께 있는 것 이상으로 홀로 있는 것이 필요하다는 사실을 감안하여야 하는 것이 그것이다."[26]

위에서 본 바와 같이 벡과 벡-게른샤임은 성과 사랑과 가족의 영역에서 개인화가 기회와 위험을 동시에 가져왔다고 분석하고, 개인화가 여성과 남성의 관계를 파국으로 몰아가지 않고 사회적 결합을 유지할 수 있도록 여성과 남성의 우정을 해법으로 제시한다. 그러한 해법이 성과 사랑과 가족의 영역에서 나타나는 다양하고 복잡한 문제들을 해결하는 데 충분한가는 더 따져 보아야 한다.

5) 벡과 벡-게른샤임은 개인화에 대한 성찰적 자기 대면으로부터 개인화의 문제를 해결하기 위해 제시한 방안들을 일관성 있게 끌어낸다. 그들의 해법은 온건하고 어느 정도 낙관적이다. 그러한 낙관성은 제2차 개인화 과정이 벌어진 사회적 조건에 대한 벡의 인식이 어느 정도 긍정적인 데서 비롯된 것으로 보인다. 벡이 서술하는 제2차 개인화는 사회국가가 건재하고 노동조합이 아직 계급적 결속 역량을 유지하고 있는 상황을 전제하고 있다. 독일 통일 이전만 해도 독일의 노동조합과 사회국가는 개인의 사회적 권리를 보장하는 데 크게 이바지했고, 독일인들은 개

---

26 위의 책, 284.

개인의 사회적 안전이 비교적 높은 수준에서 보장되는 상황에서 자유와 자기실현의 기회를 최대한 활용할 수 있었다. 그러나 독일 통일 이후 재정 긴축, 복지 축소, 수출 경쟁력과 산업입지 강화 등을 내세운 자본 측의 신자유주의적 공세가 거세지면서 독일노동조합의 사회 통합 능력은 크게 약화하였고, 사회국가는 크게 침식하였다. 그것은 독일 사회에서 개인의 자유와 자기실현을 위한 물적 기반이 크게 좁아졌다는 뜻이다. 물론 벡이 그러한 사태 발전의 심각성을 놓치고 있는 것 같지는 않다. 그러나 벡은 독일 사회의 신자유주의적 침식에 대해 불만과 분노를 느끼고 실존적 불안에 시달리는 사람들이 개인의 자유와 자기실현의 길을 걷지 못하고 부족주의적 무리 짓기의 모습을 보인다는 것을 제대로 보지 못하고 있다. 만일 그가 그러한 현실을 인식했다면, 제2차 개인화가 가져온 기회와 위험을 '위험한 자유'라는 말로 간단하게 정리하지는 못했을 것이다.

벡과 벡-게른샤임이 성과 사랑과 가족의 영역에서 개인화가 가져온 문제를 해결하기 위해 제시한 해법은 결혼과 이혼이 시리즈처럼 반복되어도 가족을 해체해서는 안 된다는 신념을 밑바탕에 깔고 있다. 그러한 신념은 자녀를 둔 결혼 공동체가 그 자녀의 양육과 교육과 사회 진출에 책임을 다해야 한다는 현실적 요구와도 맞물려 있다.[27] 그러한 신념과 현실적 요구가 아무리 타당하다고 하더라도, 벡과 벡-게른샤임의 해법에는 더 숙고할 문제가 남아 있다. 그것은 그 해법이 이성애 가족을 기본적이고 정상적인 모델로 삼고 있다는 데서 비롯되는 문제이다. 그 해법이 여성과 남성의 다중 성애 욕구를 견디고, 점점 더 다양해지는 생활 공동체 형성 요구에 대응하기에 충분한가?

---

27 위의 책, 260.

벡과 벡-게른샤임에게 여전히 남아 있는 결정적인 문제는 현대화 혹은 개인화에 대한 성찰적 자기 대면의 주체가 누구인가이다. 논리적으로 보면 그것은 현대화 혹은 개인화의 당사자일 것이다. 벡은 현대화나 개인화를 추진하는 당사자가 사회 그 자체라고 말할 수밖에 없다. 그것은 벡이 니클라스 루만의 체제이론을 수용하면서 개인화 이론과 현대화 이론을 전개했기에 피할 수 없는 결론이다. 그러나 사회가 스스로 주격이면서 자기를 목적격으로 설정하는 자기반성의 주체라고 주장하는 것이 과연 적절하고 타당한가? 오히려 그러한 자기반성은 개인과 사회가 서로 맞물리는 과정에서 자기의식을 형성하게 된 인간을 전제로 해야 하는 것이 아닌가? 그러한 개인들이 현대화의 성찰적 자기 대면을 조직할 당사자들이 아닌가? 이 중요한 질문에 대한 답변은 위르겐 하버마스가 하고 있다.

IV. 사회적 결속을 위한 공화주의적 합의의 길

위르겐 하버마스는 나홀로족 문화와 멘탈리티를 넘어서서 개인과 사회를 결합하는 새로운 사회의 비전을 공화주의적으로 마련할 길을 열고 있다. 그러한 기획의 핵심은 한 사회와 그 사회의 하부체제들을 통합적으로 규율하는 규범을 세우는 '생활세계'[28]를 복원하고 그것을 활성화하는 것이다.

하버마스는 벡의 '제2차 개인화'를 비판적으로 검토하는 방식으로 나홀로족 문화와 멘탈리티를 다루었고, 민주적 법치국가에서 벌어지는 인정

---

28 '생활세계'에 관해서는 아래에서 상세히 설명한다.

투쟁의 틀에서 부족주의의 문제를 간접적으로 다루었다. 그러한 논의를 전개하기 위해 하버마스는 자신의 이론적 입지를 명확히 밝혔다. 첫째, 그는 인류의 사회적 진화 과정에서 이루어진 개인과 사회의 근본적인 상호 의존성을 염두에 두고 개인화의 문제를 다루고자 한다. 둘째, 그는 나홀로족 현상의 배후를 이루는 현대의 '새로운 불투명성'을 분석하고, 생활세계에서 의사소통적 이성을 통해 현대의 문제를 규범적으로 해결하고자 한다.

1) 하버마스는 개인화가 인류의 사회적 진화의 산물이라고 본다. 인류는 다른 동물과는 달리 본능을 완전하게 갖추고 탄생하지 않기에 환경과 접촉하면서 자기를 형성하는 동물이다. 인간은 가소적(可塑的)이고 세계 개방적이다. 그러한 인간의 진화 과정에서 언어와 노동은 서로 분화했다. 인간은 상징을 매개로 해서 다른 사람과 상호 행동을 하고, 노동을 통해 자연을 변형하여 욕망을 충족했다. 언어를 통해 다른 사람과 교류하는 인간은 다른 사람의 역할을 기대하고 다른 사람의 역할 기대에 대응하면서 의식을 형성하고 인지 능력을 발전시킨다. 여기서 유념해야 할 것은 의식이 인간의 속성으로 미리 주어져 있는 것이 아니라 상징을 통한 상호 작용을 통해 형성된다는 것이다. 의식은 인간이 다른 사람과 자신을 구별하고 그러한 자기를 객관화하여 성찰할 수 있는 역량으로 형성되고, 인지 능력은 그러한 의식을 지닌 자가 다른 사람과 환경을 접촉하면서 발달한다.[29]

---

29 그 점에서 하버마스는 상징적 상호 행위와 의식의 발달을 서로 연관해서 설명하는 조지 허버트 미드(George Herbert Mead, 1863~1931)의 이론을 수용하고 있다. 그는 미드의 논지를 다음과 같이 간결하게 정리하면서 자신의 개인화 이론의 출발점으로 삼는다. 위르겐 하버마스/이진우 옮김, 『탈형이상학적 사유』 (서울: 문예출판사, 2000), 238: "내가 스스로를 타자의 사회적 대상으로 지각한다는 사실을 통해 다시금 하나의 반성적 장치, 즉 에고가 그것을 통해 다른 사람들의 행동기대들을 소화하는 그런 장치가 형성된다. … 자기반성은 여기서 행위 동

그러한 인간의 의식 형성과 인지 능력의 발달은 인간의 개인화와 개인의 사회화가 이루어지는 토대이다. 인간은 의식을 가진 자로서 개인으로 발전하고, 그 개인은 그가 속한 공동체의 역할 기대에 반응하고 공동체에 속한 사람들이 가진 가치관과 규범을 받아들여 이를 내면화한다. 개인의 발달과 규범 의식의 형성에서 개인이 속한 공동체의 영향은 결정적이다. 그러나 공동체의 영향력은 그 한계가 있다. 하버마스는 개인이 공동체의 역할 기대와 규범과 가치관에 통합되기만 하는 것이 아니고, 그 공동체의 역할 기대와 규범과 가치관에 이의를 제기하고 그것을 변화시킨다는 점을 강조했다. 그것은 개인이 공동체의 관습적 규범의 체계를 초과하는 안목을 갖고서 그 규범의 체계를 총체적으로 문제시하는 도덕 의식의 수준에 이를 수 있기 때문이다. 하버마스는 이 맥락에서 로렌스 콜버그(Lawrence Kohlberg, 1927~1987)의 도덕 의식 발달 이론을 수용하여 그러한 도덕 의식을 탈관습적인 도덕 의식(post-konventionelles Moralbewusstsein)이라고 명명했다.30

하버마스에게 중요한 것은 그러한 탈관습적인 도덕 의식이 '무제한적인 의사소통 공동체' 안에서 형성된다는 것이다. 탈관습적 도덕 의식

기들을 가동시키고 또 자신의 행동 방식을 내면적으로 통제하는 특별한 과제를 떠맡는다." 미드의 사회화 이론에 관해서는 조지 허버트 미드/나은영 옮김, 『정신·자아·사회: 사회적 행동주의자가 분석하는 개인과 사회』 (파주: 한길사, 2010), 특히 제18장, 제19장, 제24장.

30 도덕 발달 이론을 정교하게 수립한 콜버그는 도덕 의식이 낮은 단계에서 높은 단계로 발달한다고 보았다. 가장 낮은 단계의 도덕은 관습 이전의 도덕의 단계이다. 거기서는 이기주의적 행위자가 폭력의 제재 아래서 질서를 지키는 제1단계 도덕 의식과 서로 밑지지 않는다는 의미의 공정한 거래 질서를 추구하는 방식의 제2단계 도덕 의식이 성립한다. 중간 단계의 도덕은 관습적 도덕 의식의 단계이다. 거기서는 공동체 구성원의 상호 역할 기대와 공동체 관습을 준수하는 방식의 제3단계 도덕 의식이 나타나고, 공동체 관습이 객관화된 법과 질서를 준수하는 방식의 제4단계 도덕 의식이 나타난다. 가장 높은 단계의 도덕은 사회적 동의에 근거해서 권리와 이를 보호하는 법을 창설하는 제5단계 도덕 의식을 거쳐, 모든 인류가 추구하는 추상적인 보편 원리에 바탕을 둔 자율적이고 탈관습적인 제6단계 도덕 의식으로 발달한다. 로렌스 콜버그의 도덕 의식 발달 이론에 관해서는 Lawrence Kohlberg, *Die Psychologie der Moralentwicklung* (Frankfurt am Main: Suhrkamp, 1995), 92-95.

이 도덕적 행위자인 개인의 규범적 주장을 전제하고 그 규범에 따라 삶 전체를 걸고 책임 있게 자기실현을 할 과제를 부여한다면, 그러한 개인의 규범적 주장과 자기실현은 무제한적 의사소통 공동체의 동의와 인정을 얻어야 한다는 것이다.[31] 무제한적 의사소통이 무엇인가는 아래에서 후술하겠지만, 여기서는 무제한적 의사소통 공동체가 어떤 규범의 타당성을 비판적으로 검토하고, 모든 사람이 공정하고 정의로운 것으로 받아들일 규범을 제정하는 데 필요하다는 점을 언급하는 것으로 그친다.

위에서 말한 바에 따르면 하버마스는 사회학자들에게 널리 받아들여진 통념과는 달리 개인화가 근대에 들어와서 나타난 일이 아니라 인류의 사회적 진화의 초기에 이루어졌다고 본다. 그는 개인화와 사회화가 동시에 진행된다는 점을 강조함으로써 개인과 사회의 불가분적 연관을 강조했다. 인간은 자기반성의 주체인 개인으로서 사회화 과정을 통해 상호역할 기대와 규범적 기대에 응답하는 사회적 존재로 현존한다. 그것은 개인이 관습적 도덕에 머물러 있을 때도 그렇고, 탈관습적 도덕으로 나아갈 때도 마찬가지다. 개인이 규범 공동체 안에서 살아간다는 것은 그가 의사소통 공동체를 통해서 규범을 습득하고 규범을 형성한다는 뜻이다. 하버마스는 그렇게 규범의 습득과 형성이 이루어지는 의사소통 공동체를 '생활세계'라고 부른다. 하버마스의 논리에 따르면, 나홀로족은 생활세계가 작동하는 한 현존할 수 없다. 만일 나홀로족이 현존한다면 그것은 생활세계가 더는 제대로 작동하지 않는다는 신호다.

하버마스는 개인화가 인류의 사회적 진화 과정에서 이루어졌으나, 개인이 관습적 도덕을 넘어서서 탈관습적 도덕의 단계로 나아가는 계기

---

31 위르겐 하버마스/이진우 옮김, 『탈형이상학적 사유』, 253: "도덕적으로 판단하고 행위하는 사람은 무제한적 의사소통 공동체의 동의를 그리고 책임 있게 떠맡은 삶의 역사를 통해 자기실현을 하는 사람은 무제한적 의사소통 공동체의 인정을 기대할 수 있어야 한다."

는 근대에 들어와 마련되었다고 본다. 개인이 공동체의 규범 체계를 총체적으로 비판할 수 있으려면 그 개인은 공동체적 결속에 거리를 취할 수 있을 정도로 자주적 개인으로 현존하고, 자기가 생각한 것을 자유롭게 말하고 의견을 공개적으로 나눌 수 있어야 한다. 그러한 개인들이 자유롭게 참여해서 서로 나누는 의견들을 비판적으로 검토하는 의사소통 공동체는, 이미 앞에서 살핀 바와 같이, '이성의 공적인 사용'에 관한 임마누엘 칸트의 구상에서 이념적으로 제시되었으나, 그러한 의사소통 공동체가 독일에서 어느 정도 현실성을 띠게 된 것은 사상의 자유와 표현의 자유가 높은 수준에서 보장되기 시작한 민주화 과정 이후의 일이었다. 그것은 민주적인 공론의 장이 작동하게 된 현대의 성취다.[32]

2) 현대 사회에서 생활세계는 중대한 위기에 직면해 있다. 생활세계는 '의사소통 행위가 항시적으로 일어나는 지평'이다. 그 지평에서 사람들은 의사소통을 통해서 함께 살아가는 데 필요한 규범을 제정하고 발전시킨다. 사회가 발전하면서 생활세계는 교환, 지배, 법, 행정, 교육, 기술, 과학, 의료 등 여러 기능을 중심으로 분화하였고, 그 기능에 따라 다양한 하부체제들이 형성되었다. 국가 체제, 경제 체제, 과학기술 체제 등이 바로 그러한 하부체제들의 예다. 하부체제들은 체제의 합리성에 따라 움직이는데, 그 핵심은 그 체제들이 추구하는 목표를 달성하기 위하여 수단을 합리적으로 조직하는 도구적 합리성이다. 그러한 하부체제들은 생활세계로부터 분리되어 독자적인 영역으로 등장하고, 비대해진 하부체제들을 지배하는 도구적 합리성은 어느덧 생활세계를 이끌어 가는 의사소통적 합리성을 압도한다. 생활세계에서 분화되어 나타난 하부체제

---

32 위르겐 하버마스/이진우 · 박미혜 옮김, 『새로운 불투명성』 (서울: 문예출판사, 1995), 57.

들이 시나브로 생활세계를 침식하여 생활세계를 지배하는 현상이 일어나는 것이다. 그것이 하버마스가 말하는 '생활세계의 식민지화'[33]이다. 오늘의 사회에서는 하부체제들이 점점 더 분화하기에 그 하부체제들을 총체적으로 조망하는 것이 거의 불가능하게 되었고, 그 하부체제들을 아울러 사회 통합을 이루며 사회를 형성하는 규범을 마련하기가 어렵게 되었다. 하버마스는 그러한 사태를 현대 사회에서 나타나는 '새로운 불투명성'[34]이라고 명명했다.

하버마스는 하부체제들이 생활세계를 침식하고 도구적 합리성이 의사소통적 합리성을 구축한다고 해도 생활세계와 의사소통적 합리성은 사라지지 않는다고 말한다. 권력과 화폐를 매개로 해서 체계적으로 조직된 사회에서 생활세계는 그 체제들을 규율하는 규범들과 법률들의 타당성을 가늠하는 마지막 포럼이다. 그 포럼이 제대로 움직이려면 의사소통이 강제와 강박에서 벗어난 의사소통 공동체가 활성화되어야 한다. 오직 그러한 의사소통 공동체가 회복될 때 비로소 '선하고 정의로운 삶'의 원칙들을 제시하고, 그 원칙들의 근거를 그 누구도 반문할 수 없을 정도로 타당하게 밝히는 담론이 성립된다.[35] 여기서 하버마스는 '이성의 공적인 사용'에 근거하여 보편적이고 공정한 규범을 제정하는 자유로운 토론 공동체에 관한 칸트의 이념을 소환한다. 물론 강제와 강박에서 벗어난 의사소통 공동체는 현실에서는 아직 현존하지 않는다는 점에서 그것은 이상적인 의사소통 공동체이며, 어쩌면 관념상의 유토피아라 할 수 있다. 그러나 그러한 이상

33 J. Habermas, *Theorie des kommunikativen Handelns, Bd. 2: Zur Kritik der funktionalistischen Vernunft* (Frankfurt am Main: Suhrkamp, 1981), 182.

34 위르겐 하버마스/이진우 · 박미혜 옮김, 『새로운 불투명성』, 161.

35 K.-O. Apel, *Transformation der Philosophie, Bd. 2: Das Apriori der Kommunikationsgemeinschaft* (Frankfurt am Main: Suhrkamp, 1973), 410.

적인 의사소통 공동체는 실제의 의사소통 공동체를 규율하는 효과를 발휘한다. 실제의 의사소통은 특수한 이익을 은폐하는 보편성의 참칭, 거짓말, 속마음의 은폐, 협박, 이의제기를 배제하는 일방적인 지시와 명령, 강박으로 인해 왜곡된 언어, 모호하고 애매한 상투어 등으로 체계적으로 왜곡될 수 있지만, 사람들은 다른 사람들과 대화를 나누며 의견을 교환하려면 상대방을 존중하고 상대방에게 관용을 베풀면서 진실하게 말하고 성실하고 진지한 태도를 보여야 한다는 것을 이미 알고 있다. 그것은 강박과 강제에서 벗어나 진실성, 성실성, 진지성의 원칙에 따르는 의사소통 공동체가 아직 현실에 현존하지 않는 이상적인 의사소통 공동체일지라도 실제의 의사소통 공동체를 규율하는 '필수 불가결한 가상'으로 작용한다는 뜻이다. 그러한 가상은 '사실적인 것을 거스르는' 효력이 있다.[36]

3) 하버마스는 의사소통 행위 이론에 근거하여 날로 분화되어 가는 하부체제들을 통합하는 사회를 전망하고, 그 사회를 규율하는 규범에 관해 공화주의적으로 합의하는 절차를 제시하고자 한다. 먼저 하버마스는 의사소통 공동체에서 진지한 토론과 합의가 이루어지려면 두 가지 원칙이 세워져야 한다고 말한다. 하나는 의사소통 공동체에 참가하는 모든 구성원이 동등한 지위를 보장받아야 한다는 원칙이고, 다른 하나는 의사소통 공동체에 참가하는 모든 구성원이 문제해결에 연대적인 책임을 진다는 원칙이다.[37] 동등한 참여의 원칙과 연대 책임의 원칙은 공화주

---

36 이 유명한 하버마스의 주장은 1970년 루만과 벌인 논쟁 과정에서 나왔다. 하버마스는 루만이 고수하고자 하는 체제의 합리성이 의사소통의 역량을 대체할 수 없다고 논증했다. 이 주장은 하버마스가 언어학적 전회를 감행하고 있음을 보여 준다. J. Habermas, "Vorbereitende Bemerkungen zu einer Theorie der kommunikativen Kompetenz," J. Habermas . N. Luhmann, *Theorie der Gesellschaft oder Sozialtechnologie: Was leistet die Systemforschung?* (Frankfurt am Main: Suhrkamp, 1971), 140f.

의적 정치의 원칙들이다. 그 두 원칙이 살아있는 의사소통 공동체는 현대 사회에서 실패하고 있는 민주주의를 바로 세울 수 있다. 자유주의적 법치국가가 사회적 법치국가로 발전하는 과정에서 민주주의가 제대로 작동하지 못한 것은 민주주의적 의사결정 과정이 정치 세력들과 사회 세력들의 이해관계를 필요에 따라 조절하는 장치에 머물렀고 권력이나 화폐를 매개로 해서 구축된 하부체제들의 기능을 수행하는 데 그쳤기 때문이다. 민주주의는 하부체제들의 기능으로 축소되어서는 안 되고 생활세계를 움직이는 원칙이어야 한다. 생활세계에서 민주주의적으로 합의된 규범은 생활세계를 뒷받침하는 하부체제들을 규율하는 효력을 발휘해야 한다. 하버마스는 그러한 민주주의적인 규범의 제정은 하부체제들에 구축된 국가 기구나 사회적 이해단체들에 맡겨질 것이 아니라 '시민사회'에 맡겨져야 한다고 생각한다.[38] 시민사회는 국가와 시장에 얽매이지 않기에 국가 체제와 경제 체제에 비판적 거리를 취할 수 있고 생활세계의 이념이라고 할 수 있는 무제한적인 의사소통에 근접할 수 있다. 그러한 의사소통을 통해서 시민사회가 '공적 의견'을 형성한 뒤에, 그러한 공적 의견의 압력을 받으며 의회가 법을 제정하는 절차를 밟는 것이 마땅하다. 그것이 의사소통적 합리성이 정치적으로 관철되는 방식이다.[39] 의회가 공론의 장에서 비판적으로 검증된 보편적이고 정의로운 규범에

---

37 K.-O. Apel, *Diskurs und Verantwortung: Das Problem des Übergangs zur postkonventionellen Moral*, 2. Aufl. (Frankfurt am Main: Suhrkamp, 1992), 202.

38 헤겔은 '시민사회'를 상품의 교환과 사회적 노동이 펼쳐지는 영역이라고 규정했지만, 하버마스는 그러한 헤겔적 '시민사회' 개념을 따르지 않는다. 그는 시민사회를 국가의 영역과 시장의 영역에서 벗어난 영역으로 개념화한다. 그는 시민사회가 NGO나 NPO 등이 참가하는 일종의 공론장이라고 생각한다.

39 위르겐 하버마스/한상진 · 박영도 옮김, 『사실성과 타당성: 담론적 법이론과 민주적 법치국가 이론』 (서울: 나남, 2007), 478-511.

따라 아래로부터 법을 제정하는 과정이 바로 인민의 보편적 의지에 따라 규범 공동체를 형성하는 공화주의의 길이다.

하버마스는 현대화가 전통으로부터 단절되는 방식으로 전개되었기에 자기를 형성하면서 자기를 비판적으로 성찰하지 않으면 안 된다고 생각한다. 전통으로 되돌아가서 현대화의 문제를 해결할 길은 없다. 현대화가 따라야 할 모델이 미리 주어져 있지 않기에 현대화는 스스로 모델을 만들어야 한다.[40] 그러한 모델의 실마리를 찾기 위해서 하버마스는 독일 철학에서 헤겔이 추구한 주관적 이성의 절대화를 넘어서고, 니체가 '이성의 타자인 신화'에 정착해서 디오니소스적 의지로써 추구한 '낭만적 메시아주의'를 넘어서야 한다고 생각했다.[41] 하버마스는 절대적 이성과 그것의 타자인 절대적 의지를 뛰어넘으려면 주관적 이성을 상호주관적 이성으로 전환해야 한다고 생각했다. 따라서 하버마스가 상호주관성을 실현하는 의사소통 행위 이론에 근거하여 현대의 '새로운 불투명성' 문제를 해결하는 공화주의적 해법을 제시한 것은 논리적으로 필연적인 수순이다.

4) 이제까지 살펴본 관점과 방법을 갖고서 하버마스는 나홀로족 문화와 멘탈리티를 살핀다. 그는 나홀로족이라는 말을 사용하지 않는다. 그 대신 그는 개인의 '개별화 또는 단수화'라는 표현을 통해 나홀로족 문화와 멘탈리티를 분석할 수 있는 통로를 열어 놓는다. 그는 벡이 제2차 개인화를 총괄하는 개념으로 가다듬은 '사회적 개인화'가 실제로는 개인의 개별화이거나 단수화를 뜻한다는 점을 지적했다. 전통적 생활 방식에서 벗어난 개인들이 하부체제들에 기능적으로 편입되는 과정에서 이루어지

---

40 위르겐 하버마스/이진우 옮김, 『현대성의 철학적 담론』(서울: 문예출판사, 2000), 16.
41 위의 책, 65, 114, 124.

는 것은 사회적 개인화가 아니라 개인의 개별화와 단수화라는 것이다.

그렇게 하부체제들에 편입된 개인은 하부체제들에 의해 미리 구조적으로 정해진 몇 가지 선택지 가운데 어느 하나를 '이기적으로 영리하게 선택하는 중심으로서의 자아'로 확립하지만, 그 자아는 결코 그 체제들의 굴레와 강제에서 벗어날 수 없다. 분리되고 개별화된 개인은 스스로 결정해야 할 일이 늘어나는 상황에서 이를 합리적으로 처리하기 위해 "자생적인 자기주장의 명법에 의해 규정되는 자신의 선호 체계 이외에는 어떤 기준도 사용할 수 없다."[42] 나홀로족은 결국 자기중심주의와 자기 우선주의, 능력주의와 부족주의 등에 사로잡힐 수밖에 없게 되는데, 그것은 권력과 화폐를 매개 수단으로 해서 작동하는 하부체제들에 통합된 개인들에게 탈출구가 보이지 않는다는 것을 시사한다. 노동자 해방이 새로운 사회를 가져온다는 생산주의적 유토피아 모델이 무너지고 복지의 확대를 통해 사회적 결속을 실현한다는 복지국가적 유토피아 모델이 작동하지 못하는 상황[43]에서 개인들은 점점 더 맹목적으로 된다. 사람들은 능력과 업적이 자기 앞가림을 하는 방패가 되고 능력과 업적 경쟁에서 승리한 자들과 패배한 자들이 서로 다른 무리를 짓는 사회에 갇힌다. 그러한 사회를 넘어서려면 능력과 업적 같은 삶의 수단을 최우선적 가치로 설정하고 권력과 화폐의 논리에 순응하는 맹목에서 벗어나야 한다. 그렇기에 하버마스는 하부체제들을 지배하는 도구적 합리성의 논리로 인해 갈가리 찢어진 사회를 통합하기 위해 상호주관성을 창설하는 이성의 요구에 따라 무제한적 의사소통을 통해 사회 통합의 규범을 제정하자고 호소할 수밖에 없다. 하버마스는 그것을 현대 사회에 남겨진 마지막 유토피아 모델로 생각한다.

---

42 위르겐 하버마스/이진우 옮김, 『탈형이상학적 사유』, 258.

43 위르겐 하버마스/이진우 옮김, 『현대성의 철학적 담론』, 106; 위르겐 하버마스/이진우·박미혜 옮김, 『새로운 불투명성』, 73ff.

독일 통일 이후 독일에서 고개를 쳐들기 시작한 신나치 운동에 민감하게 반응한 하버마스는 민주적 법치국가에서 전개되는 '인정투쟁'은 이질성을 포용하는 방식으로 이루어져야 한다고 강조했다. 민주적 법치국가에서 이민자나 난민의 수용은 헌법 규범의 인정과 준수를 전제해서 이루어져야 하지만, 국가는 헌법이 규정하는 세계관적 중립 의무에 충실하게 이민자나 난민의 고유한 문화를 존중하여야 한다는 것이다. '헌법 애국주의'와 이질성의 포용은 서로 충돌하지 않는다는 것은 다인종 · 다문화 사회로 재편되는 독일 사회에서 사회적 통합을 이루는 데 꼭 필요한 통찰이다.[44] 이민자와 난민의 문제를 다룰 때 사람들은 '복지 국수주의'에 사로잡히는 경향이 있는데, 이민과 난민을 신청하는 사람들의 어려운 처지를 고려하고 그들이 이주해서 새로운 생활의 기회를 얻을 권리가 있다고 인정하는 것이 복지 비용의 계산에 언제나 앞서야 한다.[45] 하버마스는 '부족주의'라는 개념을 직접 사용한 바 없지만, 독일 사회에서 점점 더 악화한 형태로 나타나는 인종주의적 부족주의를 넘어서는 안목을 제시하고 있다.

5) 하버마스의 유토피아적 모델에 남겨진 문제는 두 가지다. 하나는 의사소통 공동체를 구성하는 두 가지 원칙이 충분한가이고, 다른 하나는 의사소통 공동체의 유토피아가 과연 권력과 자본이 비대해질 대로 비대해진 현대 사회에서 '사실에 거스르는' 효과가 있는가이다. 먼저 의사소통 공동체가 동등한 참여의 원칙과 연대 책임의 원칙에 근거해야 한다는 하버마스의 주장은 현실의 의사소통 공동체에 참가하는 사람들이 젠더, 인종, 계급의 차이를 보인다는 점을 진지하게 고려하지 않는다고 지적받

44 하버마스/황태연 옮김, 『이질성의 포용: 정치이론 연구』 (서울: 나남출판, 2000), 262.
45 위의 책, 264, 268f.

는다. 그러한 사회학적 현실을 직시한다면, 의사소통 공동체가 이성 능력을 지닌 상호 대등한 개인들로 구성된다고 말하는 것으로는 불충분하다. 공적인 관심사에 관한 공론화 과정은 젠더, 인종, 계급 등의 요인으로 인해 불평등, 억압, 배제, 차별, 혐오 등에 시달리는 사람들의 목소리가 제대로 들릴 수 있도록 조직되어야 하고 다양한 사회집단들의 특수한 관점과 주장을 충분히 반영할 수 있어야 한다.[46] 그러한 장치가 마련되지 않는다면 무제한적 의사소통은 권력과 화폐의 논리로 짜인 하부체제들에 균열을 일으키는 구체적이고 포괄적인 방안을 찾지 못한 채 겉돌수 있다.

그다음에 하버마스가 마지막 희망을 거는 무제한적 의사소통의 유토피아 모델이 실효성이 있는가에 관해서는 대답하기 어렵다. 생산주의적 유토피아 모델과 복지국가적 유토피아 모델이 실패해서 더는 그 모델들에 호소할 수 없다는 하버마스의 주장은 어디까지나 맥락적 판단이라고 보아야 할 것이다. 권력과 화폐가 지배하는 하부체제들의 변화는 대항권력의 형성과 화폐 생산과 파괴 과정의 재구성을 우회하고서는 이루어지기 어려울 것이다. 따라서 의사소통 개념의 확장을 통해 권력과 화폐를 매개로 하는 하부체제들의 변화를 뒷받침하는 방안이 더 현실적일수 있다.

V. 소결

---

46 Iris Marion Young, *Inclusion and Democracy* (Oxford: Oxford University Press, 2000), 108ff.

'나만 아는 사람들'이 등장하고 나홀로족 문화와 멘탈리티가 확산하자 공동체와 사회적 연대를 중시해 왔던 독일 사회는 당혹했다. '나만 아는 사람들'은 비난의 대상이 되기 일쑤였지만, 나홀로족 문화와 확산에 대해 진지하게 대응하려는 노력이 나타났고, 생산적인 의견들이 제출되었다. 그러한 의견들은 크게 보아 네 가지 유형으로 나뉜다.

첫째는 개인의 주권을 존중하고 스마트한 이기주의를 발전시키자는 의견이다. 둘째는 능력과 업적 경쟁에 내몰린 사람들의 내면세계를 들여다보고, 심리적 억압을 해소하고 공격성을 누그러뜨리는 '일상의 영성', '아래를 향한 영성'의 길을 가자는 의견이다. 셋째는 개인화에 대한 성찰적 자기 대면을 통해 개인화가 가져온 기회를 확장하고 그 위험을 해소하자는 의견이다. 넷째는 생활세계의 의사소통적 합리성에 따라 권력과 화폐의 논리를 넘어서서 사회적 결속을 이루어 가는 방안에 관한 공화주의적 합의를 이루어 보자는 의견이다.

위의 네 가지 의견에 관한 요약과 평가는 아래의 맺음말로 갈음한다.

맺음말

　독일에서 나홀로족 문화와 멘탈리티의 확산에 관한 이제까지의 논의를 정리하면 다음과 같다.

　1) 나홀로족 문화와 멘탈리티의 확산은 68혁명이 확장한 개인의 자유와 자기실현의 연장선에서 일어났다. 68혁명은 게르만 사회의 뿌리 깊은 전통이었던 권위주의와 가부장주의를 무너뜨리고 사회적 자본주의의 성과 위에서 벡과 벡-게른샤임이 말하는 '제2차 개인화'를 향한 길을 넓혔다.

　2) 나홀로족 문화와 멘탈리티는 국가주의적 결속이 실패를 맛본 전후 독일이 추구했던 사회적 결속의 세 가지 핵심 기구가 약화하면서 나타났다. 가족의 해체, 노동조합의 약화, 사회국가의 침식이 그것이다.
　가족의 해체는 결혼율과 출산율의 저하, 이혼율의 급증 등에서 뚜렷이 확인되었고, 전통적인 성역할 분담에 근거한 가족 구조는 더는 표준적 모델로 통하지 않게 되었다. 노동조합을 통한 계급적 결속은 자본의 집요한 공격으로 인해 노동조합이 노동자들의 권익을 실현하는 사회적 권력을 크게 잃음으로써 무너지기 시작했다. 단체협약의 효력이 무력화되고 사업장 단위의 노사 협정이 확산하면서 노동조합이 더는 계급적 결속의 기관으로 기능하지 못하게 되자 노조 가입률은 현저하게 떨어졌다. 사회국가의 침식은 복지 수급권을 더는 사회적 청구권으로 보지 않고 노동 의무와 업적에 대한 반대급부로 보는 노동 연계 복지 모델이 자리를 잡으면서 가속했다. 실업급여의 삭감, 정부가 알선하는 형편없는 노동의 감수 의무, 가난을 증명해야 부여되는 치욕스러운 사회부조 등이 신자유주의적 복지 개혁의 결과였다.

사회적 결속의 버팀대였던 가족의 해체, 노동조합의 약화, 사회국가의 침식은 사람들이 각자도생의 길을 가게 했다. 다른 사람을 아랑곳하지 않고 자기를 중심에 놓고 자기를 먼저 챙기는 '자기만 아는 사람들'(Ichlinge), 곧 나홀로족이 등장한 것이다.

3) 독일에서 자기만 아는 사람들이 등장한 것은 공동체를 앞세웠던 게르만 사회의 전통에서 보면 매우 이질적이지만, 나홀로족 문화와 멘탈리티는 독일 사회의 신자유주의적 개조가 진행된 이래 사람들이 능력과 업적을 둘러싼 치열한 경쟁에 적응하는 과정에서 나타난 부산물이라고 볼 수 있다. 나홀로족 문화와 멘탈리티는 능력주의적 지향, 부족주의적 경향, 초개인주의적 극단화 등의 특성을 띤다.

4) 능력주의는 능력과 업적 경쟁에서 승리한 자가 모든 것을 차지하고 패배한 자를 아랑곳하지 않는 잔인한 이기주의를 조장하고, 능력주의를 내면화하는 사람은 능력주의의 강박에 사로잡혀 자기를 무제한 착취하고 감당할 수 없는 피로에 빠져든다. 능력주의는 학교 교육에 침투하여 성적 경쟁을 심화한다. 학력이 소득과 지위를 결정하는 중요한 요소로 고려되자 독일의 전통적인 직업교육은 뒷전에 밀리고 전도유망한 대학 진학을 위한 경쟁이 치열해졌다. 그렇게 되자 68혁명 이후 권위주의적 교육 방식을 밀어낸 비판적 해방교육은 쇠퇴하게 되었다. 학교 교육은 능력주의의 거울이고 미래의 세대를 능력주의의 화신으로 만들어 능력 사회로 공급하는 기제가 되었다.

5) 나홀로족 문화의 또 다른 특성을 보여 주는 부족주의는 능력과 업적 경쟁에서 승리한 사람들과 패배한 사람들이 각기 다른 무리를 짓는 현상이다. 그런 점에서 능력주의와 부족주의는 같은 동전의 양면이라고 볼 여지가 있다. 부족주의는 여가와 취미, 소비 취향, 생활양식, 정체성, 종파성 등을 공유하는 사람들이 무리를 짓는 현상으로 나타나지만, 사회적 결속이 해체되면서 불만과 분노를 느끼고 실존적 불안에 시달리는 사람들은 무리를 짓기 위해 내부의 적을 만들고 외부의 적을 설정하는 경향이 있다. 독일 사회에서 그런 사람들은 그들의 취약한 처지가 외국인과 난민의 유입에서 비롯되었다고 보고 극도의 인종차별적 부족주의 성향을 보인다.

6) 디지털 혁명은 나홀로족 문화와 멘탈리티를 초개인주의로 치닫게 한다. 디지털 의사소통은 자기와 같은 것을 가진 사람들과 접속하고 자기와 다른 것을 보이는 사람들을 차단하는 단속 사회(斷續社會)를 형성하고, 실제의 현실과 가상의 현실이 매끄럽게 통합된 메타버스에서 몸과 마음의 결합을 해체하고 공동체적 유대에서 완전히 벗어난 추상적 개인으로서 현존할 수 있게 하였다.

7) 나홀로족 문화와 멘탈리티의 확산에 대한 독일 사회의 대응은 대체로 네 가지 유형의 의견으로 나타났다. 스마트한 이기주의를 강화하자는 의견, 공동체적 영성을 회복하자는 의견, 성찰적 자기 대면을 통해 개인화의 문제를 해결하자는 의견, 사회를 통합하는 규범을 공화주의적으로 제정하자는 의견이 그것이다.

8) 스마트한 이기주의를 강화하자는 의견은 남을 의식하는 태도와

행위에 사로잡히지 말고 자신의 욕망과 의지에 충실하게 주권적으로 살아가자는 의견이다. 그러한 스마트한 이기주의는 독일에서 가장 많이 팔리는 자기계발서의 주제이다.

그러한 개인주의적 태도는 부족주의에 휘둘리지 않게 하는 장점이 있으나, 나르시시즘의 위험을 회피하기 어려울 수 있다. 또한 그러한 개인주의는 필연적으로 개인의 자유와 소유를 보호하는 최소한의 정부를 옹호하는 정치적 태도로 귀결한다.

9) 공동체적 영성을 회복하자는 의견은 '일상 속의 영성'(F. Steffensky)과 '아래를 향한 영성'(A. Grün)을 추구하자는 주장이다. 독일에서 가장 영향력 있는 그륀은 개인이 무의식적으로 설정하는 이상적인 자기와 실제의 자기 사이의 갈등에서 비롯되는 억압과 강박이 내면의 평화를 깨뜨리고 바깥을 향해 공격성으로 표출된다는 점을 인식하는 데서 출발해서 실제의 자기를 있는 그대로 인정하여 내면의 안정과 공동체 관계 능력을 회복하자고 역설한다.

문제는 그러한 내면적 안정과 공동체 관계 능력의 회복이 내면의 강박으로 되먹임하는 사회의 분열을 그대로 방치할 수 있다는 것이다.

10) 개인화에 대한 성찰적 자기 대면을 통해 문제를 해결하자는 것은 올리히 벡과 엘리자베트 벡-게른샤임의 제안이다. 그들은 개인화 과정이 신분적 결속과 계급적 결속에서 해방한 '자유의 아이들'을 탄생시키는 성과를 거두었으나, 사회와 국가가 관리해야 할 위험을 개인에게 떠넘기는 '위험의 개인화' 문제를 일으켰고 개인들을 뿔뿔이 흩어지게 하여 사회적 결속을 해체하는 결과를 빚었다고 보았다. 그러한 개인화 과정에 대응하기 위해서는 다양하고 다원적인 시민 정치를 활성화하는 것이다.

그러한 전제 아래에서 벡은 대량 실업의 위험에서 해방하기 위해 '시민 노동'을 노동사회의 보완책으로 제시했고, 벡과 벡-게른샤임은 가족 해체의 위험에 대응해서 여성과 남성의 우정 관계를 중심으로 새로운 가족 관계 모델을 형성할 것을 제안했다.

그러한 위험 해소 모델은 기존의 노동사회와 이성애에 바탕을 둔 가족 공동체를 초과하지 않기에 보수적인 성격을 띠고 있다. 벡과 벡-게른샤임이 말하는 개인화의 성찰적 자기 대면의 주체가 누구인지 알 수 없다는 것도 문제이다. 루만의 사회체계 이론에 기대고 있는 벡과 벡-게른샤임으로서는 그것이 사회 그 자체라고 말하는 것이 논리적이기 때문이다.

11) 사회 통합의 규범을 공화주의적으로 제시하자는 것은 하버마스의 의견이다. 그는 인류의 사회적 진화 과정에서 상징을 매개로 해서 상호 행동을 하는 인간이 생활세계를 형성하고, 그 생활세계가 공동체를 규율하는 규범을 제정해 왔다는 데서 출발한다. 생활세계는 의사소통 공동체이고, 일상적인 의사소통을 통해 규범이 학습되고 새로 만들어지는 무대다.

생활세계는 사회가 복잡하게 조직되면서 국가 체제, 경제 체제, 과학 기술 체제 등과 같은 다양한 하부체제로 분화되었고, 하부체제들은 그 체제의 합리성에 따라 움직이면서 그 나름의 상대적 자율성을 갖게 되었다. 문제는 하부체제들이 계속 분화되면서 그 전체를 조망할 수 없게 되었고 생활세계를 침식하게 되었다는 것이다. 하버마스는 '새로운 불투명성'과 '생활세계의 식민지화'가 현대 사회가 직면한 핵심 문제라고 보았다. 그러한 문제를 해결하려면 무엇보다도 먼저 생활세계가 복원되어야 한다. 그것은 하부체제들을 지배하는 권력의 논리와 화폐의 논리에서 벗어나서 강제와 강박 없는 의사소통 공동체의 이상에 따라 무제약적인 토론을 조직하는 것이다. 그러한 토론을 통해 누구나 받아들일 수 있는 보편적이고 정의로운 규범을 확립한다면, 개인의 자유를 신장하면서 공동체를 결속하는 방안을 마련할 수 있을 것이다.

하지만 강제와 강박 없는 의사소통 공동체를 회복하는 일이 하부체제들을 지배하는 권력의 논리와 화폐의 논리를 재구성하는 일과 무관하게 설정된 것은 하버마스가 전개하는 사회철학의 결핍이다.

12) 나홀로족 문화와 멘탈리티에 대응하는 독일 사회의 대응을 되짚어 보면, 집단에 해소되지 않는 개인의 존엄성과 권리를 존중하고 이를 보장하는 방안을 모색하자는 데는 사회적 합의가 되어 있다고 볼 수 있다. 스마트한 이기주의를 강화하자는 의견, 공동체 영성을 회복하자는 의견, 개인화의 성과를 유지하면서 그 위험을 해소하자는 의견, 사회 통합의 규범을 공화주의적으로 마련하자는 의견 등은 모두 개인의 권리와 존엄성을 전제하고 있다.

개인의 자유와 사회적 연대를 결합하는 방안으로서는 기본소득을 도입하는 의견도 고려할 수 있을 것이다. 2004년 노동 연계 복지 개념을 도입해서 사회국가를 신자유주의적으로 개편하기 시작하자 신자유주의적 복지 모델의 대안으로서 기본소득 구상이 나왔으나, 2004년 이후 독일에서 기본소득 논의는 빠른 속도로 쇠퇴했다. 기본소득은 개인이 노동 사회의 강박에서 벗어나 자기와 공동체와 생태계를 돌보는 삶을 살아갈 기회를 확대할 수 있기에 기본소득 구상을 독일 사회에 도입하여 제도화하는 방안은 여전히 논의할 만한 가치가 있지 않을까 생각한다.

제3부

❀

한국에서 개인의식의
역사적 발전

머리글

제3부에서 필자는 한국 역사에서 개인의 자기의식이 어떻게 발전해 왔는가를 살피고, 개인이 공동체나 민족이나 국민이나 국가에 앞서고 개인의 주권적 자유를 최우선 가치로 존중하여야 한다는 개인주의 의식이 최근에 이르기까지 제대로 발전하지 않은 까닭을 규명하고자 한다. 개인의식의 발전이나 개인주의를 연구하는 사람들은 개인을 근대적 현상이라고 보고, 근대 이전에는 개인이 없었고 개인주의 역시 성립하지 않았다고 주장한다. 그렇기에 '개인의 발명'이라는 표현이 개인의식이나 개인주의 연구에서 사용되곤 한다. 그러나 그것은 '근대적 개인'만을 개인으로 보는 편협한 견해이다.

사회적 진화론에 따르면, 인간은 생물학적 개체로 태어나고 사회화를 통해 자기의식을 가진 개인으로 형성된다. 인간이 집단을 이루면서도 자기를 따로 구분하고 자기를 의식한다는 것은 인류의 고유한 특성이다. 개인과 그 개인의 자기의식은 인류가 사회적 진화를 통해 이룩한 특성이기에, 인류 역사의 어느 단계에 '발명'된 것으로 볼 수 없다. 인간의 개인화는 인간의 사회화를 전제하고, 인간의 사회화는 서로 구별된 개인들 사이의 의사소통과 역할 기대를 매개로 해서 이루어진다.[1] 인간의 개인의식은 사회의 복잡

---

[1] 인간의 개인화가 사회화를 매개로 해서 이루어진다는 고전적인 설명으로는 조지 허버트 미드/나은영 옮김, 『정신·자아·사회: 사회적 행동주의자가 분석하는 개인과 사회』 (파주: 한길사, 2010), 486f. 여기서 미드는 아이가 사회화를 통해 자아의식을 형성하는 과정에 관한 설명을 간결하게 요약하고 있다: "그는(=아이는) 점차 자신의 세계에서 가장 중요한 대상이 될 분명한 자아를 만들고 있는 것이다. 하나의 대상으로서, 자아는 먼저 자아에 대한 다른 사람들의 태도를 반영한다. 실제로 초기의 아이는 종종 스스로의 자아를 제3자 안에서 찾는다. 그는 주변

한 분화와 문명의 발달에 대응해서 사회적 규율 체제가 발전함에 따라 낮은 단계에서 높은 단계로 발달한다. 따라서 원시 사회에서도 개인은 존재했고 개인의 자기의식이 발달했다고 보는 것이 올바른 견해이다.

그러한 관점에서 필자는 부족사회로부터 현대 한국사에 이르기까지 한국인에게서 자기의식이 어떻게 발전해 왔는가를 분석하고 설명하고자 한다. 이를 위해 첫째, 부족사회로부터 개항기 직전까지 한국인의 자기의식이 발전해 오는 과정을 분석한다. 그러한 분석에서는 어떻게 해서 한국인의 자기의식에 공동체주의와 집단주의가 깊이 새겨졌는가, 수양 불교와 성리학의 영향 아래에서 개인의 내면을 직시하고 성찰하는 태도가 어떻게 해서 높은 수준의 자율주의를 구현했는가, 조선조 후기에 인간의 개체성과 자주성을 중시하고 사민평등의 공동체 의식을 중시하는 의식이 어떻게 해서 태동하였는가를 밝히는 데 초점을 맞출 것이다. 둘째, 개항 이후 개인의 자유와 권리를 존중하여야 한다는 것을 강조하는 개인주의 담론이 어떻게 대두하였는가, 그러한 담론이 왜 국가주의적 경향으로 치닫게 되었는가를 분석한다. 셋째, 조선이 일제 식민지로 전락할 때부터 일제 강점기를 거쳐 해방 후 민간 독재와 군부 독재 그리고 그것에 대항하는 민주 항쟁에 이르기까지 개인주의가 발달하지 못하고 끝없이 그 개화가 지체된 까닭을 분석할 것이다. 끝으로 민주화 이후 개인주의가 마침내 싹을 틔우고 개화하는 과정을 분석하여 개인이 공동체에 앞선다는 의미의 개인주의가 한국 사회에서 어느 정도 받아들여지고 있는가를 살필 것이다.

사람들의 역할을 취할 때 그가 만나는 모든 개인의 복합체다. 단지 점진적으로 아이는 생물학적 개인과 동일시되기에 충분한 형태를 갖추고 우리가 자기의식적이라고 부르는 분명한 의식을 부여받는다. 이렇게 되면 그는 스스로 자기가 하는 것이 무엇인지, 이른바 '상상적 행위'가 그에게 수행하게 하는 역할의 관점에서 그가 의도하는 것이 무엇인지를 언급할 수 있는 위치에 놓이게 된다. … 그가 아직 생각하고 있다고 말할 수 없는 경우, 그는 적어도 생각의 메커니즘을 갖고 있다."

우리 사회에서 나타나는 나홀로족 문화와 멘탈리티의 특성은 오랜 역사를 통해 개인의식과 개인주의가 펼쳐져 온 과정을 헤아릴 때 비로소 제대로 파악되고 이해될 수 있을 것이다.

1장
전통 사회에서 개인의식의 표현 방식

필자는 우리나라 역사에서 개인의식의 발달을 살필 때 샤머니즘, 불교, 유교 등이 사람들의 가치관과 태도를 형성하는 데 미친 영향을 유념해야 한다고 생각한다. 흔히들 샤머니즘은 한국인의 배(몸)를, 불교는 마음을, 유교는 머리를 지배한다고 하는데, 그것은 샤머니즘과 불교와 유교가 한국인의 멘탈리티를 형성하는 데 복합적이고 중층적으로 작용한다는 뜻으로 새길 수 있을 것이다.

앞에서 말한 관점과 문제의식에 따라 필자는 아래에서 샤머니즘이 지배했던 고대 부족 시대, 불교를 통치 이념으로 받아들인 삼국으로부터 고려조 시대까지 그리고 유교를 통치 이념으로 수용한 조선이 개항하기까지 한국인의 전통적 자기의식이 각 계층에 따라 어떻게 나타났는가를 살피고, 그것이 한국에서 개인주의가 태동하고 발전하는 데 어떤 영향을 주었는가를 가늠해 보고자 한다.

I. 부족 시대의 샤머니즘적 세계관과 개인의식

부족사회는 공동체적 결속이 강한 사회여서 개인의식이 발달할 수 없었다고 보는 것이 통념이지만, 부족사회에서도 개인의 자기의식은 엄연히 형성되어 있었다. 부족사회를 결속하고 개인의 자기의식을 형성하는 데 결정적인 영향을 미친 것은 샤머니즘이었다.

1. 부족사회의 형성과 구조

한국인의 조상이 부족사회를 이루며 살았다는 것은 움직일 수 없는 역사적 사실로 인정되지만, 그들이 누구이고, 그들이 어떤 지역에서 살았는가는 고금의 역사학에서 여러 학설이 분분한 주제이다. 여기서는 그 학설을 일일이 논하며 타당성을 가릴 겨를이 없다. 다만『삼국지 위서 동이전』(『三國志魏書東夷傳』)이 전하는 내용에 따라 한국인의 조상들이 한반도와 만주 일대에서 부여(夫餘), 고구려(高句麗), 옥저(沃沮), 읍루(挹婁), 예(濊), 한(韓) 등 여러 부족을 이루었다는 것을 짐작하는 것으로 족하다고 본다.

『동이전』이 집필되었던 AD 3세기 무렵에는 이미 철기 문명이 자리를 잡았고 부족사회는 원시 민군 공동체와 고대 국가 사이의 중간 단계에 있는 정치 공동체를 이루고 있었다. 일부 부족들은 왕과 부족장들로 구성된 지배 체제를 확립하였다. 군장들은 정복을 통해 지배 영역을 확장하였고 포로를 노예로 삼았다.[1] 부족들의 경제적 기반은 정착 농경이 지배적이었다. 토지의 경작은 마을 공동체를 이루는 씨족 단위의 공동경작과 대가족 단위의 경작이 병존했다.[2] 대규모 노동력이 일시에 투입되

---

[1] 부족사회에서 노예는 전쟁과 형벌의 부산물이었다. 전쟁에서 포로가 된 사람들과 살인의 죄를 저지른 자의 가족들이 노예가 되었다. 그러나 부족사회는 아직 노예제가 정착된 사회가 아니었다. 崔虎鎭,『韓國經濟史: 原始社會로부터 1945年까지』, 정정증보 중판 (서울: 박영사, 1981), 28.

[2] 이 시기에 대가족 단위의 경작이 나타났다는 것은 고구려 부족 지역에서 가족마다 곡식 등을 보관하는 창고인 부경(桴京)을 두었다는『동이전』의 기록에서 확인된다.『三國志魏書東夷傳』

는 일이 잦았던 농경의 특성상 씨족공동체 단위의 공동경작은 불가피했고, 공동경작은 강제성을 띠었다. 씨족공동체는 마을 공동체인 동시에 노동 공동체였고, 그런 점에서 두레 공동체였다. 농경 사회에서는 쟁기질과 같은 힘든 노동에 종사하는 남성의 여성에 대한 우위가 확립되었고 부계혈통주의와 가부장주의가 굳게 자리를 잡았다.

2. 샤머니즘을 통한 공동체 결속의 강화와 개인의식의 발현

부족사회를 지배하는 세계관은 샤머니즘이었다. 샤머니즘은 초월적인 실재가 현실의 세계에 영향을 미치는 힘이 있다는 세계관을 전제하고, 초월적인 실재와 현실의 세계를 매개하는 샤먼의 역할이 중요하다. 샤먼은 초월적인 실재가 정한 운명을 사람들에게 전달한 능력이 있고, 초월적인 실재의 힘을 빌려 현실의 문제를 타개할 방안을 제시할 능력이 있다고 여겨졌다. 따라서 전쟁이나 재난에 직면한 부족의 지배 세력은 샤먼의 신탁을 중시했다. 가뭄과 같은 대재앙이 통치자가 초월자의 뜻을 거슬렀음을 보여 주는 증거로 선언되면 그 통치자는 교체되거나 죽임을 당했다.[3] 샤먼의 정치적 역할이 커지면서 샤먼과 지배자가 하나의 행위자에게 통합하여 샤먼왕이 등장하기도 했다.[4]

샤머니즘은 풍요와 번영이 최우선 가치가 되는 농경 사회에 굳건한 뿌리를 내렸다. 풍년과 흉년은 초월적 실재의 작용이라고 믿었던 농경인들은 풍작을 가져다 준 초월적 실재에 감사하고 흉작을 가져온 초월적

卷三十 "高句麗: 家家自有小倉, 名之爲桴京."

[3] 『三國志魏書東夷傳』 卷三十 "夫餘: 舊＜夫餘＞俗, 水旱不調, 五穀不熟, 輒歸咎於王, 或言當易, 或言當殺."

[4] 단군이나 신라의 차차웅 등이 그러한 샤먼왕의 예로 여겨진다.

실재의 노여움을 풀어야 한다고 생각했다. 따라서 하늘과 땅을 잇는 샤먼은 무엇보다 중요한 인물이었고, 샤먼의 춤은 하늘과 땅을 잇고 하늘과 땅의 소통을 이루는 종교 의식으로 중시되었다. 부여의 영고(迎鼓)와 고구려의 동맹(東盟)에 관한 『동이전』의 기록에 따르면, 농경인들은 한 해의 농사가 끝난 뒤 한자리에 모여 연일 술과 음식을 나누며 밤새도록 춤을 추고 노래를 불렀다고 하는데, 그것은 샤먼의 춤에 따라 두레가 함께 춤을 추었다는 뜻이다.5 두레는 샤먼과 함께 춤을 추고 노래하면서 초월적 실재와 교통하는 경험을 했고, 마을 사람들이 어울려 술을 마시고 춤을 추면서 신들린 원시적 난장을 체험하며 공동체 의식을 다졌다.6 부여에서는 그러한 공동체 의식을 마친 뒤에 사람들이 감옥에 가서 옥을 부수고 죄인들을 방면했다고 하는데, 그것은 공동체 경계 바깥으로 내쫓은 죄인을 공동체 안으로 포용할 만큼 하나의 공동체를 이루려는 마음이 강했다는 뜻이다.7 바로 여기에 오랫동안 한국인을 강하게 결속하는 공동체주의의 원형이 나타난다. 사람들이 너와 나의 구별을 넘어서서 '우리'가 되는 것은 마을 공동체인 동시에 노동 공동체이기도 한 두레에 없어서는 안 되는 일이었고, 그러한 공동체 의식을 다지는 것은 신들린

---

5 『三國志魏書東夷傳』卷 三十 "夫餘: 以股正月祭天, 國中大會, 連日飲食歌舞, 名曰迎鼓"; 『三國志魏書東夷傳』卷 三十 "高句麗: 以十月祭天, 國中大會, 名曰東盟." 이 구절 바로 위에는 고구려 사람들이 노래하고 춤추는 것을 좋아하고 읍락에서는 남녀가 밤이 되면 함께 모여 춤을 추고 서로 즐거워한다는 이야기가 나온다: "其民喜歌舞, 國中邑落, 暮夜男女聚, 相就歌戲."

6 샤머니즘에서는 카오스가 생명력의 원천이다. 카오스가 코스모스로 분화하면서 생명력은 차차 고갈된다. 따라서 생명력을 회복하려면 그 원천인 카오스로 되돌아가야 한다. 원시적 난장은 바로 그 카오스로 돌아가는 제의적 과정이다. 김태곤, 『한국무속연구』(서울: 집문당, 1981), 169; 유동식, 『한국무교의 역사와 구조』(서울: 연세대학교출판부, 1975), 59ff.

7 『三國志魏書東夷傳』卷 三十 "夫餘"를 보면, "은나라 달력으로 정월에 하늘을 섬기는 제사가 벌어지는데, 그 큰 나라의 모임에서 사람들이 날마다 음식을 나누고 춤을 추고 노래한다. 이를 영고라 한다"(以股正月祭天, 國中大會, 連日飲食歌舞, 名曰迎鼓)는 구절 바로 다음에 "그때 형옥을 부수고 죄인을 해방했다"(於是時斷刑獄, 解囚徒)는 어구가 이어진다.

원시적 난장을 재현하는 종교 의식과 거기서 분화된 두레놀이였다.

3. 기복신앙과 개인의식

샤먼은 초월적인 실재의 힘을 빌려 개인과 가족의 길흉화복에 개입할 수 있다고 믿어졌기에 샤머니즘은 사람들의 마음에 기복신앙을 깊이 심어주었다. 사람들은 복을 빌어주고 재앙을 퇴치하는 샤먼을 단골로 정했고, 샤먼의 기복과 제액에 보답했다. 기복신앙은 기복과 제액이 개인과 가족에 갖는 절대적 의미로 인해 사람들을 사로잡는 멘탈리티의 심층을 형성했다.

부족사회에서 개인의 자기의식은 공동체주의와 운명 개인주의 사이에서 움직였다. 가족과 두레의 공동체적 결속이 개인의 생존을 뒷받침하는 물적인 기반이었던 사회에서 공동체가 개인에 앞선다는 생각이 개인의 마음에 새겨져 공동체주의가 지배적으로 나타나는 것은 지극히 당연하다. 그러나 공동체적 결속이 아무리 강하다 하더라도 개인이 다른 사람들과 구별된 존재라는 사실이 부정될 리 만무하고, 개인이 각기 다른 운명에 처할 수 있다는 것도 부정될 수 없다. 그러한 운명 개인주의를 의식하는 개인은 초월적인 실재의 힘을 빌려 자기와 자기가 속한 가족의 안위와 번영을 도모하고자 하는 기복신앙에 쉽게 사로잡히게 된다.[8]

---

8 샤머니즘은 오늘까지 민속문화를 통해서도 면면히 이어지고 있다. 서해숙은 민속문화가 제액 행위와 구복 행위로 압축된다고 보고, 그러한 민속문화에서는 개인주의와 공동체주의(집단주의)가 '상호 연동'된다고 본다. 서해숙, "민속문화에 나타난 개인주의와 집단주의의 성향과 변화," 「남도민속연구」 31 (2015), 159f.

4. 샤머니즘의 영향사

샤먼의 정치적 역할은 고대 국가가 수립된 이후 점차 그 영향력을 잃었다. 두레가 20세기 초에 이르러 해체되기 시작하여 전통적인 공동체주의 자체는 약화하였으나 공동체가 개인에 앞선다는 뿌리 깊은 공동체주의는 19세기 말 이래 민족주의와 국가주의를 손쉽게 받아들이게 하는 기반이 되었다. 샤머니즘적 기복신앙은 오늘에 이르기까지 한국인의 마음 깊이 뿌리를 내리고 있다. 기복신앙은 한정된 역량을 갖고서 불확실한 미래에 대처하기 어렵다고 느끼는 개인을 사로잡는 강한 힘을 발휘하기 때문이다.

II. 불교 전래 이후의 개인의식의 발전

불교는 고대 국가가 들어선 뒤에 전래하였고 지배 세력만이 아니라 민중에게서도 큰 호응을 얻었다. 불교는 한국인의 개인의식을 발전시키는 데 크게 이바지했다.

1. 불교의 전래와 왕권 강화

부족사회가 고대 국가로 발전하면서 한반도와 만주 지역에는 고구려, 백제, 신라 삼국이 들어섰다. 삼국 형성기에 왕은 부족들을 복속하여 온 강역을 지배하는 자였으나, 부족장들의 세력은 여전히 강했다. 왕은 부족장과 군신 관계를 맺었다. 왕은 그 대가로 부족장에게 부족에 대한 수조권을 부여했고 공납의 의무를 지웠다. 농민들은 부족 전래의 땅을 부쳐 살며, 현물 지대를 바치고, 부역에 동원되었다. 농민 계층 아래에는

노예 계층이 있었다.[9]

삼국이 발전하는 과정에서 왕들은 부족 세력의 도전을 억누르며 왕권을 강화하고 통치의 정당성을 확보해야 할 과제에 직면했다. 그것은 왕이 공납 체제, 치안 체제, 군사 체제 등을 갖추고 그 체제를 움직이는 군신 지배 체제를 구축하는 것으로는 해결될 수 없는 과제였다. 샤머니즘은 왕의 지배를 뒷받침하기에는 부족했다. 왜냐하면 샤머니즘은 부족장의 지배를 뒷받침하는 역할을 했기 때문이다. 왕의 지배를 뒷받침하는 이념을 제공한 것은 불교였다. 불교는 민간의 기복신앙과 쉽게 결합하였던 데다가 특유의 윤회사상으로 왕의 통치를 강화했다. 따라서 불교의 도입에 적극적인 것은 여전히 가장 영향력을 유지했던 부족장들이 아니라 그 부족장들을 복속하고자 하는 왕들이었다.[10]

고구려는 삼국 가운데 불교를 가장 먼저 받아들였다. 372년 소수림왕(小獸林王, 재위 371~384)은 전진(前秦) 왕 부견(苻堅, 재위 357~385)으로부터 불상과 불경을 전달받았고, 374년 진나라의 승려 아도(阿道, 생몰연대 미상)가 고구려에 왔다. 아도가 전한 불교는 대승불교였고, 업(業)과 연기(緣起)를 중심으로 한 구복 불교였다. 사람이 살면서 지은 업에 따라 그 대가를 반드시 치르게 된다는 가르침은 기복신앙을 가진 한국인들에게 손쉽게 수용되었다. 백제에 불교가 전파된 것은 384년이었고, 지방 부족들의 세력이 강하게 남아 있었던 신라에는 불교의 수용이 늦어져 529년 이차돈(異次頓, 506~527)의 순교가 일어난 뒤에야 불교가 자리를 잡았다.

불교의 윤회사상은 왕을 특별한 존재로 부각했다. 왕은 업보가 이어지는 억겁의 윤회를 거쳐 환생한 특별한 존재이기에 그 왕을 대신할 자

---

9 고대 국가에서 노예들은 전쟁, 형벌, 부채 등으로 인해 발생했다. 崔虎鎭, 『韓國經濟史: 原始社會로부터 1945年까지』, 39.

10 이기백, 『한국사신론』, 한글판 (서울: 일조각, 1999), 77.

는 없다. 인도의 아쇼카왕이 보여 준 바와 같이 왕이 불법에 따라 통치하는 것을 그 누구도 거슬러서는 안 된다. 따라서 불교의 윤회사상은 왕의 통치의 정당성과 안정성을 강력하게 뒷받침하는 효과를 발휘했다. 삼국 가운데 그러한 통치 이데올로기의 전형을 보여 준 국가는 신라였다. 신라 법흥왕(法興王, 재위 514~540)은 불교를 국교로 삼았고, 진흥왕(眞興王, 재위 534~576)은 부처가 가르치는 정법에 따라 나라를 다스린다는 전륜성왕사상(轉輪聖王思想)을 표방했다.[11] 삼국을 통일한 뒤 진평왕(眞平王, 재위 579~632) 등 신라 왕들은 왕이 곧 부처라는 왕즉불(王卽佛) 사상을 내세웠다.[12]

2. 수양 불교의 확산과 개인의식의 심화

수양 불교는 개인의 자기의식에 심대한 변화를 가져왔다. 수양 불교는 그동안 민간에 널리 수용되었던 구복 불교와는 그 지향과 성격이 달랐다. 구복 불교는 부처에게 귀의하면 기복제액이 이루어지고 개인이 지은 업보에 따라 지옥이나 극락에 처한다고 가르쳤기에 기복신앙에 사로잡혀 있었던 사람들의 자기의식에 큰 변화를 가져오지 못했다. 수양 불교는 타력에 의존하는 구복 불교와는 달리 개인이 자기 힘으로 깨달음을 얻어 해탈에 이른다는 것을 강조했다. 수양 불교가 민간에게 영향을 주기 시작한 것은 신라 고승 원광(圓光, 542~640)의 점찰법회(占察法會)와 이를 발전시킨 8세기 신라 고승 진표(眞表, 718~?)의 참회 집회였다.

---

11 윤세원, "진흥왕과 전륜성왕사상: 아쇼카 '따라하기'와 '넘어서기'를 중심으로," 「한국동양 정치사상사연구」 16/1 (2017), 8.

12 이자랑, "제정일치적 天降관념의 신라적 변용: 인도 아쇼까왕과의 비교를 중심으로," 「불교 학연구」 32 (2012), 374f.

점찰법회의 핵심은 귀계멸참(歸戒滅懺)이니, 그것은 부처의 본래 가르침으로 돌아가 자신이 지은 죄를 멸하는 참회의 길로 가라는 것이다.[13] 참회는 자기의 내면에 집중해서 아무에게도 드러나지 않은 죄를 스스로 살피는 것을 전제한다. 그러한 내면적 성찰의 주체는 그 누구도 아닌 자기 자신이다. 그 자기는 현실의 삶에서는 공동체적 결속에서 벗어날 수 없지만, 참회의 자리에서는 그 누구도 자기를 대신해서 참회할 수 없다는 엄연한 사실을 자각하지 않을 수 없다. 따라서 귀계멸참은 한국사에서 초월적인 실재에 기대어 복을 구하는 개인이 아니라 자기의 내면과 마주 서는 개인을 또렷이 부각하는 계기가 되었다.

원효는 원광과 진표의 귀계멸참에서 한 걸음 더 나아가 내면의 죄를 멸하고 부처의 가르침으로 귀의한 불자가 자기 내면의 자유에만 머물지 않고 중생을 해방하는 길로 나아가 실천할 것을 가르쳤다. 이처럼 참회와 보살행을 같은 동전의 양면처럼 결합하고자 한 것이 원효가 추구하는 대승육정참회(大乘六情懺悔)이다. 여기서 원효가 인간의 육정을 얽매는 억압에서 벗어나 해탈에 이르는 이치를 어떻게 설명하였는가를 살필 여유는 없다. 다만 참회와 보살행의 일치를 강조한 원효가 한국 종교에 일상 속의 영성을 추구하는 모범적인 선례를 보였다는 것에 유념할 필요가 있다.[14] 그러나 그러한 실천적 영성은 원효 당대는 물론이고 원효 이후의 시대에도 널리 받아들여지지는 않았다. 그것은 타력에 의지하여 현세에서 복을 받고 극락에 돌아가려는 사람들의 마음이 더 강했기 때문일 것이다.

---

13 진지영, "『대승육정참회』에 보이는 원효의 당시 참회문화 비평," 「동아시아불교문화」 30 (2017), 283f.
14 위의 글, 291.

3. 고려조 불교의 융성과 수양 불교의 발전

고려 시대에 불교는 크게 융성했다. 불교는 신라와 마찬가지로 고려에서도 국교였다. 왕은 과거를 통해 승려를 입직시키고, 승려의 위계 제도를 마련하고, 왕사와 국사를 최고위직 승려로 세워 왕을 자문하고 백성을 교화하는 책임을 맡겼다. 왕은 사찰에 방대한 규모의 토지를 하사했다. 불교는 고려 왕조에서 지배 세력에 속했고 독자적인 사원 경제를 운영하는 경제 세력이었다. 사찰은 사원전에 대한 수조권을 행사하여 엄청난 부를 축적하였으나 세금을 내지 않았고, 희사와 겸병을 통해 토지를 늘렸으며, 노비를 부렸다. 사원 경제는 그 수탈적 성격과 팽창적 성격으로 인해 시간이 갈수록 큰 폐해를 일으켰고 고려 중기 이후 혁파의 대상으로 지목되었다. 조선조가 들어서자 억불 정책을 쓰고 사원전을 몰수한 것은 사원 경제의 폐해가 얼마나 컸는가를 잘 보여 준다.

고려의 불교는 크게 교종과 선종으로 구별되었고, 그 두 갈래에는 수많은 종단이 있었다. 교종은 경전 연구를 통해 불법을 깨닫는 것을 중시했고, 선종은 선을 통해 수양하는 것에 방점을 찍었다. 교종과 선종은 깨달음에 이르는 방법의 차이로 인해 크게 대립했다. 종교의 통일이 국가의 안정에 필요하다고 생각한 왕들은 국사를 내세워 교종과 선종의 통합을 추구했다. 여기서 이를 자세하게 살필 겨를은 없다. 다만 불교가 개인의 자기의식의 발전에 크게 이바지한 것은 개인이 깨달음의 주체이고 깨달음과 수양이 같이 가야 한다는 것을 가르쳤기 때문이라는 점을 강조할 뿐이다.

그러한 가르침은 경전 연구에 힘쓰되 선을 통한 깨우침을 게을리하지 말라는 대각국사 의천(大覺國師 義天, 1055~1101)의 교관병수(教觀並修) 사상에서도 나타나지만,15 불일보조국사 지눌(佛日普照國師 知訥, 1158~1210)의 돈오점수(頓悟漸修) 사상에서 가장 또렷하게 나타났다. 돈오점수는 번뇌에서 벗어나 해탈에 이르는 이치를 곧바로 깨닫는다(頓悟)고 하더라도 꾸준히 마음을 닦는 수양을 통해 점진적으로 완성에 이른다(漸修)는 가르침이다. 마음의 실상을 깨닫는 돈오는 수행의 출발점이지 그 완성이 아니라는 것이다. 돈오점수는 깨우침(戒)과 번뇌에서 벗어나는 마음 닦음(定)을 통해 만물의 실상을 있는 그대로 보는 경지(慧)에 이르는 정혜쌍수(定慧双修)의 길이다. 지눌은 그러한 수양의 길을 세 가지로 제시했다. 돈오를 한 뒤에 깨우친 마음을 끝없이 닦는 길, 돈오 없이 점수를 통해 마음을 닦으며 깨우침에 이르는 길, 돈오와 점수 없이 해탈에 이르는 단도직입의 길이 그것이다. 지눌이 이처럼 수양의 길을 다양하게 제시한 것은 모든 사람을 자기 역량에 따라 여러 가지 방식으로 자기 내면을 응시하고 성찰하는 주체로 세우고자 함이었다.[16]

4. 불교의 영향사

불교가 삼국에 도입된 이래 불교는 왕권을 강화하고 민간에 구복 불교의 형태로 자리를 잡았다. 통치의 정당성을 제공하고 기복신앙과 친화성을 가진 불교는 개인의식을 발전시키고 심화하는 데 큰 역할을 하지 못했다. 개인의 자기의식을 심화시킨 것은 통일 신라 말기에 귀계멸참을 강조하며 민간에 영향을 미치기 시작한 수양 불교였다. 수양 불교는 고려조에 들어와 불법의 깨달음과 끝없는 수양을 강조한 돈오점수로 심화하였다. 불교를 국교로 삼은 고려조에서 불교는 정치 세력인 동시에 경제 세력으로서 여러 가지 폐단을 일으켰음에도 불구하고 자기 내면을

---

15 강건기, "지눌의 돈오점수 사상," 「인문논총」 15 (1985), 46.
16 위의 글, 57, 65.

직시하고 성찰하는 주체를 정립하는 빛나는 성과를 이룩했다. 개인이 자기 성찰의 주체라는 의식은 유교를 통치 이념으로 삼은 조선왕조에서 성리학자들과 실학자들에게서 다른 방식으로 강화되었다.

III. 유교와 개인의식

유교는 삼국시대에 전래한 이래 충, 효, 의, 신과 같은 윤리적 덕목의 사회적 영향과 정치적 영향으로 인해 통치의 방편으로 주목되었다. 주자학이 수용된 이래 유교는 한국인의 세계관과 가치관을 형성하는 데 크게 이바지했고 불교와는 다른 방식으로 개인을 자기 성찰의 주체로 삼는 수양 전통을 세웠다.

1. 유교와 통치 제도

1) 유교는 사람들의 관계를 규율하는 독특한 가르침으로 인해 통치와 질서의 규범 체계로 인식되었고 통치자들의 각별한 관심을 끌었다. 유교가 삼국에 도래한 뒤에 통치자들은 유교 덕목의 사회적 효용과 정치적 효과를 중시하여 태학이나 국학 같은 학교를 세워 유교 경전 연구를 촉진했다. 유교의 덕목이 엘리트 계층에 널리 수용되었다는 것은 화랑도의 세속오계에서 뚜렷이 드러난다. 세속오계에서 사군이충(事君以忠), 사친이효(事親以孝), 교우이신(交友以信)은 유교에서 온 윤리 규범이다.[17] 그러

---

[17] 세속오계의 나머지 두 규범 중 임전무퇴(臨戰無退)는 군인의 본분을 가리킨다는 점에서 유교가 중시하는 의의 덕목과 무관하지 않다. 살생유택(殺生有擇)은 불교의 규범으로 볼 수 있다.

나 신라 통일 말기까지 유교는 통치 질서로 제도화되지 않았다.

2) 고려 시대에 유교는 통치 체제의 골격을 형성하는 데 이바지했다. 유교적 통치 체제는 유교적 교양을 갖춘 지식인 중심의 관료 체제를 확립하는 과정을 통해서 이루어졌다. 유교적 관료 체제는 전시과(田柴科)와 관료 등용의 관문인 과거제 위에 세워졌다. 전시과는 왕이 관료들에게 돌아갈 땅을 품계에 따라 지정하여 그 땅에 대한 수조권을 부여하는 제도였다. 그것은 강역 전체가 왕의 소유라는 왕토사상이 제도적으로 완전히 실현되었음을 뜻했다. 전시과는 고려 왕조가 안정기에 접어들었던 976년 경종(景宗, 재위 975~981)에 의해 도입되었다.[18] 과거제는 전시과보다 더 이른 시기인 958년 광종(光宗, 재위 949~975)에 의해 수립되었다. 과거제는 공훈 가문이나 관료 가문 출신의 자제를 관리로 등용하던 음서제(蔭敍制)를 폐지하고 경향 각지에서 인재를 그 실력에 따라 등용하는 일대 혁신책이었다. 그것은 어쩌면 우리 시대에 맹위를 떨치는 능력주의의 원형과 같은 것이지만, 그 폐해도 만만치 않았다. 과거를 통해 관료가 되고자 하는 사람들은 유교 경전 학습에 몰두하도록 강제되었다. 그들에게는 유교 경전과 그 주석 이외에 다른 지식은 별 의미가 없었다. 과거제는 지식인들을 유교적 세계관과 가치관에 가두고 유교적 통치 규범에 길들였다. 그것이 과거제가 통치 기술로서 발휘하는 효과였다. 그러한 효과는 조선조 말기에 과거제가 폐지될 때까지 유지되었다.

---

18 전시과의 확립은 고려가 지방호족이 할거했던 후삼국 시대의 분열과 혼란을 수습하고 통일왕국을 창건한 뒤 60년이 지나서야 땅에 대한 왕의 총체적 소유권을 비로소 확립하였음을 보여준다. 崔虎鎭, 『韓國經濟史: 原始社會로부터 1945年까지』, 88f.; 趙璣濬, 『韓國經濟史新講』 (서울: 일신사, 1994), 103f.

3) 주자학이 고려말에 도입되자 일부 유교 지식인들은 주자학의 가르침에 따라 유교적 세계관과 가치관을 정교하게 가다듬고자 했다. 그들이 바로 신진 사대부이다. 그들은 『사서집주』(四書集註) 연구를 통해 성리학을 발전시켰고, 『가례』(家禮)를 수용하여 유교식 상례와 제례를 거행하고 가묘(家廟)를 설치하기 시작했다. 성리학은 우주 만물의 생성소멸과 사람이 살아가는 이치를 이와 기의 작용으로 설명했고, 그 이치를 현실에서 구현하고자 했기에 참된 지식과 거짓된 지식을 엄격하게 가리려는 경향이 강했다. 정통과 이단을 가르고 명분과 의리를 따지는 태도는 고려 말기에 불교와 도교를 배척하고 성리학의 세계관에 따라 새 왕조를 세우고자 하는 운동을 자극했다. 새로운 왕조에서는 성리학의 원리에 따라 가족을 바르게 세우고, 사회질서를 수립하고, 국법을 제정해야 했다. 그러한 신념을 가진 사대부가 주동이 되어 1392년 역성혁명을 통해 창건한 나라가 조선이다.

조선왕조의 제1통치 원리는 성리학의 원리에 따라 가족, 사회, 국가의 질서를 세우는 것이었다. 그것은 태조(太祖, 1392~1398)가 즉위 교서에서 성리학의 예법에 따라 관혼상제를 거행하라고 선언한 데서 또렷하게 알 수 있다. 모든 질서의 토대는 삼강오륜(三綱五倫)이었다. 삼강은 가장 기본적인 질서이다.[19] 그것은 군신, 부자, 부부 사이에서 엄격하게 준수되어야 할 상하의 위계질서이다. 위는 아래에 모범을 보이고 아래는 위에 복종하는 것이 그 위계질서의 도리이다. 그 도리는 충(忠), 효(孝), 열(烈)로 나타난다. 충신, 효자, 열녀는 삼강의 도리에 충실한 모범이다. 오륜은 그러한 상하 위계질서를 전제로 해서 사람들 사이의 관계를 형성할 때 준수해야

---

19 1431년 세종(世宗, 재위 1418~1450)은 집현전(集賢殿)에 지시해서 『삼강행실도』(三綱行實圖)를 편찬하게 했는데, 그 서문에 삼강을 다음과 같이 설명했다: "천하의 공통된 도(道)가 다섯인데, 삼강(三綱)이 맨 위에 있으니 실지로 경륜의 큰 법이요, 모든 교화의 근원이다."

할 규범이다. 아버지와 아들 사이에서는 친(親), 군주와 신하 사이에서는 의(義), 부부 사이에서는 별(別), 나이 든 사람과 어린 사람 사이에서는 서(序), 친구들 사이에서는 신(信)이 마땅히 지켜져야 할 규범이다.

조선왕조는 정치가 삼강오륜의 정신에 따라 이루어지되, 그 정치를 법으로 뒷받침하고자 했다. 그것은 군주의 자의적 통치를 억제하고 법에 따른 통치를 중시한다는 뜻이다. 태조는 정도전(鄭道傳, 1342~1398)에게 『조선경국전』(朝鮮經國典)을 마련하여 조선의 건국 이념을 천명하고 주요 법전을 정비하게 했다. 조선의 법전은 진화를 거듭해서 1470년 성종(成宗, 재위 1469~1494)은 조선의 기본 법전인 『경국대전』(經國大典)을 반포했다.[20]

조선조에서 성리학은 교육의 기본이었고, 성리학을 학습한 사대부들은 16세기에 이르러 조선 사회의 지배 세력을 형성했다. 그들이 사림(士林)이다. 그들은 과거를 통해 중앙 관직에 진출했고 향약을 통해 향촌 사회를 지배했다. 향약은 성리학에 따른 통치, 곧 도학 정치를 표방한 조광조(趙光祖, 1482~1520)가 향촌의 신민에게 유교의 규범을 교화하고 그 규범에 따라 향촌 사회를 규율하기 위해 제정한 뒤에 사림이 나서서 모든 향촌 사회에 확산했다. 향약의 핵심 규범은 덕업상권(德業相勸), 과실상규(過失相規), 예속상교(禮俗相交), 환난상휼(患難相恤)이었다. 향약은 삼강오륜의 질서가 조선 사회에 깊이 침투하게 했고 사림의 향촌 지배를 강력하게 뒷받침했다.

4) 성리학은 하늘이 각 사람에게 맡은 일을 정하여 준다는 정명론을 내세워 신분제를 공고화했다. 조선 사회는 정명에 따라 사농공상(士農工

---

20 정연주는 『경국대전』이 전서의 성격을 띠고 있다고 주장하고, 그 의미를 다음과 같이 정리하고 있다: "조선은 예치의 기본 이념인 예·악·형·정이 포함된 전서(典書)를 편찬하고 치국(治國)의 도구로 삼음으로써 예치국가를 표방한 것이다." 정연주, "조선 典書로서의 『경국대전』 성격과 그 의미," 「한국사연구」 189 (2020), 73.

商의 구분이 엄격한 신분제 사회였다. 사농공상의 신분제 바깥에는 천인이 있었다. 천인에는 노비, 승려, 백정, 무당, 광대, 상여꾼, 기생 등 일곱 부류가 있었다. 그 가운데 가장 많은 수효를 차지한 것은 노비였다. 노비의 수효는 이미 1461년 세조(世祖, 재위 1455~1468)가 『경국대전』 「형전」에 부모 가운데 한 사람이 노비이면 그 자손을 천인으로 삼는다는 일천즉천(一賤卽賤)을 규정함으로써 기하급수적으로 늘어나 15세기부터 17세기에는 전 인구의 35% 이상이 노비 신분이었다.[21]

성리학은 조선조 초기부터 가부장적 가족 질서를 강화하였다. 성리학이 가다듬은 제사 규정인 가례는 부계 혈통 중심주의를 분명히 하였기에 여성을 제사에서 배제하였다. 삼강오륜이 부인의 남편에 대한 종속을 확정하고 오륜의 하나인 부부유별이 가족관계에서 엄격한 성역할 분담을 고정함으로써 가부장주의는 공고한 기반 위에 세워졌다. 성리학이 중시한 『공자가어』(孔子家語)는 『예기』(禮記) 「내칙」(內則)에 나오는 '부순'(婦順) 개념을 삼종지도(三從之道)로 벼려서 여성의 종속을 더할 나위 없이 강화했다. 남편이 부인을 임의로 버릴 수 있는 요건을 열거한 칠거지악(七去之惡)은 남편 앞에서 여성의 행위를 속박하는 효과를 발휘하기에 부족함이 없었다. 『경국대전』 「호전」(戶典)은 재산의 상속에서 남녀 균등 분할의 원칙을 명시했고, 지참금을 가지고 온 부인의 재산은 시가(媤家)의 재산으로 귀속되지 않도록 규정했지만, 종법 제도가 강화하면서 그 규정은 유명무실해졌다.[22]

성리학의 나라 조선왕조는 성리학을 공부하여 관직에 나아가는 사람

---

21 『경국대전』 「형전」의 일천즉천 규정은 노비 공급과 수요의 상황적 변화에 따라 종부법이나 종모법 등으로 여러 차례 변경되었다고 한다. 임학성, "조선시대 奴婢制의 推移와 노비의 존재 양태: 동아시아의 奴婢史 비교를 위한 摸索," 『역사민속학』 41 (2013) : 77-82.

22 이헌창, "조선시대 재산권·계약제도에 관한 試論," 『경제사학』 56 (2014), 9.

에게 땅을 하사했다. 그것이 과전제(科田制)다. 과전제는 고려 중기 이후 사전(私田)의 확대와 토지 겸병으로 극도로 문란해진 토지제도를 혁파하는 측면이 있었지만, 그 본질은 지배 계급의 물적 기반을 보장하는 것이었다. 과전제는 고려조의 시전제와 형식적인 측면에서 비슷했으나, 왕이 관료들에게 하사한 수조권이 세습되도록 설계되었다는 점에서 본질적인 차이가 있었다.[23] 그러한 과전제는 여러 가지 문제를 안고 있었다. 과전제는 관료들에게 나누어줄 땅을 부족하게 만들었고, 수조권을 둘러싸고 지배 세력 사이에 격렬한 투쟁이 나타날 수밖에 없게 했다.[24] 지배 세력들은 파당을 짓고 정치적 사안을 놓고 투쟁하였고, 그 투쟁에서 승리한 파당은 패배한 파당의 기득권을 박탈하는 삶과 죽음을 건 싸움을 마다하지 않았다. 그 싸움은 정통과 이단을 엄격하게 구별하는 성리학적 사고로 인해 한 치의 양보 없이 치열하게 전개되었다.

2. 성리학의 수양 전통

성리학은 통치 질서만이 아니라 수신도 중시했다. 수신(修身)은 제가(齊家), 치국(治國), 평천하(平天下)의 기본으로 여겨졌다. 사림은 성리학의 수신 교범인 『소학』(小學)을 공부하고 그 규범에 따라 말과 행위를 다스려 다른 사람에게 수신의 모범을 보이는 것이 군자의 의무라고 생각했다. 수신은 사물의 이치를 연구하고 터득하여(格物致知) 몸과 마음을 다스리는 것이니, 사단(四端)에 따르고 칠정(七情)을 다스리는 사단칠정이 유

---

23 崔虎鎭, 『韓國經濟史: 原始社會로부터 1945年까지』, 136.
24 관료들에게 나누어줄 땅이 부족하자 과전제는 세조 12년(1466년) 폐지되고 현직 관리에게만 수조권을 부여하는 직전제(職田制)로 전환되었다. 趙璣濬, 『韓國經濟史新講』, 165f. 그렇다고 해서 이미 세습된 과전이 환수된 것은 아니다.

교적 수신의 핵심으로 인식되었다. 사단은 측은지심(惻隱之心), 수오지심(羞惡之心), 사양지심(辭讓之心), 시비지심(是非之心)이고, 유교가 가장 중시하는 네 가지 덕, 곧 인의예지(仁義禮智)의 발로이다. 칠정은 희(喜), 노(怒), 애(哀), 구(懼), 애(愛), 오(惡), 욕(欲)이고, 사람과 사물에 접할 때 떠오르는 감정이다. 그 감정을 잘 다스려 마음의 평정을 유지하는 것이 곧 수신의 요체였다. 수신의 주체는 그 누구도 아닌 개인이다. 개인은 분별하고 자제하고 행위하는 주체이고, 그 주체의 역량은 수양을 통해 커간다는 것이 성리학적 도덕 이론의 전제였다. 수양의 주체인 개인을 부각한다는 점에서 유학의 수신은 불교의 돈오점수와 맥이 통한다.

성리학은 수양의 실천을 강조하는 데 그치지 않고 도덕의 형이상학적 기초를 놓는 데도 열중했다. 일찍이 주자는 "사단은 이의 발현이요, 칠정은 기의 발현이다"(四端是理之發 七情是氣之發)라고 가르쳤다.25 주자의 가르침은 사단과 칠정을 구별하고 그 연원이 각기 다르다는 것을 지적한 것이지만, 그 가르침은 이와 기의 관계에 관한 논쟁을 불러일으켰다. 논쟁이 계속되면서 이는 우주 만물의 본질과 이치 같은 것으로 여겨지고, 기는 물질적 소재와 그 작용 같은 것으로 여겨져, 마침내 이와 기의 관계는 동양 형이상학의 내용과 형식을 규정할 정도로 중요한 논쟁거리가 되었다. 주자학이 성리학이라는 이름을 가진 것은 바로 그 때문이다. 이와 기의 관계는 조선 성리학에서도 가장 큰 논쟁점들 가운데 하나가 되었다. 그 논쟁은 이황(李滉, 1502~1571), 기대승(奇大升, 1527~1572), 이이(李珥, 1536~1584)를 통해 전개되기 시작하여 오랫동안 계속되었다.26 이황은 이기이원론(理氣二元論)에

---

25 주희의 이기론에 관해서는 김혜수, "주희 윤리설의 기본원리에 관한 연구," 「양명학」 54 (2019), 382f.

26 퇴계, 고봉, 율곡이 이기론에 관해 벌인 논쟁을 알기 쉽게 정리한 논문으로는 조첨첨, "'호발'에 대한 퇴계·고봉·율곡의 인식 비교연구: 주자의 '四端是理之發 七情是氣之發'에 대한 해석

입각하여 주리론(主理論)을 펼쳤다. 이가 발현하면 기가 그것을 따르고 기가 발현하면 이가 기에 올라탄다는 것이다. 기대승은 기일원론(氣一元論)을 펼쳤다. 기가 발현하고 나서야 비로소 이가 비로소 그것에 올라탄다는 것이다. 이이는 기대승의 관점을 기본적으로 따르면서도 이의 근원성을 주장하여 이황과 기대승의 주장을 절충했다. 기가 발현하고 나서 이가 기에 올라타지만, 기의 발현 그 자체가 이에 근거한다고 주장한 것이다.

이와 기의 관계에 관한 논쟁이 치열하게 전개한 것은 조선 성리학에서 수양론이 그만큼 중시되었다는 뜻이다. 이와 기의 관계를 규정하는 방식에 따라 수양의 강조점이 달라질 수 있기 때문이다. 이와 기의 관계에 관한 논쟁은 시간이 지날수록 수양론의 틀에서 벗어나 공리공담으로 흐르는 경향도 있었다. 그러나 논쟁의 전개 과정에서 기가 중시된 것은 성리학을 넘어서서 실학과 근대적 세계관으로 나아갈 수 있는 문이 조금씩 열린다는 신호이기도 했다.

3. 성리학의 영향사

조선은 성리학을 국시로 삼았다. 삼강오륜은 가족 질서, 사회질서, 국가 질서의 토대였다. 조선 사회를 구성하는 핵심 기구인 가족, 향촌, 국가는 유교 규범에 따라 규율되었고, 그러한 규율을 뒷받침한 것이 『경국대전』과 향약이었다. 조선 사회에서 개인은 가족의 울타리를 떠나서는 생존할 수 없었고, 가족과 더불어 향약을 통해 규율되었으며, 중앙 정부와 지방 정부를 통해 왕의 통치 아래 놓였다. 따라서 그 어떤 개인도 유교 규범의 지배에서 벗어날 수 없었다. 유교적 가족주의와 가부장주의와 충군주의는 조선조 말에 이르기까지 사람들의 의식을 지배했다.

을 중심으로," 「양명학」 55 (2019) : 159-190.

성리학은 통치와 질서의 이데올로기일 뿐 아니라 개인의 수양도 강조했다. 성리학은 사리를 분별하고 이치에 맞게 몸과 마음을 다스리는 주체로서 개인을 부각했다. 따라서 조선 사회에서 개인은 가족과 향촌과 국가에 통합된 구성원으로서 중층적인 규율의 그물 안에 있지만, 자기의 내면을 성찰하고 도덕적 역량을 최대로 개발하는 수양의 주체로서 서 있다고 생각되었다. 그것이 조선에서 도덕적 자율주의가 높은 수준에서 구현되는 까닭이었다.

조선 사회는 과전제를 확립함으로써 성리학적 교양을 갖춘 지배 계급의 물적 기반을 마련했고, 성리학을 통해 신분제와 여성 예속을 공고하게 구축했다. 따라서 과전제를 중심으로 한 토지제도가 침식하고, 신분제가 동요하고, 여성 예속이 당연한 것이 아니라는 인식이 싹튼다면, 조선 사회는 해체의 길로 갈 수밖에 없었다.

IV. 후기 조선 사회의 위기와 새로운 개인의식의 대두

후기 조선 사회는 토지 소유 관계의 변화와 신분제의 동요를 겪으며 해체 위기에 직면했고, 청을 통해 천주교와 서양 문물이 유입하면서 조선 사회를 사상적으로 결속했던 성리학적 세계관은 큰 충격을 받았다. 그러한 상황에서 개인의 자기의식에도 변화가 나타났다.

1. 토지 소유 관계의 변화

임진왜란(1592~1598)으로부터 병자호란(1636~1637)에 이르는 시기에 조선 사회는 극심한 혼란과 위기를 겪었다. 수많은 인명이 살상되고 전답은 황무지로 변했다. 임진왜란 이전에 170만 8천 결에 달했던 경작지는 임진왜란이 끝난 뒤에는 54만 1천 결로 3분지 1 이하로 줄어들었다.[27] 과전제 운영의 근거인 수조권 대장이 소실되고 수조권자가 아예 사라지는 경우도 흔했다. 따라서 중앙집권적인 토지제도는 거의 허구화되었다.

그러한 혼란 상황에서 토지의 사유화가 크게 진전되어 종래의 수조권 세습 제도와는 전혀 성격을 달리하는 토지 소유 제도가 자리를 잡기 시작했다. 그것은 지주의 등장이었다. 지주가 등장하는 경로는 크게 세 가지였다. 하나는 지배 계급이 수조권 대장이 사라졌거나 수조권자가 실종된 땅을 차지한 뒤 정부와 무관하게 된 그 땅을 사유화하고 그 땅을 부치던 농민을 소작인으로 삼는 경우였다. 또 하나는 새로운 경지를 개간하거나 황무지로 변한 땅을 개간한 자에게 일정 기간의 무상 경작과 전세 면제 혜택을 부여한 정부의 조처에 힘입어 부를 축적한 농민이 지주로 등장하는 경우였다. 마지막 하나는 17세기 말부터 화폐경제가 발달하면서 땅값을 쳐주고 토지를 매입하여(給價買土) 토지를 소유하는 경우였다. 그렇게 해서 땅을 소유하는 자들은 주로 고리대금업자들과 상인들이었다.[28] 농민들 가운데는 그렇게 지주가 되는 사람들이 있는가 하면, 빚을 지거나 해서 땅을 잃고 소작인으로 전락하는 사람들이 있었다. 그로 인해 농민들 가운데서도 지주-소작인 관계가 성립되었다. 지주-소작인 관계가 성립된 땅에서는 지대와 부역 노동이 소작인에게 한층 더 가혹하게 부과되었다.[29]

지주-소작인 관계의 확산으로 인해 지주 수중에는 부가 축적되었다. 17세기 후반부터 화폐경제가 발전함에 따라 지주들은 고리대업에 나서서 더 큰 부를 축적할 기회를 얻었다. 그것은 자본주의 경제가 태동하고 발전하는 데 필요한 자본이 민간에 축적되기 시작했다는 뜻이다.

27 崔虎鎭, 『韓國經濟史: 原始社會로부터 1945年까지』, 143.

28 趙璣濬, 『韓國經濟史新講』, 177-179.

29 崔虎鎭, 『韓國經濟史: 原始社會로부터 1945年까지』, 142-146.

2. 신분제의 동요

양란 이후 신분제는 크게 동요했다. 전쟁으로 인한 경작지의 축소는 토지의 배분을 둘러싼 지배 세력 내부의 파당적 투쟁을 격화했고 정쟁에서 진 파당은 몰락했다. 그들은 그동안 누려왔던 모든 특권을 잃었다. 양반 계층은 시간이 갈수록 늘어갔고, 그들이 수조권을 행사할 수 있는 땅은 점차 줄어들었고, 마침내 땅이 전혀 없는 양반도 나타났다. 땅이 적은 양반은 수조권을 행사하는 대신 자기에게 할당된 땅을 경작하는 사실상의 자작농이 되거나 그런 땅조차 없으면 소작농으로 전락했다. 반면에 부를 축적하여 지주가 된 농민들은 그들의 지위를 높이거나 군역과 부역을 피하려고 양반의 지위를 돈으로 사들이는 경우가 많았다. 그래서 조선 후기에는 양반의 수가 급격히 늘어나는 현상이 발생했다.

조선 후기에 나타난 신분제의 동요는 정명에 따라 신분이 구분된다는 논리를 내세워 신분제를 공고하게 구축한 성리학을 무색하게 만들었다.

3. 천주교의 유입과 정약용의 수양 이론

천주교가 유입되면서 조선인의 전통적 세계관은 큰 충격을 받게 되었다. 천주교를 받아들인 조선인들은 자기의식의 변화를 겪었다. 그러한 자기의식의 변화를 성찰하며 자유의지를 지닌 행위 주체인 개인을 도덕철학과 공동체 윤리의 중심에 놓은 학자가 정약용(丁若鏞, 1762~1836)이다.

1) 병자호란 이후 청나라와 교류가 확대하면서 청으로부터 천주교와 서양 문물이 유입되기 시작했다. 천주교와 서양 문물에 접한 사람들은 성리학과 전혀 다른 세계관에 충격을 받았고, 서양 문물을 받아들여 낙후

한 조선을 쇄신하고 발전시키려고 마음을 먹었다. 지식인들은 형이상학적 공리공담으로 치닫는 성리학을 내재적으로 비판하고 현실의 문제를 해결하는 데 도움이 되는 실질적인 학문을 추구했다. 그것이 실학이다.

천주교는 빠른 속도로 조선의 지식인들과 민중을 사로잡았다. 지식인들은 동아리를 지어 천주학을 연구하여 그 논리를 터득했고, 이를 성리학과 비교했다. 그러한 지식인들 가운데 일부는 천주교로 개종하기도 했다. 조선 민중은 천주를 쉽게 받아들였다. 그들은 길흉화복을 주재하는 하늘을 우러러 섬기는 경천사상을 가졌기에 천주가 사람을 굽어살피는 하늘님이라는 것을 받아들이는 데 어려움이 없었다.

천주교는 사람들이 천주 앞에서 한 개인으로 선다고 가르쳤고, 그 점에서는 양반과 상놈의 차별이 없고 남성과 여성의 차별이 없다고 가르쳤다. 사민이 평등하다는 천주교의 가르침은 오랫동안 억압과 차별을 받았던 상놈과 여성들에게 기쁜 소식이었다. 그 가르침을 접한 사람들은 천주교에 귀의하여 천주교도들은 19세기 말에 전국 여러 곳에서 큰 규모에 이르렀다.

모든 사람이 천주 앞에서 평등하다는 천주교의 가르침은 조선 사회의 신분제와 가부장주의적 가족제도를 흔들었다. 남녀가 같이 교리교육이나 천주교 집회에 참석하는 일은 당대 내외법을 부정하는 것이었고, 동정과 독신을 허용하는 종교적 관행은 가문의 대를 잇는 조선의 전통을 거부하는 것이었다.[30] 그러한 경험은 가부장적 가족 관계에서 억눌렸던 여성들이 전통에 저항하고 새로운 삶을 추구할 마음을 갖게 했다.

2) 정약용의 사천학(事天學)은 천주교가 조선인의 자기의식을 형성하

---

30 이에 관한 상세한 예증 자료들에 관해서는 김옥희, 『천주교여성운동사』 I (서울: 한국인문과학원, 1983), 120-124, 143-150.

는 데 얼마나 큰 영향을 미쳤는가를 잘 보여 준다. 정약용은 천주학을 접하면서 성리학의 천리(天理) 개념을 배격했고, 주재천(主宰天)인 천주 앞에서 홀로 삼가는(愼獨) 수양의 길을 제시하고, 유교 경전으로 돌아가 충(忠)과 서(恕)를 새김으로써 새로운 윤리 강령을 제시했다.

첫째, 정약용은 천주학에 접하면서 천주를 하늘의 주재자, 곧 주재천으로 파악했다. 천주는 사람을 굽어살피고 사람에게서 경배받는 하늘님이니, 조선인들에게 익숙한 바로 그 하늘님이다. 그는 주재천을 자연으로서의 하늘(自然天)이나 우주 만물의 운행을 지배하는 이법으로서의 하늘(理法天)과 구별했다. 그것은 그가 성리학의 천리(天理) 개념에 비판적인 거리를 두었다는 뜻이다. 그는 성리학이 전개하는 이와 기의 관계에 관한 사변을 갖고서는 주재천을 인식하고 주재천과 관계를 맺는 인간을 제대로 이해할 수 없다고 생각했다. 그는 주재천 앞에 서 있는 인간을 출발점으로 삼고 사상을 펼쳤다.[31]

둘째, 정약용이 주재천 앞에 서 있는 인간에 초점을 맞추었다는 것은 어떤 면에서는 그가 신앙의 경지에 들어섰음을 시사하기도 하지만, 인간의 자기의식이 첨예하게 드러나는 수양의 측면에서도 매우 중요하다. 주재천은 언제 어디서나 사람을 굽어살피기에 주재천의 눈을 피할 수 없다. 주재천 앞에 서 있는 사람은 주재천을 속일 수 없고 자기 자신도 속일 수 없다. 그러한 이중의 눈길을 의식하는 사람은 아무도 보지 않는 골방에 홀로 있다고 해도 말과 행동을 스스로 삼가지 않을 수 없다. 정약용은 주재천 앞에 서 있는 사람의 태도에 견주어 『중용』의 군자신독(君子愼獨)을 음미했다. 주재천은 사람을 굽어살피고 사람이 도리에 따라 살아가라고 명령하는 분이니 사람은 자기 자신이 그 명령을 받아들여 그

---

31 금장태, "다산의 사천학(事天學)과 천주교 교리의 활용," 「교회사연구」 39 (2012): 16-18.

명령에 따라 살아가고 있는가를 끝없이 돌아보지 않을 수 없다. 그것이 천명과 신독을 서로 아우르는 수양의 삶이다. 수양은 천명의 수행을 성찰하는 주체로서의 개인, 곧 주재천 앞에 서 있는 개인을 전제한다.

셋째, 정약용은 그러한 성찰의 주체를 이성적 주체로 설정하였고 이성은 오직 인간에게만 주어져 있다고 생각했다. 그는 이기론 논쟁의 연장선에서 당대의 성리학자들이 인성(人性)과 물성(物性)의 동일성 여부를 놓고 벌인 논쟁[32]을 의식하면서 금수와는 달리 오직 인간만이 사리를 분별할 능력을 지니고 태어난 영명한 존재라고 주장했다. 그러한 분별력이 있기에 인간은 하늘이 정한 이치를 깨닫고 그 이치에 따르는 삶을 살 수 있다. 그런데 그 인간은 이성만을 지닌 존재가 아니라 의지를 지닌 존재이고, 그 의지는 자기가 하고 싶은 것을 하려는 본성이다.[33] 그러한 의지를 지닌 인간은 자기가 하고 싶은 것을 선택할 자유[34]가 있다. 인간은 하늘이 정한 이치에 따라 살아갈 마음을 가질 수도 있고, 그것을 거스르며 살아갈 마음을 가질 수도 있다. 그렇기에 인간은 의지를 제어해서 이성이 터득한 도리에 따라 살아가려고 노력해야 한다.[35] 여기서 정약용은 얼핏 보기에 이가 기를 다스려야 한다는 성리학적 사유에 따라 도덕 이론을 전개하는 듯하

---

32 이 논쟁이 바로 18세기의 이학(理學) 논쟁이다. 그 논쟁의 한 축을 대표하는 김원행(金元行, 1703~1772)은 인성과 물성이 동일하다고 주장했고, 따라서 모든 사람의 인성도 동일하다고 생각했다. 또 다른 한 축을 대표하는 한원진(韓元震, 1682~1751)은 인성과 물성이 다르며 사람의 인성도 동일한 것이 아니라는 주장을 펼쳤다. 박학래, "渼湖 金元行의 性理說 研究 — 18세기 중반 洛論의 심성론에 유의하여," 「민족문화연구」 71 (2016), 415ff.; 배제성, "한원진의 인물성이론(人物性異論)을 통해 본 물(物)의 형이상학과 윤리학," 「철학」 152 (2022), 5f.

33 丁若鏞/전주대호남학연구소 옮김, 「中庸自箴」, 『國譯 與猶堂全書』 1 (서울: 여강출판사, 1989), 198: "性者心之所嗜好"(사람의 본성은 그 마음이 하고자 하는 대로 따르기 마련이다).

34 정약용은 그러한 자유를 '자주지권'(自主之權) 혹은 '권형'(權衡)이라는 용어로 표현했다. 丁若鏞/이지형 옮김, 『論語古今註』, 다산번역총서 5 (서울: 사암, 2010), 79.

35 김형찬, "욕망하는 본성과 도덕적 본성의 융합: 茶山 丁若鏞의 嗜好說을 중심으로," 「철학연구」 41 (2010), 86f.

지만, 조금 더 깊이 들여다보면 의지의 자주성에 방점을 찍고 자유의지를 갖는 개인을 도덕 이론의 출발점으로 삼고 있음을 알 수 있다. 바로 이 점이 정약용이 조선의 사상사에서 이룩한 빛나는 성취이다.

넷째, 정약용은 공동체 윤리를 구상하면서도 성리학적 사유를 넘어서서 근대를 향한 길을 열었다. 유교 전통에서 공동체 윤리를 이끄는 핵심 개념은 인(仁)이고, 그 인을 펼치면 충(忠)과 서(恕)가 된다고 보았다. 성리학은 충이 먼저고 서가 나중이라고 주장하여 사람들 사이의 관계를 위와 아래로 나누는 위계적 공동체 윤리를 펼쳤다. 그러한 성리학의 해석을 문제라고 본 정약용은 성리학의 주석서들을 건너뛰어 공자와 맹자의 경전으로 돌아가 인과 충과 서를 해석했다. 인(仁)은 두 사람이 함께 있음을 형상화한 것이니 사람이 공동체 관계를 맺고 살아간다는 뜻이고, 사람은 그 관계를 바르게 형성할 과제가 있다는 뜻을 함축한다. 충과 서는 인을 이루는 성덕(成德)의 길이다. 충은 인을 마음에 새기는 것이고, 서는 그 마음을 함께 하는 것이니, 충과 서는 같은 동전의 양면처럼 결합하는 것이지 선과 후로 나눌 수 없다.[36] 정약용은 그렇게 해석함으로써 성리학이 고집하던 신분제 사회의 강상(綱常) 윤리를 허물어뜨리고 수평적인 공동체 윤리로 나아가는 문을 열었다.

3) 천주교와 천주학은 조선 민중과 지식인에게 새로운 의식과 윤리를 모색하도록 큰 자극을 주었지만, 대대적인 탄압을 받았다. 천주교와 천주학 탄압은 집권 세력이 그 당시 조선이 처한 위기를 타개하기 위한

---

36 丁若鏞/전주대호남학연구소 옮김, 「心經密驗」, 『國譯 與猶堂全書』 1 (서울: 여강출판사, 1989), 173-174; 홍성민, "서(恕)의 의무론적 특징과 양상: 주자(朱子)와 다산(茶山)의 윤리학에서 서(恕)의 함의," 「동양문화연구」 13 (2013), 285; 고승환, "다산 정약용의 忠恕論에 관한 재해석: 수양론과의 정합성 탐구," 「철학논집」 49 (2017), 176f.

전략적 선택이었다. 집권 세력은 조선 사회의 내부 결속을 강화하기 위해 내부의 적을 찾아 척결하고 외부의 적을 설정하여 배척했다. 천주교를 믿는 사람들이 유교 제사를 거부하고 신주를 불사르는 일을 벌이자 집권 세력은 천주교를 사학(邪學)으로 규정하여 대대적인 탄압에 나섰고, 조선에 천주교를 전파하는 외부의 세력을 적으로 돌렸다. 1791년 신유박해가 일어난 이래 천주교 박해는 날이 갈수록 격심해졌다. 천주교를 사문난적으로 규정하여 멸절을 꾀하도록 부추긴 것은 다름 아닌 성리학이었다. 성리학은 여전히 집권 세력의 통치 이데올로기였기에 그 힘이 전혀 줄어들지 않았다. 성리학자들은 조선의 위기가 지속되는 동안 정통을 지키고 이단을 척결한다는 위정척사(衛正斥邪)의 길로 굳세게 나아갔고 그러한 태도는 개항 이후 망국에 이르기까지 변함이 없었다.

4. 동학의 창건과 최제우의 시천주 사상

동학은 천주교가 격심한 탄압을 받고 교세를 잃었을 때 조선인을 사로잡은 신흥 종교였다. 동학은 하눌님을 마음에 모시는 개인의 존엄성을 지극히 강조했고, 사람들이 마음으로 교통하며 서로를 극진히 섬기고 사랑하는 공동체를 형성하는 길을 제시했다.

1) 동학을 창건한 최제우(崔濟愚, 1824~1864)는 조선이 삼정문란[37]과 서세동점으로 안팎의 위기에 휩쓸려 들어가 있을 때 새 세상을 여는 개벽을 꿈꾸었다. 삼정문란에 시달리던 민중은 끝없이 반란을 일으켰고,

---

37 삼정문란은 전세, 군포, 환곡 등 조세와 구휼의 기본 제도가 문란해졌다는 것을 뜻한다. 삼정이 문란해짐으로써 탐관오리의 민중에 대한 가렴주구가 극에 달했다.

청은 아편전쟁에서 패배하고 서양 세력에 굴욕을 당했다. 그러한 위기의 소용돌이에서 민중을 구제하고 새 세상을 여는 길을 찾기 위해 최제우는 유불선과 도참 · 비기를 섭렵했고 천주학을 연구했다. 그는 32세에 『을묘천서』(乙卯天書)를 얻어 그 비법을 터득하려고 수련을 거듭하다가 천주의 강림을 경험했다. 이 사건을 겪은 뒤에 그는 천주를 모시는 마음을 깊이 살피며 시천주(侍天主) 사상을 가다듬었다.

2) 천주가 하늘 높은 곳에서 사람을 굽어살피는 하늘님이기만 한 것이 아니고 사람의 마음에 들어와 그곳에 머무는 하늘님이라는 깨달음은 하늘님을 마음에 모시는 사람이 존귀하다는 깨달음으로 이어졌다. 사람은 하늘님을 모시는 마음이 움직이는 바에 주의를 기울여 그 마음에 따라 살아가야 하고, 나와 똑같이 하늘님을 마음에 모시고 있는 다른 사람을 존귀한 자로 섬기고 사랑해야 한다. 따라서 시천주, 고아정(顧我情), 오심즉여심(吾心卽汝心)은 서로 이어져 원을 이룬다. 최제우는 그러한 깨달음을 주문으로 가다듬어 하늘님을 마음에 모시는 사람들이 수양할 때 그 주문을 암송하게 했다.[38]

최제우는 신과 인간과 윤리에 관해 그 이전의 그 누구도 도달하지 못한 심오한 통찰에 이르렀다. 그는 조선인에게 익숙한 천인합일 사상을 가다듬어 사람의 마음에 영으로 내주하는 신의 개념을 제시했고 신을 모신다는 것이 무엇을 의미하는가를 또렷하게 설명했다. 그는 천주를

---

38 윤석산, 『동경대전』(서울: 동학사, 1996), 201. 주문은 크게 선생주문(先生呪文)과 제자주문(弟子呪文)으로 구성되어 있다. 제자주문은 초학주(初學呪), 강령주(降靈呪), 본주(本呪)의 세 부분으로 이루어졌는데, 그 내용은 다음과 같다. 초학주: "위천주 고아정 영세불망만사의"(爲天主 顧我情 永世不忘萬事宜); 강령주: "지기금지 원위대강"(至氣今至 願爲大降); 본주: "시천주 조화정 영세불망 만사지"(侍天主 造化定 永世不忘萬事知).

모신다고 할 때 그 모심(侍)을 직접 풀이하면서 "마음에 모신 신령이 바깥으로 작용하여 사람들을 하나되게 하는 것이니 한 세상을 살아가는 사람은 그 마음을 변치 말고 간직하라"고 새겼다.[39] 그는 천주를 모시는 사람이 그 누구도 범접할 수 없는 존귀한 개인이지만, 그 개인은 자기 안에 유폐되고 고립된 개체가 아니라 다른 사람과 소통하고 공동체를 이루는 개인이라고 보았다. 그러한 소통이 가능한 것은 누구나 마음을 가지고 있기 때문이다. 최제우는 그 마음을 정(情)이라고 불렀다. 정은 이성이나 의지로 축소되지 않는다. 정은 이성과 의지보다 더 깊은 곳에 있는 공감의 능력이다. 바로 그러한 마음이 천주를 모시는 장소임을 분명히 밝힘으로써 최제우는 성리학의 강상 윤리나 정약용의 이성 윤리를 넘어서서 마음을 가진 모든 사람이 주체로서 참여하는 공동체의 윤리를 제시한다. 그 공동체를 이끄는 원리는 "내 마음이 곧 네 마음이다"(吾心卽汝心也)[40]라는 통찰에 함축되어 있다. 그 공동체에서는 한울님을 마음에 모신 사람들이 모두 평등하고 한울님을 마음에 모신 사람의 존엄성과 주체성이 존중된다. 그러한 최제우의 가르침은 조선의 뿌리 깊고 완고한 신분 질서를 타파하고 새 세상을 여는 강령을 담고 있다.[41]

3) 동학 1대 교주 최제우의 사상은 동학 2대 교주인 최시형과 3대 교주 손병희에게 이어져 심화하였다. 최시형(崔時亨, 1827~1898)은 천주를 모시는 자기 자신을 극진히 존중하는 마음을 가지라(向我設位)고 촉구했고, 천주를 마음에 모시는 사람을 하늘처럼 섬기라(事人如天)고 가르쳤다.

---

39 위의 책, 83: "내유신령 외유기화 일세지인 각지불이자야"(內有神靈 外有氣化 一世之人 各知不移者也).

40 위의 책, 64.

41 박세준, "수운 최제우와 근대성," 「한국학논집」 73 (2018), 116f.

손병희(孫秉熙, 1861~1922)는 최제우와 최시형의 가르침을 "사람이 곧 하늘이라"(人乃天)는 단 한마디의 강령으로 압축했다. 조선 사상사에서 인간의 존엄성을 이보다 더 지극히 표현한 예는 없다.

그 당시 여성들이 처해 있었던 처지를 심각하게 바라본 최제우는 성리학이 고수하는 가부장주의와 여필종부를 비판하고 남편이 부인을 하늘처럼 섬길 것을 주장하였다. 그는 그렇게 해서 남편과 부인이 서로를 섬기는 관계를 형성해야 한다고 생각했다.[42] 그는 부녀들도 수련하면 군자(君子)가 될 수 있다고 강조하면서 여성들을 위한 한글 문서를 집필하고 보급하였다.[43] 최시형은 가정 지침서인 『내수도문』(內修道文)을 지어 남존여비 관습과 가부장적 위계질서를 비판했고 남편은 부인을 '스승'으로 섬기라고 가르쳤다.[44]

5. 최한기의 기일원론과 인간의 개체성과 주체성에 관한 고찰

조선 유학자들 가운데 조선 후기 사회의 위기를 혁파하는 방안을 가장 급진적으로 제시한 학자는 단연 최한기(崔漢綺, 1803~1879)일 것이다. 그는 기일원론의 관점에서 인간의 개체성과 주체성을 논했고, 신분제를 타파하고 전제군주제를 개혁하는 방안을 제시했다.

1) 최한기는 후기 조선 사회에서 화폐가 널리 통용되고 교환경제가 확대하는 것을 살폈고, 1820년대에 청에서 번역된 근대적 자연과학과

---

42 송준석, "동학의 남녀평등 교육사상에 관한 연구," 고려대학교 교육사·철학연구회 편, 『민족교육의 사상사적 조망』 (서울: 집문당, 1994) : 81-96.
43 박용옥, 『한국 여성 근대화의 역사적 맥락』 (서울: 지식산업사, 2001), 139-150.
44 위의 책, 150-174.

사회과학 서적들을 끊임없이 사들이고 탐독했다. 그는 상업과 교역의 발달이 새로운 세상을 열 것이라고 확신했고, 근대 과학과 기술에 관한 해박한 지식을 쌓고 영미 계통의 자유주의 사상에 접하며 독자적인 세계관과 학문을 펼쳤다.[45] 그는 성리학자들뿐만 아니라 실학자들까지도 은연중 지배했던 이중심론(理中心論)을 버리고 기일원론(氣一元論)을 제창했다. 그는 이가 우주의 이치로 작용하고 인간에게 본유관념으로 주어져 있다는 전통적인 주장을 거부했다. 그는 사람이 사물과 그 운동을 경험하고 그 경험으로부터 귀납적으로 추론하여 사물에 대한 인식에 이른다고 주장했다. 그런 점에서 그는 철저하게 반형이상학적이고 경험론적인 관점과 방법을 취했다.[46]

2) 최한기는 기일원론에 바탕을 두고 우주론, 인간론, 인식론, 사회공동체 이론, 정치이론, 세계 평화론을 일관성 있게 전개했다. 그에게 기는 곧 통(通)이다. 기는 사물로 화할 수 있지만, 사물 그 자체는 아니다. 기는 사물을 초월해 있지 않다는 점에서 관념이 아니며, 사물 그 자체가 아니라는 점에서 실체도 아니다. 기는 사물을 모으고 흩어지게 하면서 생성하고 구성하며 어떤 양태로 나타나게 한다. 최한기는 기의 작용과 양태를 활동운화(活動運化)라는 어구로 표현했다.

그는 우주의 형성과 발전, 인간의 발달과 지식의 구성, 사회질서, 통치, 세계 만민의 평화가 기의 작용임을 설명하기 위해 대기운화(大氣運

---

45 안외순, "유가적 군주정과 서구 민주정에 대한 조선 실학자의 인식: 혜강 최한기를 중심으로," 「한국정치학회보」 35/4 (2001), 70.
46 최한기는 '습염'(習染, 학습을 뜻함)과 '추측'을 통해 지식이 형성된다고 생각했다. 崔漢綺/민족문화추진회 편역, 「神氣通」, 『국역 기측체의』 I (서울: 민족문화추진회, 1979), 45; 이영찬, "최한기 기학의 소통적 인식론," 「한국학논집」 40 (2010), 497.

化), 일신운화(一身運化), 통민운화(統民運化) 등과 같은 독특한 어법을 사용했다. 여기서 최한기가 다방면으로 전개한 기론을 상세하게 논할 수는 없지만, 그가 인간의 개체성과 사회성을 중시했고 신분제의 철폐, 군주정의 개혁 등을 구체적으로 논했다는 것만큼은 간략하게나마 짚고 넘어갈 필요가 있다.

3) 최한기가 기의 작용으로 인간이 생성하고 지식이 형성된다고 설명하기 위해 사용하는 일신운화는 인간의 개체성을 전제하는 개념이다.[47] 사람은 저마다 천지의 기를 자기 몸에 받아 생물학적 개체로 발달하고, 개별적 감각을 통해 사물을 경험하고, 그 경험에 바탕을 두고 귀납적 추론을 통해 사물의 이치를 터득하고, 선악의 개념을 습득하여 도덕적 행위를 하게 된다. 오늘의 학술 용어로 풀이한다면 사람은 생물학적 개체이고, 경험적 학습 능력이 있는 개별적 인식 주체이고, 사회화를 통해 내면화한 규범 의식에 따라 행동하는 개별적인 도덕적 주체로 형성된다는 것이다. 사람이 개별적 주체라 하더라도 그는 고립된 존재가 아니라 다른 사람과 교통하며 사회를 형성하는 존재이다. 그것도 기의 작용이다.[48]

최한기는 기가 대기, 몸, 사회, 국가, 세계를 관통하며 움직인다고 보았지만, 기의 작용과 양태의 관점에서는 먼저 인간의 개체성이 형성되고 그다음에 인간의 사회성이 형성된다고 설명하는 방식을 취한다. 그런 점에서 그는 방법론적 개체주의를 견지했다고 볼 수 있다. 그는 기가 관통하며 만물이 서로 어울린다는 것을 강조하면서도 사물과 인간의 개체성을 시야에서 놓치지 않았다.[49] 그러한 방법론적 개체주의는 그가 기일원론적 관점에서

47 崔漢綺/민족문화추진회 편역, 「神氣通」, 『국역 기측체의』 I, 93.
48 崔漢綺/민족문화추진회 편역, 『국역 인정』 I, 재판 (서울: 민족문화추진회, 1982), 37.
49 이명수, "존재의 자기방식으로서 자율과 연대: 동아시아적 사유를 중심으로," 「한국철학논

인간의 생물학적 개체성으로부터 출발하여 사회론을 펼쳤기에 불가피했다고 볼 수 있다. 그런 관점을 취했기에 그는 그 당시 공동체 질서와 조화를 앞세워 개인을 뒷전에 놓는 통념에 맞설 수 있었다. 그는 일신운화론을 통해 먼저 인간의 개체성과 주체성을 논증하고, 그다음에 인간의 사회성과 동등성을 고찰하는 관점과 방법을 제시했다. 그러한 고찰 끝에 그는 모든 사람이 개별적 주체로서 동등하게 사회를 구성한다는 결론에 이르렀다.

4) 최한기는 모든 사람이 개별적 주체로서 동등하게 사회를 구성한다는 통찰에 기대어 신분제 사회를 허물어뜨리고자 했다. 물론 사람은 저마다 학습 능력이 다르고 일하는 역량도 제각각이지만, 그러한 능력과 역량의 차이가 사람들 사이에 위계를 형성하고 신분제를 구축할 이유가 되는 것은 아니다. 능력과 역량이 다른 사람들은 서로 다른 기능과 역할을 맡아 사회적 분업과 협동의 세계를 만들어 갈 수 있다. 따라서 하늘이 각 사람에게 할 일을 정했고 하늘이 맡긴 일의 위계에 따라 신분이 정해졌다는 성리학의 정명론(定名論)은 터무니없다 할 것이다. 그는 성리학의 정명론을 배격하고 사람이 할 일을 기능적으로 파악하는 관점을 제시함으로써 신분제를 넘어서서 근대로 가는 길을 열고 있다.[50]

최한기는 신분제를 넘어선 사회적 관계를 오륜(五倫) 해석을 통해 제시했다. 그는 오륜의 전제를 삼강으로 보는 전통적인 삼강오륜 해석을 따르지 않고, 삼강(三綱)을 아예 논하지 않고 오륜을 해석했다. 그것은 최한기가 삼강의 교리에 함축된 군주와 신하, 아버지와 아들, 남편과 부인 사이의 상하 위계가 당연하다고 보지 않았다는 것을 뜻한다. 그러한 수직적 위계질서를

집」 45 (2015), 256.
50 이행훈, "崔漢綺의 運化論的 社會觀," 「동양철학연구」 43 (2005), 267f.

거두어 내고 오륜을 해석하면 부자유친(父子有親), 군신유의(君臣有義), 부부유별(夫婦有別), 장유유서(長幼有序), 붕우유신(朋友有信)은 사람들이 각기 다른 관계에서 서로 다른 기능과 역할을 맡아 상호 협력하고 서로 책임을 지는 이치를 천명한 것으로 볼 수 있다. 최한기는 오륜이 밭고랑과 밭이랑처럼 세상을 가로로 지르고 세로로 지르며 사람들의 호혜적 책임 관계를 형성한다면 세상 만민이 화합에 이를 수 있다(兆民和合)고 생각했다.[51]

5) 최한기는 영국과 미국에서 발간된 사회과학 서적들을 탐독하면서 영국 의회 제도와 미국 대통령제를 완벽하게 파악했다.[52] 그는 그러한 인식을 상세하게 서술한 『지구요의』(地球典要)를 1857년에 탈고했고, 조선의 군주정을 개혁하는 방안을 제시한 『인정』(人定)을 1860년에 탈고했다. 사실 그는 『인정』의 원고를 작성하고도 20년을 묵힌 뒤에 『지구요의』를 먼저 내고 그다음에 『인정』을 세상에 내놓았는데, 그것은 그가 조선의 정치개혁을 필생의 과제로 삼았음을 뜻한다.

그는 주권이 인민에게 있다고 전제하고 인민과 군주가 공동 통치를 하는 것을 이상적인 정치체제로 삼았다. 그는 인민과 군주의 공치(共治)가 공론을 활성화함으로써 이루어질 수 있다고 생각했다. 인민이 선거를 통해 정치에 참여하는 방안은 전혀 고려되지 않았다. 따라서 그는 조선의 정체가 인민이 선거를 통해 주권자를 선출하는 공화정이나 의회를 선출하여 군주를 견제하는 입헌군주국이 되어야 한다고 생각하지 않은 셈이다. 그는 군주가 왕의 도리에 충실하게 인민의 뜻을 널리 수렴하고 조정 백신의 의견을 청취하며 통치하는 '유가적 군주정'이 조선에 가장 적합한 정체라고 보았다.[53]

---

51 崔漢綺/민족문화추진회 편역, 『국역 인정』 III (서울: 민족문화추진회, 1981), 267.
52 이에 관한 상세한 분석과 설명으로는 안외순, "유가적 군주정과 서구 민주정에 대한 조선 실학자의 인식: 혜강 최한기를 중심으로," 71-75.

최한기는 영국의 입헌군주제와 미국의 대통령제를 소상하게 파악하고 특히 미국의 대통령제를 높이 평가했음에도 불구하고, 그러한 정체를 조선에 세우는 것은 시기상조라고 여겼음이 분명하다. '유가적 군주정'의 이상을 담은 『인정』을 굳이 『지구요의』를 탈고한 뒤 세상에 내놓은 것도 그 때문이다. 그가 그렇게 생각한 것은 아마도 민중의 역량이 공화정이나 입헌군주국을 꾸릴 정도에 이르지 못했다고 판단하였기 때문일 것이다.

6) 최한기가 조선 사상사에서 이룩한 최대의 성취는 방법론적 개체주의를 확립한 것이다. 그 이전에 그 어떤 학자도 방법론적 개체주의를 표방한 적이 없었다. 그는 기일원론의 관점에서 인간의 개체성과 자주성을 일관성 있게 논증함으로써 자주적 행위 주체로서의 개인을 또렷하게 부각했다. 그는 주권재민의 원리를 인식하고 영국과 미국의 자유주의에 접했음에도 불구하고 자유주의의 핵심을 이루는 개인과 인간의 권리를 논한 적이 없고 인민의 참정권을 인정하지 않았다. 그것이 최한기의 한계다. 그런 한계에도 불구하고 그가 신분제를 타파하고 전제군주정을 유가적 공론 정치로 개혁할 것을 제안한 것은 당대 현실에서는 큰 의미가 있었다.

유감스럽게도 최한기의 논의는 당대 지식인 사회에서 거의 수용되지 않았고, 따라서 그 당대에도 그 이후에도 오랫동안 아무런 영향력을 발휘하지 못했다. 최한기가 다루지 못한 개인과 인간의 권리는 개항 이후에 비로소 본격적으로 논의되기 시작했다.

---

53 안외순, "유가적 군주정과 서구 민주정에 대한 조선 실학자의 인식: 혜강 최한기를 중심으로," 77.

6. 조선 후기에 나타난 개인의식의 특성

성리학의 통치 원리와 질서 개념에 따라 견고하게 형성된 조선 사회는 토지제도가 침식하고 신분제가 동요하면서 위기에 직면했고 삼정문란과 서세동점으로 그 위기는 끝 갈 데 없이 커졌다. 그러한 위기 상황에서 새로운 사상이 모색되고 개인의 자기의식이 변화되는 것은 지극히 당연했다. 이를 잘 보여 주는 사상가들이 정약용, 최제우, 최한기이다.

천주교의 영향을 받은 정약용은 성리학의 세계관과 도덕 이론을 배격했다. 그는 천주를 주재천으로 인식하고, 주재천 앞에 선 개인의 내면성을 성찰하는 수양 이론을 가다듬고, 자유의지를 지닌 자주적 개인을 중심에 놓는 도덕 이론을 전개했다. 그는 유교 경전에 대한 성리학적 주석을 건너뛰고 유교 경전으로 돌아가 인을 이루는 성덕의 방편인 충(忠)과 서(恕)를 재해석하여 강상의 윤리를 비판하고 인을 마음에 새기는 사람들의 수평적인 공동체 윤리를 제시했다.

최제우는 난세에 민중 구제와 개벽의 길을 찾아 수련하는 과정에서 천주의 강림을 체험하고, 시천주(侍天主), 고아정(顧我情), 오심즉여심(吾心卽汝心)의 이치에 따라 하늘님을 마음에 모시는 개인의 존엄성을 자각하고, 신령이 내주하는 마음을 닦으며 자기중심성을 버리고 이웃과 교통하고, 하늘님을 마음에 모시는 모든 사람이 주체로 참여하는 공동체를 형성하는 방도를 제시했다.

최한기는 기일원론의 관점에서 성리학적 세계관을 타파함으로써 탈형이상학적이고 경험주의적 관점과 방법을 채택했으며 조선 사상사에서 최초로 방법론적 개체주의를 확립했다. 그는 인간의 생물학적 개체성을 출발점으로 삼아 인간의 인지 발달과 사회화 과정을 고찰했고, 인간의 능력과 역량의 차이에 따라 기능과 역할이 분화된 사회적 분업과 협동의 체계를 구상했으며, 전제군주정을 공론 수렴 중심의 유가적 군주정으로 개혁하는 방안을 제시했다. 그런데 그는 당대의 지식인들이 따라오지 못할 정도로 영국과 미국의 자유주의 정치와 제도를 완벽하게 파악하였음에도 불구하고 개인의 자유와 권리, 주권재민의 원칙에 입각한 인민의 참정권에 관해서는 논하지 않았다.

V. 소결

원시 부족사회로부터 조선 개항 직전까지 조선인(한국인)의 자기의식이 발달해 온 과정을 분석한 제1장의 내용을 정리하면 다음과 같다.

1) 공동체가 개인에 앞선다는 의미의 공동체주의는 부족 시대에 나타났고 샤머니즘을 통해 강화되었다. 민간에 뿌리 깊게 자리를 잡은 공동체주의는 그것을 뒷받침하는 물적인 기반이 변화되어 크게 약화하였으나, 19세기 말 이래 국가가 개인보다 앞선다는 국가주의가 한국인들에게 쉽게 받아들이게 하는 발판이 되었다. 샤머니즘적 기복신앙은 오늘에 이르기까지 한국인의 자기의식 형성에 강한 영향을 미치고 있다.

2) 불교는 삼국시대에 전래한 이래 통치 불교와 구복 불교로 발전하여 샤머니즘적 기본 신앙에 사로잡힌 한국인의 자기의식을 크게 변화시키지 못했으나, 통일 신라 말기에 도입되어 고려조 말기까지 발전한 수양 불교는 깨달음과 수양의 주체인 개인을 부각했다. 개인이 자기 내면을 직시하고 성찰하는 주체라고 밝힌 것은 수양 불교가 한국 사상사와 사회사에서 이룩한 큰 업적이다.

3) 성리학은 고려 말에 도입되어 조선조에서 국시의 지위를 얻었고 가족 질서, 사회질서, 국가 질서를 수립하는 전범을 제시했다. 조선 사회는 가족으로부터 향촌을 거쳐 국가에 이르기까지 속속들이 유교 규범에 따라 규율되었다. 그러한 규율을 뒷받침한 것이『경국대전』과 향약이었다. 성리학이 통치 이데올로기로서 뒷받침한 유교적 가족주의, 가부장주의, 충군주의는 조선조 말에 이르기까지 사람들의 의식을 지배했다. 성리학은 통치 이데올로기였을 뿐만 아니라 수양의 이론이기도 했다. 성리학은 개인이 사리를 분별하고 이치에 맞게 행동하는 주체라는 점을 강조했다. 그렇게 자기를 성찰하는 개인은 강상의 윤리를 자발적으로 지키는 도덕적 행위의 주체였다.

4) 임진왜란과 병자호란 뒤에 조선 사회는 토지제도의 침식, 신분제의 동요 등으로 내부 위기에 직면했고 천주교와 서양 문물이 전해지면서 사상적 충격에 휩싸였다. 18세기 말과 19세기 초에는 삼정문란으로 인한 농민반란이 격심해지고 아편전쟁 이후 서세동점의 위기도 생생하게 느껴졌다. 조선은 안팎의 위기에 시달렸다. 조선의 집권 세력은 성리학을 통치 이데올로기로 고집하면서 내부의 이단 사상을 척결하고 조선에 위협을 가하는 외부 세력을 적으로 돌려 배척하면서 내부적 결속을 다졌다.

5) 그러한 상황에서 천주교의 영향을 받은 정약용은 성리학과 치열하게 대결하면서 주재천 앞에 선 개인의 내면성에 집중했고 자유의지를 지닌 자주적 개인을 중심에 놓는 도덕 이론을 펼쳤다. 그는 강상의 윤리를 비판하고 인을 마음에 새기는 사람들의 소통에 바탕을 둔 수평적인 공동체 윤리를 제시했다. 난세에 개벽의 길을 찾고자 했던 최제우는 천주의 강림을 체험한 뒤에 시천주(侍天主), 고아정(顧我情), 오심즉여심(吾心卽

汝心)의 이치에 따라 인간의 존엄성, 공감의 윤리, 모든 사람이 주체로서 참여하는 공동체 윤리를 제시했다. 최한기는 기일원론의 관점에서 성리학적 세계관을 타파하고 반형이상학적이고 경험주의적 관점과 방법에 따라 학문을 연구했다. 그는 조선 역사상 최초로 방법론적 개체주의를 확립했다. 그는 인간의 개체성과 자주성을 강조했고, 신분제를 사회적 분업과 협력의 체계로 변화시키고, 전제군주정을 공론의 수렴에 근거한 유가적 군주정으로 전환할 것을 제안했다.

2장
개항 이후 개인의 권리 담론과 국가주의 담론의 결합

개인과 인간의 권리에 관한 논의는 개항 이후에야 비로소 조선에서 본격적으로 논의되기 시작했다. 앞의 1장 IV에서 본 바와 같이 조선 후기의 위기 속에서 새로운 미래를 꿈꾸었던 정약용, 최제우, 최한기 등과 같은 사상가들은 자유의지를 가진 행위 주체로서의 개인, 하눌님을 마음에 모신 개개인의 존엄성, 인간의 개체성과 자주성 등을 강조했지만, 개인과 인간의 권리를 논한 적이 없다. 개인과 인간의 권리는 개항 이후 지식인들이 일본, 미국, 유럽 등지에 나가서 장기적으로 체류하면서 그곳의 정치와 문화를 직접 경험하고 서양 근대화 과정을 연구하며 논의되기 시작했고, 개인의 권리를 제도적으로 실현하는 방안까지도 모색되기에 이르렀다.

그런데 개인과 인간의 권리에 관한 논의는 19세기 후반기의 제국주의적 약육강식의 국제 환경에서 조선을 국가로서 유지하고 발전시키는 방편을 모색하는 과정에서 이루어졌기에 필연적으로 국가주의적 담론과 맞물리지 않을 수 없었다. 이처럼 개인주의와 국가주의가 서로 뗄 수 없이 결합하는 것은 개항기뿐만 아니라 식민지 시대를 거쳐 20세기 후반의 군사 독재 체제에 이르기까지 한국의 개인주의 담론에서 나타나는 한 특색이었다. 따라서 이 점은 반드시 깊이 살필 필요가 있다.

아래서는 개항 이후 개인의 권리에 관한 논의가 싹트기 시작하여 유길준, 서재필, 윤치호 등에게서 발전되는 과정에서 개인주의 담론과 국가주의 담론이 서로 결합하는 양상을 살핀다.

I. 개항 이후 개인의 권리에 관한 논의의 태동

조선 사회에서 권리(權利)라는 낱말이 처음 사용된 것은 1879년 이후였다. 그 낱말은 본래 일본에서 만들어진 번역어였다. 그 낱말은 헨리 휘튼(Henry Wheaton, 1785~1848)의 *Elements of International Law*(1836)를 중국어로 옮긴 『萬國公法』(1864)을 일본어로 중역(重譯)하는 과정에서 파생된 낱말이다. 『萬國公法』은 1879년 이래로 조선에 여러 번역본으로 소개되었고, 일본어 번역본을 통해 권리라는 낱말이 조선에 건너왔다.[1] 그렇게 해서 권리라는 낱말이 쓰이기 시작했지만, 조선 지식인들은 그 낱말을 사용하는 것을 꺼렸다. 왜냐하면 '권리'라는 낱말을 구성하는 이(利)는 물질적인 이익을 뜻했고, 유학에 사로잡힌 사람들은 물질적 이익을 공공연히 추구하는 것을 금기로 여겼기 때문이다. 조선 지식인들은 '권리'라는 낱말을 대신해서 '자주지권'(自主之權)이라는 낱말을 같은 뜻으로 썼다. 그것은 1883년 11월 10일자 「한성순보」(漢城旬報)의 아래의 한 기사에서 확인된다.

人民所行無害於社會 則政府不必禁止傍人 亦不得譏議各任意趣 唯其所

---

1 김현철, "개화기 『만국공법』의 전래와 서구 근대주권국가의 인식," 「정신문화연구」 28/1 (2005) : 133, 136f.

適名自主之權 利以是而上下協勵 大以謨一國之强 小以保一身之權利.

위의 기사에서 '자주지권'은 '각인의취'(各任意趣)를 지칭하는 용어로 취한 것인데, 기사의 맥락에서 그 뜻은 '각 사람이 자기 뜻에 따라 말할 권리'로 새겨진다. 그 권리의 주체는 더 말할 것도 없이 개인이다. 위의 기사는 인민이 사회에 해를 끼치려고 하지 않는 이상 인민과 정부가 서로 협력할 필요가 있는데, 그렇게 하기 위해서는 각 사람이 자유롭게 말할 권리를 보장해야 한다는 것이다. 위의 기사는 각 사람이 자유롭게 말할 권리를 보장하는 것은 인민과 정부 사이에 공론을 활성화하는 데 불가결하다는 인식을 드러내고 있다.

위의 기사에서 또 한 가지 주목되는 것은 개인이 자유롭게 말할 권리를 보장하여 인민과 정부가 공론을 형성하고 서로 협력하는 것이 이로운 까닭은 '크게는 한 나라를 부강하게 하기 때문'(大以謨一國之强)이고, '작게는 개인의 권리를 보호하기 때문'(小以保一身之權利)이라고 밝히고 있다는 점이다. 한마디로 개인적 권리의 보장과 국가의 부강이 서로 분리되지 않고 밀접하게 연관되어 있다. 이렇게 개인의 권리에 관한 논의와 국가의 부강에 관한 논의가 서로 밀접하게 결합하는 것이 개항 이후 권리 담론에서 나타나는 특징이다.

그러한 담론은 조선이 외부의 강제로 개항했고 제국주의적 약육강식의 현실에 그대로 노출되었기에 나라를 보전하고 강하게 하는 것이 급선무라는 인식에서 비롯되었을 것이다. 개항 이후 지식인들은 나라의 정체를 보존하고 외래의 것을 배척하자는 위정척사(尉正斥邪)의 길을 가든지, 나라의 본체를 유지하되 외래의 것을 활용하여 나라의 발전을 꾀하는 동도서기(東道西器)의 길을 가든지, 나라의 틀을 완전히 바꾸어 나라를 부강하게 하는 변법자강(變法自强)의 길을 가야 한다고 생각했다. 그 어떤 길을 가든지 나라를 보전하는 것이 그 어느 것보다 앞선다는 생각이 당대 지식인들을 지배했다. 따라서 개인의 권리를 존중하고 보장하는 일에 관심을 보이는 개화파라 할지라도 개인의 권리가 나라의 보전보다 앞서는 가치가 될 수 있다고 주장할 수는 없었을 것이다. 위의 「한성순보」 기사는 그러한 당대 지식인들의 인식을 잘 보여 준다.

그와 같이 개인의 권리 보장과 국가 보전을 직결시키는 발상은 개인의 권리가 국가 발전에 이바지하기에 보장된다든지, 거꾸로 국가 발전에 저해된다면 제한될 수 있다든지 하는 뜻을 함축하고 국가가 개인에 앞선다는 국가주의를 전제하고 있다. 그러한 국가주의적 발상은 서양의 권리 이론에서는 금기로 여겨져 왔다. 서양에서 권리 개념이 싹트고 발전하는 과정에서 개인의 권리는 국가가 성립되기 이전에 개인에게 부여된 권리여서 그 어떤 경우에도 국가에 의해 침탈되지 않는다고 생각되었고, 그러한 개인의 권리는 국가에 의해 무조건 보호되어야 한다고 생각되었다. 따라서 개인의 권리는 자유권적 성격을 가질 뿐만 아니라 주관적 공권의 성격을 갖게 되었다. 개항 이후 개인의 권리에 관한 논의는 아직 자유권적 권리나 주관적 공권의 관념에 이르지 못했다. 「한성순보」의 기사가 시사하듯이 개인의 권리가 사회에 피해를 주지 않는 한에서 국가가 이를 금지할 필요가 없다고 할 뿐 국가가 그 권리를 적극적으로 보호해야 한다고 말하지 않기 때문이다.

개항 이후 개인의 권리 담론이 그러한 한계를 보인 것은 그 권리가 시민혁명을 통해 민중이 아래로부터 쟁취한 것이 아니고 위로부터 불쑥 계몽적 캠페인으로 민중을 향해 던져졌기 때문이다. 지식인들에게 민중은 권리 의식을 심어주어야 할 계몽의 대상이었을 뿐이다. 실제로 그 당시 민중이 개인과 인간의 권리를 의식하고 그 실현을 요구하는 데까지 나아가지 못했다. 예를 들면 1883년 11월 10일자 「한성순보」의 기사가 나온 지 10여 년이 지난 1894년 농민들이 제폭구민(除暴救民)과 보국안민

(保國安民)의 기치를 내걸고 무장 항쟁을 벌였을 때, 그들이 1894년 3월 처음 내걸었던 "4개 명의"(四個名義)[2]에는 '충과 효를 다해 세상을 구하고 백성을 편안하게 할 것'을 요구하고 있다. 거기에는 전통적인 강상의 윤리가 나타나고 있을 뿐 개인과 인간의 권리를 보호할 것을 요구하는 내용은 들어 있지 않다. 또한 동학군이 집강소를 설치한 뒤에 내건 "폐정개혁안 12개조"에도 노비문서 소각, 칠천(七賤) 차별 금지, 청춘과부 재가 허용, 토지 평균 분작 등 구체적인 개혁안이 담겨 있으나, 개인과 인간의 권리를 보호하는 법제를 제정하라는 내용은 없었다.[3]

II. 유길준의 '인민의 권리'

유길준(兪吉濬, 1856~1914)은 유학의 정명(正名) 사상과 서양 근대의 권리 이론을 결합하여 인민의 권리장전을 제시했다. 그는 전통적인 신분제를 유지하면서 자유주의적 권리를 신장할 수 있다고 믿었다. 그런 점에서

---

2 "4개 명의"의 내용은 다음과 같다: ① 사람을 죽이지 말고 재물을 손상하지 말 것(不殺人不殺物), ② 충과 효를 다해 세상을 구하고 백성을 편안하게 할 것(忠孝雙全濟世安民), ③ 일본 오랑캐를 몰아내고 중앙정치를 맑게 할 것(逐滅倭夷澄淸聖道), ④ 군대를 몰고 서울로 들어가 권세를 부리는 귀족을 모두 없앨 것(驅兵入京盡滅權貴). "4개 명의"는 신용인, "대한민국 헌법의 기원: 동학농민혁명의 「폐정개혁안들」을 중심으로," 「원광법학」 38/1 (2022), 10에서 따왔다.

3 "폐정개혁건 12개조"는 다음과 같다: ① 동학도는 정부와의 원한을 씻고 서정(庶政)에 협력할 것, ② 탐관오리는 그 죄상을 조사하여 엄징할 것, ③ 횡포한 부호를 엄징할 것, ④ 불량한 유림과 양반의 무리를 징벌할 것, ⑤ 노비문서를 불태울 것, ⑥ 7종의 천인 차별을 개선하고 백정이 쓰는 평양갓을 없앨 것, ⑦ 젊은 과부의 재혼을 허용할 것, ⑧ 무명의 잡세는 일체 폐지할 것, ⑨ 관리 채용에는 지벌을 타파하고 인재를 등용할 것, ⑩ 왜와 통하는 자는 엄징할 것, ⑪ 공사채를 막론하고 기왕의 것을 무효로 할 것, ⑫ 토지는 균등하게 나누어 경작할 것. "폐정개혁건 12개조"는 신용인, "대한민국 헌법의 기원: 동학농민혁명의 「폐정개혁안들」을 중심으로," 20f.에서 따왔다.

그는 개항 후 나라의 보전과 발전을 모색한 개화파 가운데서 동도서기파와 변법자강파의 중간 경계에 섰다고 볼 수 있다.

　그는 서양 문물에 관한 지식과 정보에 관한 한 당대 최고 수준에 이른 지식인이었다. 그는 1881년 신사유람단의 일원으로 일본을 방문하여 1년간 체류하며 후쿠자와 유기치(福澤諭吉)의 문하에서 수학했다. 유기치는 서양 문물을 도입하여 일본을 문명화하는 방식으로 일본의 근대화를 추진할 것을 주장하고, 천황을 정점으로 하는 입헌군주제의 이론적 토대를 제시하고, 신분 국가의 법률 체계 안에서 개인의 자유와 평등을 보장하는 방안을 논했다. 그는 국가주의자라기보다 자유주의자였지만, 일본의 부국강병 노선을 지지했다. 유기치의 사상은 유길준에게 깊은 영향을 미쳤다. 유길준은 1883년 7월 보빙사의 일원으로 미국으로 건너가 1885년 1월까지 미국에 머물며 미국의 정치, 사회, 문화, 종교 등을 살폈고, 1885년 9월까지 유럽 각국을 여행하며 견문을 넓혔다. 그가 귀국한 뒤에 4년에 걸쳐 집필한『서유견문』(西遊見聞)에는 그가 유기치 문하에서 학습한 자유주의 사상과 현지에서 관찰하고 연구한 서양 문물에 관한 지식이 무르녹아 있다. 그는 사회적 진화론에 접하면서 조선이 강대해지려면 문명개화의 길을 가야 한다고 믿었다.

　유길준은 각 사람에게는 자유와 권리가 부여되어 있어서 누구에게도 양도될 수 없고 국가도 그것을 침해해서는 안 된다고 생각했다. 그것은 그가 서양의 자유권적 권리 개념을 파악하고 있었다는 뜻이다. 그런데 그는 권리의 실현에는 제한이 따른다고 생각했다. 그는 자유를 예로 들어 다음과 같이 말한다. "자유는 … 나라의 법률을 삼가 받들고 정직한 도리를 굳게 지니면서 자기가 마땅히 해야 할 사회적인 직분 때문에 다른 사람을 방해하지도 않고, 다른 사람의 방해도 받지 않으면서, 자기가 하고 싶은 일을 자유롭게 하는 권리이다."[4] 자유는 ① 법률의 범위 안에서, ② 누구나 마땅히 지켜야 할 도리에 따라, ③ 다른 사람에게 피해를 주지 않는 한에서 실현된다는 것이다. ①과 ③은 서양의 자유주의적 권리 이론의 전제이지만, ②는 유길준의 독자적인 생각이다. 유길준이 말하는 '정직한 도리'는 통의(通義)의 옮긴 말인데, 그것은 두루 통하는 정해진 이치, 누구나 지켜야 할 도리를 뜻한다. 그는 조선 유학의 전통 안에서 통의가 하늘이 정한 이치라고 생각했고, 그것은 그 무엇에 의해서도 제약받지 않고 두루 통한다고 보았다. 그는 하늘이 사람에게 맡긴 직분도 하늘이 정한 것이라 사람이 함부로 바꿀 수 없다고 생각했다.5 한마디로 그는 유학의 정명(定名) 사상에 충실한 신분제 옹호자였고 그러한 신분제를 유지하면서 자유주의적 권리를 실현하는 방안을 찾았던 것이다.

그러한 전제 아래서 그는 권리장전을 논한다. 그는 권리의 실현이 법률을 통해야 한다고 생각했고, 법은 만인에게 공평해야 한다고 보았다. 만인이 법 앞에서 평등하다는 원칙은 권리장전의 출발점이었다. 그가 제시한 권리장전에는 신체와 생명의 자유가 맨 앞에 나오고 바로 그 뒤에 재산권 보호가 나온다. 그다음에 영업의 자유, 집회의 자유, 종교의 자유, 언론의 자유, 명예의 통의 등이 이어진다. 그의 권리장전에서 권리가 나열된 순서는 그가 당대의 현실에서 어떤 권리가 가장 먼저 실현되어야 한다고 생각했는가를 잘 보여 준다. 『경국대전』의 「형전」이 통용되고 있음에도 불구하고 범죄 혐의가 있다는 이유만으로 사람을 임의로 체포하고, 자백을 강요하기 위해 고문하고, 재판관을 겸하고 있던 지방관이 즉결로 형을 집행했던 당대의 현실에서 유길준이 신체와 생명의

---

4 유길준/허경진 옮김, 『서유견문: 조선 지식인 유길준, 서양을 번역하다』 (서울: 서해문집, 2004), 131.

5 위의 책, 132: "천만가지 사물이 당연한 이치를 따라 본래부터 가지고 있었던 상경(常經)을 잃지 않고, 거기에 맞는 직분을 지켜 나아가는 것이 통의의 권리이다."

자유를 법으로 보장하라고 주장했다는 것은 주목할 만하다. 그는 "사람이 사람을 죽이는 것은 부득이한 일로 법을 집행할 때뿐이다. 만승천자의 위엄으로도 법으로 사람을 죽이는 경우 말고는 다른 방법이 없으며, 죄를 범하지 않은 사람은 머리털 하나라도 건드릴 수 없다"고 썼다.[6]

유길준은 재산권의 보호도 급선무라고 생각했다. 그 당시 조선에서 재산권을 보호하는 모법은 『경국대전』의 「호전」(戶典)이었는데, 성문법의 내용은 간략했고 성문법으로 보호하는 재산권의 대상도 토지와 노비 등에 한정되어 있었다. 엄밀한 의미에서 토지에 대한 권리는 수조권이나 경작권이었을 뿐 로마법적 의미의 물권 개념과는 상관이 없었다. 다만 수조권은 국가의 공증문서인 입안(立案)을 통해 거래될 수 있었다. 조선 후기에 이르러 입안 없이도 수조권 거래가 관행적으로 이루어졌고 사회가 복잡해짐에 따라 법전에 규정되지 않은 물주권, 물납권, 여객권 등 여러 종류의 권리와 물건의 거래가 늘어나면서 재산권은 성문법을 원용한 관습법을 통해 보호되었다. 그 재산권은 사기, 이중매매 등으로 제대로 보호되지 못했고 직위와 권력을 가진 자들에 의해 침탈되는 경우도 흔했다.[7] 그러한 상황에서 유길준은 재산권을 법률로써 보호해야 한다고 강력하게 주장했다. "재산의 권리는 나라의 법률과 어긋나지 않는 한 만승천자의 위엄으로도 이를 빼앗을 수 없으며, 천만인이 대적하더라도 이를 움직일 수 없다. 주고 빼앗을 권리가 모두 법에 있으며, 사람에게는 있지 않다. 이는 공권력으로 사유물을 보호해 주는 커다란 이치이다."[8] 유길준의 주장은 그 당시 재산을 가지고 있었던 자들의 절실한 요구를 반영한 것으로 볼 수 있다.

유길준의 권리장전에서 주목되는 것은 그가 인민에게 참정권을 부여

6 위의 책, 143.
7 이헌창, "조선시대 재산권·계약제도에 관한 試論," 32f., 37.
8 유길준, 앞의 책, 145.

하는 것을 단호하게 반대했다는 점이다. 인민에게 참정권을 부여하는 것은 그가 전제한 유학적 정명 사상과 신분제 질서에 부합하지 않았다. 더구나 그는 인민이 우매해서 정치를 할 역량이 없다고 믿었다. 인민은 그들의 권리를 자각하고 신분제 질서 안에서 그들의 역량을 최대한 발휘하여 나라의 발전에 이바지하도록 교화되어야 한다는 것이 유길준의 지론이었다.[9] 그 지론에 따라 그는 자신의 자유주의적 권리 이론을 신분제에 가장 잘 적응하는 형태로 설계했다.

III. 서재필과 윤치호: 민권과 국권 사이에서

서재필(徐載弼, 1864~1951)과 윤치호(尹致昊, 1865~1945)는 개화파 지식인들 가운데 변법자강파에 속하는 인물이었다. 그들은 공통점이 많았다. 그들은 1884년 갑신정변에 가담했거나 연루하였고, 우여곡절 끝에 미국으로 망명하여 고등교육을 받았고, 개신교로 개종하였고, 그 당시 제국주의 열강을 휩쓸던 사회적 진화론에 사로잡혔다. 그들은 조선의 전통적인 법제와 관행을 총체적으로 부정하게 하는 개인사적인 경험이 있었고, 조선의 유교적 세계관과 가치관을 버리고 개신교적 세계관을 내면화했으며, 오랫동안 미국에 살면서 미국과 유럽이 조선보다 훨씬 더 선진적이고 부강한 까닭은 그 나라들이 조선에 없는 것, 곧 시민들의 권리 의식과 역량을 가지고 있기 때문이라는 신념을 마음에 새겼다.

그렇기에 그들은 약육강식의 논리에 따라 나라들이 각축을 벌이며

---

9 윤대식, "유길준, 혼돈과 통섭의 경계: 사회 진화론(進化論)과 유학(儒學)의 상호 변용," 「한국인물사연구」 19 (2013), 458.

강한 나라가 약소국을 식민지로 삼는 세계에서 조선이 살아남고 발전하려면 두 가지가 필요하다고 믿었다. 하나는 민중을 계몽하여 권리 의식을 가진 역량 있는 시민으로 만드는 것이고, 다른 하나는 조선의 법제와 관행을 완전히 뜯어고쳐 근대적인 국가 체제로 전환하는 것이다. 따라서 그들의 권리 담론은 애초부터 근대적 국민 형성과 국민국가 형성이라는 과제의 실현과 맞물려 있었다.

그러한 문제의식은 서재필이 김옥균을 통해 개화파에 가담하고 갑신정변에 뛰어들었을 때부터 마음에 새겨져 있었다. 그는 갑신정변의 주역들이 내걸었던 폐정개혁안 가운데 '인민의 평등·자유권을 제정'한다는 강령이 조선 사회의 최대 과제를 함축한다고 여겼을 정도로 민권 신장을 중시했다.10 그러한 생각이 그의 미국 망명 생활 중에 강화되었고, 그가 망명 생활을 접고 귀국하기로 마음을 먹은 결정적인 이유가 되었을 것이다. 그는 1895년 12월 귀국한 뒤에 1896년 4월 「독립신문」을 창간하고, 그해 7월 독립협회를 설립하는 데 가담했다. 그 두 가지 활동 근거를 마련함으로써 그는 조선 민중을 계몽하고 제도 개혁을 이끌어 부강한 나라를 만들고자 하는 프로젝트를 적극적으로 추진할 수 있게 되었다.11

그는 조선 정부의 부패와 탐관오리의 독직을 낱낱이 비판하고, 개인의 자유와 권리를 보장하는 법의 지배를 외치고, 입헌군주국을 수립하자고 주장했다. 그는 개인의 자유와 권리가 하느님이 인민에게 부여한 권리이기에 그 누구도 그 권리를 빼앗거나 침탈당하지 않아야 하며, 따라서 그 권리는 국가가 법으로 보호해야 한다고 주장했다.12 그 점에서

---

10 김도태, 『서재필박사자서전』 (서울: 을유문화사, 1972), 155.
11 서재필은 민중이 깨어 있어야 정치가 바르게 설 수 있다고 확신했다. 그런 만큼 계몽은 그가 가장 중요하게 생각한 정치 프로젝트였다. 이황직, "서재필 시민 정치론의 형성과 구조에 관한 연구: 시민 중심 정치사 정립을 위하여," 「현상과인식」 44/3 (2020), 42f.

그는 그 당시 조선에서 자유권적 권리 개념과 주관적 공권 개념을 가장 정확하게 대변했다. 그는 그러한 권리를 주장하는 인민이 태산과 같이 늠름한 기세로 나선다면 제국주의적 열강의 침탈에 맞서 나라를 보전하고 부강한 나라로 발전시킬 수 있다고 역설했다.

그것은 윤치호의 확신이기도 했다. 그는 1881년 신사유람단의 일원으로 일본으로 건너가 1년 이상 머물며 후쿠자와 유기치의 문하에서 유길준과 함께 일본의 근대화 과정과 서양의 자유주의를 배웠다. 그는 갑신정변 연루자로서 중국을 거쳐 미국으로 망명한 뒤에 5년 동안 밴더빌드대학교와 에모리대학교에서 신학, 영문학, 정치학 등을 공부했고 사회진화론을 수용했다. 그는 기업과 산업, 사회와 정치에서도 그렇지만, 특히 국제관계에서는 힘이 곧 정의라고 믿었다. 그 점에서 그는 사회적 진화론을 가장 확실하게 신봉하는 개화파 지식인이었다.[13] 그가 보기에 미국은 기독교 문명과 과학 문명과 민주주의가 서로 융합한 부강한 국가였고 모든 나라가 따라야 하는 이상적인 국가였다. 그는 미국을 본받아 조선을 철저하게 개혁해서 부강한 나라로 만들어야 한다고 믿었다. 그러한 변법자강의 길을 가려면 인민이 각자 '하늘로부터 받은 사람의 권리'를 받은 주체임을 자각하고 그 권리를 지킬 역량을 키워야 한다. 그는 인민을 그러한 주체가 되도록 계몽하는 것이 자신의 사명이라고 생각했다.[14] 그러한 사명 의식을 지녔기에 그는 서재필이 조선 정부의 1899년 추방 명령을 받고 조선을

---

12 「독립신문」 1897년 3월 17일자 논설: "나라에 법률과 규칙과 장정을 만든 본의는 첫째는 사람의 권리를 있게 정해 놓고 사람마다 가진 권리를 남에게 뺏기지 않게 함이요, 또 남의 권리를 아무나 뺏지 못하게 함이라."

13 박정신, 『국역 윤치호 일기』 2 (서울: 연세대학교출판부, 2002), 411–412: "국제적 또는 여러 인종 관계에서 '힘이 곧 정의인가?' 그렇다고 나는 항상 생각해 왔다"(1892년 11월 20일자 일기); 허동현, "개화기 윤치호의 해외체험과 문화수용," 「한국문화연구」 11 (2006), 127ff.

14 좌옹윤치호문화사업회, 『윤치호의 생애와 사상』 (서울: 을유문화사, 1998), 69.

떠났을 때 「독립신문」을 이어서 맡고 독립협회의 일을 도맡았다.

서재필과 윤치호는 민중을 계몽의 대상으로 삼았다. 그들은 조선이 인민주권에 바탕을 둔 공화제 국가로 나아가야 한다고 생각했지만, 그 당시 조선의 민중은 아직 그러한 정치적 역량을 갖지 못했다고 생각했다. 그들은 독립협회가 주도해서 만민공동회를 이끌며 민중이 조선의 개혁 방안을 놓고 공론을 일으키도록 노력했고, 민중의 공론에 따라 군주가 법제 개혁에 나서기를 기대했다. 그들은 물론 민중이 우매하다고 생각한 적이 없다. 그러나 그들은 민중이 직접 행동에 나서는 것을 경계했다. 그것은 1894년부터 1년 이상 지속한 농민항쟁의 경과와 그 결과를 놓고 그들이 내린 정치적 판단에서 비롯된 태도였고, 다른 개화파 지식인들도 같은 생각이었다.[15] 그들은 민중에 대한 계몽이 상당히 오래 계속되어야 한다고 생각했다.

그러한 민중계몽의 동력은 민권의 신장이 없으면 국가의 부강이 없다는 확신에서 나왔다.[16] 서재필과 윤치호는 권리의 천부 불가양을 확신했지만, 인민의 권리 신장을 강한 국민 형성과 부강한 국민국가 형성의 맥락에 배치했다. 그들은 약육강식의 제국주의 시대에 부강한 국가를 형성하는 것은 조선의 생존에 절대적인 요건이라고 생각했고, 인민의 권리 신장과 역량 강화는 그러한 국가를 형성하는 방편이라고 생각했다. 그러한 민권 담론은 그 두 사람의 본의와는 달리 민권 담론을 국가주의적으로 좁히는 결과를 가져올 염려가 있었다. 그러한 국가주의 담론은 강력한 국가가 없으면 개인과 인간의 권리를 보장할 길이 없다는 국가 우선주의 담론으로 나아갈 가능성도 있었다. 나중에 보겠지만 식민지로 전락한 조선에서 저항적 민족주의는 국민국가 회복이라는 가치 아래 모

---

15 이신철, "독립협회와 만민공동회의 '근대성' 논의 검토," 「사림」 39 (2011), 46.
16 제라 블룸퀴스트 외 영어 번역 및 편집, 「자주독립 민주개혁의 선구자 서재필」, 한국기독교지 도자작품선집 013 (서울: 한국고등신학연구원, 2013), 56.

든 것을 종속하는 국가주의적 사고방식을 굳혔다.

IV. 만민공동회의 개혁 요구와 조선 정부의 퇴행

서재필과 윤치호가 가담한 독립협회는 1897년 초에 민중이 참여하는 공론의 장을 열기 시작했고, 그해 10월부터는 정부와 협력하여 서울 종로 거리에서 만민공동회를 개최했다. 만민공동회는 신분의 차별 없이 모든 인민이 참여하도록 개방되었다. 만민공동회는 사람들이 자유롭게 나서서 자기 생각을 말하고 청중의 동의를 구하는 민주적인 방식으로 진행되었다.[17] 그 공론의 장에 모인 사람들은 나라의 독립과 자주성 확립, 정부 개혁과 부패 근절, 무능하고 부패한 관료의 파면, 신분 차별 철폐, 외세의 이권 개입 규탄과 관련자 파면 등 당대의 주요 현안에 관해 토론을 벌였고, 마침내 그 논의는 의회 창설과 국체 변경에까지 이르게 되었다.

만민공동회는 백성의 대표인 의회를 설립하고 그 의회가 정부를 견제하는 의회 정치를 요구했다. 만민공동회에 모인 사람들은 조선의 전제군주정을 공화정으로 바꾸자는 데까지 의견을 모으지는 못했다. 공화정을 요구하는 목소리가 없지는 않았지만, 만민공동회는 고종 황제(高宗, 조선 제26대 국왕 재위 1864~1897; 대한제국 초대 황제 재위 1897~1907)를 옹위하는 것을 전제로 해서 입헌군주국을 세우자는 데 의견을 모았다.[18] 그들은

---

17 이원택, "한국정치사에서 근대적 議事規則의 도입과 그 의의," 「태동고전연구」 35 (2015), 276. 만민공동회는 근대적인 의사규칙에 따라 진행되었는데, 근대적 의사규칙은 1897년 서재필의 지도를 받은 배재학당의 협성회에서 가장 먼저 시행되었다. 협성회의 의사규칙은 독립협회의 의사규칙으로 수용되었고, 협성회와 독립협회가 만민공동회를 실질적으로 이끌었다.
18 한철호, "만민공동회, 자주와 민권을 외친 최초의 근대적 민중 집회," 「내일을 여는 역사」 33 (2008), 45f.

고종 황제의 추밀원 역할을 하던 중추원을 의회로 개편할 것을 강력하게 요구하고, 1898년 10월 29일 「헌의6조」(獻議六條)를 결의했다. 「헌의6조」의 핵심은 정부의 주요 결정에 대한 중추원의 동의, 정부 재정의 공개와 국민적 감독, 황제의 독재적 권한을 축소하는 내각책임제 도입, 형사 피의자 인권 보호를 골자로 하는 형법 개정 등이었다. 고종 황제는 11월 초에 의회 창설과 「헌의6조」의 시행을 약속했다가 독립협회가 황제를 폐위하고 공화정으로 가려고 한다는 수구파의 주장을 받아들여 돌연 모든 약속을 파기하고 만민공동회와 독립협회를 해산하는 강경책으로 돌아섰다.

조선 정부는 민권 신장과 정부 개혁에 관한 개화파 지식인들과 민중의 요구에 대해 처음에는 들어줄 듯 나섰다가 퇴행적으로 돌아서기 일쑤였다. 만민공동회 이전에 유길준이 고종에게 제안한 온건한 권리장전도 그런 운명을 피하지 못했다. 그 권리장전을 실현하려면 조선이 권리장전을 헌법 수준의 규범으로 천명하고 권리장전을 실현하는 법제를 갖추어야 했다. 조선 정부는 1895년 1월 최초의 근대 헌법 격인 「홍범14조」를 채택하고 제13조에 "민법과 형법을 엄격하고 명백히 제정하여 함부로 감금하거나 징벌하지 못하게 하여 인민의 생명과 재산을 보호한다"[19]고 규정함으로써 권리장전을 실현하려는 의지를 표명하기는 했다. 국가가 인신의 자유, 생명과 재산의 보호를 법률로써 보호한다는 내용의 소략한 권리장전을 받아들인 것이다. 그러나 1894년 7월부터 1896년 2월까지 1년 7개월간 지속한 갑오경장에서 인신의 자유, 생명의 보호, 재산의 보호 등과 관

---

19 「홍범14조」는 조선 정부가 1895년 1월 선포한 개혁 강령이다. 그 당시 조선은 농민항쟁(1894. 2.~1895. 4.)과 청일전쟁(1894. 7.~1895. 4.)이 겹쳐 일어난 어수선한 상황이었다. 「홍범14조」 제13조는 국사편찬위원회, 「사료로 본 한국사」, "홍범14조"에서 따왔다. http://contents. history.go.kr/front/hm/view.do?levelId=hm_118_0030(2024. 7. 5. 다운로드).

련된 형법과 민법의 개정은 이루어지지 않았다. 만민공동회의 민권 신장 요구와 입헌군주제 요구에 대해서도 고종 황제는 1899년 8월 자신에 대한 암살 미수 사건이 일어난 데다가 만민공동회가 공화제를 추구한다고 의심하게 되자 만민공동회의 요구를 거부하고 군주의 절대주의적 통치를 강화하기로 마음을 먹었다. 1899년 8월 14일 고종 황제는 흠정헌법인 「대한국국제」(大韓國國制)를 반포했다. 「대한국국제」는 황제가 조약체결권, 입법권, 행정권, 병권 등 국가 운영의 전권을 행사하도록 규정하여 황제의 절대주의적 통치를 뒷받침하였으나, 권리장전에 관해서는 단 한마디도 언급하지 않았다.20 개화파 지식인들과 민중이 바라마지않던 권리장전은 조선 말까지 헌법의 수준이나 형법 및 민법의 수준에서 그 실현의 기회를 얻지 못했고 민권 신장에 바탕을 둔 국체 개혁도 실현되지 못했다.

V. 소결

개항 이후 조선 사회에서는 개인과 인간의 권리에 관한 논의가 처음 전개되기 시작했다. 개항 이전 개인에 관한 담론은 개인의 개체성과 자주성과 주체성을 명확히 밝히는 단계에 이르렀으나, 개인과 인간의 권리에 관한 논의를 함축하지 못했다. 따라서 개항 이후 개인과 인간의 권리 담론이 나타난 것은 조선 사상사에서 괄목할 만한 일임이 분명하다.

개항 이후 개화파가 주도한 권리 담론은 제국주의적 침탈 앞에 놓인 국가의 보전과 발전을 도모하는 방편을 논하는 맥락에 배치되었다. 동도서기론에 가까웠던 온건 개화파 유길준은 유학적 정명 개념에 근거한 신분제

---

20 김대환, "대한제국의 꿈과 대한민국임시헌장의 제정 정신," 「세계헌법연구」 25/1 (2019), 5f.

사회를 그대로 유지하면서 자유주의적 권리장전을 최대한 실현하는 법제 개혁을 제안했다. 그는 만인이 법 앞에 평등하다고 주장했고 개인의 자유와 권리를 법으로 보호해야 한다는 것을 명확히 밝혔다. 강경한 변법자강파였던 서재필과 윤치호는 천부 불가양의 권리 이론과 주관적 공권 개념을 중심으로 민중에게 권리 의식을 심어줌으로써 민중이 권리 의식을 가지고 나라를 보전하고 발전시키는 역량을 발휘할 것을 기대했다. 그들은 국가가 개인과 인간의 권리를 법으로 보호할 책무가 있다는 점을 부각하기는 했으나, 약육강식의 국제 정세에서 나라를 지키고 부강하게 발전시켜야 한다는 논의의 연장선에서 민중의 권리 신장과 역량 강화를 논의하였기에 그들이 이끌어간 권리 담론은 자칫 국가주의적 편향을 띨 가능성이 있었다.

개화파 지식인들은 민중을 계몽의 대상으로 삼았을 뿐 아직 정치 참여의 주체로 나설 정도에는 이르지 못했다고 생각했다. 서재필과 윤치호가 주도한 독립협회가 만민공동회를 통해 중추원을 의회로 개편하자고 주장했을 때, 그들은 독립협회가 민의를 수렴해서 의원을 투표로 뽑는 방식을 고려했을 뿐이다.

개항 이후 조선 정부는 개화파 지식인들과 민중이 요구한 권리장전의 실현과 제도 개혁의 요구에 대해 마지못해 응했고 그 실현을 위해 적극적으로 나서지 않았다. 만민공동회가 공화제를 요구한다는 수구파의 두려움과 의심에 편승한 고종 황제는 만민공동회의 요구를 거부하고 황제의 절대주의적 통치를 강화했다. 조선조가 멸망할 때까지 권리장전의 법적인 보장과 국체 개혁은 그 실현의 기회를 얻지 못했다.

3장
개인주의의 억압과 지체

개화기에 개인과 인간의 자유와 권리를 긍정하는 담론이 형성되기 시작하였으나, 그 담론은 점점 더 치열해지는 제국주의적 약육강식의 현실에서 국권을 보위하고 부국강병을 위해 개인이 국가를 위해 희생해야 한다는 국가주의 담론에 길을 내주기 시작했다. 조선이 식민지로 전락하면서 강력하게 대두한 저항적 민족주의[1]는 민족을 실체화하고 민족의 단결과 독립을 최우선 가치로 삼았다. 민족은 개인에 앞선다고 생각되었다. 이처럼 개인보다 민족이나 국가를 앞세우는 사고방식은 해방 이후 일민주의(一民主意)의 이름으로 자행된 이승만(李承晚, 1875~1965)의 독재 체제와 국가주의를 극단화한 박정희(朴正熙, 1917~1979)의 독재 체제에서도 강력하게 유지되었다. 민족주의와 국가주의가 지배하면서 개인주의는 체계적으로 억압되었다. 개인을 우선시하고 긍정하는 본격적인 개인주의는 한국 현대사에서 단 한 번도 철학적 형식으로 정립되지 못했다.

아래서는 한국 현대사에서 개인주의가 체계적으로 억압되는 과정을 분석한다.

---

1 민족주의와 저항적 민족주의에 관한 개념적 설명은 후술한다.

I. 식민지 시대의 저항적 민족주의

조선이 식민지로 전락하는 과정에서 대두한 저항적 민족주의는 식민지 사회에서 지배적인 담론으로 자리를 잡았다. 일본의 식민지 통치는 조선인의 지배와 동화, 식민지 수탈을 목표로 하였기에 민족의 정체성을 보전하고 나라의 독립과 해방을 추구하는 것이 가장 중요한 과제가 되었다. 저항적 민족주의는 그러한 과제를 명확히 설정했기에 설득력이 있었지만, 민족이 개인에 앞선다는 생각이 자리 잡게 했다.

1. 일본의 식민지 통치와 그 법제

1910년 8월 29일 조선은 일본에 합병되어 자주국에서 식민지로 전락했다. 일본은 조선을 합병하기 위해 오랜 준비 기간을 거쳤기에 식민 통치를 위한 법제를 꼼꼼하게 마련했다. 식민지 법제는 개화파 지식인들이 그토록 염원했던 근대적 민법과 형법을 갖추기는 하였으나, 그 법제의 형식과 내용은 어디까지나 조선인의 지배와 식민지 수탈에 최적화되어 있었다. 아래서는 식민지 법제 가운데 입법 권한, 재산권, 인신 구속에 관한 법제를 살펴서 개인의 자유와 권리가 얼마큼 보호되었는가를 가늠하고자 한다.

1) 일본은 합병일에 칙령 제324호로 「조선에시행해야할법령에관한건」을 공포하여 일본법률의 전부 또는 일부를 조선에서 시행할 수 있도록 했고, 조선에서 법률로 정하여야 할 입법사항은 조선 총독의 명령인 제령(制令)으로 정하도록 하였다.[2] 조선 인민은 그들의 대표로 입법부를

---

2 이승일, 『조선총독부 법제 정책』 (서울: 역사비평사, 2008), 97f. 칙령 제324호 제1조는 "조선

구성하지 못한 채 전적으로 일본에서 이식된 법률이나 조선 총독의 명령에 따라 지배받는 대상으로 전락하였다. 한마디로 조선 인민은 참정권이 없었다. 그러한 조선인의 지위는 식민 통치에서 해방할 때까지 변함이 없었다.

2) 조선 총독은 제령으로 1912년 「조선민사령」(제령 7호)과 「조선형사령」(제령 8호)을 제정했다. 이 두 가지 제령은 조선에서 민법과 형법의 지위를 가졌기에 매우 중요했다.

(1) 먼저 「조선민사령」을 살핀다. 「조선민사령」은 일본 민법을 계수했다. 1896년에 제정된 일본 민법은 같은 해에 제정된 독일 민법을 계수한 것이고,[3] 독일 민법은 프리드리히 폰 사비니의 교리에 따라 재산권을 완전물권 개념으로 정한 것으로 유명하다. 「조선민사령」은 제3조에서 "조선인 사이의 민사에 관하여는 제1조의 규정에도 불구하고 종래의 예에 의한다"고 규정했는데, 이것은 주목할 만한 문구이다. 왜냐하면 그 조항으로 인해 토지에 관한 권리, 조선인의 친족 및 상속, 조선인 사이의 법률관계 등은 '종래의 예'에 따르게 되었기 때문이다.

앞의 2장 V에서 본 바와 같이 조선은 『경국대전』 「호조」에 토지와 노비에 관한 것 이외에 성문법으로 된 재산권 규정을 두지 않았고, 여러 권리와 물건의 거래에 관해서는 관행이 있었을 뿐이다. 거기 더하여 토

에서 법률을 요하는 사항은 조선총독의 명령으로 규정할 수 있다"고 명시했고, 제6조는 "제1조의 명령은 제령(制令)이라고 칭한다"고 규정했다. 이로써 "조선총독은 조선에 관한 행정 및 사법권한뿐만 아니라 입법권까지 장악했다는 점에서 전제적 성격을 띠고 있었다."

3 독일 민법은 그 이전에 로마법 계수를 둘러싼 수십 년 동안의 판덱텐 법학 논쟁의 산물이고 1896년 반포 이전에 그 내용이 확정되어 있었기에 일본 법학자들이 그 내용을 충분히 숙지하고 이를 일본 민법 제정에 반영할 수 있었다.

지에 관해서는 수조권이 있었을 뿐 물권이 확립되어 있지 않았다. 「조선민사령」의 제3조는 '종래의 예'에 따라 넓은 의미의 재산권으로 통용되었던 수조권을 근대적 의미의 물권으로 전환하여 토지에 관한 근대적 재산권을 확립하는 법적인 근거 조항이 되었다.[4] 전조(지대)를 내며 농사를 지어 왔던 관습적 경작민에게는 관습 경작지의 소유권이 전혀 인정되지 않았다.[5]

「조선민사령」의 후속 법률인 「조선부동산등기령」(朝鮮不動産登記令, 1912년 제령 9호)은 토지의 소유 주체를 확정하는 절차를 마련했다. 「조선부동산등기령」은 신고주의에 바탕을 두었기에 수조권자의 신고에 근거해서 수조권자의 토지와 임야에 대한 재산권을 확립하게 했고 신고하지 않은 토지는 국유화했다. 구 왕실 소유의 방대한 토지와 임야는 당연히 국유화되었다. 그러한 토지는 뒤에 민영화 조치를 통해 일본인 농민, 일본 농원과 기업 등에 넘어갔다. 따라서 일본인들은 단기간에 식민지 조선에서 엄청난 규모의 토지와 임야를 소유하게 되었다.[6]

또한 근대적인 재산권 법제가 확립되면서 전통적인 지주-소작인 관계는 근대적인 지주-소작인 관계로 전환하였고 소작인의 수효는 급증하였다.[7] 왜냐하면 근대적 토지 소유권 제도에서 대토지 소유자는 영세한 자영농이 여

---

4 정긍식, "조선민사령과 한국 근대 민사법," 「동북아법연구」 11/1 (2017), 100. 「조선민사령」에 제3조의 예외 조항을 둔 것은 '관습을 법원으로 인정'하여 '식민통치의 원활'을 도모하기 위해서였다.

5 趙璣濬, 『韓國經濟史新講』, 501.

6 토지회사인 동양척식회사의 경우, 소유 토지 면적은 1910년 1만 1천여 정보에서 1920년 7만 7천여 정보로 7배가량 늘었다. 崔虎鎭, 『韓國經濟史: 原始社會로부터 1945年까지』, 220f.

7 1913~1917년과 1933~1937년의 4년간 평균 수치를 놓고 보면, 자작농은 21.8%에서 19.2%로 줄었고, 자작 겸 소작농은 38%에서 25.6%로 줄었고, 소작농은 39.4%에서 55.2%로 급증했다. 이러한 변화 수치는 영세 자영농이 소작농으로 전락하는 일이 많았음을 보여 준다. 崔虎鎭, 『韓國經濟史: 原始社會로부터 1945年까지』, 223의 [표 11] "농민의 소작농화 경향."

294 | 제3부 _ 한국에서 개인의식의 역사적 발전

러 가지 이유로 내어놓는 토지를 사들이기 쉬웠기 때문이다. 토지를 상실한 농민은 농업 이외에 달리 생업을 찾을 수 없었기에 소작농으로 전락할 수밖에 없었다. 소작농은 지주에게 총 수확의 50~70%에 달하는 지대를 현물 혹은 화폐로 납부해야 했고 거기 더하여 부역을 제공해야 했다. 식민지 시기에 농촌 인구가 전 인구의 80% 이상이었음을 고려하면, 전 인구의 40% 이상이 소작농의 처지에서 절대 빈곤을 감내하지 않을 수 없었다.

위에서 말한 바를 놓고 보면, 「조선민사령」 등의 법제는 식민지 조선에서 근대적 토지 소유제도를 확립하고, 일본인의 토지 수탈과 토지 지배를 공고히 하고, 토지 겸병을 통해 지주-소작인 관계를 확대하는 결과를 빚었다고 할 수 있다. 거기 더하여 일본은 근대적 토지 소유제도를 확립함으로써 탄생한 조선인 대토지 소유자들을 식민 통치의 우군으로 끌어안을 수 있었다.

(2) 그다음에 「조선형사령」은 식민지 조선에서 구 조선의 형법대전과 형사 관련법을 폐지하고 일본 형법과 일본 형사소송법을 계수하여 근대 형법 체계의 대강을 도입하되 식민 통치의 요구에 따라 그 내용을 조율했다. 일본 형법과 형사소송법은 대륙법 전통을 받아들여 검사 기소주의와 검사 조서의 증거 능력을 인정하였는데, 그것을 원용한 「조선형사령」은 식민지 조선에서 검사의 일방적인 조서에 근거한 재판을 고착화시켜 피의자의 인권을 보호하는 데 소홀한 점이 있었다.[8] 거기 더하여 「조선형사령」은 일본 형법과는 달리 조선 형법대전에서 사형에 처할 죄로 분류한 범죄를 존치했고 인신의 구속에 관해 검사와 사법경찰관의 재량을 널리 인정해서 인권 보호를 뒷전에 두었다.[9]

---

8 성경숙, "일제강점초기 조선의 형사사법구조: 조선형사령을 중심으로," 「성균관법학」 24/2 (2012), 359f.
9 위의 글, 363.

그와 같은 내용의 「조선형사령」은 식민지 조선에서 근대 이전의 과잉 형벌을 존속시켜 형벌에 대한 공포를 키웠다. 경찰과 검찰의 인신 구속과 인권 유린에 대한 공포는 식민 권력에 대한 저항을 꺾는 효과를 발휘했다.

3) 조선이 식민지로 전락하면서 조선인은 타율적 지배의 질곡에 묶이게 되었다. 근대적 민법과 형법이 제정되었다고는 하지만, 근대적 소유 제도는 일본인의 토지 소유를 늘리고 지주와 소작인의 관계를 확대하여 많은 사람을 절대적 가난에 몰아넣었다. 식민지 조선에서 시행되기 시작한 형법은 인권 보호에 크게 미흡했고 형법을 앞세운 식민지 통치 권력에 대한 공포를 조선인의 마음에 심었다. 그러한 상황에서 식민지로부터 해방하려는 움직임이 커졌고 저항적 민족주의가 강화하였다.

2. 저항적 민족주의의 강화와 개인주의의 억압

일본의 조선 지배에 대항해서 조선인들은 저항과 해방운동으로 맞섰다. 그들의 운동을 이끌어간 것은 민족주의였고, 그것도 저항적 민족주의였다. 저항적 민족주의는 식민지화 과정에 맞서서 국권을 수호하고 국민과 국민국가 형성을 이끌어갔던 국민주의의 연장선에 있었다.

1) 식민지화 과정에 맞서는 조선인들은 국권을 수호하고자 했고 국권 수호를 뒷받침하는 강력한 이념이 필요했다. 그 이념을 마련하는 것은 개항 이후 개화파 지식인들을 사로잡은 과제였다. 그들은 민권을 강화해서 강한 나라를 이루어 외세의 침탈에 맞서자고 주장했다. 그것은 일종의 자유주의적 이상에 따라 국민과 국민국가를 형성하자는 뜻이니, 거기에는 매우 강력한 국민주의적 동기가 나타났다. 1900년대에 들어와 조

선은 제국주의적 열강의 침탈에 무방비 상태로 노출되었다. 일본이 러일전쟁(1904~1905)에서 승리한 뒤에는 제국주의 열강의 양해 아래서 조선은 일본의 배타적 지배 아래 들어가게 되었다. 그런 상황에서 민권 신장을 통한 국권 강화는 한가한 소리처럼 들렸다. 노골적인 약육강식의 상황에서 외세에 대항하는 강한 국가를 형성하기 위해서는 수단과 방법을 가릴 수 없다는 생각이 확산했다.

그러한 생각을 하기 시작한 조선의 지식인들은 청나라 출신의 망명 사상가 양계초(梁啓超, 1873~1929)의 애국주의와 국가주의에 공명했다. 양계초는 본래 자유주의적 공화주의 사상을 표방하며 청의 전제군주제를 타파하는 1898년의 무술변법(戊戌變法)에 가담했으나, 그 시도가 실패하자 일본으로 망명했다. 1903년 그는 시민혁명을 통해 자유주의적 공화주의가 구현되었다고 여겨졌던 미국을 방문하여 10개월을 머무는 동안 사회적 진화론자가 되었고 거대한 자본을 축적하여 제국주의 국가로 나서기 시작한 미국에 두려움을 느꼈다. 그는 미국의 아시아 진출에 대응해서 청을 지키기 위해서는 애국적인 국민을 형성하고 국가가 주도하는 부국강병의 길을 가는 것만이 유일한 생존책이라고 생각하고, 이를 위해서는 '개명전제'(開明專制)조차 무릅써야 한다고 역설했다.[10] 미국 방문은 양계초를 자유주의자에서 사회적 진화론을 신봉하는 국가주의자로 변화시키는 계기가 되었다.

그러한 사상적 전환을 한 양계초는 그동안 그에게 결정적인 영향을 주었던 루소(Jean-Jacques Rousseau, 1712~1778)를 멀리하고 스위스 법철학자 블룬츨리(Johann Caspar Bluntschli, 1808~1881)의 국가학을 수용했다. 이미 블룬츨리의 국가학은 일본에서 널리 수용되어 메이지 유신의 이론

---

10 박노자, "[박노자의 한국적 근대 만들기] 타자의 체험: 양계초(梁啓超)의 '민주 원산지'로의 여행은 보수화로 이어진다," 「인물과사상」 81 (2005): 199f., 205.

적 근거로 활용되었고, 그의 국제법 이론은 중국과 조선에서 정치 엘리트에게 교범으로 사용되었다.[11] 그러한 상황에서 양계초가 블룬츨리의 국가학을 나름대로 소화해서 국가주의를 옹호하는 글을 쓰자 블룬츨리의 국가주의는 그 어느 때보다도 큰 영향력을 발휘했다. 1905년 유길준의 동생 유성준(兪星濬, 1860~1934)은 블룬츨리의 국가학 영역본을 번안하여 『법학통론』(法學通論)을 발간했고, 이 책은 법학 교과서로 사용되었다. 양계초는 블룬츨리가 개인의 자유와 권리를 보호하는 국가의 책무를 강조한 부분을 희석하고, 사회적 유기체론에 바탕을 두고 개인의 국가에 대한 복종과 충성을 일방적으로 강조하는 방식으로 블룬츨리의 국가학을 소개했다. 그렇게 해석된 블룬츨리의 국가학은 개화파 지식인들이 자유주의에서 벗어나 국가주의로 나아가도록 큰 영향을 미쳤다. 유길준은 그러한 사고의 전환을 보여 주는 좋은 실례이다. 그는 당대의 군주국을 보위하기 위해 개인은 자기의 생명을 내어놓을 만큼 충성을 다해야 한다고 주장했다. 그 까닭은 개인이 유기체를 이루는 국가의 구성원이고 국가의 명령에 복종해야 하기 때문이라고 했다.[12] 그러한 국가 우선주의적 발상에는 개인이 독립된 개체이고 그 개인들의 연합이 사회라는 관념이 들어설 자리가 없었다.

---

11 블룬츨리의 국가학은 1875년 일본의 보수 사상가 가토 히로유키(加藤弘之, 1836~1916)에 의해 적극적으로 수용되었다. 블룬츨리가 전개한 '계몽 전제주의' 이론은 메이지 유신의 이론적 논거로 활용되었다. 블룬츨리의 국가학 저술인 *Lehre vom modernen Stat: Allgemeine Statslehre* (Stuttgart: Cotta, 1875)는 1890년 『一般國家法』이라는 제목의 일본어 완역본으로 발간되었다. 그의 국제법 저술인 *Das moderne Völkerrecht der civilisirten Staten als Rechtsbuch dargestellt* (Nördlingen: Beck, 1867)는 1899년 번역되어 『公法會通』으로 발간되었고 중국과 한국에서 정치 엘리트의 교과서로 쓰였다. 박노자, "[박노자의 한국적 근대 만들기] 민주보다 국가 발전이다: '국가 유기체론'과 '개명 전제(開明專制)'," 「인물과사상」 83 (2005), 88f.

12 이새봄은 최근에 발굴된 유길준의 『勞動夜學 第一』(同文館, 1909)에 근거해서 유길준의 국가주의를 분석했다. 이새봄, "「노동야학」에 나타난 국민 만들기의 논리: 유길준이 본 대한제국의 '하등사회'," 「사이間SAI」 28 (2020): 161-165.

1905년 을사늑약(乙巳勒約) 이후 양계초의 책은 조선에서 가장 많이 읽혔다. 그의 책들은 다투어 한글로 번역되어 일반 대중들에게도 읽혔다. 그의 책들을 번역한 사람들은 당대의 애국지사인 안창호(安昌浩, 1878~ 1938), 신채호(申采浩, 1880~1936), 박은식(朴殷植, 1859~1925), 장지연(張志淵, 1864~1921) 등이었다.[13]

2) 조선이 식민지로 전락하면서 '국민'은 더는 의미 있는 개념으로 사용되지 않았다. 1905년 을사늑약과 1907년 정미칠조약(丁未七條約)이 체결되어 조선이 일본의 보호국으로 전락하여 국민 형성과 국민국가 형성이 좌절되자 1908년 무렵 '국민' 개념 대신 '민족' 개념이 사용되기 시작했다. 조선이 식민지가 된 뒤에 '국민'은 일본 속국의 구성원을 뜻하는 말로 쓰였기에 기피의 대상이 되었다. 그렇게 해서 민족은 일본 제국주의에 대항하는 담론의 핵심 개념이 되었고, 그 담론은 저항적 민족주의의 이름을 갖게 되었다.[14]

---

13 박노자, "[박노자의 세계와 한국] 1900년대 조선, 양계초에 반하다," 「한겨레21」 494 (2004) : "안창호 등 근대 학교 설립자들은 양계초 소설과 논문들을 한문 독본으로 쓰고 신문·잡지들도 양계초의 글들을 번역해 실었다. 『이태리건국삼걸전』(伊太利建國三傑傳, 1902)의 4종류 번역판 중 하나는 신채호가 내고, 초기 교육 개혁의 청사진인 『학교총론』(學校總論, 1896)의 번역은 박은식이 맡고, 약육강식의 세계에서 미래를 논하는 양계초의 여러 글은 장지연이 옮겨 『중국혼』(中國魂)이라는 단행본으로 내었다." https://h21.hani.co.kr/arti/world/world/10111.html(2024. 7. 7. 다운로드).

14 '민족주의'는 요즈음 논란이 되는 개념이다. 논란의 초점은 민족주의가 전제하는 '민족'을 어떻게 이해할 것인가이다. '민족주의'로 옮겨지는 nationalism은 서양에서 국민 형성과 국민국가 형성이라는 근대적 과제를 해결하기 위해 만들어진 관념이고, nationalism이 전제하는 nation은 역사적 실체로 주어져 있는 것이 아니라 근대에 들어와 구성된 관념이라고 여겨졌다. 베네딕트 앤더슨/윤형숙 옮김, 『상상의 공동체: 민족주의의 기원과 전파에 대한 성찰』(파주: 나남출판, 2006), 23; E. 홉스봄/강명세 옮김, 『1780년 이후의 민족과 민족주의』(서울: 창작과비평사, 1994), 26; 고자카이 고시아키/방광석 옮김, 『민족은 없다』(서울: 뿌리와이파리, 2003), 32 등. 그러한 논의의 연장선에서 임지현은 "민족주의는 반역이다"라고 주장했다. 임

저항적 민족주의의 논리를 가장 선명하게 가다듬은 인물은 신채호였다. 그는 일본 제국주의에 저항하는 담론을 유포하는 매체인 「대한매일신보」의 주필로서 많은 저작 활동을 하며 지식인 사회뿐만 아니라 대중에게도 영향을 끼쳤다. 그는 양계초의 영향을 받아 사회적 진화론을 수용했고 국가중심주의적인 사고방식을 발전시켰다. 그는 당대의 세계가 나라들 사이에서 우승열패, 약육강식, 생존경쟁이 적나라하게 벌어지는 제국주의 시대라고 인식했다. 그는 그렇게 시대를 읽는 관점과 방법에 따라 역사의 발전을 살폈다. 그에게 '역사는 아(我)와 비아(非我)의 투쟁의 기록'[15]이고 거기서 설정되는 아는 국가다. 따라서 아를 정리하는 즉시 아가 아닌 것, 곧 아의 타자인 비아를 정립하는 것이니, 아와 비아는 서로 대립하고 항쟁하기 마련이다. 그러한 이항대립의 관계에서 한 나라가 다른 나라에 먹히지 않고 발전하기 위해서는 다른 나라에 맞설 힘을 갖추어야 하고 그러한 자강은 국가 존립의 절대적 요건이 된다.

그런데 아를 정립한다는 것은 아의 바깥에 아의 타자를 설정하는 데 그치지 않고 아의 안에서 아를 분열시켜 아의 통일성을 파괴하는 자기 안의 타자를 식별하는 것을 뜻한다. 따라서 아는 이중적인 측면에서 아의 타자를 생성하고 그 타자와 맞서서 싸우지 않으면 안 된다. 아가 국가라면, 국가는 국가를 분열시키는 자기 안의 타자를 억압하여 대내적 단결을 도모하여야 하고 자기 밖의 타자인 다른 나라와 맞서서 자기 존립과 발전과 확장의 기회를 마련하여야 한다. 바로 그것이 신채호가 말하는 자강의 길이다.

지현, 『민족주의는 반역이다: 신화와 허무의 민족주의 담론을 넘어서』(서울: 소나무, 2005), 55. 그러한 주장은 민족주의가 이데올로기적 과잉 상태에 있다는 점을 비판한다는 점에서는 일리가 있다. 그러나 우리나라에서 '민족' 개념과 민족주의 개념이 등장했던 역사적 맥락을 고려한다면, 그 개념들은 역사적 개념으로 여전히 맥락에 따라 사용되어야 마땅하다.

15 申采浩, 「朝鮮上古史」, 『丹齋 申采浩 全集』上, 丹齋申采浩先生紀念事業會 (서울: 螢雪出版社, 1977), 31. 참고로 「朝鮮上古史」는 1924년의 저작이다.

그렇다면 나라가 패망하여 나라가 없는 상황에서는 어떻게 해야 하는 가? 신채호는 두 가지 방도를 제시했다. 하나는 나라의 정신(國粹)을 보전 하는 것이다. 국수는 나라의 정체성(nationality)을 가리킨다. 그는 국수를 잃으면 나라가 망하지 않더라도 그 나라는 망한 것이고, 국수를 보전한다 면 나라가 설사 망했을지라도 그 나라는 망하지 않았다고 생각했다.16 왜 냐하면 국수를 간직한 사람들은 나라를 되찾고자 하는 의지를 가질 것이 기 때문이다. 다른 하나는 나라 잃은 민중이 나라를 빼앗은 '강도 같은' 나라의 적에 맞서서 폭력 행사를 불사하는 비타협적 투쟁을 벌여 나라를 회복하는 것이다. 그러한 비타협적 투쟁 노선은 신채호의 역사관과 현실 인식에서 도출되는 필연적인 결론이었다. 그렇기에 그는 1923년 중국에서 의열단 단장 김원봉(金元鳳, 1898~1958)의 요청을 흔쾌히 받아들여 무정부 주의적인 비타협적 해방 투쟁 노선을 명시한 「조선혁명선언」을 작성했다.

신채호의 민족주의는 식민지 시대에 등장한 민족주의 유형17 가운데 가장 급진적 성격을 띠었고 저항적 민족주의의 논리를 전형적으로 보여 준다고 평가할 수 있다. 저항적 민족주의는 제국주의적 침탈에 맞서고 거기서 해방해야 하는 상황에서 피할 수 없는 담론이지만, 그 담론의 구 조에는 중대한 문제들이 있다. 무엇보다도 먼저 저항적 민족주의는 타자

---

16 신채호, "정신으로 된 국가," 「대한매일신보」 (1909. 4. 29.). 신채호가 말하는 '국수'는 당대 의 민족주의 역사학자들이었던 박은식과 정인보(鄭寅普, 1893~1950)에게서 각각 '국혼'과 '얼'로 표현된다. 이난수, "조선의 정신, 그 정체성에 대한 근대적 탐색: 신채호의 '아'와 박은 식의 '국혼' 그리고 정인보의 '얼'을 중심으로," 「양명학」 54 (2019) : 35f., 52f., 67.

17 일제 강점기에 민족 문제를 해결하는 방안은 다양하게 제시되었고 그 방안에 따라 민족주의는 여러 유형으로 나뉜다. 자치나 내정 독립을 주장하는 타협적인 민족주의 유형, 민족개조론 유 형, 일본에 독립을 청원하자는 유형, 국제 여론에 호소하여 독립을 추구하자는 외교주의 유형, 무장 항쟁 유형 등이 그것이다. 신채호의 저항적 민족주의는 무장 항쟁 유형과 더불어 가장 급 진적이고 비타협적인 민족주의 유형에 속한다. 일제 강점기 민족주의의 여러 유형에 관한 알기 쉬운 개설로는 김정인, "내재적 발전론과 민족주의," 「역사와현실」 77 (2010) : 183-187.

화 담론을 앞세운다는 점에서 정복적 민족주의와 다른 점이 없다. 둘은 자기 바깥에 타자를 설정하는 것까지는 같지만, 그 타자를 저항의 대상으로 삼을 것인가, 정복의 대상으로 삼을 것인가에 차이가 있을 뿐이다. 그 차이는 물론 엄청난 것이지만, 저항적 민족주의 담론과 정복적 민족주의 담론이 맞서게 되면 어느 담론이 설득력이 있는가를 따지는 것은 부차적인 문제가 되고 결국 힘이 모든 것을 결정한다는 식의 결론을 맺을 수밖에 없다. 그것은 국수 개념에 관해서도 똑같이 말할 수 있다.[18]

그다음에 저항적 민족주의는 자기 동일화의 논리를 강력하게 전개하기 마련이어서 자기 안의 타자를 억압하거나 배제하는 경향을 띠기 마련이다. 저항하는 공동체의 내적 통합과 단결을 방해하는 요소는 억제되거나 배제되어야 한다. 계급, 젠더, 인종 등과 같이 사람들의 차이는 존중되지 않고 저항 공동체의 구성원이라는 추상적인 속성만이 중시된다. 그러한 자기 동일화의 논리는 민족의 적과 투쟁하는 연합전선을 형성할 때 큰 힘을 발휘할 수 있지만,[19] 타자화와 동일화의 논리는 개인과 인간의 자유와 권리를 근본적으로 제약하기에 비판적으로 극복되어야 한다.

3) 일본 제국은 1931년 만주사변을 일으키며 전시 파시즘을 강화했고,

---

18 김병구, "근대 계몽기 민족주의 형성의 아이러니: 신채호의 '국수(國粹)' 이념을 중심으로," 「우리말글」 72 (2017), 242f. 김병구는 신채호가 말하는 국수 개념이 메이지 유신을 이끌어가는 일본 민족주의자들의 국수 개념과 다를 바 없다고 보았다. 그들의 국수 개념은 바깥의 타자에 대해 배타성을 갖는 블룬츨리의 국가 정체성 개념을 바탕에 깔고 있다는 것이다. 참고로 신채호는 양계초와 마찬가지로 블룬츨리를 '국가학의 개산시조'로 극찬했다. 신채호, "國粹保全說," 「대한매일신보」 (1908. 8. 12.).

19 그러한 연합전선을 구축하려는 시도는 1927년의 신간회 운동일 것이다. 신간회는 조선을 해방하기 위해서는 계급의 차이를 넘어서서 자본가와 프롤레타리아, 민족주의 세력과 사회주의 세력이 힘을 합쳐야 한다는 주장 아래 좌우 연합전선을 형성했다. 창립 당시 신간회가 표방한 '민족주의좌익전선'의 의미와 성격에 관한 상세한 분석으로는 김인식, "창립기 신간회의 성격 재검토," 「한국민족운동사연구」 92 (2017): 151-160, 특히 160.

1937년 중일전쟁을 거쳐 1941년 태평양전쟁을 시작했다. 이 시기에 일본은 본토와 식민지의 내적 통합을 강화하고 대외적인 공격성을 최대한으로 끌어올렸다. 조선인의 동화정책은 다이쇼 시대(大正時代, 1912~1926)에는 1919년 삼일운동 이후 문화정치의 틀에서 온건하게 진행되었고, 일본 제국의 국체에 도전하고 사유재산 제도를 무너뜨리려는 사회주의 세력과 공산주의 세력을 치안유지법의 틀에서 강력하게 탄압하는 방식으로 진행되었지만,[20] 전시 파시즘 시대에는 동방 요배, 신궁 참배, 관청, 학교 등 공공장소에서 한글 사용 금지, 창씨 개명 등을 강제하는 방식으로 폭력적으로 진행되었다. 그것은 천황을 정점으로 하는 일본 국체를 중심으로 제국의 통일을 강화하기 위해 내부의 타자를 제거하려는 전략이었다. 그러한 동화정책은 징병, 징용, 정신대 등 노동력 수탈, 자원 수탈, 부의 수탈과 함께 갔다. 폭력적인 동화와 가혹한 수탈은 일본 파시즘의 대외 팽창과 공격력을 강화하려는 방편이었다.

일본 파시즘 체제는 천황을 정점으로 하는 일본 국체를 위해 모든 개인이 동원되고 희생을 감내해야 할 전체주의 체제였다. 거기서는 개인의 정체성과 문화적 정체성은 존중되지 않았고 개인의 자유와 권리를 운위할 여지조차 없었다. 태평양전쟁 말기의 가미카제 공격과 옥쇄는 개인이 전체에 흡수되고 개인에게 전체의 이름으로 부과되는 명령이 얼마나 맹목적이고 파괴적인가를 보여 주는 실례이다. 그러한 개인 말살의 시대는 일본이 태평양전쟁에서 패배하면서 마침내 끝났다.

---

20 유지아, "1910~20년대 일본의 다이쇼 데모크라시와 제국주의의 변용," 「한일관계사연구」 57 (2017) : 455, 458.

II. 해방 이후의 민간 독재와 일민주의

해방 이후 한국인들은 국민을 형성하고 한반도 전역에 걸친 국민국가를 수립할 기회를 맞았지만, 한반도를 분할 점령한 미군과 소련군의 군정 아래서 국토의 분단과 민족의 분단을 겪었고 반도의 남쪽과 북쪽에 서로 다른 체제의 국가를 수립했다. 대한민국의 초대 대통령이 된 이승만은 일민주의를 앞세워 반공 체제를 구축했고 한국전쟁 이후 친미 반공 체제를 공고히 하면서 민간 독재 체제를 굳혀 나갔다. 그러한 반공 독재 체제에서 개인과 인간의 자유를 실현할 기회는 주어지지 않았다.

1) 조선이 일본에서 해방한 뒤에 조선은 북위 38도선을 기준으로 두 지역으로 나뉘어 미군정과 소련 군정의 통치 아래 놓였지만, 조선인들은 그들에게 국민과 국민국가를 형성할 과제가 남아 있다는 것을 인식하고 있었다. 조선인들이 국민을 형성하면서 국민국가를 수립하는 방안은 여러 가지가 있었다. 식민지 시대에 해방운동을 이끌어간 세력들은 크게 민족주의 세력과 사회주의 세력으로 나뉘었고 그 안에는 다양한 분파들이 있었다. 각 세력은 그들의 이념과 정치 노선에 따라 국민국가를 형성할 청사진을 제시하고 서로 경쟁했다.

얼마 지나지 않아 이념을 달리하는 세력들은 서로 힘을 합쳐 한반도 전역에 국민국가를 수립할 수 없다는 것을 깨닫고 각각의 군정 지역에 자유주의와 사회주의를 표방하는 공화국을 수립했다. 남에는 대한민국이, 북에는 조선민주주의인민공화국이 세워진 것이다. 국토와 민족이 분단되고 서로 성격을 달리하는 두 정치체제가 자리를 잡고 대립하게 되었다. 두 정치체제의 대립은 남과 북에 공화국이 각각 수립된 지 2년이 채 지나지 않아 전쟁으로 치달았다. 1950년부터 1953년까지 3년여 진행된 한국전쟁은 분단을 해소하지 못한 채 남에는 반공 친미 국가 체제를 공고하게 구축하게 했고, 북에는 김일성의 지도력을 중심으로 강력한 반미 사회주의 국가 체제를 확고하게 자리 잡게 했다.

아래서는 대한민국의 역사에 한정해서 개인의 자유와 권리가 어떻게 실현되었는가를 살핀다.

2) 1948년 5월 총선을 통해 선출된 제헌의회는 제헌헌법을 제정하여 8월 15일 대한민국 수립의 토대를 놓았다. 제헌헌법의 제정을 통해 한국인들은 역사상 처음으로 권리장전이 담긴 헌법을 갖게 되었다.[21] 제헌헌법의 권리장전은 세계 각국의 헌법을 참고하여 더할 나위 없이 완벽하게 작성되어 자유국가 원리를 실현하였고 독일 바이마르공화국 헌법의 사회권 규범을 수용하여 사회국가 원리를 천명했다고 평가되고 있다.

물론 그 권리장전은 한국 역사에서 인민이 아래로부터 시민혁명을 통하여 쟁취한 것이 아니기에 인민이 실감하지 못하는 이상적인 규범에 머물러 있었다. 식민지 시대의 민법과 형법은 폐지되지 않고 그대로 남아 있었고 일제 강점기의 「보안법」과 「치안유지법」, 경찰의 인권 침해 관행도 여전했다. 권리장전을 구현하는 새로운 법률을 제정하기까지는 오랜 시간을 기다려야 했다. 그것은 사회권도 마찬가지였다. 사회권을 실현하는 노동 관련 입법은 1953년에 가서야 비로소 이루어졌다. 그러나 제헌헌법은 대한민국이 권리장전과 사회권을 실현하기 위해 나아가야 할 방향을 명확히 제시했다.

---

21 1919년 4월 11일에 수립된 대한민국 임시정부 건국강령도 3절 복국, 4조 가~바 항에 인민의 권리와 의무를 규정하는 권리장전을 두고 있다. 제헌헌법은 전문에서 "기미삼일운동으로 대한민국을 건립하여 세계에 선포한 위대한 독립정신을 계승하여 이제 민주독립국가를 재건"한다고 선언하고, 현행 대한민국 헌법도 전문에서 "3·1운동으로 건립된 대한민국임시정부의 법통"을 잇는다고 선언하고 있기에 대한민국 임시정부의 건국강령은 대한민국 헌정사에서 특별한 의미가 있다.

3) 대한민국의 수립 과정에서 제헌헌법의 제정 못지않게 중요한 과제는 토지개혁이었다. 1946년 3월 5일 북한에서 소련 군정 아래서 무상몰수 무상분배 방식의 토지개혁이 전격적으로 시행되자 남한에서도 토지개혁을 요구하는 목소리가 커졌다. 남한은 대한민국 정부가 수립되고 난 뒤에 1949년 6월 23일 「농지개혁법」을 제정하여 농자 유전의 원칙, 유상몰수 유상분배의 원칙, 농가 1가구당 토지 3정보 상한의 원칙에 따라 농지 재분배가 이루어졌다. 토지 재분배는 1950년 6월부터 시행되었고 한국전쟁으로 차질이 빚어지기는 했으나 신속하게, 그것도 성공적으로 이루어졌다고 평가된다.[22]

농민의 80%가 소작농이고 소작료가 수확의 50~70%에 달했던 해방 직후의 상황에서 토지 재분배는 농민을 지주-소작인 관계에서 해방하는 역사적 의의를 지녔다. 농민은 식민지 소작농의 예속적 지위에서 벗어나 공화국 시민인 자유농민이 되었다. 또한 농지개혁은 토지에서 해방한 자본을 산업자본으로 전환할 기회이기도 했다. 다만 정부가 유상몰수한 토지에 지급한 지가증권은 한국전쟁이 유발한 인플레이션으로 인해 그 가치가 떨어져 산업자본으로 전환하는 효과가 떨어졌다.

4) 남한에 단독 정부 수립을 주도하고 초대 대통령이 된 이승만은 해방 정국에서 민족주의 세력의 우파에 속했고 친미 성향의 강경한 반공주의자였다. 그는 해방 후 미국 망명 생활을 마치고 귀국하자마자 "뭉치면 살고 흩어지면 죽는다"라고 외치며 무조건적인 민족 단결을 외쳤다. 그러한 구호는 그가 집권한 뒤에 '일민주의'(一民主義)로 가다듬어져 통치 이데올로기로 작용했다.

---

22 蔣尙煥, "農地改革과 農民," 「한국사 시민강좌」 6 (1990), 124.

일민주의는 식민지에서 벗어난 한국인들을 국민으로 결속하여 국민국가 형성의 주체로 세우는 과정을 이끄는 이데올로기였으니 국민주의의 형식과 내용을 가졌다. 그것은 앞의 I의 2에서 살핀 저항적 민족주의에서 본 바와 같은 타자화와 동일화의 논리로 짜였다. 이승만은 1949년에 직접 쓴 『일민주의개술』(一民主義槪述)이라는 소책자에서 "하나가 미처 되지 못한 바 있으면 하나를 만들어야 하고 하나를 만드는 데에 장애가 있으면 이를 제거해야 한다. 누구든지 독자의 일념이 일어날 때 이 하나에 위반되는 바 있으면 곧 이를 버리라. 이 일념에서 민족이 깨어진다. 행여 분열을 가지고 일체에 더하지 말라"[23]고 주장했다. 일민주의 주장을 가다듬은 초대 문교부 장관 안호상(安浩相, 1902~1999)은 "일민은 한 핏줄 한 운명에 이루어지며 발전한다. 핏줄이 같고 운명이 같은 이 일민은 생각도 같고 행동도 같아야만 한다. 만일 그렇지 않다면 한 백성이 두 개의 운명을 가지게 되어 분열되고 쪼개진 일민으로서 벌써 일민의 부정이고 멸망이다"[24]라고 역설했다.

일민주의에서는 민족으로 표상되는 전체가 중시되고 개인은 그 전체의 일원으로서만 의미가 있을 뿐이다. 개인은 민족으로 구성된 국가의 구성원으로서 국가의 통합에 거역하는 말과 행위를 해서는 안 된다. 일민주의는 사회유기체설을 앞세운 전체주의적 세계관이고 국가주의적 세계관이라고 볼 수 있다. 거기에는 개인이 없고 개인의 자유와 권리가 숨쉴 수 없다. 거기 더하여 일민주의는 동일성의 논리를 절대화한다. 그 논리에 따라 동일하지 않은 모든 것은 타자화되어 박멸의 대상이 된다. 거기서는 차이와 다양성이 근본적으로 부정되어야 할 악으로 간주되고 다

---

23 李承晩, 『一民主義槪述』(서울: 一民主義普及會, 檀紀4282), 9f.
24 안호상, 『일민주의의 본 바탕』(서울: 일민주의연구회, 1950), 30.

른 이념과 지향을 갖는 정치 세력과 반대 세력은 용납되지 않는다. 한마디로 일민주의는 근본주의적 성향을 지닌 정치적 이데올로기이다.[25]

5) 이승만 정권은 일민주의 논리에 따라 반도 북쪽의 공산 정권을 타자화하여 타도의 대상으로 삼았고, 내부의 사회주의 세력과 공산주의 세력 역시 타자화하여 배제하고 격멸했다.[26] 북한 정권을 외부의 적으로 규정하자마자 그 적에 대항하기 위해 내부의 적을 제거해야 한다는 주장이 강력하게 대두했다. 정부 수립 이전인 1948년 4월에 일어나 정부 수립 이후인 1949년 3월에 이르기까지 강경하게 진압된 제주 4·3 사건은 북한의 사주를 받은 내부 공산주의 세력의 폭동으로 규정되어 섬멸의 대상이 되었고 3만 명 이상의 민간인이 '빨갱이'로 몰려 학살되었다. 빨갱이는 용납 못 할 타자로 여겨졌다. 1948년 10월의 여수·순천 사건(麗水順天事件) 역시 공산주의자들의 사주를 받은 반란으로 규정되어 토벌의 대상이 되었고 반란군에게 동조했다는 이유만으로 2천5백 명의 민간인이 학살당했다. 여수·순천 사건 이후 정부는 12월 1일 「국가보안법」을 제정하고 강력한 반공 체제를 구축했다. 「국가보안법」은 '자유 민주적 기본질서'를 위태롭게 하는 반국가 단체의 활동을 규제한다는 목적으로 일제 강점기의 「보안법」과 「치안유지법」에 바탕을 두고 제정된 법률이다.

한국전쟁은 대한민국에 친미 반공 체제를 공고하게 구축하는 계기였

---

25 강정인·하상복, "안호상의 민족주의에 대한 비판적 성찰: 전체와 동일성의 절대화," 「인간·환경·미래」 10 (2013), 145: "한백성주의는 논리적 귀결로서 반자유주의와 반다원주의로 나아갈 수밖에 없고 같은 맥락에서 국가주의와 전체주의로 흐를 수밖에 없는 것처럼 보인다."
26 김수자는 일민주의가 처음에는 '통합'만을 앞세웠다가 여수·순천 사건 이후에 '반공'을 그 내용으로 포함하게 되었다고 분석한다. 김수자, "이승만의 일민주의의 제창과 논리," 「한국사상사학」 22 (2004), 458. 그러나 그러한 해석은 일민주의의 논리 구조를 분석하기보다는 일민주의가 그때그때 천명되는 계기들에 초점을 맞춘 설명이다. 이승만의 일민주의 관념에서 통합과 반공은 애초부터 결합해 있었다.

다. 친미 반공 체제의 법적인 근거는 앞에서 말한 「국가보안법」과 1953년에 체결된 「한미상호방위조약」이었다. 그러한 친미 반공 체제에서 사회주의자들과 공산주의자들은 박멸되다시피 했다. 이승만 정권은 일민주의를 더 거론하지 않더라도 친미 반공주의 일색으로 내적인 통합을 이루었고 북한 정권을 적대시하고 북한 정권과 대결하는 태도로 일관했다. 당대의 민간 독재 체제와 관료적 부패에 대한 저항은 국민적 단결을 저해하는 행위로 간주되었고 북한 공산주의자들과 내통하는 반역 행위로 처단되었다. 양심과 사상의 자유, 표현의 자유, 집회의 자유, 결사의 자유 등과 같은 자유권적 권리들은 본질적으로 침해되었다. 따라서 개인과 인간의 자유를 보장하고 인간의 존엄성을 존중하라고 아무리 외쳐도 아무런 메아리가 없었다. 자유 민주주의를 국시로 한다고 표방된 대한민국은 자유도 없고 민주주의도 없는 가난한 나라에 지나지 않았다.

이승만 정권 말기가 되자 "배고파서 못 살겠다, 죽기 전에 살길 찾자!"는 구호가 나오기 시작했고, 1960년 3월 15일 정·부통령 선거가 부정으로 얼룩지자 "우리가 배운 민주주의는 이런 것이 아니었다"고 외치는 학생 시위에 시민이 합세하면서 마침내 이승만 정권은 붕괴했다. 대한민국 헌정사에서 최초의 시민혁명이 정권을 바꾸는 결과를 가져온 것이다.

III. 군부 독재 체제와 국가주의의 강화

1960년의 4월 시민혁명은 대통령제를 내각책임제로 전환하고 시민적 의제를 다루는 공론의 장을 확장하는 성과를 거두었으나 그 성과는 1961년 5월 16일 군부 쿠데타에 의해 부정되었다. 군부 세력은 국가주의를 앞세웠고 발전주의 국가를 지향했다.

1) 쿠데타를 통해 국가 권력을 장악한 군부는 6개조의 「혁명공약」을 발표하여 군정의 방향을 제시했다. 「혁명공약」은 반공을 '국시의 제일의 (第一義)'로 한다고 선언하고 친미 노선의 유지, 부패와 구악 일소, 자주적인 국민경제 재건, 북한과의 대결을 통한 통일 등의 노선을 천명했다.

군부는 혁명공약 제1조에 따라 곧바로 좌익 사범 2천여 명을 체포하고, 1961년 7월 3일 「반공법」을 제정·공포하였다. 「반공법」은 국가 안보를 위협하는 공산주의자들의 활동을 처벌한다는 목적으로 제정되었기에 1948년에 제정된 「국가보안법」의 하위 법령의 지위를 가졌다. 「반공법」은 제3조 1항에서 "반국가 단체에 가입하거나 타인에게 가입할 것을 권유"하는 행위, 제3조 3항에서 "제1항의 죄를 범할 목적으로 예비 또는 음모"하는 행위, 제4조 1항에서 "반국가단체나 그 구성원 또는 국외 공산계열의 활동을 찬양·고무 또는 이에 동조하거나 기타의 방법으로 반국가단체를 이롭게 하는" 행위, 제4조 2항에서 "전항의 행위를 할 목적으로 문서·도서 기타의 표현물을 제작·수입·복사·보관·배포·판매 또는 취득"하는 행위, 제5조 1항에서 "반국가단체나 국외의 공산계열의 이익이 된다는 점을 알면서 그 구성원 또는 지령을 받은 자와 회합 또는 통신 기타 방법으로 연락을 하거나 금품의 제공을 받은" 행위 등을 처벌의 대상으로 삼았다.

「반공법」이 공산주의적 활동으로 규정한 범죄는 광범위하고 자의적 해석을 할 수 있도록 포괄적으로 정의되었기에 「반공법」은 양심과 사상의 자유, 표현의 자유, 집회의 자유, 결사의 자유 등 헌법이 규정한 기본적인 자유를 본질적으로 침해했다. 그런데도 그러한 「반공법」이 제정되었다는 것은 군부가 개인의 자유보다 국가의 안보를 우선시하는 국가주의를 통치 이데올로기로 삼았다는 것을 뜻한다. 개인의 자유는 국가가 보호하지 않으면 아무런 의미가 없으니, 개인의 자유를 국가의 존립과 안보에 앞세울 수 없다는 국가주의 교리는 국가를 위해 개인의 자유를

언제든 제한할 수 있다는 독재의 논리로 이어진다.[27]

2) 국가주의는 군부가 2년 7개월에 걸친 군정을 끝내고 권력을 민정에 이양한 뒤에도 통치 이데올로기로서 강력하게 유지하였다. 왜냐하면 군부의 최고 권력자인 박정희가 1963년 10월 15일 제3대 대통령으로 선출되었기 때문이다. 그는 국가가 주도하는 경제개발을 통해 통치의 정당성을 확보하겠다고 마음을 먹고 경제개발 5개년 계획을 수립하여 추진하고 국가주의 이데올로기를 한층 더 강화했다. 국가주의는 박정희 정권의 헤게모니 전략의 핵심을 이루었다. 그는 교육을 통해 국가주의 이데올로기를 전파해야 한다고 생각하고, 그 이데올로기를 충실하게 담은 「국민교육헌장」을 제정하고 1968년 12월 5일 대통령의 명의로 이를 반포했다.[28] 그는 「국민교육헌장」 반포에 즈음한 대통령 담화에서 「국민교육헌장」이 교육 현장에서만 통용되는 강령이 아니라 국민의 일상생활에 깊이 뿌리내려 국민이 국가주의적 이념 아래 통합되기를 희망했다.

"우리는 민족중흥의 역사적 사명을 띠고 이 땅에 태어났다"로 시작하는 「국민교육헌장」은 전통주의, 능률주의, 질서 중심주의, 의무 우선주의, 반공주의, 애국주의를 고취하는 내용으로 점철되는데, 그 사실상의 정점은 '나라의 융성이 나의 발전의 근본'이라는 선언에 놓여 있다. 「국민교육헌장」은 민족을 개인에 앞세우고 국가를 개인보다 우위에 두는 국가주의를 더할 나위 없이 완벽하게 표현했고 국민이 국가를 위해 갈고 닦아야

---

27 강정인은 박정희의 국가주의를 정치적 국가주의, 경제적 국가주의, 대외적 국가주의의 세 유형으로 나누고 정치적 국가주의가 '개인에 대한 국가의 우월성과 초월성'을 그 핵심 내용으로 삼고 있다고 분석한다. 강정인, "박정희시대의 국가주의: 국가주의의 세 차원," 「개념과 소통」 20 (2017), 123f.

28 「국민교육헌장」 전문은 박정희, "국민교육헌장," 「法學硏究」 17 (1969), 363에 수록된 것을 사용했다.

할 덕목을 빠짐없이 밝히고 있다. 「국민교육헌장」의 주어는 '우리'이고 그 '우리'는 '조상의 얼을 오늘에 되살려' 자주독립과 인류 공영에 이바지해야 할 존재다. 「국민교육헌장」은 '우리'를 호명하면서 그 '우리'를 국가와 인류 사이에 배치할 뿐 그 '우리'를 이루는 각 사람이 개인으로 현존한다는 것에는 아무런 관심도 표명하지 않는다. 그 '우리'의 정체성을 규정하는 것은 '조상의 얼'이다. 따라서 '우리'로 불리는 국민은 가부장주의와 공동체 우선주의로 점철된 전통을 이어 나가고 조화와 질서를 이루어야 한다. 국민이 전통을 총체적으로 비판하는 관점에 서서 탈전통적인 가치를 모색하는 것은 「국민교육헌장」에서 애초부터 부정되고 있다. 「국민교육헌장」은 그 당시 자본 축적 과정에서 불거진 사회적 대립과 갈등에 유의하면서 국민이 대립과 갈등을 억제하여 국가적 통합을 이루는 데 협력하여야 한다는 점을 부각했고, 국민이 '능률과 실질을 숭상하는' 자세로 국가가 설정한 국가 발전의 목표를 달성하기 위해 그 수단을 합리적으로 조직할 역량을 개발하여야 한다는 점을 강조했다.[29] 「국민교육헌장」은 국가가 국민의 자유와 권리를 보호하라고 요구하기에 앞서서 국민이 국가에 져야 할 의무와 책임을 다해야 하고 국가를 위한 봉사에 솔선수범해야 한다고 당부하고 있다. 「국민교육헌장」은 '반공 민주 정신'을 함양할 것을 촉구하고 반공이 민주주의의 전제조건임을 분명히 밝히고 있다. 「국민교육헌장」은 그러한 '반공 민주 정신'에 투철할 때 비로소 애국 · 애족의 길을 갈 수 있다고 강조하며 끝맺는다.

「국민교육헌장」은 '민족중흥'으로 표상되는 부국강병을 위해 국가주의적 국민 정신을 고취하려는 목적으로 제정되었다는 점[30]에서 일본이

---

29 이상록, "'조국과 민족에 너를 바치라': 국민교육헌장 다시 읽기," 「내일을 여는 역사」 68 (2017), 183.

30 홍윤기, "[왜?] 국민교육헌장, 왜 그리고 어떻게 만들어졌나?" 「내일을 여는 역사」 18

메이지 유신의 틀에서 한창 부국강병을 추진하던 1890년 채택한 「교육
칙어」(教育勅語)의 국가주의를 연상시킨다.[31] 「교육칙어」는 일본 신민이
충과 효와 같은 전통적인 가치관과 오륜의 규범을 이어받아 국헌과 국법
을 준수하며 멸사봉공의 정신으로 국가를 위해 희생하라고 요구하는 내
용으로 되어 있다. 이 「교육칙어」를 참조한다면, 박정희가 「국민교육헌
장」에 명기한 '조상의 얼'이 국가주의와 친화성을 갖는 전통적 가치관이
라는 것이 다시 한번 확인된다. 현대 한국 사회에서 국가에 대한 충성만
이 국가주의를 강화하기 위해 강조된 것이 아니다. 가족주의와 가부장주
의도 국가주의와 결합하여 활성화하였다. 산업입국과 수출입국의 구호
아래에서 공장과 기업을 육성하는 것이 국가의 과제로 설정되었던 시기
에 공장과 회사를 가족같이 여기자는 공장 새마을 운동의 캠페인은 가부
장주의가 국가주의를 위해 동원되고 있음을 보여 주는 실례였다.

3) 박정희는 1969년 10월 17일 국민투표를 통해 3선개헌을 감행하여
1971년 세 번째로 대통령에 당선되었고, 1972년 10월 17일 유신개헌을
선언하고, 11월 21일 국민투표를 통해 유신헌법을 제정하여 대통령 독재
체제를 굳혔다. 유신헌법은 대통령 직선제를 대통령 간선제로 바꾸었고,
대통령이 국회 의석의 3분지 1을 지명할 수 있도록 했으며, 대통령에게
긴급조치를 할 수 있는 권한을 부여했다. 국회는 대통령 권력을 견제할
능력을 상실했고 대통령이 원하면 어떤 법도 통과시킬 수 있는 '통법부'

(2004), 121.

31 곽민지는 「국민교육헌장」의 이념적 뿌리가 일본 메이지 시대에 통치 이데올로기로 정립된 국
체 사상이라고 지적한다. 곽민지, "국민교육헌장의 정치사적 의의에 대한 비판적 연구 —
1968년부터 1972년까지, 국민교육헌장의 생산과 매개 과정을 중심으로," 인하대학교 대학원
정치외교학과 박사학위논문 (2019) : 43-47.

로 전락했다. 대통령은 긴급조치권을 행사하여 무소불위의 권력을 행사
했다.

유신헌법 제53조 제1항은 "대통령은 천재 · 지변 또는 중대한 재정 ·
경제상의 위기에 처하거나, 국가의 안전보장 또는 공공의 안녕질서가 중
대한 위협을 받거나 받을 우려가 있어, 신속한 조치를 할 필요가 있다고
판단할 때에는 내정 · 외교 · 국방 · 경제 · 재정 · 사법 등 국정 전반에
걸쳐 필요한 긴급조치를 할 수 있다"고 규정하여 대통령이 거의 자의적으
로 포괄적인 명령을 할 수 있도록 했다. 제53조 제2항은 "대통령은 제1항
의 경우에 필요하다고 인정할 때에는 이 헌법에 규정되어 있는 국민의
자유와 권리를 잠정적으로 정지하는 긴급조치를 할 수 있고, 정부나 법원
의 권한에 관하여 긴급조치를 할 수 있다"고 규정하여 대통령의 명령으로
국민의 자유와 권리를 본질적으로 침해할 수 있도록 했고, 심지어 정부와
법원의 권한을 임의로 변경할 수 있도록 했다. 제53조 제4항은 "제1항과
제2항의 긴급조치는 사법적 심사의 대상이 되지 아니한다"고 규정하여
법원이 긴급조치의 위헌 여부를 판단하거나 긴급조치의 효력을 정지할
소지를 아예 없앴다. 유신 체제에 대한 저항과 도전은 어떤 경우든 용납되
지 않았다. 한마디로 대통령에게 긴급조치권을 부여한 유신헌법은 헌법의
기본권과 민주주의적 법질서를 완전하게 무시하는 내용과 형식으로 되어
있었다.

긴급조치 제9호는 가장 악명이 높았다. 1975년 5월 13일 발령된 긴급
조치 제9호는 1980년 10월 27일 제8차 개헌으로 유신 체제가 종말을
고할 때까지 장장 5년 5개월 동안 지속되었다. 긴급조치 제9호 제1항은
"집회 · 시위 또는 신문, 방송, 통신 등 공중 전파 수단이나 문서, 도화,
음반 등 표현물에 의하여 대한민국 헌법을 부정 · 반대 · 왜곡 또는 비방
하거나 그 개정 또는 폐지를 주장 · 청원 · 선동 또는 선전하는 행위"를

금지했고, "이를 공연히 비방하는 행위"조차 엄금했다. 제2항은 "제1에 위반한 내용을 방송·보도 기타의 방법으로 공연히 전파하거나, 그 내용의 표현물을 제작·배포·판매·소지 또는 전시하는 행위를 금한다"고 규정하여 긴급조치의 시행에 관한 언론의 보도와 감시를 아예 불가능하게 만들었고, 제5항은 주무장관에게 "이 조치위반자·범행 당시의 그 소속 학교, 단체나 사업체 또는 그 대표자나 장에게" 긴급조치 위반자에 대한 제적, 해임 등의 신분상의 처벌을 명령하고, "방송·보도·제작·판매 또는 배포의 금지 조치," "휴업·휴교·정간·폐간·해산 또는 폐쇄의 조치", "승인·등록·인가·허가 또는 면허의 취소 조치" 등을 할 수 있게 했다.

긴급조치가 난무하는 유신 시대에 한국 민주주의는 죽었다. 개인과 인간의 자유와 권리는 유신헌법 제53조에 의해 본질적으로 침해되었다.[32] 인간의 존엄성은 철저하게 짓밟혔다. 무수한 책들이 금서 목록에 올라갔고, 서민이 즐겨듣는 가요들이 풍속을 어지럽힌다는 이유로 금지곡으로 선정되었으며, 심지어 신체의 표현인 장발과 여성의 미니스커트 착용까지도 규제되었다.

4) 박정희의 군부 독재 체제와 그 뒤를 이은 대통령 독재 체제에서 사회권의 실현은 크게 제한되었다. 그것은 박정희가 국가가 주도하는 경제개발을 강력하게 추진하면서 '선 성장 후 분배'의 원칙에 따라 경제와 사회를 운영했기 때문이다. 박정희는 '발전주의 국가'[33]의 전형을 보

---

32 정연주는 "헌법내의 기타의 규정들은 … 헌법의 기본원칙과 근본규범으로부터 유래된 것으로서, 이러한 기본원칙과 근본규범을 구체화시키고 보충하는 일종의 부수적인 역할을 하는 것이지 결코 자기목적적인 것이 아니다"라는 대전제에 근거해서 유신헌법 제53조는 유신헌법 그 자체에 의해서도 또한 현행 헌법에 의해서도 위헌으로 판단되어야 마땅하다고 주장한다. 정연주, "긴급조치에 대한 심사 관할권과 유신헌법 제53조의 위헌성," 「헌법학연구」 20/3 (2014) : 258, 276.

여 주었다.

박정희는 수출입국을 목표로 경제성장을 추진했다. 수출산업 육성, 수출 대기업 선정과 지원, 사회적 인프라 구축 등은 국가 프로젝트였고, 국가는 이를 뒷받침하기 위해 총자본가 역할을 했다. 국가는 자본의 축적과 배분에 직접 개입했으며 저곡가 저임금 정책을 강력하게 추진해서 자본 축적의 길을 넓혔다. 노동자와 농민은 경제성장의 혜택을 곧 맛보게 해 주겠다는 말로 회유했고 그들의 저항은 단호하게 억압되었다. 한국전쟁 이후 반공 체제가 공고하게 구축된 데다가 반공을 국시로 내걸고 「반공법」을 제정한 군부 독재 체제에서 노동자와 농민의 권익을 앞세운 운동은 북한의 사주를 받은 불온한 반체제 운동으로 낙인찍혔다.

박정희는 1963년 12월 7일 노동3법을 대대적으로 개정하여 노동조합을 무력화하는 방식으로 노동 억압적이고 노동 배제적인 정책을 일관성 있게 추진했다. 기존의 노동조합은 해산되었고 노동조합 설립은 당국의 허가를 받아야 했다. 단체교섭은 산별교섭 중심으로 하도록 규정되었으나, 산별노조는 어용화되었다. 종업원 100인 이상의 사업장에는 노사협력기구가 강제로 설치되었다. 1971년 「국가보위에 관한 특별조치법」은 노동청이 단체교섭과 노동쟁의를 강제 조정·중재할 수 있게 하였고, 1973년에는 「노동조합법」 개정을 통해 산별노조 체제를 폐지하고 노사교섭은 노동조합이 아닌 노사협력기구를 통해 이루어지도록 했다.[34]

박정희의 발전주의 국가 체제에서 국가 자원은 경제성장을 위해 대부분 투입되었기에 사회복지 분야에 투입되는 재원은 크게 모자랐다.

---

33 김일영, "1960년대 한국 발전국가의 형성과정," 「한국정치학회보」 33/4 (2000/2), 122. 발전주의 국가는 "사유재산과 시장경제를 기본 원칙으로 하면서도 국가가 스스로 설정한 부국강병이란 목표를 위해 시장에 대한 전략적 개입을 거침없이 행하는 국가"이다.
34 강원돈, 「기독교경제윤리론」 (서울: 동연, 2024), 484-486, 519f.

물론 박정희 정권은 역대 정권에서 손을 놓아 버리다시피 한 사회복지법을 정비하고, 정부 재원 투입을 최소화하면서도 복지 혜택을 점진적으로 확장하는 복지 보험 중심의 복지제도를 설계했다.[35] 그러나 정부는 선별적, 잔여적, 시혜적 복지 개념을 고수했기에 정부의 복지 혜택을 받는 사람은 소수였고 이전 소득은 매우 적었다.

그러한 상황에서 가족은 국가를 대신해서 가족 구성원의 복지를 책임졌다. 가족은 늙은 부모를 봉양하고, 아픈 식구를 돌보고, 자식을 양육할 책임을 거의 전적으로 떠맡았다. 그것이 현대 한국 사회에서 가족주의가 끈질기게 살아남은 결정적인 이유였다.[36] 가족을 떠나 도시에 와서 공장에 취직한 여공은 박봉에서 생활비를 제외한 나머지를 집으로 보내 오빠나 동생의 학비를 보태고 부모의 생활비를 보조하는 것을 당연한 일로 여겼고 그것이 미덕으로 통했다. 자식이 열심히 공부해서 사회적 지위를 얻고 소득을 얻는 것은 가문의 영광이었다. 점점 더 치열해지는 경쟁에 직면한 가족은 그 구성원의 이익을 위해서는 못 할 것이 없다는 태세를 보였다. 가족은 효(孝)와 친(親)의 가치를 중심으로 한 전통적인 가족주의로부터 가족 중심적 이기주의로 옮겨갔다.

5) 1979년 10월 박정희 독재 체제는 민주화 운동의 압력과 경제위기를 견디지 못하고 무너졌다. 그렇다고 해서 민주주의가 회복되고 개인의 자유와 권리가 보장된 것은 아니었다. 전두환(全斗煥, 1931~2021)을 중심

---

35 정무권, "한국 사회복지제도의 초기형성에 관한 연구," 「한국사회정책」 3/1 (1996), 334ff.
36 최연석과 임유진은 한국에서 계속 유지되는 국가복지와 가족복지의 혼합 유형이 '유교 가족주의'에 그 뿌리를 두고 있다고 분석한다. '유교 가족주의'는 가족과 국가의 길항을 전제했고 국가복지가 실패하는 상황에서 확대 가족과 향촌을 통한 복지 공급을 촉진했다는 것이다. 최연식 · 임유진, "한국적 복지혼합의 유교적 기원," 「21세기정치학회보」 21/3 (2011) : 283f., 291f.

으로 한 군부 세력은 1979년 12월 쿠데타를 통해 국가 권력을 장악하고 군부 독재 체제를 다시 수립했다. 1980년 5월 광주 민중항쟁을 유혈 진압한 뒤에 군부 세력은 10월 개헌을 통해 대통령 간선제를 중심으로 한 대통령 독재 체제를 확립했고 전두환이 대통령이 되었다. 제5공화국은 국가 주도의 경제성장 노선을 자본 주도적 경제성장 노선으로 궤도 수정을 꾀했고 저달러 · 저유가 · 저금리 상황이 조성되어 유례없는 호황을 맞이했다. 그러나 전두환 독재 체제는 '제3자' 개입 금지를 내세운 노동조합 탄압, 대기업 강제 구조조정과 강압적인 사업 교환(big deal)에서 보는 바와 같은 영업의 자유 침탈, 삼청교육대와 녹색사업 등에서 보는 바와 같은 광범위한 인권 유린, 「국가보안법」을 전가의 보도처럼 휘두르며 자행한 기본권 유린과 민주주의 탄압 등으로 얼룩졌다.

전두환의 독재 체제에 대한 저항은 거셌다. 전두환의 집권이 미국의 지지에 힘입었고 한국군에 대한 작전 지휘권을 가진 미국이 광주 민주화 항쟁에 대한 군부의 유혈진압을 묵인했다는 인식이 확산하였기에 반독재 저항 운동은 민주화 요구와 반미 자주화 요구를 서로 결합하는 방식으로 전개되었다. 반독재 저항 운동의 주체로 호명된 것은 '민중'이었다.[37] 민중은 다양한 개인들의 단순한 집합이 아니고 독재에 저항하기 위해 모인 사람들의 연합으로 설정되었다. 따라서 민중 연합의 내적 결속을 다지고 그 연합의 외부를 타자화하는 사고방식이 강하게 대두하였

---

37 김득중은 1980년 광주 민중 항쟁에서 민중이 '발견'되었고, 시민운동을 부정하고 끝까지 저항하는 '주체'로 등장했다고 주장했다. 이에 반해 홍태영은 1980년 광주 민중항쟁을 통해 민중이 국민을 대신해서 주체로 '상상'되고 모든 운동의 '중심'이 되었다고 주장한다. 홍태영의 주장은 근대에 국민이 '상상된 공동체'로서 등장했다는 베네딕트 앤더슨의 어법을 연상시킨다. 김득중, "1980년대 민중의 발견과 민중사학의 성과와 한계," 「내일을 여는 역사」 24 (2006), 54; 홍태영, "'민중'이라는 주체의 탄생과 1980년대의 사회적 상상," 「한국정치연구」 33/1 (2024), 3f.

다. 그러한 사고방식을 관철하는 것은 동일화와 타자화의 논리였다. 개인주의적이고 자유주의적인 사고방식과 행동 방식은 금기시되었고 민주화와 자주화를 가로막는 세력에 맞선 '강철 같은 대오'와 '적개심'이 요구되었다. 공동체 의식을 고취하는 민속적 연희가 민중 운동의 마중 놀이가 되고 혁명적 서정이 깃든 노래가 애창되었다. 그것은 '민중'이 주체로 호명되는 운동에서 널리 나타나는 현상이었다. 집단주의와 공동체주의가 개인주의와 자유주의를 압도했다.

전두환 독재 체제는 1987년 6월 시민이 대거 합세해서 펼친 민주항쟁에 밀려 무너졌다. 1987년 10월 대통령 직선 단임제를 골자로 하는 헌법 개정이 이루어져 제6공화국이 출범했다. '87년 체제'가 들어서게 된 것이다.

IV. 소결

이제까지 살핀 바로는 구한말로부터 식민지 시기를 거쳐 1987년 민주화 항쟁에 이르기까지 개인의 자유와 권리는 그 실현의 기회를 제대로 얻지 못했고 개인주의는 억압되었다고 말해도 지나치지 않을 것이다. 아래에서는 이제까지의 논의를 몇 가지로 간추린다.

1) 개항 이후 싹트기 시작한 개인과 인간의 권리에 관한 논의는 구한말에 국가 우선주의 담론에 압도되었다. 약육강식의 제국주의적 상황에 맞서기 위해서는 수단과 방법을 가리지 않고 국권을 수호하고 자강의 길로 나아가야 한다는 주장이 거세게 대두했기 때문이다. 개인의 자유와 권리는 국가가 있어야 보장된다는 논리가 힘을 얻으면서 국가가 개인에 앞선다는 국가주의가 당연시되었다.

2) 1905년 을사늑약과 1907년 신미칠조약이 체결된 뒤에 조선이 일본의 보호국으로 전락하자 자주적인 국민국가 형성의 기회가 사라졌다고 생각한 지식인들은 국민 개념 대신에 '민족' 개념을 사용하기 시작했고, 저항적 민족주의 담론을 전개하기 시작했다. 일제 식민지 치하에서 조선이 일제 식민지로 전락한 뒤에 저항적 민족주의는 강화하였다. 저항적 민족주의는 민족의 안과 밖을 가르고, 대내적 단결과 대외적 저항을 꾀하는 강력한 동일화와 타자화의 논리를 구사했다. 식민지 상황에서 민족의 정체성을 유지하고 독립과 해방을 추구하는 저항적 민족주의는 필요했지만, 계급, 젠더, 인종 등의 차이는 대동단결의 구호 아래 무시되었고 개인과 인간의 자유와 권리보다 민족의 권익을 앞세우는 것이 당연시되었다.

3) 해방 이후 대한민국이 수립되면서 제헌헌법은 완벽한 권리장전을 갖추고 사회적 권리를 명시했지만, 그러한 헌법 규범이 시민혁명을 통해 아래로부터 쟁취된 것이 아니었기에 헌법 규범과 현실 사이의 간격은 컸다. 대한민국의 초대 대통령 이승만은 일민주의를 앞세워 국민적 결속을 도모했다. 하나의 국민, 하나의 국민국가를 설정하자마자 국민적 결속을 방해하는 내부의 적과 국민국가의 존립을 위협하는 외부의 적이 설정되고 그 적들은 박멸의 대상이 되었다. 그러한 이중의 타자화를 통해 이승만 정권은 강력한 반공 국가 체제를 구축했고 그 체제를 유지하기 위해 「국가보안법」을 제정했다. 반공 국가 체제는 한국전쟁을 거치며 친미 반공 국가 체제로 굳어져 갔다. 이승만의 민간 독재 체제와 관료적 부패에 대한 저항은 국민적 단결을 저해하는 행위로 간주되었고 북한 공산주의자들과 내통하는 반역 행위로 처단되었다.

일민주의에서는 민족으로 표상되는 전체가 중시되고 개인은 그 전체의 일원으로서만 의미가 있었을 뿐이다. 개인은 민족으로 구성된 국가의 구성원으로서 국가의 통합에 거역하는 말과 행위를 해서는 안 되었다. 일민주의는 사회유기체설을 앞세운 전체주의적 세계관이고 국가주의적 세계관이었다. 거기에는 개인이 없었고 개인의 자유와 권리가 숨 쉴 수 없었다. 양심과 사상의 자유, 표현의 자유, 집회의 자유, 결사의 자유 등과 같은 자유권적 권리들은 본질적으로 침해되었다.

4) 군부 쿠데타를 통해 집권한 군부 세력은 친미 반공 국가 체제를 재확립하고 국가주의를 극단적으로 강화했다. 군부는 개인의 자유보다 국가의 안보가 앞선다고 주장하고 「국가보안법」과 「반공법」을 전가의 보도처럼 휘두르며 독재 체제를 구축했다. 군부 최고 권력자인 박정희는 민정 이양 이후 대통령으로 집권하면서 국가주의 노선에 따라 국가 주도의 경제개발을 통해 민족중흥을 하겠다고 천명했다. 국민은 그러한 국가 과제를 위해 하나로 단결하여야 했고 그것을 방해하는 세력은 가차 없는 탄압을 받았다. 대통령 독재는 유신 체제에서 정점에 이르렀다. 대통령은 긴급조치를 통해 무소불위한 독재 권력을 행사하여 민주주의를 압살하고 개인의 자유와 권리를 철저하게 유린했다.

박정희 독재 체제는 국가주의를 강화하기 위해 전통적인 가부장주의와 공동체주의를 활성화했고 경제성장을 위해 국가복지를 희생했다. 선별적, 잔여적, 시혜적 복지 체제에서 이전 소득은 빈약했고, 가족은 가족 구성원의 복지를 꾸려야 했다. 가족주의는 강하게 유지되었다. 조금 더 강해지는 경쟁 상황에서 가족주의는 가족의 이익을 위해서는 수단과 방법을 가리지 않는 가족 중심적 이기주의로 퇴행하기도 했다.

5) 유신 독재 체제는 민주화 운동과 경제위기를 견디지 못하고 무너

졌지만, 전두환을 정점으로 한 신군부는 쿠데타를 통해 다시 집권했고 1980년 5월 광주 민중항쟁을 유혈로 진압하면서 대통령 독재 체제를 재구축했다. 전두환 독재 체제에 대한 저항은 거셌다. 미국이 전두환의 집권을 지지하고 광주 민중항쟁의 유혈 진압을 묵인했다는 인식이 확산하면서 반독재 민주화 운동은 반미 자주화 운동의 성격을 동시에 띠었다. 저항의 주체로 호명된 것은 '민중'이었다. 민중은 다양한 세력들의 연합으로 구성되었고, 그러한 연합은 대내적 결속과 대외적 투쟁을 강화하기 위해 이중의 타자화 전략을 따를 수밖에 없었다. 그 결과, 개인주의와 자유주의는 금기시되고 집단주의와 공동체주의가 강화되었다.

6) 구한말로부터 20세기 후반에 이르기까지 개인은 민족과 국가에 앞서는 주체로서 존중되지 못했다. 민족과 국가를 개인보다 앞세우는 민족주의와 국가주의가 지배적 담론으로 자리를 잡았기에 그 누구도 개인주의를 사상의 형태로 제시하지 않았다. 개인은 생물학적 개체이고 자기의식의 담지자로서 언제나 존재했지만, 개인이 공동체에 앞서고 개인의 자유와 권리를 침해하는 공동체는 거부되어야 한다는 의미의 본격적인 개인주의는 단 한 번도 철학과 사상의 형식을 취하지 못했다.

4장
'87년 체제'의 확립과 개인주의의 대두

1987년 6월 민주항쟁은 전두환 독재 체제를 무너뜨리고 새로운 헌정 질서를 마련하는 성과를 이룩했다. 1987년 10월 제9차 개헌을 통해 대통령 직선제를 골자로 한 제6공화국 헌법이 마련되자 정치적 민주주의가 가동하기 시작했고 사회의 민주화와 경제의 민주화를 추진할 동력이 강화하였다. 개인의 자유와 권리도 더 많은 실현의 기회를 얻게 되었다. 그렇게 해서 이전의 독재 체제와는 확연히 구분되는 헌정질서가 자리를 잡았다. 그 헌정질서가 '87년 체제'이다.

I. '87년 체제'의 성격

'87년 체제'는 6월 민주항쟁이 이룩한 성과이기는 하지만, 민주항쟁에 참여한 시민 세력과 민중 세력은 정작 제6공화국 헌법의 제정 과정에 참가하지 못했다. 헌법 개정안은 그 당시 집권 여당과 보수적인 3당의 합의에 따라 마련되었다. 이미 정치적 기득권을 확보한 정치 세력들은 권력 쟁탈을 놓고 벌이는 게임의 규칙을 정하는 데 중점을 두었을 뿐 시민 세력과 민주 세력이 정치에 참여할 수 있는 통로를 마련하는 데 관심이 없었다. 그들은 대통령 직선제를 골자로 해서 제6공화국 헌법의 틀을 짰고 국회는 소선거구제로 구성하기로 합의했다. 시민 세력과 민중 세력은 대통령 선거에 후보를 내어 당선시키거나 소선거구제 선거를 통해 대표를 국회에 보낼 역량을 가지기 어렵기에 기득권 정치의 바깥으로 밀려날 수밖에 없었다.[1]

그렇기는 해도 제6공화국 헌법은 자유국가 원리와 사회국가 원리에 충실하게 자유권적 기본권과 사회권적 기본권을 규정하는 데 그치지 않고, 권리장전의 첫머리인 헌법 제10조[2]에서 인간의 존엄성 존중과 행복 추구권을 명시하고 이를 보장해야 할 국가의 책무를 분명히 밝힘으로써 자유국가 원리와 사회국가 원리를 통합하는 관점을 제시하였다는 점에서 획기적인 의미가 있다. 또한 제6공화국 헌법은 제119조에 경제민주화 조항을 신설하여 국가와 사회 세력들이 경제의 민주화와 사회의 민주화를 추진할 헌법적 규범을 마련했고, 제6장에 헌법재판소에 관한 규정을 따로 두어 헌법 규범에 따라 법률의 위헌 여부를 가리게 하여 개인과 인간의 기본권을 최대한 실현할 기회를 마련했다.

따라서 '87년 체제'는 정치적 민주주의를 확립한 역사적 성과에 바탕을 두고 두 가지 향후 과제를 남겨두었다고 볼 수 있다. 하나는 국가가 권리장전을 법률적으로 최대한 보호하고 보장하도록 움직이게 하는 것이고, 다른 하나는 자유국가 원리와 사회국가 원리의 상호 보완 원칙에 따라 경제의 민주화와 사회의 민주화를 추진하는 것이다.

---

1 박상훈, "한국의 '87년체제': 민주화 이후 한국정당체제의 구조와 변화," 「아세아연구」 49/2 (2006), 22ff.

2 「대한민국 헌법」 제10조: "모든 국민은 인간으로서의 존엄과 가치를 가지며, 행복을 추구할 권리를 가진다. 국가는 개인이 가지는 불가침의 기본적 인권을 확인하고 이를 보장할 의무를 진다."

II. '역사의 종말'과 시민운동의 대두

프란시스 후쿠야마(Francis Yoshihiro Fukuyama, 1952~)는 1990년을 전후로 소련을 위시한 현실 사회주의 국가들이 무너지는 것을 목격하며 '역사의 종말'을 선언했다. 그는 자본주의가 사회주의에 대해 궁극적인 승리를 거두었기에 서로 다른 둘이 모순과 대립을 통해 발전하는 변증법적 과정이 역사에서 더는 이루어질 수 없게 되었다고 단정했다.[3]

'역사의 종말'이 선언되자 1980년대에 영향력이 있었던 마르크스주의 담론은 빠르게 그 힘을 잃었다. 그 자리를 채운 것은 포스트-마르크스주의, 포스트-모더니즘, 포스트-콜로니얼리즘을 위시한 다양한 포스트-담론들이었다. 주체, 계급, 민족, 국민, 국가 등의 중심을 설정하고 그 중심의 내부와 외부를 가르는 동일화와 타자화의 논리는 억압과 차별과 배제를 가져온다고 비판되고 거부되었다. 주체를 설정하면 그 주체가 주체와 비(非)주체를 가르는 경계 안에 갇혀 자신을 해방적으로 형성할 수 없다는 것이 탈주체화 담론의 핵심 주장이었다. 탈중심화 담론도 유행을 탔다. 탈중심화 담론의 요지는, 중심이 일단 설정되면 그 중심의 자리에서 주변의 모든 것을 일원적으로 규정하고 주변을 식민지로 만들 위험이 있다는 것이다.[4] 따라서 주체와 중심을 구성하는 것이 과제가 아

---

3 프랜시스 후쿠야마/이상훈 옮김, 『역사의 종말: 역사의 종점에 선 최후의 인간』, 초판 제5쇄 (서울: 한마음사 2003), 173.

4 탈주체화 담론과 탈중심화 담론은 같이 간다. 1990년대 초부터 수용되기 시작한 프랑스 포스트-이론가들은 주체 개념과 중심 개념을 근대성 문제의 핵심으로 지목하고 활발하게 논의를 전개했다. 그러한 문제의식은 한국 학계에서도 공유되었고, 포스트-이론가들의 저서들이 활발하게 번역되고 소개되었다. 그렇게 소개된 학자들은 알튀세르(Louis Pierre Althusser, 1918~1990), 푸코(Paul-Michel Foucault, 1926~1984), 라캉(Jacques Lacan, 1902~1981), 들뢰즈(Gilles Deleuze, 1925~1995), 데리다(Jacques Derrida, 1930~2004), 라투르(Bruno Latour, 1947~2022) 등이었다. 이탈리아 철학자 아감벤(Giorgio Agamben, 1942~)의 탈주체화 담론

니라 이미 구성된 주체와 중심을 해체하는 것이 과제가 되었다고들 했다.[5] 이제는 타자 안에서 자기를 인식하는 자기 이해의 해석학을 넘어서서 타자를 있는 바 그대로 인정하고 존중하는 해석학으로 나아가야 한다는 목소리가 들리기 시작했다.[6] 국민, 국민국가, 경찰, 군대, 감옥, 공장 등의 개념과 결합하는 근대성은 목표가 아니라 경과 지점에 불과하고 근대성 너머가 나아가야 할 방향이라고 했다. '역사의 종말'이 선언된 뒤에 한국의 지식인 사회의 담론 지형은 급격하게 변화되었다. 물론 그러한 담론은 어디까지나 선진적인 담론이어서 그 담론이 생활세계에 자리를 잡은 것은 아니었다. 그러나 프롤레타리아트나 민중을 역사의 주체로 설정한다든지, 민족을 중심에 놓고 민족 정체성을 강조하는 담론이 힘을 상실하는 데 포스트-담론은 결정적인 영향을 미쳤다.

'역사의 종말' 이후 담론 지형이 크게 변화하면서, 여러 사람이 나서서 1980년대에 반독재 민주화 운동과 반미 자주화 운동의 주체로 호명된 '민중'의 시대가 지나가고 '시민'의 시대가 왔다고 주장하기 시작했다. 민중이 서로 다른 계급과 계층에 속한 사람들의 '연합'이고, 가장 근본적인 사회적 모순과 대립을 풀 수 있는 노동자 계급의 헤게모니가 그 '연합'에서 관철되어야 한다는 주장은 시대에 뒤떨어졌다는 것이다. 이

도 널리 읽혔고, 탈주화 담론에 맞서서 주체 개념을 새로운 관점에서 논의한 바디우(Alain Badiou, 1937~)도 주목받았다. 우리나라에서 탈주체화 담론과 탈중심화 담론을 본격적으로 소개한 논문으로는 정형철, "화려한 표면들의 세계와 탈중심화된 주체: 포스트모더니즘 징후의 진단," 「오늘의 문예비평」 1 (1991) : 52-63이 손꼽을 만하다.

5 쟈크 데리다의 해체주의는 1990년 김진석에 의해 한국 철학계에 처음 소개된 이래 비상한 관심을 끌었다. 김진석, "형이상학적 의미론의 해체를 비스듬히 가로지르며: 데리다의 후설 분석에 관하여," 「현상학과 현대철학」 4 (1990) : 299-330.

6 에마뉘엘 레비나스(Emmanuel Levinas, 1906~1995)의 '낯선 것의 해석학'(Hermeneutik des Fremden)은 1990년 강영안(姜榮安, 1952~)에 의해 한국 철학계와 신학계에 처음 소개된 이래 크게 주목받았다. 강영안, "레비나스 철학에서 주체성과 타자: 후설의 자아론적 철학에 대한 레비나스의 대응," 「현상학과 현대철학」 4 (1990) : 243-263.

제는 새로운 사회운동을 펼쳐야 할 때라는 것이다. 하나의 사회 안에는 여러 가지 적대들이 나타나기 마련이고 어느 한 적대를 다른 한 적대로 수렴시킬 수 없기에 그 적대들을 둘러싸고 벌어지는 운동들은 서로 대등하고 다원적일 수밖에 없다는 것이 새로운 사회운동을 펼치려는 사람들의 생각이었다.[7] 다양한 운동들이 수렴되고 응집되는 중심이 없다면, 이제는 서로 다른 운동들이 분산적으로 전개하면서 수평적인 네트워크를 이루어야 한다는 것이다. 설사 어떤 운동이 헤게모니를 행사하여 여러 운동을 '연합'의 형태로 결집한다고 하더라도 그러한 결집 국면은 일시적이고, '연합'을 통해 관철되는 헤게모니는 국면에 따라 강할 수도 있고 약할 수도 있다는 것이다. 그러한 사회운동의 이론을 펼치는 사람들은 시민적 관심사를 해결하기 위해 각기 다른 의제를 중심으로 다양한 시민운동을 펼칠 시대가 왔다고 주장했다.

실제로 1990년대 초에 한국 사회에는 새로운 사회운동을 추구하는 다양한 시민단체들이 나타났다. 경제정의 실현을 추구하는 경제정의실천시민연합, 생태계 위기와 생태계 보전 문제를 다루는 환경운동연합, 시장 권력과 국가 권력 등 모든 권력을 감시하고 시민적 관심사에 따라 대안을 제시하는 것을 목표로 하는 참여연대 등이 그 당시 시민사회에 등장한 대표적인 단체들이다. 그러한 거대 단체들 이외에도 크고 작은 이슈들을 중심으로 무수히 많은 시민단체가 조직되어 다양한 활동을 벌였다. 가히 1990년대 초 이래 시민사회의 시대가 열렸다고 할 만큼 시민운동이 활성화되었고 다원주의가 시민사회의 화두가 되었다.

---

7 그러한 생각을 가장 명석하게 제시한 학자들은 라클라우(Ernesto Laclau, 1935~2014)와 무페(Chantal Mouffe, 1943~)다. 에르네스토 라클라우 · 샹탈 무페/김성기 외 옮김, 『사회변혁과 헤게모니』 (서울: 터, 1990) ; 샹탈 무페/이보경 옮김, 『정치적인 것의 귀환』 (서울: 후마니타스, 2007), 12, 176.

'역사의 종말' 이후 담론 지형의 변화와 사회운동의 다원주의는 그동안 민간 독재와 군부 독재 아래에서 이항 대립의 사고방식과 행동 방식에 사로잡히기 쉬웠던 한국인들이 조금 더 다양하고 유연하게 생각하고 행동할 수 있게 했다. 그러한 분위기는 민주화가 진행되면서 소득이 증가하고 소비가 확대하면서 더 강해졌다.

III. 소득 분배 개선과 소비 확대의 효과

'87년 체제'에서 민주주의가 확장하는 과정에서 모든 사회 계층의 소득은 증가했다. 국가 주도의 경제발전 과정에서는 '선 성장 후 분배'의 원칙에 따라 국민 저축을 늘리고 투자를 확대하는 데 방점이 찍혔고, 노동자와 농민 등 생산 대중에게는 내핍과 절약이 강요되었다. 1987년 7월 노동자 대투쟁 이후 그러한 원칙은 더는 통하지 않게 되었다. 노동자들은 노동을 통해 생산에 이바지한 몫을 되돌려 받기를 원했고 단체교섭을 통해 더 많은 임금을 받기 위해 힘을 조직하기 시작했다.

노동자 대투쟁 이후 노동자들은 군부 독재 시절 어용화되었던 산별 노조에 등을 돌리고 사업장 중심으로 민주적인 노동조합을 결성하는 운동을 강력하게 펼쳤다. 그동안 노동자 운동을 억압하고 노동조합 활동을 제약했던 악법들은 속속 철폐되었다. 1987년 「노동조합법」과 「노동쟁의조정법」 개정을 통해 악명 높은 '제3자' 개입 금지 조항이 삭제되자 노동자들은 사업장과 사업장 너머에서 힘을 결집하고 그 힘을 행사할 기회를 얻었다. 단체교섭의 권한을 규정한 「노동조합법」 관련 조항이 개정되자 노동자들은 사업장 단체교섭과 산업별 단체교섭을 임의로 선택할 수 있게 되었다. 노동자들은 사업장 노동조합을 결성하고 강한 힘을 결집하기로 마음을 먹었다. 그들은 사업장 단위의 단체협약을 끌어내어 노동조건을 개선하고 특히 임금 상승을 주도했다.8 1987년으로부터 1992년까지 약 5년간 민주노조 활동을 통해 노동자들의 소득은 크게 늘었다.

그러한 노동자들의 소득 증가는 농민과 서민에게도 큰 파급 효과를 내었다. 모든 사회 계층에서 소득이 눈에 띌 정도로 늘어났다. 사람들은 단군 이래 가장 잘 사는 시대를 맞이했다고 말했다. 사람들은 더 나은 식사를 할 수 있었고 맛집을 찾아 외식할 기회가 점차 늘었다. 사람들이 모이면 먹자 타령이었다. 사람들은 국내 이곳저곳을 찾아 단체 여행을 즐기기 시작했고, 단체 여행을 하는 동안 때와 장소를 가리지 않고 음주가무를 하며 어울려 놀았다. 사람들은 난생처음 해외로 나가서 낯선 문화를 접하고 낯선 음식을 먹기도 했다. 사람들은 자가용을 사기 시작했고 자가용은 얼마 지나지 않아 생활필수품으로 여겨지게 되었다. 새로운 기동력을 얻게 된 사람들은 시간과 공간을 새롭게 경험하게 되었다. 세상은 넓고 할 일이 많으며 그 모든 것에 빠르게 접근할 수 있다는 경험은 좁은 공간에서 오랜 시간 머물며 익숙했던 전통과 관례의 무게를 줄여주었다.

소득의 증가가 가져온 소비의 확대는 내핍과 절약에 익숙한 사람들의 몸과 마음을 바꾸는 경험이었다.9 소비주의가 사람들을 사로잡기 시작했고 세상과 인생을 바라보는 눈을 새롭게 뜨게 했다. 소득이 증가하면서 사람들은 표준적이고 몰개성적인 소비에서 벗어나 개성과 차별성과 다양

---

8 조효래는 그러한 민주노동조합의 활동이 '전투적 경제주의'의 성격을 가졌다고 규정한다. 조효래, "87년 이후 '민주노조운동'의 정체성," 「창작과비평」 30/4 (2002), 419.

9 주은우는 광고 시장의 규모와 광고비 지출 규모 추이를 분석해서 1990년대에 소비문화가 개화했다고 진단했다. 서울올림픽이 열린 1988년에 1조 5천억 원 규모였던 광고비는 1996년 5조 6천억 원으로 급증했다. 1990년대의 소비문화는 큰 폭의 승용차 보급 증가, 해외 여행 급증, 영상매체 확산 등으로 나타났다. 주은우, "자유와 소비의 시대 그리고 냉소주의의 시작: 대한민국, 1990년대 일상생활의 조건," 「사회와역사」 88 (2010) : 320-327.

성을 소비하기 시작했다.[10] 사람들이 소비를 통해 다양한 경험을 하게 되자 다른 것과 낯선 것을 좀 더 개방적으로 대하기 시작했다. 이제까지 사람들은 다른 것을 '틀렸다'고 말하곤 했지만, 다른 것은 틀린 것이 아니었다. 차이를 용납하지 못하는 경직된 태도가 서서히 무너지기 시작했다. 그러나 그러한 분위기가 곧바로 개인주의의 개화와 발달로 이어지지는 못했다.

IV. 개인주의 개화의 지체

한국 현대사에서 개인주의는 잊힌 주제였다. 앞의 3장에서 본 바와 같이 개항 이후 자주적인 국민국가 형성의 좌절, 일제 강점기, 해방 이후 1980년대 후반까지 지속된 민간 독재와 군부 독재 시기에 개인주의는 억제되었고 개화하지 못했다. 개인보다 민족과 국민과 국가가 먼저라는 인식이 통념으로 자리를 잡았고 개인은 민족의 단결을 위해, 국민의 통합을 위해, 국가 안보를 위해 희생을 감내해야 했다. 국가 안보가 최고의 가치가 되어 내부의 적과 외부의 적을 찾아 발본색원하려 들고 사상의 자유, 표현의 자유, 집회의 자유, 결사의 자유 등과 같은 기본권이 본질적으로 침해되던 시기에 개인주의가 설 땅은 없었다. 왜냐하면 개인주의는 개인이 국가에 앞선다는 데서 출발하기 때문이다. 개인이 국가를 위해 있는 것이 아니라 국가가 개인을 위해 존재한다는 개인주의는 국가주의로서는 용납 못 할 사상이었다. 국가주의 시대에 개인의 자유와 권리가

---

10 남은영은 1990년대에 국민소득이 1인당 1만 달러를 넘어서자 소비문화가 표준적이고 몰개성적인 대량 소비 단계에서 개성과 차별성과 다양성을 추구하는 소비 성숙 단계로 나아갔다고 분석한다. 남은영, "1990년대 한국 소비문화: 소비의식과 소비행위를 중심으로," 『사회와역사』 76 (2007), 220.

국가에 앞서고 국가는 그것을 무조건 보호해야 한다는 의미의 개인주의
와 자유주의를 펼치는 사상가는 아무도 없었다.

민주화가 진행되고, 개인의 자유와 권리가 신장하고, 이데올로기적
통제가 느슨해지는 상황에서 개인주의가 꽃을 피울 수 있는 분위기가
형성된 것은 분명한 사실이다. 소득의 증가와 소비의 확산은 문화적 경
직성을 누그러뜨리고 낯선 것에 좀 더 관대하고 개방적인 태도를 보이게
한 것도 부인할 수 없는 사실이다. 아래서는 그러한 분위기에서 개인주
의가 그 모습을 갖추어 가는 과정을 살핀다.

1. 개인주의를 향한 길: 문화투쟁

개인주의가 개인이 집단적 정체성에서 벗어나 개성을 자유롭게 표현
하는 것을 전제한다면, 그것은 문화투쟁의 과정을 거칠 수밖에 없을 것
이다. 민주화와 소비문화의 확대는 큰 변화를 가져왔다. 그러한 변화 속
에서 다른 것과 낯선 것을 좀 더 개방적으로 받아들이게 되었지만, 동시
에 이제까지 익숙했던 것을 낯설어하고, 이제까지 당연하게 여겨져 왔던
것에 의문을 품고 그것에 저항하는 일도 일어났다. 그러한 과정은 치열
한 문화투쟁의 형식을 띠게 되고 세대 갈등의 양상을 보이기 마련이다.[11]
민주화와 소비문화의 확대 과정에서 나타난 문화투쟁과 세대 갈등을 보
여 주는 예가 서태지와 X세대 현상이다. 민주화 이전의 권위주의와 집단
주의에 익숙하고 내핍과 절약을 생활화했던 세대는 그러한 경험을 공유
하지 않고 새로운 것을 소비하는 데 익숙한 세대와 문화를 공유하기 어

---

11 최샛별, 『문화사회학으로 바라본 한국의 세대 연대기: 세대 간 문화 경험과 문화 갈등의 자화
   상』 (서울: 이화여자대학교출판문화원, 2018), 5장. 이 책은 다양한 세대에 대한 양적 연구와
   질적 연구를 통해 세대 간 차이와 갈등을 규명하였다.

려웠고, 그것은 그 반대도 마찬가지였다.[12]

서태지는 새로운 음악 장르와 춤 동작을 선보이며 이제까지 당연하게 여겨져 왔던 모든 것과 절연하고 자기가 체험하는 문화를 새로운 형식으로 표현했다. 단절과 새로운 창조는 서태지가 1990년대 초에 한국 사회에 던진 화두였다. 나인 든 세대는 서태지의 노래와 춤과 패션 스타일에 당혹해했고 거부감을 느꼈다. 젊은 세대는 그 반대로 서태지에게 열광했다. 그들은 서태지가 그들이 말하고 표현하고 싶은 것을 대변한다고 생각했다. 그들은 서태지를 둘러싼 거대한 팬덤을 형성했다. 그러한 젊은 세대를 이해할 수 없었던 나이 든 세대는 그들을 '신인류'라고 불렀고 매스컴은 그들에게 'X세대'라는 이름을 붙였다.

본래 X세대라는 용어는 미국의 마케팅 담당자들이 새로운 세대의 규정하기 힘든 특성을 나타내기 위해 1991년 캐나다에서 출판된 더글러스 커플랜드(Douglas Coupland, 1961~)의 소설 『X세대』[13]의 제목을 차용하면서 통용되기 시작했다.[14] 미국의 X세대는 속박에서 얽매이지 않고 자기 생각이 자유롭고 자기 의지대로 행동하기에 어디로 튈지 모르는 럭비공에 비유되었다. 그들은 자기중심적이고 개성 있는 소비와 인터넷 사용에 익숙한 세대로서 사회 문제보다 개인적 삶을 중시하고 직장에 대한 충성도가 낮은 특성을 보였다. 그러한 미국 X세대의 특성은 한국

---

12 출생과 성장 시기가 비슷한 사회적 세대는 동시대의 역사적 경험과 동일한 문화를 공유하면서 가치관과 라이프 스타일에서 유사점을 갖게 된다. 그러나 어떤 세대를 살필 때, 사회학적 구분(코호트)을 중시할 필요가 있다. 같은 세대라도 가치관과 라이프 스타일에서 개인별 차이가 나타나고 계층, 학력, 직업, 지역 등에 따라 공유경험에 대한 기억과 영향이 사람마다 다르게 나타나기 때문이다.

13 Douglas Coupland, *Generation X: Tales for an Accelerated Culture* (New York: St. Martin's Press, 1911).

14 임홍택, 『간단함, 병맛, 솔직함으로 기업의 흥망성쇠를 좌우하는 90년생이 온다』(서울: 웨일북, 2018), 45-47.

X세대의 특성과 통하는 듯이 여겨졌다. 1993년 태평양화학은 남성 화장품 광고에 X세대라는 단어를 처음 사용하고 대성공을 거두었다. 당시 화장품 판매의 주요 표적이 되었던 20대(1964~1973년생)는 전체 인구의 20%(약 900만 명)를 차지했다. X세대를 강조한 광고가 큰 효과를 거둔 것은 젊은이들이 개성을 강조하고, 집단주의적 조직문화에 저항하려는 성향을 보이고, 튀는 패션을 즐기는 자기중심적인 소비 욕망을 보이고 있음을 정확히 포착하고 그것에 부응했기 때문이다. 그들은 이념과 정치에 관한 관심보다 개인적인 욕구와 표현을 중시하고, 소비 생활을 즐기고, 민주화 분위기에서 자유와 자기실현을 중시하는 경향을 보였다. 태평양화학의 광고가 큰 성공을 거두며 매체를 통해 널리 확산하자 매스컴은 X세대론을 담론화하기 시작했다.[15]

서태지와 X세대가 그들의 욕망과 문화를 표현하면서 기성 문화에 대한 단절과 저항을 주축으로 하는 문화투쟁을 벌였다는 것은 두 가지 점에서 주목된다. 하나는 젊은 세대가 그러한 투쟁을 통해서 기성 문화가 체현하고 있는 집단주의에 거리를 두었다는 것이다. 개인을 집단에 포섭하는 민족중심주의나 민중주의에 등을 돌리고 개인의 개성을 표현하는 방식으로 자신의 정체성을 드러내려는 욕망이 젊은 세대에게서 널리 나타난 것은 한국 사회사에서 처음 있는 일이었다. 그것은 분명 집단으로부터 개인의 분화라는 의미의 개인화가 이 시기의 젊은 세대에서 활발하게 진행되었다는 뜻이다. 다른 하나는 그러한 개인화가 물질적 풍요 속에서 다양한 것을 소비하는 과정으로 나타났고 소비주의에 포섭되었다는 것이다.[16] 그것은 자칫 개인화가 부족주의로 치달을 수 있다는

---

15 위의 책, 48. 신세대의 특징이 괴상하고 이해하기 힘들어서 엑스레이(X-ray) 방사선의 명칭에서 X세대라는 호칭이 유래되었다는 설명도 있다. 구정우, 『생존심: 협력 개인의 출현』(서울: 쌤앤파커스, 2024), 173.

것을 뜻한다. 서태지 팬덤은 그것을 보여 주는 한 예다. 유행에 따라 소비하는 데 익숙한 사람은 타인의 욕망을 자기 욕망으로 생각한 나머지 정작 자신의 욕망에는 충실하지 않은 경향을 보이고, 심지어 욕망의 탈주체화에 대한 성찰 능력을 상실하기까지 한다. 그런 점에서 서태지와 X세대의 문화투쟁은 개인의 자유와 독립이라는 개인주의의 요구를 충족하는 데까지 나아가지 못했다고 볼 수 있다.

2. 개인주의의 표출과 그 구현의 지연

개인주의가 명료한 언어로 표출되고 옹호되기 시작한 것은 1990년을 전후로 한 시기에 마광수(馬光洙, 1951~2017)를 통해서였을 것이다. 그는 서태지와는 다른 차원에서 문화투쟁을 벌였다. 그는 민주화 이후에도 여전히 한국 사회를 질식시키고 있는 권위주의로부터 문화를 해방하기 위해 싸웠다. 그는 한국의 권위주의가 도덕주의를 표방하고 그 도덕주의는 봉건적인 유교 윤리에 뿌리를 내리고 있다고 분석했다. 전통 사회에서 유교 윤리가 정치적 위계 구조와 사회적 위계 구조를 뒷받침해서 권위주의를 조장했고, 그러한 유교적 권위주의는 현대 한국 사회에서 사람들에게 독재 정권에 순응하는 권위주의적 심성을 심어 주었다는 것이다. 마광수는 봉건적인 유교 윤리가 성 억압에 집중한다고 지적했다. 그는 프로이트와 라이히를 원용하면서 성 억압이 권위주의적 성격을 만들어 내기에 권위주의를 해체하기 위해서는 성 억압의 질곡을 깨뜨려야 하고 성 억압을 규범화하는 유교 윤리를 넘어서야 한다고 생각했다.[17] 그는 유교적 성 억압이 이중 도덕

---

16 김창남, "서태지신드롬과 신세대문화," 「저널리즘 비평」 17 (1995), 49.
17 마광수, "야하디야하라 제1회," 「인물과사상」 90 (2005), 56: "성에 대한 억압이 없어지면 파시즘도 나치즘도 또 어떠한 극우주의도 맥을 못 춘다. … 모든 권위주의적 성격은 성 억압의

과 위선을 가져올 수밖에 없다고 지적했다. 이(理)가 기(氣)를 다스리고 그 발현을 규율한다는 성리학의 고전적인 도식에서 보듯이, 유교 윤리가 관념적이고 형이상학적인 규범으로 본능적이고 감성적인 성을 다스리려고 하다 보니, 앞에서는 성도덕을 내세우고 뒤에서는 성적 일탈을 일삼는 현실을 감당할 수 없게 된다는 것이다. 그는 유교의 도덕주의가 성에 관한 담론이 다양하게 해방적으로 전개할 수 없도록 봉쇄해서 마침내 한국 사회가 '후진적인 사고 구조'에서 벗어날 수 없게 되었다고 진단했다.[18]

그가 유교적 권위주의와 도덕주의에서 벗어나기 위해 제안하는 것은 '솔직함'이다. 자기 자신에게 정직하고 남에게도 정직한 사람이 '도덕적 인간'이다. 그는 수구적 도덕주의와 봉건적 윤리 규범을 내세워 '솔직한' 의견 표명을 불온시하고 억압하는 것을 '어이없는 모럴 테러리즘'이라고 비난했다.[19] 그도 그럴 것이 그는 성에 관련된 솔직한 말을 했다는 이유로 여러 차례 수난을 겪었기 때문이다. 1989년 그 자신이 대한민국 최초의 성 담론서라고 내세우는 문예평론집 『나는 야한 여자가 좋다: 마광수 에세이』[20] 출판으로 인해 큰 논란이 일어나자 온갖 금기를 깨뜨리는 그의 도발적인 성 담론에 반발한 교수들로부터 큰 압력을 받아 결국 그는 1989년 2학기에 개설했던 대학 강의를 할 수 없게 되었다. 1991년 그는 한국 사회의 성 억압에 도전하기 위해 모든 성적 타부를 깨뜨리는 것을 중심 줄거리로 삼은 성애 소설 『즐거운 사라』[21]를 냈는데, 1992년에 나

산물이다."
18 마광수, "야하디 야하라 제8회," 「인물과사상」 97 (2006), 152.
19 마광수, "지킬박사와 하이드씨를 강요하는 우리사회의 이중구조," 「월간말」 130 (1997), 238.
20 마광수, 『나는 야한 여자가 좋다: 마광수 에세이』 (서울: 자유문학사, 1989).
21 마광수, 『즐거운 사라』 (서울: 청하, 1991) ; 마광수, 『즐거운 사라』, 개정판 (서울: 청하, 1992). 마광수는 1992년 판의 말미에 붙인 "작가의 말"에서 1991년 판의 결말 부분을 꼼꼼하게 개작했다고 썼다.

온 그 책의 개정판은 간행물윤리위원회에 의해 음란물로 검찰에 고발되었다. 1992년 10월 29일 검찰은 강의 도중에 그를 체포하여 구속하였고, 재판에 넘겨 실형 8개월, 집행유예 2년의 판결을 받게 했다. 그 일로 그는 대학에서 해임되었다.

그가 성 담론의 해방을 통해 한국 사회의 뿌리 깊은 권위주의와 투쟁을 벌인 것은 근본적으로 개인의 자유를 다른 그 무엇보다 더 중시하는 개인주의를 철저하게 옹호하고자 했기 때문이다. 그는 개인이 '자유의 극단'을 추구할 수 있어야 한다고 생각했고 주권적 개인의 자유가 보장되어야 한다고 믿었다. 그는 그러한 생각을 '허무주의적 아나키즘'이라고 명명했다. "자유의 극단을 추구하는 허무주의적 아나키즘을 통해 우리는 진짜 민주화와 자유화를 이룰 수 있다"[22]는 것이 그의 신념이었다.

그는 주권적 개인의 으뜸가는 덕목을 '솔직함'으로 꼽았고, 그 솔직함을 '야함'이라고 규정했다. '야함'의 '야'는 '거칠 야'(野)이니, '야함'은 도덕주의, 엄숙주의, 권위주의, 경건주의로 치장한 주류에 맞서고 사람들이 당연한 것으로 내면화한 통념에 맞서서 그 속에 은폐된 이중 도덕과 위선과 폭력을 드러내 보이는 태세를 가리킨다. 그는 주류 사상과 통념을 '삐딱하게' 볼 것을 주문했다. 그러한 삐딱한 시선이 '이데올로기 비판'의 출발점이고, 그러한 비판을 이끌어가는 것이 '야한 정신'이라고 했다. "야한 정신이란, '정신보다는 육체에, 과거보다는 미래에, 국수주의보다는 세계적 보편성에, 집단보다는 개인에, 질서보다는 자유에, 관념보다는 감성에, 명분보다는 실리에, 획일적 교조주의보다는 자유분방한 다원주의(多元主義)에 가치를 두는 세계관'이다."[23]

---

22 마광수, "야하디야하라 제1회," 56.
23 마광수, "야하디야하라 제1회," 54.

마광수는 민주화 이후에 문화투쟁의 형식으로 개인주의 사상을 명료하게 제시했다. 개인이 집단에 앞서고, 자유가 질서에 앞서고, 자유분방한 다원주의가 획일적 교조주의에 앞선다는 것은 아마 개인주의에 관한 교과서적 서술이나 사전적 정의에 빠지지 않고 기록되어 있을 것이다. 그러나 그러한 인식이 현실에서 구현되기 위해서는 치열한 투쟁이 필요했고, 그 투쟁에서 개인은 여전히 큰 희생을 치러야 했다. 개인의 자유와 그 자유의 표현은, 마광수의 필화 사건에서 보듯이, 한국 사회에서는 아직 실현되지 않았다. 개인주의는 싹이 텄지만, 아직 개화하지 못했다.

V. 소결

'87년 체제'가 들어서고 '역사의 종말'이 선언된 뒤에 한국 사회는 큰 변화를 겪었다. 개인주의가 싹트고 꽃이 필 수 있는 여건이 마련된 것이다.

1) '87년 체제'는 정치적 자유주의를 확립하고 제도화했다. 정치적 자유주의는 사회의 경제화와 경제의 민주화를 위한 조건이 되었다. 민주화의 심화는 자유국가 원리와 사회국가 원리를 상호 보완적으로 결합한 헌법 규범 아래서 한국 사회의 과제로 남았다.

2) '역사의 종말' 담론이 확산하자 민족중심주의 담론이나 민중중심주의 담론처럼 어떤 중심을 설정하고 이중의 타자화를 펼치는 논리가 힘을 잃고, 탈중심화 담론과 탈주체화 담론이 지식인 사회에 도입되고 확산하였다. 시민사회의 다양하고 다원적인 활동이 지난날의 민중 연합 운동과 경쟁하고 민중 운동을 대체하기 시작했다.

3) 민주화 이후 사업장 중심의 민주노동조합 운동이 강력하게 전개되면서 노동 임금이 크게 상승했고, 노동 임금 상승은 사회 전반에 걸쳐 소득 상승 효과를 일으켰다. 소득이 향상된 사람들은 소비문화에 접하기 시작했고, 낯선 것과 다른 것을 좀 더 개방적으로 수용할 태세를 갖추기 시작했다.

4) 1990년대에는 기존의 집단주의 문화와 권위주의에 대항하는 이중의 문화투쟁이 전개되었다. 하나는 집단주의와 내핍경제에 익숙한 나이 든 세대와 그렇지 않은 젊은 세대 사이의 갈등 양상으로 나타난 문화투쟁이다. 이 시기에 등장한 X세대는 집단적 조직문화에 저항하고 개성을 표현하는 방식으로 개인의 정체성을 형성했고, 이념과 정치에 관심을 보이지 않고 문화적 소비를 중시하며 팬덤을 형성하는 부족주의적 경향을 보였다.

다른 하나는 한국 사회의 뿌리 깊은 권위주의와 그 밑바탕을 이루는 억압적인 세계관을 해체하는 문화투쟁을 통해서 개인의 주권적 자유를 보장하고 그 자유의 표현을 극한적으로 추구하려는 시도이다. 그러한 시도를 통해 개인주의는 한국 사상사에서 처음으로 가장 명료한 언어로 표현되었다. 그러나 마광수 필화 사건에서 볼 수 있듯이, 개인주의는 한국 사회에서 싹이 텄지만, 개화하지는 못했다.

맺음말

　제3부에서 필자는 부족사회로부터 현대 사회에 이르기까지 한국인의 개인의식이 어떻게 발전하고 심화하였는가를 분석하고 설명했다. 그 내용을 간추리면 다음과 같다.

　1) 부족사회에서 집단이 개인에 앞선다는 집단주의와 공동체주의는 샤머니즘을 통해 한국인의 자기의식에 깊이 새겨졌고, 개인과 가족의 제액과 구복을 따로 구하는 개인 중심적이고 가족 중심적인 의식도 강하게 형성되었다. 개인 구복을 최대화하고 집단적 결속과 어울림을 중시하는 멘탈리티는 오늘의 한국인에게도 강하게 남아 있다.

　2) 삼한 시대에 전해진 불교는 구복 불교로서는 샤머니즘의 기복신앙에 습합하였으나, 진표, 원광, 의천, 지눌 등이 발전시킨 수양 불교는 깨달음과 수양의 주체인 개인이 자기 내면을 직시하고 성찰하는 역량을 키우게 하여 개인의 자기의식을 한 단계 높은 차원으로 전개할 수 있게 했다.

　3) 삼한 시대에 도입된 이래 유교는 역대 왕조에서 엘리트 교육과 인재 등용의 수단으로 중시되었으나, 고려 말에 도입된 성리학은 조선시대에 통치 이데올로기로 자리를 잡고 법전과 향촌 규약과 풍속으로 구현되어 사람들의 의식과 행동을 속속들이 지배했다. 가족주의, 가부장주의, 엄격한 위계질서 중심의 신분제가 성리학을 통해 공고하게 뒷받침되었

다. 신분제가 해체된 뒤에도 가족주의, 가부장주의, 서열 문화 등은 조선 후기 사회는 물론 현대 한국 사회에서도 큰 영향을 미치고 있다.

4) 성리학은 수양 불교 못지않게 자기의 내면을 성찰하고 홀로 있을 때도 말과 생각과 행동을 삼가는 태도를 기르는 수양을 중시했다. 그 때문에 조선 전기에 이황, 기대승, 이이 등이 펼친 이기론 논쟁은 중국 송대에서처럼 이와 기의 관계에 관한 형이상학적 논쟁으로 전개되지 않고 수양의 방법과 이치를 둘러싼 논쟁으로 전개되는 특징을 보였다. 성리학은 법과 공권력의 강제 없이 도덕적 자율과 공동체의 자치를 실현할 수 있는 바탕을 마련했으며 높은 수준의 자율주의 문화를 실현하는 데 이바지했다.

5) 조선 후기에 이르러 신분제를 위시하여 기존 제도가 흔들리고 천주학 같은 외래 사조가 전파하면서 성리학은 큰 도전에 직면했다. 그러한 시기에 정약용은 주재천 앞에 선 개인의 내면성에 집중했고 자유의지를 지닌 자주적 개인을 중심에 놓는 도덕 이론을 펼쳤다. 난세에 개벽의 길을 찾고자 했던 최제우는 시천주(侍天主), 고아정(顧我情), 오심즉여심(吾心卽汝心)의 이치에 따라 인간의 존엄성, 공감의 윤리, 사민평등의 공동체 윤리를 제시했다. 최한기는 기일원론의 관점에서 인간의 개체성과 자주성을 강조했고, 사회적 분업과 협력에 바탕을 유기체적인 사회를 형성하고 공론의 수렴에 근거한 유가적 군주정을 세워나갈 것을 제안했다.
개항 이전에 조선의 사상가들은 개인을 존중하고, 사민평등의 사회 공동체를 수립하고, 전제군주정 너머의 정치 질서를 내다보았다. 그러나 그들에게서 개인의 권리 개념은 아직 나타나지 않았다.

6) 일본에 의해 타율적으로 강요된 개항 이후 조선의 사상가들은 조선의 국권을 보전하고 나라를 발전시킬 방도를 찾기 위해 노력했다. 위정척사, 동도서기, 변법자강이 그 방도로 각각 제시되었다. 성리학을 중심으로 한 위정척사는 조선 말까지 위세를 떨쳤고, 동도서기론은 갑오경장을 전후로 해서 변법자강론에 길을 내 주었다. 이 시기에 유길준, 서재필, 윤치호 등은 해외 유학을 통해 서양 정치와 제도를 연구했고, 조선 사회에서 최초로 국민의 권리에 관한 이론을 전개했으며, 사회적 진화론을 받아들여 부국강병책을 논했다. 그들은 약육강식의 국제 정세에서 조선이 살아남으려면 제도를 송두리째 바꾸어 나라를 강대하게 만들어야 한다고 생각했고, 그렇게 하려면 민권 신장을 통해 국민의 역량을 키워야 한다고 역설했다. 그들은 개인의 자유와 권리를 국가가 보호하여야 한다고 주장하였으나, 국민의 권리 신장을 국권 수호와 부국강병의 방편으로 논했다. 그런 점에서 그들이 이끌어간 권리 담론은 국가주의적 편향을 보였다. 개인주의의 씨는 뿌려졌으나 아직 움트지 못했다.

7) 구한말로부터 일제 강점기를 거치고 해방 이후 수립된 독재 체제를 해체하는 민주화가 성공할 때까지 개인주의는 억압되었다. 개인에 앞서서 민족의 단결과 국가의 통합과 국가 안보를 확립해야 한다는 주장이 지배적인 담론을 형성하던 시기에 개인의 자유와 권리의 보장이 모든 것에 앞선다는 생각은 힘을 얻을 수 없었다.

(1) 구한말의 지배적인 담론은 국가주의였다. 그 요점은 개인의 자유와 권리를 말하기에 앞서서 개인이 국권을 수호하고 국체를 보전하기 위해 희생을 감내하여야 한다는 것이다.

(2) 식민지화 과정에서 국민 형성과 국민국가 형성이 좌절되면서 1908년에 국민을 대신하여 '민족' 개념이 등장하고 민족주의가 담론을 지배하기 시작했다. 제국주의적 약육강식의 현실에서 민족이 단결하여 외세에 맞서야 한다는 저항적 민족주의는 민족중심주의를 절대화했다. 민족중심주의는 민족을 중심으로 이중의 타자화를 펼치는 논리였다. 민족의 단결을 해치는 것은 그 무엇이든 억압과 배제의 대상이 되었고, 민족의 독립을 가로막는 것은 적대와 절멸의 대상이 되었다. 민족중심주의에서는 민족에 앞서서 개인을 주장하는 것은 상상할 수 없는 일로 여겨졌다.

(3) 해방 이후 대한민국이 수립된 이후 정권을 잡은 이승만은 국민 형성과 국민국가 형성을 이끄는 이데올로기로서 일민주의를 내세웠다. 일민주의는 이중의 타자화를 전제하는 논리라는 점에서 저항적 민족주의와 논리 구조가 같았다. 국민의 단결을 방해하는 것은 무엇이든 억압되고 제거되어야 하고, 국민 바깥에 있는 세력, 곧 이북의 공산 세력은 적대와 멸절의 대상이 되었다. 일민주의는 반공주의와 손을 잡았고, 1948년 여수·순천 사건 이후 제정된 「국가보안법」은 반공을 앞세운 일민주의적 통치의 무기가 되었다. 한국전쟁 이후 친미 반공 체제에서 일민주의는 자유와 다원주의를 질식시키는 전체주의적 세계관으로 굳어졌다. 이승만 독재 체제에서 기본권은 본질적으로 침해되었다.

(4) 4·19 민주항쟁의 성과를 짓밟은 군부 쿠데타 세력은 반공을 앞세운 국가주의를 강화했다. 「국가보안법」과 「반공법」이 군부 독재의 강력한 무기가 되었다. 그것은 국가가 개인에 앞서고 국가 안보를 위해 개인의 자유와 권리가 본질적으로 침해되어도 무방하다는 것을 뜻했다. 군부

독재는 국가주의를 강화하기 위해 전통적인 가부장주의와 공동체주의를 활성화했고, 능률과 실질을 중시하는 도구적 합리성을 앞세웠고, 이를 국민 교육의 대헌장으로 삼았다. 국가가 주도하는 경제개발이 국가의 과제로 설정되자 국민은 그 과제를 위해 하나로 단결하여야 했고, 그것을 방해하는 세력은 가차 없는 탄압을 받았다. 대통령 독재는 유신 체제에서 정점에 이르렀다. 대통령은 긴급조치를 통해 무소불위한 독재 권력을 행사하여 민주주의를 압살하고 개인의 자유와 권리를 철저하게 유린했다.

(5) 유신 독재와 그 뒤를 이는 제2차 군부 독재는 민주화 운동을 통해 무너졌다. 전두환 독재 체제가 미국의 용인 아래 이루어졌다고 여겨졌기에 반독재 민주화 운동은 반미 자주화 운동과 맞물렸고 민중 중심의 연합 운동을 활성화했다. 그러한 연합이 운동의 중심으로 설정되자 대내적 결속과 대외적 투쟁을 강화하기 위해 이중의 타자화 전략이 나타날 수밖에 없었다. 개인주의와 자유주의는 금기시되고 집단주의와 공동체주의가 강화되었다.

8) 6월 민주항쟁의 성과로 '87년 체제'가 들어서고 1990년을 전후로 현실사회주의국가들이 붕괴하면서 '역사의 종말' 담론이 확산했다. 개인주의가 싹트고 꽃이 필 수 있는 여건이 마련되었다. '87년 체제'가 정치적 자유주의를 확립하자 사회의 민주화와 경제의 민주화를 향한 움직임도 강해졌다. '역사의 종말' 담론이 확산하자 민족중심주의 담론이나 민중중심주의 담론은 힘을 잃고 탈중심화 담론과 탈주체화 담론이 유행하기 시작했다. 사회적 적대의 다양성과 다원성이 인식되면서 새로운 사회운동이 활성화되고 다양한 시민단체들이 등장했다.

9) 민주화 이후 소득 증가와 소비의 확대는 내핍과 절약에 익숙했던 사람들에게 경직된 태도를 누그러뜨리고 낯선 것과 다른 것을 조금 더 개방적으로 관대하게 대하는 태도를 보이게 했다. 그러나 그 한계도 분명했다. 그들은 내핍과 절약을 모르고 소비문화에 일찍 눈뜬 젊은 세대와 격심한 세대 갈등을 겪기도 했다. 그러한 세대 갈등은 젊은 세대의 나이 든 세대에 대한 문화투쟁의 성격도 가졌다. 젊은 세대는 집단적 조직문화를 거부하고 개성을 표출하는 방식으로 그들의 정체성을 드러냈으며 그들의 감성과 소비 취향에 따라 팬덤을 형성했다. 그들은 소비주의에 포섭되고 부족주의적 성향을 나타냈다.

10) 민주화 이후 한국 사회의 뿌리 깊은 권위주의와 권위에 맹종하는 한국인의 권위주의적 성격을 해체하고자 하는 문화투쟁도 중요한 의미가 있다. 그러한 문화투쟁을 시도했던 마광수는 개인의 주권적 자유를 옹호하고, 그 자유의 극단을 표출하려고 시도했고, 한국 사상사에서 처음으로 개인주의를 명료한 언어로 정식화했다. 개인이 집단에 앞서고, 자유가 질서에 앞서고, 자유분방한 다원주의가 폐쇄적 교조주의에 앞선다는 선언은 개인주의가 한국 사회에서 싹이 텄다는 것을 보여 준다. 그러나 마광수 필화 사건에서 보듯이, 개인주의는 이미 싹이 텄지만, 아직 개화하지 못했다.

제4부

한국에서 나홀로족 문화의 형성과 그 특징

머 리 글

앞의 제3부에서 분석하였듯이 한국인은 까마득한 옛날부터 가족주의와 공동체주의가 압도적인 사회정치적 조건들 아래서도 높은 수준의 자기의식을 보였고, 불교와 유교 그리고 동학의 수양 전통을 통해 개인의 내면성과 자주성을 견지하며 공동체 관계를 형성하는 높은 수준의 자율주의문화를 이루어 왔다. 개항 이후 한국인은 서양의 권리 사상에 접하게 되어비로소 개인과 인간의 자유와 권리에 관한 담론을 펼치며 개인주의를 향한 길에 들어섰다. 그러나 한국에서 개인주의는 구한말의 구국 운동, 일제강점기, 해방 이후의 독재 체제, 반독재 민주화 과정을 거치며 민족주의, 국가주의, 민중주의 등에 의해 억제되었고 그 개화가 지연되었다. 개인이민족, 민중, 국민, 국가에 앞서고 개인의 자유와 권리가 우선적 가치를 갖는다고 주장하는 개인주의는 오랫동안 한국 사회에서 낯설었다.

그렇기에 1990년대 말 이래 나를 중심에 놓고 나를 우선시하는 나홀로족이 등장하고 나홀로족 문화와 멘탈리티가 확산하는 것은 주목할 만한 현상이다. 나홀로족의 등장은 개인이 가족, 공동체, 민중, 민족, 국가에 앞선다는 것을 명확하게 하고 개인의 독립과 자유를 중시한다는 점에서 매우 중요한 역사적 의미가 있다. 그러나 나홀로족의 등장은 각자도생, 능력주의, 부족주의, 사회적 결속의 해체 등을 가져와 심각한 문제로여겨지기도 한다. 따라서 나홀로족 문화와 멘탈리티의 확산이 보이는긍정적 측면과 부정적 측면을 헤아리며 개인의 자유와 공동체적 결속을구현하는 방안을 찾는 것은 우리 사회의 중요한 과제가 되었다.

아래에서는 그러한 과제를 수행하기 위해 먼저 우리 사회에서 나홀로족이 등장한 배경을 분석하고, 그다음에 나홀로족 문화와 멘탈리티의 긍정적 측면과 부정적 측면을 살피고, 끝으로 나홀로족 문화와 멘탈리티를 넘어서는 방안을 모색한다.

1장
한국에서 나홀로족의 등장

한국에서 나홀로족이 등장하게 된 결정적인 요인은 1990년대 말의 외환위기가 가져온 급격한 사회 변동과 IMF 경제신탁 과정에서 정착하기 시작한 신자유주의적 경제 체제가 꼽힌다. 대량 실업, 가족 해체, 노동조합의 권력 약화, 최소한의 사회국가 운영 등은 사람들에게 자기 앞가림은 자기가 해야 한다는 생각을 몸과 마음에 새겨 주었다.

I. IMF 경제신탁과 신자유주의적 개혁

1997년의 외환위기는 IMF의 경제신탁을 불러들였고 한국 사회에 신자유주의 체제가 뿌리를 내리게 했다. 신자유주의는 1970년대 중반에 금융의 자유화 봇물이 터지면서 시장에 대한 국가의 개입을 금기시하는 이데올로기로 강력한 힘을 발휘하기 시작했다. 미국과 영국이 신자유주의 정책을 강력하게 추진하고 경제의 지구화를 이끌어 가자 한국에서는 김영삼 정부가 '세계화' 구호를 앞세우며 금융의 자유화와 노동시장의 유연화 등 신자유주의 정책을 추진하기 시작했다. 신자유주의를 지구적 차원에서 확산하는 기구인 IMF가 외환위기에 직면한 한국 경제에 대한 경제신탁을 시행하면서 한국 경제와 사회는 신자유주의적으로 재구성되었다.

한국 경제는 1980년대 중반 '3저호황'으로 확장하기 시작하여 1990년대 중반에는 '세계화' 구호를 내세우며 해외 차입까지 늘리고 투자를 확대했다. 1996년 한국은 OECD에 가입하였고 경제 규모와 무역 규모에서 선진국 문턱을 넘어섰다. 1인당 국민 소득이 증가하고 소비문화가 성숙 단계에 이르렀다. 그러나 산하 종합금융회사를 통해 낮은 금리로 단기 해외 차입을 늘려 장기 투자에 나섰던 재벌 기업들은 1997년 초 월스트리트 금융자본이 아시아에서 자금을 회수하기 시작하자 달러 표시 부채를 변제하지 못하는 사태에 직면했고, 결국 중앙은행의 외환 고갈로 인해 국가부도 사태에까지 이르게 되었다. 한보, 한라, 기아 등 유수한 재벌 대기업들이 도산하자 대량 실직이 불가피했고 자산가치 폭락과 경기침체가 이어졌다. 이제 막 소득이 증가해서 생활 형편이 나아지고 소비문화에 눈을 뜨기 시작한 한국인들은 거대한 충격에 빠져들었다. 학업을 포기하고 군대에 입영하는 대학생들이 증가하고 서울역과 영등포역에는 노숙자가 폭증했다. 외환위기를 극복해야 살 수 있다는 절박한 심정으로 사람들은 범국민적인 '금 모으기' 캠페인에 적극적으로 호응했다. 외환위기의 충격으로 인해 공동체주의와 애국주의가 활성화된 것이다.

IMF가 외채 청산을 위해 특별인출권(special drawing rights, SDR)을 발행하는 조건으로 한국 정부에 제시한 네 가지 이행 조건 아래에서 한국 경제는 신자유주의적 경제 체제로 전환되었다. 노동시장 유연화, 자본시장 자유화, 공기업 민영화, 기업지배구조 개혁 등은 자본의 노동에 대한 우위, 자본의 국가에 대한 우위를 실현했고 해외 금융자본이 지배적인 지위에서 한국의 자산을 사들일 수 있게 했다. 신자유주의는 국가주의와 국가 주도적 경제개발에 익숙했던 한국인들에게는 낯선 개념이었다. 왜냐하면 신자유주의는 "시장경제의 원리를 강조하고 기회균등과 절차적 공정성만 확보되면 경쟁의 결과에 대해서는 국가를 포함해 누구도 개입할 수 없다"는 신념이기 때문이다. 시장경제가 불러들이는 '계급 불평등은 자연스러운 사회적 현상'이라는 신자유주의적 주장은 발전연대의 내핍 경제로 인해 가난하기는 하지만 빈부격차가 크지 않았던 한국인들에게 선뜻 받아들이기 어려운 주장이었다. 그러나 신자유주의적 경제 체제는 곧바로 극단적인 사회적 양극화와 무한경쟁을 연출하게 될 것이고, IMF는 그러한 사회 변동에 대비해서 최소한의 사회적 안전망을 확충할 것을 한국 정부에 권고했고, 한국 정부는 IMF의 권고를 받아들여 기초생활보장제도를 도입했다. 그런 점에서 한국의 복지 체제는 아이러니하게도 자본 축적과 경제성장을 위해 복지를 희생시켜야 한다는 신자유주의적 이념에 따라 한국 경제와 사회가 구조적으로 전환하는 과정에서 확장되었다.[1]

1997년 외환위기를 극복하는 과정에서 신자유주의적으로 바뀐 한국 사회에서는 가족 해체, 무한경쟁과 승자독식, 비정규직 고용의 확대, 소득과 자산의 양극화가 가속했다. 신자유주의는 한국 사회에서 강력하게 유지되었던 가족주의와 가부장주의와 권위주의의 기반을 무너뜨렸고 한국 사회와 문화를 능력주의로 재편했다.

II. 가족의 해체

IMF 이후 가족의 해체가 급속도로 진행되었다는 것은 직관적으로

---

1 김동노, "개인주의, 집단주의, 자유주의, 공동체주의와 한국 사회의 변화," 「사회이론」 63 (2023. 5.), 183.

분명했다. 외환위기 이후 남성 가장의 실직으로 인해 많은 가족이 생존을 위해 뿔뿔이 흩어졌고, 실직 가장을 대신해서 부인이 노동시장에 참여하는 경우가 늘어났으며, 가정불화가 증가하여 별거와 이혼이 늘었다. 그 당시 일어난 가족의 해체는 결혼율, 이혼율, 출산율, 남녀 취업률, 1인 가구 증가율 추이에서 통계적으로 확인된다.

1. 가족의 해체에 대한 통계적 확인

1) 인구 일천 명당 혼인 건수는 1970년 30만 건(조혼인율 9.2건)에서 1980년 40만 건(조혼인율 10.6건)으로 증가하고 1996년 43만 건(조혼인율 9.4건)으로 정점을 찍은 뒤에 2003년 30만 건(조혼인율 6.3건)으로 줄었다가 2011년 33만 건(조혼인율 6.6건)으로 소폭 상승한 다음 계속 하락하여 2020년에는 21만 건(조혼인율 4.2건)으로 줄어들었다.[2] 이 통계 자료는 1990년대 후반부터 2000년대 초반까지 혼인 건수가 급감했음을 보여준다. 이 시기에는 경제 위기, 대량 해고, 실업과 미취업 증가 등으로 인해 혼인을 미루거나 포기하는 사람들이 많았을 것으로 추정된다.

2) 인구 일천 명당 이혼 건수는 1970년 1만 건(조이혼율 0.4건)에서 1997년 9만 건(조이혼율 2.0건)으로 늘었다가 2003년 17만 건(조이혼율 3.4건)으로 정점을 찍었다. 그 뒤에 이혼 건수는 계속 감소하여 2009년 12만

---

2 조(粗)혼인율(Crude Marriage Rate, CMR)은 특정 1년간 신고한 총혼인 건수를 당해 연도의 연앙(年央) 인구로 나눈 수치를 1천분율로 나타낸 것이다. 최해영, "통계청 자료로 본 '혼인·이혼' 통계… 어떻게 변했나? 전년대비 혼인 10.7%, 이혼 3.9% 감소해," *wedding 21* (2022. 2. 9.), https://www.wedding21.co.kr/news/articleView.html? idxno=246026(2024. 3. 24. 다운로드).

건(조이혼율 2.5건), 2020년 11만 건(조이혼율 2.1건)으로 줄어들었다. 1990년대 후반부터 2003년대 전반에 이혼 건수는 많이 증가했던 셈이다. 그것은 외환위기 이후 해고와 실직이 가정불화와 가족 해체로 이어졌음을 시사한다.[3] 앞에서 통계적으로 확인한 혼인율 추이와 이혼율 추이를 함께 살피면, 혼인율 감소와 이혼율 증가가 동조하는 현상이 나타난다는 점을 확인할 수 있다.[4]

3) 합계 출산율[5]은 1970년 4.53명에서 1980년 2.82명으로 10년 동안 큰 폭으로 줄어들었고, 그 이후 계속 줄어들어 1990년 1.57명, 2000년 1.48명, 2010년 1.23명, 2020년 0.84명, 2023년 0.72명[6]을 기록하였다. 이처럼 가파른 저출생 추이는 인구 절벽을 실감하게 한다. 저출생 현상이 나타나는 결정적인 요인으로는 출생과 양육에 따르는 경제적 부담이

---

3 조(粗)이혼율(Crude Divorce Rate, CDR)은 특정 1년간 신고한 총이혼 건수를 당해 연도의 연앙(年央) 인구로 나눈 수치를 1천분율로 나타낸 것이다. 조혼인율 등 각종 비율(率)을 계산하기 위한 인구 모수로는 1992년 이전은 추계인구, 1993년 이후는 주민등록인구(2010년 이후는 거주 불명 등록자 제외)를 사용한다. 유배우 연앙 인구는 가구 추계(2017년 기준)의 혼인 상태별 인구 구성비를 주민등록 연앙(年央) 인구에 적용하여 추정하였다. 최해영, "통계청 자료로 본 '혼인·이혼' 통계… 어떻게 변했나? 전년대비 혼인 10.7%, 이혼 3.9% 감소해," *wedding 21* (2022. 2. 9.), https://www.wedding21.co. kr/news/articleView.html?idxno=246026 (2024. 3. 24. 다운로드).

4 이스라엘 사회학자 엘리야킴 키슬레브는 이혼이 급증하는 시기에 혼인을 미루거나 회피하는 현상이 나타난다는 사회학 연구 결과를 제시한다. 엘리야킴 키슬레브/박선영 옮김, 『혼자 살아도 괜찮아』(서울: 비잉, 2020), 42.

5 합계 출산율(TFR, Total Fertility Rate)은 여성 1명이 평생 동안 낳을 것으로 예상되는 평균 출생아 수를 나타낸 지표로서 연령별 출산율(ASFR)의 총합이며 출산력 수준을 나타내는 대표적 지표다. 통계청, "2023년 출생통계(확정), 국가승인통계 제10103호 출생통계," https://www. index.go.kr/unity/potal/main/EachDtlPageDetail.do?idx_cd=1428 (2024. 3. 24. 다운로드).

6 통계청, "인구동향조사 · 생명표," https://kosis.kr/edu/visualStats/detail.do?menuId=M_ 05&ixId=16(2024. 3. 24. 다운로드).

꼽힌다. 주거비를 위시한 생활비가 전반적으로 상승하는 데다가 젊은 세대는 취업이 어렵고 소득이 적기에 결혼과 출산을 회피하는 위험회피(risk aversion) 전략을 취하게 되는 것이다.

4) 15세 이상 성별 고용률은 1970년 여성 38.2%(남성 73.8%)에서 1987년 44.1%(69.7%)로 늘어났고, 1997년 48.6%(73.9%)에서 1998년 44.4%(69.2%)로 줄어들었다가 2000년 47.0%(70.8%)로 늘어난 뒤에 2008년 48.9%(71.2%), 2010년 47.9%(70.3%), 2020년 50.7%(69.8%)로 계속 증가하는 추세다.[7] 특기할 것은 외환위기를 맞았던 1998년에는 여성 취업률이 일시적으로 낮아졌는데, 그것은 여성들을 우선 해고하는 정책으로 여성들의 대량 실직이 있었기 때문일 것이다. 그러나 여성 취업률은 외환위기 이후 줄곧 늘어났다. 외환위기 이후 비정규직의 여성 비율이 증가하고 글로벌 금융위기 이후 주 15시간 미만의 초단시간 취업자의 여성 비율이 증가한 것은 경제위기가 여성에게 매우 불리하게 작용했음을 보여 준다.

5) 전체 가구 중 1인 가구가 차지하는 비율은 1980년 4.8%에서 1990년 9.0%으로 늘어났고, 그 뒤에는 2000년 15.5%, 2010년 23.9%, 2020년 31.7%, 2023년 35.5%[8]로 가파르게 증가했다. 2021년 1인 가구는 33.4%로 부부와 자녀로 구성된 가구(29.3%)보다 많은 것으로 나타났다. 또한 1인 가구 비율이 급상승했던 2000년(15.5%)부터 2023년(35.5%)까

---

7 통계청, "성별 경제활동인구 총괄(시계열 보정 前 자료)," https://kosis.kr/statHtml/statHtml. do?orgId=101&tblId=DT_1DA7001&conn_path=I3(2024. 3. 24. 다운로드).

8 통계청, "인구총조사," https://kosis.kr/edu/visualStats/detail.do?menuId=M_05&ixId= 702(2024. 3. 24. 다운로드).

지 4인 가구의 비율은 31.1%(2000년)에서 13.3%(2023년)로 급감했다. 1인 가구와 4인 가구의 증감이 반비례 관계에 있는 셈이다.

2. 가족의 해체가 한국 사회에서 갖는 의미

앞의 통계 자료들은 지난 50여 년 동안, 특히 외환위기 이후 나타난 결혼율, 이혼율, 출산율, 여성 고용률, 1인 가구 비율의 추이가 전통적인 가족 개념이 해체되고 가족주의가 무너졌음을 시사한다는 것을 보여 준다.

1) 사회가 크게 변동되는 시기에는 가족제도가 바뀌고 가족 의식과 가족 관계도 달라진다. 그것은 가족주의도 마찬가지다. 본시 가족주의는 사회 구성의 기본 단위를 개인보다 가족에 두고 그 가족을 어떤 사회집단보다도 최우선으로 여기는 문화 원리이다.

한국 역사에서 가족주의는 상고 시대 이래 강하게 유지되었으며 조선 시대에는 성리학을 통해 강력하게 뒷받침되었다. 성리학은 가(家) 개념을 중심으로 부계 혈통의 배타적 계승과 발전을 강조하였고 그에 따라 효 사상과 남아 선호, 가부장적 권위주의가 생활 규범으로 자리를 잡았다. 그 이래로 오랫동안 한국인에게 결혼과 출산은 개인적으로나 사회적으로 중요한 인륜지대사로 받아들여졌다. 결혼과 출산을 거부하거나 그렇게 하지 못하는 것은 정상적인 사회질서를 따르지 않는 행위로 간주되어 사회적 낙인과 지탄을 면할 수 없었다. 그러한 생각이 오랫동안 통념으로 살아있었기에 비혼, 불임, 미혼 부모, 이혼 등을 부정적인 것으로 여기는 태도가 얼마 전까지 한국 사회에 뿌리 깊게 남아 있었다. 따라서 지난 50년 동안 결혼율과 출산율이 극적으로 감소한 것은 가족에 관한 통념이 크게 약화하였음을 시사한다.

2) 사실 가족주의는 20세기 말까지 한국 사회에서 큰 영향력을 발휘했다. 물론 가족주의는 조선조가 멸망한 뒤에 더는 성리학의 뒷받침을 받지 않았다. 그러나 가족주의는 일제 강점기, 해방 후 격변기, 한국전쟁, 독재 체제를 거치며 끈질기게 살아남았다. 왜냐하면 가족은 사회와 국가가 위기에 처했을 때, 그 구성원에게 생존과 안전을 제공하는 터전으로서 중시될 수밖에 없었기 때문이다. 국가가 복지를 방관했던 구한말과 일제 강점기는 더 말할 것도 없고 정부가 구호 물품 배급 수준에서 복지 체제를 운용하던 전후 시기와 선별적, 부분적, 시혜적 복지 체제를 운용하던 발전주의 국가 시기에 가족은 복지 체제의 한 축을 담당할 수밖에 없었다. 그렇기에 가족주의는 한국 사회에서 20세기 말까지 강하게 남아 있었다.

3) 한국의 가족제도는 1960년대 중반부터 크게 바뀌어 핵가족이 일반화되었다. 그것은 개발연대에 강력하게 추진된 산업화와 도시화의 효과였다. 많은 사람이 취업과 학업을 위해 농촌에서 도시로 이동했다. 도시 이주자들은 한편으로는 전통적인 친족 관계와 마을 공동체를 떠난 상태에서 정서적 의미의 고향을 상실했고, 다른 한편으로는 도시 생활의 고립과 외로움에 적응하면서 가족의 구속에서 벗어나는 자유를 경험했다. 그런 상황에서 도시에 거주하기 시작한 젊은 세대는 연애결혼을 선호했고 부모와 자식으로 구성된 단출한 핵가족을 꾸려나갔다.

4) 1990년대에는 맞벌이 부부가 증가했다. 그것은 여성들이 노동시장에 점점 더 많이 참여했기 때문이다. 대졸 여성이 급격히 증가하면서 여성의 전문직 진출도 늘어났다. 여성의 노동시장 참여가 늘어나면서 여성이 개인으로서 자유와 자기실현을 할 수 있는 기회가 늘어났지만,

가족 내 성역할을 둘러싼 갈등이 커졌다. 한국의 핵가족은 여전히 전통적인 가족주의와 가부장주의에서 벗어나 있지 않았기에 노동시장에 참여하는 여성은 가사노동과 직장 노동의 이중 부담에서 벗어나기 어려웠고, 가사노동을 부부 사이에 분담하는 과제는 갈등을 불러일으킬 수밖에 없었다.

그러한 갈등은 이혼율 증가로 표현되었다. 이혼이 더는 금기로 여겨지지 않게 된 한국 사회에서 1997년 외환위기는 이혼율의 극적인 증가를 가져왔다. 가장의 실직과 가정주부의 노동시장 참가는 전통적인 가부장주의를 약화했고, 경제적 독립의 기회를 얻은 여성들에게는 가부장주의적 억압과 구속을 벗어나려는 경향이 더 강하게 나타났다.

5) 1990년대 후반부터 1인 가구는 극적으로 증가했다. 앞의 관련 통계에서 나타나듯이 전체 가구 중 1인 가구의 비율은 외환위기를 거치며 빠르게 증가하였다. 1인 가구의 증가는 여러 가지 요인에 의해 다양한 유형으로 나타난다. 첫째, 경제위기로 실직한 가장이 가정에서 힘을 잃고 가족을 떠나거나, 경제적 곤란에 처한 부부가 불화 끝에 이혼하여 가족이 뿔뿔이 흩어지는 경우다. 그것은 경제위기가 핵가족의 결속력을 극적으로 약화했음을 의미한다. 둘째, 취업, 경력 관리, 실업, 미취업, 소득 등 여러 가지 경제적 이유로 비혼을 선택하는 사람들이 증가하는 경우다. 고등교육을 받은 여성들의 비혼은 극적으로 증가했다. 그들은 핵가족에 남아 있는 남성중심주의와 가부장주의를 받아들이지 않고 전문직에 진출하여 경력을 쌓는 것을 중시한다. 비혼을 선택하거나 비혼 상태를 벗어날 수 없는 사람들은 독거를 선택하는 경향이 강하다. 셋째, 전통적으로 자식의 돌봄을 받던 노인들이 가족 관념과 가족 관계의 변화로 인해 홀로 사는 경우이다. 독거 비용을 스스로 지급하거나 지원을

받을 수 있는 노인들은 독거를 스스로 선택하는 경향이 있다.

앞으로 개인의 자유와 자기실현을 최우선으로 삼는 사람들이 늘어나고 개인의 자유를 최대한 즐기려는 경향이 강해지면 가족을 창설하지 않고 홀로 사는 경향이 가속할 것이다.

6) 전통적인 가족주의와 가부장주의는 한국 사회에서 제도적으로 해체되고 있다. 그 대표적인 사례가 가족법 개정이다. 2005년 공포된 호주제 폐지는 가족법의 여성 차별적인 친족 개념과 상속 규정을 변경했다.

한국에서 가족법은 「대한민국 민법」 제4편 친족, 제5편 상속을 총칭한다. 1912년의 「조선민사령」을 계수하여 제정된 1958년의 「대한민국 민법」은 제헌헌법이 '남녀동권'을 규정했음에도 불구하고 친족 규정과 상속 규정에 여성 차별적인 내용을 담고 있었다. 그러한 민법전의 여성 차별적인 내용을 개정하기 위한 여성운동과 시민운동은 민법전 제정 때부터 꾸준히 진행되었고 반세기가 지나서야 호주제를 폐지하는 결실을 얻게 되었다.

호주 제도는 호주와 가족의 정의, 가(家)의 변동, 자(子)의 성과 본, 호주 승계 등과 관련되어 있기에 혼인, 이혼, 부모 자녀 관계 등 가족 관계 전반에 영향을 끼친다. '가'는 거주 상태와는 무관하게 호주를 중심으로 해서 호적(戶籍)에 등재된 사람을 의미하므로 경제적, 정서적 생활 공동체로서의 가족과는 차이가 있다.[9] 대한민국 국회는 2005년 3월 2일 호주제 폐지를 골자로 하는 민법 개정안을 의결했고, 호주제 폐지법은 5월 31일 법률 제7427호로 공포되었다. 2008년 1월 1일부터 효력이 발생

---

9 호주제에서 강조되는 '가장' 개념은 농업 경제와 유교적 신분 질서를 기반으로 한 대가족제도의 배경에서 발전한 것이다.

한 새로운 가족관계등록부 제도는 호주나 '가'와 무관하게 개인별 편제로 이루어짐으로써 혼인, 이혼, 재혼, 입양 등의 이유로 '가'를 옮긴다는 개념을 없앴다.[10] 호주제 폐지로 가부장적 가족주의와 가부장적 권위주의의 제도적 기반은 해체되었고, 개인이 가족에 부속된 존재가 아니고 가족 안에서 자주적인 위치를 갖는다는 인식이 제도적으로 실현되었다.

7) 가족주의 전통이 강했던 한국 사회에서는 유사 가족주의가 다양한 형태로 나타난다. 유사 가족주의는 전통적인 가족의 울타리를 넘어서서 가족 바깥의 사회와 사회적 관계에까지 가족적 관계와 유대감을 확장하려는 시도이다. 유사 가족주의의 특징은 온정주의와 배타성이다. 가족으로 여겨지는 사람들은 가족 울타리 안에서 서로 친밀감을 보이고 신뢰와 보호, 인정과 결속의 관계를 형성하지만, 가족 울타리 바깥의 사람들에게는 배타적인 태도를 보인다.[11]

유사 가족주의는 식당 종업원을 '이모'라고 부르거나 연인 관계나 친구 관계에 있는 여성이 남성에게 '오빠'라는 호칭을 사용하는 데서 가벼운 형태로 나타난다. 조금 무거운 형태는 가출 청소년들의 패밀리나 신부족주의 집단들에서 관찰된다. 우리나라에서 유사 가족주의는 정치적 통제와 사회적 통제의 수단으로 활용되기도 했다. 그것을 잘 보여주는 예는 개발 독재 시대의 공장 새마을운동이다. '노동자를 가족처럼, 공장일을 내 일처럼'이라는 구호를 내걸었던 공장 새마을운동은 노동에

---

10 호주제 폐지에 대한 민법 개정안은 ① 민법 제4편 제2장 '호주와 가족'과 민법 제4편 제8장(호주 승계의 장)을 삭제했고, ② 자녀의 성과 본에 관한 규정을 개선했고, ③ 동성동본금혼규정을 삭제하고 새로운 금혼규정을 마련했고, ④ 친생부인의 소는 제소권자를 부뿐 아니라 처로 확대했고, ⑤ 여성에 대한 6개월의 재혼금지 규정을 삭제했고, ⑥ 친양자제도(親養子制度)를 도입했고, ⑦ 피상속인 부양자에 대한 상속 기여분 제도를 도입했다.

11 임희숙, "한국 가족문화와 기독교," 『한국기독교신학논총』 41/1 (2005), 324.

대한 자본의 지배 관계가 관철되는 공장에서 가족 관계를 내세워 직장 가부장주의를 강화하고 회사 조직을 보수적으로 운용하게 했다.[12] 그러한 유사 가족주의가 나타난 것은 한국 사회에서 사적인 영역과 공적 영역이 서구 사회에서처럼 엄격하게 구분되지 않았기 때문이고, 관계 지향적인 유교 문화가 한국 사회에서 여전히 영향을 미쳤기 때문이다.[13]

III. 노동조합의 약화

한국 노동조합은 87년 체제에서 사업장 중심 노동조합 체제를 구축했고, 노동자들을 결속하고 복지를 향상하는 데 크게 이바지했다. 그러나 사업장 중심의 노동조합 운동은 사업장을 넘어선 산업 부문과 국민경제 차원에서 나타나는 위기와 변화에 대응할 역량을 가질 수 없었다. 노동시장 유연화는 공장과 기업을 넘어선 곳에서 내린 결정, 곧 IMF의 경제신탁 아래서 국가 차원에서 내린 결정에 따라 강력하게 추진된 것이었기에 사업장 노동조합은 노동자들의 운명과 노동조건 형성에 결정적인 영향을 미치는 노동시장 유연화를 막지 못했다.

외환위기를 겪으며 한국 사회는 대량 실업, 비정규직 고용 확대, 사회적 양극화 등으로 큰 고통을 겪었다. 마이너스 경제성장, 기업 투자 축소, 금융 산업 구조조정, 기업 연쇄 부도 등으로 인해 대량 해고가 단행되었

---

12 박영신은 1960년대와 70년대의 경제적 근대화와 산업화가 가족주의 가치관의 뒷받침을 받았다고 분석한다. 박영신, "한국사회의 변동과 가족주의," 『역사와 사회변동』 (서울: 민영사, 1986), 275.

13 홍찬숙, 『개인화: 해방과 위험의 양면성』 (서울: 서울대학교출판문화원, 2015), 154-161; 정수복, 『한국인의 문화적 문법: 당연의 세계 낯설게 보기』 (서울: 생각의나무, 2007), 199-207.

고 신규 채용은 한때 중단되다시피 했다. 1998년 실업자 수는 130만 명 이상이었고 실업률은 7%에 달했다. 기업은 고용 구조조정을 통해 상용직을 줄이고 임시직 또는 계약직의 비중을 확대했고, 그 결과 비정규직 근로자가 급증했다. 1999년 3월 현재 임시직 근로자의 비율이 33.1%, 일용직 근로자의 비율이 17.4%에 달하여 비정규직 근로자가 취업인구에서 차지하는 비율은 50.5%에 이르렀다. 1999년 9월 현재 비정규직 근로자의 비율은 53%로 더 늘어났다. 여성들은 기업에서 가장 먼저 해고되었고 가장의 실직으로 노동시장에 진출하는 여성들은 대부분 비정규직으로 취직했다.[14] 설사 정규직에 취업하는 경우라 해도 여성들은 임금과 승급에서 여전히 차별받았다.[15] 여성들은 일시 휴직자, 주 평균 근로시간 36시간 미만 시간제 취업자, 주 15시간 미만 초단시간 취업자로 일하는 경우가 많았다.[16] 여성 취업은 보건복지서비스업, 교육서비스업, '전문가 및 관련 종사자' 부분에 집중되는 현상을 보이는데, 특히 '보건업 및 사회복지서비스업' 분야는 대표적인 '여초'(女超) 일자리로서, 전체 '보건업 및 사회복지서비스업' 취업자에서 여성이 차지하는 비율은 1997년 68.9%에서 2019년 83%까지 상승하였다. 고용률의 성별 격차는 지난 50년간 계

---

14 2019년 전체 비정규직에서 여성이 차지하는 비율은 55.1%, 여성 노동자 중 비정규직 비율은 45%로 나타났다. 김난주, "두 번의 경제위기, 여성에게 더 큰 타격 줬다: 통계를 통해 보는 여성 노동 50년의 변화," 「일다」 (2020. 9. 26.), https://www.ildaro.com/8852 (2024. 3. 24. 다운로드).

15 그런 점에서 1987년 12월에 제정된 「남녀고용평등과 일·가정 양립 지원에 관한 법률」에서 "임금, 모집과 채용, 임금 외의 금품 등, 교육, 배치 및 승진, 정년, 퇴직 및 해고에서 남녀차별을 금지"한다는 규정은 있으나 마나였다.

16 일시 휴직자는 "직업 또는 사업체가 있지만 일시적인 병 또는 사고, 연가, 교육, 노사분규 등의 사유로 일하지 못한 사람"으로 정의하는데, 여성 일시 휴직자는 1987년 3만 2천 명에서 2019년 24만 4천 명으로 21만 2천 명(662.5%) 증가한 것으로 나타났다. 그리고 전체 초단시간 취업자 중 여성 비율은 2000년 58.0%에서 2019년 64.9%로 증가했다. 김난주, "두 번의 경제위기, 여성에게 더 큰 타격 줬다: 통계를 통해 보는 여성노동 50년의 변화."

속 20%를 유지하다가 20% 미만으로 줄어든 것은 2018년에 이르러서였다. 연령별, 성별 고용률 격차는 특히 30대에서 두드러지는데, 그 이유는 여성들이 이 시기에 결혼, 임신, 출산, 육아로 인해 경력 단절을 겪기 때문이다. 경력 단절 이후 재취업에서는 이전의 경력을 인정받지 못하거나 저임금의 돌봄 일자리에 집중된다.

이러한 상황에 노동조합은 제대로 대처하지 못했다. 국가와 자본은 노동 억압적이고 노동 배제적인 태도로 일관했고, 노동조합은 긱 노동, 플랫폼 노동, 특수고용 노동 등에 적절하게 대처하지 못했고, 노동자들의 권익을 보호하지 못하고, 계급 결속 능력을 보이지 못했다.

노동조합 조직률은 시간이 갈수록 떨어졌으며 현재 매우 낮은 수준을 보이고 있다. 노동조합 조직률은 1977년 현재 25.4%에서 18.5%로 떨어졌고, 1987년 이래 민주노동조합운동에 힘입어 1989년 19.8%까지 올라갔다가 외환위기가 시작한 1997년에는 12.2%로 떨어졌고, 2010년에는 9.8%로 저점을 찍었다. 노동조합 조직률은 2010년부터 2017년 10.7%에 이를 때까지 횡보를 거듭하다가 그 뒤에 조금씩 올라가 2022년에는 14.2%에 이르렀다가 다시 조금씩 떨어지고 있다.[17]

노동조합의 조직률이 이토록 낮은 것은 여러 가지 요인이 있겠지만, 여기서는 그 이유를 모두 살필 겨를이 없다. 다만 노동조합 조직률은 노동조합을 통한 노동자 결속의 정도를 보여 주고 노동자 계급의 권익을 구현할 수 있는 노동자 권력의 강도를 보여 준다는 점에서 노동조합이 노동자 결속과 권익 실현을 통해 사회적 결속을 실현하는 기구로서 충분한 역량을 보이지 못하고 있다고 말할 수 있다.

---

17 고용노동부, "전국노동조합조직현황," https://www.index.go.kr/unify/idx-info.do? idxCd =4220(2024. 3. 25. 다운로드).

IV. 최소한의 사회국가

1997년의 외환위기 이후 한국의 복지 체제는 발전주의 복지 체제에서 신자유주의적 복지 체제로 전환했다. 발전주의 복지 체제가 '선 성장, 후 분배' 개념에 따라 선별적, 부분적, 잔여적 복지에 머물렀다면, 신자유주의적 복지 체제는 '노동 연계 복지'(workfare) 개념을 중심으로 최소 보장 체제를 확립하는 데 치중했다. 노동 연계 복지는 두 가지 원칙 위에 세워진다. 하나는 '복지 급여를 받기 위한 조건으로 근로 의무를 이행'[18] 한다는 원칙이고, 다른 하나는 복지 수급을 받을 자격을 규정하는 원칙이다. 이 두 가지 원칙은 복지 수급이 시민의 청구권에 근거한 무조건적인 것이 아니라 복지가 노동 의무에 대한 반대급부로서 국가와 개인의 계약에 따라 보장되는 조건부 권리라는 것이다.[19]

그러한 노동 연계 복지가 구현된 대표적인 복지제도가 2000년 10월에 효력을 발생한 「국민기초생활보장법」에 따라 수립된 국민기초생활보장제도이다. 「국민기초생활보장법」 제9조 제5항은 "근로능력이 있는 수급자에게 자활에 필요한 사업에 참가할 것을 조건으로 하여 생계급여를 지급할 수 있다"고 규정하고, 동법 제30조 제2항은 "근로능력이 있는 수급자가 제9조 제5항의 조건을 이행하지 않는 경우 조건을 이행할 때까지 … 근로능력이 있는 수급자 본인의 생계급여의 전부 또는 일부를 지급하지 아니할 수 있다"고 규정하고 있다.

역대 정부는 국민기초생활보장제도를 중심으로 해서 복지제도를 확충해 왔다. 국민의 정부는 '생산적 복지'의 기치 아래서 국민기초생활보

---

18 김종일, 『서구의 근로연계복지: 이론과 현실』 (서울: 집문당, 2006), 60.
19 위의 책, 60f., 76f.

장제도를 도입하고 강제적인 사회보험, 통합적 의료보험 등을 도입함으로써 보편적 사회보장제도를 향한 길을 넓혔다. 그러나 비정규직 노동자들의 상당수는 그러한 보험 제도 바깥에 머물렀다.[20] 참여정부는 '노동을 통한 복지' 개념을 내세우면서 사회적 일자리를 제공하고 근로빈곤층에 대한 근로장려금을 지급했다.[21] 이명박 정부는 '능동적 복지' 개념을 중심으로 복지의 민영화를 추진하고자 했다.[22] 박근혜 정부와 문재인 정부에서도 국민기초생활보장제도를 중심으로 복지 체제를 조금씩 수정하고 있는데, 노동 연계 복지를 대체하는 새로운 복지 개념을 제시하지 못하고 있다.

노동 연계 복지는 여러 가지 문제가 있다. 무엇보다도 첫째, 노동 연계 복지에서는 복지 수급 신청자가 복지 수급 자격을 얻기 위해 소득과 자산이 없다는 것을 증명해야 한다. 그러한 자격 심사 절차는 복지 수급자를 사회적 무능력자로 낙인을 찍고 수급자에게 굴욕감을 준다. 둘째, 노동 연계 복지는 수급권자의 의사에 반하여 수급권자에게 노동을 강권할 수 있는 독소 조항을 포함하고 있기에 직업의 자유라는 기본권을 본질적으로 침해할 여지가 있다. 셋째, 노동 연계 복지에 따르는 복지 수급은 최소한의 삶을 보장하는 수준으로 책정되어 복지 수급자를 사회적 가난에 묶어 둔다. 넷째, 노동 연계 복지는 복지 수급자가 노동해서 소득

---

20 김연명은 4대 보험에 포함된 사람들과 4대 보험에서 배제된 사람들 사이에 불평등이 구조화되는 현상이 '내부자/외부자 문제'의 성격을 가졌다고 보고, 그것이 한국 복지 체제에서 나타나는 독특한 문제라고 지적했다. 김연명, "'국가복지 강화론' 비판에 대한 재비판과 쟁점," 「상황과 복지」 11 (2002/4), 70.
21 조영훈은 참여정부의 복지정책이 "저소득층의 생활보장이라는 사회복지적인 의미보다는 경제효율성 증대라는 경제적인 의미가 더 큰 정책"이라고 혹평한다. 조영훈, "참여정부 복지정책의 성격," 「사회과학연구」 24/1 (2008/3), 229.
22 김순영, "이명박 정부의 사회복지정책," 「현대정치연구」 4/1(2011/4), 129ff.

을 얻으면 그 소득만큼 복지 수급비를 줄이기에 복지 수급자를 가난의 함정에서 빠져나올 수 없게 만든다. 다섯째, 국민기초생활보장제도는 가족을 복지 수급 단위로 삼고 있어서 전통적인 가족복지 개념을 넘어서지 못했다. 여섯째, 바로 그렇기에 국민기초생활보장제도에서는 복지 사각지대가 발생할 수밖에 없다. 가족 관계가 사실상 끊어진 자식이 가족관계부에 등재되어 있기만 해도 기초생활 보장이 필요한 사람이 수급 자격을 받을 수 없기 때문이다.

위에서 말한 바로부터 판단해 보건대 노동 연계 복지에 바탕을 둔 신자유주의적 복지 체제는 신자유주의적 경제 체제의 운영으로 인해 나타나는 사회적 가난의 확산과 사회적 양극화에 대응하기 위한 최소 복지 체제임이 분명하다.[23] 국민기초생활보장제도는 수급권자에게 인간적 굴욕감을 안기고 사회적 가난의 함정에서 벗어날 수 없게 만든다. 한국의 복지 체제는 사회국가가 최소한의 수준으로 작동하는 체제이다. 그러한 복지 체제는 사람들을 좋은 일자리를 얻기 위한 무한경쟁에 뛰어들게 하고 각자도생의 길로 나아가게 만든다.

V. 소결

한국에서 나홀로족은 외환위기 이래로 한국 사회에 깊이 뿌리를 내린 신자유주의적 경제 체제, 가족의 해체, 노동조합의 약화, 사회국가의

---

23 2022년 현재 우리나라의 GDP 대비 복지비 지출은 14.8%에 이르러 국민기초생활보장제도가 도입된 2000년 4.8%보다 세 배 이상 늘었지만, 여전히 OECD 평균 21.8%에 한참 못 미친다. 보건복지부 · 한국보건사회연구원, "통계로 보는 사회보장 2022" (발간 등록 번호: 11=1352000-001385-10), 417.

최소화 등 여러 요인으로 인해 등장했다.

1) 1997년 말에 발생하여 2001년 8월까지 지속된 외환위기는 IMF의 경제신탁을 가져왔고 한국 사회와 경제에 엄청난 충격을 가했다. 노동시장 유연화, 금융의 자유화, 공기업 민영화, 기업 지배구조 개혁 등이 실행되었고 신자유주의적 경제 체제의 운영에서 비롯되는 사회적 양극화에 대비하기 위해 국민기초생활보장제도 같은 사회적 안전망이 깔리기 시작했다. 그러한 제도 개혁은 한국 사회에 신자유주의적 경제 체제가 깊이 뿌리를 박게 했다. 그 결과 무한경쟁과 승자독식이 자리를 잡고, 사회적 양극화가 심화하고, 고용 사정이 악화하고, 가족의 해체가 가속했다. 신자유주의는 한국 사회의 전통적 가족주의와 권위주의의 기반을 무너뜨렸고 한국 사회와 문화를 능력주의로 재편했다.

2) IMF 이후 가족의 해체는 급속도로 진행되었다. 가족의 해체는 결혼율, 이혼율, 출산율, 남녀 취업률, 1인 가구 증가율 추이 등의 분석을 통해 확인할 수 있다. 가족의 해체는 가족주의와 가부장주의가 강했던 한국 사회에서 중요한 의미가 있다.

한국에서 1960년대 중반부터 전개된 산업화와 도시화는 농촌에서 도시로 인구 이동을 촉발했고, 그러한 인구학적 변화와 산업사회의 필요에 따라 핵가족 형태가 지배하게 되었다. 도시화는 도시 이주자들에게 한편으로는 정서적 의미의 고향에 대한 향수를 불러일으키고, 다른 한편으로는 가족의 구속에서 벗어나는 자유를 경험하는 기회를 제공했다. 1990년대에는 대졸 여성들이 많이 늘었다. 여성의 노동시장 참여가 늘어나 맞벌이 부부가 증가했고, 핵가족에서 성역할 분담을 둘러싼 갈등이 커졌고, 성평등의식이 확산하였다. 1997년 외환위기 이후 실업과 고용불안은 많은 가정을 불화와 해체로 이끌었고 이혼이 증가했다. 취업, 소득, 경력 관리 등 여러 요인이 복합적으로 결합하여 비혼을 선택하거나 결혼했더라도 출산을 포기하는 사람들이 늘어났고 1인 가구가 극적으로 증가했다. 2005년 가족법 개정에 따라 호주제가 폐지되면서 가부장 중심의 가족주의는 제도적 기반을 잃었다.

3) 외환위기를 겪으며 한국 사회는 대량 실업, 노동시장의 유연화, 사회적 양극화 등으로 인해 큰 고통을 겪었다. 특히 여성들은 기업에서 가장 먼저 해고되었고, 대부분 비정규직으로 고용되었으며, 정규직 고용의 경우 임금과 승급에서 차별당했다. 그러한 현상은 사업장을 초과하는 곳에서 내려진 결정으로 인해 나타난 것이었기에 사업장 중심으로 짜인 노동조합 운동은 제대로 대응하지 못했다. 노동조합은 노동계급을 결속하고 노동자들의 권익을 실현할 역량을 발휘하지 못했다. 노동조합 조직률은 줄곧 매우 낮은 상태에 머물렀다.

4) 1997년의 외환위기 이후 한국의 복지 체제는 발전주의적 복지 체제에서 신자유주의적 복지 체제로 전환했다. '노동 연계 복지'에 바탕을 둔 국민기초생활보장제도는 오늘에 이르기까지 한국 복지 체제의 중심을 이루고 있다. 국민기초생활보장제도는 국가가 엄격한 소득 및 자산 조사를 거쳐 자격을 부여하는 수급권자에게 노동 의무에 대한 반대급부로서 복지를 지급하는 제도이다. 그 제도는 수급권자에게 굴욕감을 주고, 노동을 강권하여 직업의 자유를 침해하고, 수급권자를 가난의 함정에 빠뜨린다. 국민기초생활보장제도는 사회국가가 최소한의 수준에서 활동하도록 설계된 제도이다.

5) 가족의 해체, 노동조합의 약화, 사회국가의 최소 활동 등이 나타나는 신자유주의 체제에서 사람들은 자기 앞가림을 자기가 해야 한다고 인식할 수밖에 없었고 자기를 중심에 놓고 자기를 우선시하는 태도를 보이지 않을 수 없었다. 그것이 나홀로족 등장의 배경이 되었다.

2장
한국에서 나홀로족 문화와
멘탈리티의 확산과 그 특징

　한국에서 나홀로족의 등장은 한국 사회의 신자유주의적 재구성 과정에서 촉진되었고 최근에는 나홀로족 문화와 멘탈리티가 널리 확산하였다고 말할 정도로 지배적인 추세로 자리를 잡았다. 가족주의, 공동체주의, 국가주의가 유독 강했던 한국 사회에서 나를 중심에 놓고 나를 우선시하는 사고방식과 행동 방식은 새로운 사회 현상이다. 나홀로족의 등장은 개인주의의 발전이 억제되고 지연되었던 한국 사회사에서 개인의 독립성과 자주성을 앞세운다는 측면에서 긍정적인 의미가 있다. 그러나 그것은 다른 사람을 나 몰라라 하는 자기중심주의와 이기주의로 치닫고 능력주의, 부족주의, 사회적 결속의 해체 등을 가져온다는 점에서 부정적인 측면이 있다.

　아래에서는 먼저 나홀로족 등장의 긍정적인 측면을 살피고, 그다음에 그 부정적인 측면을 논한다.

I. 한국에서 나홀로족 등장의 긍정적인 측면

한국에서 나홀로족의 등장은 '각자도생'이 저성장 · 고위험 시대의 생존 전략이라는 점에서 그리고 나홀로족의 싱글 라이프 스타일이 한국 사회사에서 개인의 독립과 자유를 최대한 실현하고자 하는 시도라는 점에서 긍정적으로 평가되고 있다.

1) 외환위기 이후에 '각자도생'이 확산할 때만 해도 대체로 부정적인 것으로 평가되었지만, 최근에는 이를 긍정적으로 보자는 주장이 강하게 대두하고 있다. 각자도생은 인간관계와 사회적 결속을 약화하기도 하지만, 저성장 · 고위험 시대에 '1인분 책임 사회'에 부응하는 적극적인 생애 과제로 보아야 한다는 것이다. 사회경제학자 전영수는 저출생 · 고령화가 뚜렷한 인구 변화와 저성장이 자리 잡은 축소 경제 상황에서 각자도생은 '스스로 본인을 챙겨 불행의 불씨에서 삶을 지켜내는 전략'이라고 정의하고, 그것은 개인 중심의 이기성을 드러내는 것이 아니라 자기 삶에 대한 책임을 스스로 감당함으로써 '가족을 지켜내는 이타성의 실현'이라고 주장한다.[1] 성별과 나이를 불문하고 각자 살아갈 길을 찾는 각자도생은 공동체를 지키는 이타적인 생활 방식이라는 것이다. 이제는 가족주의나 집단주의를 넘어서 개인이 자기를 중심에 놓고 자기를 우선시하는 것이 지극히 당연하다는 것이다.

2) 그런 점에서 사회학자 노명우는 현대 사회에서 '역할 밀도'보다

---

[1] 전영수, 『각자도생 사회: 어설픈 책임 대신 내 행복 채우는 저성장 시대의 대표 생존 키워드』 (서울: 블랙피쉬, 2020), 6.

'자기 밀도'가 중시된다고 지적한다. 역할 밀도는 타인들이 자기에게 기대하는 역할에 의해 규정되는 '객체로서의 자아' 개념을 중심으로 하고, 자기 밀도는 자기 자신이 자주적으로 형성하는 '주체로서의 자아' 개념을 중심으로 하는데, 그 둘은 제로섬 관계에 있다고 한다.[2] 나홀로족이 혼밥 (혼자 밥먹기), 혼술(혼자 술 마시기), 혼영(혼자 영화 보기), 혼행(혼자 여행하기), 혼공(혼자 공부하기) 등 싱글 라이프를 즐기는 것은 역할 밀도보다 자기 밀도를 중시한다는 것을 잘 보여 준다. 그러한 싱글 라이프 스타일은 나홀로족이 개인화되어 있고 개인주의를 구현하고 있음을 나타낸다.[3]

자기 밀도에 충실한 나홀로족은 다른 사람과 함께 하는 행위가 주는 구속과 부담을 피하거나 덜어내고 자기 본위의 결정과 실천을 중시한다. 그들은 공동생활이 주는 안정감과 피로감보다 혼자 사는 삶을 선택하는 데서 오는 자유와 외로움이 더 낫다고 생각한다. 공존의 즐거움도 좋지만, 자기만족이 먼저라고 생각하기에 혼자 사는 삶을 선택하겠다는 의지를 포기하지 않는다. 따라서 나홀로족에게 결혼은 선택 사항이지 필수 사항일 수 없다.

결혼이 하나의 선택이듯이 결혼하지 않는 것도 하나의 선택이다. 어떤 선택이든 양면을 지닌다. 선택했기에 얻는 것이 있는 만큼 선택으로 잃어버리는 것도 있다. 결혼이라는 선택은 안정감을 선물하지만, 가중

---

2 노명우, 『혼자 산다는 것에 대하여: 고독한 사람들의 사회학』 (서울: 사월의책, 2013), 89.
3 2019년 빅데이터 분석기업 다음소프트 생활변화관측소는 2013년 혼밥이라는 신조어가 처음 등장한 이래 2018년까지 만들어진 유사한 패턴의 키워드 39개를 분석하였다. 그 결과 '혼○' 시리즈의 단어들에서 '즐거움'이라는 공통점을 찾아내고 이는 '혼자'가 '관계 단절이 아니라 자발적이고 적극적으로 자신만의 즐거움을 찾아가는' 한 트렌드가 되었음을 의미한다고 밝혔다. 송응철, "[혼코노미 특집] 대세는 1코노미, 국내 산업지도 바꿨다," 「시사저널」 (2019. 11. 21.), https://www.sisajournal.com/news/articleView.html? idxno=192888(2024. 4. 2. 다운로드).

되는 역할의 압박감은 안정감의 그림자이다. 결혼하지 않음은 역할의
압박에서 벗어날 수 있는 선택이지만, 혼자라는 조건으로 인한 불안정
성을 자유의 대가로 치러야 한다. 누구나 각자의 방식으로 선택을 한
다. 각자의 선택은 그 자체로 존중받을 필요가 있다. 그리고 각자는 존
중받는 만큼 자신의 선택에 대해 책임을 져야 한다.[4]

위의 인용문에서 드러나듯이 나홀로족은 자기를 중심에 놓고 개인의
자유와 선택을 최대화하려는 경향을 보인다. 자기 선택이 가져오는 결과
가 양가성을 띠더라도 자기 선택을 긍정하고 그 결과에 자기가 스스로
책임지겠다는 개인주의적 태도를 분명히 보인다.

3) 나홀로족의 삶을 선호하는 경향은 젊은 세대에서만이 아니라 나
이 든 세대에서도 나타난다. 그것은 20년 이상 같이 산 부부가 갈라서는
'황혼 이혼'이 증가하는 데서 엿볼 수 있다. 2020년 통계청이 발표한 「2019
년 혼인 · 이혼통계」에 따르면 2019년 황혼 이혼 건수는 3만 8,446건으
로 1년 전 3만 6,327건보다 5.8% 늘었다. 황혼 이혼은 2011년부터 9년
연속 증가하는 추세이며 전체 이혼 건수의 34.7%를 차지했다. 연령대로
보면 50세 이상에서 증가세가 두드러졌고, 60세 이상은 남성이 11.0%,
여성 16.2%로 급증하였다. 이처럼 황혼 이혼이 증가하는 현상은 고령화
시대에 인생 후반부를 가족에 얽매이지 않고 나홀로족으로서 자기 삶을
누리겠다는 성향이 나이 든 세대에게 확산했다는 것을 뜻한다.[5]

---

4 노명우, 『혼자 산다는 것에 대하여: 고독한 사람들의 사회학』, 11.
5 뉴시스, "'애들 크면 각자 인생살자' 황혼 이혼 10년새 1만 건 증가," 『동아일보』 (2020. 3. 19.),
   https://www.donga.com/news/Economy/article/all/20200319/100234958/1 (2024. 4. 2. 다운
   로드).

4) 나홀로족이 다른 사람의 방해를 받지 않고 개인의 자유와 독립을 유지하며 살기를 선호하는 성향은 나홀로족이 경제적, 심리적 이유 등으로 셰어 하우스를 형성할 때도 나타난다. 셰어 하우스는 한 지붕 아래 여러 사람이 공간을 공유하면서 자발적으로 공동체를 형성하고 해체하는 생활 공동체의 한 유형이다.6 우리나라에서 셰어 하우스는 2013년에 17개였다가 2018년 상반기에 1,020개로 증가했다. 셰어 하우스는 공간의 공유로부터 생활의 나눔으로 진화하는 양상을 보이지만, 거기서도 나홀로족 문화와 멘탈리티가 드러난다. 결혼을 연기하거나 포기하는 젊은 세대는 셰어 하우스를 형성하면서 '온기는 느끼되 간섭하지 않는 거리 두기'를 추구하고 '친구 이상 가족 미만'의 관계를 유지하면서 개인의 자유와 독립을 우선시하는 라이프 스타일을 중시한다.7 그것이 타인과 함께 살아가면서도 인간관계의 부담과 갈등을 최소화하고 자기 삶을 먼저 생각하고 즐기는 나홀로족의 생활 전략이다.

5) 개인의 자유와 자립을 중시하고 그것을 싱글 라이프 스타일로 구현하는 나홀로족의 문화와 멘탈리티는 긍정적으로 평가되기 시작했다. 이는 여러 실태조사에서 확인된다.

2016년 한 시장조사 전문기업이 전국에 살고 있는 만 19세 이상 59세 미만의 성인 남녀 1,000명을 대상으로 한 「2016 나홀로족 관련 인식 조사」8에서 응답자들은 나홀로족의 증가 현상을 시대의 흐름으로 인식

---

6 사회학자 구정우는 그러한 삶의 방식이 '조립식 소속감'을 추구한다고 분석한다. 사람들은 특정 집단에 매이지 않으면서도 다양한 집단과 유동적인 관계(조립과 해체)를 맺어 사회적 안정과 지지를 얻는다는 것이다. 구정우, 『생生 존zone 십ship: 협력 개인의 출현』 (서울: 쌤앤파커스, 2024), 246.

7 전영수, 앞의 책, 176.

8 「2016 나홀로족 관련 인식 조사」는 마크로밀 엠브레인의 컨텐츠사업부에서 자체로 기획하고

하고(응답자의 86.9%) 이런 현상은 계속 증가할 것(92.6%)이라고 예측했다. 또한 자기를 자발적인 나홀로족으로 평가(71.9%)하는 응답자가 비자발적인 나홀로족으로 평가하는 응답자보다 훨씬 더 많은 것으로 나타났다. 자발적인 나홀로족들은 '혼자만의 시간을 보내는 것'(72.4%)을 선호하고, 혼자서 하는 행위에 '뿌듯함 또는 성취감'(77.1%)을 느끼고, 남들이 자신을 '자주적이고, 독립심이 강한 사람으로' 여기기(57.9%)를 기대했다.[9] 이와 관련하여 나홀로족에 대한 이미지는 '자유로운'(44.1%, 중복 응답), '즐길 줄 아는'(31.5%), '당당한'(30.8%), '여유로운'(27.5%), '자립심이 강한'(25.7%), '능력 있는'(17.6%) 등의 형용사로 긍정적으로 평가되었고, 그러한 긍정적인 평가는 나홀로족이 '외로워 보이고'(17.4%), '안타깝고'(9%), '안쓰럽다'(7.6%)는 부정적 평가보다 압도적으로 우세했다. 나홀로족의 부정적인 이미지는 혼자 밥을 먹거나 음주하는 것과 관련되는 경우가 가장 많았다. 반면에 나홀로족은 혼밥에 외롭다(21.4%)고 응답하기도 했으나, '내 마음대로 할 수 있고'(31.5%, 중복 응답), '바쁘고'(30%), '혼자 하는 것이 마음 편하다'(29.1%)는 이유로 혼밥을 선호했다. 나홀로족 문화에 대한 이미지는 젊은 세대일수록 긍정적이고 수용적으로 나타났고, 성별로는 남성보다는 여성이 나홀로족 문화를 더 적극적으로 수용했다.

앞에서 살펴본 「2016 나홀로족 관련 인식 조사」 결과는 나홀로족이 다른 사람들과 어울리기보다 자기 혼자 즐기는 삶에 대한 만족감이 크고

자비로 진행되었다. "2016 나홀로족 관련 인식 조사," https://www.trendmonitor.co.kr/tmweb/trend/allTrend/detail.do?bIdx=1463&code=0404&trendType=CKOREA (2024. 4. 2. 다운로드).

9 2020년 아르바이트 포털 알바몬과 잡코리아가 20대 남녀 2,928명을 대상으로 조사한 결과도 나홀로족의 삶이 20대 청년들에게 자연스럽고 만족스러운 것(전체 응답자의 67%)으로 인식되고, 그 중요 원인은 '혼자가 편해서'(전체 응답자의 46.1%)로 나타났다. 이소아, "20대는 '나홀로 만족' 중⋯ 10중 9명 '평소 혼자 하는 일 있다'," 「중앙일보」 (2020. 10. 9.), https://www.joongang.co.kr/article/23890223 (2024. 4. 2. 다운로드).

나홀로족에 대한 긍정적인 이미지가 증가하고 있음을 보여 준다. 반면에 '외로움'이 나홀로족의 삶에 드리운 그림자라는 것도 분명하게 드러난다. 나홀로족의 자기 평가와 긍정적 이미지에서는 개인의 자유와 자립, 성취와 능력이 부각하고 타인과의 협력과 상호 의존은 아예 거론조차 되지 않는다.

그러한 조사 결과는 2019년 서울시가 1인 가구 500명을 대상으로 진행한 온라인 조사 결과와도 부합한다. 「서울시 1인 가구 500명을 대상으로 한 온라인 조사」 결과에 따르면, 응답자의 62.8%가 '계속해서 1인 가구로 남기를' 원했고, 그와 관련하여 '간섭받지 않는 독립된 생활'(73.1%), '나 자신을 위한 투자/지출 가능'(31.1%), '효율적인 시간 활용'(30.3%), '가족 · 친지 간 갈등이 적다'(19.0%)는 항목을 나홀로 삶의 장점으로 지적했다.[10]

2022년 서울시가 1인 가구 3,079명을 대상으로 진행한 「서울시 1인 가구 실태조사 및 제도개선 연구용역」도 비슷한 조사 결과를 내어놓았다. 조사 결과에 따르면, '혼자 사는 것에 만족한다'(86.2%)는 응답이 압도적으로 높았다.[11] 그 이유로는 '자유로운 생활 및 의사결정'(36.9%), '혼자만의 여가 활용'(31.1%), '직장 업무나 학업 몰입'(9.6%)이 꼽혔다. 반면에 혼자 사는 삶의 어려움으로는 '외로움'(20.2%), '무료함'(15%), '고독감'(14.5%)이 꼽혔다.[12] 「서울시 1인가구 실태조사 및 제도개선 연구용역」은 나홀로족이 된 경로를 자발적 유형과 비자발적 유형으로 나누고

---

10 "서울시 1인 가구 500명을 대상으로 한 온라인 조사," 서울특별시 (2019), https://media hub.seoul.go.kr/archives/1303414(2024. 4. 2. 다운로드).

11 2017년 조사에서 나타난 "혼자 사는 것에 만족한다"(73.2%)는 결과보다 13%포인트 증가한 점이 주목된다.

12 "서울시 1인가구 실태조사 및 제도개선 연구용역," 서울특별시, 서울연구원 (2021), 59-76, https://1in.seoul.go.kr/front/board/boardContentsView.do?board_id=2&contents_id= 4f0be301d68d44c390abac1fbae50994(2024. 4. 2. 다운로드).

나홀로족의 생활을 안정형과 불안정형을 구분하여 자발·안정형, 자발·불안정형, 비자발·안정형, 비자발·불안정형의 네 가지 유형으로 분류했는데, 자발·안정형 나홀로족에게서는 나홀로족의 삶에 대한 긍정적인 응답이 높았고, 비자발·불안정형 나홀로족에게서는 나홀로족의 삶에 대한 어려움을 토로하는 비율이 상대적으로 높았다.

6) 위에서 본 바와 같이 나홀로족이 등장하고 나홀로족 문화와 멘탈리티가 확산하는 것에 대해 한국인들의 평가가 긍정적으로 나타나는 것은 오랫동안 개인보다 가족, 국민, 국가가 앞선 나머지 개인의 독립과 자유가 존중되지 못했던 현실을 넘어서고자 하는 한국인들의 열망이 그만큼 컸기 때문일 것이다. 그런 점에서 신자유주의적 구조조정으로 한국 사회와 경제가 크게 바뀌면서 가족주의, 가부장주의, 국가주의 등의 입지가 좁아짐으로써 한국인들은 한국 사회사에서 처음으로 개인의 독립과 자유를 본격적으로 누릴 기회를 얻게 되었다고 말할 수 있다.

II. 한국에서 나홀로족 문화와 멘탈리티의 부정적 측면

한국 사회사에서 나홀로족의 등장은 생존 전략의 측면과 개인의 독립과 자주성의 실현이라는 측면에서 긍정적인 의미가 있지만, 사회적 결속과 연대를 해체할 정도로 심각한 문제를 불러들인다는 점에서 부정적이다. 각자도생의 삶이 피할 수 없는 외로움과 불안, 능력주의로 인한 피로, 부족주의적 정체성 추구, 사회적 관계의 추상화와 피상화 등은 나홀로족 문화와 멘탈리티의 어두운 측면이다.

1. 각자도생의 삶: 외로움, 자기 계발 강박, 나르시시즘

각자도생(各自圖生)은 문자 그대로 "각자가 스스로 제 살길을 찾는다"라는 뜻이다. 앞서 언급한 바와 같이 각자도생은 1997년 외환위기가 불러온 대량 실직과 빈곤 속에서 사람들이 가족과 노동조합과 국가가 자신을 보호하지 못한다는 것을 뼈가 저리게 실감하면서 사람들의 입에 오르내리기 시작했고, 신자유주의 체제가 한국 사회에 뿌리를 내리면서 경쟁이 심화하고 사회적 양극화가 극심해지고 사회적 안전망이 취약한 상황에서 사람들의 사고방식과 행동 방식을 속속들이 규정하는 용어가 되었다. 사람들은 믿을 것은 나뿐이라고 생각했고, 나를 중심에 놓고 나를 먼저 챙기지 않으면 아무도 나를 돌보지 않는다고 믿었다. 다른 사람을 아랑곳하지 않는 자기중심적이고 자기 우선적인 태도가 나홀로족 문화와 멘탈리티의 핵심을 이루게 된 것이다.

각자도생은 신자유주의적 경쟁 체제에서 살아남기 위한 개인의 생존 전략이다. 신자유주의 체제에서 경쟁은 무한경쟁의 양상을 띠고 승자독식의 규칙을 따른다. 그런 조건에서 개인은 경쟁의 승자가 되기 위해 자기 삶의 모든 것을 걸고 전력투구해야 한다. 모든 결정과 책임의 주체가 된 개인은 자기 결정과 자기 책임의 무거운 무게를 오롯이 감당해야 한다. 무한경쟁에 뛰어드는 개인은 외로움과 불안을 경험하고, 자기 계발에 매달리고, 심지어 나르시시즘에 빠진다.

1) 각자도생을 추구하는 사람들은 외로움을 겪기 쉽다. 그것은 한 언론사가 통계에 근거해서 보도한 '각자도생 사회'의 모습에서 확인된다.

경제협력개발기구(OECD)가 조사한 '2015년 삶의 질 지수'(Better

Life Index 2015)를 보면 한국인은 문제가 있을 때 도움을 요청할 친구나 친척, 이웃이 있느냐는 문항에서 조사대상국 중 최하위를 기록했다. 있다고 답한 사람이 72%에 불과했다. OECD 국가의 평균 88%에 훨씬 못미친다. 이보다 더 큰 문제는 사회 지원망의 질이 점점 나빠진다는 점이다. 2013년에 80%였던 것이 불과 2년 사이에 8%포인트나 하락했다. … 통계청이 발표한 「한국의 사회동향 2015」에서도 '외로운 한국인'의 모습은 확연히 드러난다. 한국인(15세 이상) 중 56.8%는 여가 시간을 혼자서 보내는 것으로 나타났다. 여가 시간을 혼자 보내는 비율은 지난 2007년 44.1%에서 12% 포인트 이상 증가했다. 반면 친구와 여가를 보내는 비율은 같은 기간 동안 34.5%에서 8.3%로 떨어졌다. 7년 새 무려 26.2% 포인트나 줄어든 셈이다. 특히 15~19세는 73.3%, 20대는 71.1%가 여가 시간을 혼자서 보내는 것으로 조사됐다. 친구와 여가 시간을 보내는 30대는 6.4%, 40대 5.9%, 50대 6.0%에 불과했다. … SNS에 외로움을 호소하는 이도 많아졌다. 빅데이터 분석업체 다음소프트가 2011년부터 2015년 12월16일까지 블로그(566,820,032건)와 트위터(7,926,374,169건)에 올라온 글들을 분석한 결과, '외롭다'는 언급은 4년 새 10배 이상 급증했다. 전체 감성어 중 '외롭다'를 언급한 비율도 2011년 4.07%에서 2015년 18.15%로 크게 높아졌다.[13]

앞의 신문 기사가 시사하듯이 도움을 주고받는 사회적 지원 체계가 약화하고, 여가를 함께 나누는 인간관계가 줄어들고, 사회적 단절이 심화하면서 나홀로족은 외로움을 느낄 때가 많다. 나홀로족은 개인의 자립

---

13 박주연, "각자도생 사회… 무너지는 인간관계… '섬'이 된 사람들," 「경향신문」 (2016. 2. 26.), https://www.khan.co.kr/national/national-general/article/201602261815012 (2024. 4. 3. 다운로드).

과 자율, 자기 성취를 위해 사회적 연결과 관계를 희생시킨 나머지 외로움을 피하기 어렵게 되었다.

2) 그다음 나홀로족이 자기 계발에 집중한다는 점을 살핀다. 무한경쟁 사회에서 자기 역량을 끝없이 향상하고자 하는 나홀로족은 자기 계발에 매달리게 된다. 그러한 자기 계발의 문화는 철학자 한병철이 지적한 대로 현대 자본주의 성과사회에서 나타나는 과잉 긍정성으로 인해 자기 착취와 자기 소진으로 귀결한다.[14] "아무것도 불가능하지 않다"고 믿게 만드는 사회에서 개인은 외롭고 불안할수록 자기 계발의 강박에 매달리게 된다. 경쟁과 성과를 부추기는 사회에서 끝없는 자기 계발로 자신을 채찍질해야 하는 것이다.[15] 기술철학자 마크 코켈버그(Mark Coeckelberg)는 사람들이 측정과 분류, 비교와 검색, 정보 제공의 기능을 제공하는 AI 기술을 활용하면서까지 자기 계발에 몰두하는 현상을 보고 AI 기술이 개인의 자기 중심성을 강화하고 경쟁적인 능력주의에서 도태되지 않으려는 불안심리를 가중한다고 지적했다. 코켈버그가 이를 생생하게 묘사하고 있으므로 그의 책을 몇 군데 인용한다.

> 부단한 자기 계발은 자기 집착과 완벽주의와 결합하면서 매우 고된 일
> 이 되었다. ⋯ 기대치와 성과에 대한 압박은 날로 높아지고 삶의 속도는
> 가속화하는 중에 제대로 결과를 얻지 못하면 자괴감과 우울증에 빠지

---

14 한병철/김태환 옮김, 『피로사회』 (서울: 문학과지성사, 2012), 65ff.
15 한국 사회의 스펙 쌓기는 자기 계발의 대표적인 현상인데, '5대 스펙'(학벌, 학점, 토익, 어학연수, 자격증)부터 '8대 스펙'(5대 스펙 + 봉사, 인턴, 수상 경력) 그리고 '10대 스펙'(8대 스펙 + 성형수술, 인성)까지 확장되는 추세다. 구정우, 『생生 존zone 십ship: 협력 개인의 출현』, 180.

는 사회적 문화적 질병이 되고 있다.[16]

사람들이 온라인에서 읽고 쓰는 이유 중 하나는 성찰과 자기 계발을 계속해서 실천하기 위해서다. 특히 소셜 미디어에서 사람들은 자아를 탐구하고 자신이 되고자 하는 이상적 자아를 전시하며 자기 계발 이야기를 고백한다. 직설적으로 말하면 가톨릭 신자처럼 자신의 죄를 고백하고 개신교 신자처럼 자기 계발 공동체에 자신의 성공을 자랑한다.[17]

오늘날 자아는 감시 아래 놓여 있을 뿐만 아니라 '정량화'된다. 우리는 온라인 쇼핑을 하거나 공항에서 탑승 수속을 밟거나 행사에 등록할 때 자신의 활동을 기록하는 장치를 이용하고 알고리즘에 의해 검색되고 분류된다. 그러면서 자기 자신을 모호하며 다층적인 이야기 속의 복잡다단한 인물 대신 집합적 데이터, 디지털 프로파일, 수행 능력을 나타내는 숫자로 파악한다. '나는 누구인가?'라는 질문은 더 이상 인문주의 시대처럼 괴롭고 힘든 글쓰기나 읽기를 요구하지 않는다. 이미 알고리즘에 의해 답이 나와 있기 때문이다. 자아를 분석하는 신기술은 언제든 우리가 누구이고 무엇을 원하며 자기 자신에 대해 무엇을 알아야 하는지 알려 줄 준비가 되어 있다. 물론 어떻게 자아를 계발하는지도 포함해서 말이다.[18]

한마디로 자기 계발에 몰입하는 나홀로족은 AI 디지털 시대에 강박

---

16 마크 코켈버그/연아람 옮김, 『알고리즘에 갇힌 자기 계발: 편리하고 효율적이거나 지치고 불안하거나』 (서울: 민음사, 2024), 8.
17 위의 책, 35-36.
18 위의 책, 84-85.

적인 자아 집착과 경쟁적인 자아 착취의 굴레에서 벗어나기가 어렵다는 전망이다. 한국 나홀로족에게서 자기 계발의 의지가 신자유주의적 능력주의와 결합하여 견고해진다는 것은 자기계발서의 엄청난 판매 부수가 잘 말해 준다.

3) 나홀로족은 나르시시즘에 빠지는 경향을 보인다. 그리스 신화로부터 유래한 나르시시즘은 다른 사람보다 자신을 더 중요하고 특별한 사람이라고 믿는 지나친 자기애나 자기도취를 의미한다. 그래서 일반적인 나르시시즘적 성향은 타인에 대한 공감과 사랑하는 능력이 부족하고 허영심과 공허함, 권력욕에 대한 욕구가 강한 것이 특징이다. 그러한 나르시시즘의 특징은 미국정신의학협회(APA)가 제시하는 자기애성 인격장애의 판단 기준[19]에서도 확인된다.

이와 같은 자아도취적인 성격장애는 상황에 따라서는 사회적 관계를 잘 활용하여 성공하는 원동력으로 작용하지만,[20] 자기 행위에 대한 사회적 반향을 상실하는 경우는 자학적인 행동으로 나타난다. 특히 성공과

---

19 미국정신의학협회(American Psychiatric Association, APA)에서 발행하는 『정신질환 진단 및 통계 편람』(*Diagnostic and Statistical Manual of Mental Disorders, DSM*)에서 인격장애로 분류하는 주요 체크 리스트는 다음과 같다. 타인에게 특별 대우를 받으려는 기대가 매우 크다, 타인을 끊임없이 비난하거나 괴롭히거나 깎아내린다, 개인의 이익을 달성하기 위하여 타인을 이용한다, 자신이 타인의 감정, 소망, 욕구에 가하는 부정적인 영향에 대한 공감이 부족하다, 권력, 성공, 지능, 매력 등에 대한 환상에 집착한다, 자신이 특이하고 우월하며 고위급 인물이나 조직과 관련되어 있다고 하는 인식이 있다, 타인으로부터 끊임없는 인정을 요구한다, 타인으로부터 특별대우와 복종을 받을 권리가 있다고 생각한다, 타인을 강력하게 질투하고, 타인도 마찬가지로 자신을 질투한다고 느낀다 등. https://ko.wikipedia.org/wiki/%EC%9E%90%EA%B8%B0%EC%95%A0%EC%A0%81_%EC%9D%B8%EA%B2%A9%EC%9E%A5%EC%95%A0#%EC%98%88%ED%9B%84(2024. 8. 22. 다운로드).

20 모방하는 능력이 뛰어난 나르시시스트는 자신이 만들어 낸 허구적 자아로 주위의 칭찬과 인기를 독차지하기도 한다. 이런 허구적 자아로 인한 내적 공허감은 나르시시즘의 문제를 유발하는 한 요인이 된다.

실패의 갈림길에서 나르시시즘적 성향은 더 활성화되고 적과 동지라는 이원론적 자기 확신에 따라 생각과 행동이 극단적인 폐쇄성을 보인다.21 이처럼 자기중심적이고 이기적인 나르시시즘적 인격장애는 자신이 속한 집단생활에 부정적 영향을 미칠 뿐 아니라 극우 포퓰리즘이라는 정치적 나르시시즘을 초래하기까지 한다.

현대 사회에서 나르시시즘은 특정 질병에 국한되지 않고 SNS와 셀카22를 통해 다른 사람의 시선과 관심 끌기에 몰입하는 일종의 대중문화를 형성하였다. 유명해지고 부유해지고 인기인이 되고 싶다는 욕망과 자기는 세상의 특혜를 누릴 권리가 있다고 믿는 사람들의 특별한 자기애는 각종 웹사이트와 유튜브를 매개로 무한 증식하고 있다. 하지만 컴퓨터나 스마트폰의 화면에서 보이는 나르시시즘적인 자아에 매달리게 되면 "타인과 공감하고 교유하며 주변 세계를 포용할 기회를 놓치게 된다." 소셜 미디어를 통해 '더 나은 자아'를 연기하고 자신의 비밀을 공개하면서 '자기 자신에게 매몰'되어 간다. 그렇게 나르시시즘을 부추기는 SNS에서 자기애는 '끊임없는 지지'를 추구한다.23 그런 상황에서 사람들은 자기밖에 모르는 자아도취적이고 이기적인 사람들을 두려워하기까지 한다. '나르시포비아'(Narciphobia)가 발생하는 것이다.

---

21 자기 자존감이 위협받는다고 느끼는 사람들은 자기 보호를 위해서 세상을 선과 악으로 양분하는 '분열'의 행동을 보인다. "자신에게 고통을 주었다고 생각하는 사람이나 기관을 '악'으로 분류하고 절대로 신뢰하지 않는다." 크리스틴 돔벡/홍지수 옮김, 『자기애적 사회에 관하여: 자아도취적이고 이기적인 사람들에게 지친 당신에게』 (서울: 사이행성, 2017), 32.

22 셀피(selfie, 한국은 셀카라고 명명)는 자기 모습을 찍은 사진을 뜻한다. 셀피는 미국에서 2016년도의 단어로 선정될 만큼 크게 유행했다. 2014년 안드로이드폰에서만 매일 930억 장의 셀피가 촬영되었다고 한다. 윌 스토/이현경 옮김, 『셀피: 자존감, 나르시시즘, 완벽주의 시대를 살아가는 법』 (서울: 글항아리, 2021), 320.

23 마크 코켈버그/연아람 옮김, 앞의 책, 44-45.

2. 업적 강박과 능력주의: 신자유주의적 교육의 공고화

각자도생은 능력주의가 지배하는 사회에서 끝없이 부추겨진다. 능력주의는 능력과 업적 경쟁에서 이긴 자가 모든 것을 차지하는 것을 당연시하기에 사람들은 무한경쟁에 휩쓸려 들어간다.

1) 능력주의가 전제하는 능력(merit)은 개인의 잠재력이나 재능이 아니라 '자신의 노력으로 재능과 역량을 일구어 당장 활용 가능한 상태로 만드는 것'을 의미한다. 잠재된 재능이 실제의 능력으로 개발되었다는 것을 입증하는 가장 좋은 수단은 시험이라고 여겨졌기에 능력주의 사회는 시험 제도를 중시한다.[24]

이 책의 제2부 2장 II에서 살핀 바대로 능력주의는 영국 사회학자 마이클 영이 1958년에 집필한 『능력주의의 출현』이라는 미래 소설에서 처음 사용된 신조어였다. 소설은 특정 신분이나 인맥을 극복하려는 능력주의를 도입하여 사람들에게 평등한 교육 기회와 공정한 시험 그리고 성적(능력)에 따라 보상을 제공하는 영국 사회의 모습을 그리고 있다. 시험을 쳐서 능력을 인정받은 사람들은 사회적 지위와 혜택을 차지하고 그렇지 못한 사람들에 대해 우월감과 자만심을 가지게 된다. 영은 소설에서 능력주의가 신분제에 따라 개인의 지위와 특권이 정해지던 폐해를 극복하고 모든 개인이 자기 능력에 따라 사회적 인정과 보상을 받을 기회와 그 성취를 위해 노력할 수 있게 하는 대안으로 도입되었지만, 엘리트 중심의 새로운 기득권을 형성하고 사회적 양극화와 사회적 분열을

---

24 마이클 샌델/김선욱 옮김, 『마이클 샌델과의 대화: 불공정 시대의 정의를 묻다』 (서울: 넷마루, 2024), 223-224. 사회학자 김동춘은 한국형 능력주의를 시험능력주의라고 규정한다. 김동춘, 『시험능력주의: 한국형 능력주의는 어떻게 불평등을 강화하는가』 (서울: 창비, 2022).

초래하는 요인이 될 것이라고 경고했다.

2) 20세기 중반 한 소설에서 다루어진 능력주의는 20세기 후반 신자유주의가 세계 곳곳에서 지배 이데올로기로 자리를 잡으면서 부각했다. 신자유주의는 개인의 능력과 노력에 따라 누구든지 사회적 지위와 특권을 가질 수 있다는 성공 신화를 앞세워 경쟁을 구조화하고, 자본의 축적을 위해 효율적이고 생산적인 노동력을 확보하고, 불평등 문제를 경쟁에서 밀린 개인의 책임으로 전가하기 위해 능력주의를 활용했다.25 '개인의 노력과 능력에 비례해 보상해 주는 사회 시스템'인 "능력주의는 이상적인 시스템으로 여겨졌으며 사람들은 능력주의를 숭배하기까지 했다. 그 누구에게도 차별적 특혜를 주지 않으며, 모두에게 공평한 기회를 제공하며, 타고난 계층 배경이나 부모의 사회경제적 지위와 상관없이 오로지 개인의 능력에 따라 보상을 제공한다는 논리는 수많은 사람들을 현혹시켰다."26 정치철학자 장은주는 능력주의가 "서구 자본주의 사회가 그 불평등 체제를 '능력과 노력에 따른 분배'의 결과라며 정당화하는 가운데 발전한 이데올로기"27라고 정의했는데, 그것은 정곡을 찌르는 지적이다.
　　정치철학자 마이클 샌델은 마이클 영을 인용하면서 능력주의가 서구 사회에 가져온 부작용을 다음과 같이 서술했다.

능력주의는 승자에게 오만을, 패자에게 굴욕을 퍼뜨릴 수밖에 없다.

---

25 저널리스트 박권일은 능력주의의 핵심 기능을 '불평등이란 사회구조적 모순을 개인의 문제로 돌리는 것'으로 규정하였다. 박권일, 『한국의 능력주의: 한국인이 기꺼이 참거나 죽어도 못 참는 것에 대하여』 (서울: 이데아, 2021), 8.

26 스티븐 J. 맥나미 · 로버트 K. 밀러 주니어/김현정 옮김, 『능력주의는 허구다: 21세기에 능력주의는 어떻게 오작동되고 있는가』 (서울: 사이, 2015), 12.

27 장은주, 『공정의 배신: 능력주의에 갇힌 한국의 공정』 (서울: 피어나, 2021), 30.

승자는 자신의 승리를 '나의 능력에 따른 것이다. 나의 노력으로 얻어 낸, 부정할 수 없는 성과에 대한 당연한 보상이다'라고 보게 된다. 그리고 자신보다 덜 성공적인 사람들을 업신여기게 된다. 그리고 실패자는 '누구 탓을 할까? 다 내가 못난 탓인데'라고 여기게 된다.[28]

그러한 능력주의를 내면화하는 사람들은 승자가 특권을 독식하고 패자가 차별과 배제를 감내하는 것을 당연하게 여기면서 능력에 따른 차별이 정의롭다고 생각한다. 경쟁의 기회와 과정이 불공정하지 않다면, 경쟁의 결과가 초래하는 사회적 불평등이나 양극화 현상은 승자와 패자 모두 받아들여야 한다고 여긴다. 공정하게 이루어진 경쟁의 결과는 오로지 개인의 능력과 노력에서 비롯된 산물이고, 그 결과에 대해서는 각자 책임져야 할 것이기 때문이다. 그러한 능력주의적 가치관이 노동자들에게 내면화되어 있다는 것은 인천공항 노조 정규직 노동자들이 비정규직 노동자들을 정규직으로 전환하려는 정부의 조처에 단호하게 반대한 사례에서 잘 나타난다. 정규직과 비정규직의 선발은 공정한 경쟁에 따라 이루어진 것이기에 각각의 노동자는 그 경쟁에 따라 체결된 계약을 받아들여야 한다는 것이다. 노동계약과 그 변경을 단체교섭의 대상으로 보지 않고 개인 간 경쟁과 그 결과에 대한 승복으로 보는 견해가 정규직 노동자들에게서 두드러지게 나타난 것이다.[29] 그러한 신자유주의적 능력주

---

28 마이클 샌델/함규진 옮김, 『공정하다는 착각: 능력주의는 모두에게 같은 기회를 제공하는가』 (서울: 와이즈베리, 2020), 59-60.

29 사회학자 김동노는 한국 사회에서 공정성 담론이 외환위기 이후 확대된 불평등에 대한 개인주의적 대응에서 비롯되었다고 분석한다. 불평등 악화에 대응해서 개인은 노동운동을 통해 노동 조건을 집단으로 개선하거나 개인의 기회균등과 절차적 공정성을 요구하는 선택 앞에 서게 되는데, 오늘의 한국 사회에서는 개인주의적 선택이 주도적이라는 것이다. 김동노, "개인주의, 집단주의, 자유주의, 공동체주의와 한국 사회의 변화," 181-182.

의가 지배하게 되면 불평등에 대한 사회적 감수성은 낮아질 것이고 불평등을 개선하려는 사회적 연대는 힘을 얻을 수 없을 것이다.[30]

공정한 경쟁이 공정한 결과를 가져다 준다는 생각은 모든 사람이 같은 잠재력을 갖고 같은 출발선상에 서 있다는 환상에서 출발한다. 사람의 잠재력은 제각기 다르고, 잠재력을 개발할 기회는 사람이 처한 처지와 상황에 따라 다르고, 따라서 각 사람은 능력 경쟁에서 같은 출발선에 설 수 없다. 그런데도 공정한 경쟁이 공정한 결과를 가져다 준다는 능력주의는 거짓된 가정에 기대어 신자유주의를 이데올로기적으로 뒷받침한다.[31]

3) 신자유주의적 교육 체제는 한국 사회에서 승자독식 체제를 내면화하고 정당화하는 기반이다. 그것은 신자유주의적 능력주의의 화신으로서 학생들과 학부모들을 성적 경쟁과 입시 경쟁으로 내몬다. 아이들은 영어 유치원 입학시험을 치를 때부터 각 단계의 학교생활을 마칠 때까지 치열한 성적 경쟁을 벌인다. 성적 경쟁에서 이기는 자만이 높은 지위와 많은 소득을 차지할 수 있도록 설계된 능력주의 사회에서 학생과 학부모는 다른 선택의 여지가 없다고 생각한다. 승자독식의 무한경쟁이 지배하

---

30 세계 사회과학자들이 4~6년마다 실시하는 '세계가치관조사'에서 한국은 2014년 조사 결과에서 평등을 지향하는 평등 선호도가 24%, 더 차이가 벌어져야 한다는 불평등 선호도가 59%로 나타나고, 2020년 조사 결과에서는 평등 선호도가 12%, 불평등 선호도가 65%로 나타났다. 김누리는 이처럼 갈수록 불평등을 당연시하는 경향이 경쟁지상주의를 반영한다고 평가했다. 김누리, 『경쟁 교육은 야만이다: 김누리 교수의 대한민국 교육혁명』 (서울: 해냄, 2024), 85.
31 윌 스토/이현경 옮김, 앞의 책, 417: "(서구 문화는) 우리 모두가 다 같은 잠재력을 가지고 태어난다고 믿길 바란다. 이는 우리가 마음먹은 것은 무엇이든 해낼 수 있고 되고자 하는 것은 무엇이든 될 수 있다고 말하는 문화적 거짓말을 수긍하도록 유혹한다. 이 잘못된 생각은 신자유주의적 경제에 대단한 가치를 지닌다. 모든 참가자가 승리를 위한 동일 조건에서 출발한다고 하면, 신자유주의적 경제가 우리에게 임하도록 강요하는 이 게임은 도덕적으로 정당화될 수 있다."

는 한국 사회에서 신자유주의적 경쟁 교육은 공고한 체제를 구축하고 있다.

신자유주의적 교육 체제에서 학생들은 성적 강박에 사로잡힌다. 그들은 성적 경쟁에서 불안과 공포를 느끼고, 자신과 남을 끝없이 비교하고, 남과 경쟁하고, 심지어 적개심을 느낀다. 더 좋은 성적을 얻는 데 방해되는 것은, 그것이 무엇이든, 아무런 관심을 끌지 못하고 거의 무의식적으로 배척된다. 성적 강박에 사로잡힌 학생은 자아 성찰, 자기 돌봄, 우정과 사랑, 자연과 교류하고 소통하는 즐거움, 사회적 관심과 참여 등을 도외시하고 성적을 절대화하는 능력주의의 화신이 된다. 그는 성적 기계처럼 작동하는 자기 안에 유폐되어 사회적 감수성과 연민의 능력을 잃고 사회적 협동을 통해 창조성을 발휘할 역량을 상실한다.[32] 다른 사람을 아랑곳하지 않고 자기만 아는 괴물이 학교 교육을 통해 양산되는 것이다.

성적 경쟁과 입시 경쟁은 학생만이 아니라 학부모까지 나서서 모든 것을 걸어야 할 중대지사가 되었다. 입시 경쟁에서 합격자를 많이 배출하는 학교가 있고 학생을 성적 기계로 만드는 데 탁월한 역량이 있다고 여겨지는 학원이 있는 곳에서는 부동산 가격이 천정부지로 솟았고 일류 학원 강사의 몸값은 부르는 게 값이 되었다. 학부모들은 자기 자식의 성적을 올리는 데 필요한 지식과 정보를 독점하는 배타적인 동아리를 형성하여 일종의 입시 카르텔을 만들기까지 했다. 입시 경쟁을 둘러싼

---

32 저널리스트 마거릿 헤퍼넌은 많은 사례와 인터뷰를 분석하여 가정, 결혼, 교육, 종교, 과학, 스포츠, 언론, 기업, 건축 등 삶의 다양한 분야에서 '경쟁'이 초래하는 결과를 설명한다. 현대 사회가 과잉 경쟁의 대가로 얼마나 많은 정신적 피해와 물리적 손실을 치르는가를 집중적으로 다루고 있다. 특히 경쟁은 창의성, 창조력, 개성, 성장, 혁신, 발전을 가로막는다는 헤퍼넌의 분석은 주목할 만하다. 마거릿 헤퍼넌/김성훈 옮김, 『경쟁의 배신: 경쟁은 누구도 승자로 만들지 않는다』 (서울: 알에이치코리아, 2014).

불법적 고액 사교육, 상류층 학부모들의 빗나간 양육 방식, 성적으로 인해 빚어지는 가족 갈등 등은 드라마의 단골 소재가 되었고 그 모든 소재를 녹여내어 압권을 이룬 드라마 <SKY 캐슬>은 커다란 사회적 반향을 일으키기까지 했다.[33]

그러한 현상을 놓고 볼 때, 신자유주의적 교육 체제에서 벌어지는 성적 경쟁과 입시 경쟁은 능력주의가 퍼트리는 환상과는 달리 개인들이 공정하게 참여하고 공정하게 경쟁하는 게임이 아니다. 자녀의 성적을 올리기 위한 부모의 경제력과 학력, 부모의 사회 자본과 문화 자본, 능력의 평가 기준을 정하는 평가 권력의 특성 등 개인의 능력과 노력을 초과하는 여러 요인이 성적 경쟁의 결과에 심대한 영향을 미치기 때문이다.[34] 바로 이 대목에서 사회학자 스티븐 J. 맥나미와 로버트 K. 밀러 주니어의 능력주의 신화 비판을 경청할 필요가 있다.

> 능력주의는 개인의 능력이 성공의 토대가 될 수 있다고 가정하지만,
> 지금의 세상은 비능력적인 요인들이 훨씬 더 큰 영향을 미치고 있다.
> 그것들은 개인의 능력이 아무리 뛰어나다 해도 따라잡을 수 없는 것들
> 이다. 그것들은 처음부터 [불평등한 출발점]을 우리에게 안겨준다.[35]

---

33 <SKY 캐슬>은 2018년 11월 23일부터 2019년 2월 1일까지 방영된 JTBC 금토 드라마로 높은 시청률을 자랑했다.

34 한국 사회에서 통용되는 '수저계급론'은 자식을 뒷받침해 주는 부모의 능력을 기준으로 그 능력치가 높으면 금수저, 낮으면 흙수저로 분류한다. 그 사례로 "부모 수입이 많을수록 대학수학 능력시험의 점수도 높게 나왔다"는 2016년 언론 보도를 들 수 있다. 경기도교육청과 경기도교육연구원 교육통계센터가 작성한 「통계로 보는 교육정책」 보고서의 관련 내용을 인용한 기사는 수능에서 고득점을 획득하려면 사교육이 중요한데, 이를 위해서는 학부모의 경제력이 필요하다고 밝혔다. 김경태, "'수능 점수, 부모 수입 많을수록 높다' 사실로," 「연합뉴스」 (2016. 1. 24.), https://n.news.naver.com/mnews/ article/001/0008139248?sid=102(2024. 8. 22. 다운로드).

35 스티븐 J. 맥나미 · 로버트 K. 밀러 주니어/김현정 옮김, 앞의 책, 14.

특권층이나 사회경제적 지위가 높은 부모 밑에서 태어난 자녀들은 자연스럽게 자신에게 도움이 되는 풍부한 사회적 자본을 갖게 된다. 하지만 이것은 자신의 능력으로 개척한 것이 아니다. 부모로부터 공짜로 물려받은 것이다. 우리는 사회적 자본에 따라 기회가 차별적으로 주어진다는 점에 주목한다.[36]

위의 두 인용문이 밝히고 있듯이 신자유주의적 교육 체제는 성적 경쟁을 통해 승자와 패자를 공정하게 겨룬다는 이데올로기를 내세워 실제로는 계급적 특권을 대물림하는 기제로 작동한다. 교육을 통한 세습이라는 항간의 이야기는 속 빈 강정 같은 이야기가 아니다. 교육은 사회적 재화를 특권적으로 배분하는 데 작용하는 학벌 체제에 편승할 기회를 주고 사회적 지위와 소득을 차지할 기회를 부모에게서 자식에게 세습시킨다는 점에서 학벌 체제와 가족주의를 서로 결합한다고 말할 수도 있다.[37]

---

36 위의 책, 86.

37 '학벌보다 개인의 능력'을 강조한다는 것은 능력주의가 학벌주의를 극복하는 대안처럼 보이지만, 학벌주의는 입시 경쟁에서 선발된 명문 학교 졸업생들이 평생 배타적인 기득권을 형성하고 유지한다는 점에서 능력주의의 한 유형으로 평가된다. 박권일 · 홍세화 · 채효정 · 정용주 · 이유림, 『능력주의와 불평등: 능력에 따른 차별은 공정하다는 믿음에 대하여』(서울: 교육공동체벗, 2020), 93-133. 한국 사회의 학벌주의에 관한 연구에서 교육학자 이정규는 다음과 같이 주목할 만한 주장을 내놓았다: "이미 학력은 사회평등화의 기제로서의 순기능보다 사회불평등을 조장하는 역기능의 도구로 전환되었으며, 학벌은 공공의 복지와 행복을 위한 엘리트의 상징성보다는 개인의 영달과 동류 집단의 이익추구를 위한 '소아적 식자(識者)의 간판'으로 전락되었다고 볼 수 있다." 이정규, 『한국사회의 학력 · 학벌주의: 근원과 발달』(서울: 집문당, 2003), 167.

3. 부족주의

본서 제2부 2장 III에서 서술한 바대로 부족주의는 세계 곳곳에서 유행하고 있고, 그것은 한국 사회에서도 마찬가지다. 부족주의는 가족, 노동조합, 국가 등과 같은 기존 제도들이 안전성을 잃고, 사회적 정체성, 문화적 정체성, 국민적 정체성 등이 모호해지고, 이데올로기의 통합력이 약화하는 상황에서 감각을 매개로 하여 사람들이 서로 결속하고 무리를 짓는 성향을 가리킨다. 부족주의에서 감각은 친분, 기호(嗜好)와 취향, 생활양식과 소비 성향, 종파성 등을 가리키며, 그러한 감각의 공유가 그때그때 형성되는 부족의 정체성을 형성하고 부족에 대한 충성을 강화한다.

한국 사회에서 부족주의는 다양한 형태의 집단적 이기주의와 소비 부족주의 형태로 나타난다. 정치적 팬덤도 일종의 부족주의라고 볼 수 있다. 미국이나 독일과 같은 나라에서 나타나는 인종주의적 부족주의는 아직 한국 사회에서 나타나지 않았다.

1) 한국에서 부족주의는 다양한 정체성을 지닌 집단, 단체, 모임 등을 통해 나타난다. 그러한 무리에서는 집단적 이기주의가 나타나는 경향이 강하다. 가족이기주의, 연고주의 등이 그런 예일 것이다. 부족주의는 다양한 정체성 집단들에서도 뚜렷이 나타난다.

먼저 가족이기주의를 살피기로 한다. 가족은 피를 나눈 혈족의 유대 감정을 매개로 해서 단단하게 결속하는 집단이다. 그런 만큼 가족은 내부적 결속을 다지고 외부에 대해 방어적이고 배타적인 태도를 보이는 속성이 있다. 전통 사회에서 가족과 가문은 내적 결속을 중시했고 조상을 섬기는 제사를 통해 가족 공동체의 정체성과 결속을 다졌다. 가족과 가문은 자기 이익을 지키려고 추구했으나, 그러한 이익의 유지와 추구는 집단적 이기주의의 양태를 보일 수 없었다. 왜냐하면 가족과 가문은 전통적인 향촌 사회에 관여하고, 마을 공동체의 질서를 유지하고 공동복지를 이루어 가는 데 이바지해야 했기 때문이다. 오늘의 한국 사회에서 가족은 전통 사회의 가족과 가문이 보이던 모습을 더는 유지하지 못한다. 가족은 한편으로는 해체에 직면했고, 다른 한편으로는 집단적 이기주의의 아성이 되었다.

가족은 왕조의 멸망, 식민지, 전쟁, 독재 등으로 점철된 한국 현대 사회사에서 가족 구성원들의 생존과 복지를 지키는 절대적인 역할을 했고, 그런 만큼 가족은 생존 공동체와 경제 공동체로서 대내적 결속과 대외적 배타성을 강하게 보일 수밖에 없었다. 가족은 식구를 위해 최선을 다했고, 가족끼리 화목하게 지내기 위해 서로 양보하고, 가족을 지키기 위해 자기를 희생하고, 가족을 해치는 자에 대해서는 온 가족이 힘을 합쳐 맞섰다. 그러한 가족이 신자유주의적 경쟁에 노출되자 가족 구성원이 사회적 특권에 접근할 기회를 얻을 수 있도록 수단과 방법을 가리지 않는 집단적 이기주의의 화신으로 나타났다. 가족은 내 가족의 이익과 편리를 위해서는 타인에 대한 배려를 접고 사회 윤리를 저버리는 행위조차 아랑곳하지 않고 그 모든 행위를 가족을 위해서 했다는 말로 정당화할 기세를 보인다. 그것이 가족이 보이는 집단적 이기주의의 행태이다. 그러한 가족이기주의는 가족을 우상화함으로써 한편으로는 가족 구성원을 내부적으로 억압하고,[38] 다른 한편으로는 가족과 사회를 분리하고 가족이 공동체적 결속과 공공선에 이바지할 기회를 빼앗는다. '우리 가족'

---

[38] 가족은 물질적 공유와 정서적 안정을 제공하는 생활 공동체이지만, 그 안에서는 부와 빈곤의 세습을 둘러싼 갈등, 가족 구성원 사이의 권리 침해, 가정폭력, 성역할 분담의 불평등성 같은 문제가 나타나기도 한다. 그러한 문제들을 가족 결속의 명분으로 은폐하거나 가정폭력을 사생활 보호라는 이유로 방치하는 일이 가족 안에서 나타나는 억압의 실체이다.

이라는 말에 함축된 우리 의식이 우리와 우리 바깥의 다른 사람들 사이에 경계선을 긋고, 우리 바깥의 사람들을 타자화하고 배척하는 태도를 강화한다.[39]

그다음에 연고주의를 살핀다. 혈연, 지연, 학연 등을 앞세우는 연고주의도 집단적 이기주의의 한 형태이고 우리 사회에 깊이 뿌리를 내리고 있는 부족주의의 한 모습이다. 혈연, 지연, 학연 등은 모두 강력한 소속감을 자아내고 바로 그 감각이 혈연, 지연, 학연을 가진 사람들을 결속하여 무리를 짓게 만든다. '우리가 남이가'라는 말로 상징되는 연고주의적 '우리' 의식은 동호회 정도의 모임을 결속하는 데 작용하는 것만이 아니라 사회적 재화를 배분하는 데 특권적으로 개입하는 이익 카르텔을 유지하는 데서도 강력한 힘을 발휘한다. 그러한 연고주의적 결속을 찾아 나서는 것은 각자도생의 삶을 살아갈 수밖에 없는 개인들에게는 떨칠 수 없는 연줄이 된다. 따라서 신자유주의적 경쟁 사회에서 연고주의는 개개인으로 고립된 사람들의 생존 전략이 된다.

끝으로 다양한 정체성 집단들에서 부족주의가 어떻게 나타나는가를 살핀다. 어떤 집단이 친분, 기호(嗜好)와 취향, 생활양식과 소비 성향, 종파성 등과 같은 감각의 공유를 매개로 해서 서로 결속하여 무리를 지을 때, 그러한 집단은 부족주의적 성향을 강하게 띤다. 그러한 정체성은 사회적 통념과는 무관하고 그 정체성을 공유하는 무리가 큰 규모를 보일 수도 있지만, 많은 경우 그 규모는 작다. 사회학자 구정우는 그러한 정체성 집단이 청년 세대에게서 다양하게 나타나는 현상을 분석하면서 오늘날 청년 세대는 '사회적 통념이 아닌 스스로 정한 기준'에 따라 정체성을 형성하고, 그러한 정체성 집단은 '대학보다는 학과, 학과보다는 같은 취

---

39 임희숙, "한국 가족문화와 기독교," 341.

향을 공유하는 동아리' 형태를 취한다고 설명했다.[40] 그러한 정체성의 분화는 청년 세대에게서만 나타나지 않고 전 세대에 걸쳐 나타나는 현상이다. 실버존, 키즈존, 커플존 등의 온갖 존(zone)은 공간 사용을 둘러싼 세대 간 정체성에 따라 무리가 형성된다는 것을 보여 주고 멤버십, 오너십, 프렌드십 등의 온갖 십(ship)은 동질적 관계와 소속감의 특성에 따라 사람들이 무리를 짓는다는 것을 보여 준다.[41] 그러한 다양한 정체성 집단에서는 '내부 단결과 외부 배척'이라는 논리가 어김없이 작동한다. 그것은 그 집단이 이중의 타자화를 통해 집단적 정체성을 유지하려고 들기 때문이다.

2) 나홀로족은 소비 부족주의적 특성을 강하게 띤다. 그것은 소비 감각과 소비 취향을 함께 하는 사람들이 강한 동질감과 유대를 갖고 무리를 지으려고 하기 때문이다. 소비자의 무리 짓기는 물리적 형태를 취하지 않고 유행을 따르는 방식으로 표출되는 경우가 대부분이다. 나홀로족의 소비문화는 트렌드 변화와 경제효과에 따라 '1코노미', '혼코노미', '솔로 이코노미'라는 신조어로 표현되기도 한다. 1코노미는 나홀로족의 소비문화가 갖는 특성을 잘 보여 준다. "개인이 SNS를 통해 자신을 표현하기 쉬워졌고, 남들과 다른 자신의 이미지를 구축하고자 하는 경향이 강해졌다. 그래서 저렴하지만 개인화된 소비를 통해 효용을 극대화하는 성향"이 나타났는데, 그것이 1코노미 추세라는 것이다.[42] 개인 맞춤형 상품과 세분된 서비스가 증가하는 것은 바로 그 때문이다.[43] 개인의 시

---

40 구정우, 『생生 존zone 십ship: 협력 개인의 출현』, 231.

41 위의 책, 164, 199~210.

42 권단정, 『1코노미의 시대: 나홀로족을 사로잡는 상품기획의 모든 것』 (서울: 라온북, 2021), 41.

간과 노력을 절약해 주는 청소 대행 서비스와 빨래 대행 서비스, '밀키트' 상품, 일할 곳, 놀 곳, 쉴 곳을 제공하는 1평(3.3제곱미터)짜리 공간의 대여, 나홀로족의 외로움에 부응하는 '속마음버스', '마음약방', '심야식당'에 이르기까지 1코노미 산업은 다양하게 나타나고 있고 여러 영역으로 확장하고 있다.44

　　나홀로족의 소비문화는 실생활에서 편리하고 합리적으로 상품을 선택하는 것으로 끝나지 않는다. 인터넷과 SNS를 활용한 디지털 마케팅은 온라인상에서 개인들이 시도 때도 없이 서로 비교하고 모방하고 과시하도록 자극하고, 손쉬운 온라인 유통 채널, 금융 '신용' 시스템 등을 통해 비합리적인 소비를 손쉽게 조장한다. 나홀로족은 '자기에 대한 선물 혹은 투자'라는 이름으로 자기가 선호하는 상품과 서비스를 적극적으로 구매하는 소비 성향을 보인다.45 그것은 나홀로족이 인간관계나 유대가 가져다 주는 피로감과 부담에서 완전히 벗어나 자유롭고 편한 마음으로 오로지 자기를 위한 소비에 전념한다는 뜻이다. 그러한 자기를 위한 소비는 소비 능력이 개인의 정체성을 형성하는 중요한 요소가 된 소비 자본주의에서 나홀로족이 소비 강박에 사로잡히기도 한다는 것을 시사한다. 그렇기에 나홀로족 가운데는 소비 욕망과 쾌락을 스스로 관리해서 '소확행'(小確幸, 소소하지만 확실한 행복)을 추구하는 라이프 스타일이 생겨나기도 했다.

　　나홀로족의 자기 계발 문화도 소비를 촉진한다. 저성장과 불경기, 취

<hr />

43 '나만을 위한 소비'에 부응하는 커스터마이징(맞춤형 서비스)은 증가 추세에 있다. 그러한 소
　　비 과정에서는 한편으로는 고가의 소비로 남에게 과시하려는 경향이 나타나고, 다른 한편으로
　　는 자기 만족적인 개인적 성향에 초점을 두는 '가치 소비'가 뜨고 있다.
44 이준영, 『1코노미: 1인 가구가 만드는 비즈니스 트렌드』(서울: 21세기북스, 2017), 7장.
45 2011년 통계청 자료에 의하면 1인 가구의 월평균 소비지출액은 95만 원에 달했다. 그런데 2인
　　가구에서는 1인당 월평균 소비지출액이 73만 원에 불과했다. 이준영, 앞의 책, 3장.

업난과 급속한 기술 발전 등은 나홀로족이 경쟁적인 자기 계발에 나서게 한다. 나홀로족은 자신을 능력 있는 '특별한 나'로 끊임없이 업그레이드하고 더 많은 업적과 성과를 내기 위해 다양한 자기 계발서, 각종 워크숍, 컨설팅 서비스를 매입하고 소비한다. 신자유주의적 경쟁 체제에서 '자아를 스스로 만들고 고유성을 지녀야 한다'는 메시지는 "광고와 마케팅을 통해 '고유한' 상품을 사야 한다"[46]는 의미로 전달되기 마련이다. 따라서 자기 계발은 나홀로족에게 강력한 소비의 동력이 되었다.

중년기와 노년기의 나홀로족은 그들 나름대로 소비에 관한 독특한 가치관을 지니고 있다. 그들은 "가족이 없는 대신 본인을 위한 삶에 적극적이고, 나이 들어도 화려한 싱글을 지향하며, 오래 홀로 살아야 하니 일찌감치 미래 준비에 나선다."[47] 고령화 시대에 대비하여 저축한 중 · 노년 세대는 그들 나름대로 부족적 성향을 띤 소비 집단을 형성하여 사회적 영향력을 발휘하고 있다. 경제적 성공과 경제력을 최상의 가치로 여기는 풍조로 인해 사람들은 나이를 불문하고 '소비 능력'을 가져야 한다고 생각하고 소비 능력을 과시하고 싶어 한다. 소비 능력이 개인의 가치를 결정하는 기준이 된 것이다. 개인은 소비 주체로 추상화되고, 모든 것은 돈으로 거래될 수 있다고 여겨지고, 사회적 관계는 시장 관계로 납작하게 눌린다. 그런 점에서 사회학자 이영자가 '시장의 탈사회화'를 언급하고 시장에서 시장 가치를 인정받으려는 소비 주체의 행태에서 '개인의 과잉주체화'와 '시장주의적 초개인주의'가 나타난다고 비판한 것은 사태의 정곡을 찔렀다.[48]

---

46 마크 코켈버그/연아람 옮김, 앞의 책, 63.

47 전영수, 『각자도생 사회: 어설픈 책임 대신 내 행복 채우는 저성장 시대의 대표 생존 키워드』, 136.

48 이영자, 『자본주의 아바타』 (서울: 내마음의책, 2024), 164.

소비 부족주의는 사람들을 소비 강박에 사로잡히게 하고 화폐와 부를 우상화한다. 소비 자본주의와 상업의 디지털화는 소비 중독을 조장한다. 소비 부족주의는 삶의 모든 것을 상품화하고 사회가 시장 원리에 굴복하는 사태를 반영한다. 그렇게 돌아가는 세상에서는 "돈으로 살 수 있는 것과 살 수 없는 것의 구분이 사라진다. 인간의 가치, 사랑, 신뢰, 우정, 충성심 등이 돈으로 거래됨으로써 그 본질이 변한다."[49]

4. 정보통신기술의 발전에 따른 소통 방식의 변화

후기 산업사회에서 나타난 개인화 성향은 소비 영역과 대중문화에서 두드러졌지만, 그 개인화가 확산하도록 사회적 기반을 제공한 것은 정보통신기술의 발전이었다. 한국 사회에서 컴퓨터는 60년대에 도입되었고, 컴퓨터 통신은 1980년대 후반에 시작해서 1990년대 말에 대중화되었다.[50] 인터넷 이용자 수는 1998년에서 2001년 사이에 폭발적으로 증가했다. 관공서, 기업, 학교, 가정 등이 인터넷으로 연결되었고 어느 곳에 있든지 인터넷에 연결되는 유비쿼터스(ubiquitous) 사회를 이루는 것이 정부의 정책 목표로 설정되었다. 그렇게 해서 정보화 시대가 열렸다.

사람들은 인터넷으로 '새로운 이웃'과 수평적으로 교류하며 즐거움을 얻고자 했다.[51] 사람들은 예의와 명분을 중시하는 유교적 형식주의와 엄숙주의의 잔재가 남아 있는 한국 사회에서 여전히 체면을 차리고 남의

---

49 마이클 샌델/김선욱 옮김, 앞의 책, 270.
50 1998년 국민의 정부가 디지털 강국 프로젝트의 일환으로 초고속 인터넷과 휴대전화를 보급하는 사회적 여건을 마련한 것도 정보화를 촉진하는 계기가 되었다.
51 김은미, 『연결된 개인의 탄생: 디지털 미디어 시대의 인간관계』 (서울: 커뮤니케이션북스, 2018), 191-193. 저자는 ICT(Information and Communications Technologies)가 '연결'과 '관계'에 미치는 영향에 초점을 두고 커뮤니케이션 효과를 다루고 있다.

눈치를 보아야 했지만, 자신을 감추고 익명으로 글을 쓰는 인터넷 사이트에서는 자기를 억압하지 않고 자기 검열 없이 자기를 표현했다. 사람들은 재미있는 표현과 무겁지 않은 스몰 토크 방식으로 유희적 무드를 즐겼고 자신의 감정을 여과 없이 배설하여 심리적 억압을 풀었다.[52]

사람들은 오랜 연고나 어떤 집단이나 인간관계에 의존하지 않고서도 인터넷을 통해 '배경이나 속성을 모르는 낯선 사람과 말을 트고, 대화를 이어가고, 관계가 맺어질 수 있는' 완전히 낯선 경험을 갖게 되었고 개방적인 관계를 맺게 되었다.[53] 인터넷과 디지털 미디어를 통해 메시지를 교환하면서 관계를 맺는 획기적인 방식은 한국 사회에서 '연결된 개인'을 탄생시켰다. 커뮤니케이션학자 김은미는 연결된 개인이 탄생하는 데 다음과 같은 세 가지 요건이 중요했다고 분석한다.

첫째는 말할 수 있는 발언권과 들을 수 있는 접근권은 평등해야 한다는 기대와 믿음이 생긴 것, 둘째는 개인의 솔직한 자기표현 순간들이 조금씩 쌓여 한국 사회 커뮤니케이션의 특징인 형식주의와 엄숙주의의 수준을 낮춘 것, 셋째는 학연과 지연이 아닌, 스스로 만들거나 가입하는 자발적 집단에서도 다양한 보상을 얻을 수 있다는 열린 자세와 기대를 갖게 되었다는 것.[54]

김은미는 사람들이 온라인과 모바일을 통해 수평적으로 솔직하게 소통하면서 한국 사회의 뿌리 깊은 집단주의와 형식주의 문화를 깨뜨리고 개인의 주권적 판단에 따라 다양한 자발적 공동체를 형성함으로써 개인

---

52 위의 책, 67-68.
53 위의 책, 63.
54 위의 책, 196.

주의 문화를 형성하는 데 영향을 끼쳤다고 평가했다.[55] 온라인 소통은 관심, 기호, 취향, 생활양식, 이슈, 정치적 견해 등을 중심으로 다양한 사람들을 네트워크로 묶고, 사람들은 네트워크 관계를 통해 자신의 정체성을 확인하고 사회적 유대를 형성한다.

SNS는 개인들을 연결하는 기능으로 온라인 공동체를 형성할 수 있기에 사람들이 항상 서로 연결되고 결속되어 있다는 환상을 심어 주기 쉽다. 물론 SNS는 항시 접속 상태를 유지한다. 그러나 SNS에 참여하는 사람은 자기가 동조하거나 자기와 감각과 취향과 의견과 정체성을 공유하는 사람이나 네트워크 그룹에는 접속하지만, 자기와 다른 감각과 취향과 의견과 정체성을 가진 사람들을 차단하고, 그러한 네트워크 그룹에서 탈퇴한다. 사회학자 엄기호는 그러한 현상이 '동일성에 대한 과잉 접속과 타자성에 대한 과잉 단속'[56]을 보여 준다고 분석하고, 그러한 소통 방식은 차이를 인정하고 존중하는 태도를 억제하고 서로 다른 의견을 조정하여 합의를 이루어가는 민주적인 담론 역량을 억압한다고 비판했다.

디지털 정보통신 환경이 초연결사회를 구축했지만, 거기서 나타나는 초개인주의는 심각한 문제를 일으키고 있다. 이 문제는 이미 본서 제2부 2장 IV에서 독일의 경우를 놓고 상세하게 다루었기에 여기서는 그것으로 갈음하고 더 언급하지 않는다. 왜냐하면 초연결사회에서 나타나는 초개인주의의 문제는 독일이나 한국이나 별 차이가 없기 때문이다.

---

55 위의 책, 199.
56 엄기호, 『단속사회: 쉴 새 없이 접속하고 끊임없이 차단한다』 (서울: 창비, 2014), 71.

III. 소결

제2장에서는 한국에서 나홀로족의 등장이 갖는 의미를 논하고, 나홀로족 문화와 멘탈리티의 특성과 문제를 다루었다. 그 내용을 요약하면 다음과 같다.

1) 한국에서 나홀로족의 등장은 양가적인 의미가 있다. 한편으로 나홀로족은 가족주의, 공동체주의, 민족주의, 국가주의가 과잉 상태였던 한국 사회에서 개인이 공동체에 앞선다는 의미의 개인주의가 탄생했음을 알리고, 자기 삶을 자주적으로 꾸리고, 그것에 책임을 지는 개인주의적 삶의 방식이 자리를 잡기 시작했다는 점에서 긍정적이다. 다른 한편으로 나홀로족은 각자도생의 삶이 가져다 주는 불안으로 인해 나르시시즘과 성공 강박에 사로잡히는 경향이 있고 능력주의, 부족주의, 초개인주의로 치닫는 경향을 보인다는 점에서 나홀로족 문화와 멘탈리티는 부정적이다.

2) 외환위기 이후 신자유주의적 경쟁 체제가 자리를 잡으면서 각자도생은 개인의 생존 전략이 되었다. 각자도생은 그러한 삶을 살아가는 개인에게 불안과 외로움을 가져다 주고, 그들이 자기 계발 강박에 사로잡히고 나르시시즘에 빠지게 하는 경향이 있다.

3) 신자유주의적 경쟁 체제는 능력주의를 공정과 정의의 잣대로 내세운다. 능력주의는 사람들을 능력과 업적 경쟁에 사로잡히게 하고, 자기를 무한정 착취하며 탈진하게 만든다. 능력주의는 사회적 지위와 보수가 능력과 업적에 따라 공정하게 분배되었다는 환상을 통해 사회적 불평등을 정당화하는 이데올로기이다. 능력주의는 신자유주의적 교육 체제

에서 구현되었고, 그 교육 체제는 능력주의에 사로잡힌 인간을 능력 사회에 공급하는 기능을 하고 있다. 능력주의 이데올로기를 체현하는 교육 체제는 학생들을 성적 경쟁과 입시 경쟁에 묶어 성적 강박에 사로잡히게 하고 감수성과 창의성, 사회적 연대와 협동 능력을 상실하게 만든다. 학생들은 자기 안에 유폐된 성적 기계가 되고, 결국 다른 사람을 아랑곳하지 않고 자기중심적이고 자기 우선적인 능력주의 인간이 된다. 능력주의 교육은 자식의 성적을 위해 수단과 방법을 가리지 않는 가족이기주의를 강화한다.

4) 나홀로족 문화와 멘탈리티는 부족주의적 성향을 강하게 띤다. 부족주의는 친분, 기호, 취향, 생활양식과 소비 성향, 종파성 등과 같은 감각을 매개로 해서 정체성을 공유하는 사람들을 결속하여 무리를 짓게 한다. 부족주의적 정체성 집단은 내부적 결속과 외부적 배타성을 취하며 내부와 외부를 향한 타자화 논리를 따른다. 부족주의는 가족이기주의와 연고주의에서 나타나고 다양한 정체성 집단들에서 작용한다. 부족주의가 가장 강력하게 나타나는 영역은 소비 영역이다. 거기서 부족주의는 소비 부족주의의 양태로 나타난다. 소비 취향과 소비 감각을 매개로 해서 강화되는 소비 부족주의는 개개인의 욕구를 재빠르게 충족하는 디지털 소비 자본주의와 결합해서 소비 강박과 소비 중독을 조장하기까지 한다.

5) 정보통신기술의 발전과 정보화의 확산은 1990년대 말 이래 한국 사회를 초연결사회로 변화시켰고 '연결된 개인'을 탄생시켰다. 수평적이고 솔직한 디지털 소통은 한국 사회에 뿌리 깊게 남아 있는 형식주의와 엄숙주의를 누그러뜨리고 사람들이 다양한 네트워크를 형성할 수 있게 했다. SNS는 사람들을 한시 접속 상태에 있게 하지만, SNS에 접속하는

사람들은 '동일성에 대한 과잉 접속과 타자성에 대한 과잉 단속'의 성향을 보이기에 차이를 인정하고 존중하는 태도를 기르거나 서로 다른 의견을 조정하여 합의를 이루어 가는 민주적인 담론 역량을 형성하기 어렵다.

3장
한국의 나홀로족 문화에 대한 대응

한국 사회에서 나홀로족의 등장은 긍정적인 의미와 부정적인 의미를 동시에 갖는다. 오늘의 한국 사회가 해결해야 할 중요한 과제들 가운데 하나는 개인의 자유를 최대한 보장하되, 그러한 개인들의 사회적 결속을 강화하는 방안을 찾는 것이다. 그동안 나홀로족 문화와 멘탈리티의 확산에 어떻게 대응할 것인가를 놓고서 여러 의견이 제시되어 왔다. 나홀로족이 한국 사회사에서 처음으로 개인의 자유를 최대한 신장할 것을 대변했다는 점을 중시하는 사람들은 개인주의를 건강하게 발전시키자는 의견을 내었고, 나홀로족의 고립과 외로움에 주목하는 사람들은 내면의 강박에서 벗어나 서로 소통하고 서로 돌보는 영성을 가꾸자는 의견을 제시한다. 한국 사회에서 압축적으로 진행된 개인화에서 비롯된 갈등과 위험을 '다원적 개인주의'의 관점에서 관리하자는 의견도 나타나고 있다. 또한 자기를 중심에 놓고 자기를 우선시하는 나홀로족의 멘탈리티에 대응해서 공동체주의를 회복하고 공동체 정신을 실생활에서 구현하자는 의견을 내는 사람들도 있다.

I. 개인주의를 강화하자는 방안: 나르시시즘을 넘어서

자기를 중심에 놓고 자기를 우선시하고 자기만족을 중시하는 나홀로족 문화와 멘탈리티는 오랫동안 개인보다 가족, 공동체, 민족, 국가를 우선시해 왔던 사회에서 이기주의적인 행태라고 비판받았다. 몇 가지 예를 들면 한국 사회에서 심각한 문제로 인식되는 저출생이 비혼을 선택한 나홀로족의 이기주의로 인해 날로 악화하고 있다고 비난하는 것이 그것이다.[1] 나홀로족이 '개인의 자유'를 중시하는 것도 타인과 공동체에 대한 배려와 염려보다 자기 편리와 이익을 앞세우는 이기주의적 태도로 비난받는다.[2] '나'보다 '우리'를 강조해 온 한국 문화에서 이기주의는 사회 통합을 해치는 반사회적 요인으로 여겨져 부정적으로 평가된다. 그러다 보니 개인의 자유와 권리를 존중하고 보장하라고 주장하는 개인주의자조차도 이기주의자로 매도되는 경우가 많다.

그런 점을 고려한다면 나홀로족의 문제를 제대로 푸는 첫걸음은 이기주의와 개인주의를 개념적으로 구별하는 것이라고 말할 수밖에 없다. 사회학자 정수복은 이기주의자와 개인주의자를 다음과 같이 구별한다.

---

1 그런 비난은 더 말할 것도 없이 터무니없다. 2022년 전미경제연구소(NBER)가 발표한 보고서 「출산율 경제학의 새로운 시대」는 출산율을 높이려면 '여성이 일과 양육을 병행할 수 있는 사회적 분위기'를 조성해야 한다고 강조했다. 남성의 가사와 양육 책임의 분담, 워킹맘에게 호의적인 사회 분위기, 정부의 가족정책, 유연한 노동시장 등이 출산율이 높은 선진국의 특징이기 때문이다. 김희경, 『에이징 솔로: 혼자를 선택한 사람들은 어떻게 나이 드는가』 (서울: 동아시아, 2023), 73.

2 개인주의를 이기주의와 동일시하는 사회적 인식은 사회심리학자인 벨라 드파울로(Bella Depaulo)가 독신을 '정형화'하고, '차별'하고, '무시'하는 사회적 편견을 싱글리즘(Singlism)으로 정의한 것과 같은 맥락에서 이해할 수 있다. 벨라 드파울로/박준형 옮김, 『싱글리즘: 나는 미혼이 아니다 나는 싱글 벙글이다』 (서울: 슈냐, 2012), 10.

개인주의를 부정적으로 생각하는 사람들은 개인주의를 이기주의(egoism)와 같은 것으로 본다. 그러나 자유로운 개인주의자(individualist)를 자기중심적 이기주의자와 명확하게 구별해야 한다. 이기주의자와 개인주의자는 우선 자기 자신과 맺는 관계가 다르다. 이기주의자는 자신의 내면을 돌아보지 않는다. 그는 자기 밖의 이익이 될 만한 것에만 관심을 집중한다. 하지만 개인주의자는 자기 자신과의 진실한 관계를 중시한다. 이기주의자는 '자기 이익'(self-interst)을 우선적으로 추구하지만, 개인주의자는 '진정한 자아'(authentic self)를 추구한다. 이기주의자는 세상의 쾌락과 재화를 추구하지만, 개인주의자는 자기 안에 들어 있는 자기다움을 실현하려고 한다.[3]

앞의 주장에 덧붙여 정수복은 자기 결정에 대한 책임과 상대방에 대한 존중이 개인주의자와 이기주의자를 서로 구별하는 준거점이라고 본다. 이기주의자는 '책임회피와 책임전가를 일삼고' 상대방을 수단으로 활용하는 데 반해, 개인주의자는 타자의 관점에서 생각하고 '공익과 공공선을 추구'한다는 것이다.[4] 거기서 더 나아가 그는 개인주의를 오해하고 혐오하는 사람들이 집단을 위한 개인의 희생을 정당화함으로써 파시즘이나 나치즘 같은 전체주의로 나아간다고 경계하였다.[5]

그런데 가족과 공동체 전통이 뿌리 깊은 사회에서 나홀로족이 자기 정체성을 확립하고 자기를 펼치려면 '미움받을 용기'를 낼 필요가 있다. 그것은 이기주의자가 되기 위해 용기를 내라는 말이 아니고 '진정한 자

---

3 정수복, 『이타적 개인주의자: 온전한 자기 자신을 발명하는 삶의 방식』 (서울: 파람북, 2024), 41.
4 위의 책, 42, 47.
5 위의 책, 45.

아'를 찾을 용기를 내라는 뜻이다. '미움받을 용기'는 2014년 일본어로 쓰인 『미움받을 용기』[6]가 한국어로 번역·출간되면서 한국인들이 즐겨 쓰는 말이 되었다. 그 책은 51주 연속 베스트셀러 1위를 차지하는 이변을 일으킬 정도로 널리 읽혔다. 그것은 거꾸로 한국 사회가 여전히 미움받을 처신을 금기시한다는 것을 시사한다. 타인의 기대를 저버리면 타인의 미움을 받고 타인의 인정과 애정을 잃는다고 두려워하는 사람은 남이 바라는 나로 살아갈 수밖에 없다고 생각한다. 그러한 생각이 몸과 마음에 새겨지면 타인의 시선과 집단의 압력에 저항하는 일은 힘들고 어렵다. 따라서 남이 바라는 나에서 벗어나 '진정한 자아'(authentic self)를 찾으려면 미움받을 용기가 필요하다.

나르시시즘에 빠지는 것은 진정한 나를 찾아 나서는 것과는 전혀 다르다. 나르시시스트는 공감과 사랑의 능력이 부족하고 허영심과 권력욕이 강하다. 그런 점에서 나르시시스트는 개인주의자가 아니라 이기주의자다. 나르시시즘은 나홀로족이 빠져드는 함정이다. 나홀로족은 치열한 경쟁 상황에서 업적 강박에 시달리는 사람이 자기중심적이고 이기적인 성향을 보이는 것은 불가피하고, 업적을 성취한 자기 자신에게 만족하는 것은 당연하다고 주장한다. 문제는 자기긍정과 자기도취에 빠진 나르시시스트가 스스로 자기 안에 유폐하고 자기 바깥의 모든 것을 냉혹하게 지배하고 도구화하려고 한다는 것이다. 나홀로족이 다른 사람의 나에서 벗어나 진정한 나에게 충실하겠다고 해서 나르시시스트가 될 필요는 없다. 다른 사람의 기대와 시선에 사로잡히지 않는다는 것과 다른 사람에게 공감하고 관계를 형성하는 것이 따로 놀 까닭이 없다. 나홀로족이

---

6 기시미 이치로·고가 후미타케/전경아 옮김, 『미움받을 용기 1: 자유롭고 행복한 삶을 위한 아들러의 가르침』(서울: 인플루엔셜, 2014) ; 기시미 이치로·고가 후미타케/전경아 옮김, 『미움받을 용기 2: 사랑과 진정한 자립에 대한 아들러의 가르침』(서울: 인플루엔셜, 2014).

공감 능력과 공동체 능력이 있는 개인주의자가 되려면 나르시시즘에서 벗어나야 한다.

나르시시즘이 확산하면 자기만 아는 사람들의 경쟁이 격화하고 사회적 결속이 속속들이 파괴된다. 그렇다면 나르시시즘의 확산은 어떻게 막을 수 있는가? 나르시시즘은 성격장애의 한 부류이지만, 나르시시스트 성향은 사회화의 한 산물로 볼 수 있다. 그러한 관점은 나르시시스트 성향이 형성되고 그 성향이 확산하는 데서 비롯되는 문제를 사회학적으로 다룰 수 있게 한다. 나르시시즘을 오래 연구해 온 심리학자 진 트웬지 (Jean M. Twenge)와 키스 캠벨(W. Keith Campbell)은 나르시시스트 성향이 자식에게 지나친 관심과 칭찬, 무절제한 관대함을 보이는 부모의 양육 방식과 관련이 있다고 분석했다.[7] 자녀들 곁에서 떠나지 않고 자식을 과보호하고 자녀의 온갖 요구를 거절하지 못하는 부모들은 자녀들에게 "나는 특별난 존재이기에 모든 것을 마음대로 해도 된다"는 생각을 심어주고, 다른 사람에게 무관심하고 다른 사람의 고통에 아랑곳하지 않는 이기적인 성격을 갖게 한다는 것이다. 그러한 나르시시스트 성향을 지닌 사람은 특별난 나를 다른 사람에게서 분리하고, 특별난 나를 방해하는 남을 적대시하고, 심지어 남에게 폭력을 행사하는 반사회적 행동까지도 서슴지 않는다.[8] 나르시시스트들이 차고 넘치는 현대 사회의 문제를 해결하려면 부모는 자식을 특별한 나로 키우지 않고 관계적 자아로 양육하기 위해 노력해야 하고 누구나 자기 자신이 나르시시즘의 함정에 빠져 있지 않은가를 성찰해야 한다. 그런 점에서 코켈버그가 관계적 자아를

---

7 진 트웬지 · 키스 캠벨/이남석 옮김, 『나는 왜 나를 사랑하는가』 (서울: 옥당, 2010), 11장.

8 문화비평가 크리스틴 돔벡은 나르시시즘이 세상 종말 이야기들의 패턴처럼 '흑백논리적 도덕관'에 따라 악과 적을 제거(공격)한다는 패턴을 보이는 점에 주목한다. 크리스틴 돔벡/홍지수 옮김, 『자기애적 사회에 관하여: 자아도취적이고 이기적인 사람들에게 지친 당신에게』, 50.

회복해서 나르시시즘에서 벗어나자고 제안한 것은 의미가 있다.

우리는 선택하고 행동한다. 하지만 언제나 사회 문화적 환경, 기술 환경, 자연환경 등에 의해 만들어져 왔다. 인간은 뼛속까지 관계적이고 환경의 영향을 받는 존재다. 그러므로 더 나은 인간이 되고 싶다면 먼저 자기 자신을 받아들이고 자기 인식에 대한 한계를 인정하며 타인을 기꺼이 수용하고 주위 환경에 건설적으로 대응해야 한다. 자기 자신을 반드시 사랑해야 한다면 자신을 타인과 비교하지 않고 인정하는 자기애를 발전시켜야 한다. 그런 자기애가 있다면 집착적인 자기 계발을 할 필요가 없다. 진정으로 자신을 발전시키고 싶다면 자기 계발 행동에만 기댈 것이 아니라 성장을 시작해야 한다. 성장을 위해서는 주고받을 수 있는 타인과 환경이 필요하다.[9]

나홀로족이라고 해서 고립된 단자이거나 자기 안에 유폐된 존재일 수 없다. 나홀로족 역시 타인과 환경에 열려 있는 존재이다. 나홀로족이 나르시시스트가 아니라 개인주의자가 되려면 그는 타인과 환경을 대상으로 소통하면서 자신을 발전시키는 관계적 존재여야 한다.

II. 공동체 영성을 개발하자는 방안
: 고립과 외로움에서 연결과 상호 돌봄으로

현대 사회에서 외로움은 죽음에 이르는 사회적 질병으로 여겨지고

---

9 마크 코켈버그/연아람 옮김, 앞의 책, 136-137.

있다. 외로움은 당사자의 건강을 해치고, 사회적 관계를 어렵게 만들며, 심지어 파괴적인 행위에 나서게 만들기도 한다. 외로움이 위험한 사회적 질병이라고 인식한 여러 나라 정부는 외로움의 문제에 대응하기 위해 큰 노력을 기울이고 있다.[10] 한국 사회에서도 외로움은 은둔형 외톨이와 고독사 등이 많이 증가함에 따라 심각한 문제로 인식되고 있다.

1) 한국인은 관계 지향적이고 성취 지향적인 사회 분위기로 인해 외로움을 느끼기 쉬운 환경에서 살아간다. 그것은 한국인보다 외국인의 눈에 더 잘 관찰되는 현상이다. 아래서는 두 가지 신문 기사를 예로 제시한다. 신문 기사는 주로 간접 인용의 방식으로 정리한다.

2023년 5월 26일(현지 시간) 영국 BBC 방송은 세계 최저의 출산율, 생산성 저하와 싸우고 있는 한국에서 은둔형 외톨이가 '심각한 문제'로 대두되고 있다고 전했다. BBC 방송은 "점점 더 많은 젊은이가 사회의 높은 기대치에 압박받아 스스로를 고립시키는 길을 택한다"고 분석했다. 은둔형 외톨이들은 통상의 진로를 따르지 못해 사회 부적응자로 취급받거나 학업 성적이 떨어져 비난받는 등 "사회나 가족의 성공 기준에 부응하지 못했다고 생각"하고 사회적 고립을 자발적으로 선택한다는 것이다.[11]

2024년 10월 24일(현지 시간) 미국 CNN 방송은 "외로움이라는 전염병이 전 세계적으로 확산되고 있다"는 제목의 기사에서 연간 3,600건이나 발생하는 한국의 고독사 문제를 다루면서 고독사가 외로움과 사회적

---

10 사회적 고립과 외로움의 문제에 대한 정부 차원의 대응은 2018년 영국에서 외로움을 담당하는 장관직(Minister of loneliniss)을 신설하고, 2021년 일본에서 고독과 고립 문제를 전담하는 정부 기관과 장관직을 신설한 것에서 볼 수 있다. 또한 세계보건기구(WHO)도 2023년 외로움 문제의 해결을 위한 전담 위원회를 출범했다.

11 송진원, "한국 젊은층, 사회 높은 기대치에 압박받아 스스로 고립," 「연합뉴스」 (2023. 5. 28.), https://www.yna.co.kr/view/AKR20230528006800009(2024. 10. 24. 다운로드).

고립에서 비롯되었다고 보도한 적이 있다. 기사는 안수정 명지대 심리치료학과 교수 등 전문가들의 의견을 인용하면서 관계 지향적인 한국인들이 느끼는 외로움은 관계의 만족 여부보다 자신이 관계 안에서 어떤 가치를 갖는가를 인지하는 것과 관계가 있다고 분석했다. "한국인들이 사회생활이 활발하고 다른 사람들과 친밀한 관계를 맺는 경향이 있지만, 자신을 다른 사람과 비교했을 때 유용한지, 사회에 충분히 기여했는지, 뒤처졌는지 의문을 품을 때 외로움을 느낄 수 있다"는 것이다. 이와 같은 한국인의 성향은 1인 가구의 증가, 소셜네트워크서비스(SNS)의 부정적 영향, 경쟁적이고 성취 지향적인 문화로 인해 심화하는 경향이 있다는 것이다.[12]

앞에서 인용한 첫째 기사는 한국에서 은둔형 외톨이가 사회적 고립을 택하는 이유로 "사회나 가족의 성공 기준에 부응하지 못했다"는 점을 들고 있고, 둘째 기사는 한국인이 사회적 관계에서 인정욕구가 좌절할 때 외로움을 느낀다고 분석하고 있다. 두 기사는 은둔형 외톨이 문제와 고독사 문제를 각각 다루었지만, 한국인이 사회적 평판과 사회적 인정을 얻지 못할 때 외로움을 느낀다는 점을 공통으로 지적하고 있다. 그러한 외로움은 나홀로족에게서도 관찰된다.

그렇다면 외로움은 과연 무엇인가?

2) 외로움은 여러 관점에서 다양하게 규정되어 왔다. 사회신경과학자 존 카치오포(John Cacioppo)와 윌리엄 패트릭(William Patrick)은 외로움이 고통이나 목마름과 마찬가지로 일종의 경보를 울리는 상황[13]이라고

---

12 최예슬, "'한국의 고독한 죽음, 왜?' ··· CNN이 분석한 '고독사,'" 「국민일보」 (2024. 10. 24.), https://www.kmib.co.kr/article/view.asp?arcid=0020655308 (2024. 10. 24. 다운로드).
13 존 카치오포·윌리엄 패트릭/이원기 옮김, 『인간은 왜 외로움을 느끼는가: 사회신경과학으로

본다. 인간은 외로워지면 타인과 같이 살고, 서로 협력하고, 사귀도록 진화했다는 것이다.

경제학자 노리나 허츠(Noreena Hertz)는 외로움을 인간의 사회정치적 관계와 연관해서 복합적으로 분석한다.

> 우리 시대 외로움의 징후는 우리가 정치인과 정치로부터 단절되어 있
> 다는 느낌, 우리의 일과 일터에서 소외되어 있다는 느낌, 사회의 소득
> 에서 배제되어 있다는 느낌, 스스로가 힘이 없고 무시당하는 존재라는
> 느낌까지 아우른다. 내가 정의하는 외로움은 단순히 남과 가까워지고
> 싶은 소망 이상을 의미한다.14

허츠는 현대 사회에서 외로움이 혼자 있음, 단절, 소외, 배제 등에서 비롯하는 위험한 정서 개념이라고 규정하고, 현대인이 외로움을 겪는 주요 원인이 현대인에게 강요되는 '고립' 상태라고 분석한다. 핸드폰과 소셜 미디어의 '비접촉 연결'은 인간의 소통 능력을 퇴화시키고, 비용을 절감하기 위해 도입되는 자동화는 인간 접촉을 사라지게 하고, 비대면 첨단기술은 사생활과 직장에서 인간 행위를 감시하여 상호 신뢰를 상실하게 만든다. 이와 같은 사회 환경에서 사람들은 점점 더 고립되어 서로 잘 알지 못하게 되고, 상호 연결 의식이 약해지고, 상대방의 필요와 욕구에 대해 무관심해진다. 그 결과 현대인의 외로움은 깊어진다.

문제는 사람들이 그러한 고립과 외로움의 실체를 자각하지 못하고 '나는 외롭지 않다는 환상'에 빠져 더 외로워진다는 것이다. 사회심리학

본 인간 본성과 사회의 탄생』 (서울: 민음사, 2013), 17.
14 노리나 허츠/홍정인 옮김, 『고립의 시대: 초연결 세계에 격리된 우리들』 (서울: 웅진지식하우스, 2021), 23-24.

자 쇼샤나 주보프(Shoshana Zuboff)는 온라인에서 자기를 더 낫게 표현하기 위해 유행하는 '프로필 인플레이션'이 사람들의 직접 접촉과 내면적 교류의 기회를 빼앗고 외로움에 빠지게 한다고 분석한다. 온라인을 통해 멋진 신상 정보, 사진, 업데이트 소식 등 많은 정보와 이미지가 교환되어 사람들은 서로 교류하고 있는 듯한 환상을 갖지만, 내면적 교류를 통해 연대하지 못한다는 것이다.[15]

3) 이처럼 접촉과 연대를 상실하여 외로움을 겪는 현대인은 그 외로움을 풀어주기 위해 마련된 이벤트에 참가하기도 한다. 그러한 이벤트는 남들하고 직접 만나 무언가를 함께하고 어딘가에 소속되어 보호와 관심을 받고 싶은 사람들의 감추어진 욕구를 충족시키도록 기획된다. 외로움을 겪는 사람들은 돈을 지급하면서 그 이벤트에 참가하여 공동체 감각을 맛본다. 그러한 이벤트를 기획하는 기업이 속속 등장하여 외로움의 해소를 상품으로 개발하여 유통하는 '외로움 경제'(loneliness economy)가 번창한다.[16]

심리학자 브레네 브라운(Brene Brown)은 외로움을 해소하기 위해 공동체 감각과 소속감을 매매한다고 해서 외로움의 문제를 해결할 수 없다

---

15 쇼샤나 주보프/김보영 옮김, 『감시 자본주의 시대』 (서울: 문학사상, 2021), 621-622: "우리는 다른 사람의 삶을 마주치면서 상대방의 내면을 들여다보기도 하고 자신의 내면을 상대방과 공유하기도 하는데, 이는 연대의 실마리가 된다. 그런데 텔레비전과 소셜 미디어는 우리에게서 다른 사람의 실제 삶과 접촉할 기회를 빼앗는다. 단, 텔레비전과 달리 소셜 미디어에는 적극적인 자기표현이 수반된다. 이른바 '프로필 인플레이션'이다. 사용자들은 자신의 인기와 자긍심, 행복도를 높여줄 것으로 기대하며 늘 더 멋진 신상 정보, 사진, 업데이트 소식을 게시한다. 프로필 인플레이션은 자신과 남을 비교하게 만들어 더 부정적인 자기 평가를 유발하고, 이는 더 심한 프로필 인플레이션을 낳는다. 더 많은 '먼 친구'를 포함하는 더 큰 네트워크일수록 이 현상이 더욱 두드러진다."
16 노리나 허츠/홍정인 옮김, 앞의 책, 10장.

고 지적한다.[17] 소속감은 상품처럼 매입될 수 있는 것이 아니고, 누군가가 던져줄 수 있는 것도 아니고, 당사자가 진정한 마음을 품고 직접 몸으로 겪으며 형성해야 하는 것이기 때문이다. 브라운은 그 점을 다음과 같이 명료하게 설명한다.

진정한 소속감은 수동적이지 않다. 집단에 들어가기만 하면 따라오는 것이 아니다. 더 안전하다는 이유로 적응하거나 가식적으로 행동하거나 신념을 버리는 행동도 아니다. 취약성을 드러내고 불편함을 느끼며, 진정한 자기 자신을 버리지 않으면서도 사람들과 함께 있는 법을 배워야 가능한 것이다. 진정한 소속감을 얻으려면 힘들 걸 알면서도 역경에 부딪히는 엄청난 용기가 필요하다.[18]

진정한 소속감은 … 가장 진정한 자기 자신을 세상과 함께 나눌 수 있고 무언가의 일부가 되는 동시에 황야에서 홀로 서는 것에서 성스러움을 찾을 수 있는 정신적 체험이다. 진정한 소속감은 진정한 자기 자신을 '바꾸길' 요구하지 않는다. 그저 진정한 자기 자신이 '되길' 요구한다.[19]

앞의 두 인용문에서 브라운은 유사 소속감으로 외로움을 회피하거나

---

17 브레네 브라운은 20만 건의 데이터와 16년간의 상담 자료를 분석하여 외로움의 문제를 분석했다. 이 책에서 저자는 가족과 학교에서 배제되었던 과거의 고통에서 벗어나기 위해 어딘가에 소속되어 타인의 인정과 시선을 끌려고 시도했지만, 그 결과 자기를 상실했던 경험을 성찰하고 있다. 저자는 다른 사람의 시선에서 벗어나 자기에게 충실한 삶의 중요성을 역설한다. 브레네 브라운/이은경 옮김, 『진정한 나로 살아갈 용기: 타인의 시선에서 벗어나 모든 순간을 나답게 사는 법』 (서울: 북라이프, 2018).

18 위의 책, 57.

19 위의 책, 61.

벗어나려는 현대인에게 '진정한 자기 자신을 버리지 않으면서도 사람들과 함께 있는 법'을 배우라고 촉구한다. 그렇게 하려면 '역경에 부딪히는 엄청난 용기'가 필요하다. '취약하다는 두려움, 상처받을지도 모른다는 두려움, 단절의 고통에서 비롯되는 두려움, 비난받고 실패할지 모른다는 두려움, 갈등을 꺼리는 두려움, 기대에 미치지 못한다는 두려움'[20]이 사람들을 외롭게 하기에 그 두려움을 떨치기 위해서는 용기가 필요하다는 것이다.

4) 기독교 영성 신학은 외로움을 근원적으로 고찰한다. 오랜 전통을 이어온 기독교 영성은 만물이 제각기 떨어져 고립되고 단절되어 있지 않고 서로 유기적으로 연결되어 있다는 가르침에서 출발한다. 그러한 연결에서 벗어나거나 끊어진 피조물은 그 무엇이든 존립할 수 없다. 고립과 단절은 생명을 파괴하고 죽음에 이르게 한다. 기독교 영성은 인간과 인간의 내면, 인간과 인간, 인간과 자연, 인간과 하나님의 관계를 깨뜨리는 것이 무엇인가를 예민하게 식별하고, 그러한 단절과 고립의 상태에서 벗어나 자기 자신과 화해하고 인간과 인간, 인간과 자연, 인간과 하나님이 화해할 길을 찾아 나선다.

영성 신학자 안젤름 그륀(Anselm Grün)은 현대인이 겪는 외로움의 밑바닥에는 진정한 자기를 보지 않고, 이상화된 자기를 상상하고 상상의 자기와 실제의 자기를 비교하며 끝없이 자기 비하에 빠지는 심리적 작용이 깔려 있다고 지적한다. 그러한 심리는 능력과 업적 경쟁이 치열한 현대 사회에서 업적 강박에 사로잡힌 사람들에게서 전형적으로 나타난다. 그들은 자기가 도달할 능력과 업적의 이상적인 목표를 설정하고, 그

---

20 위의 책, 81.

목표를 달성하기 위해 자기를 고갈시키고 실제의 자기를 비하하고 괴롭히며 고통에 시달린다. 이상적인 자기와 실제의 자기 사이의 분열이 업적 강박에 사로잡힌 사람들의 내면이다. 능력주의 사회에서 점점 더 늘어나는 나르시시스트의 심리적 내면도 다르지 않다. 나르시시스트는 자기도취와 자기비하의 심리적 분열 속에서 살아간다. 안젤름 그륀은 분열된 자아의 어두움을 들여다보고 진정한 자기와 화해할 용기를 내라고 권유한다. 그러한 용기를 내는 사람은 겸손하여야 하지만, 그 겸손은 자기도취와 짝패를 이루는 자기비하와는 구별되어야 한다.

> 자기 자신에게 가하는 폭력의 또 다른 형태는 자기비하이다. 이것도 종종 겸손으로 오해된다. 하지만 겸손은 자신의 고유한 진리에 이르는 용기를 뜻한다. 말하자면 자신의 깊은 내면으로, 자신의 어둠으로 내려가 그 어두운 면과 화해하는 용기를 뜻한다.[21]

> 그러한 용기는 '취약하다는 두려움과 상처받을지도 모른다는 두려움'을 떨치는 데 필요하다. 그륀은 그러한 두려움에 사로잡혀 더불어 사는 삶을 거부하거나 포기함으로써 자신을 아프게 하는 사람들에게 다음과 같이 말한다.

> 하느님 체험을 통해 우리가 상처받지 않게 된다는 것은 아무것도 우리에게 가까이 오지 못하도록 갑옷을 착용하는 것은 아니다. 관건은 무감각이 아니라 사랑의 체험이다. 사랑은 오히려 우리가 완전히 상처받을 수 있도록 허용한다.[22]

---

21 안젤름 그륀/김선태 옮김, 『자기 자신 잘 대하기』(서울: 성서와함께, 2021), 66.

그륀은 이상화된 자기와 실제의 자기를 비교하는 데서 비롯되는 '자기비하'가 진정한 의미의 겸손이 아니고 자기 내면의 어두움을 회피하려는 두려움이라고 가르친다. 두려움은 외로움의 씨앗이다. 두려움을 넘어서는 영성은 사람들로부터 소외당했다고 느끼는 고립감과 의지할 사람이 아무도 없다고 느끼는 정서적 외로움 그리고 공동체에 소속되어 연대와 친밀감을 나누지 못하는 데서 오는 사회적 외로움을 극복하는 데 도움을 준다.[23] 나아가 영성은 내면의 참된 나에게 집중하고 내가 속한 초월적 존재와 만나기 위해 자발적으로 홀로 있는 고독의 시간으로 인도한다. 내적 성장을 위한 고독은 세상과 멀어지는 도피 행위가 아니라 일상에서 벗어나 내면의 실존과 만나기 위한 수행이다.

5) 여성신학자 레티 러셀(Letty M. Russell)은 환대 신학을 통해서 현대인의 고립과 외로움의 문제를 풀어가는 지혜를 제시한다. 러셀은 하나님이 세상을 '서로 다른 차이의 방식으로 창조'했고 '차이를 넘어서 누구나 기꺼이 받아들이는 환대'로 이끈다고 가르친다. 하나님은 교만과 지배욕에 물든 사람들을 흩으시고 언어를 뒤섞었지만(창 11:1-9, 바벨탑 이야기), 성령 강림을 통해 사람들이 각기 다른 언어를 사용하였음에도 서로 이해하게 했다(행 2:1, 4-8, 17, 오순절 이야기). 성령 강림은 하나님이 '획일성 대신 차이'를 선사한 사건이고 사람들이 그 차이를 받아들인 사건이다.[24] 차이와 다름은 우리가 서로 이해하고 소통하게 만드는 은혜의 조건이다.

---

22 안젤름 그륀/김선태 옮김, 『너 자신을 아프게 하지 마라』 (서울: 성서와함께, 2021), 117.

23 정서적 외로움과 사회적 외로움에 관해서는 엘리야킴 키슬레브/박선영 옮김, 『혼자 살아도 괜찮아』 (서울: 비잉, 2020), 79.

24 레티 M. 러셀·쉐논 클락슨·케이트 M. 오트 편/여금현 옮김, 『공정한 환대: 서로 다른 사람들이 사는 세계에서 낯선 이들을 받아들이시는 하나님의 환영』 (서울: 대한기독교서회, 2012). 96.

모든 피조물을 환영하는 하나님은 사람들이 차이와 다름을 두려워하고 관계를 단절하고 스스로 고립하면서 외로움을 겪는 고통에서 벗어나 서로 바라보고 돌보고 연결하고 관계를 회복하라고 권유한다. 그것이 고립과 외로움을 극복할 수 있는 좋은 능력을 키우고 활용하도록 사람들을 이끌어가는 하나님의 방식이다.

III. 개인화에서 비롯된 갈등과 위험을 관리하자는 방안

한국 사회에서 1990년대에 나홀로족이 등장한 이래 나홀로족 문화와 멘탈리티가 널리 확산한 것은 개인화가 매우 빠른 속도로 진행되었음을 잘 보여 준다. 그러한 개인화 과정에 관한 사회학적 분석과 설명은 그동안 사회학자들에 의해 다양하게 수행되었고, 필자의 분석에서도 그러한 연구의 이론적 성과는 이미 선택적으로 반영되었다. 필자는 그동안 개인화에 관해 이루어진 사회학적 분석과 설명을 간략하게 되짚고, 나홀로족의 등장이 우리 사회에 어떻게 자유의 확장과 사회적 결속을 서로 결합할 것인가 하는 과제를 던졌다는 점을 말할 것이다.

1) 한국 사회에서 급속하게 진행된 개인화를 놓고서 장경섭과 송민영은 1980년대 후반 개인주의가 제대로 정립되지 않은 채 개인화가 진행되었다고 지적했다.[25] 신경아는 한국 사회가 사회복지 국가를 형성하지 못한 채 신자유주의 체제로 진입하여 사회적 안전망이 미흡한 상태에서

---

25 Kyung-Sup Chang . Min-Young Song, "The Stranded Individualizer under Compressed Modernity: South Korean Women in Individualization without Individualism," *British Journal of Sociology* 61/3 (2010) : 539-564.

개인이 시장에 포섭되는 개인화가 진행되었다고 분석하고, 그러한 개인화를 '시장화된 개인화'로 명명했다.[26] 심영희는 한국 사회에서는 개인이 가족적 유대를 통해 생존과 복지의 기회를 얻으려는 경향이 강하게 남아 있어서 개인화가 '가족 지향적 개인화'의 성격을 띠게 된다고 설명했다.[27] 이영자는 신자유주의와 포스트모더니즘의 확산으로 시장주의적 개인주의, 자기성취적 개인주의, 소비주의적 개인주의가 한국 사회에서 공고화되었다고 설명하고 한국 사회에서 개인화는 '초개인주의'(hyper-individualism)의 성격을 갖는 개인을 탄생시켰다고 분석했다.[28] 홍찬숙은 1980년대 말 형성된 핵가족 중심의 제도적 개인화가 1990년대 말 경제 위기 이후 해체되고 신자유주의적 개인화가 진행되었다고 분석하고, 그러한 개인화가 짧은 시기에 압축적인 방식으로 진행되었기에 '압축적 개인화'의 성격을 갖는다고 지적했다.[29]

필자는 한국 정치사와 사회사, 특히 개항 이후 현대 한국 사회에 이르기까지 개인주의의 역사와 개인화 과정을 살핀 바 있기에, 앞에서 언급한 학자들이 한국 사회에서 진행된 개인화의 여러 측면을 자기 나름의 관점에서 각각 분석하고 설명했다고 확인한다. 그러한 사회학적 분석과 설명은 대체로 현상을 서술하는 성격을 띠고 문제를 드러내지만, 그 문제의 해법을 적극적으로 제시하고 있지는 않다. 문제를 제기하고 그 나름대로 해법을 제시한다는 측면에서는 홍찬숙이 그나마 적극적인 편이

---

26 신경아, "시장화된 개인화와 복지욕구," 「경제와 사회」 98 (2013) : 266-303.
27 심영희, "개인화의 두 유형에 관한 연구," 「사회와이론」 23 (2013) : 277-312; 심영희, "'21세기형 공동체 가족' 모델의 모색과 지원방안: 2차 근대성과 개인화 이론의 관점에서," 「아시아여성연구」 50/2 (2011) : 7-44.
28 이영자, "신자유주의 시대의 초개인주의," 「현상과인식」 35/3 (2011) : 103-127.
29 홍찬숙, "한국사회의 압축적 개인화와 젠더범주의 민주주의적 함의," 「여성과 역사」 17 (2012) : 1-25.

지 않은가 생각한다.

2) 홍찬숙은 울리히 벡의 성찰적 개인화 이론에 기대어 우리 사회에서 진행된 개인화 과정을 복기하고 거기서 나타나는 문제의 해결 방안을 제시하고자 했다. 그는 벡이 독일 사회에서 진행된 개인화 과정을 분석한 내용을 검토하고 벡의 사회학적 관점과 방법에 따라 한국 사회의 개인화 과정을 분석했다. 벡의 성찰적 개인화에 관해서는 이미 본서 제2부 3장 III에서 상세하게 논한 바 있기에 여기서는 홍찬숙이 벡의 분석과 관련해서 주목하고 있는 점을 몇 가지 지적하는 것으로 족할 것이다.

벡은 19세기 말 이래로 산업사회가 형성되면서 이루어진 제1차 개인화와 풍요로운 복지국가에서 이루어진 제2차 개인화를 구별했다. 제1차 개인화가 핵가족, 노동조합, 사회국가의 확장을 통해 이루어진 제도적 개인화라면, 제2차 개인화는 풍요로운 복지사회에서 개인이 가족의 결속과 계급적 결속에서 벗어나 개인의 자유와 자기실현의 기회를 최대한 확장하려는 과정이었고 사회적 위험을 개인이 떠안는 과정이라고 한다. 그러한 제2차 개인화는 '위험한 자유'를 가져왔다. 벡은 여성들이 노동시장에 대거 참가하면서 가족에서 성역할 변화가 나타나고 노동자들의 소득 향상으로 계급적 생활문화가 약화한다는 것을 주목했고, 개인이 주권적 자유를 행사하며 제각기 자기중심의 행동 규범을 만드는 가치관의 다원화를 이루었지만, 가족의 해체와 대량 실업의 위험이 개인들에게 전가되는 것이 문제라고 지적했다. 그것이 벡이 말하는 '위험사회'의 모습이다. 그러한 위험사회에서 벗어나기 위해서는 계급 정치를 넘어서서 다원주의적인 시민 정치가 활성화되어야 한다. 홍찬숙은 그렇게 벡의 성찰적 개인화 이론을 검토하면서 제2차 개인화는 "시장원리가 가족과 계급의 공동체성을 해체하는 과정이자 동시에 새로운 위험에 새로운 방

식으로 대처하는 시민들의 정치적 성장을 의미"한다고 정리했다.[30]

홍찬숙은 한국에서 1960년대에 본격적으로 추진된 산업화는 서구 사회에서 나타났던 제1차 개인화와 결합하지 않았기에 '개인화 없는 산업화'의 형태로 진행되었고, 1980년대 말 이래로 정치 민주화가 진행되면서 서구에서 일어난 제1차 개인화와 제2차 개인화가 한꺼번에 압축적으로 진행하였다고 분석했다.[31] 그는 압축적 개인화 과정을 지나온 한국 사회가 여러 문제를 동시에 해결해야 하지만, 어떤 사회를 만들어갈 것인지에 관해서는 선명한 전망이 마련되지 않았다고 진단했다. 한국의 산업화 과정에서 개인주의가 이기주의나 아노미로 매도되었기에 개인주의가 설 땅이 극도로 좁혀졌고 노동자들의 계급 정치는 억압되었다. 한국 사회에서 좌우 이데올로기 대립이 여전히 심한 가운데 압축적 개인화 과정이 진행되면서 크게 불거진 것은 세대 갈등과 젠더 갈등이었다. 그것은 한국 사회 곳곳에 남아 있는 가족주의와 권위주의의 영향력이 그만큼 컸다는 뜻이다. 따라서 한국 사회에서 나타나는 갈등은 복합적이고 그 해법은 단순할 수 없다. 기성세대는 좌우 이데올로기의 대립에 민감했지만, 젊은 세대는 기성세대와는 달리 '이념보다 절차적 민주주의(공정성)'를 중시하고, '개인화를 사적 자유로 표방하는 남성 문화'와 '페미니즘 정치로 공론장을 연결하는 여성 문화'가 서로 맞섰다.[32] 그러한 상황에서 한국 사회는 '공동체 가치 공유에서 다원적 개인주의로' 변화하는 규범적 변동을 이루어내지 못했다.[33] 이 대목에서 홍찬숙이 '다원적 개인

---

30 홍찬숙, 『개인화: 해방과 위험의 양면성』 (서울: 서울대학교출판문화원, 2015), 205.

31 홍찬숙, 『한국 사회의 압축적 개인화와 문화변동: 세대 및 젠더 갈등의 사회적 맥락』 (서울: 세창출판사, 2022), 55.

32 위의 책, 132.

33 위의 책, 90.

주의'를 언급한 것은 주목을 요한다. 그는 '다원적 개인주의'가 한국 사회의 발전 방향이라고 말하고 있는 것 같다. '다원적 개인주의'가 무엇인가에 관해서 구체적으로 설명하고 있지는 않지만, 사회의 다양한 균열선을 타고 나타나는 대립을 중심으로 다양한 시민 정치를 통해 다원주의적 사회를 형성하는 과정을 전제하고 있다는 것만큼은 분명해 보인다.

3) 필자는 본서 제3부 2장과 3장을 통틀어 한국 역사에서 개인주의가 가족주의, 민족주의, 일민주의, 국가주의, 민중주의 등에 밀려서 그 발전이 억압되었고 그 개화가 지체되었다고 분석했다. 개인주의는 이제껏 외래 사상 정도로 받아들여졌을 뿐 한국 사상가에 의해 독자적인 내용과 형식을 갖춘 철학으로 제시된 적이 없었다. 개인이 가족, 민족, 민중, 국민, 국가에 앞서고 그 무엇도 개인의 주권적 자유를 침해할 수 없다는 것을 옹호하는 철학이 없었다는 점에서 한국 사회는 개인주의 없는 사회였다고 말해도 지나친 말이 아니다. 그러한 개인주의가 확립되지 않았기에 공동체주의가 건실하게 발전할 수 없었고 집단주의가 공동체주의를 참칭하는 일이 버젓이 일어났다. 그러한 한국 사회에서 급속한 개인화가 진행하면서 다른 사람을 아랑곳하지 않고 자기를 중심에 놓고 자기를 우선시하는 개인이 탄생하는 것은 피할 수 없는 일이었을 것이다. 그러한 개인이 탄생하여 개인의 자유를 최대한 확장하려고 하는 것은 한국 사회에서 처음 있는 일이고, 그러한 자유의 신장은 당연히 권장할 만한 일이다. 그러나 자기만 아는 개인의 자유가 사회적 결속을 해체하여 개인의 자기실현이 결국 질곡에 묶이게 되는 것이 문제다. 그러한 질곡을 풀어서 개인의 자유를 최대한 실현하면서 사회적 결속을 강화하는 방안을 마련하되, 공동체 실험 같은 국지적 방안이 아니라 사회 전체를 아우르는 방안을 마련하는 것이 한국 사회의 최대 과제이다.

필자는 우리 사회가 개인화 과정을 거쳤음에도 불구하고 여전히 '가족주의, 집단주의, 개인주의, 부족주의, 초개인주의 등 비동시적인 것이 동시적으로 혼재되어 있는 상황'[34]에 놓여 있다고 생각한다. 나홀로족이 등장하여 자기를 중심에 놓고 자기를 우선시하면서 자기를 펼치는 자유를 누린 이상, 그것을 되돌려 집단주의로 되돌아갈 수는 없다. 한국 사회는 개인의 자유를 긍정하고 촉진하되 사회적 결속을 강화하는 사회로 나아가야 할 것이다. 그러한 사회는 다원적 개인주의를 전제하거나 개인의 인정투쟁을 통해 공동체적 결속을 촉진하는 공동체주의를 지향할 것이다. 무엇보다도 중요한 것은 그 사회가 모든 사람이 인간의 존엄성을 지키며 품위 있게 살아가는 데 필요한 물질적 재화가 충분히 보장되는 사회여야 한다는 것이다.

IV. 공동체주의적 관점에서 개인의 자유와 공동체적 결속을 통합하자는 방안: 공동체 가치의 재발견

나홀로족 문화와 멘탈리티의 확산에 대응해서 공동체 의식을 회복하고 공동체 가치를 구현하자는 제안은 직관적으로 그럴듯한 주장이기는 하지만, 한국 역사에서 공동체주의가 집단주의와 명확하게 구별되어 사용되지 않았기에 공동체주의를 엄격하게 규정할 필요가 있다. 나홀로족이 이미 개인의 자유를 향유하고 있는 이상, 그들은 공동체를 개인에 앞세우거나 공동체의 이름으로 개인의 자유를 억압하는 것을 받아들이

---

34 임희숙, "한국교회에서 개인주의 담론의 유형과 의미에 대한 연구," 「신학과 사회」 34/2 (2020), 38.

려 하지 않을 것이다. 따라서 공동체주의의 이름으로 나홀로족 문화와 멘탈리티에 대응하려면 먼저 공동체주의를 명확히 정의해야 한다.

1) 공동체주의는 무엇보다도 먼저 집단주의와 구별되어야 한다. 사회학자 김동노는 한국 역사에서 개인보다 집단을 우선시하고 집단의 이익을 위해 개인의 희생을 요구하는 집단주의가 발달하였고, 정작 공동체주의는 제대로 형성되지 못했다고 진단한다.[35] 공동체적 가치와 규범은 구성원의 자발적 동의와는 무관하게 지배 세력에 의해 '일방적으로 결정되고 하향식으로 강요'되기 일쑤였다는 것이다.[36] 그러한 집단주의와는 달리 공동체주의는 무엇보다도 먼저 개인을 존중하고, 개개인이 공동체 가치를 내면화하고, 공공선을 실현할 역량을 함양하는 것을 중시한다. 공동체주의는 개인이 공동체를 통해 사회화된다는 것을 전제하기에 개인을 원자화된 개체로 보지 않고 공동체에 묻어 들어가 있는 존재로 본다는 점에서 개인주의와 큰 차이가 있지만,[37] 개인을 공동체에 흡수하여 공동체의 이름으로 개인을 억압하는 것을 금기시한다는 점에서 집단주의와 구별된다.

개인은 공동체 안에서 살아가는 존재이다. 개인들은 서로를 행위 주체로 인정하고 행위 주체의 자유와 권리와 의지를 서로 지키며 공동체 관계를 형성한다. 만일 어떤 개인이 다른 개인의 주체성을 무시하고 그의 자유와 권리와 의지를 침해하면 공동체 관계는 깨어질 것이고, 자유와 권리와 의지를 침해당한 사람은 그것을 회복하기 위해 투쟁할 것이

---

35 김동노, "개인주의, 집단주의, 자유주의, 공동체주의와 한국 사회의 변화," 166.
36 위의 글, 174.
37 Michael J. Sandel, *Liberalism and the Limits of Justice* (New York: Cambridge Univ. Press, 1982), 87, 127f.

고, 그 투쟁을 통해 공동체 관계를 회복할 것이다.[38] 공동체는 치열한 인정투쟁을 통해 형성되고 유지된다. 법은 공동체 관계를 깨뜨리는 범죄를 다스리고 형벌을 가하여 손상된 공동체 관계를 회복한다는 점에서 인정투쟁의 수단이다. 인정투쟁을 통해 공동체가 형성되고 공동체적 결속이 다져진다고 보는 관점에서는 논리적으로 공동체가 개인보다 우위에 있고 개인이 공동체를 위해 희생되어야 마땅하다고 전제할 수 없다. 그런 점에서 공동체주의는 집단주의와 결정적으로 다르다.

한국 사회사에서 집단주의는 공동체주의를 참칭하는 경우가 많았다. 민족주의, 일민주의, 국가주의가 그 실례이고, 심지어 가족도 집단으로서의 가족의 이익을 극대화하기 위해 가족 구성원의 희생을 일방적으로 강요하는 집단주의적 성향을 보였다. 집단주의의 가장 큰 병폐는 공동체 내부의 특정 집단이 공동체의 이름을 내세워 자기 이익을 추구하고 그 이익을 최대한 실현하는 데서 나타난다. 지배 세력은 겉으로는 공동체적 결속과 국민적 단결을 이루자고 외치지만, 속으로는 지배 집단의 이익을 노골적으로 추구했다. 그러한 역사적 경험을 거듭한 사람들이 집단주의

---

38 '인정투쟁'은 일찍이 청년 헤겔이 예나 시절에 쓴 『예나 실재철학』(*Jenaer Realphilosophie: Vorlesungsmanuskripte zur Philosophie der Natur und des Geistes von 1805-1806*)에서 인륜이 작동하는 방식을 설명하기 위해 도입한 개념이다. 인간은 서로를 행위 주체로 인정하고 공동체 관계를 맺으며, 한 행위 주체가 다른 행위 주체의 의지와 권리를 침해하여 공동체 관계가 손상되면 그 침해를 물리치고 행위 주체의 의지와 권리를 회복하기 위해 투쟁하고 그 투쟁을 통해 공동체 관계를 복원한다. 그것이 인정투쟁의 골자다. 헤겔의 인정투쟁론은 그가 1807년에 쓴 『정신현상학』(*Phänomenologie des Geistes*)에서 '주인과 노예의 인정투쟁'에서 더 심화된 형태로 나타났다. 악셀 호네트(Axel Honneth, 1949~)는 헤겔의 인정투쟁 개념을 수용하여 정교하게 발전시켰다. 그는 인간이 세 가지 차원을 지닌 존재라고 생각했다. 인간은 본능적 욕구를 가진 자연적 존재이고, 이성적 능력을 지닌 보편적 존재이고, 개성을 지닌 특수한 존재이다. 인간의 세 가지 존재 방식은 그것에 상응하는 정체성을 형성하는데, 그러한 정체성이 공동체 안에서 '인정'되어야 인간은 자기실현의 사회적 조건을 확보하게 된다. 인간은 그러한 사회적 인정을 얻기 위해 투쟁해야 하는데, 그것이 바로 인정투쟁이다. 악셀 호네트/문성훈·이현재 옮김, 『인정투쟁: 사회적 갈등의 도덕적 형식론』(서울: 사월의책, 2011), 212-246.

를 비판하고 극복하려고 하는 것은 물론 당연한 일이다. 그러나 집단주의와 함께 공동체주의마저 내버릴 태세를 보이는 것이 문제다.

2) 공동체를 중시하는 사람들은 공동체 정신으로 나홀로족 문화와 멘탈리티에 대응하자고 주장한다. 그들은 해체된 가족의 회복이 먼저 해결되어야 할 과제라고 생각한다. 그러나 문제는 그렇게 간단하지 않다.

나홀로족이 증가하는 것은 가족의 개념이 크게 바뀌고 있다는 것을 뜻한다. 전통적 가족의 위계질서와 권위주의는 이미 흔들렸고 결혼과 출산으로 형성되는 혈연적 가족은 감소하고 있다. 가족을 위해 개인이 일방적으로 희생되고 과도한 부담을 지는 것은 받아들일 수 없는 일로 여겨진다. 개인의 독립과 자아실현을 위해 사람들은 가족을 떠나거나 아예 가족을 창설할 생각조차 하지 않는다. 그러한 추세는 가족을 회복하여야 한다고 주장한다고 해서 쉽게 뒤집히지 않을 것이다. 가족의 회복은 가족 관계에 여전히 남아 있는 남성중심주의와 가부장주의 그리고 집단주의 성향을 불식하는 과제의 해결과 맞물려 이루어질 것이고, 따라서 오랜 시간이 걸릴 수 있다. 그런 점을 고려한다면 1인 가구나 나홀로족의 증가에 현실적으로 대응하는 것이 먼저다.

1인 가구와 나홀로족이 많이 증가하고 있지만, 사람들의 인식과 관행은 4인 가족을 표준으로 삼는 핵가족 시대에 머물러 있다. 사회 제도와 정책도 대부분 가족 단위를 기본으로 설정함으로써 제도와 정책의 혜택에서 나홀로족은 배제되거나 차별을 감수해야 한다. 예를 들면 정부의 주택 공급 제도는 결혼 여부와 자녀 수를 청약 가점의 기준으로 삼기 때문에 1인 가구의 나홀로족은 청약 혜택에서 불이익을 받는다. 일과 삶의 균형을 지향하는 워라밸39 지원 사업을 한국에서 '가족 친화 지원 사업'이라 부르는 것도 가족 중심의 행정 사례로 볼 수 있다. 1인 가구

공동체, 동거 가족, 미혼부/모, 자발적 비혼부/모 등과 같이 결혼과 혈연과 입양으로 맺어진 '정상 가족'으로 인정받지 못하는 사람들은 병원에서 법적 보호자의 자격을 얻지 못하고 직장의 돌봄 휴가 제도에서 배제당한다. 이처럼 전통적인 핵가족 개념에 바탕을 두고 설계된 제도와 관행은 여전히 살아남아 있다. 1인 가구와 나홀로족이 늘어나는 것이 현실이고 그 추세가 쉽게 변하지 않으리라고 전망된다면, 그러한 제도와 관행은 현실에 맞게 바뀌어야 한다.

3) 1인 가구와 나홀로족이 늘어난다고 해서 가족 공동체의 결속과 정서적 안정에 대한 사람들의 욕구마저 사라진 것은 아니다. 결혼과 출산이 기피되더라도 파트너 관계는 여성과 남성, 동성 혹은 퀴어 파트너 관계 등으로 다양하게 창설되고, 혈연 가족을 넘어서서 공동체 관계의 친밀함과 상호 돌봄을 주고받는 생활 공동체는 계속 만들어지고 있다.[40] 아래서는 구체적 사례를 두 가지 들어본다.

전라북도 전주시에 있는 '비비'('비혼들의 비행'의 줄임말)는 비혼 여성

---

39 '워라밸'은 'Work and Life Balance'의 줄임말이다. 일과 삶의 균형이라는 뜻으로 쓰인다.

40 2016년 서울시가 제정한 「서울특별시 사회적 가족도시 구현을 위한 1인 가구 지원 기본 조례」에서 '사회적 가족'은 '혈연이나 혼인 관계로 이루어지지 않은 사람들이 모여 취사, 취침 등 생계를 함께 유지하는 형태의 공동체'를 의미하는 개념이다. 서울특별시 의회의 위탁을 받아 서울시 사회적 가족 실태와 차별 사례를 연구한 가족구성권연구소는 '사회적 가족'을 동거 사회적 가족, 주거 공동체 지향 사회적 가족, 네트워크 지향 사회적 가족 등의 유형으로 분류했다. 동거형은 '서로 돌보는 동반자 관계로 사회적 가족을 구성한 유형'으로서 '이성 커플과 퀴어 커플뿐만 아니라 2인 친구 가족 등'이 속하고, 주거공동체 지향형은 '협동조합주택이나 셰어하우스, 그룹홈 등 자발적으로 주거를 함께 하면서 살아가며 사회적 가족을 구성한 유형'이고, 네트워크 지향형은 '공동 주거의 방식은 아니지만, 생활을 공유할 수 있는 지역사회 영역에서 가족의 소속감으로 연결된 방식으로 서로 돌봄을 수행하는 사회적 가족'의 유형이다. 서울특별시 의회·가족구성권연구소, 「서울시 사회적 가족의 지위 보장 및 지원방안 연구」(2019, 발간 등록 번호: 51-6110100-000139-01), 15.

1인 가구가 모여 만든 생활 공동체이다. 구성원 6명은 2003년 한 여성단체의 소모임에서 만난 뒤 2006년부터 함께 살게 되었다. 그들은 "함께 했기 때문에 개인으로 살 수 있었다"는 한마디 말로 그들이 함께 살아가는 이유를 설명했다. 그들이 창설한 생활 공동체가 비혼 여성에 대한 차별에 맞서는 '정서적 울타리'가 되고 두려움과 불안에 대응하는 '안전 망'의 역할을 함으로써 비혼 여성으로서 살아가는 삶이 가능했다는 것이다. '따로 그리고 함께' 살아가는 그들에게 서로 돌보고 지지하는 관계가 가족을 대신한 셈이다.[41]

경기도 여주시 금사면 주록리에 있는 '노루목향기'는 일흔두 살 동갑내기 할머니들이 함께 살아가는 생활 공동체이다. 2008년 비혼 여성 두 사람이 동거하다가 2017년 남편을 사별하고 자녀가 결혼한 뒤 독거 중인 기혼 여성 한 사람이 합류했다. 함께 어울리다가 동거하기 시작한 세 사람은 성격과 라이프 스타일이 제각각 다르지만, '서로 돌봄'이 공동체 생활의 동력이 되었다. 그들은 식사, 간병, 해외 여행 등 혼자라면 어려울 일을 함께라서 할 수 있었다고 했다. 그들은 노후에 양로원 생활을 하는 것보다 서로 보살피고 함께 즐기는 결이 있는 생활 공동체에 만족했다.[42]

앞의 사례 중 '비비'는 비혼 여성들이 독립적이고 안전한 개인으로 살아가기 위해 공동체를 형성했고, '노루목향기'는 노년기 비혼 여성들이 노후의 삶을 서로 돌보고 즐기기 위해 형성하여 공동 거주와 공동생활을 하고 있다. 그러한 생활 공동체는 우리나라만이 아니라 해외 여러

---

41 임재우, "비혼여성 정체성 공유하며 19년 동고동락," 「한겨레신문」 (2021. 5. 13.), https://www.hani.co.kr/arti/society/women/994967.html (2024. 10. 4. 다운로드).

42 백소아, "72살 친구 셋, 요양원 대신 한집에 모여 살기… 가장 좋은 점은," 「한겨레신문」 (2024. 9. 16.), https://www.hani.co.kr/arti/society/society_general/1158587.html (2024. 10. 1. 다운로드).

나라에서도 나타난다.[43]

참고로 함께 거주하고 일상을 공유하는 생활 공동체를 창설하지 않더라도 나홀로 청년들을 중심으로 각자 준비한 음식을 함께 먹는 공유 식탁이 차려지기도 하고, 취미와 관심, 고민과 정보를 서로 나누는 신앙 공동체도 속속 등장하고 있다. 2006년 창립한 선한목자젊은이교회는 '가족 중심의 교회 운영'보다 나홀로 청년들에게 '가족이 되어주는 교회'를 지향하고 있다.[44]

4) 앞에서 살펴본 바와 같이 생활 공동체, 공유 식탁, 가족이 되어주는 교회 등 가족을 대신해서 다양한 공동체가 나타나는 것은 사람들이 공동체 관계가 주는 정서적 안정감과 상호 돌봄이 필요하다는 것을 알고 있기 때문이다. 사람들이 원자처럼 뿔뿔이 흩어지고 고립된 사회에서 나홀로족이 고립·분산된 삶에서 벗어나 대안적 공동체를 형성하며 사회적 연결을 모색하는 것이다.

지난 2020년부터 3년 이상 지속된 코로나19 팬데믹 상황은 한국 사회뿐 아니라 세계적으로 공동체적 가치를 성찰하는 계기였다. 그 기간에 생명을 보호하고 안전을 지키기 위해 어쩔 수 없이 받아들여야 했던 고립과 단절의 경험은 무엇보다 삶의 상호 연결성과 상호 돌봄의 의미를 새롭게 인식하게 했다. 나홀로족은 홀로 살아가는 삶을 살아가고 있지만, 그 누구도 다른 사람과 연결된 삶에서 벗어날 수 없고 서로 돌보는 관계

---

43 홈셰어링은 이미 주거비가 비싼 지역에서 확산하고 있으며, 서로 연관이 없는 5인 이상이 목적을 공유하며 모이는 공동체(intentional community)도 늘어나는 추세다. UN 경제사회국 인구과는 주거비를 절약하고 외로움을 해소한다는 장점을 들어 노년기 독신들의 공동 주거를 제안했다.

44 김수연, "핵가족 시대, 교회는 단절 해소하는 '사회적 가족'," 「아이굿뉴스」 (2018. 10. 30.), http://www.igoodnews.net/news/articleView.html?idxno=58117 (2024. 8. 30. 다운로드).

를 떠나 살 수 없다. 따라서 누구나 돌봄이 필요한 존재라는 말은 단절과 고립이 깊을수록 더 절실하게 와 닿는다.

나를 필요로 하는 누군가에게 관심을 갖고 보살피면서 즐거움과 보람을 느끼는 것은 인간의 보편적인 욕구이자 행복감이다. 마찬가지로 인간은 자신의 현실적 요구에 대해 누군가가 관심과 필요한 도움을 주기를 기대하고 그런 혜택을 입게 되면 기쁨과 만족감을 누린다. 이렇게 주고받는 돌봄 관계는 인간의 생존과 사회적 관계에 필수적이고 중요한데, 위계나 권력에 의해 돌봄 대상을 고정화되는 경우 문제가 발생한다. 부모의 돌봄이 소중한 아이도 언젠가는 고령의 부모를 돌보는 성인이 되고, 질환이나 장애로 돌봄의 도움을 받는 사람도 상황에 따라서 다른 환자나 장애인에게 돌봄을 제공할 수 있지 않은가. 우리는 누구나 돌봄이 필요한 존재다.[45]

최근 다양한 형태로 나타나는 공동체는 많은 것을 시사한다. 서로 다른 개인들이 만들어 가는 공동체의 실험은 역사적 가족제도에서 나타났던 가부장과 남성 중심의 서열화와 권위주의, 고정된 성역할, 편중된 책임과 일방적인 희생을 지양한다는 점에서 가족의 미래를 선취하고 있으며, 개인의 주권적 자유를 존중하고 보호하면서 공동체 관계를 형성해야 할 큰 과제가 우리 앞에 여전히 남아 있음을 상기시킨다. 공동체주의는 집단주의와 개인주의를 넘어서서 사회적 결속을 이루어 가는 방향을 가리키고 있다는 점에서 여전히 살아있는 사상이다. 문제는 공동체주의를 생활 공동체 창설, 공유 식탁, 홈셰어링, 사회적 가족 등과 같이 국지

---

45 임희숙, "돌봄 위기와 극복에 대한 여성신학적 성찰," 「신학과 교회」 19 (2023/여름), 238.

적인 차원에서 실현하는 데 그치지 않고 전 사회적 차원에서 구현할 방
안을 찾을 수 있는가일 것이다.

V. 소결

나홀로족 문화와 멘탈리티의 확산에 대한 한국 사회의 대응은 크게
개인주의자의 길, 영성 회복의 길, 성찰적 개인화의 길, 공동체주의자의
길 등으로 분류된다.

1) 개인주의를 옹호하는 사람들은 나홀로족이 한국 역사에서 처음으
로 개인의 주권적 자유를 대변했다는 점을 긍정적으로 평가하지만, 나홀
로족이 자기만 아는 이기주의자가 되지 않고 건전한 개인주의자가 되어
야 한다고 권고한다. 이기주의자는 자기 안에 유폐되어 자기 바깥의 모
든 것을 수단으로 삼아 이익을 추구하는 데 골몰하지만, 개인주의자는
자기 자신에게 충실하되 자기 바깥의 사람들에게 공감하고 공동체 관계
를 형성할 마음과 역량을 갖춘 사람이다. 나홀로족이 남의 시선과 기대
에 휘둘려 타인의 나로 살아가지 않고 진정한 나로 살아가려면 '미움받
을 용기'를 감수해야 하지만, 나르시시스트가 되어서도 안 된다. 나르시
시즘은 나홀로족이 빠져드는 가장 무서운 함정이다. 나르시시스트는 자
신이 특별한 자라는 자기도취에 빠진 채 타인을 냉혹하게 지배하려는
성향을 감출 수 없다. 나르시시즘은 그것에 사로잡힌 당사자를 위험에
빠뜨릴 뿐만 아니라 나르시시스트가 점점 더 많아지는 사회 전체를 위기
에 빠뜨린다. 따라서 나홀로족이 공감 능력과 공동체 능력이 있는 개인
주의자가 되려면 나르시시즘에서 벗어나야 하고, 부모는 자식을 '특별한

나'로 키우지 않고 '관계적 자아'로 자녀를 키워서 자식이 나르시시스트 성향을 보이지 않게 해야 한다.

2) 나홀로족이 빠져드는 외로움의 문제에 영성 회복으로 대응하자고 주장하는 사람들은 단절과 고립에서 벗어나 연결과 관계로 나아갈 것을 강조한다. 외로움은 개인의 건강을 해치고 사회적 관계를 어렵게 하고 파괴적인 행위에 나서게 하는 위험한 사회적 질병이 되었다. 외로움은 '고립'에서 비롯되며 현대인은 '고립'을 강제 당하고 있다. 핸드폰과 소셜 미디어의 '비접촉 연결'은 인간의 소통 능력을 퇴화시키고, 비용을 절감하기 위해 도입되는 자동화는 인간 접촉을 사라지게 하고, 비대면 첨단기술은 사생활과 직장에서 인간 행위를 감시하여 상호 신뢰를 상실하게 만든다. 그러한 접촉의 상실은 진정한 자기의 모습을 다른 사람들에게 노출하고 다른 사람들과 내면적으로 교류하며 연대할 기회를 차단한다. 따라서 고립과 외로움에서 벗어나려면 '진정한 자기 자신을 버리지 않으면서도 사람들과 함께 있는 법'을 배워야 한다. '만물의 유기적 연결'을 강조하는 오랜 전통의 기독교 영성은 나와 나 자신, 인간과 인간, 인간과 자연, 인간과 하나님의 관계를 깨뜨리고, 사람을 고립과 외로움에 빠뜨리는 우리 내면의 어두운 측면을 직시하고, 이상화된 나에게 집착하여 실제의 나를 만나지 못하고 진정한 나의 모습으로 다른 사람을 만나지 못하는 상태에서 벗어날 용기를 가지라고 가르친다. 각기 다른 언어로 분열된 사람들이 차이와 다름을 넘어서서 서로 소통하게 하는 성령의 활동을 강조하는 환대의 신학은 사람들이 차이와 다름을 두려워하여 관계를 단절하고 스스로 고립하면서 외로움을 겪는 고통에서 벗어나 서로 바라보고, 돌보고, 연결하고, 관계를 회복하라고 권유한다.

3) 나홀로족의 등장을 개인화 과정의 산물로 보는 사람들은 성찰적 개인화를 통해 '다원적 개인주의'를 구현할 것을 제안한다. 한국 사회에서 압축적으로 진행된 개인화가 가져온 해방과 위험의 양면성을 직시하고 개인의 자유를 계속 최대한 확장하면서 다양한 시민 정치를 통해 다원주의적 사회를 이루어 가자는 것이다. 그것은 충분히 의미 있는 제안이지만, 그 제안의 내용은 아직 구체적이지 않다. 한국 사회에서 자기를 중심에 놓고 자기를 우선시하는 개인이 탄생하여 개인의 자유를 최대한 확장하려고 하는 것은 처음 있는 일이고 그 추세는 되돌릴 수 없다. 문제는 그러한 개인이 사회적 결속을 해체하여 개인의 자기실현이 결국 질곡에 묶이게 된다는 것이다. 그러한 질곡을 풀어서 개인의 자유를 최대한 실현하면서 사회적 결속을 강화하는 방안을 마련하는 것이 한국 사회의 중요한 과제이다. 성찰적 개인화의 길로 가자고 하는 사람들은 그러한 방안에 관한 구체적인 논의를 하는 데까지 나가지 않고 있다.

4) 나홀로족 문화와 멘탈리티의 확산에 공동체주의적 대응을 제안하는 사람들은 공동체주의를 한편으로는 원자화된 개인을 전제하는 개인주의와 구별하고, 다른 한편으로는 개인을 집단으로 흡수하여 개인을 희생시키는 집단주의와 구별한다. 개인은 공동체 안에서 현존하지만, 공동체는 개인의 자유와 권리와 의지를 둘러싼 인정투쟁을 통해 형성되고 유지된다는 것이다. 그러한 공동체주의는 개인의 자유와 독립을 존중하면서 사회적 결속을 강화할 수 있는 안목과 논리를 제공한다. 최근에는 그러한 공동체 정신에 따라 비혼자 공동체, 독거노인 공동체, 사회적 가족 등 다양한 생활 공동체가 형성되고 있으며 공유 식탁, 이웃이 되는 교회 등 다양한 공동체 관계가 만들어지고 있다. 그것은 원자화된 사회에서 고립된 개인들을 서로 연결하고 서로 돌보는 관계를 형성하려는

시도이다. 문제는 공동체주의를 구현하는 국지적 실험을 하는 데 그치지 않고 공동체주의를 사회 전체에 확산할 방안을 찾는 것이다.

맺음말

제4부에서는 한국에서 나홀로족이 등장하게 된 사회정치적 조건을 분석하고, 나홀로족 문화와 멘탈리티의 특성을 파악하고, 그러한 나홀로족 문화의 확산에 대응해서 어떤 방안이 논의되고 있는가를 규명하였다. 그 논의 내용을 간추리면 아래와 같다.

1) 1장에서는 한국에서 나홀로족이 등장한 사회적 조건을 분석했다. 나홀로족은 외환위기 이래로 한국 사회에 깊이 뿌리를 내린 신자유주의적 경제체제, 가족의 해체, 노동조합의 약화, 사회국가의 최소화 등 여러 요인으로 인해 등장했다.

(1) 신자유주의적 경제 체제가 한국 사회에 깊이 뿌리를 내리면서 무한경쟁과 승자독식이 자리를 잡고, 사회적 양극화가 심화하고, 고용 사정이 악화하고, 가족의 해체가 가속했다. 신자유주의는 한국 사회의 전통적 가족주의와 권위주의의 기반을 무너뜨렸고 한국 사회와 문화를 능력주의로 재편했다.

(2) IMF 이후 가족의 해체는 급속도로 진행되었다. 가족의 해체는 결혼율, 이혼율, 출산율, 남녀 취업률, 1인 가구 증가율 추이 등의 분석을 통해 확인할 수 있다. 가족의 해체는 가족주의와 가부장주의가 강했던 한국 사회에서 중요한 의미가 있다.

한국에서 1960년대 중반부터 전개된 산업화와 도시화는 핵가족이 지배적인 가족 형태가 되게 했다. 1990년대에는 대졸 여성들이 많이 늘었다. 여성의 노동시장 참여가 늘어나 맞벌이 부부가 증가했고, 핵가족에서 성역할 분담을 둘러싼 갈등이 커졌고, 성평등의식이 확산하였다. 1997년 외환위기 이후 실업과 고용불안은 많은 가정을 불화와 해체로 이끌었고 이혼이 증가했다. 취업, 소득, 경력 관리 등 여러 요인이 복합적으로 결합하여 비혼을 선택하거나 결혼했더라도 출산을 포기하는 사람들이 늘어났고 1인 가구가 극적으로 증가했다. 2005년 가족법 개정에 따라 호주제가 폐지되면서 가부장 중심의 가족주의는 제도적 기반을 잃었다.

(3) 외환위기를 겪으며 한국 사회는 대량 실업, 노동시장의 유연화, 사회적 양극화 등으로 인해 큰 고통을 겪었다. 특히 여성들은 기업에서 가장 먼저 해고되었고, 대부분 비정규직으로 고용되었으며, 정규직 고용의 경우 임금과 승급에서 차별당했다. 사업장 중심으로 짜인 노동조합 운동은 그러한 사태 발전에 대응할 수 없었고, 노동조합은 노동계급을 결속하고 노동자들의 권익을 실현할 역량을 발휘하지 못했다.

(4) 1997년의 외환위기 이후 한국의 복지 체제는 발전주의적 복지 체제에서 신자유주의적 복지 체제로 전환했다. '노동 연계 복지'에 바탕을 둔 국민기초생활보장제도는 오늘에 이르기까지 한국 복지 체제의 중심을 이루고 있다. 국민기초생활보장제도는 사회국가가 최소한의 수준에서 활동하도록 설계된 제도이다.

(5) 가족의 해체, 노동조합의 약화, 사회국가의 최소 활동 등이 나타나는 신자유주의 체제에서 사람들은 자기 앞가림을 자기가 해야 한다고 인식할 수밖에 없었고, 자기를 중심에 놓고 자기를 우선시하는 태도를 보이지 않을 수 없었다. 그렇게 해서 나홀로족이 등장하게 되었다.

2) 2장에서는 한국에서 나홀로족의 등장이 갖는 의미를 논하고, 나홀로족 문화와 멘탈리티의 특성과 문제를 다루었다. 그 내용을 요약하면 다음과 같다.

(1) 한국에서 나홀로족의 등장은 양가적인 의미가 있다. 한편으로 나홀로족은 가족주의, 공동체주의, 민족주의, 국가주의가 과잉 상태였던 한국 사회에서 개인이 공동체에 앞선다는 의미의 개인주의가 탄생했음을 알렸다는 점에서 긍정적이다. 다른 한편으로 나홀로족은 각자도생의 삶이 가져다 주는 불안으로 인해 나르시시즘, 능력주의, 부족주의, 초개인주의 성향을 보인다는 점에서 부정적이다.

(2) 외환위기 이후 신자유주의적 경쟁 체제가 자리를 잡으면서 각자도생은 개인의 생존 전략이 되었다. 각자도생은 그러한 삶을 살아가는 개인에게 불안과 외로움을 가져다 주고, 그들이 자기 계발 강박에 사로잡히고 나르시시즘에 빠지게 하는 경향이 있다.

(3) 신자유주의적 경쟁 체제는 능력주의를 공정과 정의의 잣대로 내세운다. 능력주의는 사람들을 능력과 업적 경쟁에 사로잡히게 하고 자기를 무한정 착취하며 탈진하게 만든다. 능력주의는 사회적 지위와 보수가 능력과 업적에 따라 공정하게 분배되었다는 환상을 통해 사회적 불평등을 정당화하는 이데올로기이다. 능력주의는 신자유주의적 교육 체제에서 구현되었고, 그 교육 체제는 능력주의에 사로잡힌 인간을 능력 사회에 공급하는 기능을 하고 있다.

(4) 나홀로족 문화와 멘탈리티는 부족주의적 성향을 강하게 띤다. 부

족주의적 정체성 집단은 내부적 결속과 외부적 배타성을 취하며 내부와 외부를 향한 타자화 논리를 따른다. 부족주의는 가족이기주의와 연고주의에서 나타나고 다양한 정체성 집단들에서 작용한다. 부족주의는 소비 영역에서 소비 부족주의의 양태를 띤다. 소비 취향과 소비 감각을 매개로 해서 강화되는 소비 부족주의는 디지털 소비 자본주의와 결합해서 소비 강박과 소비 중독을 조장한다.

(5) 정보통신기술의 발전과 정보화의 확산은 한국 사회를 초연결사회로 변화시켰고 '연결된 개인'을 탄생시켰다. SNS는 사람들을 항시 접속 상태에 있게 하지만, '동일성에 대한 과잉 접속과 타자성에 대한 과잉 단속'을 촉진해서 사람들이 차이를 인정하고 존중하는 태도를 기르거나 서로 다른 의견을 조정하여 합의를 이루어 가는 민주적인 담론 역량을 형성하기 어렵게 한다.

3) 제3장에서는 나홀로족 문화와 멘탈리티의 확산에 다양한 대응을 검토했다. 개인주의자의 길, 영성 회복의 길, 성찰적 개인화의 길, 공동체주의자의 길 등이 그것이다.

(1) 개인주의를 옹호하는 사람들은 나홀로족이 한국 역사에서 처음으로 개인이 공동체에 앞선다고 의식하고 개인의 자유를 대변하였다는 점을 긍정적으로 평가하지만, 나홀로족이 자기만 아는 이기주의자가 되지 않고 건전한 개인주의자가 되어야 한다고 권고한다. 개인주의자는 자기 자신에게 충실하되 자기 바깥의 사람들에게 공감하고 공동체 관계를 형성할 마음과 역량을 갖춘 사람이다. 나홀로족이 공감 능력과 공동체 능력이 있는 개인주의자가 되려면 나르시시즘에서 벗어나야 한다.

(2) 나홀로족이 빠져드는 외로움의 문제에 영성 회복으로 대응하자고 주장하는 사람들은 고립과 단절에서 벗어나 연결과 상호 돌봄으로 나아갈 것을 권유한다. 외로움은 개인의 건강을 해치고, 사회적 관계를 어렵게 하고, 파괴적인 행위에 나서게 하는 위험한 사회적 질병이 되었다. 핸드폰과 소셜 미디어, 자동화, 비대면 첨단기술 등의 환경은 사람들을 쉽게 고립과 외로움에 빠져들게 한다. 오랜 전통을 지닌 기독교 영성은 그러한 고립과 외로움에서 벗어나기 위해 외로움의 근원에 가로 놓인 자기 내면의 어두운 측면을 직시하고 진정한 나의 모습으로 다른 사람을 만날 용기를 낼 것을 권유한다. 환대의 신학은 차이와 다름을 두려워하여 관계를 단절하고 스스로 고립하면서 외로움을 겪는 고통에서 벗어나 서로 연결하고 돌보는 관계를 형성할 것을 제안한다.

(3) 나홀로족의 등장을 개인화 과정의 산물로 보는 사람들은 성찰적 개인화를 통해 '다원적 개인주의'를 구현할 것을 제안한다. 그것은 충분히 의미 있는 제안이지만, 그 제안의 내용은 아직 구체적이지 않다. 한국 사회에서 자기를 중심에 놓고 자기를 우선시하는 개인이 탄생하여 개인의 자유를 최대한 확장하려고 하는 것은 처음 있는 일이고 그 추세는 되돌릴 수 없다. 한국 사회의 과제는 개인의 자유를 최대한 실현하면서 사회적 결속을 강화하는 방안을 마련하는 것이다.

(4) 나홀로족 문화와 멘탈리티의 확산에 공동체주의적 대응을 제안하는 사람들은 공동체주의를 한편으로는 원자화된 개인을 전제하는 개인주의와 구별하고, 다른 한편으로는 개인을 집단으로 흡수하여 개인을 희생시키는 집단주의와 구별한다. 공동체주의는 공동체 관계가 인정투쟁을 통해 형성되고 유지된다고 보기에 개인의 존엄성과 자유와 권리를

존중하면서 사회적 결속을 강화하는 안목과 논리를 제공한다. 최근 다양하게 창설되는 생활 공동체와 공유 식탁, 이웃이 되는 교회 등은 그러한 공동체주의를 실현하고자 하는 실험으로 볼 수 있다. 문제는 그러한 실험과 시도를 통해 공동체주의를 국지적으로 실현하는 데 그치지 않고 공동체 정신에 따라 사회 전체를 재구성하는 방안을 찾는 것이다.

제5부

✦

독일과 한국의 나홀로족 담론에 관한 문화신학적 평가

머리글

　본서의 마지막 부분인 제5부에서 필자는 문화신학적 관점에서 독일과 한국에서 나홀로족이 등장하고 나홀로족 문화와 멘탈리티가 확산하는 과정에 대한 본서 제1부, 제2부, 제3부, 제4부의 분석에 근거해서 독일과 한국 학계에서 이루어진 나홀로족 담론을 검토하고자 한다. 그러한 검토 작업은 크게 두 단계로 이루어진다. 첫 단계에서는 문화신학의 과제와 관점을 제시한다. 둘째 단계에서는 문화신학적 관점에서 독일과 한국에서 전개된 나홀로족 대응 담론을 분석하고 평가한다.

　제1장에서는 문화신학의 과제와 관점을 제시하는 첫 단계의 작업을 진행한다. 문화신학에는 여러 가지 유형이 있기에 필자는 리처드 니버(Helmut Richard Niebuhr, 1894~1962)의 문화신학 유형론을 검토한 뒤에 궁극 이전의 것과 궁극적인 것의 긴장 관계를 생동적으로 파악한 디트리히 본회퍼(Dietrich Bonhoeffer, 1906~1945)의 신학을 참조하여 필자 나름대로 문화신학의 과제와 관점을 가다듬을 것이다. 필자는 나홀로족의 등장이 개인의 자유와 사회적 결속을 어떻게 결합할 것인가 하는 근본적인 문제를 제기했다고 보고 개인과 공동체의 관계에 관한 성서적-신학적 이해에 근거하여 그 문제에 접근하고자 몇 가지 관점을 제시한다.

　제2장에서는 독일과 한국 학계에서 이루어진 나홀로족 담론을 문화신학적 관점에서 살피는 둘째 단계의 작업을 진행한다. 독일과 한국에서는 개인과 공동체의 관계가 발전해 온 역사적인 과정이 다르고, 나홀로족이 등장하는 사회정치적 배경이 다르고, 나홀로족이 보이는 문화와 멘탈리티에 대한 독일 학계와 한국 학계의 대응이 여러 가지 점에서 차

이를 보이기에 필자는 둘을 서로 직접 비교하는 방식이 무리하다고 보고 각각 분석하는 방식을 택하고자 한다.

1장
나홀로족 문화에 대한 문화신학적 접근

교회가 나홀로족 문화와 멘탈리티를 살피고 나홀로족의 등장이 불러일으킨 개인의 자유와 사회적 결속의 결합 문제에 제대로 대답하려면 그 모든 문제를 바라보는 신학적 관점을 명확히 가다듬어야 한다. 문화를 다루는 신학의 분과는 문화신학이다.

그동안 문화신학의 과제와 관점은 다양하게 설정되어 왔기에 필자는 이제까지 제시된 여러 의견을 검토한 뒤에 필자 나름대로 문화신학의 과제와 관점을 설정하고 나홀로족의 문화와 멘탈리티에 접근하는 통로를 열고자 한다. 나홀로족의 등장이 개인의 자유와 사회적 결속을 어떻게 결합해야 하는가의 문제를 던졌기에, 교회가 그 문제를 풀기 위한 실마리는 개인과 공동체의 관계에 관한 문화신학적인 이해에서 찾아야 할 것이다.

I. 문화신학의 과제와 관점

문화신학은 한마디로 교회가 문화를 이해하고 문화 형성에 개입하는 관점과 방법을 연구하는 신학의 한 분과이다. 교회는 예수 그리스도를 주(主)로 고백하는 사람들의 모임이다. 예수 그리스도는 교회의 주일 뿐만 아니라 세상의 주이기도 하다. 세상의 주는 세상을 다스리는 자라는 뜻이니, 세상은 주의 통치 영역이고, 따라서 세상을 살아가는 사람들이 일구는 문화 역시 예수 그리스도의 통치 영역이다. 예수 그리스도의 통치는 엄밀하게 말하면 삼위일체 하나님의 통치이다. 삼위일체 하나님의 통치는 하나님이 예수 그리스도 안에서 성령을 통하여 세상을 다스린다는 것을 함축하는 표현이다. 문화신학은 하나님이 그리스도 안에서 성령을 통하여 세상을 창조하고 구원하고 완성하는 구원사의 빛에서 세상을 보고 문화를 살핀다.

이제까지 문화신학은 여러 신학자에 의해 다양하게 전개되어 왔다. 잘 알려진 바와 같이 리처드 니버는 교회가 문화를 대하는 방식을 다섯 가지 유형으로 분류했다. 그의 유형화는 그리스도와 문화의 관계에 관한 교회의 인식에 초점을 맞추었다. 문화에 대립하는 그리스도, 문화의 그리스도, 문화 위에 있는 그리스도, 문화와 역설적인 관계를 맺는 그리스도, 문화의 변혁자 그리스도가 그것이다.[1] 문화에 대립하는 그리스도를 주장하는 것은 근본주의 성향의 교회이다. 세상과 문화가 죄로 인해 속속들이 썩어서 하나님의 심판을 받아 사라지리라고 믿는 근본주의자들은 문화를 형성하는 데는 관심이 없다. 교회와 세계, 교회와 문화 사이에는 적대적 단절이 있을 뿐이다. 니버는 고대 라틴 교부 테르툴리아누스(Quintus Septimius Florens Tertullianus, 155~240)가 그러한 문화신학을 가장 먼저 또렷하게 제시했다고 본다.

문화의 그리스도를 주장하는 교회는 자유주의적 성향을 띤다. 그러한 교회는 세상과 하나님 나라가 연속선상에 있다고 생각하고 문화를 형성하고 발전시키다 보면 시나브로 하나님 나라의 문턱을 넘어선다고

---

1 리처드 니버/김재준 옮김, 『그리스도와 문화』 (서울: 대한기독교서회, 2004), 55-60.

생각한다. 교회와 문화 사이에는 협력의 관계가 성립한다. 그러한 문화신학은 독일 자유주의 신학의 대표자인 알브레히트 리츨(Albrecht Ritschl, 1822~1889)에 의해 가다듬어졌다.

문화 위에 있는 그리스도를 표방한 것은 가톨릭교회이고 그러한 입장의 신학을 체계적으로 발전시킨 신학자는 아퀴노의 토마스(Thomas Aquinas, c. 1224~1274)이다. 자연은 은혜를 통해 완성된다는 신학적 명제가 시사하듯이 그리스도는 문화 위에 있고, 문화는 그리스도를 향해 나아간다. 그것은 교회가 세상에 대한 교도권을 갖는다는 주장으로 이어졌다.

문화와 그리스도의 역설적 관계를 주장하는 교회는 기독교인들이 그리스도 안에서 이미 구원을 맛보고 있지만, 그리스도 바깥에 있는 세상에서 살아가야 하는 엄연한 현실을 받아들인다. 세상은 그리스도 바깥에서 여전히 죄의 지배 아래 있고 그리스도가 다시 올 때까지 존속할 것이다. 교회는 그 세상 안에 머물러 있다. 교회는 그 세상과 섞일 수 없고 그 세상에 대립하지만, 그것을 단순히 부정할 수는 없다. 교회와 세상은 역설적인 긴장 관계를 맺고 있다. 그러한 문화신학적 관점을 처음으로 명료하게 제시한 사람은 사도 바울이고, 이를 정교하게 발전시킨 신학자는 마르틴 루터이다. 마르틴 루터는 교회와 국가를 구별했지만, 분리하지 않았다.

문화의 변혁자 그리스도를 주장하는 교회는 세상이 설사 죄로 인해 타락했다 하더라도 여전히 하나님의 통치 영역이라는 점을 놓치지 않는다. 하나님이 창조한 세상은 하나님의 사랑이 향하는 대상이고, 죄의 지배로 인해 본래의 선함이 일시 가려졌더라도 여전히 하나님이 사랑하는 대상이다. 하나님은 죄의 지배를 물리쳐 세상이 본래의 선함을 회복하게 할 것이다. 교회는 하나님의 문화 변혁에 동참하는 공동체이다. 그것이 변혁 지향적인 문화신학의 관점이며, 니버 자신이 옹호하는 관점이다.

필자는 니버가 분류한 문화신학의 다섯 가지 유형 가운데 넷째 유형과 다섯째 유형을 디트리히 본회퍼의 관점에서 더 가다듬을 필요가 있다고 본다. 본회퍼는 세상과 하나님 나라의 관계를 궁극 이전의 것과 궁극적인 것의 관계로 번역한 뒤에 그 관계를 철저하게 그리스도론적으로 해석하고 종말론적으로 첨예화했다. 세상을 지배하는 죄는 그리스도의 고난과 죽음과 부활을 통해 심판받았다. 죄는 그리스도 안에서 이미 아무것도 아닌 것이 되었다. 설사 죄가 그리스도 바깥에서 여전히 세상을 지배하는 권세를 행사한다고 하더라도 죄와 죄의 모든 권세는 마지막 때에 완전히 종식될 것이다. 그리스도 안에서 '이미'와 그리스도 바깥에서 '아직 아니'를 선명하게 대비시키는 본회퍼는 그러한 대비를 "궁극 이전의 것은 궁극적인 것에 의해 완전히 지양되고 무효가 되었음에도 여전히 존속한다"[2]라는 명제로 표현했다. 그는 마지막 때까지 멸망하지 않고 존속하게 될 세상에서 피조물이 살아가는 모습을 '자연적인 것'으로 명명하고 '자연적인 것'에 관한 유명한 정식을 썼다. "자연적인 것은 타락한 세계에서 하나님에 의해 보존되고 그리스도를 통한 인의와 구원과 갱신을 고대하는 생명의 모습이다."[3] 그러한 신학적 정식을 통해서 본회퍼는 피조물의 삶이 죄에 의해 타락한 세상에서 긍정된다는 점과 피조물의 삶이 그리스도를 통해 하나님과 바른 관계를 맺고 죄로부터 구원받고 새로워지리라는 희망을 품을 수 있다는 점을 강조했다. 따라서 피조물인 인간이 죄의 지배 아래 있는 세상에서 살아가면서 형성하는 문화가 무의미하다고 부정해서는 안 되고, 그 문화가 그리스도를 통한 인의와 구원과 갱신이 필요하지 않을 만큼 완전하다고 터무니없이 생각

---

2 D. Bonhoeffer, *Ethik* (München: Kaiser, 1981), 133.
3 위의 책, 154.

해서는 안 된다. 따라서 니버의 넷째 문화신학 유형과 다섯째 문화신학 유형은 니버가 정식화한 방식으로는 받아들일 수 없다. 둘은 다음과 같이 수정되고 합쳐져야 한다.

예수 그리스도를 주로 고백하는 기독교인들은 이미 그리스도 안에서 구원의 미래를 맛보고 있지만, 그리스도 바깥에 있는 세상에서는 여전히 죄의 지배 아래 있다. 그것이 세상에서 모순 아래 있는 기독교인들의 삶의 모습이다. 아니, 그것은 기독교인들의 삶의 모습만이 아니고 기독교인들까지 포함된 세상 사람들의 삶의 모습이다. 인간은 세상이 죄의 지배 아래 있다고 해서 그 세상을 떠날 수 없다. 인간은 그 세상 안에서 삶을 꾸려나가며 문화를 형성한다. 문화는 타락한 세상에서 하나님이 인간에게 허락한 삶의 방식이다. 사람들이 이 세상에서 형성하는 문화와 그 성취는 궁극 이전의 것이지만, 함부로 부정되어서는 안 된다. 그렇다고 해서 인간의 문화와 그 성취가 마치 궁극적인 것에 이른 듯이 그것을 그대로 인정하고 절대화해서도 안 된다. 세상이 하나님의 통치 영역임을 고백하는 교회는 문화 형성에 참여하는 것을 망설일 필요가 없다. 교회가 문화에 '역설적 긴장 관계'를 맺는 것은 적절하지 않다. 오히려 교회는 어디까지나 궁극 이전의 것이 궁극적인 것을 향해 투명해지도록 문화 비판적인 시각을 가지고 문화 형성에 참여하여야 한다. 그것이 교회가 문화 형성에 대해 취하는 책임 있는 자세일 것이다.

그러한 문화신학적 관점에서 교회는 우리 시대에 사람들이 형성하고 있는 문화를 살피고 문화 형성에 어떻게 개입할 것인가를 가늠해야 한다. 그것은 나홀로족 문화와 멘탈리티에 대해서도 마찬가지다.

II. 문화신학의 관점에서 본 개인과 공동체

나홀로족 문화와 멘탈리티는 문화신학의 중요한 관심사이다. 나홀로족 문화와 멘탈리티의 확산은 독일 사회와 한국 사회에서 개인의 자유와 사회적 결속을 어떻게 결합할 것인가 하는 문제를 풀지 않을 수 없게 만들었다. 조금 더 깊게 파고 들어가면 그것은 개인과 공동체의 관계를 어떻게 설정할 것인가 하는 문제이다.

이미 본서 제2부와 제4부에서 본 바와 같이 개인과 공동체의 관계는 근대 이래 개인주의, 자유주의, 공동체주의, 민족주의, 국민주의, 국가주의 등에서 다양하게 설정되어 왔다. 그 관계가 설정되는 방식에 따라 복잡하고 어려운 문제들이 나타났고, 그 문제들을 해결하기 위해 다양한 실천과 이론이 전개되었다. 문화신학적 관점에서 개인주의, 자유주의, 공동체주의, 민족주의, 국민주의, 국가주의의 문제를 살피고 나홀로족의 등장이 제기한 개인의 자유와 사회적 결속을 결합하는 문제를 푸는 데 교회가 어떻게 이바지할 것인가를 말하려면 개인과 공동체에 관한 성서적-신학적 이해를 명확히 해 둘 필요가 있다.

아래서는 개인과 공동체에 관한 신학적 이해에서 중요한 네 가지 핵심 주제를 다루고자 한다. 인간이 관계 속의 존재라는 점, 인간의 죄성이 관계를 파괴하는 폭력으로 나타난다는 점, 타자화의 논리를 넘어서서 공동체를 탈중심적이고 탈경계적으로 형성해야 한다는 점, 개인의 내면성과 내면적 자유를 중시해야 한다는 점이 그것이다.

1. 관계 속의 인간

인간은 관계 속에서 현존한다. 그것이 성서의 인간 이해에서 가장 두드러지는 점이다. 인간의 창조에 관해 보도하는 창세기 1장 26-27절은 하나님이 사람을 그분의 형상대로 짓되 그들을 여자와 남자로 지었다고 보도한다. 여자와 남자가 하나님의 형상으로 동시에 창조되었다는 것이다. 창세기 1장 28절은 하나님이 첫 사람들인 여자와 남자를 불러 축복한 뒤에 사람들에게 생육하고, 번성하고, 함께 문화를 형성하고, 생태계를 보살피라고 가르쳤다고 전한다.

여기서 주목할 것은 두 가지다. 하나는 사람이 하나님과 대화하고 교류하는 사회적 관계를 맺는다는 것이고, 다른 하나는 사람이 서로 구별되는 둘로 지어졌고 서로 사회적 관계를 맺으며 살아간다는 것이다. 두 가지 사회적 관계의 전제는 구별과 소통이다. 하나님과 인간은 창조주와 피조물로서 서로 구별되고, 둘 사이에는 깊은 존재론적 차이가 있다. 그러한 존재론적 차이에도 불구하고 둘은 서로 교류한다. 그리고 사람은 하나님의 형상으로서는 둘 다 동등하지만, 여자와 남자로서는 서로 구별되고 둘 사이에는 해소될 수 없는 차이가 있다. 그러한 구별과 차이에도 불구하고 사람들은 서로 소통하고 교류한다. 따라서 사람들 사이의 관계는 다름을 매개로 해서 하나가 되는 연합이고, 서로 다름을 인정하고 존중하면서 소통과 교류를 통해 공동체를 이루어 가는 과정이다. 바로 그러한 사회적 관계가 사람들이 함께 종족을 이어가고 문화를 창조하는 공동체 창설의 근거가 된다.

인간의 창조에 관한 이야기를 전해주는 창세기 2장은 사람이 사람과 함께 있어야 외로움을 이길 수 있다는 것을 깨우친다. 하나님은 티끌을 모아 빚은 반죽으로 남자의 형상을 짓고 그것에 숨을 불어넣어 생령(nephesh haja)을 만들었다. 그는 아담이라고 불렸는데, 그것은 그가 흙(adama)으로 빚어졌기에 붙여진 이름이다. 아담은 하나님이 지은 아름다운 정원을 가꾸며 외롭게 지냈다. 하나님은 그가 혼자 있는 것이 좋지 않다고 보고 진흙을 빚어 동물들을 만들어 그에게 보내 동물들의 이름을 짓는 것을 지켜보았다. 그래도 그가 외로워하자 하나님은 그가 자는 동안 그의 갈비뼈 한 대를 뽑아 그것으로 여자의 모양을 빚어 아담에게 그의 짝으로 보냈다. 그때야 아담은 "내 살 중의 살이요, 내 뼈 중의 뼈"라고 기뻐하며 그 여자와 하나가 되었다(창 2:7, 18-25).

이 오래된 이야기에도 주목할 만한 두 가지 모티프가 있다. 첫째, 여자와 남자는 동등한 존재이지만 서로 구별된다는 것이다. 둘은 모두 같은 재료인 흙으로 지어졌고 하나님의 숨이 불어넣어진 생령이라는 점에서 똑같다. 흔히 여자가 남자의 갈비뼈로 지어졌기에 남자에게 종속된다고 생각하는데, 그것은 성서의 오독이다. 아담의 갈비뼈는 아담의 몸에서 왔고 아담의 몸은 흙으로 빚어졌기에 아담의 몸과 하와의 몸은 모두 같은 흙이다. 창세기 2장에는 하와가 빚어지고 난 뒤에 하나님이 숨을 불어넣었다는 언급이 나오지 않지만, 그것은 히브리 운문법의 생략어법에 따라 숨을 불어넣었다는 어구가 생략된 것일 뿐이다. 여자와 남자는 인간 존재로서는 차별받을 것이 없으나, 둘은 서로 구별되고 서로 엄연히 다르다.

둘째, 여자와 남자가 함께 하는 것은 고립과 외로움에서 벗어나서 서로 소통하며 삶의 기쁨을 함께 누리기 위한 것이다. 창세기 2장 18절은 독거와 고립이 하나님 보기에 좋지 않은 일이라고 언급한다. 이것은 매우 중요한 언급이다. 사회적 사귐의 상대가 없는 상태인 고립은 자기 안과 바깥의 교류가 없는 자기 안의 유폐이고 삶의 활력이 고갈된 상태이다. 하나님이 아담에게 동물들을 보내어 그가 동물들의 이름을 짓게 한 것은 아담이 동물들로부터 오는 자극을 자기 안으로 받아들이고 자기 바깥으로 나가서 동물들과 관계를 맺는다는 것을 의미한다. 인간과 환경 사이의 소통이 창설된다는 뜻이다. 그것으로도 부족해서 하나님은 하와를 보내 아담을 고립과 외로움에서 완전히 벗어나게 했다. 아담과 하와는 서로 다른 존재로서 소통하며 하나가 되어 삶의 기쁨이 충만한 공동체를 이루었다.

창세기 1장과 2장은 인간 창조에 관한 서로 다른 두 버전이지만, 그 내용은 거의 유사하다. 사람은 누구나 서로 동등한 존재이지만, 모든 사람은 서로 구별된 존재이고 다른 존재이다. 사람들은 그러한 개별적 차이가 마치 없기나 한 것처럼 모두가 한결같아져야 한다고 말할 수 없다. 여자와 남자가 서로 구별되고 엄연한 차이가 있듯이, 사람들의 차이는 없어지지 않는다. 그런 엄연한 차이가 사람들 사이에 가로놓여 있음에도 불구하고 사람들이 서로 사귀고 공동체를 이루는 것은 그 차이를 인정하고 존중할 수 있기 때문이다. 다른 사람을 향해 자기를 개방하여 그 사람에게서 오는 낯섦을 받아들이고 그 사람에게 반응을 보이는 사람은 자기 안에 유폐될 수 없다. 사람은 세계 개방적인 존재이다. 사람은 세계 개방적인 존재이기에 자기 바깥으로 나가서 자기를 바라볼 수 있고, 다른 사람들을 영접하여 사귈 수 있고, 공동체를 이룰 수 있다. 그렇기에 사람은 관계 속에 있고 다양한 관계를 형성하며 살아간다. 인간과 인간, 인간과 자연, 인간과 하나님, 자기와 내면적인 자기 사이의 관계에서 벗어나 살 사람은 없다.

그러한 성서의 관점에서 볼 때, 개인과 공동체의 관계는 어떻게 이해되어야 하는가? 그것은 개인이 먼저냐, 공동체가 먼저냐를 둘러싼 선후관계 혹은 우선순위를 다투는 문제가 아니다. 개인은 이미 관계적 존재로 규정되었기에, 관계의 망상구조를 벗어난 개인의 추상은 환상일 뿐이다. 개인은 공동체 안에 태어나고 공동체 안에서 살아간다. 개인은 공동체 안에서 다른 사람의 역할 기대에 대응하면서 공동체의 가치관과 규범을 내면화한다. 그렇다고 해서 개인이 공동체에 흡수되는 것은 아니다.

개인은 여전히 공동체 안에서 자기다움을 유지하고, 자기의 자유와 권리와 의지를 다른 사람에게서 인정받으려고 하고, 그러한 인정을 얻기 위해 투쟁한다. 개인은 인정투쟁을 통해 자신을 전개하고, 공동체 관계는 인정투쟁을 통해 건강하게 유지되고 발전할 수 있다. 개인은 공동체 관계에 충실하게 살아가지만, 공동체에 비판적 거리를 취하며 공동체를 성찰할 수도 있다. 그러한 공동체 비판도 인정투쟁의 한 형식이다.

만일 인정투쟁을 허용하지 않는 공동체가 있다면, 그것은 이미 공동체가 아니고 공동체를 참칭한 집단일 것이다. 그러한 집단은 개인을 흡수하고 예속하여 집단의 이익을 위해 희생시키는 집단주의적 성향을 띤다. 그러한 집단주의는 시민이 자신의 자유를 지키고 공화국의 자유를 위해 자발적인 희생을 감수하는 공화주의와는 엄격하게 구별되어야 한다. 그러한 시민의 자유를 전제하지 않고 집단의 이익을 앞세우는 집단주의는 민족의 단결을 내세울 수도 있고, 국민의 결속을 내세울 수도 있고, 국가의 안보를 내세울 수도 있다. 그러한 집단주의를 향해서는 민족과 국민과 국가에 앞서서 개인이 있고, 그 개인의 자유와 권리는 신성불가침이라고 선언해야 한다. 개인주의와 자유주의는 집단의 독재에 맞서는 강력한 무기이고, 그런 한에서 개인주의와 자유주의는 정당하다. 그러나 개인주의와 자유주의는 개개인들이 서로를 향해 자신을 개방하면서 상호주관성을 확장하고 인정투쟁을 통해 공동체 관계를 건강하게 구현한다는 것을 인정할 필요가 있다. 인정투쟁을 통해 공동체 관계를 형성한다는 비전을 공유하지 못하는 개인주의와 자유주의는 개개인의 이익을 최대화하기 위해 공동체적 결속을 아랑곳하지 않는 냉혹하고 공격적인 개인중심주의와 신자유주의라는 비난을 받을 것이다.

2. 관계의 단절과 폭력의 제한: 성서의 죄 이해에서 얻는 통찰

인간이 맺는 여러 가지 관계는 쉽게 파괴되고, 손상된 관계를 회복하기는 어렵다. 창세기 3장은 인간과 인간, 인간과 자연, 인간과 하나님의 관계가 송두리째 무너지고 아담과 하와가 낙원에서 추방되는 이야기를 전한다. 그 내력은 이렇다. 하나님은 에덴동산에 아담을 데려간 뒤에 모든 나무의 열매를 먹어도 좋으나 '선과 악을 알게 하는 나무'의 열매만은 먹지 말라고 분부했다. "그 열매를 먹는 날이면, 너는 반드시 죽는다"는 경고와 함께 말이다(창 2:17). 어느 날 뱀이 "그 나무 열매를 먹으면, 너희의 눈이 밝아지고, 하나님처럼 되어서, 선과 악을 알게 된다"는 말로 하와를 유혹해 열매를 따서 먹게 하고, 하와가 그 열매를 옆에 있는 아담에게 주니 아담도 그 열매를 받아먹었다. 열매를 먹고 난 뒤에 아담과 하와는 자기들의 몸이 벌거벗은 것을 부끄럽게 여겨 나뭇잎으로 몸을 가렸다. 하나님은 자기 명령과 경고를 무시한 아담과 하와를 불러 어찌 된 일인가를 물었다. 그들은 서로에게 핑계를 댔다. 하나님은 그들이 범한 죄를 물어 땅을 저주하여 가시덤불과 엉겅퀴를 내게 하고 아담과 하와를 낙원에서 쫓아냈다(창 3:1-24).

이 널리 알려진 타락 설화를 요약·정리한 까닭은 이 설화 안에 주목할 점이 있기 때문이다. 아담과 하와는 선악과를 따먹음으로써 하나님의 명령을 거역했고, 그 결과 하나님과 인간의 관계는 깨어졌다. 하나님의 계명을 어기고 선악과를 따먹은 뒤에 아담과 하와가 벗은 몸을 가리고 하나님의 질문을 받고서 핑계를 댔다는 것은 아담과 하와가 더는 한 몸을 이루는 친밀한 관계가 아니고 그 관계가 균열하였다는 것을 알려준다. 하나님의 저주를 받은 땅이 가시덤불과 엉겅퀴를 내어 인간과 자연의 관계는 악화하였고, 낙원에서 쫓겨난 인간은 그 자연 속에서 살아가야 했다. 하나님과 인간, 인간과 인간, 인간과 자연의 관계는 송두리째 파괴되었다. 그렇다면 무엇이 그 관계를 파괴했는가?

많은 사람은 타락 설화에 등장하는 뱀을 관계 단절의 원흉으로 지목한다. 그렇게 지목하고 끝난다면 그것은 싱거운 이야기를 하다가 만 꼴이 될 것이다. 뱀이 유혹한 것은 맞지만, 그 유혹에 응한 것은 하와와 아담의 마음이었다. 열매를 먹으면 하나님과 같이 눈이 밝아져 선과 악을 가릴 수 있다는 말에 넘어갔다는 것은 그렇게 하고 싶은 마음이 생겼다는 뜻이다. 하와와 아담은 그들이 하나님의 피조물임을 알았고 그들이 하나님일 수 없다는 것을 알고 있었다. 그러나 아담과 하와는 창조주와 피조물 사이의 엄청난 존재론적 차이를 넘어서서 스스로 하나님이 되고자 했다. 그들은 정신적 능력을 지닌 사람으로서 자기를 초월하여 무한을 추구하는 성향을 지녔고 무한한 것을 얻고자 하는 마음을 억제할 수 없었다. 그들은 엄연히 유한한 피조물로서 무한을 이룰 수 없지만, 그 생각은 그들의 마음에서 사라졌다. 그들이 그 생각을 지운 것이 아니고 무한을 추구하는 마음이 어느 결에 그 마음 자신도 모르게 그 생각을 마음에서 몰아냈다고 말하는 것이 더 정확할 것이다. 이제는 유한한 자가 자기 한계를 넘어서서 무한한 것을 얻겠다는 의지만이 남았다. 그것이 교만이고 성서가 예리하게 포착하고 있는 죄다. 그것은 자기의 것이 아닌 것을 자기의 것으로 삼으려는 완강한 자기주장의 원형이고, 자기의 것이 아닌 것을 지배하고자 하는 폭력의 원형이다. 죄는 마음의 작용을 통해 나타나지만, 마음의 작용 그 자체가 죄는 아니다. 죄는 마음이 교만에 사로잡히게 하는 그 무엇이고, 그 정체는 마음도 알지 못한다. 성서가 뱀을 유혹자로 등장시킨 것은 마음을 동하게 하고 마음이 그것을 억제할 수 없게 하는 그 무엇인가가 있음을 묘사하기 위한 문학적 장치가 필요했기 때문일 것이다. 인간은 죄에 사로잡히고 죄에서 벗어날 수 없다.

그것이 원죄다.[4]

죄가 사람의 마음을 통해 세상에 들어온 뒤에 하나님과 인간, 인간과 인간, 인간과 자연의 바른 관계는 깨어졌다. 인간의 자기주장이 그 관계들을 깨뜨렸고 이제는 폭력이 사람들 사이에 만연한다. 카인이 동생 아벨을 죽이고 난 뒤에(창 4:1-16) 사람들은 죄에 사로잡혀 속속들이 썩었고 온 천지에 폭력이 만연했다(창 5:5, 11-12). 성서는 그러한 폭력의 역사를 끝없이 기록한다. 그러한 폭력이 난무하는 당대의 현실을 비판한 예언자 호세아는 그러한 사태가 하나님과의 관계가 끊어졌기에 벌어진다고 진단했다. 하나님에 대한 지식이 없어지자(호 4:1) 사람들 사이에서 저주, 사기, 살인, 도둑질, 간음, 살육, 학살 등 온갖 형태의 폭력이 끊이지 않고 벌어졌다는 것이다(호 4:2). 그는 거기서 더 나아가 사람들 사이에서 폭력이 난무하기 때문에 "땅은 탄식하고, 주민은 쇠약해지고, 들짐승과 하늘을 나는 새들도 다 야위고, 바닷속의 물고기들도 씨가 마를 것"이라고 말했다(호 4:3). 창세기 3장이 말하는 하나님과 인간, 인간과 인간, 인간과 자연의 삼중적 관계의 파괴와 단절이 죄에 사로잡힌 인간의 폭력으로 인해 끝없이 되풀이되는 것이다.

이 어두운 폭력의 역사를 회상하고 죄가 그 근저에 가로 놓여 있다는 것을 되풀이 확인한다고 해서 세상은 죄와 폭력의 지배에서 벗어날 수 없다는 숙명론을 받아들이자는 것이 아니다. 오히려 정반대다. 세상이 폭력의 지배 아래 있다는 것을 잊지 말자는 것은 폭력으로 깨어진 관계를 바른 관계로 회복하기 위해 최선을 다하자는 뜻이다. 그것은 인간이 죄를 이길 수 있다는 말이 아니다. 인간은 스스로 죄를 이길 수 없음을 받아들여야 한다. 죄는 이미 그리스도 안에서 무효가 되었지만, 그리스

---

4 라인홀드 니버/오희천 옮김, 『인간의 본성과 운명 I』(서울: 종문화사, 2013), 297-314.

도 바깥의 세상에서는 여전히 그 막강한 힘을 휘두른다. 그것을 인식한다면 인간은 자기를 끝없이 주장해서 다른 사람의 의지를 꺾고 다른 사람을 자신의 지배 아래 두려고 하는 의지가 발동할 수 없도록 제한되어야 한다는 것을 받아들이지 않으면 안 된다. 따지고 보면, 그것은 다른 사람이 나의 의지를 꺾고 나를 지배할 수 없도록 억제되어야 한다는 것과 똑같은 이치에서 하는 말이다. 따라서 인간은 상대방의 의지를 지배하려고 해서는 안 된다는 데 동의하고, 그러한 지배가 일어날 수 없도록 억제하는 장치를 마련하는 것에 관해서도 합의하지 않을 수 없다. 폭력의 제한은 사람들이 사회적 관계를 유지하고 공동체 관계를 형성하기 위한 필수적인 장치이며, 그것은 반드시 제도화되어야 한다. 모든 사람이 타인의 지배를 받지 않는 존엄한 인간이고 그러한 존엄한 삶을 살아가는 데 필수 불가결한 자유와 권리가 보장되어야 한다면, 그 자유와 권리의 불가침성은 헌법에 명시되어야 하고 법을 통해 보호되어야 한다. 그것이 여전히 죄의 지배 아래 있는 세상에서 정의를 실현하는 방식이다. 정의는 바른 관계이고, 바른 관계는 그것을 깨뜨리는 폭력을 법과 공권력으로 제압할 때 유지될 수 있다. 그것은 만물이 바른 관계에서 충만한 삶을 누리는 평화에 이르기까지 받아들여야 할 제도다. 칼을 통해 유지되는 정의는 타인을 위해 자신의 모든 것을 내어주는 사랑에 미치지 못한다. 사랑은 정의를 초월한다. 그것을 인식한다면 세상에서 정의를 구현하기 위해 최선을 다한다고 해도 그것으로 충분하다고 오만해서는 안 된다. 정의는 사랑의 '근사치적' 실현일 뿐이고, 그마저도 사랑에 의해 심판받는다는 라인홀드 니버(Karl Paul Reinhold Niebuhr, 1892~1971)의 지적은 정곡을 찔렀다.[5]

---

5 라인홀드 니버/곽인철 옮김, 『기독교 윤리의 해석』, 194 ; 라인홀드 니버/오희천 옮김, 『인간의

3. 탈중심과 탈경계
: 예수의 이웃 사랑과 원수 사랑 계명이 던지는 도전

인간이 형성하는 공동체 관계는 타자화의 논리를 넘어서서 탈중심적이고 탈경계적으로 형성되어야 한다. 그것이 예수의 이웃 사랑과 원수 사랑에 관한 계명에서 얻는 교훈이다. 예수는 하나님이 세상을 다스리기 위해 인간에게 분부한 여러 계명을 두 가지 큰 계명으로 요약했다. 하나는 하나님에 대한 사랑이고, 다른 하나는 이웃 사랑이다. 첫째 계명은 하나님과 인간의 관계와 관련된 계명이고, 둘째 계명은 인간과 인간의 관계를 다스리는 계명이다. 하나님과 바른 관계를 맺어야 다른 사람과 바른 관계를 맺을 수 있다는 뜻이 계명의 순서에 반영된 셈이다.

이웃 사랑의 계명은 "네 이웃을 네 몸과 같이 사랑하라"(마 22:39)는 정식으로 표현되어 있다. 이 정식은 황금률로 알려져 있고 '축의 시대'에 나온 수많은 성현의 가르침에도 나타난다. 공자(B.C. 551~479)는 서(恕)를 강조했다. 다른 사람의 마음을 헤아리고 마음을 함께 나눈다는 뜻이다. 공자는 그런 마음을 염두에 두고 "내가 원하지 않는 것을 남에게 해서는 안 된다"(己所不慾 勿施於人)고 가르쳤다. 묵자(B.C. c. 480~390)는 역지사지(易地思之)와 겸애(兼愛)를 가르쳤다. 다른 사람의 자리에서 생각하고 자기가 속한 울타리 바깥의 사람을 사랑하라는 뜻이다. 석가모니(B.C. c. 560~489)는 만물이 서로 연결되어 있다는 이치에 따라 만물에 대한 자비를 강조했고 자기를 사랑하는 사람은 남을 해쳐서는 안 된다고 가르쳤다. 고대 그리스의 현자들인 탈레스(Thales, B.C. c. 625~547), 이소크라테스(Isokrátes, B.C. 436~338) 등도 남이 자기에게 하는 것을 원치 않는 것을

운명과 본성 II』(서울: 종문화사, 2015), 352.

남에게 하지 말라고 가르쳤다.[6]

그러한 현자들의 가르침과 예수의 가르침을 비교하면, 예수의 이웃 사랑 계명이 능동적으로 표현되었다는 점이 눈에 띈다. 자기가 원하지 않는 것을 타인에게 행하지 않는 것과 남이 원하는 것을 타인에게 행하는 것은 큰 차이가 있다. 여러 성현은 다른 사람이 나에게 행하는 욕설이나 비난을 싫어한다면 나도 다른 사람을 욕하거나 비난하지 말라는 식으로 황금률을 소극적으로 표현했다. 그러한 판단과 행위의 중심은 어디까지나 욕설이나 비난을 싫어하는 자기다. 그와는 달리 "네 이웃을 네 몸과 같이 사랑하라"는 예수의 가르침에서 그 초점은 자기가 아닌 타자이다.[7] 타자가 원하는 것이 먼저 있고, 그것을 헤아리는 마음이 그 뒤를 따른다. 그것이 타자를 향한 사랑이 작동하는 방식이다. '네 몸같이'라는 어구는 그 사랑의 깊이와 강도를 지시한다고 볼 수 있다. 타자에 대한 사랑이 자기 자신에 대한 사랑보다 얕거나 약해서는 안 된다는 뜻이다. 그런 점에서 예수의 황금률은 다른 성현들의 가르침보다 더 근본적이고 더 철저하다. 그런데 예수는 그런 이웃 사랑도 부족하다고 한다. 그는 원수를 사랑하라고 가르쳤다.

예수는 "너희 원수를 사랑하고, 너희를 박해하는 사람을 위하여 기도하라"고 가르쳤다(마 5:44). 원수 사랑의 계명은 예수의 가르침 가운데 가장 이해하기 어렵다고 알려져 있다. 예수의 원수 사랑의 계명이 무엇을 의미하는가를 파악하려면 전후 문맥을 잘 살필 필요가 있다. 예수는 원수 사랑을 가르치기 전에 레위기 19장 18절에 관한 그 당시 사람들의

---

6 위의 설명은 조용훈, "기독교윤리의 관점에서 본 황금률 윤리," 「신학과 실천」 63 (2019), 666f.를 참고한 것이다.

7 조용훈은 레비나스의 '타자를 위한 책임의 윤리'를 참고하면서 예수의 황금률이 '타자 중심 윤리'의 성격을 갖는다고 지적했는데, 일리 있는 해석이다. 위의 글, 659-661.

잘못된 해석을 짚고 넘어갔다. 레위기 19장 18절은 "한 백성끼리 앙심을 품거나 원수 갚는 일이 없도록 하여라. 다만 너는 너의 이웃을 네 몸처럼 사랑하여라. 나는 주다"라고 기록되어 있다. 그것은 한 겨레에 속한 사람을 원수처럼 여기지 말라는 데 초점이 맞추어진 가르침이다. 그들은 네 이웃이니 네 몸처럼 사랑하라는 것이다. 여기서 레위기 19장 18절이 말하는 '네 이웃'이 한 겨레에 속한 사람들이라는 것이 밝혀진다. 그런데 예수 당대의 사람들은 그들의 이웃이 되는 사람들을 사랑하라는 말은 알아들었으나, 원수로 설정되는 사람들은 미워해도 된다는 식으로 생각했다. 그것이 레위기 19장 18절에 대한 해석에서 비롯된 그 당시 사람들의 통념이었다. 예수는 그 통념을 깼다. 그는 누가 네 이웃이고 네 원수인가를 묻고 있다. 그 당시 사람들에게 원수는 내 이웃의 울타리 바깥에 있는 사람들을 가리켰다. 그 울타리 바깥에 있는 사람들은 그 울타리 안에 있는 사람들을 위협하고 침입하고 해친다고 생각했기에 그들은 원수였다. 예수는 그 통념을 깨기 위해 하나님이 선한 사람이나 악한 사람, 의로운 사람이나 불의한 사람을 가리지 않고 햇빛과 비를 내려준다고 말했다. 그런 뒤에 그는 "너희가 너희 형제자매들에게만 인사를 하면서 지내면, 남보다 나을 것이 무엇이냐? 이방 사람들도 그만큼은 하지 않느냐?"고 되물었다. 그는 하나님이 선한 사람과 악한 사람, 의로운 사람과 불의한 사람의 경계를 긋지 않고 햇빛과 비를 내려주는 완전한 모범을 보여 준 것처럼 살라고 가르쳤다.

따라서 예수의 원수 사랑의 초점은 나의 이웃으로 상징되는 우리를 설정하고, 그 울타리의 경계를 그음으로써 우리 바깥의 타자를 형성하고, 그 타자를 미워하지 말라는 것이다. 타자를 미워하지 말라는 말에는 여러 가지 뜻이 포함되어 있을 것이다. 우리의 경계선 바깥에 있는 사람들을 혐오하고, 차별하고, 배제하고, 심지어 멸절하는 일 등등을 하지 말라는 것이다. 그런데 예수는 거기서 한 걸음 더 나아갔다. 그는 원수를 사랑하라고 말함으로써 이웃과 원수를 나누는 경계선을 아예 무의미하게 만들었다. 그는 원수 사랑을 가르침으로써 우리와 우리 바깥에 있는 사람들을 구별하는 경계선조차 긋지 말라고 주문하고 있는 셈이다. 예수는 '선한 사마리아 사람의 비유'(눅 10:25-37)에서 그 점을 분명히 밝히고 있다.[8]

누가복음이 전하는 선한 사마리아 사람의 비유의 배경은 다음과 같다. 예수와 문답을 한 어떤 율법 교사가 하나님의 뜻에 따라 사는 삶이 하나님 사랑과 이웃 사랑의 큰 계명을 지키는 삶이라는 것을 알고 있음을 보인 뒤에 예수에게 "내 이웃이 누구입니까?"라고 물었을 때, 예수는 그 질문에 대한 대답으로 그 비유를 들려주었다. 그 비유의 내용을 옮기면, 한 유대인이 예루살렘에서 여리고로 가는 길에서 강도를 만나 가진 것을 빼앗기고 상처를 입고 쓰러져 있을 때, 그 곁을 유대교 사제와 유대교 성전 일꾼인 레위인이 지나갔으나 아무도 그 유대인을 돕지 않았다. 그를 도운 사람은 유대인이 철천지원수처럼 여기던 사마리아 부족의 한 사람이었다. 예수는 "내 이웃이 누구입니까?"라는 질문을 한 율법 교사에게 "누가 강도 만난 사람에게 이웃이 되어 주었다고 생각하느냐?"고 반문했다. 그 질문에 대한 대답은 자명했고, 율법 교사도 그렇게 대답했다. 예수는 선한 사마리아 사람의 비유에서 두 가지를 명확하게 밝혔다. 첫째는 이웃을 보는 자리가 어디인가와 관련되어 있다. 그것은 나의 자리가 아니고 내가 필요한 사람이 있는 자리다. 자기가 중심이 아니라 타자가 중심이다. 둘째는 나의 도움이 필요한 사람이 나의 이웃이라는

---

8 조경철도 '선한 사마리아 사람의 비유'는 예수가 원수 사랑에 관한 가르침을 위해 든 예시였다고 본다. 조경철, "예수의 원수사랑 계명과 하나님나라 선포: 예수의 하나님나라 윤리에 관한 연구," 「신학과세계」 41 (2000) : 142, 144.

것이다. 나의 도움이 필요한 사람이 내가 설정한 울타리 안에 있는가는 여기서 문제가 될 수 없다. 내가 설정한 울타리 바깥에 있는 사람이 나의 도움이 필요하고 나에게 도움을 호소하는데 그것에 호응하지 않는 것이 오히려 문제가 된다.

예수는 이웃 사랑과 원수 사랑의 계명을 통해서 타자화의 논리에 정면으로 문제를 제기하고 있다. 타자화는 중심을 설정하고 경계를 긋는 데서 출발한다. 경계선 안에 있는 사람들은 서로 결속하고 경계선 바깥에 있는 사람들을 경계한다. 조금 더 정확하게 말한다면, 경계선 안에 있는 사람들이 결속하기 위해 경계선 바깥에 있는 사람들을 적으로 규정한다. 더 나아가 경계선 안에 있는 사람들이 강하게 결속하기 위해서는 경계선 안에 있는 타자를 색출하여 그를 억압하고 제거한다. 따라서 울타리 치기는 언제나 이중의 타자화를 실행하는 과정이다. 이중의 타자화는 우리 안과 밖에서 다른 것을 용납하지 않는 동일성의 폭력이 관철되는 과정이다. 그러한 타자화의 논리를 극복하지 않으면 우리 바깥의 사람들과 소통할 수 없고 우리 안의 사람들도 개방적인 교류를 할 수 없다.

따라서 사람들이 뿔뿔이 흩어져서 고립 · 분산의 삶을 살기보다 공동체적 결속을 추구해야 한다고 말하는 것만으로는 아직 충분하지 않다. 어떤 공동체적 결속을 말하는가를 분명히 밝혀야 한다. 만일 사람들이 이미 어떤 공동체를 이루고 있다면 그 공동체가 어떤 공동체인가를 따져야 한다. 만일 새로운 공동체를 형성하려고 한다면 그 공동체를 어떤 논리에 따라 형성하고자 하는가를 물어야 한다. 어떤 중심을 설정하고 금을 긋는 방식으로 공동체를 형성하는 것은 결국 이중의 타자화를 작동시킬 것이기에 그런 형식의 공동체적 결속은 바람직하지 않다. 중심을 없애고 경계를 허무는 탈중심적이고 탈경계적인 공동체를 수립하고자 하는 노력만이 현실의 공동체가 여러 형태로 사람들을 옭아매는 질곡을 풀고 공동체의 미래를 열 것이다.

4. 내면의 자유

개인의 내면성과 내면의 자유는 인간의 삶에서 가장 심오한 영역이다. 성서는 사람이 관계 속에서 살아가도록 지어졌다는 점을 강조하지만, 그것에 못지않게 개인의 내면성과 내면의 자유를 중시한다. 성서는 사람이 단독자로서 하나님 앞에 선다는 점을 부각했다. 몇 가지 예를 들면 야곱은 먼저 고향 땅으로 식구들을 떠나보내고 홀로 브니엘에 남아 있다가 하나님의 천사와 밤새도록 씨름했다(창 32:22-32). 모세는 홀로 호렙산에 올라갔다가 불타는 가시덤불을 통해 하나님의 현현을 체험하고 하나님의 음성을 들었다(출 3:3-5). 그는 여러 차례 시나이산에 홀로 올라가 하나님을 만나고 직접 하나님이 불러주는 계명을 듣고 기록했다(출 19:3, 20; 34:3 등). 엘리야는 왕의 탄압을 피해 도망갔다가 홀로 호렙산에서 하나님의 음성을 들었다(왕상 19:1-18). 예수는 십자가 처형을 앞두고 홀로 겟세마네 바위에서 기도했다(마 26:36-46). 이 예들을 살피면 사람이 무리를 떠나 혼자 머물며 하나님을 만나고 하나님의 말씀을 듣는다는 것을 알 수 있다.

사람이 하나님 앞에 서 있다는 의식은 하나님이 그 사람을 굽어살핀다는 의식과 통한다. 하나님은 '사람의 마음속 생각을 낱낱이 살피시는 분'(시 7:9; 139:1-4)이다. 사람을 지켜보는 하나님의 눈길을 피해 사람이 숨을 데는 어디도 없다. 사람이 하늘로 올라가더라도 하나님은 그곳에 있고, 죽은 자들의 세계에 내려가더라도 하나님은 그곳에 있고, 바다 끝에 가더라도 하나님은 그곳에 있는 분이기 때문이다(시 139:7-9). 따라서 하나님이 어느 곳이든 자기의 내면 깊은 곳까지 굽어살핀다고 의식하는 사람은 자기의 내면을 깊이 성찰하지 않을 수 없고, 그 내면의 어두움을 하나님과 자기 자신에게 그대로 드러내 보일 수밖에 없다. 그러한 내면적 성찰의 모범을 생생하게 보여 준 사람이 바울이다.

　　바울은 로마서 7장에서 죄가 인간의 내면 깊숙한 곳에 도사린 채 인간을 속속들이 지배하는 현실을 냉철하게 직시하고 자신의 내면적 현실을 하나님에게 낱낱이 고백한다. 그는 자기가 선을 행하겠다고 생각하는데 선을 행하지 못하고, 악을 행하지 않겠다고 생각하는데 악을 행한다는 것을 인식하고 있다. 그는 자기 의지가 자기 마음에 따르지 않고 자기 마음과는 반대로 움직이고 있음을 안다. 그렇다면 그것은 자기가 자기 의지를 지배하는 것이 아니고 자기 의지가 자기의 내면 깊은 곳에 숨어 있는 죄의 지배 아래 있다는 뜻이다. 그것을 깨닫고 그는 깊이 탄식한다. "아, 나는 비참한 사람입니다. 누가 이 죽음의 몸에서 나를 건져 주겠습니까?"(롬 7:24) 그런데 바울이 자기 내면의 어두움을 직시하는 바로 그 자리는 하나님의 은혜를 체험하는 장소이다. 그는 그 자리에서 자기의 생각과 의지와 행동으로는 죄의 지배에서 벗어날 수 없다는 것을 인식하는 동시에 하나님이 그 죄의 힘을 내리눌러 그분과 바른 관계를 맺게 한다는 것을 경험한다. 그 은혜를 경험한 바울은 "사람은 그리스도 예수 안에서 얻는 구원으로 말미암아 하나님의 은혜로 값없이 의롭다는 선고를 받습니다"라고 고백한다(롬 3:24). 인간이 의롭다는 선고를 받는다는 것은 인간에게 이제까지 없던 의로움이라는 속성이 주입된다든지, 의를 행할 수 있는 역량이 생긴다든지 한다는 뜻이 아니다. 그것은 죄로 인해 하나님으로부터 소외된 인간이 하나님에게 받아들여지고 하나님과 바른 관계로 옮겨졌다는 것을 의미한다. 그는 자기 내면의 저 깊은 곳에서 자유로워진 자로서 하나님과 세상 앞에 선다. 그는 그 자유를 잃지 않으려 할 것이고 그 자유를 경험한 자기 내면의 깊은 곳을 침범당하지 않으려 할 것이다.

루터는 바울의 인의론을 종교개혁 신학의 핵심으로 삼았다. 본서 제1
부 1장 IV에서 살핀 바와 같이 그는 하나님 앞에 선 인간(person *coram
Deo*)과 세상의 직무를 수행하는 인간(person in Amt)을 구별하고, 하나님
앞에 선 인간을 구원의 길로 이끄는 기관을 교회로, 세상의 직무를 수행
하는 인간을 다스리는 기관을 국가로 설정했다. 그는 국가가 하나님 앞
에 선 인간의 일에 관여할 수 없다고 주장하고 국가는 어떤 경우에도
인간의 내면성과 그 내면 깊은 곳에서 누리는 인간의 자유를 침범할 수
없다고 못을 박았다. 그곳은 신이 임재하고 인간이 신과 만나는 장소다.
신이 임재하는 인간의 내면은 그 누구도 함부로 대할 수 없고 그 무엇도
함부로 개입할 수 없다.

그러나 인간의 내면성과 내면적 자유는 성서와 기독교 신학이 그토
록 집요하게 옹호해 온 것을 무색하게 할 정도로 제대로 보호받지 못한
채 내팽개쳐진 영역이다. 우선 인간의 내면성은 가장 쉽게 병들 수 있는
영역이고 스스로 들여다보아도 그곳에 무엇이 있는지 제대로 식별할 수
없는 어두운 곳이다. 따라서 아무도 자기의 내면 깊은 곳에서 어떤 일이
일어나고 있는지 쉽게 말할 수 없다. 인간의 내면을 체계적으로 왜곡하
고 있는 강박은 그 강박으로 고통받는 사람에게 그 정체를 좀처럼 알리
지 않는다. 그래서 강박으로 고통받는 사람은 그 강박에서 해방할 방도
를 찾지 못한다. 그는 그 누구에게도, 그 무엇에도 내면의 자유를 빼앗겨
서는 안 된다고 배웠지만, 그에게 아직 내면의 자유는 없다. 나르시시즘,
능력주의, 부족주의, 초개인주의에 사로잡힌 사람의 내면 깊은 곳에 도
사리고 있는 불투명한 그 무엇에서 벗어나지 않고서 그 어떤 내면의 자
유를 말할 수 있겠는가? 그것만이 다가 아니다. 인간의 내면적 자유는
종교적 세계관에 대해 중립성을 표방하는 현대 국가에서는 종교의 자유,

양심의 자유, 표현의 자유 등으로 표시되고, 그 자유는 개인의 주관적 공권으로 인정된다. 여기까지 말하면 그것은 이미 진부한 상식처럼 되었다고 여기고 내면의 자유를 보호하는 것이 대수롭지 않은 일인 양 생각하기 쉽다. 그러나 그렇지 않다. 내면의 자유는 국가 안보를 위해 쉽게 짓밟혀왔고 그것은 지금도 그렇다. 국가보안법은 결사의 자유, 표현의 자유만 억누르는 것이 아니고 생각의 자유, 신념의 자유도 억누른다. 내면의 자유가 억눌리는 곳에서 개인의 자유와 권리가 존중될 리가 없다.

바로 그렇기에 인간의 내면성과 내면의 자유는 이미 인간에게 선물로 주어져 있는 것이 아니라 여전히 과제로 주어져 있다고 말해야 한다.

III. 소결

제1장에서는 문화신학적 관점에서 나홀로족 문화에 접근하는 통로를 열려고 했다. 이와 관련해서 제2장에서 논한 내용을 정리하면 다음과 같다.

1) 문화신학은 교회가 문화를 이해하고 문화 형성에 개입하는 관점과 방법을 연구하는 신학의 한 분과이다. 본서가 전제하는 문화신학의 관점은 리처드 니버가 구분한 문화와 그리스도의 역설적 긴장 유형과 변혁자 그리스도 유형을 디트리히 본회퍼의 '자연적인 것'에 관한 이해에 바탕을 두고 수정 · 종합하는 방식으로 설정되었다. 그것은 궁극 이전의 것이 궁극적인 것에 대해 투명해지도록 문화를 형성하는 데 교회가 개입한다는 관점이다.

2) 문화신학적 관점에서 나홀로족이 제기한 개인의 자유와 사회적 결속의 결합 문제를 받아들여 그 해법을 찾기 위해서는 먼저 그 문제의 근원으로 돌아가 개인과 공동체의 관계를 어떻게 설정할 것인가의 문제를 다룰 필요가 있다. 이를 위해 필자는 개인과 공동체의 관계에 관한 성서적-신학적 이해를 명확히 밝히고자 했다. 그러한 성서적-신학적 이해의 핵심은 아래와 같다.

3) 첫째, 인간은 관계 속의 존재로 창조되었다는 것이다. 창세기 1장의 인간 창조에 관한 보도에서 드러나듯이 하나님과 인간, 인간과 인간의 관계는 서로 다름을 인정하고 소통하는 사회적 관계이다. 차이의 인정과 존중 그리고 소통과 연결은 모든 사회적 관계의 전제다. 사람은 세계 개방적인 존재로서 다양한 관계를 형성하며 살아간다. 인간과 인간, 인간과 자연, 인간과 하나님, 자기와 내면적인 자기 사이의 관계에서 떠나서 살 수 있는 사람은 없다.

그러한 성서의 관점에서 볼 때, 개인과 공동체의 관계는 선후 관계나 우선순위의 관계가 아니다. 개인은 관계적 존재이기에 관계의 망상구조를 벗어난 개인의 추상은 환상일 뿐이다. 그렇다고 해서 개인이 공동체에 흡수되는 것은 아니다. 개인은 여전히 공동체 안에서 자기다움을 유지하고, 자기의 자유와 권리와 의지를 다른 사람에게서 인정받으려고 하고, 그러한 인정을 얻기 위해 투쟁한다. 개인은 인정투쟁을 통해 자신을 전개하고, 공동체 관계는 인정투쟁을 통해 건강하게 유지되고 발전할 수 있다.

인정투쟁을 통해 공동체 관계를 형성한다는 비전을 공유하지 못하는 집단주의적 성향을 보이는 민족주의, 국민주의, 국가주의 등은 정당화될 수 없다. 그러한 집단주의를 비판한다는 점에서 개인주의와 자유주의는 정당하다. 그러나 개인의 자유와 권리가 인정투쟁 없이 이미 실체적으로 주어져 있다고 주장하는 개인중심주의와 신자유주의의 정당성은 의심스럽다.

4) 둘째, 창세기 3장의 타락 사화가 전해주듯이 인간이 맺는 관계들은 인간의 죄성에 의해 쉽게 파괴되거나 단절된다. 인간은 정신의 능력을 지닌 존재로서 자기를 넘어서서 무한한 것을 추구하고 무한한 것을 얻고자 하는 마음을 억제하지 못한다. 유한한 자가 자기 한계를 넘어서서 무한한 것을 얻겠다는 의지를 주장하는 것이 교만이고, 그것이 바로 성서가 예리하게 포착하고 있는 죄다. 그것은 자기의 것이 아닌 것을 자기의 것으로 삼으려는 완강한 자기주장의 원형이고, 자기의 것이 아닌 것을 지배하고자 하는 폭력의 원형이다.

죄가 사람의 마음을 통해 세상에 들어온 뒤에 하나님과 인간, 인간과 인간, 인간과 자연의 바른 관계는 깨어졌다. 인간의 자기주장이 그 관계들을 깨뜨렸고 이제는 폭력이 사람들 사이에 만연한다. 그러한 폭력의 제한은 사람들이 사회적 관계를 유지하고 공동체 관계를 형성하기 위한 필수적인 장치이며, 그것은 반드시 제도화되어야 한다. 법과 공권력을 통해 정의를 구현하려고 하는 것은 죄가 지배하는 세상에서 그나마 바른 관계를 유지하는 방법이다. 그러나 정의는 사랑의 '근사치적' 실현일 뿐이고, 그마저도 사랑에 의해 심판받는다는 것도 분명히 인식해야 한다.

5) 공동체는 타자화의 논리를 넘어서서 탈중심적이고 탈경계적으로 형성되어야 한다. 그것이 예수의 이웃 사랑과 원수 사랑의 계명이 던지는 도전이다. 예수의 이웃 사랑 계명은, 동서양 현자들의 황금률과는 달리, 그 초점이 나에게 맞추어져 있지 않고 타자에게 맞추어져 있다. 타자

가 원하는 것이 먼저 있고 그것을 헤아리는 마음이 그 뒤를 따른다. 그것이 타자를 향한 사랑이 작동하는 방식이다. 예수의 원수 사랑의 초점은 나의 이웃으로 상징되는 우리를 설정하고, 그 울타리의 경계를 그음으로써 우리 바깥의 타자를 형성하고, 그 타자를 미워하지 말라는 것이다.

예수는 이웃 사랑과 원수 사랑의 계명을 통해서 타자화의 논리에 정면으로 문제를 제기하고 있다. 타자화는 중심을 설정하고 경계를 긋는 데서 출발한다. 그것은 필연적으로 내부의 결속을 위해 내부의 타자와 외부의 타자를 배척하는 이중의 타자화 논리를 강화한다. 그러한 이중의 타자화는 우리 안과 밖에서 다른 것을 용납하지 않는 동일성의 폭력이 관철되는 과정이다.

어떤 중심을 설정하고 금을 긋는 방식으로 공동체를 형성하는 것은 결국 이중의 타자화를 작동시킬 것이기에 그런 형식의 공동체적 결속은 바람직하지 않다. 탈중심적이고 탈경계적인 공동체를 수립하고자 하는 노력만이 현실의 공동체가 여러 형태로 사람들을 옭아매는 질곡을 풀고 공동체의 미래를 열 것이다.

6) 넷째, 성서는 인간의 내면성과 내면의 자유를 중시할 것을 요구한다. 성서는 하나님이 어느 곳이든 사람을 굽어살피는 분이고 사람은 바로 그 하나님 앞에 선 존재임을 분명히 밝힌다. 누구도 자기 내면의 깊은 곳에서 일어나는 일을 하나님 앞에서 감출 수 없다. 바울은 죄가 인간의 내면 깊숙한 곳에 도사린 채 인간을 속속들이 지배하는 현실을 냉철하게 직시하고 자신의 내면적 현실을 하나님께 낱낱이 고백했다. 바울이 자기 내면의 가장 어두운 곳을 직시하는 바로 그 자리가 죄인을 의롭다고 인정하는 하나님의 은혜를 체험하는 장소이다. 바울은 자기 내면의 저 깊은 곳에서 자유로워진 자로서 하나님과 세상 앞에 선다. 그러한 인간의

내면성과 내면의 자유는 그 누구도, 그 무엇도 침탈할 수 없고 함부로 대할 수 없다. 그곳은 신이 임재하고 인간이 신과 만나는 장소이기 때문이다.

그러나 성서와 기독교 신학이 그토록 집요하게 옹호해 온 인간의 내면성과 내면적 자유는 제대로 보호받지 못한 채 내팽개쳐진 영역이다. 우선 인간의 내면성은 여러 가지 강박으로 가장 쉽게 병들 수 있는 영역이고 스스로 들여다보아도 그곳에 무엇이 있는지 제대로 식별할 수 없는 어두운 곳이다. 그다음에 인간의 내면적 자유는 국가 안보를 위해 쉽게 짓밟혀왔고 그것은 지금도 그렇다. 바로 그렇기에 인간의 내면성과 내면의 자유는 이미 인간에게 선물로 주어져 있는 것이 아니라 여전히 과제로 주어져 있다고 말해야 한다.

7) 위에서 말한 개인과 공동체의 관계에 관한 성서적-신학적 이해의 네 가지 중점은 문화신학이 나홀로족 문화와 멘탈리티를 살피는 관점을 형성한다.

2장
문화신학적 관점에서 본
독일과 한국의 나홀로족 담론

문화신학적 관점에서 나홀로족 문화와 멘탈리티를 살피는 과제는 독일과 한국 학계에서 이루어진 나홀로족 담론에 대한 검토와 의견 제시의 형식으로 수행된다. 그러한 검토와 의견 제시는 본서의 제1부, 제2부, 제3부, 제4부에서 한국과 독일에서 나홀로족이 등장하는 과정과 나홀로족 문화와 멘탈리티에 대응하는 독일과 한국 학계의 다양한 담론을 심도 있게 분석하였기에, 이를 전제한다.

언뜻 보면 나홀로족이 등장하고 나홀로족 문화와 멘탈리티가 확산하고 있는 것은 한국과 독일에서 나타나고 있는 공통적인 현상이라고 말할 수 있다. 그러나 한국과 독일에서 나홀로족이 등장하는 과정과 나홀로족 문화와 멘탈리티가 나타나는 양상은 여러 가지 점에서 다르다. 그러한 차이는 한국 사회와 독일 사회가 각기 다른 역사적 경로를 밟았고 사회경제적, 정치적, 문화적, 사상적 배경이 달랐기 때문이다. 그런 점을 고려한다면 한국과 독일의 나홀로족 담론을 서로 비교하는 작업은 매우 어려운 일이고 바람직한 일도 아니다. 자연 현상은 일정한 패턴에 따라 반복하기에 일반화하는 설명의 대상이 될 수 있지만, 역사적 현상은 특수한 조건들 아래서 일회적으로 일어나기에 개성 기술적 서술의 대상이 될 뿐이다. 그것은 사회 현상도 마찬가지다. 사회 현상은 그것이 발생하는 곳에서 역사적으로 주어져 있는 여러 가지 조건에 대응하며 삶을 꾸려나가는 사람들의 요구와 의지에 따라 각기 다르게 나타난다. 그렇기에 필자는 한국과 독일에서 나타난 나홀로족의 등장과 나홀로족에 관한 담론을 비교하지 않고, 다만 그 현상과 그 현상에 대응하는 담론의 특성이 어떤 특수한 조건들 아래에서 나타났는가에 유념하고, 교회가 나홀로족 문화와 멘탈리티에 대응하는 데 참고할 점과 보충할 점을 밝힐 뿐이다.

I. 문화신학적 관점에서 독일의 나홀로족 담론에 관한 검토

문화신학적 관점에서 독일의 나홀로족 담론을 검토하려면 일단 독일에서 나홀로족이 등장한 배경과 나홀로족 문화와 멘탈리티의 특성에 관한 본서 제1부와 제2부의 분석을 되짚어보는 데서 출발할 필요가 있다.

1. 독일에서 나홀로족의 등장 배경

독일에서 나홀로족은 68혁명이 촉발한 개인화 과정의 연장선에서 가족의 해체, 노동조합의 약화, 사회국가의 침식이 복합적으로 결합하면서 등장했다. 68혁명은 그 이전까지 독일 사회를 지배했던 가부장주의, 권위주의, 인종주의를 타파하고자 하는 거대한 변화 과정을 촉진했고 개인의 자유와 자기실현의 기회를 넓혔다. 그것은 개인이 전통과 관습에 매이지 않고 자기 삶의 규범을 스스로 만들어 내는 주권적 개인을 등장시키는 계기였다. 그러나 그러한 주권적 개인은 독일 통일 이후 독일 사회의 신자유주의적 재편이 가속한 1990년대 초 이래 각자도생의 삶을 살아가게 되었고, 타자를 아랑곳하지 않고 자기를 중심에 놓고 자기를 우선시하는 나홀로족으로 변모했다. 주권적 개인의 자유와 사회적 결속의 강화가 같이 가지 못한 것이다.

따라서 독일에서 나홀로족의 등장 배경을 파악하려면 68혁명의 성취한 것과 성취하지 못한 것을 헤아려 보고, 나홀로족의 등장을 촉진한 독일 사회의 변화를 살펴야 한다. 두 내용은 서로 밀접하게 연결된 것이므로 아래서는 그 내용을 연속해서 서술한다.

1) 68혁명은 '부친 살해'가 일어났다고 말할 정도로 격렬하게 진행된 변화 과정이었다. 그러한 변화 과정의 격렬성은 독일 역사 발전의 특수성으로 인해 불가피했다. 독일에서는 시민혁명이 단 한 번도 성공한 적이 없었으며, 국민국가 형성 과정에서 국가주의가 강하게 대두했고, 개인의 자유와 권리가 히틀러의 전체주의적 독재 체제에서 압살되었고, 히틀러 체제에서 극에 달했던 가부장주의와 권위주의와 인종주의가 제대로 청산되지 못했다. 68혁명은 그러한 역사적 유산을 청산하려는 시도였고 개인을 중심에 놓는 새로운 문화를 형성하려는 노력이었다. 그것이 얼마큼 성공적이었는가는 더 따져보아야 한다.

68혁명은 인종, 젠더, 성소수자 이슈를 전면으로 끌어냈다. 독일에서 인종 이슈는 동일성의 논리와 폭력의 논리가 같은 동전의 양면을 이룬다는 인식을 독일인들에게 새겨 넣었다. 68혁명은 이성애 강박과 이성 결합을 전제로 하는 결혼 제도에 의문을 제기했고, 남성주의와 가부장주의의 이데올로기적 성채를 뿌리째 흔들었으며, 성애의 다양성을 인정하는 계기가 되었다. 따라서 68혁명은 인종, 젠더, 성소수자의 다름을 인정하고 정체성에 기반을 둔 정치를 활성화했다. 68혁명은 문화혁명으로서는 성공적이었다. 68혁명이 새로운 문화의 주체로 불러낸 것은 주권적 개인이었다. 그는 전통과 관습에 매이지 않고 자신의 삶을 자기가 세운 규범에 따라 펼치는 주권적 자유를 행사한다. 문제는 그러한 주권적 자유가 사회적 결속과 함께 가지 못했고, 결국 나홀로족 문화와 멘탈리티를 확산시켰다는 것이다. 그런 점에서 68혁명은 실패했다.

2) 68혁명이 주권적 개인을 등장시키는 데 결정적으로 이바지했으나 사회적 결속을 강화하는 데까지 나가지 못한 것은 독일에서 개인과 공동체의 관계를 형성하는 것이 역사적으로 어려운 과제였다는 것을 반증한다. 그것은 독일에서 개인과 개인의식의 역사적 발전에서 나타난 특성에서도 확인된다. 독일인의 개인의식이 발전 과정에서 드러나는 특성은 크게 보아 세 가지다. 첫째는 독일에서 개인주의가 공동체주의와 화해하기 어려웠다는 것이다. 고대 게르만 정신을 끊임없이 소환하면서 강화되었던 공동체주의는 독일에서 국가주의와 결합했고 개인주의를 압살했다. 둘째는 독일에서 개인주의가 오랫동안 자유주의와 정합적인 관계를 맺지 못했고 자유주의 전통이 독일 역사에서 매우 약했다는 것이다. 셋째는 종교개혁 이래로 독일인의 내면성 추구는 권위에 대한 순응주의와 동전의 양면처럼 결합했다는 것이다.

독일인의 개인의식에서 나타나는 세 가지 특성을 조금 더 자세하게 살피면 아래와 같다.

(1) 독일인의 개인의식은 오랫동안 게르만적 공동체주의의 특성을 가졌다. 게르만 부족사회에서 사회화 과정을 거친 독일인들의 개인의식에는 공동체가 개인에 앞선다는 관념이 뿌리 깊게 박혔다. 가족 공동체에서는 가부장주의가 지배했다. 공동체주의와 가부장주의는 독일 역사에서 게르만 정신이라는 이름으로 끊임없이 소환되었다. 게르만적 공유

관념과 단체 관념을 반영한 게르만적 소유법과 단체법은 봉건 사회에서 유지되었고, 신성로마제국이 붕괴한 뒤 19세기 말까지도 그 영향력을 발휘했다.

게르만 정신은 신성로마제국이 붕괴한 뒤에 국민과 국민국가를 형성하는 과정에서 낭만주의자들에 의해 활성화되어 언어와 문화를 공유하는 독일인이라는 관념을 형성하는 데 이바지했고, 그 관념은 국민국가 형성을 추동하는 한 원동력이 되었다. 독일이 문화국가의 성격을 띤다는 것은 바로 그것을 두고 하는 말이다. 독일인의 문화적 정체성은 국가주의와 결합했고, 제국주의적 경쟁 상황에서 국수주의적이고 인종주의적인 성향을 보이게 되었다. 그러한 성향은 19세기 말에 반유대주의로 표출되었고 히틀러의 나치 독재 체제에서는 반유대주의적 절멸주의로 나타났다. 히틀러는 게르만 공동체주의를 불러내어 집단이 개인에 앞서고 공동체의 복지가 개인의 이익에 앞선다는 나치 이데올로기를 강화했고, 게르만 사회의 뿌리 깊은 가부장주의는 독일인들이 히틀러의 권위주의적 통치에 자발적으로 복종하게 하는 심리적 기제의 바탕이 되었다. 단체가 개인에 앞선다는 게르만적 관념은 20세기 초에 노동자들의 권력을 강화하는 단체교섭 법제의 기틀이 되었으나, 히틀러 독재 체제에서 모든 노동자를 단일 조직에 묶어 그 조직을 통해 노동자를 지배하는 논리로 가다듬어지기도 했다.

독일 역사에서 게르만 정신이 공동체주의로 표상된 것은 독일에서 공동체주의가 발전하는 데 많은 부담을 주었다. 게르만 정신은 독일 역사에서 집단주의적 성향을 띠었기에 게르만 정신으로 공동체를 강화하자고 말하는 사람들은 집단주의로 공동체주의를 참칭했다고 말해도 무방할 것이다. 게르만 정신의 집단주의를 극복하고자 하는 사람들은 집단주의와 공동체주의를 냉철하게 구분할 수 없었다.

(2) 독일에서 개인주의는 자유주의와 정합적인 관계를 맺지 못했고, 독일 역사에서 자유주의는 강한 전통을 형성하지 못했다. 독일 부르주아 계급은 시민혁명을 이끌 만큼 강하지 못했다. 신성로마제국이 붕괴한 뒤에도 독일 영방국가들은 여전히 왕권신수설을 통치 이데올로기로 삼았고 그러한 절대주의적 군주정은 독일 황제 제국이 1918년 제1차 세계대전의 패전으로 무너질 때까지 지속되었다. 왕권신수설이 통치 이데올로기였기에 종교에 대한 비판은 허용되지 않았으며 종교에 대한 의견 표명은 검열의 대상이 되었다. 그러한 상황은 1850년 프로이센 흠정헌법이 검열 제도를 폐지하면서 완화되었다. 종교의 자유, 사상의 자유, 표현의 자유 등이 인정되지 않는 독일 사회에서 개인의 자유와 권리를 중심가치로 삼는 자유주의가 자리를 잡기는 어려웠다. 인간과 시민의 자유와 권리는 1850년 이래 군주정 체제에서 부분적으로 실현되었고 바이마르 공화국이 수립된 뒤에야 비로소 전면적으로 보장되었다. 그러나 그것도 잠시뿐이었다. 히틀러의 전체주의적 독재 체제는 바이마르공화국 헌법의 권리장전과 사회권을 완전히 짓밟았고 개인을 아예 말살했다. 제2차 세계대전 이후 새로 수립된 독일연방공화국에서는 바이마르공화국의 권리장전이 회복되고 민주주의 정치가 제도화되었다. 그러나 자유주의는 현대 독일 사회에서 주류를 이루지 못하고 있다.

개인의 자유와 권리가 자유주의적 헌정 질서에 힘겹게 자리를 잡은 것과는 달리 개인주의와 자유주의는 이미 18세기 말 이래로 독일 이상주의 철학자들과 낭만주의자들과 급진적인 개인주 철학자들을 통해 매우 높은 수준의 사상적 형식과 내용을 갖추었다. 칸트, 피히테, 헤겔 등 이상주의 철학자들은 근대 사회에서 개인의 자유와 그 자유를 뒷받침하는 소유의 중요성을 논증하여 부르주아 사회의 이론적 기초를 놓았고 사회계약론의 틀에서 자유주의 사회 형성의 비전을 제시했다. 개인의 개성과 창조성을 중시한 낭만주의자들은 당대의 억압적인 현실을 비판했으나, 신성동맹 체제에서 그 역량을 발휘할 수 없었다. 슈티르너와 니체 같은 급진적 개인주의 철학자들은 개인과 인간의 근원적 자유를 억압하는 기존의 규범과 문화와 제도를 해체하고 새롭게 형성할 원점을 찾고자 했다. 그 원점은 자기실현을 향한 불굴의 의지를 가진 주권적 개인이었다.

독일에서 철학과 현실 사이에는 큰 격차가 있었다. 개인주의는 자유주의의 실현을 억압한 권위주의 정치의 장벽으로 인해 자유주의와 순조로이 결합하지 못했고, 19세기 말에 제국주의적 약육강식의 상황에서 배타적이고 공격적인 정체성 정치로 퇴행한 공동체주의와도 결합할 수 없었다.

(3) 독일인들은 게르만 부족 국가 시대 이래 기독교 개종을 통해 개인의 내면성에 눈을 떴고, 봉건 시대에 연옥 관념이 확산하고 고해성사가 제도화되면서 자기 내면에 감춘 죄를 하나님 앞에서 감출 수 없다고 인식하기 시작했다. 종교개혁은 한편으로 독일인들이 하나님 앞에 서 있는 개인의 내면성을 깊이 성찰하게 했고, 또 다른 한편으로는 하나님의 세계 통치를 대리하는 군주의 지배에 복종하는 순응주의적 태도를 보이게 했다.

종교적 내면주의와 정치적 순응주의는 독일의 경건한 기독교인들이 왕권신수설을 앞세운 군주의 지배 체제를 주저 없이 받아들이게 했다. 그들은 독일 황제 제국이 무너진 뒤에도 공화정과 민주주의에 완강하게 반대했고 복고적 권위주의 정치가 부활하기를 강력하게 희망했다. 그들은 민족의 구원자를 자처한 히틀러의 권위주의적인 독재 체제를 옹호했다.

독일 기독교의 역사적 과오는 제2차 세계대전 뒤에 나치 독일에 저항했던 고백교회 출신 인사들이 주도한 죄책 고백을 통해 청산되기 시작했으나, 독일 기독교가 독일인들에게 심어놓은 권위에 순응하는 태도는 오늘에 이르기까지 강하게 유지되고 있다.

3) 독일에서 개인주의, 집단주의, 자유주의, 공동체주의, 국민주의, 국가주의 등이 서로 얽힌 착잡한 관계를 고려해 볼 때, 68혁명이 가부장주의와 권위주의와 인종주의로부터 해방한 사회의 주체로 주권적 개인을 설정했다는 것은 전혀 놀라운 일이 아니다. 주권적 개인은 집단에 흡수될 수 없었다. 개인보다 단체나 국민이나 국가를 앞세우는 집단주의는 68혁명에서 단호하게 배척되었다. 단체주의와 함께 공동체주의도 함께 내팽개쳐졌다. 독일에서 집단주의와 공동체주의는 거의 같은 개념이었기 때문이다. 주권적 개인의 자유는 당연히 옹호되었고 자유주의는 특권화되었다. 그러한 자유주의는 공동체주의와 결합하지 못했다. 독일 역사에서 자유주의가 결합할 공동체주의가 변변히 없었던 데다가 자유주의가 공동체주의와 결합할 가능성을 철학적으로 제시한 헤겔의 인정투쟁론은 여전히 철학자들의 머리에만 맴돌고 있었다. 따라서 68혁명은 개인과 공동체의 관계, 자유주의와 공동체주의의 관계를 생각할 수 있는 사상적 좌표를 설정하기 어려웠다. 주권적 개인의 자유가 필연적으로 가져올 사회적 결속의 와해는 아직 68혁명의 머리에 떠오르지 않는 관념이었다.

4) 68혁명이 불러낸 주권적 개인의 탄생은 전후 독일에서 정치적 다원주의가 자리를 잡고 사회적 시장경제 체제에서 경제가 급성장하면서 경제적 풍요를 가져오고 사회적 연대가 높은 수준에서 실현되었기에 가능했다. 전후 독일의 재건 과정에서 독일은 전체주의적 일당 독재 국가에서 다원주의적 민주 국가 체제로 바뀌었고, 지난날 독일인들을 국민적

으로 결속했던 국가주의 이데올로기는 해체되었다. 독일인들을 국민적으로 결속하고 국민국가에 통합한 것은 사회국가의 작용이었다. 독일 노동자들은 강력하게 조직되어 있었고, 19세기 말 이래로 사회적 권리를 헌법에 새겨넣고 이를 법제화하고 사회복지 제도를 수립하는 데 결정적으로 영향을 미쳤던 강력한 전통을 이어갔다. 독일에서 다원적인 자유주의적 법치국가, 사회적 시장경제, 사회적 안전망, 노동조합을 통한 강력한 계급적 결속, 중산층 수준의 가정의 확산 등은 개인에게 삶의 안정과 발전의 기회를 보장한다고 생각되었다.

5) 나홀로족 문화와 멘탈리티의 확산은 68혁명이 확장한 개인의 자유와 자기실현의 연장선에서 일어났다. 나홀로족 문화와 멘탈리티는 국가주의적 결속이 실패를 맛본 전후 독일이 추구했던 사회적 결속의 세 가지 핵심 기구가 약화하면서 나타났다. 가족의 해체, 노동조합의 약화, 사회국가의 침식이 그것이다.

가족의 해체는 결혼율과 출산율의 저하, 이혼율의 급증 등에서 뚜렷이 확인되었고 전통적인 성역할 분담에 근거한 가족 구조는 더는 표준적 모델로 통하지 않게 되었다. 노동조합을 통한 계급적 결속은 자본의 집요한 공격으로 인해 노동조합이 노동자들의 권익을 실현하는 사회적 권력을 크게 잃음으로써 무너지기 시작했다. 단체협약의 효력이 무력화하고 사업장 단위의 노사 협정이 확산하면서 노동조합이 더는 계급적 결속의 기관으로 기능하지 못하게 되자 노조 가입률은 현저하게 떨어졌다. 사회국가의 침식은 복지 수급권을 더는 사회적 청구권으로 보지 않고 노동 의무와 업적에 대한 반대급부로 보는 노동 연계 복지 모델이 자리를 잡으면서 가속했다. 실업급여의 삭감, 정부가 알선하는 형편없는 노동의 감수 의무, 가난을 증명해야 부여되는 치욕스러운 사회부조 등이 신자유주의적 복지 개혁의 결과였다.

사회적 결속의 버팀대였던 가족의 해체, 노동조합의 약화, 사회국가의 침식은 사람들이 각자도생의 길을 가게 했다. 다른 사람을 아랑곳하지 않고 자기를 중심에 놓고 자기를 먼저 챙기는 '자기만 아는 사람들'(Ichlinge), 곧 나홀로족이 등장한 것이다. 나홀로족은 독특한 문화와 멘탈리티를 선보였다.

2. 독일에서 나홀로족 문화와 멘탈리티의 특성

독일에서 자기만 아는 사람들이 등장한 것은 개인보다 공동체를 앞세웠던 게르만 사회의 전통에서 보면 매우 이질적이지만, 나홀로족 문화와 멘탈리티는 독일 사회의 신자유주의적 개조가 진행된 이래 사람들이 능력과 업적을 둘러싼 치열한 경쟁에 적응하는 과정에서 나타난 부산물이라고 볼 수 있다. 나홀로족 문화와 멘탈리티는 능력주의적 지향, 부족주의적 경향, 초개인주의적 성향 등의 특성을 띤다.

1) 능력주의는 능력과 업적 경쟁에서 승리한 자가 모든 것을 차지하고 패배한 자를 아랑곳하지 않는 잔인한 이기주의를 조장하고, 능력주의를 내면화하는 사람은 능력주의의 강박에 사로잡혀 자기를 무제한 착취하고 감당할 수 없는 피로에 빠져든다. 능력주의는 학교 교육에 침투하여 성적 경쟁을 심화한다. 학력이 소득과 지위를 결정하는 중요한 요소로 고려되자 독일의 전통적인 직업교육은 뒷전에 밀리고 전도유망한 대학 진학을 위한 경쟁이 치열해졌다. 그렇게 되자 68혁명 이후 권위주의적 교육 방식을 밀어낸 비판적 해방교육은 쇠퇴하게 되었다. 능력주의가 학교 교육을 지배하고, 학생들은 능력주의를 내면화한 채 능력 사회로

진출한다.

2) 나홀로족 문화의 또 다른 특성을 보여 주는 부족주의는 능력과 업적 경쟁에서 승리한 사람들과 패배한 사람들이 각기 다른 무리를 짓는 현상이다. 그런 점에서 능력주의와 부족주의는 같은 동전의 양면이라고 볼 수 있다. 부족주의는 여가와 취미, 소비 취향, 생활양식, 정체성, 종파성 등을 공유하는 사람들이 무리를 짓는 현상으로 나타나지만, 사회적 결속이 해체되면서 불만과 분노를 느끼고 실존적 불안에 시달리는 사람들은 무리를 짓기 위해 내부의 적을 만들고 외부의 적을 설정하는 경향이 있다. 독일 사회에서 그런 사람들은 그들의 취약한 처지가 외국인과 난민의 유입에서 비롯되었다고 보고 극도의 인종차별적 부족주의 성향을 보인다.

3) 디지털 혁명은 나홀로족 문화와 멘탈리티가 초개인주의로 치닫게 한다. 디지털 의사소통에서는 자기와 같은 것을 가진 사람들과 접속하고 자기와 다른 것을 보이는 사람들을 차단하는 경향이 강하게 나타난다. 실제의 현실과 가상의 현실이 매끄럽게 통합된 메타버스에서는 몸이 없는 인간이 공동체적 유대에서 완전히 벗어난 추상적 개인으로서 현존할 수 있게 되었다.

3. 독일에서 나홀로족 문화와 멘탈리의 확산에 대한 대응

나홀로족 문화와 멘탈리티의 확산에 대한 독일 사회의 대응은 대체로 네 가지 유형의 의견으로 나타났다. 스마트한 이기주의를 강화하자는 의견, 공동체적 영성을 회복하자는 의견, 성찰적 자기 대면을 통해 개인화의 문제를 해결하자는 의견, 사회를 통합하는 규범을 공화주의적으로 제정하자는 의견 등이 그것이다.

1) 나홀로족이 등장한 독일 사회에서 스마트한 이기주의를 강화하자는 것은 기왕 개인이 모든 것의 중심이 된 세상에서 남을 의식하는 태도와 행위에 사로잡히지 말고 자신의 욕망과 의지에 충실하게 주권적으로 살아가자는 주장이다. 그러한 이기주의자는 부족주의에 휘둘리지 않을 수는 있으나, 나르시시즘의 함정에 빠지기 쉽다.

2) 공동체적 영성을 회복하자는 의견은 '일상 속의 영성'(F. Steffensky)과 '아래를 향한 영성'(A. Grün)을 추구하자는 주장이다. 독일에서 가장 영향력 있는 영성 신학자인 그륀은 개인이 무의식적으로 설정하는 이상적인 자기와 실제의 자기 사이의 갈등에서 비롯되는 억압과 강박이 내면의 평화를 깨뜨리고 바깥을 향해 공격성으로 표출된다는 점을 강조한다. 따라서 내면의 안정과 공동체 관계 능력을 회복하려면 실제의 자기를 있는 그대로 보고, 그러한 자기를 인정하고, 자기와 화해해야 한다는 것이다.

3) 성찰적 자기 대면을 통해 개인화의 문제를 해결하자는 것은 루만의 사회체계 이론의 틀에서 현대화 과정을 분석한 울리히 벡과 엘리자베트 벡-게른샤임의 의견이다. 그들은 개인화 과정에서 신분적 결속과 계급적 결속에서 해방한 '자유의 아이들'이 탄생하였으나, 사회와 국가가 관리해야 할 위험을 개인에게 떠넘기는 '위험의 개인화'가 나타났고, 개인들이 뿔뿔이 흩어져 사회적 결속이 해체되었다고 진단했다. 그 대안은 다양하고 다원적인 시민 정치를 활성화하고, 대량 실업에 직면한 노동사

회의 대안으로 '시민노동'을 조직하고, 가족 해체의 위험에 대응해서 여성과 남성의 우정 관계를 중심으로 새로운 가족 관계를 형성하는 것이다.

4) 하버마스는 그 자신이 정교하게 발전시킨 의사소통 행위 이론에 따라 사회 통합의 규범을 공화주의적으로 마련하자고 제안했다. 그러한 규범을 마련하는 곳은 생활세계다. 생활세계는 의사소통 공동체이고, 일상적인 의사소통을 통해 규범이 학습되고 새로 만들어지는 무대다.

생활세계는 사회가 복잡하게 조직되면서 국가 체제, 경제 체제, 과학·기술 체제 등과 같은 다양한 하부체제들로 분화되었고, 하부체제들은 그 체제의 합리성에 따라 움직이면서 그 나름의 상대적 자율성을 갖게 되었다. 문제는 하부체제들이 계속 분화되면서 그 전체를 조망할 수 없게 되었고 생활세계마저 침식하게 되었다는 것이다. 하버마스는 그러한 '새로운 불투명성'과 '생활세계의 식민지화'가 현대 사회의 핵심적인 문제라고 지적했다. 그 문제를 해결하려면 무엇보다도 먼저 하부체제들의 핵심을 이루는 권력의 논리와 화폐의 논리에서 벗어나 강제와 강박 없는 의사소통 공동체를 회복해야 한다. 그러한 의사소통 공동체에서 의사소통의 합리성에 따라 무제약적 토론을 통해 누구나 받아들일 수 있는 보편적이고 정의로운 규범을 확립하여 공동체를 결속하자는 것이 하버마스의 주장이다.

4. 문화신학적 관점에서 독일의 나홀로족 담론에 대한 평가

나홀로족 문화와 멘탈리티에 대응하는 독일 사회의 대응을 되짚어보면 개인이 집단에 해소되어서는 안 되고, 개인의 존엄성을 존중하고 개인의 자유와 권리를 보장해야 한다는 데는 사회적 합의가 이루어졌다고 볼 수 있다. 개인주의를 강화하자는 의견, 공동체 영성을 회복하자는 의견, 주권적 개인의 등장이 가져온 위험을 관리하자는 의견, 사회 통합의 규범을 공화주의적으로 마련하자는 의견 등은 모두 개인의 권리와 존엄성을 전제하고 있다.

문화신학적 관점에서 볼 때, 개인을 집단에 해소할 수 없다는 독일 사회의 합의는 타당하다. 역사적으로 독일은 강한 집단주의로 인해 독일인들 자신과 독일 바깥의 무수히 많은 사람에게 고통과 피해를 가져다주었다. 독일에서 집단주의는 언제나 내부의 타자를 억압 · 배제 · 제거하고, 외부의 타자를 배척하고 멸절하는 경향을 띠었다. 집단주의는 이중의 타자화 논리를 따르기 마련이기 때문이다. 히틀러의 전체주의적 독재는 그러한 집단주의의 악마성을 가장 극명하게 보여 주었다. 따라서 전후 독일 사회가 개인이 집단에 앞선다는 데 쉽게 합의한 것은 지극히 당연한 일이었다. 개인의 존엄성은 건드릴 수 없고, 개인의 자유와 권리는 그 누구에 의해서도, 그 무엇에 의해서도 침해될 수 없고, 폭력을 독점하고 그것을 배타적으로 행사하는 국가가 인간의 자유와 권리를 침해하는 것은 더더욱 있을 수 없다는 것이 독일인들의 합의였다.[1]

문제는 개인이 주권적 개인임을 주장하고 각자도생의 길을 가겠다고 나설 때, 그것에 대응할 방법이 마땅하지 않다는 것이다. 자유국가 원리가 사회국가 원리에 의해 보충되고, 그러한 보충이 제도적으로 실현되고, 그 제도가 실패하지 않는 한, 주권적 개인의 등장은 사회적 결속을 해체할 위험이 크지 않을는지 모른다. 그러나 그러한 원리가 더는 제도

---

1 그러한 합의는 독일연방공화국 헌법인 「기본법」 제1조 제1항이 "인간의 존엄성은 침해될 수 없다. 그것을 존중하고 보호하는 것은 국가 공권력의 의무이다"라고 규정하고, 「기본법」 제1조 제2항과 제3항에 인간의 자유와 권리를 국가가 조건 없이 보호하는 주관적 공권으로 규정한 데서 잘 드러난다.

적으로 작동하지 않으면 어떻게 할 것인가? 독일에서 나홀로족이 등장하고 나홀로족 문화와 멘탈리티가 확산하는 것은 이미 그러한 원리가 작동하지 않는다는 것을 보여 준다. 그렇기에 독일 학계와 시민사회에서 여러 가지 대처 방안이 논의되어 왔다는 것은 이미 앞에서 본 바와 같다.

문화신학적 관점에서 볼 때, 독일에서 나홀로족의 등장에 대응해서 제안된 방안들은 충분해 보이지 않는다. 첫째, 개인주의를 더 강화하자는 제안은 결국 나홀로족의 등장에 영합해서 스마트한 이기주의를 옹호하자는 주장에 지나지 않는 것이어서 대안이 될 수 없다. 스마트한 이기주의는 사회적 결속에는 아무런 관심을 보이지 않고 모든 것을 개인에게 맡기자는 주장에서 출발하기에 개인의 자유와 소유를 보호하는 최소한의 정부를 옹호하는 정치적 태도로 귀결할 뿐이다.

둘째, 문화신학이 인간의 내면 깊숙한 곳의 어두움을 직시하고 내면의 자유를 얻는 이치를 중시한다는 점을 고려한다면, 나홀로족 문화와 멘탈리티의 확산에 공동체 영성으로 대응하자는 제안은 분명 설득력이 있다. 그렇지만 그 한계도 뚜렷하다. 개인이 심리적 강박과 억압에서 벗어나는 영성의 길을 간다고 해도 사람들에게 업적 원리를 내면화하게끔 압박하는 업적 사회는 그대로 남아 있기 때문이다. 공동체 영성은 개인의 수양이나 개인을 위한 상담과 심리치료를 넘어서서 사회 변화를 위한 실천으로 이어져야 할 것이다.

셋째, 성찰적 개인화의 길을 가자는 벡과 벡-게른샤임의 제안은 주권적 개인의 등장이 불러온 위험을 관리하는 수준에서 대응 방안을 제시한 것이지만, 그 제안은 기존의 노동사회와 양성애에 바탕을 둔 가족 공동체의 유지를 전제하는 보수적인 성격을 띠고 있다. 거기 더하여 그들은 성찰적 개인화의 주체가 누구인지 명확하게 밝히지 못하고 있다. 왜냐하면 그들은 루만의 사회체계 이론에 기대어 성찰적 개인화의 논리를 펼쳤기에 성찰적 개인화의 주체가 성찰적 개인화가 일어나는 사회 그 자체라고 주장할 수밖에 없기 때문이다. 아마 그들에게서 나타나는 가장 큰 문제는 주권적 개인의 등장을 기정사실로 못 박고 공동체주의가 더는 주권적 개인의 사회에 대한 대안이 될 수 없다고 단정한 점이 아닐까 한다. 독일에서 공동체주의가 걸어온 불행한 역사를 상기한다면 벡과 벡-게른샤임의 주장이 이해되지 않는 것은 아니지만, 공동체주의가 대안이 될 수 없다는 그들의 단정은 문화신학의 관점에서는 단견이고 받아들이기 어렵다.

넷째, 개인의 자유와 사회적 결속을 서로 결합하는 방안을 공화주의적 방식으로 마련해 보자는 하버마스의 제안은 그나마 가장 나아 보인다. 그는 이성을 지닌 개개인이 참여하는 담론 공동체에서 누구나 받아들일 수 있는 공동체 규율 원칙과 규범을 제정할 수 있다고 생각한다. 그런 점에서 그는 개인의 이성 능력과 담론 능력을 중시하는 개인주의자이면서, 선하고 정의로운 삶을 함께 지향하는 공동체의 형성을 중시하는 공동체주의자이다. 그러나 하버마스는 권력의 논리와 화폐의 논리에서 벗어난 생활세계를 어떻게 형성할 수 있는지 명확하게 밝히지 못했다. 그러한 이론적인 문제를 차치하더라도 더 심각한 문제가 남아 있다. 설사 이성적인 개인들이 참여하는 담론 공동체가 권력과 화폐의 논리에서 벗어나서 사회 공동체를 규율하는 원칙과 규범에 어렵사리 합의한다고 하더라도, 권력과 화폐의 논리에 얽매여 있는 사회 공동체가 과연 그 원칙과 규범에 따라 규율될 수 있을까? 아마 그렇게 되지 않을 것이다. 그런 점에서 하버마스의 제안은 비현실적이다. 문화신학적 관점에서 볼 때, 세상의 문제를 현실주의적으로 다루는 것보다 더 중요한 일은 없다. 기독교인들은 이미 그리스도 안에서 죄의 지배가 폐지되었지만, 여전히 그리스도 바깥에 있는 이 세상은 아직 죄의 지배에서 벗어나지 못했다는 것을 알고 있다. 따라서 그리스도 안에서 이루어진 해방이 이 세상에서 이루어지기를 고대하면서도, 이 세상이 어떻게 움직이는가를 알고 현실주의적으로 대응해야 한다는 것이 문화신학의 관점이다. 권력과 화폐의 논리가 작동하는 현실의 세계가 마치 권력과 화폐의 논리가 작동하지 않는 방식으로 운용될 수 있는 것처럼 생각할 것이 아니라 권력과 화폐의 논리가 현실의 세계를 파괴하지 않도록 제어해서 권력과 화폐가 개인과 사회 공동체의 발전에 이바지하는 최선의 방안을 찾아야 한다.

문화신학적 관점에서 볼 때, 주권적 개인은 성립될 수 없는 개념이다. 개인은 공동체 관계 안에서 살아간다. 개인이 자기 뜻대로 모든 것을 정하고 그 뜻대로 살아가겠다고 하는 것보다 더 교만한 태도는 없다. 개인은 공동체 관계와 공동체 규범을 함부로 깰 수 없다. 그러나 거기에는 전제 조건이 하나 있다. 공동체가 이중의 타자화 논리에 빠져들어 집단주의 성향을 보여서는 안 된다는 것이다. 주권적 개인의 자기중심주의는 해체되어야 하고, 공동체의 집단주의적 성향은 억제되어야 한다. 개인의 존엄성과 권리를 십분 존중하고 공동체적 결속을 강화하는 방안은 개인의 인정투쟁을 최대한 허용하는 공동체 관계를 형성하는 것이고, 공동체 구성원들이 그러한 공동체 관계를 형성하는 과정에 인내와 용기를 갖고 참여하도록 훈련하는 것이다.

II. 문화신학적 관점에서 한국의 나홀로족 담론에 관한 검토

문화신학적 관점에서 독일의 나홀로족 담론을 검토했을 때와 마찬가지로 한국의 나홀로족 담론을 검토할 때도 한국에서 나홀로족이 등장한 배경, 나홀로족 문화와 멘탈리티의 특성 등에 관한 본서 제3부와 제4부의 분석을 전제한다.

1. 한국에서 나홀로족의 등장 배경

한국에서 나홀로족은 매우 복잡하고 복합적인 과정을 통해 단기간에 걸쳐 형성되고 확산했다. 나홀로족은 87년 체제에서 정치적 민주화, 노동자 운동을 통한 소득 분배의 개선, 소비주의의 확산, '역사의 종말' 담론과 포스트모더니즘 사조의 확산 등이 일어나는 복잡한 지형에서 문화 투쟁을 통해 태동하기 시작했고, 1997년에 일어난 외환위기 이후 한국 사회가 신자유주의적 체제로 재구성되는 과정에서 각자도생의 길을 걷는 개인의 모습으로 본격적으로 등장하고 확산했다. 한국에서 나홀로족의 등장은 양가적인 의미가 있다. 한편으로 나홀로족은 가족주의, 공동체주의, 민족주의, 국가주의가 과잉 상태였던 한국의 역사에서 처음으로 개인이 공동체에 앞선다는 의미의 개인주의를 구현했다는 점에서 긍정적인 의미가 있다. 다른 한편으로 나홀로족은 각자도생을 꾀하게 하는 삶의 조건에서 다른 사람을 아랑곳하지 않고, 자기를 중심에 놓고 자기를 우선시하는 태도를 보임으로써 사회적 결속을 해체한다는 점에서 부정적이다.

이처럼 한국 사회에서 개인의 본격적인 등장이 사회적 해체로 치닫게 된 것은 자기의 자유와 권리와 의지를 중시하는 개인들을 결속하는 공동체가 제대로 작동하지 못했다는 것을 뜻한다. 그렇게 된 까닭은 밝히려면 개인과 공동체의 관계가 한국 역사에서 어떤 관계를 맺으며 발전했는가를 되짚어보고, 나홀로족이 어떤 사회정치적, 경제적, 문화적 조건 아래에서 등장했는가를 세밀하게 살펴야 한다. 이에 대한 분석은 본서

제3부와 제4부에서 이미 이루어졌으므로 여기서는 그 내용을 간추려 재구성한다.

1) 한국에서 개인이 공동체에 앞선다는 의식은 전통 사회에서 줄곧 억제되어 왔다. 그것은 개인이 서로 구별된 개체로서 자기의식을 갖는다는 것과는 별개의 일이었다. 개인은 가족주의, 공동체 우선주의, 국가 우선주의에 사로잡혀 있었다.

(1) 가족주의와 공동체 우선주의는 부족사회 시대의 삶의 조건에서 비롯되었고 샤머니즘을 통해 한국인의 자기의식에 깊이 새겨졌다. 개인은 가족 공동체와 부족 공동체를 떠나서는 살 수 없었고, 샤머니즘은 원시적 난장을 통해 생명력을 복원하는 의식을 통해 공동체적 결속을 다지는 기능을 수행했다. 샤머니즘의 기복 신앙은 개인과 가족의 제액과 구복을 따로 구하는 개인 중심적이고 가족 중심적인 의식을 강하게 형성하게 했다. 개인 구복을 최대화하고 집단적 결속과 어울림을 중시하는 멘탈리티는 오늘의 한국인에게도 강하게 남아 있다.

(2) 개인보다 가족을 앞세우는 가족주의는 가족이 경제 공동체로서 가족의 생존과 복지에 전적인 책임을 지는 시대에 강하게 유지되는 게 당연한 일이었다. 그것은 가족이 부족의 지배 아래 있는 땅을 경작하는 단위였던 시대로부터 왕이 소유하는 땅을 부치고 수조권자에게 지대를 내는 시대를 거쳐 가족복지를 국가복지로 대체하는 시대에 이르기까지 변하지 않았다. 가족주의는 가부장 중심의 위계 구조를 갖추었고 남성중심주의와 가부장주의의 아성이었다. 성리학을 통치 이데올로기로 삼았던 조선조에서 가족주의와 가부장주의는 한층 더 공고해졌다. 현대 한국 사

회에서 가족주의가 가족을 위해서는 못 할 것이 없다는 가족이기주의로 퇴행하는 모습을 보이게 된 것은 식민지 시대, 전쟁과 독재의 시대, 삶의 기회를 얻기 위한 경쟁이 치열하지만, 사회적 안전망이 제대로 구축되어 있지 않았던 시대에 가족이 가족 구성원을 지켜야 했기 때문이다.

(3) 전통 사회에서 공동체 우선주의는 부락 단위의 농업 경영과 방어의 필요에서 형성되었고, 조선조에서는 성리학의 강상 윤리와 질서 개념에 따라 향촌 지배 질서를 유지하는 과정에서 강화되었다. 모든 토지가 왕에게 귀속되어 있었던 시대에 국가를 대표하는 군주에 대한 충성은 최우선적인 가치였다. 전통 사회의 공동체 우선주의와 충군적(忠君的) 국가주의는 더는 전해지지 않기에 고려할 것이 없다. 공동체 우선주의와 국가주의는 다른 역사적 맥락에서 그 내용과 형식을 달리하며 나타났다. 이에 대해서는 후술한다.

2) 한국인은 종교적 수양 전통을 통해 매우 높은 수준의 자율주의를 구현했다. 진표, 원광, 의천, 지눌 등이 발전시킨 수양 불교는 깨달음과 수양의 주체인 개인이 자기 내면을 직시하고 성찰하는 역량을 키우게 했다. 성리학은 수양 불교 못지않게 자기의 내면을 성찰하고 홀로 있을 때도 말과 생각과 행동을 삼가는 태도를 기르는 수양을 중시했다. 조선 전기에 이황, 기대승, 이이 등이 펼친 이기론 논쟁은 중국 송대에서처럼 이와 기의 관계에 관한 형이상학적 논쟁으로 전개되지 않고 수양의 방법과 이치를 둘러싼 논쟁으로 전개되는 특징을 보였다. 성리학은 법과 공권력의 강제 없이 도덕적 자율과 공동체의 자치를 실현할 수 있는 바탕을 마련했으며 높은 수준의 자율주의 문화를 실현하는 데 이바지했다. 조선 후기에 정약용은 천주교의 영향을 받아 주재천 앞에 선 개인의

내면성에 집중했고, 신독(愼獨)의 경지에 이르는 수양을 강조했으며, 자유의지를 지닌 자주적 개인을 중심에 놓는 도덕 이론을 펼쳤다. 난세에 개벽의 길을 찾고자 했던 최제우는 시천주(侍天主), 고아정(顧我情), 오심즉여심(吾心卽汝心)의 이치에 따라 수양하는 마음을 강조했고, 인간의 존엄성, 공감의 윤리, 사민평등의 공동체 윤리를 제시했다. 최한기는 기일원론의 관점에서 수양의 길을 제시하고자 했으며, 인간의 개체성과 자주성, 사회적 분업과 협력에 바탕을 유기체적인 사회의 형성, 공론의 수렴에 근거한 유가적 군주정의 수립 등을 중심으로 하는 새로운 세계를 전망했다.

한국인은 수양 전통을 통해 높은 수준의 자기의식과 자율주의에 이르렀다. 수양 전통에서는 내면의 성찰과 공동체 형성이 분리되지 않고 함께 갔다. 한국인의 수양 전통은 오래전에 그 맥이 끊어지다시피 했으나, 인간의 내면성을 들여다보는 훈련이 개인의 내적 강박을 해소하고 공동체 능력을 형성하는 데 필요하다는 것이 확인되고 있기에 수양 전통의 맥을 이어 나갈 방도를 찾을 필요가 있다고 본다.

3) 개항 이후 개인의 자유와 권리에 관한 논리가 활성화되었으나, 개인주의는 제대로 싹트지 못했고 20세기 말까지 한국 사회에서 개인주의는 제대로 개화하지 못했다. 개인주의는 부국강병론, 민족주의, 일민주의, 국가주의 등 개인보다 공동체를 앞세우는 집단주의에 억눌렸다.

(1) 개항 이후 조선의 사상가들은 조선의 국권을 보전하고 나라를 발전시킬 방도를 찾기 위해 노력했다. 해외에서 유학 생활을 하거나 망명 생활을 했던 유길준, 서재필, 윤치호 등은 서양 정치와 제도를 연구했고, 조선에 돌아와서는 우리나라 역사상 처음으로 국민의 자유와 권리에

관한 이론을 널리 퍼트렸으며, 사회적 진화론을 받아들여 부국강병책을 논했다. 그들은 약육강식의 국제 정세에서 조선이 살아남으려면 제도를 송두리째 바꾸어 나라를 강대하게 만들어야 한다고 생각했고, 그렇게 하려면 민권 신장을 통해 국민의 역량을 키워야 한다고 역설했다. 그들은 개인의 자유와 권리를 국가가 보호하여야 한다고 주장하였으나, 국민의 권리 신장을 국권 수호와 부국강병의 방편으로 논했다. 그런 점에서 그들이 이끌어간 권리 담론은 국가주의적 편향을 보였다.

식민지로 전락하는 과정에서 지식인들의 지배적인 담론은 충군적 국가주의였다. 그 요점은 개인의 자유와 권리를 말하기에 앞서서 개인이 국권을 수호하고 국체를 보전하기 위해 희생을 감내하여야 한다는 것이다.

(2) 식민지화 과정에서 국민 형성과 국민국가 형성이 좌절되면서 1908년에 국민을 대신하여 '민족' 개념이 등장하고 민족주의가 담론을 지배하기 시작했다. 제국주의적 약육강식의 현실에서 민족이 단결하여 외세에 맞서야 한다는 저항적 민족주의는 민족중심주의를 절대화했다. 민족중심주의는 민족을 중심으로 이중의 타자화를 펼치는 논리였다. 민족의 단결을 해치는 것은 그 무엇이든 억압과 배제의 대상이 되었고, 민족의 독립을 가로막는 것은 적대와 절멸의 대상이 되었다. 민족중심주의에서는 민족에 앞서서 개인을 주장하는 것은 상상할 수 없는 일로 여겨졌다.

(3) 해방 이후 대한민국이 수립된 이후 정권을 잡은 이승만은 국민 형성과 국민국가 형성의 이데올로기로서 일민주의(一民主義)를 내세웠다. 일민주의는 이중의 타자화를 전제하는 논리라는 점에서 저항적 민족주의와 논리 구조가 같았다. 국민의 단결을 방해하는 것은 무엇이든 억

압되고 제거되어야 하고 국민 바깥에 있는 세력, 곧 이북의 공산 세력은 적대와 멸절의 대상이 되었다. 일민주의는 반공주의와 손을 잡았고, 1948년 여수·순천 사건 이후 제정된 「국가보안법」은 반공을 앞세운 일민주의적 통치의 무기가 되었다. 한국전쟁 이후 친미 반공 체제에서 일민주의는 자유와 다원주의를 질식시키는 전체주의적 세계관으로 굳어졌다. 이승만 독재 체제에서 기본권은 본질적으로 침해되었다.

(4) 4·19 민주항쟁의 성과를 짓밟은 군부 쿠데타 세력은 반공을 앞세운 국가주의를 강화했다. 「국가보안법」과 「반공법」이 군부 독재의 강력한 무기가 되었다. 그것은 국가가 개인에 앞서고 국가 안보를 위해 개인의 자유와 권리가 본질적으로 침해되어도 무방하다는 것을 뜻했다. 군부 독재는 국가주의를 강화하기 위해 전통적인 가부장주의와 공동체주의를 활성화했고, 능률과 실질을 중시하는 도구적 합리성을 앞세웠고, 이를 국민 교육의 대헌장으로 삼았다. 국가가 주도하는 경제개발이 국가의 과제로 설정되자 국민은 그 과제를 위해 하나로 단결하여야 했고 그것을 방해하는 세력은 가차 없는 탄압을 받았다. 대통령 독재는 유신 체제에서 정점에 이르렀다. 대통령은 긴급조치를 통해 무소불위한 독재 권력을 행사하여 민주주의를 압살하고 개인의 자유와 권리를 철저하게 유린했다.

(5) 유신 독재와 그 뒤를 이은 제2차 군부 독재는 민주화 운동을 통해 무너졌다. 전두환 독재 체제가 미국의 용인 아래 이루어졌다고 여겨졌기에 반독재 민주화 운동은 반미 자주화 운동과 맞물렸고 민중 중심의 연합 운동을 활성화했다. 그러한 연합이 운동의 중심으로 설정되자 대내적 결속과 대외적 투쟁을 강화하기 위해 이중의 타자화 전략이 나타날 수밖에 없었다. 개인주의와 자유주의는 금기시되고, 집단주의와 공동체주의

가 강화되었다.

4) 한국에서 개인주의가 개화할 수 있는 여건은 6월 민주항쟁의 성과로 '87년 체제'가 들어서면서 마련되었다.

(1) '87년 체제'가 정치적 자유주의를 확립하자 사회의 민주화와 경제의 민주화를 향한 움직임도 강해졌다. 1990년을 전후로 현실사회주의국가들이 붕괴하면서 '역사의 종말' 담론이 확산하자 민족중심주의 담론이나 민중중심주의 담론은 힘을 잃었다. 해외에서 포스트모더니즘 담론이 물밀듯 쏟아져 들어오면서 탈중심화 담론과 탈주체화 담론이 유행하기 시작했다. 문화신학적 관점에서 볼 때, '87년 체제'에서 나타난 새로운 담론은 한국 사회에서 지배적이었던 공동체 우선주의에서 작동하는 이중의 타자화 논리를 해체하는 효과가 있었기에 주목할 필요가 있다.

(2) 민주화 이후 소득 증가와 소비의 확대는 내핍과 절약에 익숙했던 사람들에게 경직된 태도를 누그러뜨리고 낯선 것과 다른 것에 조금 더 관대한 태도를 보이게 했다. 그러나 그 한계도 분명했다. 그들은 내핍과 절약을 모르고 소비문화에 일찍 눈뜬 젊은 세대와 세대 갈등을 겪었다. 그러한 세대 갈등은 젊은 세대의 나이 든 세대에 대한 문화투쟁의 성격도 가졌다. 젊은 세대는 집단적 조직문화를 거부하고 개성을 표출하는 방식으로 그들의 정체성을 드러냈으며, 그들의 감성과 소비 취향에 따라 팬덤을 형성했다. 그들은 소비주의에 포섭되고 부족주의적 성향을 나타냈다.

(3) 민주화 이후 한국 사회의 뿌리 깊은 권위주의와 권위에 맹종하는 한국인의 권위주의적 성격을 해체하고자 하는 문화투쟁도 중요한 의미

가 있었다. 그러한 문화투쟁을 시도했던 마광수는 개인의 주권적 자유를 옹호하고 그 자유의 극단을 표출하려고 시도했고 한국 사상사에서 처음으로 개인주의를 명료한 언어로 정식화했다. 개인이 집단에 앞서고, 자유가 질서에 앞서고, 자유분방한 다원주의가 폐쇄적 교조주의에 앞선다는 마광수의 선언은 한국 사회에서 개인주의가 싹텄다는 것을 보여 준다.

5) 한국 사회에서 개인주의가 명료한 모습을 취하기 시작한 데 반해 오랫동안 한국 사회를 지배해 왔던 민족주의, 민중주의, 일민주의, 국가주의 등 공동체를 앞세워 개인을 억압해 온 집단주의를 대체하는 공동체 사상은 형성되지 못했다. 1990년대 초에 유행하기 시작한 탈중심화 담론과 탈주체화 담론은 외래 사상의 한계를 넘어서지 못하고 소수파 의견에 머물렀다. 개인의 자유와 권리와 의지를 최대한 존중하면서 사회적 결속을 강화하는 공동체의 비전을 모색하기도 전에 한국 사회는 외환위기와 더불어 이제까지 겪어보지 못했던 거대한 위기에 휩쓸려 들어갔다.

6) 나홀로족은 외환위기 이래로 한국 사회가 신자유주의적 체제로 재구성되면서 가족의 해체, 노동조합의 무력화, 사회국가의 최소한의 운영 등과 같은 사회정치적 조건들 아래서 각자도생의 길을 걷는 개인의 모습으로 나타났다.

(1) 신자유주의적 경제 체제가 자리를 잡은 한국 사회에서는 무한경쟁과 승자독식이 자리를 잡고, 사회적 양극화가 심화하고, 고용 사정이 악화하고, 가족의 해체가 가속했다. 신자유주의는 한국 사회의 전통적 가족주의와 권위주의의 기반을 무너뜨렸고, 한국 사회와 문화를 능력주의로 재편했다.

(2) 신자유주의 체제에서 가족의 해체는 급속도로 진행되었다. 한국 사회에서 가족의 해체가 빠른 속도로 큰 규모로 진행되었다는 사실은 낮은 결혼율과 출산율, 높은 이혼율, 높은 여성 취업률, 가파른 1인 가구 증가율 등에서 확인된다. 가족의 해체는 가족주의와 가부장주의를 약화시켰고, 2005년 가족법 개정에 따라 호주제가 폐지되면서 가부장 중심의 가족주의는 제도적 기반을 상실했다.

(3) 노동조합은 신자유주의 체제에서 무력화되었다. 외환위기를 겪으며 한국 사회는 대량 실업, 노동시장 유연화, 사회적 양극화 등으로 인해 큰 고통을 겪었다. 사업장 중심으로 짜인 노동조합 운동은 사업장을 초과하는 영역에서 발생하여 사업장에 엄청난 영향을 미치는 사태 발전에 대응할 수 없었다. 노동조합은 노동계급을 결속하고 노동자들의 권익을 실현할 역량을 발휘하지 못했다.

(4) 1997년의 외환위기 이후 한국의 복지 체제는 발전주의적 복지 체제에서 신자유주의적 복지 체제로 전환했다. 발전주의적 경제개발 시대에 허울뿐이었던 복지 체제에 비하면 '노동 연계 복지'에 바탕을 둔 신자유주의적 복지 체제는 국민기초생활보장제도라는 사회적 안전망을 깔아놓기는 했다. 기초생활보장은 오늘에 이르기까지 한국 복지 체제의 중심을 이루고 있다. 그러나 국민기초생활보장제도는 사회국가가 최소한의 수준에서 활동하도록 설계된 제도이고, 수급자가 가난을 증명하고 노동의 강권을 수용하는 것을 전제로 운영되는 제도이다.

(5) 가족의 해체, 노동조합의 약화, 사회국가의 최소 활동 등이 나타나는 신자유주의 체제에서 사람들은 자기 앞가림을 자기가 해야 한다고

인식할 수밖에 없었고, 자기를 중심에 놓고 자기를 우선시하는 태도를 보이지 않을 수 없었다. 그렇게 해서 나홀로족이 등장하게 되었다.

2. 한국에서 나홀로족 문화와 멘탈리티의 특성

한국에서 나홀로족은 다른 사람을 아랑곳하지 않고 자기를 중심에 놓고 자기를 우선시하는 개인으로 나타나고 있다. 승자독식의 신자유주의적 경쟁 체제에서 각자도생은 개인의 생존 전략이 되었다. 그러한 나홀로족에게는 독특한 문화와 멘탈리티가 나타난다.

1) 각자도생에 몰리는 나홀로족은 경쟁에서 밀리면 끝이라는 절박한 상황에서 불안과 외로움에 시달린다. 그들은 불안에서 벗어나기 위해 자기 계발의 강박에 사로잡히고, 거의 무의식적으로 이상적인 자기를 설정하고 그 이상적인 자기와 실제의 자기를 비교하며 자기도취와 자기 비하의 양가감정에 시달리는 나르시시스트가 되는 경향이 있다.

2) 나홀로족은 능력주의를 앞세우는 신자유주의적 경쟁 체제에서 능력과 업적 강박에 사로잡힌 채 자기를 무한정 착취하며 탈진한다. 능력주의는 사회적 지위와 보수가 능력과 업적에 따라 공정하게 분배되었다는 환상을 통해 사회적 불평등을 정당화하는 이데올로기이다. 능력주의는 신자유주의적 교육 체제에서 구현되었고, 그 교육 체제는 능력주의에 사로잡힌 인간을 능력 사회에 공급하는 기능을 하고 있다.

3) 나홀로족 문화와 멘탈리티는 부족주의적 성향을 강하게 띤다. 부족주의적 정체성 집단은 내부적 결속과 외부적 배타성을 취하며 내부와

외부를 향한 타자화 논리를 따른다. 부족주의는 가족이기주의와 연고주의로 나타나고, 기호와 취향, 생활 방식과 스타일, 정치적 의견, 종파성 등을 매개로 해서 형성되는 다양한 정체성 집단들에서 전형적으로 나타난다. 부족주의는 소비 영역에서 소비 부족주의의 양태를 띤다. 소비 취향과 소비 감각을 매개로 해서 강화되는 소비 부족주의는 디지털 소비 자본주의와 결합해서 소비 강박과 소비 중독을 조장한다.

4) 정보통신기술의 발전과 정보화의 확산은 한국 사회를 초연결사회로 변화시켰고 '연결된 개인'을 탄생시켰다. SNS는 사람들을 항시 접속 상태에 있게 하지만, '동일성에 대한 과잉 접속과 타자성에 대한 과잉 단속'을 촉진해서 사람들이 차이를 인정하고 존중하는 태도를 기르거나 서로 다른 의견을 조정하여 합의를 이루어 가는 민주적인 담론 역량을 형성하기 어렵게 한다.

3. 한국에서 나홀로족 문화와 멘탈리의 확산에 대한 대응

그동안 한국 사회에서는 나홀로족 문화와 멘탈리티가 확산하는 데 대해 긍정적인 반응과 부정적인 반응이 나타났고, 나홀로족 등장에 대응하는 방안으로는 크게 네 가지 유형의 의견이 나타났다. 개인주의를 강화하자는 의견, 공동체적 영성을 회복하자는 의견, 성찰적 개인화를 통해 대안을 찾자는 의견, 공동체주의적으로 대응하자는 의견, 등이 그것이다.

1) 개인주의를 옹호하는 사람들은 나홀로족이 한국 역사에서 처음으로 개인이 공동체에 앞선다고 생각하고 개인의 자유를 강력하게 대변하였다는 점을 긍정적으로 평가하는 데서 출발한다. 그러나 그들은 나홀로

족이 자기만 아는 이기주의자로 나타난다는 점을 경계하고 건전한 개인주의자가 되어야 한다고 권고한다. 개인주의자는 자기 자신에게 충실하되 자기 바깥의 사람들에게 공감하고 공동체 관계를 형성할 마음과 역량을 갖춘 사람이라는 것이다. 나홀로족이 공감 능력과 공동체 능력이 있는 개인주의자가 되려면 자기 안에 유폐된 채 타인을 지배하고자 하는 나르시시즘에서 벗어나야 한다.

2) 나홀로족이 빠져드는 외로움의 문제에 영성 회복으로 대응하자고 주장하는 사람들은 고립과 단절에서 벗어나 연결과 상호 돌봄으로 나아갈 것을 권유한다. 외로움은 개인의 건강을 해치고, 사회적 관계를 어렵게 하고, 파괴적인 행위에 나서게 하는 위험한 사회적 질병이 되었다. 핸드폰과 소셜 미디어, 자동화, 비대면 첨단기술 등의 환경은 사람들을 쉽게 고립과 외로움에 빠져들게 한다. 오랜 전통을 지닌 기독교 영성은 그러한 고립과 외로움에서 벗어나기 위해 외로움의 근원에 가로 놓인 자기 내면의 어두운 측면을 직시하고 진정한 나의 모습으로 다른 사람을 만날 용기를 낼 것을 권유한다. 환대의 신학은 차이와 다름을 두려워하여 관계를 단절하고 스스로 고립하면서 외로움을 겪는 고통에서 벗어나 서로 연결하고 돌보는 관계를 형성할 것을 제안한다.

3) 한국 사회에서 나홀로족은 홍찬숙이 말하는 '압축적 개인화' 과정을 통해 나타났다고 볼 수 있다. 압축적 개인화를 거치며 사람들은 자기를 중심에 놓고 자기를 우선시하는 개인주의적 성향을 띠게 되었고 세대 갈등과 젠더 갈등에 직면하게 되었다. 홍찬숙은 압축적 개인화로 인해 나타난 복잡한 대립과 갈등을 '다원적 개인주의'를 통해 풀어가자고 제안한다. 다원적 개인주의는 사회의 다양한 균열선을 타고 나타나는 대립

을 중심으로 다양한 시민 정치를 통해 다원주의적 사회를 형성하는 과정과 목표를 모두 가리킨다고 볼 수 있다. 그런데 그러한 논의에서는 나홀로족이 각자도생의 길을 걸어갈 수밖에 없는 절박한 삶의 조건을 어떻게 해결할 것인지가 적극적으로 검토되고 있지는 않다.

4) 나홀로족 문화와 멘탈리티의 확산에 공동체주의적으로 대응할 것을 제안하는 사람들은 공동체주의를 한편으로는 원자화된 개인을 전제하는 개인주의와 구별하고, 다른 한편으로는 개인을 집단으로 흡수하여 개인을 희생시키는 집단주의와 구별한다. 공동체주의는 공동체 관계가 인정투쟁을 통해 형성되고 유지된다고 보기에 개인의 자유와 독립을 존중하면서 사회적 결속을 강화하는 안목과 논리를 제공한다. 최근 다양하게 창설되는 생활 공동체와 공동체 관계는 그러한 공동체주의를 실현하고자 하는 실험으로 볼 수 있다. 문제는 그러한 실험과 시도를 통해 공동체주의를 국지적으로 실현하는 데 그치지 않고 공동체 정신에 따라 사회 전체를 재구성하는 방안을 찾는 것이다.

4. 문화신학적 관점에서 한국의 나홀로족 담론에 대한 평가

한국에서 나홀로족 문화와 멘탈리티에 대한 긍정적인 반응은 주로 마케팅을 위시한 소비 영역에서 많이 나오고 있고 사상의 영역에서는 매우 드물다. 개인을 중심에 놓고 개인을 우선시하는 나홀로족의 멘탈리티는 언뜻 마광수가 한국에서 최초로 명료한 언어로 제시했던 주권적 개인의 멘탈리티와 흡사해 보인다. 그는 개인이 집단에 앞서고 관습과 통념에 저항하면서 생각하고, 그 생각을 솔직하게 표현하는 것이 개인주의자의 덕목이라고 생각했다.

문화신학적 관점에서 필자는 공동체가 개인에 앞선다고 생각하는 집단주의적 통념은 해체되어야 한다고 생각한다. 문화신학은 인간이 존엄한 존재이고, 그 존엄성은 그 누구에 의해서도, 그 무엇에 의해서도 침해될 수 없다는 기본 확신에서 출발하고, 인간의 내면 깊은 곳에서 우러나오는 자유는 그 누구에 의해서도, 그 무엇에 의해서도 침탈될 수 없다고 주장한다. 인간이 공동체 관계를 떠나 살 수 없다고 해서 인간의 존엄성과 자유가 공동체 관계를 통해 침해되거나 제약되어도 좋다고 말할 수 없다. 도리어 인간의 존엄성과 자유와 권리를 침탈하고 제약하는 공동체 관계는 해체되어야 마땅하다. 문화신학은 개개인이 자기 자신을 존엄한 존재라고 인식하고, 존엄한 삶을 펼치는 데 없어서는 안 될 자유와 권리가 침해될 수 없다고 생각하고, 자신의 존엄성과 자유와 권리를 침탈하고 제약하는 것과 맞서 싸우라고 격려해야 한다. 한국 역사에서 개인이 공동체 우선주의에 의해 희생당해 왔고 최근에 이르기까지 개인의 존엄성과 자유와 권리가 부국강병, 국가주의, 민족주의, 일민주의, 국가 안보 지상주의 등에 의해 제약되고 침탈되어 왔다는 것을 인식한다면, 공동체가 개인에 앞선다는 통념은 마땅히 청산되어야 한다.

한국 사회에서 나홀로족의 등장과 그들의 독특한 문화와 멘탈리티에 어떻게 대응할 것인가를 논할 때, 고려할 것이 한 가지 더 있다. 한국 사회에서 개성과 개인적 정체성을 중시하는 유형의 개인이 등장한 지 얼마 지나지 않아서 누구라 할 것 없이 수많은 개인이 신자유주의적으로 재편된 한국 사회에서 각자도생의 길을 걸을 수밖에 없었다는 것이다. 개인주의가 싹트고 개화하려던 때, 개인들은 그들을 제대로 보호하지 못하고 공동체로 결속하지 못하는 사회에 내팽개쳐졌다. 다른 사람을 챙기기 전에 나를 먼저 챙겨야 하고 다른 사람을 볼 겨를 없이 나를 중심에 놓고 살길을 찾아야 하는 거친 환경 속에서 다른 사람을 아랑곳하지 않고 자기를 중심에 놓고 자기를 우선시하는 나홀로족의 멘탈리티가 형성되었다. 만일 개개인을 공동체적 결속으로 이끄는 사회적 장치들이 작동하였다면, 나 홀로 살겠다고 작정한 사람이 다른 사람을 아랑곳하지 않고 자기만 아는 사람으로 퇴행하지 않았을 것이다. 나홀로족 문화와 멘탈리티는 부정적으로 평가될 수밖에 없지만, 부정적 평가로 끝날 일이 아니다. 나홀로족의 등장과 그들의 문화와 멘탈리티가 공동체적 결속이 희박한 사회의 산물이라면, 나홀로족에 대한 첫째 대응책은 공동체적 결속을 강화하는 사회를 형성하는 것이어야 할 것이다. 사람들 사이의 관계를 바른 관계로 만들어 배제와 차별과 소외가 없게 해야 한다는 것이 공동체 관계의 형성과 관련된 문화신학의 핵심 주장이기 때문이다.

위에서 말한 두 가지를 전제하면서 그동안 나홀로족의 등장에 대응해서 나온 네 가지 제안을 문화신학적 관점에서 검토한다. 첫째, 한국 사회에서 개인주의를 강화하자는 제안은 의미가 있다. 개인주의가 성숙하지 않은 한국 사회에서 이기주의가 개인주의를 참칭하기 십상이기 때문이다. 따라서 개인주의와 이기주의를 구별하고, 자기 자신에게 충실하되 다른 사람에게 공감하고 공동체 관계에 개방적인 개인주의자를 육성하자는 것은, 문화신학의 관점에서 볼 때, 옳은 제안이다. 그러한 개인주의자는 자기 안에 유폐되어 타인을 공격하고 지배하고자 하는 나르시시스트가 될 까닭도 없을 것이다. 문제는 나홀로족이 그러한 개인주의자가 될 수 있는 삶의 여건이 마련되어야 한다는 것이다.

둘째, 문화신학적 관점에서 볼 때, 공동체 영성을 강화하자는 제안도 바람직하다고 할 수 있다. 사람의 내면 깊숙한 곳에 도사린 강박이 그 사람을 극도로 억압하고, 그러한 억압이 바깥을 향해 공격성으로 표출되는 악순환의 고리를 끊기 위해 자기 내면을 직시하고 성찰할 용기를 북돋을 필요가 있다. 자기 내면의 강박에서 벗어난 사람은 자기 자신과 화해하고 다른 사람에게 개방적인 태도를 보일 것이다. 그렇다고 해서 공동체적 영성을 추구하는 사람이 자기 내면만 응시할 수 없다. 그는 내면을 향한 시선을 세계로 돌려 세계를 차분히 들여다보아야 한다. 왜냐하면 자기를 이상적인 자기와 실제의 자기로 분열시켜 이상적인 자기에 미치지 못하는 실제의 자기를 괴롭히는 마음의 작용은 궁극적으로 자기에게 높은 목표를 설정하게 하고 그 목표를 달성하도록 끝없이 자기에게 채찍을 가하게 하는 업적 사회로부터 오는 자극과 무관하지 않을 것이기 때문이다. 그러한 인식을 하는 사람은 내면의 성찰과 사회 변화를 위한 실천이 동전의 양면처럼 결합한다는 것을 깨닫는다.

셋째, 한국 사회에서 압축적 개인화가 불러낸 위험을 성찰하고 이를 관리하기 위해 '다원적 개인주의'의 길로 가자는 제안은 문화신학의 관점에서 절반은 받아들일 수 있고 절반은 받아들이기 어렵다. 다원적 개인주의는 한국 사회에서 개인화가 진행하면서 개인의 독립과 자유를 중시하는 사람들이 등장했다는 것을 인정하고, 자기를 중심에 놓고 자기를 우선시하는 개인주의 추세를 뒤집을 수 없다고 보는 데서 출발한다. 그 진단은 옳고, 개인의 독립과 자유를 중시하는 것도 그 자체로서는 무리가 없다.

다원적 개인주의가 자유롭고 독립적인 개인들이 참여하는 다양하고 다원적인 시민 정치를 통해 개인화가 초래한 위험을 관리하는 방안을 찾는 과정을 묘사하는 개념이라면, 그것은 설득력이 있다. 왜냐하면 시민 정치는 현실의 다양한 균열선을 타고 벌어지는 적대들을 둘러싸고 다원적으로 전개되기 때문이다. 그런데 그러한 논의에서 세대 갈등과 젠더 갈등은 주요 의제로 떠오르고 있지만, 개인의 확장과 공동체적 결속이 서로 모순을 이루는 신자유주의적 삶의 조건을 어떻게 변경할 것인가 하는 중대한 문제는 제대로 다루어지고 있지 않다. 그렇기에 '다원적 개인주의'는 신자유주의적 현실의 근본적 변경 없이 표면적 갈등과 위험을 관리하는 데 집중하는 프로젝트가 아닌가 하는 의문이 든다.

넷째, 문화신학적 관점에서 볼 때, 공동체주의적 대안은 가장 바람직하다. 물론 그렇게 말하려면, 무엇보다도 먼저 문화신학이 동의하는 공동체주의를 명확하게 규정해야 한다. 공동체주의는 개인보다 집단을 우위에 놓고 집단의 이익을 위해 개인을 희생시키는 집단주의와 명확하게 구별되어야 한다. 그러한 구별은 매우 중요하다. 한국 역사에서 다양한 형태의 집단주의가 공동체주의를 참칭해 왔기 때문이다. 공동체주의는 개인주의와도 구별되어야 한다. 개인주의가 논리적으로 개인을 원자적 개체로서 전제하고 개인의 자발적 연합으로 공동체가 형성된다고 본다면, 공동체주의는 개인이 공동체 안에 태어나고 공동체를 통해 사회화되면서 공동체의 가치와 규범을 내면화한다고 본다. 개인주의가 개인을 공동체에 앞선 존재로 설정함으로써 공동체에 의해 침탈될 수 없는 개인의 존엄성과 자유와 권리를 부각하는 것은 개인주의의 큰 장점이다. 만일 공동체주의가 그러한 개인주의보다 더 강하고 더 설득력 있게 개인의 존엄성과 자유와 권리를 보장하는 관점과 방법을 제공하지 못한다면, 그러한 공동체주의는 이미 개인의 독립과 자유를 최대한 경험한 사람들에게는 받아들여지지 않을 것이다. 공동체주의는 개인의 존엄성을 그 어떤 경우에도 건드릴 수 없는 것으로 전제하고, 개인의 자유와 권리와 의지를 관철하고자 하는 인정투쟁을 보장하는 공동체만이 공동체 관계를 건강하게 유지할 수 있다는 기본 확신 위에 서야 한다.

그다음에 공동체주의는 공동체가 이중의 타자화 논리에 따라 구성되어서는 안 되고 탈중심화와 탈경계화의 논리에 따라 개방적으로 구성되어야 한다는 것을 전제하여야 한다. 그러한 공동체주의만이 집단주의적 성향을 띠지 않을 수 있다.

그러한 두 가지 점을 놓고 볼 때, 최근 다양하게 창설되는 생활 공동체와 공유 식탁과 가족이 되는 교회 등은 공동체주의를 실현하고자 하는 실험이라고 볼 수 있다. '따로 그리고 같이'라는 생활 방식은 개인의 독립과 자유를 최대한 존중하면서 공동체적 결속을 강화하는 최소한의 요건을 충족시키고 있다. 문제는 그러한 실험과 시도를 통해 공동체주의를 국지적으로 실현하는 데 그치지 않고 공동체 정신에 따라 사회 전체를 재구성하는 방안을 찾는 것이다. 나홀로족이 다른 사람을 아랑곳하지 않고 나만 아는 멘탈리티를 보이는 것은 누구나 인간의 존엄성을 지키며 자주적으로 살아갈 수 있도록 생활의 기회를 보장함으로써 공동체적 결속을 실질적으로 구현하는 사회가 조직되어 있지 않았기 때문이다. 그러한 개인의 자유와 공동체적 결속을 결합해서 모든 사람이 존엄한 삶을 살아가는 방안을 마련하는 것이 우리 사회의 최대 과제다.

III. 소결

제2장에서 독일과 한국의 나홀로족 문화와 멘탈리티를 문화신학적 관점에서 살핀 내용은 아래와 같다.

1) 문화신학적 관점에서 독일과 한국의 나홀로족 문화와 멘탈리티를 살피는 일은 독일과 한국 학계에서 이루어진 나홀로족 담론에 대한 검토와 의견 제시의 형식으로 수행되었다.

2) 독일과 한국에서 나홀로족의 문화와 멘탈리티가 언뜻 유사해 보이지만, 개인과 공동체의 관계가 발전해 온 역사적 과정과 나홀로족의

등장 배경이 다르기에, 나홀로족에 관한 이해와 대응 논리를 서로 비교하지 않고 각각 검토하였다.

3) 독일에서 나홀로족은 68혁명이 촉진한 개인화 과정의 연장선상에서 독일 사회의 신자유주의적 개조가 가속하면서 등장했다. 나홀로족 문화와 멘탈리티는 능력주의적 지향, 부족주의적 경향, 초개인주의적 성향을 띤다.

4) 나홀로족 문화와 멘탈리티의 확산에 대한 독일 사회의 대응은 대체로 네 가지 유형의 의견으로 나타났다. 개인주의를 강화하자는 의견, 공동체적 영성을 회복하자는 의견, 성찰적 자기 대면을 통해 개인화의 문제를 해결하자는 의견, 사회를 통합하는 규범을 공화주의적으로 제정하자는 의견 등이 그것이다.

첫째, 개인주의를 더 강화하자는 제안은 결국 나홀로족의 등장에 영합해서 스마트한 이기주의를 옹호하자는 주장에 지나지 않는 것이어서 대안이 될 수 없다.

둘째, 공동체적 영성을 강화하자는 그륀의 제안은 설득력이 있다. 사람은 자기 내면 깊숙한 곳의 어두움을 직시하고 내면의 자유를 얻어야 외부를 향한 공격성을 보이지 않을 것이기 때문이다. 그러나 내면의 강박을 불러일으키는 업적 경쟁 사회가 그대로 남아 있다는 것이 문제다.

셋째, 성찰적 개인화의 길을 가자는 벡과 벡-게른샤임은 주권적 개인의 등장이 불러온 위험을 관리하는 수준에서 대응 방안을 제시했다. 그 제안은 기존의 노동사회와 양성애에 바탕을 둔 가족 공동체의 유지를 전제하는 보수적인 성격을 띠고 있다. 그들이 전제하는 주권적 개인의 현실성은 미심쩍고 문화신학적 관점에서는 수용하기 어려운 개념이다.

주권적 개인을 기정사실로 못을 박고 공동체주의적 대안을 거부한 것은 벡과 벡-게른샤임의 이론적 한계다.

넷째, 개인의 자유와 사회적 결속을 서로 결합하는 방안을 공화주의적 방식으로 마련해 보자는 하버마스의 제안은 그럴듯하기는 하지만, 현실성이 떨어진다. 그는 권력의 논리와 화폐의 논리에서 벗어난 생활세계를 복원해서 무제약적 토론을 통해 공동체를 규율하는 원칙과 규범을 제정하자고 했다. 그러나 그러한 생활세계가 과연 형성될 수 있는지, 권력과 화폐의 논리에 얽매여 있는 사회 공동체가 권력과 화폐의 논리에서 벗어난 담론 공동체가 제정한 원칙과 규범을 따를 것인지 등의 물음에 대해서는 설득력 있는 대답이 없다.

5) 나홀로족 문화와 멘탈리티에 대응하는 독일 사회의 대응을 되짚어 보면, 개인이 집단에 해소되어서는 안 되고, 개인의 존엄성을 존중하고 개인의 자유와 권리를 보장해야 한다는 데는 사회적 합의가 이루어졌다고 볼 수 있다. 문화신학적 관점에서 볼 때, 개인을 집단에 해소할 수 없다는 독일 사회의 합의는 타당하다. 문제는 누구나 인간의 존엄성을 지키며 개인의 독립과 자유를 최대한 실현하면서 품위 있게 살아갈 기회를 실질적으로 보장하는 사회를 조직하는 것이다. 그러한 사회는 개개인들이 연대해서 공동체적 결속을 구현할 때 성립될 것이다. 만일 공동체적 결속이 희박해진다면, 개인의 독립과 자유를 주장하는 사람들은 다른 사람을 아랑곳하지 않고 자기만 아는 개인이 될 것이다. 그것이 현대 독일 사회가 직면한 최대의 문제이다. 앞에서 검토한 여러 가지 제안은 개인의 자유와 사회적 결속을 결합하는 방안을 제시하는 데까지 미치지 못하고 있다.

6) 한국에서 나홀로족은 '87년 체제'가 수립된 뒤에 본격화한 개인화의 연장선상에서 한국 사회가 신자유주의적으로 재구성되면서 각자도생의 길을 걷는 개인의 모습으로 나타났다.

7) 한국에서 나홀로족의 등장은 양가적인 의미가 있다. 한편으로 나홀로족은 가족주의, 공동체주의, 민족주의, 국가주의가 과잉 상태였던 한국의 역사에서 처음으로 개인이 공동체에 앞선다는 의미의 개인주의를 구현했다는 점에서 긍정적인 의미가 있다. 다른 한편으로 나홀로족은 각자도생을 꾀하게 하는 가혹한 삶의 조건에서 다른 사람을 아랑곳하지 않고 자기를 중심에 놓고 자기를 우선시하는 태도를 보임으로써 사회적 결속을 해체한다는 점에서 부정적이다. 그들에게는 나르시시즘, 능력주의, 부족주의, 초개인주의 성향이 나타난다.

8) 한국 사회에서는 나홀로족 문화와 멘탈리티가 확산하는 데 대응하는 방안으로는 크게 네 가지 유형의 의견이 나타났다. 개인주의를 강화하자는 의견, 공동체적 영성을 회복하자는 의견, 성찰적 개인화를 통해 대안을 찾자는 의견, 공동체주의적으로 대응하자는 의견 등이 그것이다.

첫째, 한국 사회에서 개인주의를 강화하자는 제안은 의미가 있다. 한국 역사에서 개인은 부국강병, 민족주의, 일민주의, 국가주의 등 공동체를 앞세워 개인의 존엄성과 자유와 권리를 짓밟는 집단주의에 희생되어 왔기 때문이다. 개인주의가 이기주의와 나르시시즘으로 혼동되지 않고 자기에게 충실하되 타인에 대한 공감 능력과 공동체 능력을 갖춘 개인을 형성하는 방향으로 나아가는 것은 바람직하다.

둘째, 공동체 영성을 강화하자는 제안은 바람직하다. 사람의 내면 깊숙한 곳에 도사린 강박이 그 사람을 극도로 억압하고, 그러한 억압이 바깥을 향해 공격성으로 표출하는 것이니, 그 악순환의 고리를 끊기 위해 자기 내면을 직시하고 성찰할 용기를 갖자는 것은 나홀로족 문화와 멘탈리티에 대응하는 적절한 방안이다. 그러나 개인의 내면적 해방은 그 개인을 억압하는 사회에서 해방하는 과정과 맞물려야 한다.

셋째, 한국 사회에서 압축적 개인화가 불러낸 위험을 성찰하고 이를 관리하기 위해 '다원적 개인주의'의 길로 가자는 제안은 문화신학의 관점에서 양가적으로 평가받는다. 압축적 개인화가 자기를 중심에 놓고 자기를 우선시하는 개인을 형성했고, 그 개인들이 압축적 개인화가 불러들인 세대 갈등과 젠더 갈등을 해결하면서 다원적 개인주의 사회를 형성하자는 의견은 현실에 부합하는 주장이다. 그러나 나홀로족이 각자도생의 길을 갈 수밖에 없는 신자유주의적 삶의 조건을 어떻게 변경할 것인가 하는 문제를 본격적으로 논의하지 않는다는 것은 부족한 점이다.

넷째, 문화신학적 관점에서 볼 때, 공동체주의적 대안은 가장 바람직하다. 공동체주의는 무엇보다도 먼저 개인의 존엄성을 그 어떤 경우에도 건드릴 수 없는 것으로 전제하고, 개인의 자유와 권리와 의지를 관철하고자 하는 인정투쟁을 보장하는 공동체만이 공동체 관계를 건강하게 유지할 수 있다는 기본 확신 위에 서야 한다. 그다음에 공동체주의는 공동체가 이중의 타자화 논리에 따라 구성되어서는 안 되고 탈중심화와 탈경계화의 논리에 따라 개방적으로 구성되어야 한다는 것을 전제하여야 한다.

그러한 두 가지 점을 놓고 볼 때, 생활 공동체와 공유 식탁과 가족이 되는 교회 등을 창설하고자 하는 국지적 실험은 의미가 있지만, 개인의 자유와 공동체적 결속을 결합해서 모든 사람이 존엄한 삶을 살아가는 방안을 마련하는 것은 우리 사회가 공동체주의적 관점에서 해결해야 할 큰 과제로 남아 있다.

맺음말

제5부에서 필자는 문화신학적 관점에서 독일과 한국에서 나홀로족이 등장하고 나홀로족 문화와 멘탈리티가 확산하는 과정에 대한 본서제1부, 제2부, 제3부, 제4부의 분석에 근거해서 독일과 한국 학계에서이루어진 나홀로족 담론을 검토했다.

1) 제1장에서는 문화신학적 관점에서 나홀로족 문화에 접근하는 통로를 열려고 했다.

(1) 이를 위해 필자는 먼저 문화신학의 과제와 관점을 제시했다. 문화신학은 교회가 문화를 이해하고 문화 형성에 개입하는 관점과 방법을연구하는 신학의 한 분과이다. 필자는 궁극 이전의 것이 궁극적인 것에대해 투명해지도록 기존 문화를 비판하고 새 문화를 형성하는 관점과방법을 제시하는 것이 문화신학의 과제라고 본다.

(2) 그다음에 필자는 나홀로족의 등장이 개인의 자유와 사회적 결속을 어떻게 결합할 것인가 하는 근본적인 문제를 제기했다고 보고, 개인과 공동체의 관계에 관한 성서적-신학적 이해에 근거하여 그 문제에 접근하고자 했다. 개인과 공동체의 관계에 관한 성서적-신학적 이해의 핵심은 네 가지다. 첫째, 인간은 사회적 관계 속에서 살아간다는 것이다.사회적 관계의 전제는 차이의 인정과 존중 그리고 소통과 연결이다. 사회적 관계는 인정투쟁을 통해 건강하게 유지된다. 둘째, 사회적 관계는

인간의 죄성에 의해 쉽게 파괴되거나 단절된다는 것이다. 그것은 자기의 것이 아닌 것을 자기의 것으로 삼으려는 완강한 자기주장의 원형이고, 자기의 것이 아닌 것을 지배하고자 하는 폭력의 원형이다. 그러한 폭력의 제한은 사람들이 사회적 관계를 유지하고 공동체 관계를 형성하기 위한 필수적인 장치이며, 그것은 반드시 제도화되어야 한다. 셋째, 공동체는 타자화의 논리를 넘어서서 탈중심적이고 탈경계적으로 형성되어야 한다는 것이다. 넷째, 인간의 내면성과 내면의 자유는 그 무엇에 의해서도 침탈될 수 없다는 것이다. 인간의 내면성은 여러 가지 강박으로 쉽게 병들고 인간의 내면적 자유는 민족, 국가, 국가 안보를 앞세우는 세력에 의해 쉽게 짓밟혀 왔기에 인간의 내면성과 내면의 자유를 지키는 것은 여전히 큰 과제로 남아 있다.

2) 제2장에서는 독일과 한국 학계에서 이루어진 나홀로족 담론을 문화신학적 관점에서 살폈다.

(1) 나홀로족 문화와 멘탈리티의 확산에 대한 독일 사회의 대응은 대체로 네 가지 유형의 의견으로 나타났다. 개인주의를 강화하자는 의견, 공동체적 영성을 회복하자는 의견, 성찰적 자기 대면을 통해 개인화의 문제를 해결하자는 의견, 사회를 통합하는 규범을 공화주의적으로 제정하자는 의견 등이 그것이다.

첫째, 개인주의를 더 강화하자는 제안은 결국 나홀로족의 등장에 영합해서 스마트한 이기주의를 옹호하자는 주장에 지나지 않는 것이어서 대안이 될 수 없다.

둘째, 공동체적 영성을 강화하자는 그륀의 제안은 설득력이 있다. 사람은 자기 내면 깊숙한 곳의 어두움을 직시하고 내면의 자유를 얻어야 외부를 향한 공격성을 보이지 않을 것이기 때문이다. 그러나 내면의 강박을 불러일으키는 업적 경쟁 사회가 그대로 남아 있다는 것이 문제다.

셋째, 성찰적 개인화의 길을 가자는 벡과 벡-게른샤임은 주권적 개인의 등장이 불러온 위험을 관리하는 수준에서 대응 방안을 제시했다. 그 제안은 기존의 노동사회와 양성애에 바탕을 둔 가족 공동체의 유지를 전제하는 보수적인 성격을 띠고 있다. 그들이 전제하는 주권적 개인의 현실성은 미심쩍고 문화신학적 관점에서는 수용하기 어려운 개념이다. 주권적 개인을 기정사실로 못 박고 공동체주의적 대안을 거부한 것은 벡과 벡-게른샤임의 이론적 한계다.

넷째, 개인의 자유와 사회적 결속을 서로 결합하는 방안을 공화주의적 방식으로 마련해 보자는 하버마스의 제안은 그럴듯하기는 하지만, 현실성이 떨어진다. 그는 권력의 논리와 화폐의 논리에서 벗어난 생활세계를 복원해서 무제약적 토론을 통해 공동체를 규율하는 원칙과 규범을 제정하자고 했다. 그러나 그러한 생활세계가 과연 형성될 수 있는지, 권력과 화폐의 논리에 얽매여 있는 사회 공동체가 권력과 화폐의 논리에서 벗어난 담론 공동체가 제정한 원칙과 규범을 따를 것인지 등의 물음에 대해서는 설득력 있는 대답이 없다.

(2) 한국 사회에서 나홀로족 문화와 멘탈리티의 확산에 대응해서 크게 네 가지 유형의 의견이 나타났다. 개인주의를 강화하자는 의견, 공동체적 영성을 회복하자는 의견, 성찰적 개인화를 통해 대안을 찾자는 의견, 공동체주의적으로 대응하자는 의견 등이 그것이다.

첫째, 한국 사회에서 개인주의를 강화하자는 제안은 의미가 있다. 한국 역사에서 개인은 부국강병, 민족주의, 일민주의, 국가주의 등 공동체를 앞세워 개인의 존엄성과 자유와 권리를 짓밟는 집단주의에 희생되어 왔기 때문이다.

둘째, 공동체 영성을 강화하자는 제안은 바람직하다. 사람의 내면 깊숙한 곳에 도사린 강박이 그 사람을 극도로 억압하고, 그러한 억압이 바깥을 향해 공격성으로 표출하는 것이니, 그 악순환의 고리를 끊기 위해 자기 내면을 직시하고 성찰할 용기를 갖자는 것은 나홀로족 문화와 멘탈리티에 대응하는 적절한 방안이다.

셋째, 한국 사회에서 압축적 개인화가 불러낸 갈등과 위험을 성찰하고 이를 관리하기 위해 '다원적 개인주의'의 길로 가자는 제안은 현실적인 제안이지만, 각자도생의 길을 강제하는 신자유주의적 삶의 조건을 변경하자는 논의가 없는 점에서는 소극적인 제안이다.

넷째, 문화신학적 관점에서 볼 때, 공동체주의적 대안은 가장 바람직하다. 공동체주의는 두 가지 전제 위에 서야 한다. 하나는 공동체 관계가 인정투쟁을 통해 건강하게 유지된다는 것이고, 다른 하나는 공동체가 이중의 타자화 논리를 넘어서서 탈중심화와 탈경계화의 논리에 따라 개방적으로 구성되어야 한다는 것이다. 그러한 공동체주의를 실현하기 위해 다양한 생활 공동체와 공유 식탁을 형성하고 기독교에서 이웃을 위한 교회를 창설하려는 시도는 바람직하다. 문제는 그러한 국지적 실험을 넘어서서 개인의 자유와 공동체적 결속을 결합해서 모든 사람이 존엄한 삶을 살아가는 공동체주의적 방안을 마련하는 것이다.

책을 마무리하는 말

1) 책을 마무리하는 말을 하면서 필자는 본서에서 펼친 연구 내용을 요약하고 정리하지 않으려고 한다. 그러한 요약과 정리 작업은 본서의 각 장을 마무리할 때 소결의 형태로 이루어졌고, 각각의 장이 배치된 각 부를 마무리할 때 각 부에서 진행된 연구 내용을 맺음말에 요약해서 정리해 두었다. 그러니 책을 마무리하는 이곳에서 책 전체의 내용을 다시 정리하는 대신 연구를 마치는 사람으로서 몇 가지 소회를 밝히면 족하리라고 생각한다.

2) 이 책에서 필자는 한국과 독일에서 나홀로족이 등장한 배경을 분석하고, 나홀로족 문화와 멘탈리티의 특성을 파악하고, 문화신학적인 관점에서 한국과 독일 학계의 나홀로족 담론을 검토하고 평가했고, 개인의 자유를 최대한 실현하면서도 공동체적 결속을 강화하는 사회와 문화의 전망을 제시하려고 했다.

한국과 독일에서 나홀로족은 서로 다른 사상 · 문화적 전통의 영향을 받으며 각기 다른 사회문화적 요인들이 복합적으로 작용하는 가운데 등장했고, 비슷한 듯하면서도 사뭇 다른 나홀로족 문화와 멘탈리티의 특성을 보였다. 한국과 독일에서 나홀로족의 등장에 대응하는 담론도 많은 점에서 다르다.

그렇기에 한국과 독일의 나홀로족을 직접 비교하는 것은 쉽지 않고 많은 점에서 무리한 일이다. 그러나 두 나라에서 개인의 존엄성과 자유에 관한 관념이 발전해 온 역사적 과정을 살피고 개인의 자유와 공동체적 결속을 결합하려는 시도를 공부하면서 상대방의 역사적 경험을 타산지석으로 삼을 수는 있을 것이다.

3) 필자는 독일의 경험에서 타산지석으로 삼고자 하는 것을 몇 가지 말하고 싶다. 첫째, 개인보다 집단을 우위에 두는 게르만 정신은 독일 역사에서 개인과 공동체에 관한 관념을 형성하는 데 지대한 영향을 끼쳤다. 게르만 정신은 독일인의 정체성을 확립하여 독일 국민의 형성과 국민국가 형성에 결정적인 영향을 미쳤고, 인종주의적 배타성을 조장했고, 개인을 소멸시킨 히틀러의 전체주의적 독재를 뒷받침하는 이데올로기의 원천이었고, 전후 독일에서 68혁명을 통해 청산될 때까지 독일적 권위주의와 가부장주의의 아성이었다. 게르만 정신은 오늘의 독일 사회에서 인종주의적 성향의 정치적 부족주의를 부추기고 있다. 따라서 게르만 정신은 그것의 긍정적-적극적 형태로서가 아니라 해체적 재구성을 통해서만 개인의 자유를 최대화하면서 공동체적 결속을 강화하는 사회의 비전을 여는 데 도움이 될 것이다.

둘째, 독일에서 개인의 자유와 권리를 중시하는 개인주의와 자유주의는 독일 헌정사에서 왕권신수설을 통치 이데올로기로 삼은 절대주의적 군주정이 유지되었던 오랜 시기에 그 실현이 끝없이 지체되었으나, 개인주의와 자유주의는 사상의 영역에서 매우 높은 수준에서 꽃피웠다. 칸트, 피히테, 헤겔 등 독일 이상주의 철학자들은 개인의 자유와 소유의 중요성을 논증하여 부르주아 사회의 이론적 기초를 놓았고, 사회계약론의 틀에서 자유주의 사회 형성의 비전을 제시했다. 독일 낭만주의자들은 개인의 개성과 창조성을 그 극한에까지 고양했고, 기존의 억압 체제를 신랄하게 비판했다. 슈티르너, 니체 등 급진적 개인주의자들은 기존의 규범과 문화와 제도를 넘어서서 개인의 유일성과 주체성, 주권적 개인의 자기실현을 최고의 가치로 내세웠다.

셋째, 독일은 제2차 세계대전 후 다원적인 정치 민주주의를 확립하고 사회적 시장경제 체제를 운영하는 가운데 강력한 노동자 운동과 사회국가의 작용으로 사회적 연대 속에서 개인의 자유와 자기실현의 기회를 확대했다. 그러한 상황에서 개인주의는 높은 수준으로 발전했다.

넷째, 독일의 68혁명은 독일 사회에 만연한 권위주의와 가부장주의를 해체하고 모든 권위를 거부하는 문화혁명의 성격을 보여 주었다. 젠더, 인종, 성소수자 등 이제까지 억눌렸던 이슈들을 중심으로 정체성 정치가 활성화되기 시작했고 개인의 자유와 권리에 관한 관념은 질적인 변화를 거쳤다. 개인의 자유와 자기실현을 최대화하려는 시도가 나타났고 자기 스스로 자기 행위의 규범을 부여하는 주권적 개인이 등장했다. 68혁명은 권위주의적 교육을 비판적 해방교육으로 전환하여 개인을 비판과 자기 해방의 주체로 세우면서 독일의 민주주의를 획기적으로 발전시키는 발판을 마련했다.

다섯째, 히틀러의 전체주의 국가를 경험한 독일인들은 집단이 개인에 앞선다는 집단주의적 관념을 극도로 경계하게 되었다. 독일인들은 집단의 이익을 위해 개인을 희생시키는 독일의 어두운 과거를 되풀이하지 않고, 개인의 존엄성을 존중하고 개인의 자유와 권리를 최대한 실현하는 사회를 형성한다는 데 정치적 합의를 이루었다. 그러나 독일인들이 공동체주의마저 경계하는 것은 지나치다고 볼 수 있다.

4) 한국에서 개인의식이 발전해 온 역사적 과정을 살피면서 기억해 두고 싶은 것을 몇 가지 말하고 싶다. 한국의 사상·문화사에 대한 이해

는 나홀로족 문화와 멘탈리티가 확산하는 한국 사회에서 개인의 자유와 공동체적 결속을 결합하는 방향을 가늠하는 데 도움을 줄 수 있다.

첫째, 한국 전통 사회에서 샤머니즘, 불교, 유교는 사람들의 가치관과 태도를 형성하는 데 복합적이고 중층적으로 작용했다. 부족 시대에 샤머니즘이 고취한 공동체주의는 한국 사람들이 신명이 나는 공동체적 결속을 다지는 원동력이 되었고, 19세기 말 이래 한국인들이 국가주의를 쉽게 받아들이게 하는 발판이 되었다. 수양 불교는 깨달음과 수양의 주체인 개인이 자기 내면을 직시하고 성찰하는 역량을 키워주었다. 성리학은 유교적 가족주의, 가부장주의, 충군주의가 사람들의 의식에 깊이 뿌리를 내리게 했지만, 수양 이론으로서 개인이 사리를 분별하고 이치에 맞게 행동하는 주체라는 점을 강조했다.

둘째, 조선 후기에 사회적 위기 속에서 새로운 미래를 꿈꾸었던 정약용, 최제우, 최한기 등의 사상가들은 새로운 안목을 갖고 새로운 사고방식을 가다듬었고, 자유의지를 가진 행위 주체로서의 개인, 하눌님을 마음에 모신 개개인의 존엄성, 인간의 개체성과 자주성 등을 가르쳤고, 개인의 수양과 공동체 형성이 둘이 아니라 하나라는 점을 보여 주었다.

셋째, 개화기에 개인의 자유와 권리에 관한 생각이 한국인들에게 전해져 인간의 자유와 권리를 주관적 공권으로 삼는 국가에 대한 비전을 갖게 했으나, 민권 담론은 제국주의적 약육강식의 현실에서 부국강병을 위한 국가주의 담론에 묻혀버렸다. 식민지 시대의 저항적 민족주의, 해방 이후 일민주의, 독재자가 내세운 국가 안보 지상주의, 이에 대한 저항 운동은 개인주의의 발현을 지연시키고 심지어 억압하였다. 국가주의는 가족주의와 가부장주의를 통치 이데올로기로 동원하기까지 했다. 개인보다 공동체를 앞세우는 집단주의는 이중의 타자화 논리에 따라 내부적 단속과 외부적 적대를 강화하여 개인의 자유와 자기실현의 기회를 극도로 좁혔다.

넷째, '87년 체제' 이후 정치적 민주화, 소득 향상과 소비주의의 확산, '역사의 종말' 담론과 탈중심성과 탈주체성을 앞세우는 포스트 담론의 확산 등으로 인해 개인의 자유와 주체성을 주장할 수 있는 시대가 열렸다. 그러나 곧바로 닥친 외환위기 이후 한국 사회가 신자유주의적으로 재편되면서 개인은 각자도생의 길을 갈 수밖에 없었고, 다른 사람을 아랑곳하지 않고 자기만 아는 나홀로족이 본격적으로 등장했다. 공감 능력이 있고 공동체 관계에 개방적인 개인주의가 성숙하기 전에 자기중심주의와 이기주의가 자리를 잡고 개인의 확장과 공동체적 결속이 모순을 이루는 사회가 형성된 것이다. 따라서 모든 사람이 자유를 최대한 실현하면서 공동체적으로 결속하는 사회를 형성하는 것은 우리 시대의 가장 큰 과제들 가운데 하나가 되었다.

5) 짧은 시기에 한국 사회에서 진행된 개인화 과정은 집단주의 문화와 가부장주의 문화를 제대로 청산하지 못한 채 세대 갈등과 젠더 갈등을 심화했다. 이 두 가지 갈등을 제대로 해결해서 더 많은 공정성, 더 넓은 공공성, 더 깊은 젠더 정의를 실현하는 것이 우리 사회의 과제가 되었다. 그러한 갈등이 다원적이고 다양한 시민 정치를 통해 해결되는 과정에서 개인의 독립과 자유는 질적으로 다른 방식으로 추구될 수 있을 것이고, 나홀로족 문화와 멘탈리티도 질적인 변화를 겪을 것이다.

6) 한국 사회에서 나홀로족 문화와 멘탈리티의 특성을 놓고 볼 때, 서구에서 발달한 개인주의를 직수입하여 우리 현실에 그대로 적용하는 것은 무리가 있다. 한국의 문화 전통과 역사적 맥락을 염두에 두고 개인의 존엄성을 존중하고, 개인의 자유와 권리를 최대한 실현하는 공동체의

비전을 명확하게 가다듬고, 그러한 공동체를 형성하기 위한 시민적 합의를 할 필요가 있다. 개인의 독립과 자유가 안정적인 물질적인 기반 위에 세워지려면 '노동 연계 복지' 개념을 넘어서는 새로운 개념의 복지 체제를 설계할 필요가 있다. 누구나 인간의 존엄성을 지키며 품위 있게 살아가는 데 필요한 사회적 재화를 보장받을 수 있는 복지 체제가 마련된다면 사람들은 능력주의의 포로가 되지 않고, 사람과 자연을 아끼고 보호하는 공동체를 이루며 살아갈 수 있을 것이다.

이 책을 마무리하면서 필자는 개인의 자유를 최대화하고 공동체적 결속을 강화하는 사회가 바로 그 사회를 꿈꾸는 사람들의 연대와 협력을 통해 이루어질 수 있다는 희망이 널리 퍼지기를 바란다. 그러한 사회의 비전을 실현하는 데 필요한 마음을 가꾸고, 그 비전을 이루는 데 필요한 역량을 키우고 방법을 익히는 교육이 학교와 사회 교육 기관, 특히 교회를 통해 이루어지기를 기대한다.

참고문헌

강영안. "레비나스 철학에서 주체성과 타자: 후설의 자아론적 철학에 대한 레비나스의
　　대응."「현상학과 현대철학」 4 (1990): 243-263.
강원돈.『기독교경제윤리론』. 서울: 동연, 2024.
＿＿＿. "메타버스 시대의 기독교 윤리의 몇 가지 과제."「신학과철학」 45 (2023): 61-94.
강정인. "박정희시대의 국가주의: 국가주의의 세 차원."「개념과 소통」 20 (2017):
　　119-155.
＿＿＿ · 하상복. "안호상의 민족주의에 대한 비판적 성찰: 전체와 동일성의 절대화."
　　「인간 · 환경 · 미래」 10 (2013): 119-149.
겔너, E./이재석 옮김.『민족과 민족주의』. 서울: 예하, 1983.
고승환. "다산 정약용의 忠恕論에 관한 재해석 — 수양론과의 정합성 탐구."「철학논집」
　　49 (2017): 169-206.
고시아키, 고자카이/방광석 옮김.『민족은 없다』. 서울: 뿌리와이파리, 2003.
곽민지. "국민교육헌장의 정치사적 의의에 대한 비판적 연구 — 1968년부터 1972년까
　　지, 국민교육헌장의 생산과 매개 과정을 중심으로." 인하대학교 대학원 정치외
　　교학과 박사학위논문, 2019.
구레비치, 아론/이현주 옮김.『개인주의의 등장』. 서울: 새물결, 2002.
구정우.『생生 존zone 십ship: 협력 개인의 출현』. 서울: 쌤앤파커스, 2024.
권단정.『1코노미의 시대: 나홀로족을 사로잡는 상품기획의 모든 것』. 서울: 라온북,
　　2021.
그륀, 안셀름/김선태 옮김.『너 자신을 아프게 하지 마라』. 서울: 성서와함께, 2021.
＿＿＿ · 마인라드 두프너/전헌호 옮김.『아래로부터의 영성』. 왜관: 분도출판사, 2014.
그륀, 안젤름/김선태 옮김.『자기 자신 잘 대하기』. 서울: 성서와함께, 2021.
금장태. "다산의 사천학(事天學)과 천주교 교리의 활용."「교회사연구」 39 (2012): 5-36.
길허홀타이, 잉그리트/정대성 옮김.『68혁명: 세계를 뒤흔든 상상력』. 파주: 창비, 2022.
김난주. "두 번의 경제위기, 여성에게 더 큰 타격 줬다: 통계를 통해 보는 여성노동 50년
　　의 변화."「일다」 (2020. 9. 26.). https://www.ildaro.com/8852(다운로드: 2024
　　년 3월 24일).
김누리.『경쟁 교육은 야만이다: 김누리 교수의 대한민국 교육혁명』. 서울: 해냄, 2024.
＿＿＿ · 오성균. "파시즘 트라우마: 프랑크푸르트학파와 '68혁명 (2)."「독일언어문학」
　　54 (2011): 239-257.
김경태. "'수능 점수, 부모 수입 많을수록 높다' 사실로."「연합뉴스」 (2016. 1. 24.).
　　https://n.news.naver.com/mnews/article/001/0008139248?sid=102(다운로

드: 2024년 8월 22일).

김대환. "대한제국의 꿈과 대한민국임시헌장의 제정 정신." 「세계헌법연구」 25/1 (2019): 1-23.

김도태. 『서재필박사자서전』. 서울: 을유문화사, 1972.

김동노. "개인주의, 집단주의, 자유주의, 공동체주의와 한국 사회의 변화." 「사회이론」 63 (2023. 5): 153-196.

김동춘. 『시험능력주의: 한국형 능력주의는 어떻게 불평등을 강화하는가』. 서울: 창비, 2022.

김득중. "1980년대 민중의 발견과 민중사학의 성과와 한계." 「내일을 여는 역사」 24 (2006): 51-67.

김병구. "근대 계몽기 민족주의 형성의 아이러니: 신채호의 '국수(國粹)' 이념을 중심으로." 「우리말글」 72 (2017): 229-258.

김수석. "독일의 농지상속법." 「농촌경제」 24/2(2001): 73-91.

김수연. "핵가족 시대, 교회는 단절 해소하는 '사회적 가족'." 「아이굿뉴스」 (2018. 10. 30.). http://www.igoodnews.net/news/articleView.html?idxno=58117(다운로드: 2024년 8월 30일).

김수자. "이승만의 일민주의의 제창과 논리." 「한국사상사학」 22 (2004): 437-471.

김수행. 『마르크스가 예측한 미래사회: 자유로운 개인들의 연합』. 파주: 한울아카데미, 2015.

김순영. "이명박 정부의 사회복지정책." 「현대정치연구」 4/1 (2011/4): 127-152.

김연명. "'국가복지 강화론' 비판에 대한 재비판과 쟁점." 「상황과 복지」 11 (2002/4): 51-84.

김은미. 『연결된 개인의 탄생: 디지털 미디어 시대의 인간관계』. 서울: 커뮤니케이션북스, 2018.

김인식. "창립기 신간회의 성격 재검토." 「한국민족운동사연구」 92 (2017): 131-178.

김일영. "1960년대 한국 발전국가의 형성과정: 수출지향형 지배연합과 발전국가의 물적 기초의 형성을 중심으로." 「한국정치학회보」 33-4 (2000): 121-143.

김옥희. 『천주교여성운동사』 I. 서울: 한국인문과학원, 1983.

김인숙. "자화상에 나타난 나르시시즘: 뒤러와 프리다의 자화상을 중심으로." 「인문과학연구」 36 (2011): 115-129

김은식. "슈티르너의 에고이스트적 아나키즘." 『개인주의적 아나키즘』. 서울: 우물이 있는 집, 2004.

김응종. 『서양의 역사에는 초야권이 없다: 서양사에 관한 12가지 편견과 사실』. 서울: 푸른역사, 2005.

김정인. "내재적 발전론과 민족주의." 『역사와현실』 77 (2010): 179-214.

김종일. 『서구의 근로연계복지: 이론과 현실』. 서울: 집문당, 2006.

김진석. "형이상학적 의미론의 해체를 비스듬히 가로지르며: 데리다의 후설 분석에 관하여." 「현상학과 현대철학」 4 (1990): 299-330.

김창남. "서태지신드롬과 신세대문화." 「저널리즘 비평」 17 (1995): 46-49.

김태곤. 『한국무속연구』. 서울: 집문당, 1981.

김현종 · 김수연. "임원보수 개별공시 논의에 대한 쟁점 및 평가." 「KERI Brief」 14/09 (2014): 1-12.

김현철. "개화기 『만국공법』의 전래와 서구 근대주권국가의 인식." 「정신문화연구」 28/1 (2005): 127-152.

김형찬. "욕망하는 본성과 도덕적 본성의 융합: 茶山 丁若鏞의 嗜好說을 중심으로." 「철학연구」 41 (2010): 71-94.

김혜수. "주희 윤리설의 기본원리에 관한 연구." 「양명학」 54 (2019): 361-391.

김희경. 『에이징 솔로: 혼자를 선택한 사람들은 어떻게 나이 드는가』. 서울: 동아시아, 2023.

남은영. "1990년대 한국 소비문화: 소비의식과 소비행위를 중심으로." 「사회와역사」 76 (2007): 189-225.

노명우. 『혼자 산다는 것에 대하여: 고독한 사람들의 사회학』. 서울: 사월의책, 2013.

노직, 로버트/남경희 옮김. 『아나키에서 유토피아로: 자유주의 국가의 철학적 기초』. 재판 제4쇄. 서울: 문학과지성사, 2005.

뉴시스. "'애들 크면 각자 인생살자' 황혼 이혼 10년새 1만 건 증가." 「동아일보」 (2020. 3. 19.). https://www.donga.com/news/Economy/article/all/20200319/100234958/1(다운로드: 2024년 4월 2일).

니버, 라인홀드/오희천 옮김. 『인간의 본성과 운명 I』. 서울: 종문화사, 2013.

_____/오희천 옮김. 『인간의 운명과 본성 II』. 서울: 종문화사, 2015.

_____/곽인철 옮김. 『기독교 윤리의 해석』. 서울: 종문화사, 2019.

니버, 리처드/김재준 옮김. 『그리스도와 문화』. 서울: 대한기독교서회, 2004.

단, 오토/오인석 옮김. 『독일 국민과 민족주의의 역사』. 서울: 한울아카데미, 1996.

돔벡, 크리스틴/홍지수 옮김. 『자기애적 사회에 관하여: 자아도취적이고 이기적인 사람들에게 지친 당신에게』. 서울: 사이행성, 2017.

드파울로, 벨라/박준형 옮김. 『싱글리즘: 나는 미혼이 아니다 나는 싱글 벙글이다』. 서울: 슈냐, 2012.

라이히, 빌헬름/황선길 옮김. 『파시즘의 대중심리』. 서울: 그린비, 2006.

라클라우, 에르네스토 · 샹탈 무페/김성기 외 옮김. 『사회변혁과 헤게모니』. 서울: 터, 1990.

러셀, 레티 M. · 쇄논 클락슨 · 케이트 M. 오트 편/여금현 옮김. 『공정한 환대: 서로 다른 사람들이 사는 세계에서 낯선 이들을 받아들이시는 하나님의 환영』. 서울: 대한기독교서회, 2012.

로제, 베른하르트/정병식 옮김.『마틴 루터의 신학: 역사적, 조직신학적 연구』. 서울: 한국신학연구소, 2002.

루만, 니클라스/박여성 옮김.『사회체계이론』1. 파주: 한길사, 2007.

마광수.『나는 야한 여자가 좋다: 마광수 에세이』. 서울: 자유문학사, 1989.

_____.『즐거운 사라』. 서울: 청하, 1991.

_____. "지킬박사와 하이드씨를 강요하는 우리사회의 이중구조." 「월간말」130 (1997): 237-241.

_____. "야하디야하라 제1회." 「인물과사상」90 (2005): 51-67.

_____. "야하디 야하라 제8회." 「인물과사상」97 (2006): 149-173.

마페졸리, M./박정호 · 신지은 옮김.『부족의 시대: 포스트모던 사회에서 개인주의의 쇠퇴』. 서울: 문학동네, 2017.

맥나미, 스티븐 J. · 로버트 K. 밀러 주니어 /김현정 옮김.『능력주의는 허구다: 21세기에 능력주의는 어떻게 오작동되고 있는가』. 서울: 사이, 2015.

무페, 샹탈/이보경 옮김.『정치적인 것의 귀환』. 서울: 후마니타스, 2007.

미국정신의학협회(American Psychiatric Association, APA).『정신질환 진단 및 통계 편람』(Diagnostic and Statistical Manual of Mental Disorders, DSM). https://ko.wikipedia.org/wiki/%EC%9E%90%EA%B8%B0%EC %95%A0%EC%A0% 81_%EC%9D%B8%EA%B2%A9%EC%9E%A5%EC%95%A0#%EC%98%88%E D%9B%84(다운로드: 2024년 8월 22일).

미드, 조지 허버트/나은영 옮김.『정신 · 자아 · 사회: 사회적 행동주의자가 분석하는 개인과 사회』. 파주: 한길사, 2010.

바카로, 루초 · 크리스 하월/유형근 옮김.『유럽 노사관계의 신자유주의적 변형: 1970년 대 이후의 궤적』. 파주: 한울 아카데미, 2020.

박권일.『한국의 능력주의: 한국인이 기꺼이 참거나 죽어도 못 참는 것에 대하여』. 서울: 이데아, 2021.

박권일 · 홍세화 · 채효정 · 정용주 · 이유림.『능력주의와 불평등: 능력에 따른 차별은 공정하다는 믿음에 대하여』. 서울: 교육공동체벗, 2020.

박노자. "[박노자의 세계와 한국] 1900년대 조선, 양계초에 반하다." 「한겨레21」494 (2004). https://h21.hani.co.kr/arti/world/world/10111.html(다운로드: 2024 년 7월 7일).

_____. "[박노자의 한국적 근대 만들기] 타자의 체험: 양계초(梁啓超)의 '민주 원산지' 로의 여행은 보수화로 이어진다." 「인물과사상」81 (2005): 190-207.

_____. "[박노자의 한국적 근대 만들기] 민주보다 국가 발전이다: '국가 유기체론'과 '개명 전제(開明專制)'." 「인물과사상」83 (2005): 81-97.

박상훈. "한국의 '87년체제': 민주화 이후 한국정당체제의 구조와 변화." 「아세아연구」49/2 (2006): 7-41.

박세준. "수운 최제우와 근대성." 「한국학논집」 73 (2018): 103-128.
박영신. "한국사회의 변동과 가족주의." 『역사와 사회변동』. 서울: 민영사, 1986.
박용옥. 『한국 여성 근대화의 역사적 맥락』. 서울: 지식산업사, 2001.
박정희. "국민교육헌장." 「法學研究」 17 (1969), 363.
박주연. "각자도생 사회… 무너지는 인간관계… '섬'이 된 사람들." 「경향신문」 (2016. 2. 26.). https://www.khan.co.kr/national/national-general/article/201602 261815012(다운로드: 2024년 4월 3일).
박학래. "渼湖 金元行의 性理說 研究 — 18세기 중반 洛論의 심성론에 유의하여." 「민족문화연구」 71 (2016): 409-438.
발렌틴, 스테판/송경은 옮김. 『혼자 노는 아이 함께 노는 아이: 사회성 높은 아이로 키우는 법』. 서울: 한국경제신문사, 2013.
배제성. "한원진의 인물성이론(人物性異論)을 통해 본 물(物)의 형이상학과 윤리학." 「철학」 152 (2022): 1-27.
백소아. "72살 친구 셋, 요양원 대신 한집에 모여 살기… 가장 좋은 점은." 「한겨레신문」 (2024. 9. 16.). https://www.hani.co.kr/arti/society/society_general/1158587. html(다운로드: 2024년 10월 1일).
백용기. "독일 민족사회주의자 알프레드 로젠베르크의 세계관 분석: 로젠베르크의 Der Mythus des 20.Jahrhunderts에 대한 논쟁을 중심으로." 「신학사상」 181 (2018): 401-425.
벌린, 이사야/강유원·나현영 옮김. 『낭만주의의 뿌리: 서구 세계를 바꾼 사상 혁명』. 서울: 이제이북스, 2001.
벡, 울리히/홍성태 옮김. 『위험사회: 새로운 근대(성)을 향하여』. 서울: 새물결, 1997.
_____/홍윤기 옮김. 『아름답고 새로운 노동세계』. 서울: 생각의나무, 1999.
벡, 울리히·엘리자베트 벡-게른샤임/강수영 외 옮김. 『사랑은 지독한, 그러나 너무나 정상적인 혼란: 사랑, 결혼, 가족, 아이들의 새로운 미래를 향한 근원적 성찰』. 서울: 새물결, 1999.
브라운, 브레네/이은경 옮김. 『진정한 나로 살아갈 용기: 타인의 시선에서 벗어나 모든 순간을 나답게 사는 법』. 서울: 북라이프, 2018.
블룸퀴스트, 제라 외 영어번역 및 편집. 『자주독립 민주개혁의 선구자 서재필』. 한국기독교지도자작품선집 013. 서울: 한국고등신학연구원, 2013.
샌델, 마이클/함규진 옮김. 『공정하다는 착각: 능력주의는 모두에게 같은 기회를 제공하는가』. 서울: 와이즈베리, 2020.
서울특별시 의회·가족구성권연구소 「서울시 사회적 가족의 지위 보장 및 지원방안 연구」. 2019, 발간 등록 번호: 51-6110100-000139-01.
서해숙. "민속문화에 나타난 개인주의와 집단주의의 성향과 변화." 「남도민속연구」 31 (2015): 151-179.

성경숙. "일제강점초기 조선의 형사사법구조: 조선형사령을 중심으로." 「성균관법학」 24/2 (2012): 359-378.

샌델, 마이클/함규진 옮김. 『공정하다는 착각: 능력주의는 모두에게 같은 기회를 제공 하는가』. 서울: 와이즈베리, 2020.

_____/김선욱 옮김. 『마이클 샌델과의 대화: 불공정 시대의 정의를 묻다』. 서울: 넷마루, 2024.

송웅철. "[혼코노미 특집] 대세는 1코노미, 국내 산업지도 바꿨다." 「시사저널」 (2019. 11. 21.). https://www.sisajournal.com/news/articleView.html?idxno=192888 (다운로드: 2024년 4월 2일).

송준석. "동학의 남녀평등 교육사상에 관한 연구." 고려대학교 교육사 · 철학연구회 편. 『민족교육의 사상사적 조망』. 서울: 집문당, 1994.

송진원. "한국 젊은층, 사회 높은 기대치에 압박받아 스스로 고립." 「연합뉴스」 (2023. 5. 28.). https://www.yna.co.kr/view/AKR20230528006800009(다운로드: 2024년 10월 24일).

스토, 윌/이현경 옮김. 『셀피: 자존감, 나르시시즘, 완벽주의 시대를 살아가는 법』. 서울: 글항아리, 2021.

시덴톱, 래리/정명진 옮김. 『개인의 탄생: 양심과 자유, 책임은 어떻게 발명되었는가?』. 서울: 부글, 2016.

신경아. "시장화된 개인화와 복지욕구." 「경제와 사회」 98 (2013): 266-303.

신용인. "대한민국 헌법의 기원: 동학농민혁명의 「폐정개혁안들」 을 중심으로." 『원광법학』 38-1 (2022): 3-30.

신채호. "國粹保全說." 「대한매일신보」 (1908. 8. 12).

_____. "정신으로 된 국가." 「대한매일신보」 (1909. 4. 29).

_____. 「朝鮮上古史」. 丹齋申采浩先生紀念事業會 편. 『丹齋 申采浩 全集』 上. 서울: 螢雪出版社, 1977.

심영희. "'21세기형 공동체 가족' 모델의 모색과 지원방안: 2차 근대성과 개인화 이론의 관점에서." 「아시아여성연구」 50/2 (2011): 7-44.

심영희. "개인화의 두 유형에 관한 연구." 「사회와이론」 23 (2013): 277-312.

아렌트, 한나/김선욱 옮김. 『예루살렘의 아이히만』. 파주: 한길사, 2014.

안외순. "유가적 군주정과 서구 민주정에 대한 조선 실학자의 인식: 혜강 최한기를 중심으로." 「한국정치학회보」 35/4 (2001): 67-85.

안호상. 『일민주의의 본 바탕』. 서울: 일민주의연구회, 1950.

앤더슨, 베네딕트/윤형숙 옮김. 『상상의 공동체: 민족주의의 기원과 전파에 대한 성찰』. 파주: 나남출판, 2006.

양명수. 『아무도 내게 명령할 수 없다: 마르틴 루터의 정치사상과 근대』. 서울: 이화여자대학교출판문화원, 2018.

양태건 번역. "1850년 프로이센 헌법." 「서울대학교 法學」 54/2 (2013): 213-219.

앤더슨, 베네딕트/윤형숙 옮김. 『상상의 공동체: 민족주의의 기원과 전파에 대한 성찰』. 파주: 나남출판, 2006.

애너, 하랄트/박종대 옮김. 『늑대의 시간』. 서울: 위즈덤하우스, 2024.

엄기호. 『단속사회: 술 새 없이 접속하고 끊임없이 차단한다』. 파주: 창비, 2014.

오성균 · 김누리. "아버지를 살해한 혁명: 프랑크푸르트학파와 68혁명 (1)." 「뷔히너와 현대문학」 37 (2011): 329-356.

유길준. 『勞動夜學 第一』. 서울: 同文館, 1909.

_____/허경진 옮김. 『서유견문: 조선 지식인 유길준, 서양을 번역하다』. 서울: 서해문 집, 2004.

유동식. 『한국무교의 역사와 구조』. 서울: 연세대학교출판부, 1975.

유지아. "1910-20년대 일본의 다이쇼 데모크라시와 제국주의의 변용." 「한일관계사연 구」 57 (2017): 431-467.

윤대식. "유길준, 혼돈과 통섭의 경계: 사회 진화론(進化論)과 유학(儒學)의 상호 변 용." 「한국인물사연구」 19 (2013): 439-476.

윤석산. 『동경대전』. 서울: 동학사, 1996.

윤세원. "진흥왕과 전륜성왕사상: 아쇼카 '따라하기'와 '넘어서기'를 중심으로." 「한국 동양정치사상사연구」 16/1 (2017): 1-27.

윤치호/박정신 옮김. 『국역 윤치호 일기』 2. 서울: 연세대학교출판부, 2002.

윤홍철. 『소유권의 역사』. 서울: 법원사, 1995.

이기백. 『한국사신론』. 한글판. 서울: 일조각, 1999.

이난수. "조선의 정신, 그 정체성에 대한 근대적 탐색: 신채호의 '아'와 박은식의 '국혼' 그리고 정인보의 '얼'을 중심으로." 「양명학」 54 (2019): 31-74.

이명수. "존재의 자기방식으로서 자율과 연대: 동아시아적 사유를 중심으로." 「한국철 학논집」 45 (2015): 241-264.

이병태. "편재하는 '유령'의 힘과 '나'의 반란: 슈티르너 『유일자와 그의 소유』에 대한 비판적 고찰." 「시대와 철학」 34/3 (2023): 99-135.

이상록. "'조국과 민족에 너를 바치라': 국민교육헌장 다시 읽기." 「내일을 여는 역사」 68 (2017): 180-191.

이새봄. "『노동야학』에 나타난 국민 만들기의 논리: 유길준이 본 대한제국의 '하등사 회'." 「사이間SAI」 28 (2020): 135-172.

이소아. "20대는 '나홀로 만족'중… 10중 9명 '평소 혼자 하는 일 있다'." 「중앙일보」 (2020. 10. 9.). https://www.joongang.co.kr/article/23890223(다운로드: 2024 년 4월 2일).

李承晩. 『一民主義槪述』. 서울: 一民主義普及會, 檀紀4282.

이승일. 『조선총독부 법제 정책』. 서울: 역사비평사, 2008.

이신철. "독립협회와 만민공동회의 '근대성' 논의 검토." 「사림」 39 (2011): 27-53.

이영자. "신자유주의 시대의 초개인주의." 「현상과인식」 35/3 (2011): 103-127.

_____. 『자본주의 아바타』. 서울: 내마음의책, 2024.

이영찬. "최한기 기학의 소통적 인식론." 「한국학논집」 40 (2010): 487-516.

이원희. "진쯔하이머의 노동법론과 그 업적." 「노동법연구」 5 (1996): 202-268.

이원택. "한국정치사에서 근대적 議事規則의 도입과 그 의의." 「태동고전연구」 35 (2015): 257-285.

이행훈. "崔漢綺의 運化論的 社會觀." 「동양철학연구」 43 (2005): 255-288.

이헌창. "조선시대 재산권 · 계약제도에 관한 試論." 「경제사학」 56 (2014): 3-55.

이황직. "서재필 시민 정치론의 형성과 구조에 관한 연구 — 시민 중심 정치사 정립을 위하여." 「현상과인식」 44/3 (2020): 21-56.

이자랑. "제정일치적 天降관념의 신라적 변용: 인도 아쇼까왕과의 비교를 중심으로." 「불교학연구」 32 (2012): 351-394.

임재우. "비혼여성 정체성 공유하며 19년 동고동락." 「한겨레신문」 (2021. 5. 13.). https://www.hani.co.kr/arti/society/women/994967.html(다운로드: 2024년 10월 4일).

이정규. 『한국사회의 학력 · 학벌주의: 근원과 발달』. 서울: 집문당, 2003.

이준영. 『1코노미: 1인 가구가 만드는 비즈니스 트렌드』. 서울: 21세기북스, 2017.

임지현. 『민족주의는 반역이다: 신화와 허무의 민족주의 담론을 넘어서』. 서울: 소나무, 2005.

이치로, 기시미 · 고가 후미타케/전경아 옮김. 『미움받을 용기 1: 자유롭고 행복한 삶을 위한 아들러의 가르침』. 서울: 인플루엔셜, 2014.

_____/전경아 옮김. 『미움받을 용기 2: 사랑과 진정한 자립에 대한 아들러의 가르침』. 서울: 인플루엔셜, 2014.

임학성. "조선시대 奴婢制의 推移와 노비의 존재 양태: 동아시아의 奴婢史 비교를 위한 摸索." 「역사민속학」 41 (2013): 73-99.

임홍택. 『간단함, 병맛, 솔직함으로 기업의 흥망성쇠를 좌우하는 90년생이 온다』. 서울: 웨일북, 2018.

임희숙. "한국 가족문화와 기독교." 「한국기독교신학논총」 41/1 (2005): 323-345.

_____. 『교회와 섹슈얼리티: 한국 교회에서 성 담론의 생산과 소비에 대한 성 인지적 연구』. 서울: 동연, 2017.

_____. "한국교회에서 개인주의 담론의 유형과 의미에 대한 연구." 「신학과 사회」 34/2 (2020): 33-72.

_____. "돌봄 위기와 극복에 대한 여성신학적 성찰." 「신학과 교회」 19 (2023/여름): 227-256.

蔣尙煥. "農地改革과 農民." 「한국사 시민강좌」 6 (1990): 113-137.

장은주.『공정의 배신: 능력주의에 갇힌 한국의 공정』. 서울: 피어나, 2021.

전득주. "독일의 정치문화와 정치교육: 그 역사적 발전 과정을 중심으로" 「한국민주시민교육학회보」 5 (2000): 1-29.

전영수.『각자도생 사회: 어설픈 책임 대신 내 행복 채우는 저성장 시대의 대표 생존키워드』. 서울: 블랙피쉬, 2020.

정긍식. "조선민사령과 한국 근대 민사법." 「동북아법연구」 11/1 (2017): 97-128.

정무권. "한국 사회복지제도의 초기형성에 관한 연구." 「한국사회정책」 3/1 (1996): 309-352.

정성진. "1990년대 이후 마르크스의 대안사회론 연구의 혁신: 어소시에이션을 중심으로." 「마르크스주의 연구」 16/2 (2019): 111-142.

정수복.『한국인의 문화적 문법: 당연의 세계 낯설게 보기』. 서울: 생각의나무, 2007.

_____.『이타적 개인주의자: 온전한 자기 자신을 발명하는 삶의 방식』. 서울: 파람북, 2024.

丁若鏞/이지형 옮김.『論語古今註』. 다산번역총서 5. 서울: 사암, 2010.

_____/전주대호남학연구소 옮김. 「中庸自箴」,『國譯 與猶堂全書』1. 서울: 여강출판사, 1989.

_____/전주대호남학연구소 옮김. 「心經密驗」.『國譯 與猶堂全書』1. 서울: 여강출판사, 1989.

정연주a. "긴급조치에 대한 심사 관할권과 유신헌법 제53조의 위헌성." 「헌법학연구」 20/3 (2014): 241-281.

정연주b. "조선 典書로서의『경국대전』성격과 그 의미." 「한국사연구」 189 (2020): 33-77.

정형철. "화려한 표면들의 세계와 탈중심화된 주체: 포스트모더니즘 징후의 진단." 「오늘의 문예비평」 1 (1991): 52-63.

정해본.『독일근대사회경제사』. 서울: 지식산업사, 1991.

조경철. "예수의 원수사랑 계명과 하나님나라 선포: 예수의 하나님나라 윤리에 관한 연구." 「신학과세계」 41 (2000): 128-148.

趙璣濬.『韓國經濟史新講』. 서울: 일신사, 1994.

조상식. "'볼로냐 프로세스'와 독일 고등교육개혁." 「교육의 이론과 실천」 15/3 (2010): 193-215.

조영훈. "참여정부 복지정책의 성격." 「사회과학연구」 24/1 (2008/3): 213-233.

조용훈. "기독교윤리의 관점에서 본 황금률 윤리." 「신학과 실천」 63 (2019): 655-676.

조첨첨. "'호발'에 대한 퇴계 고봉 율곡의 인식 비교연구: 주자의 '四端是理之發 七情是氣之發'에 대한 해석을 중심으로." 「양명학」 55 (2019): 159-190.

조효래. "87년 이후 '민주노조운동'의 정체성." 「창작과비평」 30/4 (2002): 416-432.

좌옹윤치호문화사업회 편.『윤치호의 생애와 사상』. 서울: 을유문화사, 1998.

주보프, 쇼샤나/김보영 옮김. 『감시 자본주의 시대』. 서울: 문학사상, 2021.

주은우. "자유와 소비의 시대 그리고 냉소주의의 시작: 대한민국, 1990년대 일상생활의 조건." 「사회와역사」 88 (2010): 307-344.

진지영. "『대승육정참회』에 보이는 원효의 당시 참회문화 비평." 「동아시아불교문화」 30 (2017): 279-298.

추아, 에이미/김승진 옮김. 『정치적 부족주의: 집단 본능은 어떻게 국가의 운명을 좌우하는가』. 서울: 부키, 2020.

최샛별. 『문화사회학으로 바라본 한국의 세대 연대기: 세대 간 문화 경험과 문화 갈등의 자화상』. 서울: 이화여자대학교출판문화원, 2018.

최소인 · 김세욱. "니체의 반도덕주의와 자기 긍정의 윤리." 「철학논총」 80 (2015): 487-508.

최연식 · 임유진. "한국적 복지혼합의 유교적 기원." 「21세기정치학회보」 21/3 (2011): 277-305.

최예슬. "'한국의 고독한 죽음, 왜?'… CNN이 분석한 '고독사'." 「국민일보」 (2024. 10. 24.). https://www.kmib.co.kr/article/view.asp?arcid=0020655308(다운로드: 2024년 10월 24일).

최종고. 『서양법제사』. 전정신판. 서울: 박영사, 2003.

崔漢綺/민족문화추진회 편역. 「神氣通」. 『국역 기측체의』 I. 서울: 민족문화추진회, 1979.

최해영. "통계청 자료로 본 '혼인 · 이혼' 통계 … 어떻게 변했나? 전년대비 혼인 10.7%, 이혼 3.9% 감소해." 「wedding 21」 (2022. 2. 9.). https://www.wedding21.co.kr/news/articleView.html?idxno=246026(다운로드: 2024년 3월 24일).

崔虎鎭. 『韓國經濟史: 原始社會로부터 1945年까지』. 정정증보 중판. 서울: 박영사, 1981.

카림, 이졸데/이승희 옮김. 『나와 타자들: 우리는 어떻게 타자를 혐오하면서 변화를 거부하는가』. 서울: 민음사, 2023.

_____/민족문화추진회 편역. 『국역 인정』 III. 서울: 민족문화추진회, 1981.

_____/민족문화추진회 편역. 『국역 인정』 I. 재판. 서울: 민족문화추진회, 1982.

카치오포, 존 · 윌리엄 패트릭/이원기 옮김. 『인간은 왜 외로움을 느끼는가: 사회신경과학으로 본 인간 본성과 사회의 탄생』. 서울: 민음사, 2013.

칸트, I./이한구 옮김. "계몽이란 무엇인가에 대한 답변." 『칸트의 역사철학』. 개정판, 제3쇄. 서울: 서광사, 2014.

코켈버그, 마크/연아람 옮김. 『알고리즘에 갇힌 자기 계발: 편리하고 효율적이거나 지치고 불안하거나』. 서울: 민음사, 2024.

코헨, L. · 앤드루 아라토/박형신 · 이혜경 옮김. 『시민사회와 정치이론 1』. 서울: 한길사, 2013.

키슬레브, 엘리야킴/박선영 옮김. 『혼자 살아도 괜찮아』. 서울: 비잉, 2020.

킬슈너, 요제프/우제열 옮김. 『네 뜻대로 살아라: 남에게 휘둘리지 않고 사는 방법을 배워라』. 서울: 느낌이있는나무, 2001.

텐브룩, R. H./김상태 · 임채원 옮김. 『독일사』 상. 서울: 서문당, 1973.

_____/김상태 · 임채원 옮김. 『독일사』 하. 서울: 서문당, 1973.

트웬지, 진 · 키스 캠벨/이남석 옮김. 『나는 왜 나를 사랑하는가』. 서울: 옥당, 2010.

프롬, 에리히/김석희 옮김. 『자유로부터의 도피』. 서울: 휴머니스트, 2012.

하버마스, 위르겐/이진우 · 박미혜 옮김. 『새로운 불투명성』. 서울: 문예출판사, 1995.

_____/이진우 옮김. 『탈형이상학적 사유』. 서울: 문예출판사, 2000.

_____/이진우 옮김. 『현대성의 철학적 담론』. 서울: 문예출판사, 2000.

_____/황태연 옮김. 『이질성의 포용: 정치이론 연구』. 서울: 나남출판, 2000.

_____/한승완 옮김. 『공론장의 구조변동: 부르주아 사회의 한 범주에 관한 연구』. 서울: 나남, 2007.

하버마스, 위르겐/한상진 · 박영도 옮김. 『사실성과 타당성: 담론적 법이론과 민주적 법치국가 이론』. 서울: 나남, 2007.

하태규. "마르크스와 자유롭게 연합한 인간들의 민주주의." 「경제와사회」 119 (2018): 239-251.

한병철/김태환 옮김. 『피로사회』. 서울: 문학과지성사, 2012.

한철호. "만민공동회, 자주와 민권을 외친 최초의 근대적 민중 집회." 「내일을 여는 역사」 33 (2008): 40-53.

허츠, 노리나/홍정인 옮김. 『고립의 시대: 초연결 세계에 격리된 우리들』. 서울: 웅진지식하우스, 2021.

헤퍼넌, 마거릿/김성훈 옮김. 『경쟁의 배신: 경쟁은 누구도 승자로 만들지 않는다』. 서울: 알에이치코리아, 2014.

호네트, 악셀/문성훈 · 이현재 옮김. 『인정투쟁: 사회적 갈등의 도덕적 형식론』. 서울: 사월의책, 2011.

호이어, 카차/이현정 옮김. 『피와 철: 독일제국의 흥망성쇠 1871-1918』. 세종: 마르코폴로, 2024.

홉스봄, E./강명세 옮김. 『1780년 이후의 민족과 민족주의』. 서울: 창작과비평사, 1994.

홍성민. "서(恕)의 의무론적 특징과 양상: 주자(朱子)와 다산(茶山)의 윤리학에서 서(恕)의 함의." 「동양문화연구」 13 (2013): 265-296.

홍윤기. "[왜?] 국민교육헌장, 왜 그리고 어떻게 만들어졌나?." 「내일을 여는 역사」 18 (2004): 111-127.

홍찬숙. "한국사회의 압축적 개인화와 젠더범주의 민주주의적 함의." 「여성과 역사」 17 (2012): 1-25.

_____. 『개인화: 해방과 위험의 양면성』. 서울: 서울대학교출판문화원, 2015.

_____. 『한국 사회의 압축적 개인화와 문화변동: 세대 및 젠더 갈등의 사회적 맥락』.
서울: 세창출판사, 2022.

홍태영. "'민중'이라는 주체의 탄생과 1980년대의 사회적 상상." 「한국정치연구」 33/1
(2024): 1-32.

후쿠야마, 프랜시스/이상훈 옮김. 『역사의 종말: 역사의 종점에 선 최후의 인간』. 초판
제5쇄. 서울: 한마음사 2003.

Hegel, G. F. W./임석진 옮김. 『법철학』. 파주: 한길사, 2008.

Kant, I./백종현 옮김. 『윤리형이상학: 법 이론의 형이상학적 기초원리』. 서울: 아카넷,
2012.

Mason, Timothy W./김학이 옮김. 『나치스 민족공동체와 노동계급: 히틀러, 이데올로
기, 전시경제, 노동계급』. 서울: 한울아카데미, 2000.

Ackermann, Ulrike. "Identitärer Fundamentalismus: Folgen der Moralisierung und
Polarisierung." *Politische Meinung* 566 (2021): 48-52.

Adorno, Theordor W. *Studien zum autoritären Charakter.* Übersetzt von Milli
Weinbrenner ins Deutsche. Frankfurt am Main: Suhrkamp, 1995.

_____. Else Frenkel-Brunswik . Daniel J. Levinson . R. Nevitt Sanford. *The
Authoritarian Personality.* New York: Harper, 1950.

_____ u. a. *Studien zum autoritären Charakter.* Frankfurt am Main: Suhrkamp,
1973.

Apel, K.-O. *Transformation der Philosophie, Bd. 2: Das Apriori der Kommunikations-
gemeinschaft.* Frankfurt am Main: Suhrkamp, 1973.

_____. *Diskurs und Verantwortung: Das Problem des Übergangs zur postkonven-
tionellen Moral.* 2. Aufl. Frankfurt am Main: Suhrkamp, 1992.

Atkinson, A. B. "The Case for a Participation Income." *The Political Quaterly* 67/1
(1996): 67-70.

Bauer, Bruno. *Kritik der evangelischen Geschichte der Synoptiker,* 3 Bände. Leipzig
Wigand, 1841-1842.

Beck, Ulrich. *Risikogesellschaft: auf dem Weg in eine andere Moderne.* Frankfurt am
Main: Suhrkamp, 1986.

_____. "Jenseits von Stand und Klasse?." *Riskante Freiheiten.* Hg. von Ulrich Beck
und Elisabeth Beck-Gernsheim. Frankfurt am Main: Suhrkamp, 1994.

_____. "Kinder der Freiheit: Wider das Lamento über den Werteverfall." *Kinder
der Freiheit.* hg. von Ulrich Beck. Frankfurt am Main: Suhrkamp, 1997.

_____. Elisabeth Beck-Gernsheim. "Individualisierung in modernen Gesellschaften:
Perspektiven und Kontroversen einer subjektorientierten Soziologie."

Riskante Freiheiten. Hg. von Ulrich Beck and Elisabeth Beck-Gernheim. Frankfurt am Main: Suhrkamp, 1994.

Behler, Ernst. u. a. (Hrsg.). *Kritische Friedrich-Schlegel-Ausgabe.* Abt. 1. Bd. II. München; Paderborn; Wien: Schöningh, 1958.

Binswanger, H. Chr. . H. Bonus . M. Timmermann. *Wirtschaft und Umwelt: Möglichkeiten einer ökologieverträglichen Wirtschaftspolitik.* Stuttgart [u.a.]: Kohlhammer, 1981.

Bluntschli, Johann Caspar. *Das moderne Völkerrecht der civilisirten Staten als Rechtsbuch dargestellt.* Nördlingen: Beck, 1867.

_____. *Lehre vom modernen Stat: Allgemeine Statslehre.* Stuttgart: Cotta, 1875.

Bonhoeffer, D. *Ethik.* München: Kaiser, 1981.

Boss, Dorothee. *AlleinSein: Impulse für das Ich.* Würzburg: echter, 2017.

Brakelmann, Günter . Traugott Jähnichen. *Die protestantischen Wurzeln der Sozialen Marktwirtschaft: Ein Quellenband.* Gütersloh: Gütersloher Verlag, 1994.

Bujard, Martin. "Die Ursachen der Geburtenentwicklung," *Informationen zur politischen Bildung* 350 (2022). https://www.bpb.de/shop/zeitschriften/izpb/demo-grafischer-wandel-350/507788/die-ursachen-der-geburtenentwicklung/ (다운로드: 2024년 9월 30일).

Burckhardt, Jakob. *Die Cultur der Renaissance in Italien: ein Versuch.* Basel: Schweighauser, 1860.

Chang, Kyung-Sup . Song, Min-Young. "The Stranded Individualizer under Compressed Modernity: South Korean Women in Individualization without Individualism." *Brisitish Journal of Sociology* 61/3 (2010): 539-564.

Coupland, Douglas. *Generation X: Tales for an Accelerated Culture.* New York: St. Martin's Press, 1911.

Dufner, Meinrad . Anselm Grün. *Spiritualität von unten.* Münsterschwarzach: Vier Türme GmbH, 2004.

Duncker, Christian. *Verlust der Werte? Wertewandel zwischen Meinungen und Tatsachen.* Wiesbaden: Deutscher Universitätsverlag, 2000.

Eichler, Astrid. *Es muss was Anderes geben: Lebensperspektiven für Singles.* Wuppertal: Brockhaus, 2010.

Eucken, Walter. *Grundsätze der Wirtschaftspolitik.* Hg. von Edith Eucken-Erdsiek und K. Paul Hensel. Bern/Tuebingen: Francke [u.a.], 1952.

Feuerbach, Ludwig. *Das Wesen des Christentums.* Leipzig: Wigand, 1841.

Fichte, J. G. *Grundlage des Naturrechts nach Prinzipien der Wissenschaftslehre.*

Hamburg: Felix Meiner, c1960.

_____. *Versuch einer neuen Darstellung der Wissenschaftslehre.* Fichtes sämtliche Werke, Bd. 1. Hg. von I. H. Fichte. Berlin: Veit, 1845.

_____. *Reden an die deutsche Nation.* Leipzig; Wien: Bibliographisches Institut, 1888.

Frommann, Friedrich Johannes. *Das Burschenfest auf der Wartburg am 18ten und 19ten October 1817.* Jena: Bei Friedrich Frommann, 1818.

Gilman, Sander L.(ed. & intro.). *Conversations with Nietzsche: A Life in the Words of his Contemporaries.* Translated by David J. Parent. Oxford: Oxford University Press, 1987.

Goldhagen, Daniel Jonah. *Hitler's willing executioners: Ordinary Germans and the Holocaust.* New York: Vintage Books, 1996.

_____. *Hitler's Willige Vollstrecker: Ganz gewöhnliche Deutsche und der Holocaust.* aus dem Amerikanischen von Klaus Kochmann. Berlin: Siedler, 1996.

Goudzwaard, Bob. Harry de Lange. *Weder Armut noch Überfluss: Plädoyer für eine neue Ökonomie.* München: Kaiser, 1990.

Grosch, Georg. *Markgenossenschaft und Großgrundherrschaft im früheren Mittelalter.* Historische Studien XCVI. Berlin: Eberling, 1911.

Grün, Anselm. *Tu dir doch nicht selber weh.* Mainz: Grünewald, 1997.

_____. "Der Engel vom rechten Augenblick." *einfach leben* Nr. 3. Freiburg: Herder, 2014.

Habermas, J. "Vorbereitende Bemerkungen zu einer Theorie der kommunikativen Kompetenz." J. Habermas, N. Luhmann. *Theorie der Gesellschaft oder Sozial-technologie: Was leistet die Systemforschung?.* Frankfurt am Main: Suhrkamp, 1971.

_____. *Theorie des kommunikativen Handelns, Bd. 2: Zur Kritik der funktionalis-tischen Vernunft.* Frankfurt am Main: Suhrkamp, 1981.

Heckel, Martin. "Augsburger Religionsfriede." *Evangelisches Staatslexikon*, Bd. 1. 3. Neubearb. und erw. Auflage. Stuttgart: Kreuz-Verlag, 1987.

Henning, H. "Daseinsvorsorge im Rahmen der staatlichen Sozialpolitik des Deutschen Kaiserreichs 1881-1918." *Diakonie im Sozialstaat: Kirchliches Hilfehandeln und staatliche Sozial- und Familienpolitik.* Hg. von M. Schlick, H. Seibert, Y. Spiegel. Gütersloh: Gütersloher Verl., 1986.

Hradil, Stefan. "Vom Leitbild zum 'Leidbild' Singles, ihre veränderte Wahrnehmung und der 'Wandel des Wertewandels'." *Zeitschrift für Familienforschung*, 15. Jahrg., Heft 1 (2003): 38-54.

Huber, Ernst Rudolf. *Dokumente zur deutschen Verfassungsgeschichte, Bd. 1: Deutsche Verfassungsdokumente 1803-1850*. 3. Aufl. Stuttgart [u.a.]: Kohlhammer, 1978.

Inglehart, Ronald. *The silent revolution*. Princeton. N.J: Princeton Univ. Press, 1977.

Janson, Simone. *Ich mach was ich will! Die Kunst ein kreatives Leben zu führen & selbstbewusst zu sein egal was andere sagen: Selbstliebe gewinnt, Souverän auftreten, Schlagfertigkeit lernen*. Düsseldorf: Best of HR - Berufebilder.de, 2021.

Jones, Alexis. *So bin ich: Von der Kunst, ehrlich, authentisch und einfach du selbst zu sein*. München: mvg Verlag, 2015.

Kirschner, Josef. *Die Kunst, ein Egoist zu sein: Das Abenteuer, glücklich zu leben, auch wenn es anderen nicht gefällt*. Hamburg: Nikol Verlag, 2012.

_____. *So siegt man ohne zu kämpfen*. München: Herbig, 1998.

Klönne, Arno. *Die deutsche Arbeiterbewegung: Geschichte, Ziele, Wirkungen*. 2. Aufl. Düsseldorf/Köln: Eugen Diederichs Verlag, 1981.

Kohlberg, Lawrence. *Die Psychologie der Moralentwicklung*. Frankfrut am Main: Suhrkamp, 1995.

Leitschuh, Heike. *ICH ZUERST! Eine Gesellschaft auf dem Ego-Trip*. Frankfurt am Main: Westend, 2018.

Luther, Martin. "An den christlichen Adel deutscher Nation von des christlichen Standes Besserung." *WA 6*. Weimar: Böhlau, 1908.

_____. "Ermahnung zum Frieden auf die zwölf Artikel der Bauerschaft in Schwaben." *D. Martin Luthers Werke(Weimarer Ausgabe), Bd. 18*. Weimar: Böhlau, 1908.

_____. "Von weltlicher Obrigkeit, wie weit man ihr Gehorsam schuldig sei." *WA 11*. Weimar: Böhlau, 1908.

_____. "Wider die räberischen und mörderischen Rotten der Bauern." *WA 18*. Weimar: Böhlau, 1908.

Lutz, Heinrich. *Zwischen Habsburg und Preussen: Deutschland 1815-1866, Siedler Deutsche Geschichte*. Berlin: Siedler Verlag, 1994.

Marx, K. *Das Kapital 1. MEW 23*. Berlin: Dietz, 1982.

_____. *Das Kapital 3. MEW 25*. Berlin: Dietz, 1964.

_____. *Der Bürgerkrieg in Frankreich. MEW 17*. Berlin: Dietz, 1962.

_____. "Kritik des Hegelschen Staatsrechts (§§ 261-313)." *MEW 1*. Berlin: Dietz, 1982.

_____. *Ökonomisch-philosophische Manuskripte aus dem Jahre 1844. MEW 40*

Ergänzungsband. Berlin: Dietz, 1968.

_____. "Thesen über Feuerbach. *MEW 3*. Berlin: Dietz, 1964.

_____. "Zur Kritik der Hegeischen Rechtsphilosophie: Einleitung." *MEW 1*. Berlin: Dietz, 1982.

_____ . F. Engels. *Manifest der kommunistischen Partei. MEW 4*. Berlin: Dietz, 1977.

Meinecke, Friedrich. *Weltbürgertum und Nationalstaat.* Hrsg. u. eingel. v. Hans Herzfeld. München: Oldenbourg, 1969.

Menzel, Janett. *Über die Kunst, allein zu sein: Wie man Einsamkeit und Angst vor dem Alleinsein überwindet und sich nebenbei neu lieben lernt.* Independently Published, 2017.

Mirow, Jürgen. *Deutsche Geschichte: [k]eine Nationalgeschichte; Staatliche Einheit und Mehrstaatlichkeit, Volkszugehörigkeit und Nation in der deutschen Geschichte.* Gernsbach: Casimir Katz Verlag, 2002.

Mitscherlich, Alexander. *Auf dem Weg zur vaterlosen Gesellschaft: Ideen zur Sozialpsychologie.* München: Piper, 1963.

Müller-Armack, Alfred. *Wirtschaftsordnung und Wirtschaftspolitik: Studien und Konzepte zur Sozialen Marktwirtschaft und zur Europäischen Integration.* Freiburg i Br.: Rombach, 1966.

Muri, Franziska. *21 Gründe, das Alleinsein zu lieben.* München: INTEGRAL, 2017.

Nietzsche, Friedrich. *Also sprach Zarathustra I* (1883). eKGWB = *Digitale Kritische Gesamtausgabe: Werke und Briefe, auf der Grundlage der Kritischen Gesamtausgabe Werk.* Hg. von Giorgio Colli und Mazzino Montinari. Berlin/New York: Walter de Gruyter, 1967ff. und *Nietzsche Briefwechsel Kritische Gesamtausgabe.* Hg. von Paolo D'Iorio. Berlin/New York: Walter de Gruyter, 1975ff. http://www.nietzschesource.org/#eKGWB(다운로드: 2024년 9월 1일).

_____. *Also sprach Zarathustra IV (1885).* eKGWB = *Digitale Kritische Gesamtausgabe: Werke und Briefe, auf der Grundlage der Kritischen Gesamtausgabe Werk.* Hg. von Giorgio Colli und Mazzino Montinari. Berlin/New York: Walter de Gruyter, 1967ff. und *Nietzsche Briefwechsel Kritische Gesamtausgabe.* Hg. von Paolo D'Iorio. Berlin/New York: Walter de Gruyter, 1975ff. http://www.nietzschesource.org/#eKGWB(다운로드: 2024년 9월 1일).

_____. *Die fröhliche Wissenschaft: Wir Furchtlosen (Neue Ausgabe 1887).* Hamburg: Meiner, 2013.

_____. *Jenseits von Gut und Böse (1886).* Nachdruck. Hamburg: Meiner, 2020.

_____. *Zur Genealogie der Moral (1887)*. Nachdruck. Hamburg: Meiner, 2020.

Opaschowski, Horst W. *Wir! Warum Ichlinge keine Zukunft mehr haben.* Hamburg: Murmann Verlag, 2010.

Pull, Charles. *Ich habe Angst: was ist mit mir los?, wer/was kann mir helfen?, wie kann ich mir selber helfen?.* Aktualisierte und erweiterte Ausgabe. Luxemburg: Editions Saint-Paul, 2018.

Rifkin, J. *Das Ende der Arbeit und ihre Zukunft.* Frankfurt/New York: Campus Verlag, 1995.

Sandel, Michael J. *Liberalism and the Limits of Justice.* New York: Cambridge Univ. Press, 1982.

Schulze, Gerhard. *Die Erlebnisgesellschaft: Kultursoziologie der Gegenwart.* Frankfurt a. M.: Campus, 1992.

Schulze, Hans K. *Vom Reich der Franken zum Land der Deutschen: Merowinger und Karolinger, Siedler Deutsche Geschichte.* Berlin: Siedler Verlag, 1994.

Simon, H. A. "Universal basic income and the flat tax." *Boston Review* 25/5 (2000): 9-10.

Sinzheimer, Hugo. *Der Arbeitsnormenvertrag: Eine privatrechtliche Untersuchung, Teil 1.* Leipzig: Duncker & Humblot, 1907.

Steffensky, Hulbert. *Feier des Lebens: Spiritualität im Alltag.* Freiburg im Breisgau: Kreuz, 2009.

_____. Dorothee Sölle. (hg.). *Politisches Nachtgebet in Köln.* Stuttgart/Berlin/ Mainz: Kreuz-Verlag, 1969.

_____. Dorothee Sölle. (hg.). *Politisches Nachtgebet in Köln 2.* Stuttgart/Berlin/ Mainz: Kreuz-Verlag, 1970.

Stirner, M. *Der Einzige und sein Eigentum.* Leipzig: Druck und Verlag von Philipp Reclam jun., 1898.

Strauss, D. F. *Das Leben Jesu, kritisch bearbeitet, Bd. 1.* Tübingen, Osiander, 1835.

_____. *Das Leben Jesu, kritisch bearbeitet, Bd. 2.* Tübingen, Osiander, 1836.

Valentin, Stephan. *Ichlinge: Warum unsere Kinder keine Teamplayer sind.* München: Goldmann Verlag, 2012.

Vertelsmannsstiftung (hg.). "Einwurf — Rechtsextreme Einstellungen der WaehlerInnen vor der Bundestagswahl 2021." *Zukunft der Demokratie* (01-2021): 1-5.

Von Gierke, Otto. *Das deutsche Genossenschaftsrecht, Bd. 1.* Berlin: Weidmann, 1868.

_____. *Das deutsche Genossenschaftsrecht, 4 Bände.* Berlin: Weidmann, 1868.

_____. *Rechtsgeschichte der deutschen Genossenschaft.* Berlin: Weidmann, 1868.

_____. *Die Genossenschaftstheorie und die deutsche Rechtsprechung.* Berlin: Weidmann, 1887.

Wilkinson, Helen. *Freedom's Children.* London: Demos, 1995.

Wintels, Andreas. *Individualismus und Narzissmus: Analysen zur Zerstörung der Innenwelt.* Mainz: Grünewald, 2000.

Young, Iris Marion. *Inclusion and Democracy.* Oxford: Oxford University Press, 2000.

Young, Michael. *The rise of the meritocracy, 1870-2033: An essay on education and inequality.* London: Thames & Hudson, 1958.

Zoll, Reiner. *Alltagssolidarität und Individualismus: zum soziokulturellen Wandel.* 1. Aufl. Frankfurt am Main: Suhrkamp, 1993.

법률 관련 자료

「대한민국 헌법」.

「서울특별시 사회적 가족도시 구현을 위한 1인 가구 지원 기본 조례」 (서울특별시, 2016)

「홍범14조」. http://contents.history.go.kr/front/hm/view.do?levelId=hm_118_0030 (다운로드: 2024년 7월 5일).

Das Sozialistengesetz vom 19. Oktober 1878.

Das Gesetz gegen die Überfüllung deutscher Schulen und Hochschulen vom 25. April 1933.

Das Reichsbürgergesetz vom 15. September 1935.

Die allgemeine Gewerbeordnung vom 17. Januar 1845.

Verfassung des Deutschen Reichs vom 28. März 1849

Die Verfassung des Deutschen Reichs vom 11. August 1919.

Gewerbeordnung für das Deutsche Reich vom 21. Juni 1869.

Gesetz über den vaterländischen Hilfsdienst, 5. Dezember 1916.

Gesetz über die Zulassung zur Rechtsanwaltschaft vom 7. April 1933.

Gesetz zum Schutze des deutschen Blutes und der deutschen Ehre vom 15. September 1935.

Gesetz zur Wiederherstellung des Berufsbeamtentums vom 7. April 1933.

Verordnung über die Zulassung von Ärzten zur Tätigkeit bei den Krankenkassen vom 22. April 1933.

통계

고용노동부. 「전국노동조합조직현황」. https://www.index.go.kr/unify/idx-info.do?
idxCd=4220(다운로드: 2024년 3월 25일).

보건복지부 · 한국보건사회연구원. 『통계로 보는 사회보장 2022』. 발간 등록 번호:
11=1352000-001385-10.

통계청. 「인구동향조사」 · 「생명표」. https://kosis.kr/edu/visualStats/detail.do?menu
Id=M_05&ixId=16(다운로드: 2024년 3월 24일).

_____. 「인구총조사」. https://kosis.kr/edu/visualStats/detail.do?menuId=M_05&ix
Id=702(다운로드: 2024년 3월 24일).

_____. "성별 경제활동인구 총괄(시계열 보정 前 자료)." https://kosis.kr/statHtml/
statHtml.do?orgId=101&tblId=DT_1DA7001&conn_path=I3(다운로드: 2024
년 3월 24일)

_____. 『2023년 출생통계(확정), 국가승인통계 제10103호 출생통계』. https://www.
index.go.kr/unity/potal/main/EachDtlPageDetail.do?idx_cd=1428(다운로
드: 2024년 3월 24일).

「2016 나홀로족 관련 인식 조사」. https://www.trendmonitor.co.kr/tmweb/trend/
allTrend/detail.do?bIdx=1463&code=0404&trendType=CKOREA(다운로드:
2024년 4월 2일).

「서울시 1인 가구 500명을 대상으로 한 온라인 조사」. 서울특별시, 2019. https://media
hub.seoul.go.kr/archives/1303414(다운로드: 2024년 4월 2일).

「서울시 1인가구 실태조사 및 제도개선 연구용역」. 서울특별시 · 서울연구원, 2021.
https://1in.seoul.go.kr/front/board/boardContentsView.do?board_id=2&co
ntents_id=4f0be301d68d44c390abac1fbae50994(다운로드: 2024년 4월 2일).

Alleinlebende nach Geschlecht und Familienstand, kurz&knapp, vom 23/03/2021,
Bundeszentrale für Politische Bildung. https://www.bpb.de/kurz-knapp/
zahlen-und-fakten/soziale-situation-in-deutschland/61572/alleinlebende-
nach-geschlecht-und-familienstand/(다운로드: 2024년 10월 7일).

Bevölkerung nach Staatsangehörigkeitsgruppen 2011 bis 2022, Statistisches Bundesamt
(Destatis). https://www.destatis.de/DE/Themen/Gesellschaft-Umwelt/
Bevoelkerung/Bevoelkerungsstand/Tabellen/bevoelkerung-staatsange
hoerigkeitsgruppen-basis-2022.html(다운로드: 2024년 10월 6일).

Bundesagentur für Arbeit (BA): Arbeitslosigkeit im Zeitverlauf 02/2024. https://www.
bpb.de/kurz-knapp/zahlen-und-fakten/soziale-situation-in-deutschland/
61718/arbeitslose-und-arbeitslosenquote/(다운로드: 2024년 10월 4일).

Eheschliessungen, Statistisches Bundesamt (Destatis), 2024. https://www.destatis.de/DE/Home/_inhalt.html(다운로드: 2024년 9월 30일).

Ehescheidungen, Statistisches Bundesamt (Destatis), 2024. https://www.destatis.de/DE/Home/_inhalt.html(다운로드: 2024년 9월 30일).

Entwicklung der Zahl der Arbeitnehmer und DGW-Mitglieder; Organisationsgrad 1950-2019. Forschungsgruppe Weltanschauungen in Deutschland. "Die deutschen Gewerkschaften." 03/07/2020. https://fowid.de/meldung/deutsche-gewerkschaften(다운로드: 2024년 9월 27일).

Erwerbstätigenquoten 1991 bis 2023. Statistisches Bundesamt (Destatis), 2024. https://www.destatis.de/DE/Home/_inhalt.html(다운로드: 2024년 9월 30일).

Migrationsbericht der Bundesregierung 2022. Bundesamt für Miglation und Flüchtlinge. https://www.bamf.de/SharedDocs/Anlagen/DE/Forschung/Migrationsberichte/migrationsbericht-2022.html(다운로드: 2024년 10월 6일).

Privathaushalte nach ihrer Mitgliederzahl (1950-2022). Bundesinstitut für Bevölkerungsforschung. Statistisches Bundesamt. https://www.bib.bund.de/DE/Fakten/Fakt/L54-Privathaushalte-Mitglieder-ab-1950.html?nn=1279832(다운로드: 2024년 10월 1일).

Statistik der Bundesagentur für Arbeit. Arbeitslosigkeit im Zeitverlauf. https://statistik.arbeitsagentur.de/(다운로드: 2024년 10월 4일).

Statistischer Bericht - Mikrozensus - Bevölkerung nach Einwanderungsgeschichte - Erstergebnisse 2023. https://www.destatis.de/DE/Themen/Gesellschaft-Umwelt/Bevoelkerung/Migration-Integration/Publikationen/Downloads-Migration/statistischer-bericht-einwanderungsgeschichte-erst-5122126237005.html(다운로드: 2024년 10월 6일)

Statistisches Bundesamt (Destatis), 2024. https://www.destatis.de/DE/Home/_inhalt.html(다운로드: 2024년 10월 4일).

Statistisches Bundesamt: Mikrozensus – Bevölkerung nach Migrationshintergrund, Endergebnisse 2022. https://www.destatis.de/DE/Themen/Gesellschaft-Umwelt/Bevoelkerung/Migration-Integration/Publikationen/_publikationen-innen-migrationshintergrund.html(다운로드: 2024년 10월 6일)

Studienanfängerquote in Deutschland bis 2022. Statista Research Department, 26/03/2024. https://de.statista.com/statistik/daten/studie/72005/umfrage/entwicklung-der-studienanfaengerquote/(다운로드: 2024년 10월 5일).

Zusammengefasste Geburtenziffer in Deutschland 1901-2023. Statistisches Bundesamt (Destatis), 2024. https://www.destatis.de/DE/Home/_inhalt.html(다운로드: 2024년 9월 30일).

찾아보기